更轻

更简

更适合做朋友的一本书

这本书带给你的不仅是知识

2022年注册会计师全国统一考试

公司战略与风险管理

应试指南

上册

■ 杭建平 主编

■ 正保会计网校 编

感恩22年相伴 助你梦想成真

中国商业出版社

图书在版编目(CIP)数据

公司战略与风险管理应试指南 ：上下册 / 杭建平主编 ；正保会计网校编. —北京 ：中国商业出版社，2022.3

2022 年注册会计师全国统一考试

ISBN 978-7-5208-2031-8

Ⅰ. ①公… Ⅱ. ①杭… ②正… Ⅲ. ①公司-企业管理-资格考试-自学参考资料②公司-风险管理-资格考试-自学参考资料 Ⅳ. ①F276.6

中国版本图书馆 CIP 数据核字（2022）第 037499 号

责任编辑：黄世嘉

中国商业出版社出版发行

（www. zgsycb. com 100053 北京广安门内报国寺 1 号）

总编室：010-63180647 编辑室：010-83114579

发行部：010-83120835/8286

新华书店经销

大厂回族自治县益利印刷有限公司

*

787 毫米×1092 毫米 16 开 27.5 印张 704 千字

2022 年 3 月第 1 版 2022 年 3 月第 1 次印刷

定价：82.00 元

* * * *

前言

"学而不思则罔，思而不学则殆。"

注册会计师考试是由财政部组织领导的一项执业资格考试，是我国评价选拔会计人才、促进会计人员成长的重要渠道，也是会计人员增强专业知识、提高业务水平的有效途径。注册会计师考试每年一次，由全国统一组织、统一大纲、统一试题、统一评分标准。注册会计师考试分为专业阶段和综合阶段两个阶段。专业阶段主要测试考生是否具备注册会计师执业所需要的专业知识，是否掌握基本的职业技能和职业道德规范。综合阶段主要测试考生是否具备在职业环境中综合运用专业知识、遵守职业道德规范以及有效解决实务问题的能力。

为满足考生的备考需求，正保会计网校的辅导老师潜心研究考试大纲和命题规律，精心策划、编写了这套注册会计师各学科应试指南。经过时间的洗礼，应试指南也在不断地进行升级、创新，其**构架更加清晰、设计更为贴心、编写更为专业谨慎**。其针对不同学科的专业特点与考试要求，各学科应试指南的编写也各具特色，知识架构体系科学化，内容呈现形式多样化，知识内容活灵活现不再枯燥无味。内文讲解部分穿插贴心小版块，用简单、生动的语句点拨知识，解决你备考中的记忆难点和易混淆点，也帮你看清知识"陷阱"，帮你更好地掌握知识。同时，每一章汇集了编写老师精心挑选的习题，其中对部分题目解析作出特别标记，在练习的过程中能一遍又一遍地巩固理解、加深记忆。

未来的日子永远值得期待！在备考注册会计师考试期间，希望应试指南给你带来良好的学习体验；也希望带给你的不仅仅是知识的收获，更是一段值得沉淀的时光或是一份难以忘怀的经历；更希望你能够学得开心，不惧怕偶尔的沮丧，能够坚定地走完这条备考之路。

编　者

小保提示

由于时间所限，书中难免存在疏漏，敬请批评指正。最后，小保祝福大家顺利通过考试~

正保文化官微

关注正保文化官方微信公众号——财会上分青年，回复“勘误表”，获取本书勘误内容。

正保远程教育 

发展：2000—2022年：感恩22年相伴，助你梦想成真

理念：学员利益至上，一切为学员服务

成果：20个不同类型的品牌网站，涵盖13个行业

奋斗目标：构建完善的“终身教育体系”和“完全教育体系”

正保会计网校 

发展：正保远程教育旗下的第一品牌网站

理念：精耕细作，锲而不舍

成果：每年为我国财经领域培养数百万名专业人才

奋斗目标：成为所有会计人的“网上家园”

“梦想成真”书系 

发展：正保远程教育主打的品牌系列辅导丛书

理念：你的梦想由我们来保驾护航

成果：图书品类涵盖会计职称、注册会计师、税务师、经济师、资产评估师、审计师、财税、实务等多个专业领域

奋斗目标：成为所有会计人实现梦想路上的启明灯

图书特色

1 备考攻略

解读考试整体情况，
了解大纲总体框架

一、《公司战略与风险管理》科目的总体情况

根据中注协人才培养的定位(我国市场经济不断深化和公司治理不断完善，为注册会计师专业服务提供了新的巨大需求。注册会计师的业务范围在传统审计鉴证、税务服务、管理咨询

二、本书的内容体系

(一)2022年考试整体变化

考试内容变化情况如下表：

三、考核形式与命题规律

(一)考试题型

基本题型包括客观题和主观题，具体类型、分值及考试时间建议如下表：

2 应试指导及同步训练

深入解读本章考点及考试变化内容

全方位透析考试，钻研考点

了解命题方向和易错点

夯实基础，快速掌握答题技巧

考情解密

历年考情概况

本章分值3~8分，内容整体难度不大。客观题易考点为公司的使命、在战略决策与实施过程中的权力运用。主观题易考点为公司使命(宗旨)、战略创新管理(战略创新的类型、战略创新的情境)。

考点详解及精选例题

一、公司战略的定义★

「考试频率」★　「重要程度」不重要　考试贴心语

「考试题型」个别选择题

「复习建议」简单了解，有时间通读原文一至两遍即可

公司战略概念的演变分为两个阶段，表现出公司战略在不同历史时期的特点变化。公司战略的概念如表1-1所示。

同步训练

扫我做试题

一、单项选择题

1. ☆云飞公司最初是一家电子商务企业，后

B. 宗旨的变化

C. 目的的变化

D. 战略层次的变化

同步训练答案及解析

一、单项选择题

1. B 【解析】公司宗旨旨在阐述公司长期的战略意向，其具体内容主要说明公司目前考核。公司目的是企业组织的根本性质和存在理由的直接体现，组织按其存在理由可以分为两大类：营利组织和非营利组织。以营利为目的成立的组织，其首要目

3 脉络梳理

本章知识体系全呈现

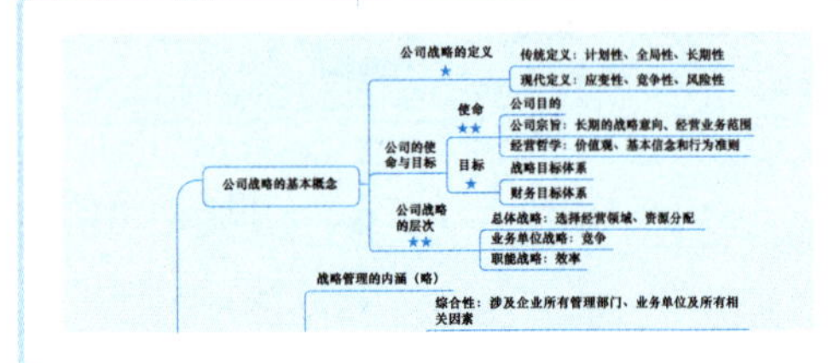

4 考前模拟

模拟演练，助力冲关

模拟试卷（一）

扫我做试题

一、单项选择题(本题型共26小题，每小题1分，共26分。每小题只有一个正确答案，请从每小题的备选答案中选出一个你认为正确的答案)

1. 兴科公司是某手机厂商的配套企业，负责为该厂商提供组装服务。该手机厂商将新型手机组装要求下达给兴科公司后，由兴科公司自主决定具体组装厂。此案例中采用的组织协调机制是(　)。

模拟试卷（二）

扫我做试题

一、单项选择题(本题型共26小题，每小题1分，共26分。每小题只有一个正确答案，请从每小题的备选答案中选出一个你认为正确的答案)

1. 网络购物已成为时下很流行的购物方式，价格低、节省时间、送货上门成为网络购物的三大特点。国内几家大型家电销售实体店相继开展了网络商城业务，对只运营网络商城的天天易购造成较大冲击。天天

模拟试卷（一）参考答案及解析

一、单项选择题

1. C 【解析】本题考核知识点"横向分工结构的基本协调机制"。工作成果标准化是

身用品、休闲用具、玩具、高档消费品于一体的商品"体现的是需求条件。因此答案是选项B。

5. C 【解析】本题考核知识点"基准分析"。

模拟试卷（二）参考答案及解析

一、单项选择题

1. B 【解析】本题考核知识点"公司战略的层次"。业务单位战略也称竞争战略。该

资"，说明进入障碍低。因此不包括存在退出障碍。选项B正确。

6. A 【解析】本题考核知识点"国际化经营的战略类型"。在大多数的国际化企业中，

上　册

第一部分　备考攻略

2022 年备考攻略 …… 3

一、《公司战略与风险管理》科目的总体情况 …… 3

二、本书的内容体系 …… 3

三、考核形式与命题规律 …… 4

四、学习方法 …… 7

第二部分　应试指导及同步训练

第一章　战略与战略管理 …… 11

考情解密 …… 11

考点详解及精选例题 …… 12

同步训练 …… 25

同步训练答案及解析 …… 29

第二章　战略分析 …… 33

考情解密 …… 33

考点详解及精选例题 …… 34

同步训练 …… 67

同步训练答案及解析 …… 83

第三章　战略选择 …… 95
考情解密 …… 95
考点详解及精选例题 …… 96
同步训练 …… 144
同步训练答案及解析 …… 172

第四章　战略实施 …… 196
考情解密 …… 196
考点详解及精选例题 …… 197
同步训练 …… 220
同步训练答案及解析 …… 229

下　册

第五章　公司治理 …… 237
考情解密 …… 237
考点详解及精选例题 …… 237
同步训练 …… 249
同步训练答案及解析 …… 251

第六章　风险与风险管理 …… 253
考情解密 …… 253
考点详解及精选例题 …… 253
同步训练 …… 287
同步训练答案及解析 …… 308

综合题演练 …… 326
综合题演练参考答案 …… 336

第三部分 脉络梳理

公司战略与风险管理脉络梳理 …… 351

第四部分 考前模拟

考前模拟 2 套卷 …… 369
模拟试卷(一) …… 369
模拟试卷(二) …… 382
考前模拟 2 套卷参考答案及解析 …… 395
模拟试卷(一)参考答案及解析 …… 395
模拟试卷(二)参考答案及解析 …… 411

第一部分 备考攻略

——你需要知道——

亲爱的读者，无论你是新学员还是老考生，本着“逢变爱考”的原则，今年考试的变动内容你都需要重点掌握。微信扫描左侧小程序码，网校老师为你带来2022年本科目考试变动解读，助你第一时间掌握重要考点。

Learn more

2022年备考攻略

【老师寄语】无论何时开始，重要的是开始后不要停止；无论何时结束，重要的是结束后不要后悔。为明天做准备的最好方法是集中你所有的智慧，所有的热情，尽你最大的努力做好你的事情，这是你应付未来的唯一方法。

一、《公司战略与风险管理》科目的总体情况

根据中注协人才培养的定位(我国市场经济不断深化和公司治理不断完善，为注册会计师专业服务提供了新的巨大需求。注册会计师的业务范围在传统审计鉴证、税务服务、管理咨询等业务的基础上，不断扩大到风险管理、战略规划、司法会计、破产管理、内部控制鉴证等新的领域)，2009 年对注册会计师考试制度进行了改革，增设《公司战略与风险管理》课程。

本考试科目主要从战略管理、公司治理、风险管理三个方面进行介绍，帮助考生树立基本的企业战略管理和风险管理思维，掌握基本的理论和分析工具，熟悉企业实务工作中可能涉及的国家主管部门颁布的相关文件规定，比如 2008 年、2010 年由财政部牵头几大部委先后颁布的内部控制系列文件，2006 年由国资委出台的《中央企业全面风险管理指引》等。

2009 年开始考试以来，本考试科目的难度呈上升趋势，对广大考生来讲，需要引起足够重视。

二、本书的内容体系

(一)2022 年考试整体变化

考试内容变化情况如下表：

章节	变化情况	
第一章　战略与战略管理	结构	第二节新增“战略管理中的权力与利益相关者”。(本内容是从第四章战略实施中整体调整过来的，内容无实质变化)
	内容	变化不大，细节文字及部分案例调整
第二章　战略分析	结构	第一节钻石模型调整至第二节
	内容	变化不大，细节文字和案例调整
第三章　战略选择	结构	未变
	内容	第三节采购战略、生产运营战略改写较大。第四节新增“全球价值链中的企业国际化经营”。其余细节文字和案例调整

续表

章节		变化情况
第四章　战略实施	结构	删除“战略管理中的权力与利益相关者”。(调整至第一章)
	内容	变化较为明显，主要体现在战略控制。其余内容涉及细节文字和案例调整
第五章　公司治理	结构	未变
	内容	变化不大，细节文字和案例调整
第六章　风险与风险管理	结构	风险类型单独作为一节出现
	内容	变化不大，细节文字和案例调整

(二)本书主要内容

本书是正保会计网校“梦想成真”系列辅导书之一，内容包含四部分：备考攻略、应试指导及同步训练、脉络梳理和考前模拟。

1. 备考攻略

本部分内容主要针对《公司战略与风险管理》考试整体情况进行分析，帮助学员在复习之前对考试有一个基本了解，能够提高复习备考的针对性。具体包括考试总体情况(考试题型分值、各章分值分布等)、命题特点及应试方法、本书内容体系介绍。

2. 应试指导及同步训练

本部分内容主要针对核心考点进行总结提炼，涉及各章知识点最新考情分析，每章核心考点详解及精选例题、同步练习。为便于学员使用，本部分内容与基础精讲班讲义基本保持一致。2022 年本书对主要知识点总结进行了修订，力争更加适用于备考。同时对例题和练习题进行了精心筛选增补大量习题，包括历年典型例题、典型案例，便于考生在掌握理论知识点的同时，进行有针对性的练习，增强对考试基本题型和考核形式的适应能力。

3. 脉络梳理

对各章核心知识点以导图形式进行梳理，以形象立体的形式帮助学员进一步夯实各章基础知识点的主要脉络，保证所学知识内容在脑海中呈现清晰的框架。

4. 考前模拟

提供两套模拟试卷，供学员完成整体内容复习之后练习使用。模拟试卷以历年试卷为模版，力争内容全面覆盖，同时又突出重点。模拟试卷难度尽量与历年试卷保持一致。

三、考核形式与命题规律

(一)考试题型

基本题型包括客观题和主观题，具体类型、分值及考试时间建议如下表：

具体题型		题量	分值	建议考试时间
客观题	单选题	26 道题	每题 1 分，总分 26 分	20 分钟左右
	多选题	16 道题	每题 1.5 分，总分 24 分	20 分钟左右

续表

具体题型		题量	分值	建议考试时间
主观题	简答题	4道题	总分26分(分值分布：5、7、7、7)	30~40分钟左右
	综合题	1道题	总分24分	至少保证40分钟
总计			100分	2小时(120分钟)

(二)基本结构和分值分布

1. 基本结构

《公司战略与风险管理》基本结构如下表所示，可分为三部分内容复习。第一部分公司战略(涉及第一章至第四章)；第二部分公司治理(第五章)；第三部分风险管理(第六章)。

章名		相对重要程度	分值分布
公司战略	第一章 战略与战略管理	★	考试题型以选择题为主，有些年份也会出现主观题，考核分值较低
	第二章 战略分析	★★★	考试题型比较全面，特别是主观题，考核分值较高
	第三章 战略选择	★★★	考试题型比较全面，特别是主观题，考核分值很高
	第四章 战略实施	★★	考试题型以选择题为主，有些年份也会出现主观题，分值各年变化较为明显，有时高有时低。如果本章出现主观题，分值会稍高，如果不出现主观题，分值则相对较低
公司治理	第五章 公司治理	★★	考试题型以选择题为主，个别考点注意主观题，预计分值不高
风险管理	第六章 风险与风险管理	★★★	考试题型涉及选择题和主观题(主要是风险类型，内控框架五要素)，考核分值相对较高

2. 分值分布

近七年来，《公司战略与风险管理》的章节有所调整，按最近的2022年公司战略与风险管理章节分布来看，各章分值分布情况如下：

单位：分

章节	2015年	2016年	2017年	2018年	2019年	2020年	2021年	均值
第一章	2	0	0	4.5	1	1	3	1.64
第二章	16	20	22	16.5	24	20.5	17	19.43
第三章	41	39	45	42.5	40	44	38	41.36
第四章	3.5	6	2	7.5	6	8	20	7.57
第五章	0	0	1.5	4	1	1	5	1.79
第六章	18.5	7.5	16.5	20	22.5	17.5	17	17.07
合计	81	72.5	87	95	94.5	92	100	

注：选取近七年官方公布的考题A卷进行分析，上表统计分值不考虑教材删除内容对应的题目，主观题分值已按章进行分配。

复习时，可以把《公司战略与风险管理》内容分为两个复习级别，合理分配复习时间。

第一级别：第三章、第二章、第六章。

这三章在历年的考试中，分值都在20分以上，各种题型均会涉及，尤其是第三章。

第二级别：第四章、第五章和第一章。

分值一般处于10分以内，以选择题考核为主，主观题也会涉及，但不是每年必考。特别是第四章，如果出现主观题，分值可能就会有一定上升。

（三）命题特点及应试方法

1. 命题特点及复习启示

（1）总体特点。

命题特点	对复习的启示
采用案例形式考核，阅读量较大，对做题速度有较高要求	第一、熟练掌握理论知识，这是分析的工具和基础。只有扎实掌握理论知识，做题速度才可能提高。 第二、适应案例考核形式，适当增加案例练习
出题较为灵活，案例涉及行业分散（快消品、旅游、家电、自行车、医药及医疗器械、餐饮、服装等等）	平时适当积累各行业素材
考点分散，覆盖面广	全面复习

（2）各题型命题特点。

第一、客观题。客观题的考核形式大致分为两种：理论原文+小案例（含原文例子）。

主要题型	特点	复习建议
【单选+多选】	案例分析比例较高； 模仿历年试题风格较为明显； 部分题目根据历年主观题、原文案例改造	加强案例练习 历年试题比较重要 重视原文案例

第二、主观题。主观题出题点相对集中，第二、三、六章属于主观题出题点较为集中，出题频次也较高的章节。第一、四、五章属于主观题分值相对较小，有一定波动性的章节。各自也包含有若干主观题可能的出题点，不能过于忽视。

主要题型	特点	复习建议
【简答+综合】	案例文字量大； 考点分散；（AB卷考点重复度明显下降） 存在考试"黑天鹅"——表现： 主观题"冷门点"； 选择题常规考点放到主观题考核	加强阅读练习 熟练掌握知识点 全面复习

2. 各题型解题思路

1）选择题解题思路。

迅速阅读题干文字，找到关键词，根据关键词判断选项。前提是对题目涉及知识点熟悉。

2）主观题解题"三步法"。

（1）快速浏览题目（作用：第一，了解考试知识点；第二，根据熟悉程度决定做题顺序）。

（2）细读案例（可适当使用机考系统的"标记"功能）。

(3)组织答案：三段论(分析结论+理论+案例材料)；两段论(理论+案例材料)。

提示 (综合题)

说明H国与C国的自行车企业所实施的竞争战略的类型，并从资源和能力角度简要分析H国与C国自行车企业实施该种竞争战略的条件，以及C国自行车企业实施的竞争战略面临的风险。

分析结论

【答案】H国的自行车企业所实施的竞争战略是差异化战略。

理论

实施该种竞争战略的资源和能力条件包括：

①具有强大的研发能力和产品设计能力。“致力于自动化生产与研发”“H国自行车企业集中力量在新材料和新工艺上实现了技术跨越，积极研发设计和生产关键零部件，引进了美国模块化技术与日本供应链模式”。

案例材料：粘贴复制

3. 命题趋势预测

2022 年的考试预计仍会延续近几年的基本考核思路：案例为主、侧重分析、考点全面、重点突出。

四、学习方法

备考的路千万条，最适合自己的就是最好的。各位考生情况不一，不能生搬硬套别人的复习方法和思路，一定要找到适合自己的复习方法。以下几条基本建议供各位考生借鉴：一个核心、一个基础、三项原则、六大方法。

一个核心：

“反复”是复习的核心，需要反复理解、反复记忆、反复做题。只有反复，才能保证所学知识烂熟于心。卖炭翁：“无他，唯手熟尔”。

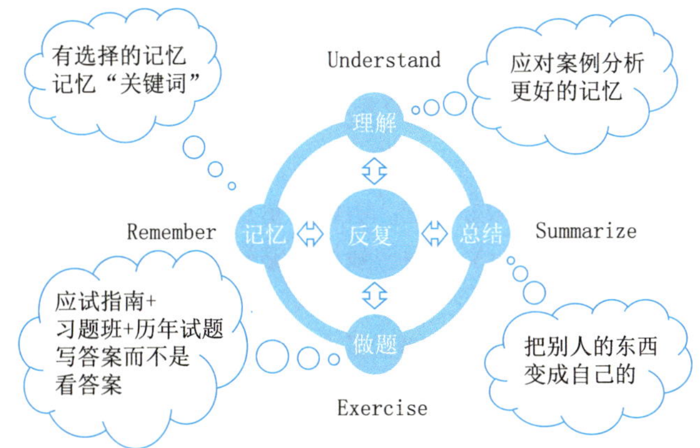

一个基础：

教材是根基。出题人在出题时一定是以教材为依托，覆盖教材主要知识点。因此，复习时绝对不能脱离教材，要做到“全面理解，重点掌握”。

三项原则：

第一个原则，强调“理解+记忆”，二者不可偏颇，也不能对立。“公司战略与风险管理”考试重在考核对理论知识点的运用，题目以案例形式居多。要想有效应对案例分析题，能够从文字量较大的案例材料中迅速找到答案线索，前提就是对理论知识点的理解和熟练掌握。建议复习时仔细听课，理解知识点的基本思路和逻辑关系。在强调理解的同时，强调记忆。现在毕竟是应试，从答案的组织到试卷的批阅，都是以理论知识点为依托，紧扣理论知识点，不能随便发挥。切记，背不是万能的，但不背是万万不能的。

第二个原则，强调“框架+细节”。有一些考生反映复习时打开书都知道，合上书就什么都想不起来。究其背后的原因，主要是没有在脑海中建立起清晰的框架，学过的知识点在脑袋里变成了“一锅粥”。所以复习时应先建立框架，不建议直接听课，或者直接看讲义。首先应安排时间仔细分析教材整体框架、每部分之间的逻辑关系。复习各章时，也应先熟悉本章整体框架、各部分之间的逻辑关系。框架建立起来后，再进入细节内容的学习，必然达到事半功倍的效果。切记应“先见森林再见树木”。

第三个原则，强调“全面+重点”。本科目考点分散的特点要求考生复习时做到：首先，全面夯实基础。单纯强调“复习重点”的思路已不适应现行考试要求。其次，在时间有限的情况下，可侧重于强化考试频率较高的知识点，以提高复习效率。

六大方法：

第一，做时间的主人。合理制订学习计划，并能够严格执行(强调执行力)。同时，制订计划时，应留有余地。

2022 年建议复习时间安排如图所示。

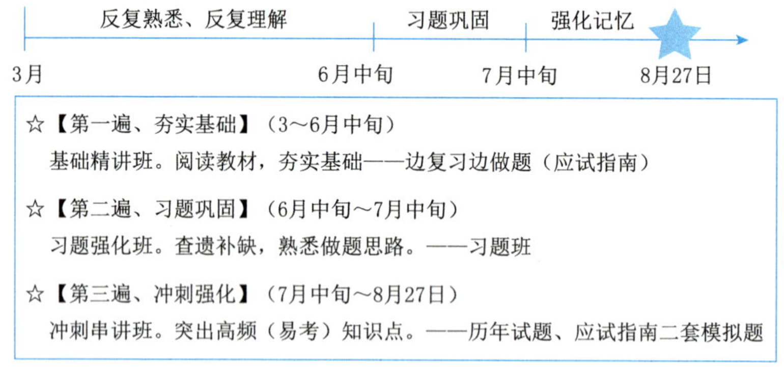

图　建议复习时间安排

第二，带着问题听课。如果时间允许，建议在听课前进行预习。把主要内容快速浏览一遍，了解相关内容。对不懂的内容做好标记，听课时重点关注。

第三，自我总结，整体把握。听完课后，最好能够根据自己对知识点的理解加以总结，不能过于依赖别人的总结。

第四，适当做题。从应试来看，做题是必需的。但应对“公司战略与风险管理”考试不需要搞“题海”战术。通过适当做题，巩固对知识点的理解。同时结合历年试题，熟悉考试的思路。注意，做题时应自己在计算机上将答案写出来，而不仅仅是在脑海中想一下，或是直接看答案。

第五，适当增加案例阅读。通过案例阅读，可以帮助自己提高阅读速度、理解力和分析能力。案例来源很多，日常生活中有关企业的新闻报道等均可。本书主编杭建平老师在课程中提供的典型案例可供参考。

第六，适应机考环境。通过练习，提高打字速度。建议把平时的复习及做题和打字练习结合起来。考前要注意熟悉考试系统。

第二部分

应试指导及同步训练

梦想成真辅导丛书

第一章　战略与战略管理

考情解密

历年考情概况

本章分值3~8分，内容整体难度不大。客观题易考点为公司的使命、在战略决策与实施过程中的权力运用。主观题易考点为公司使命(宗旨)、战略创新管理(战略创新的类型、战略创新的情境)。

近年考点直击

主要考点		主要考查题型	考频指数	考查角度
使命	宗旨	选择题(案例分析)+主观题(案例分析)	★★	给出案例材料，要求判断宗旨的表述，或者宗旨的变化
	经营哲学	选择题(案例分析)+主观题(案例分析)	★★	给出案例材料，要求判断是否属于经营哲学，或者经营哲学的变化
战略创新管理	战略创新的类型	选择题(案例分析)+主观题(案例分析)	★★★	给出案例材料，要求判断战略创新的类型
	建立创新型组织的要素	主观题(案例分析)	★★★	给出案例材料，要求分析建立创新型组织的要素在案例中的具体体现
	创新管理的过程	选择题(案例分析)	★★	给出案例材料，要求分析所属创新管理过程的阶段
战略管理中的权力与利益相关者	权力与战略过程(包含权力来源与权力运用两个细节内容)	选择题(案例分析)	★★★	给出案例材料，要求分析属于哪种权力来源，或权力运用的模式

2022年考试变化

结构：第二节新增“战略管理中的权力与利益相关者”。(本内容是从第四章战略实施中整体调整过来的，内容无实质变化)。

内容：变化不大，细节文字及部分案例调整。

考点详解及精选例题

一、公司战略的定义★ *

老杭贴心话

『考试频率』★　　『重要程度』不重要

『考试题型』个别选择题

『复习建议』简单了解，有时间通读原文一至两遍即可

公司战略概念的演变分为两个阶段，表现出公司战略在不同历史时期的特点变化。公司战略的概念如表 1-1 所示。

表 1-1　公司战略的概念

概念	说明
公司战略的传统概念	这个阶段对于公司战略的界定是在公司经营环境相对单一、稳定的背景下提出的，以美国哈佛大学教授波特的观点为代表，他认为“公司为之奋斗的终点与公司为达到它们而寻求的方法(途径)的结合物”。 ·这个时期的定义表现出公司战略最基本、最主要的属性——计划性、全局性和长期性
公司战略的现代概念	这个阶段公司经营环境发生明显变化，表现出环境复杂、多变的特点，导致对于公司战略的理解发生相应调整。以加拿大麦吉尔大学教授明茨伯格的观点为代表，按照明茨伯格的观点，人们在生产经营活动中不同的场合以不同的方式赋予企业战略不同的内涵，说明人们可以根据需要接受多样化的战略定义。明茨伯格借鉴市场营销学中的四要素(4P)的提法，提出企业战略是由五种规范的定义阐述的，即计划、计谋、模式、定位和观念，这构成了企业战略的“5P”定义。这些代表了一系列或一整套的决策或行动方式。而这套方式既包括刻意安排的(即计划性)战略，也包括任何临时出现的(即非计划性)战略。 ·这个时期的定义在保留强调公司战略最基本、最主要属性的基础上，更加侧重强调公司战略的另一方面属性——应变性、竞争性和风险性
传统概念和现代概念的区别，从字面上看： 传统战略概念=目标+途径(理性计划的产物——不存在不确定性) 现代战略概念=途径(有限理性——存在不确定性) 事实上，大部分战略是事先的计划和突发应变的组合。美国学者汤姆森，“战略既是预先性的(预谋战略)，又是反应性的(适应性战略)”	

【例题 1·多选题】☆**公司战略的现代概念强调战略的(　)。

A. 全局性　　B. 竞争性

C. 风险性　　D. 应变性

解析 公司战略的现代概念强调战略的应变性、竞争性和风险性。　　答案 BCD

* 本书用“★”来表示各知识点的重要程度。★一般重要；★★比较重要；★★★非常重要。

** 标记“☆”的题目为经典题目。

二、公司的使命与目标

公司的使命、目标和战略如图 1-1 所示。

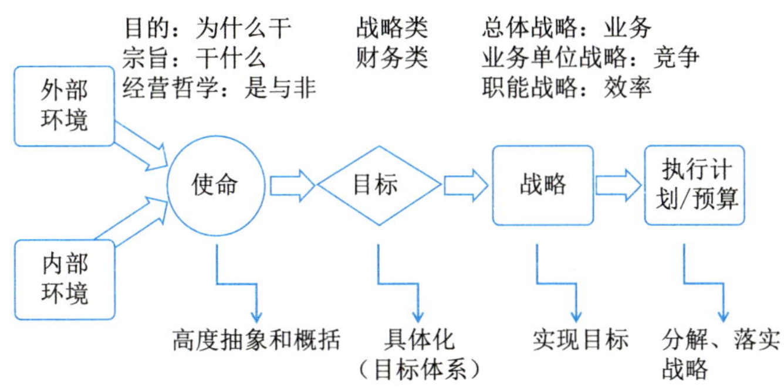

图 1-1 公司的使命、目标和战略

(一)公司的使命

『考试频率』★★ 『重要程度』一般重要
『考试题型』选择题+主观题(案例分析+原文)
『复习建议』理解，原文关键词熟记

老杭贴心话

使命首先阐明企业组织的根本性质与存在理由，表明企业的基本社会责任和期望在某方面对社会的贡献。

【案例】公司使命的案例(见表 1-2)

表 1-2 公司使命的案例

企业	使命表述
百事公司	我们立志将百事公司建成为世界首屈一指的、主营方便食品和饮料的消费品公司。在为我们的员工、业务伙伴及业务所在地提供发展和创收机会的同时，我们也努力为投资者提供良性的投资回报。诚信、公开、公平是我们所有经营活动所遵循的原则

企业的使命是企业生存的目的定位，包括三个方面，如表 1-3 所示。

表 1-3 公司使命

项目	内容
公司目的(熟悉原文，选择题)	公司目的是企业组织的根本性质和存在理由的直接体现。 营利组织：首要目的(为所有者带来经济价值)，其次目的(履行社会责任)。 非营利组织：提高社会福利、促进政治和社会变革
公司宗旨(理解，案例分析选择题)	阐述公司长期的战略意向，具体内容主要说明公司目前和未来所要从事的经营业务范围。通俗地讲，宗旨就是要明确“我们未来是干什么的！”。例如，百事公司使命中“主营方便食品和饮料的消费品公司”，就表明了百事公司未来要从事的经营业务范围。经营业务范围在表述的时候可以表述为企业要经营的产品/服务、服务的客户、面对的市场，采用的技术等。 公司宗旨反映出公司的定位

续表

项目	内容
经营哲学 (理解，案例分析选择题)	价值观、基本信念和行为准则。企业文化的高度概括，是对组织全体成员具有感召力，称之为信念的精神力量。——什么是对的？什么是错的？什么是应该做的？什么是不应该做的？ 例如，百事公司的使命“……立志将百事公司建成为世界首屈一指的……在为我们的员工、业务伙伴及业务所在地提供发展和创收机会的同时，我们也努力为投资者提供良性的投资回报。诚信、公开、公平是我们所有经营活动所遵循的原则”表明了公司对利益相关者(员工、业务伙伴及业务所在地、投资者)的态度、公司提倡的共同价值观(诚信、公开、公平)、政策和目标(世界首屈一指)以及管理风格等。 经营哲学同样影响着公司的经营范围和经营效果

(二)公司的目标

『考试频率』★　『重要程度』不重要　老杭贴心话

『考试题型』原文选择题　『复习建议』简单区别两类目标指标

公司目标是公司使命的具体化(具体化的表现：完成期限、定量化、具体指标)，如表1-4所示。

表1-4　财务目标体系和战略目标体系

名称	具体指标
财务目标体系 (包括长期和短期，既包括定量也包括定性)	市场占有率、收益增长率、投资回报率、股利增长率、股票价格评价、现金流以及公司的信任度等
战略目标体系 (包括长期和短期，既包括定量也包括定性)	获取足够的市场竞争优势，在产品质量、客户服务或产品革新等方面压倒竞争对手，使整体成本低于竞争对手的成本，提高公司在客户中的声誉，在国际市场上建立更强大的立足点，建立技术上的领导地位，获得持久的竞争优势，抓住诱人的成长机会等

【例题2·单选题】☆天鸣公司是全球领先的通信基础设施和智能终端提供商，该公司在网站上显著位置有如下说明：致力于把数字科技带入每个人、每个家庭、每个组织，构建万物互联的智能世界。天鸣公司的上述说明体现了该公司的(　)。

A. 目的　B. 宗旨

C. 经营哲学　D. 目标

解析▶公司宗旨旨在阐述公司长期的战略意向，其具体内容主要说明公司目前和未来所从事的经营业务范围。“致力于把数字科技带入每个人、每个家庭、每个组织，构建万物互联的智能世界”属于公司宗旨，选项B正确。

答案▶B

【例题3·单选题】☆甲公司的创始人在创业时就要求公司所有员工遵守一个规定：在经营活动中永远不做违背道德和法律的事情。从公司使命角度来看，此规定属于(　)。

A. 公司目的

B. 公司宗旨

C. 经营哲学

D. 公司目标

解析▶经营哲学是公司为其经营活动所确立的价值观、基本信念和行为准则，是企业文化的高度概括。经营哲学主要通过公司对利益相关者的态度、公司提倡的共同价值观、政策和目标以及管理风格等方面体现出来。经营哲学同样影响着公司的经营范围和经营效果。“在经营活动中永远不做违背道德和法律的事情”体现的是价值观和基本信念。

答案 C

【例题 4 · 单选题】☆下列各项表述中，可以作为企业使命的是(　)。

A. 加强开发项目的质量管理

B. 5 年内在市区建成 2 个地标性建筑

C. 为城市建设的现代化、特色化、合理化添砖加瓦

D. 在开发某地标建筑时，以中国传统文化为基础融入科技元素

解析 使命是企业在社会经济的整体发展方向中所担任的角色和责任，使命通常比较模糊和抽象。目标是使命的具体化。本题主要考核使命和目标的区别，分析时注意从三个方面进行判断：表述中是否有明确的指标，有明确指标的是目标而不是使命；表述中是否有定量的数字，有定量数字的是目标而不是使命；表述中是否有明确的完成时间，有明确时间的是目标而不是使命。选项 A 有明确的指标“质量管理”，选项 B 有明确的时间“5 年”和定量数字“2 个”，选项 D 有明确的指标“某地标建筑”，因此选项 C 正确。

答案 C

三、公司战略的层次★★

老杭贴心话

『考试频率』★★

『重要程度』一般重要

『考试题型』选择题(案例分析+原文)

『复习建议』理解，原文关键词熟记

相对而言，出题概率更大的战略层次是总体战略和业务单位战略。可能的考核形式如下：第一，案例形式，题干信息阐述一家公司的具体做法，要求判断是属于哪个层面的战略。一般而言，如果题干信息首先阐明该公司原来业务，接着说明该公司决定进入哪些新业务，或者是从哪些业务退出，则表明的是该公司不同业务之间的组合变化，属于公司层战略。如果题干主要信息反映的是针对某种特定业务制定对策，则属于业务单位战略。第二，针对三个层次的战略进行理论考核，此种考试形式会紧密结合理论知识内容，建议将三个层次的解释内容阅读到位，在此基础上加强理解。能够根据理论内容解释和关键词总结加以区别，如表 1-5 所示。

表 1-5　战略的层次

战略层次	原文解释	关键词总结	举例
总体战略(公司层战略)	选择企业可以竞争的**经营领域**，**配置**所需**资源**	选择经营领域(业务组合)；资源配置	【恒大——第九个“三年计划”2021－2023 科技驱动多元发展】恒大地产、恒大新能源汽车、恒大物业、恒腾网络、房车宝、恒大童世界、恒大健康、恒大冰泉等八大产业
业务单位战略(竞争战略)	在总体战略确定的经营领域中有效**竞争**	竞争	恒大地产的竞争手段——差异化(精品战略)
职能战略(职能层战略)	涉及企业内各职能部门，如何更好地配置企业内部资源，为各级战略服务，提高组织**效率**。**对于职能战略，要重视不同职能之间的协同作用**	效率 协同	如营销、财务、人力资源等

【案例】跨行业经营企业的战略结构案例(见图 1-2)

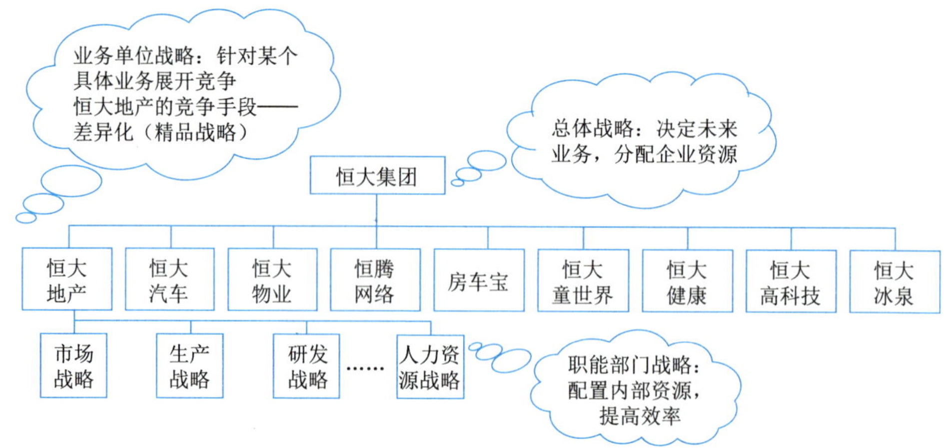

图 1-2　跨行业经营企业的战略结构

『提示』单一业务公司的总体战略和业务单位战略是合二为一的；总体战略和业务单位战略的区分对业务多元化的公司来说才有意义。

【例题 5 · 单选题】☆下列各项中，属于多元化公司总体战略核心要素的是(　)。

A. 明确企业的竞争战略

B. 选择企业可以竞争的经营领域

C. 协调每个职能中各种活动之间的关系

D. 协调不同职能与业务流程之间的关系

解析▶ 题目首先强调多元化公司，表明战略可以分为三个层次(如果是单一业务企业，战略层次仅分为两个，总体战略与业务单位战略合二为一)。总体战略是企业最高层次的战略，它需要根据企业的目标，选择企业可以竞争的经营领域，合理配置企业经营所必需的资源，使各项经营业务相互支持、相互协调。所以选项 B 正确。选项 C、D 属于干扰项。选项 A 属于业务单位战略的核心要素。　**答案**▶ B

【例题 6 · 多选题】☆甲集团的经营范围涉及网络游戏、医药保健，最近该集团宣布进军电子金融领域。由此可见，甲集团的公司战略层次包括(　)。

A. 总体战略

B. 业务单位战略

C. 多元化战略

D. 职能战略

解析▶ 甲集团的经营范围涉及网络游戏、医药保健，最近该集团宣布进军电子金融领域表明甲集团是一家多元化经营的企业。多元化经营的企业战略层次应包含三个：总体战略、业务单位战略和职能战略。如果是一家单一业务企业，战略层次只有两个。所以选项 A、B、D 是正确答案。　**答案**▶ ABD

【例题 7 · 单选题】☆甲集团的经营范围涉及网络游戏、医药保健，最近该集团宣布进军电子金融领域。根据以上信息可以判断，甲集团进军电子金融领域的战略属于(　)。

A. 总体战略　　B. 业务单位战略

C. 一体化战略　　D. 职能战略

解析▶ 总体战略是根据企业的目标，选择企业可以竞争的经营领域，合理配置企业经营所必需的资源，使各项经营业务相互支持、相互协调。甲集团进军电子金融领域表明甲集团选择了新的业务领域，所以属于总体战略。　**答案**▶ A

四、战略管理的内涵和特征★

此部分内容主要阐述战略管理的基本定义和特征。总体上分值不高，战略管理的内涵可以放弃。战略管理的特征如表 1-6 所示，适当熟悉基本结论即可。

表 1-6　战略管理的特征

特征	说明
综合性	一项涉及企业所有管理部门、业务单位及所有相关因素的管理活动
高层次	战略管理必须由企业的高层领导来推动和实施
动态性	根据内外部环境因素的变化进行适当调整或变更

【例题 8·单选题】下列关于战略管理表述的选项中，错误的是(　)。

A. 战略管理是企业的综合性管理

B. 战略管理必须由企业的高层领导和职能管理者来推动和实施

C. 企业战略管理活动应适应企业内外部各种条件和因素的变化进行适当调整或变更

D. 战略管理的核心是对企业现在及未来的整体经营活动进行规划和管理

解析　与企业的日常管理和职能管理不同，战略管理必须由企业的高层领导来推动和实施。选项 B 错误。

答案　B

五、战略管理过程

老杭贴心话

『考试频率』★　　『重要程度』不重要

『考试题型』选择题　　『复习建议』整体了解，个别内容掌握

一般来说，战略管理包含三个关键要素：

(1)战略分析——了解组织所处的环境和相对竞争地位；

(2)战略选择——战略制定、评价和选择；

(3)战略实施——采取措施使战略发挥作用。

从考试来看，可适当复习以下选择题考点。

1. 制订战略选择方案

根据不同层次管理人员介入战略分析和战略选择工作的程度，可以将战略形成的方法分为三种形式(见表 1-7)，三种方法的主要区别在于战略制定中对集权与分权程度的把握不同。

表 1-7　战略形成的方法

方法	说明
自上而下的方法	企业总部的高层管理人员先制定出企业的总体战略，然后由下属各部门根据自身的实际情况将企业的总体战略具体化，形成系统的战略方案
自下而上的方法	在制定战略时，企业最高管理层要求各下属部门积极提交战略方案。企业最高管理层在各部门提交的战略方案基础上，加以协调和平衡，对各部门的战略方案进行必要的修改后加以确认
上下结合的方法	企业最高管理层和下属各部门的管理人员共同参与，通过上下级管理人员的沟通和磋商，制订出适宜的战略

2. 评估战略备选方案

评估备选方案通常使用三个标准：

(1)适宜性标准，要求选择的战略能够发挥企业的优势，克服劣势，利用机会，将威胁削弱到最低程度，有助于企业实现目标；

(2)可接受性标准，要求选择的战略能被企业利益相关者所接受；

(3)可行性标准，对战略的评估最终还要落实到战略收益、风险和可行性分析的财务指标上。

3. 战略实施(略)

【例题 9 · 单选题】☆甲公司评估战略备选方案时，主要考虑选择的战略是否发挥了企业优势，克服了劣势，是否利用了机会，将威胁削弱到最低程度，是否有助于企业实现目标。甲公司评估战略备选方案使用的标准是(　)。

A. 适宜性标准　　B. 外部性标准

C. 可行性标准　　D. 可接受性标准

解析 适宜性标准，考虑选择的战略是否发挥了企业的优势，克服了劣势，是否利用了机会，将威胁削弱到最低程度，是否有助于企业实现目标。 答案 A

六、战略创新管理

(一)什么是战略创新(略)

(二)创新的重要性

老杭贴心话

『考试频率』★　　『重要程度』不重要

『考试题型』选择题　　『复习建议』简单了解，可放弃

(1)创新是企业适应外部环境变化、保证自身生存发展非常重要的能力。

(2)创新是企业获得持续竞争优势的重要来源。

(3)维持企业竞争优势的根本保障是持续不断的进行创新。

(三)战略创新的类型

老杭贴心话

『考试频率』★★★　　『重要程度』非常重要

『考试题型』选择题+主观题　　『复习建议』理解+记忆

英国学者蒂德和贝赞特(Tidd J. & Besant J.)采用4Ps法说明战略创新的几种类型，如表1-8所示。

表 1-8　战略创新的类型

类型(记忆)	内涵解释(不用背，理解。建议阅读教材)
产品创新(product innovation)	指企业向市场提供的产品或服务发生变化。例如：汽车生产企业向市场推出一款新设计的轿车；保险公司针对婴儿设计新的保险险种；专业音响企业提供安装新的家庭娱乐系统服务等

续表

类型(记忆)	内涵解释(不用背，理解。建议阅读教材)
流程创新(process innovation)	指产品和服务的生产和交付方式发生变化。例如：汽车企业或专业音响企业采用新的生产方法或生产设备生产汽车及家庭娱乐系统；保险公司为顾客提供保险服务(销售、理赔等)时采用新的流程
定位创新(position innovation)	指企业目标市场环境可能发生的变化，对现有产品或服务的定位进行调整，通过重新定位影响目标市场对产品或服务的感知
范式创新(paradigm innovation)	指影响企业经营的潜在思维模式的变化

『注意』上述四种创新类型的界限并不十分清晰，经常交织在一起。例如，轮渡公司采用喷气式海洋渡轮既有产品创新也有流程创新。饮料企业将咖啡和果汁由中低端重新定位为高端产品，既是定位创新也是范式创新。

(四)探索战略创新的不同方面

老杭贴心话

『考试频率』★★
『重要程度』一般重要
『考试题型』选择题，案例分析为主
『复习建议』理解，4. 时机——创新生命周期的内容建议侧重掌握

企业在战略创新决策之前，有必要考虑创新各个不同方面的特点。这些特点有可能影响企业关于创新时机和领域的战略决策。如表1-9所示。

表1-9　探索战略创新的不同方面

不同方面	内涵解释(不用背，理解为主)
1. 创新的新颖程度——渐进性还是突破性	渐进性创新是指通过程度较小而且持续的变化实现创新，使企业受到的影响较小，能够保持平稳、正常运转。渐进性创新发生频率较高，影响的范围较小。发生时往往是在某些时点，受到影响的也是企业整个体系当中的某些局部。而突破性创新影响范围较大，属于全面性的变化，会导致企业整个体系发生改变。 一般情况下，企业创新都是以渐进性创新的方式来进行，遵循“做得更好”的思路进行产品或流程创新。要想进行非连续性的突破性创新，需要重新界定市场的空间和边界，开辟新的机会，使市场上原有的企业必须在新的市场条件下进行调整
2. 创新的基础产品和产品家族	企业创新必须持续，而要想实现持续创新，并达到理想效果，企业可以借助“基础产品”或“产品家族”这一方法。这种方法的基本思路就是依托一个稳固的基础产品或可以扩展的产品家族，为企业开展创新提供更大范围的延展空间
3. 创新的层面——在组件层面还是架构层面	亨德森(Henderson R.)和克拉克(Cluck K.)认为，企业开展创新基本不可能只涉及单一的技术和市场，一般情况下都需要处理构成一个完整体系的海量知识。管理者要想实现成功的创新，既要求掌握和使用关于组件的知识，也要求掌握架构的知识，也就是如何将这些组件组合在一起，从而形成一个完整体系的知识

续表

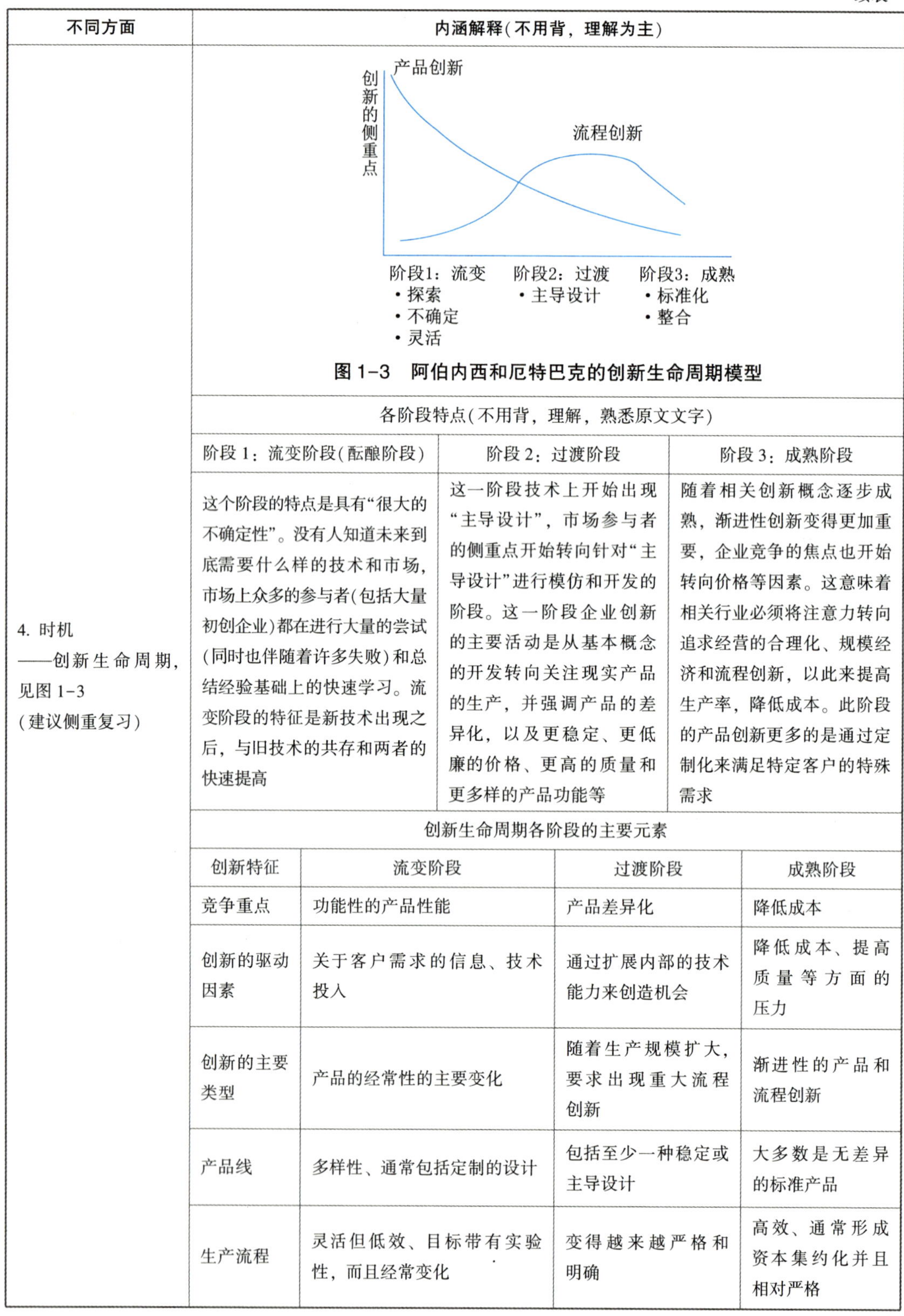

不同方面	内涵解释(不用背，理解为主)
4. 时机 ——创新生命周期，见图1-3 (建议侧重复习)	图1-3 阿伯内西和厄特巴克的创新生命周期模型

图1-3 阿伯内西和厄特巴克的创新生命周期模型

各阶段特点(不用背，理解，熟悉原文文字)

阶段1：流变阶段(酝酿阶段)	阶段2：过渡阶段	阶段3：成熟阶段
这个阶段的特点是具有“很大的不确定性”。没有人知道未来到底需要什么样的技术和市场，市场上众多的参与者(包括大量初创企业)都在进行大量的尝试(同时也伴随着许多失败)和总结经验基础上的快速学习。流变阶段的特征是新技术出现之后，与旧技术的共存和两者的快速提高	这一阶段技术上开始出现“主导设计”，市场参与者的侧重点开始转向针对“主导设计”进行模仿和开发的阶段。这一阶段企业创新的主要活动是从基本概念的开发转向关注现实产品的生产，并强调产品的差异化，以及更稳定、更低廉的价格、更高的质量和更多样的产品功能等	随着相关创新概念逐步成熟，渐进性创新变得更加重要，企业竞争的焦点也开始转向价格等因素。这意味着相关行业必须将注意力转向追求经营的合理化、规模经济和流程创新，以此来提高生产率，降低成本。此阶段的产品创新更多的是通过定制化来满足特定客户的特殊需求

创新生命周期各阶段的主要元素

创新特征	流变阶段	过渡阶段	成熟阶段
竞争重点	功能性的产品性能	产品差异化	降低成本
创新的驱动因素	关于客户需求的信息、技术投入	通过扩展内部的技术能力来创造机会	降低成本、提高质量等方面的压力
创新的主要类型	产品的经常性的主要变化	随着生产规模扩大，要求出现重大流程创新	渐进性的产品和流程创新
产品线	多样性、通常包括定制的设计	包括至少一种稳定或主导设计	大多数是无差异的标准产品
生产流程	灵活但低效、目标带有实验性，而且经常变化	变得越来越严格和明确	高效、通常形成资本集约化并且相对严格

(五)战略创新的情境

老杭贴心话

『考试频率』★★★
『重要程度』非常重要
『考试题型』选择题+主观题，案例分析
『复习建议』理解+记忆，重点复习建立创新型组织相关内容

1. 建立创新型组织(见表 1-10)(建议阅读教材)

表 1-10　创新型组织的组成要素

组成要素(记忆)	关键特征 (不用背，理解为主)	教材细节结论总结(不用背，熟悉为主。 有时间兼顾，没时间放弃)
共同使命、领导力和创新的意愿	明确阐述共同的使命感；延伸战略目标——“高管层的承诺”	“高管层的承诺”(即高管层的参与、作出承诺、付出热情和对创新的积极支持)
合适的组织结构	组织设计使得创造力、学习和互动成为可能；关键问题是在“有机的”和“机械的”模式之间找到恰当的平衡	“有机的”组织一般适合快速变革的环境，“机械的”组织更加适合稳定的环境。 环境越不确定、越复杂，就越需要采用灵活的结构和流程。在一些快速增长的产业(例如电子或生物技术产业)，通常采用更加有机的组织形式；而在成熟产业(例如食品包装产业)往往采用更加机械的组织形式
关键个体	发明者、组织发起者、技术、把关人员和其他角色赋予创新活力或促进创新	—
全员参与创新	参与整个组织的持续改进活动	—
有效的团队合作	适当地使用团队(在本部门、跨职能和组织间)来解决问题，需要在团队选择和建设上给予投入	影响高效团队合作的关键因素包括： (1)得到明确定义的任务和目标； (2)有效的团队领导； (3)团队角色和个人行为风格的良好平衡； (4)小组内部有效的冲突解决机制； (5)与外部组织的持续联络。 通常，团队会经历形成、震荡、规范化和执行四个发展阶段，也就是说，各种力量汇集在一起，然后经历一个解决内部的领导、目标等方面分歧和冲突的阶段，进而得到对管理团队工作方式的共同价值观和规则的承诺。只有到达最后这一阶段，团队才能有效地完成任务

续表

组成要素(记忆)	关键特征(不用背，理解为主)	教材细节结论总结(不用背，熟悉为主。有时间兼顾，没时间放弃)
创造性的氛围	使用积极的方法来获得创造性的想法，得到相关激励系统的支持	氛围如何影响创新，从六个最关键的因素进行阐述。 (1)信任和开放性。 (2)挑战和参与。挑战和参与主要指员工参与日常运营、长期目标和使命的程度。 (3)组织松弛度。这一概念被用来识别当前所需的资源与组织所能获得的全部资源之间的差异。 (4)冲突和争论。组织的目标并不一定是最小化冲突和最大限度地达成一致，而是保持一种建设性的冲突水平，以满足多样化和创造性解决问题的不同偏好。 (5)风险承担。组织有必要在风险和稳定之间保持一种平衡。 (6)自由。自由被描述为组织内成员行为的独立性。要在个人、工作团队和组织之间保持适当的平衡
跨越边界	内部和外部的顾客导向；广泛的网络	在建立创新型组织过程中，开发一种外部导向意识，并保持这种意识贯穿于组织的各个层面是非常重要的。 外部导向意识首先体现为强化对组织内部和外部多方位顾客的联系和协同。更多的外部导向不仅仅限于组织内外部的顾客和终端用户，开放式创新需要与形形色色的利益相关者建立联系，包括供应商、合作者、竞争者、管理者和很多其他的主体，单一的组织也因此需要以某种网络系统形式与其他组织——供应链、产业集群、合作学习俱乐部等进行融合

2. 制定创新的战略(具体内容略)

(六)创新管理的主要过程

老杭贴心话

『考试频率』★★　　『重要程度』一般重要

『考试题型』选择题，案例分析　　『复习建议』理解

创新管理的主要过程如表1-11所示。

表1-11　创新管理的主要过程

阶段(适当记忆)	内涵(不用背，理解为主)
1. 搜索阶段	如何找到创新的机会。涉及搜索环境中有关潜在变革的信号
2. 选择阶段	要做什么以及为什么
3. 实施阶段	如何实现创新。逐渐汇集各种知识并产生创新的过程
4. 获取阶段	如何获得利益。为了更好地获得创新带来的回报，企业需要在内部不同业务流程，例如采购、分销等采用多种新的方法(也可视为流程创新)在进行创新推广时获取更多的收益；企业也需要重视知识产权保护(无论是通过获得正式专利还是使用非正式隐性知识的方法)来维护自身的竞争优势；企业还需要在“再创新”中占据主动地位，从而能够掌控和引领创新的发展方向

【例题10·多选题】C国G省旅游局推出大型文艺演出节目“人物山水”，将歌舞与风景结合在一起，启用乡村百姓担任主要演员，让观众更直观地体验到“人物山水”是真正从山水和农民中“降生”的艺术，其独特的设计使得一场文艺演出成为当地旅游的经典品牌。G省旅游局的上述做法体现的战略创新类型包括（　）。

A. 产品创新　　B. 流程创新
C. 定位创新　　D. 范式创新

解析▶“C国G省旅游局推出大型文艺演出节目‘人物山水’，将歌舞与风景结合在一起，启用乡村百姓担任主要演员，让观众更直观地体验到‘人物山水’是真正从山水和农民中‘降生’的艺术，其独特的设计使得一场文艺演出成为当地旅游的经典品牌”体现的是产品创新。“启用乡村百姓担任主要演员，让观众更直观地体验到‘人物山水’是真正从山水和农民中‘降生’的艺术”体现的是流程创新。“将歌舞与风景结合在一起”“其独特的设计使得一场文艺演出成为当地旅游的经典品牌”体现的是定位创新。“启用乡村百姓担任主要演员，让观众更直观地体验到‘人物山水’是真正从山水和农民中‘降生’的艺术”体现的是范式创新。　**答案**▶ABCD

七、战略管理中的权力与利益相关者

（一）企业主要的利益相关者（见表1-12）

老杭贴心话

『考试频率』★
『重要程度』不重要
『考试题型』个别选择题
『复习建议』尚未出过考题，简单了解

表1-12　企业主要的利益相关者

利益相关者分类		利益期望
内部利益相关者	向企业投资的利益相关者，包括股东与机构投资者	资本收益——股息、红利。 如果一个企业的投资者不止一方，争得多数股权也是各方股东的利益所在
	经理阶层	销售额最大化
	企业员工	是多方面的，主要追求个人收入和职业稳定的极大化
外部利益相关者	政府	最直接的利益期望是对企业税收的期望
	购买者和供应者	在他们各自的阶段增加更多的价值
	债权人	企业有理想的现金流量管理状况，以及较高的偿付贷款和利息的能力
	社会公众	企业能够承担一系列的社会责任

（二）企业利益相关者的利益矛盾与均衡（考试概率很低，　略）

（三）权力与战略过程

老杭贴心话

『考试频率』★★★　　『重要程度』一般重要
『考试题型』案例分析选择题　　『复习建议』理解

· 权力：Power

个人或利益相关者能够采取（或者说服其他有关方面采取）某些行动的能力。

· 职权：Authority

职权是指管理职位所固有的发布命令和希望命令得到执行的一种权力。权力与职权的区别如表 1-13 所示。

表 1-13　权力与职权的区别

权力	职权
权力的影响力在各个方面	职权沿着企业的管理层次方向自上而下
受制权力的人不一定能够接受这种权力	职权一般能够被下属接受
权力来自各个方面	职权包含在企业指定的职位或功能之内
权力很难识别和标榜	职权在企业的组织结构图上很容易确定

1. 企业利益相关者的权力来源

（1）对资源的控制与交换的权力。（考虑资源的稀缺程度与企业的依赖性）

（2）在管理层次中的地位。（法定权＝奖励权＋强制权）

（3）个人的素质和影响。（榜样权和专家权）

（4）参与或影响企业的战略决策与实施过程。

（5）利益相关者集中或联合的程度。

2. 在战略决策与实施过程中的权力运用（见表 1-14，图 1-4）

如果用合作性和坚定性两维坐标来描述企业某一利益相关者在企业战略决策与实施过程中的行为模式，可以分为以下 5 种类型。

表 1-14　在战略决策与实施过程中的权力运用

类型	内涵（理解，不用背）	通俗解释（理解）
对抗	坚定行为+不合作行为。 企业利益相关者运用这种模式处理矛盾与冲突，目的在于使对方彻底就范，根本不考虑对方的要求，并坚信自己有能力实现所追求的目标	抵抗到底
和解	不坚定行为+合作行为。 一方利益相关者面对利益矛盾与冲突时，设法满足对方的要求，目的在于保持或改进现存的关系。和解模式通常表现为默认和让步	单方面让步
协作	坚定行为+合作行为。 在对待利益矛盾与冲突时，既考虑自己利益的满足，也考虑对方的利益，力图寻求相互利益的最佳结合点，并借助于这种合作，使双方的利益都得到满足	找共同点
折中	中等程度的坚定性+中等程度的合作性行为。 通过各方利益相关者之间的讨价还价，相互做出让步，达成双方都能接受的协议。折中模式既可以采取积极的方式，也可以采取消极的方式。前者是指对冲突的另一方做出承诺，给予一定的补偿，以求得对方的让步；后者则以威胁、惩罚等要挟对方做出让步。多数场合，则是双管齐下	双方让步
规避	不坚定行为+不合作行为。 以时机选择的早晚区分为两种情况：一种是当预期将要发生矛盾与冲突时，通过调整来躲避冲突；另一种情况是当矛盾与冲突实际发生时主动或被动撤出	惹不起躲得起

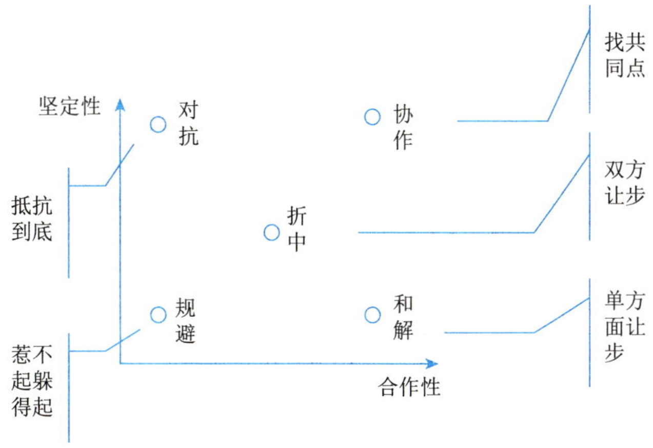

图 1-4　对待矛盾与冲突的行为模式图

【例题 11 · 单选题】专营化妆品销售的美肤公司取得某外商产品的独家经销权后发现，该外商把部分产品批发给另一家化妆品经销商，于是向该外商提出抗议并威胁将诉诸法律。对方当即表示将杜绝同类事情发生并向美肤公司做出赔偿。美肤公司接受了对方的意见。在本案例中，美肤公司对待矛盾与冲突的行为方式是(　)。

A. 对抗　　B. 和解　　C. 折中　　D. 协作

解析　发生冲突时，美肤公司向该外商提出抗议并威胁将诉诸法律，对方当即表示将杜绝同类事情发生并向美肤公司做出赔偿，美肤公司接受了对方的意见。表现了该外商单方面进行让步，美肤公司坚持自己的利益，所以美肤公司的方式属于对抗。　**答案**　A

扫我做试题

一、单项选择题

1. ☆云飞公司最初是一家电子商务企业，后来成长为业务涵盖网上商城、餐饮、酒店和物流的大型多元化公司。云飞公司的发展体现了公司(　)。
A. 经营哲学的变化
B. 宗旨的变化
C. 目的的变化
D. 战略层次的变化

2. ☆以营利为目的而成立的组织，其首要目的是(　)。
A. 履行社会职责
B. 保证员工利益

关于“扫我做试题”，你需要知道

亲爱的读者，微信扫描对应小程序码，并输入封面防伪贴激活码，即可同步在线做题，提交后还可查看做题时间、正确率及答案解析。

微信搜索小程序“会计网题库”，选择对应科目，点击图书拓展，即可练习本书全部“扫我做试题”（首次需输入封面防伪贴激活码）。

C. 实现经营者期望

D. 为其所有者带来经济价值

3. 黑蚂蚁是一家在线旅游平台公司，业务集中在东南亚及北美市场。近期，公司要制定未来三年发展计划。下列选项中，属于该公司战略目标体系的是(　)。

A. 投资回报率

B. 股票价格评价

C. 获得持久的竞争力

D. 公司的信任度

4. W公司是C国一家房地产公司。根据C国经济环境的变化，W公司逐渐缩减房地产业务，开始进军娱乐、体育和旅游行业。计划到2020年年底，从房地产企业转型为综合性企业。预计到2020年，W公司超过2/3的收入和净利润将来自服务业。该公司的这种做法属于(　)。

A. 竞争战略　　B. 公司层战略

C. 职能战略　　D. 业务单位战略

5. 乙公司是一家航空公司，计划进入欧洲市场，开设长距离新航线。在进行相关战略分析时，对影响其战略的内部因素分析不包括(　)。

A. 资源分析　　B. 产业环境分析

C. 企业能力分析　　D. 战略能力分析

6. 甲公司是一家民营企业，公司创办人受过良好的MBA教育。在管理企业过程中，比较注重发挥下属员工的智慧和创造力。2010年，受欧债危机的影响，公司原有业务出现大幅萎缩。为了明确公司下一步发展的方向，公司创办人要求下属各部门积极献策，为公司未来发展提供思路。在此基础上，经过公司高层的协调和平衡，最终明确了未来发展方向。根据以上信息可以判断，甲公司形成战略的方法是(　)。

A. 自上而下　　B. 自下而上

C. 上下结合　　D. 团队结合

7. 甲公司是一家成衣生产企业，正在考虑将工厂搬迁至成本更低的东南亚国家。在进行这一决策时，甲公司需要充分考虑公司所在地政府、供货商和员工的意见。这表明，甲公司在进行战略评估时，主要考虑的是(　)。

A. 适宜性标准

B. 可接受性标准

C. 可行性标准

D. 足量性标准

8. M国人工智能产业经过多年发展，技术研发开始出现主导设计。众多厂商将侧重点转向模仿和开发，创新的主要活动从根本概念的开发转向关注产品差异化。根据创新生命周期模型，这一阶段创新的主要类型是(　)。

A. 产品创新　　B. 流程创新

C. 定位创新　　D. 范式创新

9. 截至2016年秋，U国甲航空公司与M航空公司合并已有5年，但原甲公司和M公司机舱服务员的劳工合约仍未统一。为此，原甲公司与M公司的机舱服务员在临近圣诞节期间发起抗议行动，有效推动了该项问题的解决。本案例中原甲公司与M公司机舱服务员的权力来源于(　)。

A. 在管理层次中的地位

B. 个人的素质和影响

C. 参与或影响企业战略决策与实施过程

D. 利益相关者集中或联合的程度

10. 乙公司是一家政府控制的垄断企业，面临着不变的竞争环境和不变的产品需求。因而，生产中的关键环节是保持机器的运行和避免在生产中突然出现故障。而企业中维修工人处理故障、保证机器运行的技术和经验是通过口头培养工程师的传统进行，而不是通过标准的图纸。若干年后，这些机器的原有资料不见了，这些维修工人和工程师由此获得了相对于管理层和操作工人更大的权力。根据以上信息可以判断，这些维修工人和工程师获得权力的来源是(　)。

A. 参与或影响企业的战略决策与实施过程

B. 在管理层次中的地位

C. 对资源的控制与交换的权力

D. 个人的素质和影响

11. ☆大型采掘设备制造商长河公司在某发达国家建立了一个生产和销售基地。面对当地陌生而复杂的法律环境，该公司的法律事务部门拥有了较之国内更大的权力。它来源于(　)。

A. 对资源的控制与交换的能力

B. 个人的素质和影响

C. 利益相关者集中或联合的程度

D. 在管理层次中的地位

12. ☆成功的管理者需要建立起榜样权和专家权。关于榜样权和专家权，下列表述中正确的是(　)。

A. 是管理者的权力来源之一

B. 主要存在于正式组织中

C. 是管理者在管理层次中的体现

D. 是管理者对资源的控制的体现

13. DZ公司是一家跨国汽车制造商，拥有先进技术。C国是一个发展中大国，汽车消费潜力巨大。DZ公司进入C国时，C国政府提出“以市场换技术”的政策，DZ公司积极配合。根据以上信息可以判断，DZ公司这种行为模式属于(　)。

A. 对抗　　B. 和解

C. 协作　　D. 规避

14. ☆国内大型制冷设备制造商西奥公司拟在欧洲N国建立生产基地并雇佣当地操作员工。当得知N国劳动者工资水平高且经常在工会支持下提出增加福利的要求后，西奥公司修改了投资和建设方案，所需操作员工全部由机器人代替。西奥公司在战略决策与实施过程中的行为方式是(　)。

A. 对抗　　B. 折中

C. 协作　　D. 规避

15. ☆2015年，大型冶金企业金通公司为获得稳定的原料来源，向某稀土开采企业提出以20亿元人民币并购该企业的要求，遭到后者拒绝。后来双方经多次谈判，最终达成以部分股权互换的方式结为战略联盟的协议，金通公司在战略决策与实施过程中的行为模式属于(　)。

A. 对抗　　B. 折中

C. 和解　　D. 规避

16. ☆某公司管理层拟将该公司旗下的两家子公司合并以实现业务重组，这两家子公司的大部分员工面临工作环境改变甚至下岗的风险。这些员工联合起来进行了坚决的抗争，致使公司管理层放弃了上述决定。公司管理层对待和处理这场冲突的策略是(　)。

A. 规避　　B. 协作

C. 折中　　D. 和解

二、多项选择题

1. 下列关于战略表述的选项中，错误的有(　)。

A. 现代的战略概念既包括企业终点也包括途径

B. 传统战略概念主要强调战略的计划性、应变性和长期性

C. 战略的核心在于预谋性

D. 组织的有限理性强调战略的反应性

2. 甲公司主营产品为烟气净化与灰渣处理系统设备，主要用于钢铁冶金和垃圾焚烧发电领域的废气、固废的环境污染防治。下列选项中，属于甲公司总体战略决策范畴的有(　)。

A. 制定烟气净化与灰渣处理系统设备价格的决策

B. 由钢铁冶金行业进入电力行业的决策

C. 收购境外一家烟气净化企业的决策

D. 调整企业组织架构的决策

3. 乙公司主要业务领域位于我国的东北地区。随着企业规模的不断扩张，企业领导人把眼光投向了与我国东北地区具有极大相似性的邻国俄罗斯。为了保证企业扩张的成功，该企业决定对俄罗斯的经营环境

进行全面评估，那么，进行企业外部因素分析时主要应从(　)进行分析。

A. 宏观环境　B. 企业能力

C. 产业环境　D. 竞争环境

4. S公司是一家在美国上市的互联网公司，计划通过私有化回归国内A股市场。在面对IPO和借壳两种方式时，考虑到政府相关政策限制，以及股东对上市时间和回报的要求，最终决定采用借壳方式，顺利登陆A股市场。根据以上信息可以判断，S公司评估战略备选方案时，使用的标准有(　)。

A. 适宜性标准　B. 可接受性标准

C. 可行性标准　D. 外部性标准

5. 甲公司是一家生产空调的民营企业。公司创办人经过分析后，决定进军汽车制造业。在决定是否选择该战略时，甲公司可以考虑的战略选择方法有(　)。

A. 根据企业目标选择战略

B. 提交上级管理部门审批

C. 聘请外部专家

D. 提请职工大会讨论

6. 由于消费者对果汁高含糖量、高热量的担忧，C国果汁的人均消费量开始逐渐下降。T西瓜汁公司瞄准国内高净值人群，新推出了一种西瓜汁+椰子水的混合饮品，纯手工制作，新鲜压榨并通过最低限度的方式加工以最大限度的保留其营养成分。受到高净值人群的欢迎。根据战略创新管理相关理论，T西瓜汁公司战略创新主要类型包括(　)。

A. 产品创新　B. 流程创新

C. 定位创新　D. 范式创新

7. 新平公司进入共享单车市场时，将自身定位于硬件公司，认为单车本身是共享经济的先决条件。为了解决城市管理者对共享单车的管理难题，重新调整产品定位，将共享单车从商业属性拓展至公益属性，满足了市民“最后一公里”的出行需求，也为政府管理城市和服务市民提供了支持。根据以上信息分析，新平公司战略创新的类型包括(　)。

A. 产品创新　B. 流程创新

C. 定位创新　D. 范式创新

8. ☆下列各项对权力与职权的概念的理解中，正确的有(　)。

A. 职权也是权力的一种类型

B. 利益相关者内部的联合程度会影响其职权大小

C. 榜样权和专家权是个人素质和影响的重要方面

D. 权力只沿着企业的管理层次自上而下

三、简答题

在汽车产业电动化、智能化、网联化、共享化融合变革之际，被称为“造车新势力”之一的家家智能汽车公司于2015年正式成立，家家公司的董事长兼创始人王向认为，汽车制造业已经进入2.0数字时代，其特征是电机驱动+智能互联；而汽车3.0时代是人工智能时代，其特征是无人驾驶+出行空间。为了赢得2.0时代，并参与3.0时代的竞争，家家公司开始全面布局：通过三轮融资获得资金，拥有了自己的制造基地，与国内最大的出租车网约平台合作切入共享出行领域，积极投资产业链(包括投资孵化自动驾驶系统供应商MJ公司、专注自动驾驶中央控制器的ZX公司以及研发生产激光雷达的LH公司等)。

王向认为，未来企业竞争的关键要素，是具备快速成长能力的公司组织。他把60%的时间用于组织管理，以是否具备创新能力与价值观而非是否来自成功大企业为标准选拔人才；帮助团队中每一个人成就心中的事业追求，去挑战自己和团队成长的极限。

家家公司的第一款产品SEV面向国内外共享汽车使用群体，续航里程将超过100公里。但是，两年筹备之后，由于低速车的合法性以及海外分时租赁市场实际容量的局限，这个雄心勃勃的计划还是夭折了。面对挫折，王向立即将公司产品开发重心转移到中大型 SUV 的“家家智造 ONE”。为了实现“没有里程焦虑”“家家智造 ONE”采用全新的形式——增程式电动。王向认为，相对于 U 国 TL 等电动车采用的充电桩/换电站等方式，中国消费者更需要从产品本身去解决问题的产品。2018 年 10 月 18 日晚，备受汽车及科技界人士瞩目的家家公司新车——“家家智造 ONE”于 B 市正式发布。这场发布会没有明星大腕捧场助阵，全程由王向一人直接以大量数据对比和充满硬核知识的“干货”完成了自我演绎，让消费者在各类新产品中有了清晰的比较。王向表示，“家家智造 ONE”定价不会高于 40 万元，而增程式电动技术显著难于纯电动车，因而“家家智造 ONE”的性价比具有优势。

2018 年 12 月，家家公司以 6.5 亿元收购 LF 股份公司所持有的 C 市 LF 汽车公司 100%股权，被业界称为家家“完美避开进入门槛”，取得了新能源汽车的生产资质，以实现王向掌控并引领新能源汽车市场的梦想。而此举对于 LF 股份公司而言是其战略重组的一部分，将经营不善的 C 市 LF 汽车公司剥离出去，以应对流动资金不足的困境。家家公司与 LF 股份还签署了为期 3 年的框架合作协议。双方将通过资源互补、技术互补等方式，在新能源技术开发、车联网、人车交互及数据共享等领域形成技术联盟。

要求：

(1)简要分析家家公司战略创新的类型。

(2)简要分析家家公司战略创新赖以实现的关键情境之一——建立创新型组织的表现。

同步训练答案及解析

一、单项选择题

1. B 【解析】公司宗旨旨在阐述公司长期的战略意向，其具体内容主要说明公司目前和未来所从事的经营业务范围。“云飞公司最初是一家电子商务企业，后来成长为业务涵盖网上商城、餐饮、酒店和物流的大型多元化公司”体现的是经营业务范围的变化，即公司宗旨的变化，选项 B 正确。

2. D 【解析】本题属于对理论知识原文的考核。公司目的是企业组织的根本性质和存在理由的直接体现，组织按其存在理由可以分为两大类：营利组织和非营利组织。以营利为目的成立的组织，其首要目的是为其所有者带来经济价值。例如，通过满足客户需求、建立市场份额、降低成本等来增加企业价值，其次的目的是履行社会责任，以保障企业主要经济目标的实现。

3. C 【解析】

财务目标体系 (包括长期和短期，既包括定量也包括定性)	市场占有率、收益增长率、投资回报率、股利增长率、股票价格评价、现金流以及公司的信任度等
战略目标体系 (包括长期和短期，既包括定量也包括定性)	获取足够的市场竞争优势，在产品质量、客户服务或产品革新等方面压倒竞争对手，使整体成本低于竞争对手的成本，提高公司在客户中的声誉，在国际市场上建立更强大的立足点，建立技术上的领导地位，获得持久的竞争力，抓住诱人的成长机会等

4. B 【解析】总体战略是企业最高层次的战略。它需要根据企业的目标，选择企业可以竞争的经营领域，合理配置企业经营所必需的资源，使各项经营业务相互支持、相互协调。W 公司是一家房地产公司，根据 C 国经济环境的变化，逐渐缩减房地产业务，开始进军娱乐、体育和旅游行业，表明该公司针对自身业务组合进行了调整，因此属于总体战略。

5. B 【解析】外部环境分析可以从企业所面对的宏观环境、产业环境、竞争环境几个方面展开。内部环境分析可以从企业的资源与能力、价值链和业务组合等几个方面展开。内部环境分析要了解企业自身所处的相对地位，具有哪些资源以及战略能力。

6. B 【解析】根据不同层次管理人员介入战略分析和战略选择工作的程度，战略形成三种方法包括自上而下、自下而上、上下结合，其主要区别在于战略制定中对集权与分权程度的把握。自下而上的方法在制定战略时，企业最高管理层对下属部门不做具体规定，而要求各部门积极提交战略方案。企业最高管理层在各部门提交的战略方案基础上，加以协调和平衡，对各部门的战略方案进行必要的修改后加以确认。所以选项 B 正确。

7. B 【解析】评估备选方案通常使用三个标准：一是适宜性标准，考虑选择的战略是否发挥了企业的优势，克服了劣势，是否利用了机会，将威胁削弱到最低程度，是否有助于企业实现目标；二是可接受性标准，考虑选择的战略能否为企业利益相关者所接受，实际上并不存在最佳的、符合各方利益相关者的统一标准，经理们和利益相关团体的不同的价值观和期望在很大程度上影响着战略的选择；三是可行性标准，对战略的评估最终还要落实到战略收益、风险和可行性分析上。甲公司需要充分考虑公司所在地政府、供货商和员工的意见，表明主要考虑的是企业利益相关者，因此选项 B 为答案。

8. B 【解析】根据案例材料可以判断 M 国人工智能产业处于创新生命周期的阶段2(过渡阶段)，这一阶段的特点是“出现主导设计并且侧重点转向模仿和开发的阶段。这一阶段创新的主要活动从根本概念的开发转向关注产品差异化，以及更稳定、更廉价、更高质量和更多样的功能等”。创新的主要类型是随着生产规模扩大，要求出现重大流程创新。

9. D 【解析】机舱服务员在临近圣诞节期间发起抗议行动，有效推动了该项问题的解决。属于利益相关者集中或联合的程度。股东、经理、劳动者影响企业决策的实力与他们自身的联合程度有关，团结就是力量。

10. C 【解析】企业利益相关者的权力来源包括：①对资源的控制与交换的权力；②在管理层次中的地位；③个人的素质和影响；④参与或影响企业的战略决策与实施过程；⑤利益相关者集中或联合的程度。这些维修工人和工程师获得权力是因为他们掌握了处理故障、保证机器运行的技术和经验，因此选项 C 正确。

11. A 【解析】该公司面临当地陌生而复杂的法律环境，对法律部门掌握的关键资源比较依赖，选项 A 正确。

12. A 【解析】榜样权和专家权是管理者权力来源之一。

13. C 【解析】协作是坚定行为加合作行为。在对待利益矛盾与冲突时，既考虑自己利益的满足，也考虑对方的利益，力图寻求相互利益的最佳结合点，并借助于这种合作，使双方的利益都得到满足，即“找共同点”。“C 国政府提出‘以市场换技术’的政策，DZ 公司积极配合”表明双方的利益都得到满足，即协作。

14. D 【解析】“西奥公司得知 N 国劳动者工资水平高且经常在工会支持下提出增

加福利的要求后，西奥公司修改了投资和建设方案，所需操作员工全部由机器人代替”表明当预期将要发生矛盾与冲突时，通过调整来躲避冲突，属于规避。

15. B 【解析】金通公司提出并购要求遭到拒绝，后来双方经多次谈判，最终达成以部分股权互换的方式结为战略联盟的协议，是中等程度的坚定性和中等程度的合作性行为的组合，属于折中。选项 B 正确。

16. D 【解析】本题考核的是在战略决策与实施过程中的权力运用。在本题中，管理层采取的是放弃决定，是不坚定行为与合作行为的组合，即为和解。和解模式通常表现为默认和让步。

二、多项选择题

1. ABC 【解析】现代的战略概念只包括途径，不包括企业终点本身，传统的战略概念既包括终点也包括途径，选项 A 错误。现代的战略概念强调战略的应变性、竞争性和风险性，传统战略概念主要强调战略的计划性、全局性和长期性，选项 B 错误。战略既是预先性的(预谋战略)，又是反应性的(适应性战略)，选项 C 错误。选项 D 属于细小内容的考核。其含义为“组织存在的有限理性，即组织不可能掌握到所有的信息，没有能力考虑到所有的选择，所以制定的战略要具有应变性”。

2. BCD 【解析】总体战略又称公司层战略。在大中型企业里，特别是多种经营的企业里，总体战略是企业最高层次的战略。它需要根据企业的目标，选择企业可以竞争的经营领域，合理配置企业经营所必需的资源，使各项经营业务相互支持、相互协调。选项 A 中制定价格的决策属于企业的职能战略，不是公司层战略决策。

3. ACD 【解析】外部环境分析可以从企业所面对的宏观环境、产业环境、竞争环境几个方面展开。内部环境分析可以从企业的资源与能力、价值链和业务组合等方面展开。

4. ABC 【解析】评估备选方案通常使用三个标准：第一是适宜性标准，考虑选择的战略是否发挥了企业的优势，克服了劣势，是否利用了机会，将威胁削弱到最低程度，是否有助于企业实现目标。第二是可接受性标准，考虑选择的战略能否为企业利益相关者所接受。实际上并不存在最佳的、符合各方利益相关者的统一标准，经理们和利益相关团体的不同的价值观和期望在很大程度上影响着战略的选择。第三是可行性标准，对战略的评估最终还要落实到战略收益、风险和可行性分析上。政府及股东属于利益相关者，因此 S 公司考虑到政府相关政策限制，以及股东对上市时间和回报的要求属于可接受性标准。S 公司考虑股东对回报的要求落实到了战略收益上，考虑政府的限制落实到了可行性分析上，因此属于可行性标准。政府相关政策的限制也体现出环境的威胁，属于适宜性标准。

5. AC 【解析】战略选择可以考虑以下几种方法：①根据企业目标选择战略；②提交上级管理部门审批；③聘请外部专家。甲公司是一家民营企业，无上级主管部门一说，因此选项 A、C 为正确答案。

6. ABCD 【解析】“新推出了一种西瓜汁+椰子水的混合饮品”属于产品创新；“纯手工制作，新鲜压榨并通过最低限度的方式加工以最大限度的保留其营养成分”属于流程创新；“瞄准国内高净值人群”属于定位创新；“由于消费者对果汁高含糖量、高热量的担忧，C 国果汁的人均消费量开始逐渐下降……新鲜压榨并通过最低限度的方式加工以最大限度的保留其营养成分……受到高净值人群的欢迎”属于范式创新。

7. CD 【解析】新平公司战略创新的类型表现为定位创新和范式创新。①定位创新。

"将自身定位于硬件公司，认为单车本身是共享经济的先决条件。为了解决城市管理者对共享单车的管理难题，重新调整产品定位，将共享单车从商业属性拓展至公益属性，满足了市民'最后一公里'的出行需求，也为政府管理城市和服务市民提供了支持"。②范式创新。上述定位创新的表现也体现了思维模式的变化。

8. AC 【解析】利益相关者内部的联合程度会影响其权力的大小，而不是职权的大小，选项 B 的说法错误。权力的影响在各个方面，而职权沿着企业的管理层次方向自上而下，选项 D 的说法错误。

权力与职权的区别：

权力	职权
权力的影响力在各个方面	职权沿着企业的管理层次方向自上而下
受制权力的人不一定能够接受这种权力	职权一般能够被下属接受
权力来自各个方面	职权包含在企业指定的职位或功能之内
权力很难识别和标榜	职权在企业的组织结构图上很容易确定

三、简答题

【答案】

(1)本案例中，家家公司战略创新的类型主要表现为产品创新。"家家智造 ONE"采用全新的形式——增程式电动。王向认为，相对于 U 国 TL 等电动车采用的充电桩/换电站等方式，中国消费者更需要从产品本身去解决问题的产品。

(2)本案例中，家家公司战略创新赖以实现的关键情境之一——建立创新型组织，主要体现为以下两个方面：

①共同使命、领导力和创新的意愿。"家家公司的董事长兼创始人王向认为，汽车制造业已经进入 2.0 数字时代，其特征是'电机驱动+智能互联'；而汽车 3.0 时代是人工智能时代，其特征是'无人驾驶+出行空间'。为了赢得 2.0 时代，并参与 3.0 时代的竞争，家家公司开始全面布局""家家公司的第一款产品 SEV 面向国内外共享汽车使用群体，续航里程将超过 100 公里。但是，两年筹备之后，由于低速车的合法性以及海外分时租赁市场实际容量的局限，这个雄心勃勃的计划还是夭折了。面对挫折，王向立即将公司产品开发重心转移到中大型 SUV 的'家家智造 ONE'""2018 年 12 月，家家公司以 6.5 亿元收购 LF 股份公司所持有的 C 市 LF 汽车公司 100%股权，被业界称为家家'完美避开进入门槛'，取得了新能源汽车的生产资质，以实现王向掌控并引领新能源汽车市场的梦想"。

②全员参与创新。"王向认为，未来企业竞争的关键要素，是具备快速成长能力的公司组织。他把 60% 的时间用于组织管理，以是否具备创新能力与价值观而非是否来自成功大企业为标准选拔人才；帮助团队中每一个人成就心中的事业追求，去挑战自己和团队成长的极限"。

第二章　战略分析

考情解密

历年考情概况

本章分值一般在 20~25 分左右，考点较多，内容有一定难度。主观题考试比重较大，典型考点包括 PEST 分析、产品生命周期、五种竞争力分析模型、战略群组分析、钻石模型、价值链分析、波士顿矩阵、SWOT 分析等。

近年考点直击

主要考点		主要考查题型	考频指数	考查角度
外部环境	PEST 模型	选择题(案例分析)+主观题(案例分析)	★★★	给出案例材料，进行 PEST 四大环境要素的归纳，进一步判断哪些属于机会(有利因素)，哪些属于威胁(不利因素)
	产品生命周期	选择题(案例分析)+主观题(案例分析)	★★★	给出案例材料，要求判断生命周期阶段
	五力模型	选择题(案例分析)+主观题(案例分析)	★★★	给出案例材料，针对五种力量进行分析
	竞争对手分析	选择题(案例分析)	★★	针对竞争对手能力细节内容进行案例分析
	战略群组分析	选择题(案例分析)+主观题(案例分析)	★★★	给出案例材料，进行战略群组的划分，并分析战略群组分析的作用
内部环境	资源与能力分析	选择题(案例分析)+主观题(案例分析)	★★★	给出案例材料，要求分析资源类型、决定企业竞争优势的资源判断标准、五种能力的具体表现，要求分析基准类型进行钻石模型四大要素的归纳，进一步判断哪些属于机会(有利因素)，哪些属于威胁(不利因素)
	价值链分析	选择题(案例分析)+主观题(案例分析)	★★★	给出案例材料，进行价值链两种活动的判断，分析企业资源能力的价值链分析在案例中的具体表现
	波士顿矩阵	选择题(案例分析)+主观题(案例分析)	★★★	给出案例材料，分析所属波士顿矩阵产品类型，并给出对策或建议
SWOT 分析		选择题(案例分析)+主观题(案例分析)	★★★	给出案例材料，进行 SWOT 分析，根据 SWOT 分析的应用说明战略类型

 2022 年考试变化

结构：第一节钻石模型调整至第二节。
内容：变化不大，细节文字和案例调整。

考点详解及精选例题

一、宏观环境分析(PEST 分析)

老杭贴心话

『考试频率』★★★　　『重要程度』非常重要
『考试题型』选择题和主观题，案例分析为主
主观题典型考法：
(1)运用 PEST 分析方法，针对××所处环境进行分析。
(2)运用 PEST 分析方法，简要分析××面临的机会与威胁。(或者：有利和不利因素)
『复习建议』四大环境要素内容适当熟悉理解，细节内容不用背

PEST 分析：政治和法律环境因素、经济环境因素、社会和文化环境因素、技术环境因素，如表 2-1 所示。

表 2-1　PEST 分析

宏观环境要素	主要分析内容	
政治和法律环境因素	政治因素	(1)企业所在国家和地区的政局稳定状况； (2)政府行为对企业的影响(如何对待国家所拥有的资源)； (3)经济体制：指在一定区域内(通常为一个国家)制定并执行经济决策的各种机制的总和。通常指国家经济组织的形式，它规定了国家与企业、企业与企业、企业与各经济部门之间的关系，并通过一定的管理手段和方法来调控或影响社会经济流动的范围、内容和方式等； (4)各政治利益集团对企业活动产生的影响
	法律因素	(略)
经济环境因素	(1)社会经济结构：是指国民经济中不同的经济成分、不同的产业部门及社会再生产各方面在组成国民经济整体时相互的适应性、量的比例及排列关联的状况，主要包括：产业结构、分配结构、交换结构、消费结构、技术结构等； (2)经济发展水平与状况：经济发展水平是指一个国家经济发展的规模、速度和所达到的水平，主要指标：国内生产总值(GDP)、人均 GDP 和经济增长速度。其他经济影响因素(包括：税收水平、通货膨胀率、贸易差额和汇率、失业率、利率、信贷投放以及政府补助等)； (3)经济体制：指在一定区域内(通常为一个国家)制定并执行经济决策的各种机制的总和。通常指国家经济组织的形式，它规定了国家与企业、企业与企业、企业与各经济部门之间的关系，并通过一定的管理手段和方法来调控或影响社会经济流动的范围、内容和方式等； (4)宏观经济政策：是指实现国家经济发展目标的战略和策略，它包括综合性的全国发展战略和产业政策、国民收入分配政策、价格政策、物资流通政策等； (5)其他经济条件(例如工资水平、供应商及竞争对手的价格变化等)	

续表

宏观环境要素	主要分析内容
社会和文化环境因素	(1)人口因素：企业所在地居民的地理分布及密度、年龄、教育水平、国籍等。对人口因素分析的指标：结婚率、离婚率、出生率和死亡率、人口的平均寿命、人口的年龄和地区分布、人口在民族和性别上的比例、地区人口在教育水平和生活方式上的差异等； (2)社会流动性(社会阶层、城镇化)：社会的分层情况、各阶层之间的差异以及人们是否可在各阶层之间转换、人口内部各群体的规模、财富及其构成的变化以及不同区域(城市、郊区及农村地区)的人口分布等； (3)消费心理(有不同分类，例如：从众、求异、攀比、求实、理智、冲动)； (4)生活方式变化； (5)文化传统：一个国家或地区在较长历史时期内形成的一种社会习惯； (6)价值观：社会公众评价各种行为的观念和标准
技术环境因素	(1)采用新的技术能帮助企业对市场及客户进行更有效的分析； (2)新技术的出现能够激发市场增加对本行业产品和服务的需求； (3)利用新的技术，可以帮助企业获得持续的竞争优势； (4)技术的更新迭代可加速现有产品被淘汰的过程，或缩短产品的生命周期； (5)新技术的发展使企业更多关注环境保护、企业的社会责任及可持续成长等问题

PEST 主观题常见案例材料线索总结如图 2-1 所示：

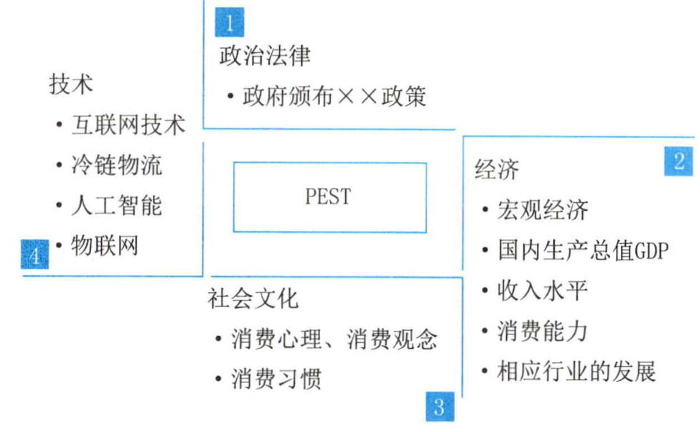

图 2-1 PEST 主观题常见案例材料线索总结

『提示』PEST 分析中的政治法律因素和经济因素区分：

政治法律因素主要是指对企业经营活动具有现实的和潜在作用与影响的政治力量，以及对企业经营活动加以限制和要求的政府政策(例如产业政策、税收政策等)、政府管制、国家政局、法律法规等因素。而经济因素则包括经济增长率、价格政策、利率、汇率、消费、投资、通货膨胀、国家的宏观经济状况、经济发展形势等。

在经济因素中还有一个产业结构，要注意与政治因素中的产业政策区别开来。产业政策是政府为了实现一定的经济和社会目标而对产业的形成和发展进行干预的各种政策的总和。产业结构是指生产要素在产业部门间的比例构成和它们之间相互依存、相互制约的联系，主要包括农业、工业、服务业三产业之间的比例关系、各行业之间的比例关系等。产业政策会影响产业结构，但产业结构本身是一国的经济因素。

此外，在政治法律因素和经济因素中都出现了产业政策。这是编写中出现的一个问题。从考试来看，到目前还未出现引起争议的试题，所以不必对此过于纠结。

【例题 1·单选题】☆国家出台“每对夫妻可生育两个子女”的政策后，少儿智能学习机制造商龙华公司预测其产品的市场需求将明显增长，于是制定并实施了新的发展战略，扩大投资，提高生产能力，同时采用新智能技术实现产品升级。龙华公司外部环境分析所采用的主要方法是（　）。

A. 五种竞争力分析

B. 成功关键因素

C. PEST 分析

D. 产业生命周期分析

解析▶ 本题考核“宏观环境分析”。国家出台“二孩”政策，该公司根据政策出台预测其产品需求会增长，属于宏观环境分析中的政治和法律环境对企业的影响。“采用新智能技术实现产品升级”体现的是技术环境，选项 C 正确。

答案▶ C

【例题 2·单选题】☆商界有句名言：“女人和孩子的钱好赚。”从战略分析角度来看，该说法主要分析的因素是（　）。

A. 人口因素　　B. 价值观

C. 生活方式变化　D. 消费心理

解析▶“女人和孩子的钱好赚”主要表明的是这两类消费者属于冲动型消费心理，选项 D 是正确的。此类题目需要考生有一定的专业常识储备，否则容易做出错误的判断，将分析重点落脚在“女人和孩子”，得出性别和年龄的判断，因此错误选择选项 A。

答案▶ D

【例题 3·简答题】 森旺股份有限公司（以下简称森旺或公司）成立于2000年，是一家在我国南方地区从事水果零售的连锁企业。公司与多家水果基地密切合作，利用其自有的水果加工配送中心，将水果配送至门店，再通过线下及线上两种模式销售给消费者。森旺旗下经营“优旺”和“捷旺”两个品牌系列。其中“优旺”主要面向中高端消费群，除销售精品水果外，还提供诸如制作商务宴会果盘、3 千米内 1 小时送达等特色商品和服务；“捷旺”主打“好吃不贵”，通过规模化采购控制成本，面向大众市场平价销售，但保证水果新鲜。

作为农业重要组成部分的水果产业，国家一直以来给予政策支持。国家“十二五”规划，将“推进农业产业化经营，扶持壮大农产品加工业和流通业，促进农业生产经营专业化、标准化、规模化、集约化”作为产业调整指导思想，旨在促进大型水果企业发展，推动水果产业集中度提升。同时，国家也高度重视水果线上零售的发展，并在政策层面给予大力支持。自 2012 年开始至今，每年的中央一号文件均明确提出“发展农产品电子商务等交易方式”“加强农产品电子商务平台建设”“支持电商、物流等企业参与涉农电子商务平台建设”等。

近年来，我国国内生产总值逐步增加，恩格尔系数持续下降，人民生活水平显著提高。我国人口的增加和城镇化水平的提高，也推动了人均消费能力的提升。而消费水平的升级驱动消费观念发生较大变化，消费正在向品质化、品牌化、个性化、多样化转变。人们对于水果的消费需求不再满足于买得到、吃得着，更对水果的新鲜程度、外观、口感、内在品质等都提出要求。从目前现状看，由于我国水果产业集中度相对较低，水果质量和标准都不统一，消费者对品牌还不敏感。但随着人们对健康观念的重视和消费水平的升级，消费者对食品安全的意识越来越高，在购买生鲜食品时愈加重视产品质量。与此同时，消费者的购买习惯也在发生着转变，从到超市、菜市场购买水果，逐步转变为在精致社区水果店或网上购买水果。

冷链物流的快速发展提升了生鲜产品的流通效率，使得消费者在购买水果时，不再受限于区域、季节、距离、时间等因素，促进了对保鲜要求较高的水果，如草莓、蓝莓、樱桃等浆果的消费。同时互联网工具的加入，催生了生鲜电商的兴起，改变了水果的销售业态：由过去的路边摊、个人店、农贸市场，到超市，再到连锁专卖店、生鲜电商，呈现出多元化发展态势。但是，我国水果种植的自动化程度依然较低，在产品标准化程度、生产率方面仍需改进。此外，我国水果在流通环节的损耗率较高，预处理、冷藏及物流技术也需要加强。

要求：

运用 PEST 方法分析森旺面临的有利因素和不利因素。

答案

有利因素：

(1)政治和法律因素：

①国家一直以来对水果产业给予政策支持。

②国家“十二五”规划旨在促进大型水果企业发展，推动水果产业集中度提升。

③国家高度重视水果线上零售的发展，并在政策层面给予大力支持。

(2)经济因素：

①我国国内生产总值逐步增加，恩格尔系数持续下降，人民生活水平显著提高。

②我国人口的增加和城镇化水平的提高，推动了人均消费能力的提升。

(3)社会和文化因素：

①消费观念发生较大变化，消费向品质化、品牌化、个性化、多样化转变。

②对水果的新鲜程度、外观、口感、内在品质等都提出要求。

③消费者对食品安全的意识越来越高，愈加重视产品质量。

④消费者的购买习惯发生转变。

(4)技术因素：

①冷链物流的快速发展提升了生鲜产品的流通效率。

②互联网工具的加入，催生了生鲜电商的兴起，改变了水果的销售业态，呈现出多元化发展态势。

不利因素：

(1)社会和文化因素：消费者对品牌还不敏感。

(2)技术因素：

①我国水果种植的自动化程度依然较低，在产品标准化程度、生产率方面仍需改进。

②我国水果在流通环节的损耗率较高，预处理、冷藏及物流技术也需要加强。

二、产业环境分析

产业环境分析涉及三大知识点：产品生命周期、产业五种竞争力和成功关键因素分析。其中产品生命周期和产业五种竞争力属于较为重要的知识点。

(一)产品生命周期

> **老杭贴心话**
>
> 『考试频率』★★★
>
> 『重要程度』非常重要
>
> 『考试题型』选择题和主观题，案例分析为主
>
> 主观题典型考法：根据生命周期理论，简要分析××行业所处生命周期阶段
>
> 『复习建议』理解+记忆

对于产品生命周期，首先准确记忆四个阶段的名称：导入期、成长期、成熟期和衰退期。这些阶段是以产业销售额增长率曲线的拐点划分的。如图 2-2 所示。

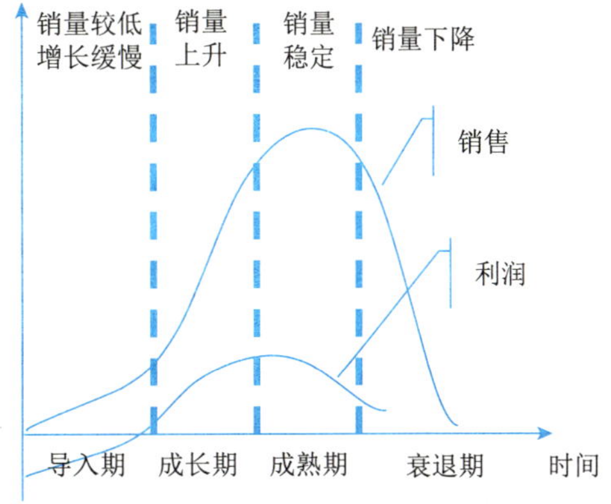

图 2-2　产品生命周期模型图

产品生命周期各阶段特征要求熟练掌握，复习主线建议：产品技术特点→量、本、利→竞争→经营风险→战略目标→战略路径。其中，各阶段的战略目标和战略路径应按照表 2-2 所列内容记忆。

表 2-2 产品生命周期各阶段特征

项目	导入期	成长期	成熟期	衰退期
产品技术特点	产品质量尚待提高。产品类型、特点、性能和目标市场方面仍在不断发展变化当中	各厂家的产品在技术和性能方面有较大差异	产品逐步标准化，差异不明显，技术和质量改进缓慢	各企业的产品差别小，进而价格差异也会缩小。为降低成本，产品质量可能出现问题
销量	产品用户很少，集中于愿意尝试新产品的高收入用户	产品销量节节攀升，产品的客户群已经扩大。消费者对质量的要求不高	新客户减少，靠老客户的重复购买支撑。市场巨大，但已经基本饱和	客户对性价比要求很高
成本	导入期的产品营销成本高，广告费用大，而且销量小，产能过剩，生产成本高	广告费用较高，但是每单位销售收入分担的广告费下降。生产能力不足，需要向大批量生产转换，并建立大宗分销渠道	生产稳定，局部生产能力过剩	产能严重过剩，只有大批量生产并有自己销售渠道的企业才具有竞争力
利润	产品的独特性和客户的高收入使得价格弹性较小，可以采用高价格、高毛利的政策，但是销量小使得净利润较低	产品价格最高，单位产品净利润也最高	产品价格开始下降，毛利率和净利润率都下降，利润空间适中	产品的价格、毛利都很低。只有到后期，多数企业退出后，价格才有望上扬
竞争	企业的规模可能非常小，只有很少的竞争对手	市场扩大，竞争加剧	竞争者之间出现价格竞争	有些竞争者先于产品退出市场
经营风险	非常高	维持在较高水平，但有所下降	进一步降低，达到中等水平。销售额和市场份额、盈利水平都比较稳定，现金流量变得比较容易预测。经营风险主要是稳定的销售额可以持续多长时间，以及总盈利水平的高低	进一步降低，主要的悬念是什么时间产品将完全退出市场
战略目标	扩大市场份额，争取成为领头羊	争取最大市场份额，并坚持到成熟期到来	重点转向在巩固市场份额的同时提高投资报酬率	首先是防御，获取最后的现金流
战略路径	投资于研究开发和技术改进，提高产品质量	市场营销，此时是改变价格形象和质量形象的好时机	提高效率，降低成本	控制成本，以求能维持正的现金流量。如果缺乏成本控制的优势，就应采用退却战略，尽早退出

『提示』经营风险在生命周期全过程呈现出逐步下降的趋势。

产品生命周期理论受到的批评：（属于细小知识点，考试概率不大，可适当阅读，防止出现在选择题中。）

(1)各阶段的持续时间随着产业的不同而显著不同，并且不易区分一个产业究竟处于生命周期的哪一阶段。这就削弱了此概念作为规划工具的作用。

(2)产业的发展变化并不一定按照S形进行。

(3)公司可以通过自身的决策，例如产品创新、产品的重新定位，来影响生命周期曲线的形状。

(4)生命周期每个阶段的竞争属性会随产业的不同而发生变化。

【例题4·单选题】☆近年来，国产品牌智能手机企业强势崛起，出货量迅猛增长，与国际品牌智能手机在市场上平分秋色。中低端智能手机市场基本被国产智能手机占领，新进入者难以获得市场地位，同时，由于运营商渠道调整，电商等渠道比重加大，产品“同质化”现象加剧，“价格战”日趋激烈。根据上述情况，国内智能手机产业目前所处的生命周期阶段是(　)。

A. 成长期　　B. 导入期

C. 衰退期　　D. 成熟期

解析 本题是生命周期理论的典型考法，题目给出相关线索，要求判断生命周期阶段。要求考生对生命周期四个阶段的典型特征熟练掌握，特别是关键表述。“中低端智能手机市场基本被国产智能手机占领，新进入者难以获得市场地位”表明市场基本饱和。产品“同质化”现象加剧，“价格战”日趋激烈，体现了国内智能手机产业处于生命周期阶段的成熟期。　**答案** D

【例题5·单选题】☆根据产品生命周期理论，产业从导入期到进入衰退期，其经营风险(　)。

A. 不断下降　　B. 不断提高

C. 先提高后下降　　D. 先下降后提高

解析 导入期的经营风险非常高，成长期的经营风险有所下降，主要是产品本身的不确定性在降低。成熟期的经营风险进一步降低，达到中等水平。进入衰退期后，经营风险会进一步降低，主要的悬念是什么时间产品将完全退出市场。由此可以看出，产业的经营风险是不断降低的。　**答案** A

【例题6·单选题】☆宝灵公司是一家牙膏生产企业。目前牙膏行业的销售额达到前所未有的规模，各个企业生产的不同品牌的牙膏在质量和功效等方面差别不大，价格竞争十分激烈。在上述情况下，宝灵公司的战略重点应是(　)。

A. 扩大市场份额

B. 在巩固市场份额的同时提高投资报酬率

C. 提高投资报酬率

D. 争取最大市场份额

解析 “目前牙膏行业的销售额达到前所未有的规模，各个企业生产的不同品牌的牙膏在质量和功效等方面差别不大，价格竞争十分激烈”表明牙膏行业目前处于成熟期，成熟期企业的战略重点是在巩固市场份额的同时提高投资报酬率，选项B正确。

答案 B

(二)产业五种竞争力

老杭贴心话

『考试频率』★★★

『重要程度』非常重要

『考试题型』选择题和主观题，案例分析为主

『复习建议』理解+记忆

产业五种竞争力见图2-3。

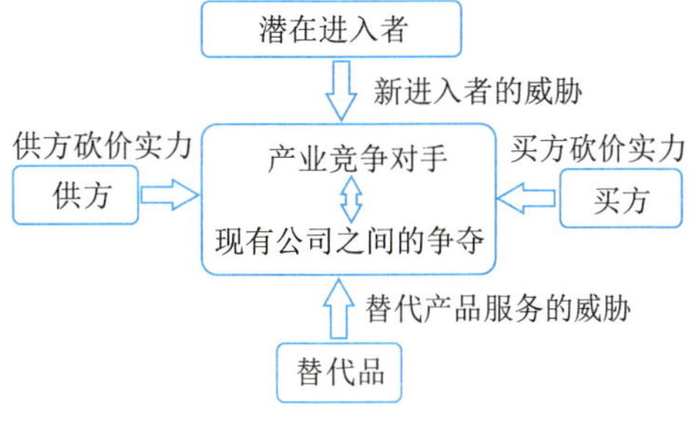

图2-3　产业五种竞争力

1. 五种竞争力分析(重点内容)

波特五力分析模型，首先要准确记忆五力的名称。其次要准确掌握五力的分析思路，即按照如下条目进行理解，并加以熟练记忆。

(1)潜在进入者的进入威胁。如表2-3所示，重点复习。

表2-3 决定进入壁垒高度的主要因素

主要因素		相关说明	
结构性障碍	波特的观点	规模经济、产品差异、资金需求、转换成本、分销渠道、其他优势及政府政策	
	贝恩的观点	规模经济——成本	
		现有企业对关键资源的控制(表现为对资金、专利或专有技术、原材料供应、分销渠道、学习曲线等资源及资源使用方法的积累与控制)	
		现有企业的市场优势	品牌优势：产品的差异化
			政府政策：政府的限制或禁止
行为性障碍(或战略性障碍)		限制进入定价(降低价格)	
		进入对方领域	

(2)替代品的替代威胁。理解标题含义，具体内容以了解为主。

①直接产品替代。即某一种产品直接取代另一种产品。

(苹果计算机代替微软计算机)——波特对产业的界定

②间接产品替代。即由能起到相同作用的产品非直接地取代另外一些产品。

(人工合成纤维取代天然布料)——五力模型对替代的界定

老产品能否被新产品替代主要取决于两种产品的性能—价格比(价值=功能/成本)的比较。

替代品的替代威胁并不一定意味着新产品对老产品最终的取代，几种替代品长期共存也是很常见的情况。

(3)供应者、购买者讨价还价的能力。如表2-4所示，重点复习。

表2-4 供应者、购买者讨价还价能力

项目	说明
买方(或卖方)的集中程度或业务量的大小	购买者集中度高，议价能力强； 购买者业务量大，议价能力强
	供应者集中度高，议价能力强
产品差异化程度与资产专用性程度	供应者的产品存在着差别化，议价能力强； 供应者的产品是标准化产品，议价能力弱； 供应者的产品存在替代品，议价能力弱
	供应者的产品高度专用化，议价能力强
纵向一体化程度	购买者实行部分一体化或存在后向一体化的现实威胁，议价能力强
	供应者表现出前向一体化的现实威胁，议价能力强

续表

项目	说明
信息掌握的程度	购买者充分了解需求、实际市场价格甚至供应者的成本等方面信息时，购买者将处于更为有利的位置
	供应者如果充分地掌握了购买者的有关信息，了解购买者的转换成本(从一个供应者转换到另一个供应者的成本)，也会增强其讨价还价的能力，并在购买者能承受的情况下，拒绝提供更优惠的供货条件

『提示』劳动力也是供应者的一部分，他们可能对许多产业施加压力。经验表明，短缺的、高技能雇员以及紧密团结起来的劳工可以与雇主或劳动力购买者讨价还价从而削减相当一部分产业利润潜力。

(4)产业内现有企业的竞争。如表2-5所示，重点复习。

表2-5 同业竞争者的竞争强度影响因素

同业竞争者的竞争强度影响因素	产业内有众多的或势均力敌的竞争对手
	产业发展缓慢
	顾客认为所有的商品都是同质的
	产业中存在过剩的生产能力
	产业进入障碍低而退出障碍高

2. 对付五种竞争力的战略(主观题冷门点)

首先，公司必须自我定位，通过利用成本优势或差异优势把公司与五种竞争力相隔离，从而能够超越它们的竞争对手。

其次，公司必须识别在产业哪一个细分市场中，五种竞争力的影响更少一点。

最后，公司必须努力去改进这五种竞争力。公司可以与供应者或购买者建立长期战略联盟，以减少相互之间的讨价还价；公司必须寻求进入阻绝战略来减少潜在进入者的威胁等等。

3. 五种竞争力模型的局限性

本部分内容属于细小知识点，学习以原文了解为主。

(1)该分析模型基本上是静态的。但现实中竞争环境始终在变化。这些变化可能从高变低，也可能从低变高，其变化速度比模型所显示的要快得多。

(2)该模型能够确定行业的盈利能力，但非营利机构的获利能力的假设可能是错误的。

(3)该模型假设：一旦进行了这种分析，企业就可以制定企业战略来处理分析结果，但这只是一种理想效果。

(4)该模型假设战略制定者可以了解整个行业(包括所有潜在的进入者和替代产品)的信息，但这一假设并不一定存在。对于任何企业来讲，在制定战略时掌握整个行业的全部信息可能性不大。

(5)该模型低估了企业与供应商、客户或分销商、合资企业之间建立长期合作关系以降低相互之间威胁的可能性。

(6)该模型对产业竞争力的构成要素考虑不够全面。

哈佛商学院教授亚非提出第六个要素——互动互补作用力：任何一个产业内部都存在不同程度的互补互动(互相配合一起使用)的产品或服务业务。

在产业发展初期阶段，企业在其经营战略定位时，可以考虑控制部分互补品的供应，这样有助于改善整个行业结构，包括提高行业、企业、产品、服务的整体形象，提高行业进入壁垒，降低现有企业之间的竞争程度。

随着行业的发展，企业应有意识地帮助和促进互补行业的健康发展，还可以考虑采用捆绑式经营(存话费送手机)或交叉补贴销售(打印机与墨盒)等策略。

【例题7·多选题】☆巨能公司是多家手机制造企业的电池供应商。根据波特的五种竞争力分析理论，下列各项关于巨能公司与其客户讨价还价能力的说法中，正确的有(　)。

A. 巨能公司能够进行前向一体化时，其讨价还价能力越强

B. 巨能公司提供的电池差异化程度越高，其讨价还价能力越强

C. 巨能公司的客户购买量越大，巨能公司讨价还价能力越强

D. 巨能公司掌握的客户的转换成本信息越多，其讨价还价能力越强

解析 当供应商能够进行前向一体化，即供应商能够控制销售环节，购买者购买供应商产品的价格就不可能太低，所以供应商会拥有较强议价能力，所以选项A正确；供应者的产品存在着差别化，供应者的议价能力强，所以选项B正确；购买者集中度高，业务量大，议价能力强，此时供应者议价能力弱，所以选项C不正确；供应者充分地掌握了购买者的有关信息，了解购买者的转换成本的信息(即从一个供应者转换到另一个供应者的成本)，就会增加了供应者的议价能力，所以选项D正确。 **答案** ABD

【例题8·单选题】☆20世纪90年代，光美公司在国内推出微波炉产品。目前光美公司已建立覆盖全国的营销网络，包括电商销售平台、数以千计的超市专卖柜和实体店以及十几个仓储物流中心。近年来不少企业试图进入微波炉行业，均未能成功。光美公司给潜在进入者设置的进入障碍是(　)。

A. 现有企业对关键资源的控制

B. 现有企业的市场优势

C. 行为性障碍

D. 规模经济

解析 本题属于五种竞争力模型的典型考法。首先需要根据案例材料找到关键线索，即“覆盖全国的营销网络，包括电商销售平台、数以千计的超市专卖柜和实体店以及十几个仓储物流中心”，再根据进入障碍的具体理论阐述，得出结论。现有企业对资源的控制一般表现为对资金、专利或专有技术、原材料供应、分销渠道、学习曲线等资源及资源使用方法的积累与控制。如果现有企业控制了生产经营所必需的某种资源，那么它就会受到保护而不被进入者侵犯。“覆盖全国的营销网络，包括电商销售平台、数以千计的超市专卖柜和实体店以及十几个仓储物流中心”代表的正是进入微波炉行业所需关键资源。 **答案** A

【例题9·简答题】随着消费者生活水平的逐渐提高，C国乳制品消费市场不断扩大并趋于成熟，将成为世界上乳制品消费最大的潜在市场。同时，行业技术不断更新，已成为技术装备先进、产品品种较为齐全、初具规模的现代化食品制造业。

但国内奶制品生产企业却面临着日益激烈的竞争压力，一方面国内参与竞争的企业众多，大部分规模较小，价格成为唯一的竞争手段。另一方面，还面临着外来企业的竞争。其一，海外奶制品企业纷纷通过收购国内老品牌或用其原生品牌在国内建厂这两种方式进入C国市场。其二，国内奶源价格高，企业生产成本高涨问题短期内不可能得到解决，加之这些企业自我消化成本能力较差，企业面临成本上涨和进口奶低成本的双重挤压。其三，产品同质化程度明显，消费者有充分的选择，加上国内居民人均收入水平不高，消费者总是千方百计为获得优惠价格进行有选择性的购买，致使竞争激烈，价格大战不断，企业盈利能力大幅下降。其四，随着产品市场细分程度以及消费者对于营养和健康食品的兴趣增加，饮食习惯的改变，正在加剧全球奶制品市场需求升级。“带味道

的乳制品”“无添加的乳制品”层出不穷，对传统的奶制品形成部分替代。

在激烈的竞争环境中，YL、MN、GM 等几个老字号的奶制品企业却始终保持着优势地位。YL 公司注重构建企业的规模优势，目前达到了全国最大的生产规模，并牵手美国最大奶企 DFA，走出一条国际化的道路。MN 公司以产品创新在行业中著称，从打开 C 国高端奶“蓝海”的 T 牌牛奶到敲开牛奶与水果相结合大门的 Z 牌牛奶；从“简单、纯粹、无添加”的常温酸牛奶到运用“二维码”的精选牧场纯牛奶……创新成为公司竞争的主要优势。GM 公司则专注于国内餐饮业消费细分市场，成为餐饮市场奶制品企业的领头羊，并与许多餐饮业企业建立了长期的合作关系。

这些老字号奶制品企业凭借建立起来的竞争优势，逐步淘汰了国内奶制品市场实力弱小的企业，改变着市场竞争格局，也对包括外资企业在内的潜在进入者形成很强的进入障碍。

要求：

(1)运用五种竞争力模型，简要分析国内奶制品生产企业面对的竞争压力。

(2)简要分析 YL、MN、GM 等几个老字号的奶制品企业应对五种竞争力的战略措施。

(3)从结构性障碍角度，简要分析 YL、MN、GM 等几个老字号的奶制品企业凭借建立起来的竞争优势对潜在进入者形成的进入障碍。

答案

(1)运用五种竞争力模型，分析国内奶制品生产企业面对的竞争压力如下：

①潜在进入者的进入威胁大。“海外奶制品企业纷纷通过收购国内老品牌或用其原生品牌在国内建厂这两种方式进入 C 国市场”。

②替代品的替代威胁大。“随着产品市场细分程度以及消费者对于营养和健康食品的兴趣增加，饮食习惯的改变，正在加剧全球奶制品市场需求升级。‘带味道的乳制品’‘无添加的乳制品’层出不穷，对传统的奶制品形成部分替代”。

③供应者讨价还价的能力强。“国内奶源价格高，企业生产成本高涨问题短期内不可能得到解决”“国内参与竞争的企业众多，大部分规模较小”。

④购买者讨价还价的能力强。“产品同质化程度明显，消费者有充分的选择，加上国内居民人均收入水平不高，消费者总是千方百计为获得优惠价格进行有选择性的购买”。

⑤产业内现有企业的竞争激烈。“国内参与竞争的企业众多，大部分规模较小，价格成为唯一的竞争手段”“产品同质化程度明显”。

(2)YL、MN、GM 等几个老字号的奶制品企业应对五种竞争力的战略措施如下：

①通过利用成本优势或差异优势把公司与五种竞争力相隔离，从而能够超过它们的竞争对手。YL 公司树立成本优势，“注重构建企业的规模优势，目前达到了全国最大的生产规模，并牵手美国最大奶企 DFA，走出一条国际化的道路”；MN 公司树立差异优势，“从打开 C 国高端奶‘蓝海’的 T 牌牛奶到敲开牛奶与水果相结合大门的 Z 牌牛奶；从‘简单、纯粹、无添加’的常温酸牛奶到运用‘二维码’的精选牧场纯牛奶……创新成为公司竞争的主要优势”。

②实施波特提出的“集中战略”。“GM 公司则专注于国内餐饮业消费细分市场，成为餐饮市场奶制品企业的领头羊”。

③努力改进五种竞争力。公司可以通过与供应者或购买者建立长期战略联盟，以减少相互之间的讨价还价；公司还必须寻求进入阻绝战略来减少潜在进入者的威胁。“GM 公司则专注于国内餐饮业消费细分市场，与许多餐饮业企业建立了长期的合作关系”“这些老字号奶制品企业凭借建立起来的竞争优势……改变着市场竞争格局，也对包括外资企业在内的潜在进入者形成很强的进入障

碍”。

(3)从结构性障碍角度，YL、MN、GM等几个老字号的奶制品企业凭借建立起来的竞争优势对潜在进入者形成进入障碍主要表现为：

①规模经济。“YL公司注重构建企业的规模优势，目前达到了全国最大的生产规模，并牵手美国最大奶企DFA，走出一条国际化的道路”。

②现有企业对关键资源的控制。“GM公司与许多餐饮业企业建立了长期的合作关系”。

③现有企业的市场优势。“MN公司以产品创新在行业中著称，从打开C国高端奶‘蓝海’的T牌牛奶到敲开牛奶与水果相结合大门的Z牌牛奶；从‘简单、纯粹、无添加’的常温酸牛奶到运用‘二维码’的精选牧场纯牛奶……创新成为公司竞争的主要优势”。

(三)成功关键因素分析

老杭贴心话

『考试频率』★

『重要程度』不重要

『考试题型』个别选择题

『复习建议』理解+记忆

确认产业成功关键因素必须考虑：

(1)顾客在各个竞争品牌之间进行选择的依据是什么？

(2)产业中的一个卖方厂商需要什么样的资源和竞争能力才能获得竞争优势？

(3)产业中的一个卖方厂商必须采取什么样的措施才能获得持久竞争优势？

成功关键因素的特点：

(1)随产业的不同而不同，如表2-6所示，选择题出题点。

表2-6 不同产业中的成功关键因素

工业部门类别	成功关键因素
铀、石油	原料资源
船舶制造、炼钢	生产设施
航空、高保真音响	设计能力
纯碱、半导体	生产技术
百货商场、零部件	产品范围、花色品种
大规模集成电路、微机	工程设计和技术能力
电梯、汽车	销售能力、售后服务
啤酒、家电	销售网络

(2)随着产品寿命周期的演变，成功关键因素也发生变化，如表2-7所示，选择题出题点。

表2-7 产品寿命周期各阶段中的成功关键因素

阶段 方面	导入期	成长期	成熟期	衰退期
市场	广告宣传，争取了解，开辟销售渠道	建立商标信誉，开拓新销售渠道	保护现有市场，渗入别人的市场	选择市场区域，改善企业形象
生产经营	提高生产效率，开发产品标准	改进产品质量，增加花色品种	加强和顾客的关系，降低成本	缩减生产能力，保持价格优势

续表

方面＼阶段	导入期	成长期	成熟期	衰退期
财力	利用金融杠杆	集聚资源以支持生产	控制成本	提高管理控制系统的效率
人事	使员工适应新的生产和市场	发展生产和技术能力	提高生产效率	面向新的增长领域
研究开发	掌握技术秘诀	提高产品的质量和功能	降低成本，开发新品种	面向新的增长领域

(3)即使是同一产业中的不同企业，也可能对该产业的成功关键因素有不同的侧重。

三、竞争环境分析

(一)竞争对手分析(见图2-4)

老杭贴心话

『考试频率』★★
『重要程度』重要
『考试题型』选择题，案例分析为主
『复习建议』理解+记忆，建议主要掌握竞争对手分析的基本框架，以理解为主。竞争对手五种能力需适当细致复习

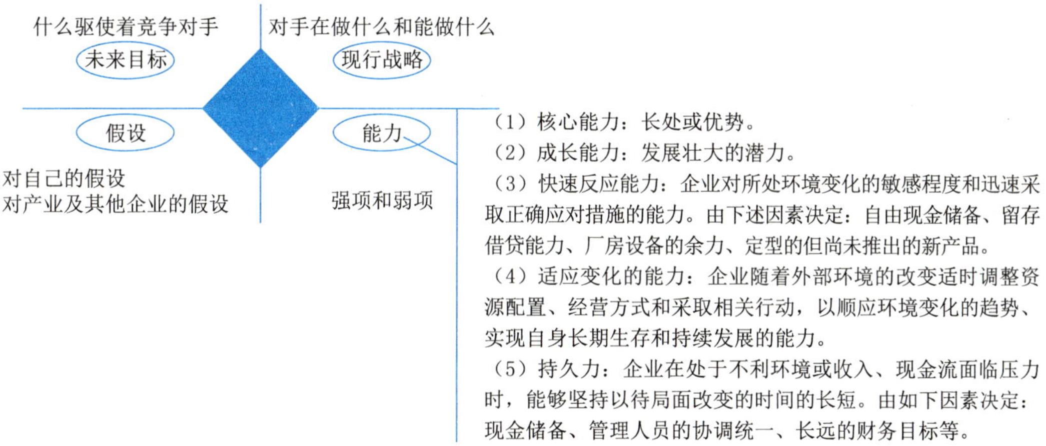

图2-4 竞争对手分析

(二)产业内的战略群组

老杭贴心话

『考试频率』★★★ 『重要程度』非常重要
『考试题型』选择题和主观题，案例分析为主
『复习建议』理解+记忆

此知识点分为两部分：第一，战略群组的特征。这个内容不用过多复习，适当了解历年简答题考题思路即可。第二，战略群组分析。建议全面复习，以理解为基础，然后再适当记忆。

战略群组分析的意义如图 2-5 所示：

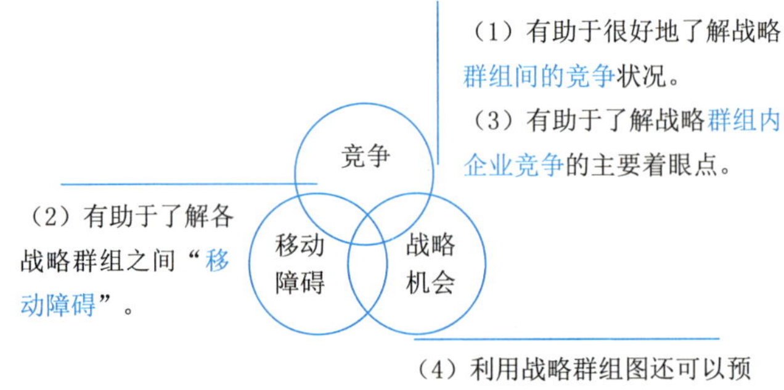

图 2-5　战略群组分析的意义

【例题 10 · 单选题】2016 年，R 国汽车制造商 G 预计，随着绿色环保理念的普及和政府相关产业政策推出，R 国的新能源汽车将迎来一个巨大的发展机遇，其本国竞争对手汽车制造商 S 公司将凭借雄厚的资金实力和强大的科研能力，把投资和研发重点转向新能源汽车领域。G 公司对 S 公司的上述分析属于(　)。

A. 财务能力分析

B. 成长能力分析

C. 适应变化能力分析

D. 快速反应能力分析

解析 本题考核的是竞争对手分析。绿色环保理念的普及和政府相关产业政策推出，表明新能源汽车产业的环境发生的变化，S 公司将凭借雄厚的资金实力和强大的科研能力，把投资和研发重点转向新能源汽车领域，说明 S 公司具备对外部事件做出反应的能力，即适应变化的能力。

答案 C

【例题 11 · 单选题】☆甲企业生产中档电动自行车。在以下 4 类企业中，甲企业的直接主要竞争对手是(　)。

A. 生产高档电动自行车的企业

B. 属于同一战略群组的电动自行车生产企业

C. 生产低档电动自行车的企业

D. 属于同一战略群组的环保车生产企业

解析 同一战略群组中的企业之间是主要的竞争对手。

答案 B

【例题 12 · 简答题】☆2004 年，春城白药开始尝试进军日化行业，而此时日化行业的竞争已经异常激烈。B 公司、L 公司、D 公司、H 公司等国际巨头们凭借其规模经济、品牌、技术、渠道和服务等优势，基本上占领了 C 国日化行业的高端市场，占据了 C 国牙膏市场 60% 以上的份额；清雅公司、蓝天公司等本土日化企业由于普遍存在产品特色不突出、品牌记忆度弱等问题，加上自身实力不足，因而多是在区域市场的中低端市场生存。整个产业的销售额达到前所未有的规模，且市场基本饱和。谁想要扩大市场份额，都会遇到竞争对手的顽强抵抗。已有相当数量的本土日化企业淡出市场。价格竞争开始成为市场竞争的主要手段，定位在高端市场的国际巨头们也面临着发展的瓶颈，市场份额、增长速度、盈利能力都面临着新的考验，它们的产品价格开始向下移动。

春城白药进入日化行业先从牙膏市场开始。春城白药没有重蹈本土企业的中低端路线，而是反其道而行之。通过市场调研，春城白药了解到广大消费者对口腔健康日益重视，而当时市场上的牙膏产品大多专注于美白、防蛀等基础功能，具有更多口腔保健功能的药物牙膏还是市场空白点。于是，春城白药创出了一个独特的、有助于综合解决消费者口腔健康问题的药物牙膏——春城白药牙膏，并以此树立起高价值、高价格、高端的“三高”形象。

春城白药进入牙膏市场短短几年表现突出，不仅打破本土品牌低端化的现状，还提升了整个牙膏行业价格体系。从2010年开始，随着春城白药推出功能化的高端产品，国际巨头们也纷纷凭借自身竞争优势推出功能化的高端产品抢占市场。B公司推出抗过敏牙膏；L公司推出全优七效系列牙膏；D公司推出去渍牙膏；H公司推出专效抗敏牙膏。这些功能性很强的口腔保健牙膏定价都与春城白药牙膏不相上下。这些功能化的高端牙膏产品出现后，消费者的需求得到进一步满足，整个市场呈现出“销售额增长大于销售量增长”的新特点。

要求：

（1）简要分析春城白药进军日化行业时，日化行业所处的产品生命周期发展阶段。

（2）运用“解决口腔健康问题功能程度”和“价格水平”两个战略特征，各分为“高”“低”两个档次，对2010年以前的B公司、L公司、D公司、H公司、清雅公司、蓝天公司、春城白药进行战略群组划分。

（3）根据战略群组分析的作用，分析：①定位在高端市场的国际巨头们的产品价格开始向下移动的依据；②春城白药在日化行业中战略群组定位的依据；③B公司、L公司、D公司、H公司相继推出功能化高端牙膏的依据。

答案

（1）春城白药进军日化行业时，日化行业呈现出成熟期的典型特征：

①竞争者之间出现挑衅性的价格竞争。“价格竞争开始成为市场竞争的主要手段”“国际巨头的产品价格开始向下移动”。

②成熟期虽然市场巨大，但是已经基本饱和。“整个产业的销售额达到前所未有的规模，且市场基本饱和。谁想要扩大市场份额，都会遇到竞争对手的顽强抵抗。已有相当数量的本土日化企业淡出市场”。

③产品差异不明显。“当时市场上的牙膏产品大多专注于美白、防蛀等基础功能”。

④局部生产能力过剩。“市场基本饱和”“定位在高端市场的国际巨头们也面临着发展的瓶颈”。

综上，春城白药进军日化行业时，日化行业处于产品生命周期的成熟阶段。

（2）运用“解决口腔健康问题功能程度”和“价格水平”两个战略特征，各分为“高”“低”两个档次，将案例中所提及的B公司、L公司、D公司、H公司、清雅公司、蓝天公司、春城白药进行战略群组划分，可分为3个群组：

第一群组，即解决口腔健康问题功能程度低、价格水平高的群组：B公司、L公司、D公司、H公司。

第二群组，即解决口腔健康问题功能程度低、价格水平低的群组：清雅公司、蓝天公司。

第三群组，即解决口腔健康问题功能程度高、价格水平高的群组：春城白药。

【思路点拨】“B公司、L公司、D公司、H公司等国际巨头们凭借其规模经济、品牌、技术、渠道和服务等优势，基本上占领了C国日化行业的高端市场”表明价格水平高，“清雅公司、蓝天公司等本土日化企业由于普遍存在产品特色不突出、品牌记忆度弱等问题，加上自身实力不足，因而多是在区域市场的中低端市场生存”表明价格水平低，“春城白药没有重蹈本土企业的中低端路线，而是反其道而行之”表明春城白药价格水平高，“春城白药创出了一个独特的、有助于综合解决消费者口腔健康问题的药物牙膏——春城白药牙膏”表明春城白药解决口腔健康问题功能程度高。“当时市场上的牙膏产品大多专注于美白、防蛀等基础功能，具有更多口腔保健功能的药物牙膏还是市场空白点”表明B公司、L公司、D公司、H公司等国际巨头，包括清雅公司、蓝天公司等本土日化企业解决口腔健康问题功能程度低。

(3)根据战略群组分析的作用，分析：

①定位在高端市场的国际巨头们产品价格开始向下移动，是因为第一群组与第二群组之间以及各群组内部竞争激烈，“日化行业的竞争已经异常激烈”“谁想要扩大市场份额，都会遇到竞争对手的顽强抵抗。已有相当数量的本土日化企业淡出市场”“定位在高端市场的国际巨头们也面临着发展的瓶颈”。而对于第一群组的国际巨头们来说，进入第二群组移动障碍不高，“国际巨头们凭借其规模经济、品牌、技术、渠道和服务等优势……占据了C国牙膏市场60%以上的份额”。

②春城白药定位于日化行业第三群组，是因为那是一片蓝海，“具有更多口腔保健功能的药物牙膏还是市场空白点”。

③B公司、L公司、D公司、H公司相继推出功能化的高端牙膏，是尝试进入第三群组。对国际巨头而言，这一移动障碍也不高。“国际巨头们也纷纷凭借自身竞争优势推出功能化的高端产品抢占市场”。

四、资源与能力分析★★★

(一)企业资源分析

老杭贴心话

『考试频率』★★★

『重要程度』非常重要

『考试题型』选择题和主观题，案例分析为主

非常规考法(选择题常规考点在主观题出现)：企业资源主要类型

『复习建议』理解+记忆

企业资源，是指企业所拥有或控制的有效因素的总和。按照竞争优势的资源基础理论，企业的资源禀赋是其获得持续竞争优势的重要基础。

1. 企业资源的主要类型(见表2-8)

表2-8　企业资源主要类型

类型	内容	说明
有形资源	物质资源是企业的实物资源，包括企业的土地、厂房、生产设备、原材料等。 财务资源是企业可以用来投资或生产的资金，包括应收账款、有价证券等	资产负债表所记录的账面价值并不能完全代表有形资源的战略价值。 具有稀缺性的有形资源能使公司获得竞争优势
无形资源	通常包括品牌、商誉、技术、专利、商标、企业文化及组织经验等。 技术资源就是一种重要的无形资源，它主要是指专利、版权和商业秘密等。技术资源具有先进性、独创性和独占性等特点	资产负债表中的无形资产并不能代表企业的全部无形资源。 无形资源一般都难以被竞争对手了解、购买、模仿或替代，因此，无形资源是一种十分重要的企业核心竞争力的来源
人力资源	组织成员向组织提供的技能、知识以及推理和决策能力	—

2. 决定企业竞争优势的企业资源判断标准

属于较为重要的内容，考试概率较高，选择题、主观题均有可能涉及，以案例分析为主，建议全面理解记忆，可以结合表2-9来掌握。

表 2-9　企业资源判断标准

判断标准	相关说明
资源的稀缺性	企业掌握而竞争对手不能获取，则企业获得竞争优势
资源的不可模仿性	(1)物理上独特的资源：物质本身的特性所决定的。 例子：企业所拥有的房地产处于极佳的地理位置；拥有矿物开采权或是拥有法律保护的专利生产技术等。 (2)具有路径依赖性的资源：只有经过长期的积累才能获得的资源。 例子：海尔有一支训练有素的售后服务人员队伍，而且多年来不断完善营销体制建设，能够为这支队伍健康运作提供坚实的基础和保障。 (3)具有因果含糊性的资源：有些资源的形成原因并不能给出清晰的解释。 例子：美国西南航空公司以拥有"家庭式愉快，节俭而投入"的企业文化著称。 (4)具有经济制约性的资源：企业的竞争对手已经具有复制其资源的能力，但因市场空间有限不能与其竞争的情况。 例子：企业在市场上处于领导者的地位，其战略是在特定的市场上投入大量资本。这个特定市场可能由于空间太小，不能支撑两个竞争者同时盈利，在这种情况下，企业的竞争对手即使有很强能力，也只好放弃竞争
资源的不可替代性	例子：一些旅游景点的独特优势很难被其他景点的资源代替
资源的持久性	资源的贬值速度越慢，就越有利于形成核心竞争力。 例子：一些品牌资源随着时代的发展实际上在不断升值；反之，通信技术和计算机技术迅速地更新换代会对建立在这些技术之上的企业竞争优势构成严峻挑战

『提示』形成企业竞争优势的资源判断标准分为四种，分别是稀缺资源、不可模仿的资源、不可替代的资源和持久的资源。这几种资源之间并不是截然对立、严格区分的，彼此之间存在一定的联系。从企业经营角度而言，形成企业核心竞争力的资源一定是能够给企业带来竞争优势的资源，也就是说，这些资源要能够帮助企业做得比竞争对手更突出。但企业依靠这些资源所形成的竞争优势并不一定能够长期存在。例如，一个企业拥有很完善的营销网络，依靠这个网络极大地促进了企业的销售，但如果竞争对手花费巨资也建立了自身的营销网络，企业的这种竞争优势就会丧失。因此，形成企业核心竞争力的资源仅能够带来竞争优势还不够，还必须体现为稀缺、不可模仿或不可替代等特征。此外，稀缺和不可模仿、不可替代之间也不是完全对立的。有些资源属于稀缺资源，同时也会是不可模仿或不可替代的，有些著名旅游景点就属于这种类型。而有些资源属于稀缺资源，但有可能找到替代性的资源，例如企业生产所使用的原材料。(考试时，如果题目涉及的案例线索来自教材，或者是根据教材例子改编的，则应按照教材来回答。)

(二)企业能力分析(见表 2-10)

老杭贴心话

『考试频率』★★

『重要程度』一般重要

『考试题型』选择题+主观题，案例分析为主

『复习建议』表格内容简单了解，能够根据案例材料判断五种能力即可

表 2-10　企业能力的主要内容

名称	内容
研发能力	主要从研发计划、研发组织、研发过程和研发效果几个方面进行衡量

续表

<table>
<tr><th>名称</th><th colspan="2">内容</th></tr>
<tr><td>生产管理能力</td><td colspan="2">生产活动是企业最基本的活动。
主要涉及五个方面，即生产过程、生产能力、库存管理、人力资源管理和质量管理</td></tr>
<tr><td rowspan="3">营销能力</td><td>产品竞争能力</td><td>产品竞争能力主要从产品市场地位、收益性、成长性等方面分析。
产品的市场地位：用市场占有率、市场覆盖率等指标衡量。
产品的收益性：用利润空间和量本利进行分析。
产品的成长性：用销售增长率、市场扩大率等指标进行比较分析</td></tr>
<tr><td>销售活动能力</td><td>销售活动能力是对企业销售组织、销售绩效、销售渠道、销售计划等方面的综合考察。
销售组织分析主要包括对销售机构、销售人员和销售管理等基础数据的评估。
销售绩效分析以销售计划完成率和销售活动效率分析为主要内容。
销售渠道分析则主要分析销售渠道结构(如直接销售和间接销售的比例)、中间商评价和销售渠道管理</td></tr>
<tr><td>市场决策能力</td><td>市场决策能力以产品竞争能力、销售活动能力的分析结果为依据，是领导者对企业市场进行决策的能力</td></tr>
<tr><td>财务能力</td><td colspan="2">筹集资金的能力；使用和管理资金的能力</td></tr>
<tr><td>组织管理能力</td><td colspan="2">职能管理体系的任务分工；岗位责任；集权和分权的情况；组织结构(直线职能、事业部等)；管理层次和管理范围的匹配</td></tr>
</table>

【例题13·单选题】☆以生物药品研发为主营业务的康力公司多年来不断完善科研管理体制建设，为科研人才的创造性活动提供了坚实的基础和保障，使公司在激烈的市场竞争中获得了明显的优势，康力公司的竞争优势来源于(　)。

A. 物理上独特的资源

B. 具有路径依赖性的资源

C. 具有经济制约性的资源

D. 具有因果含糊性的资源

解析 具有路径依赖性的资源是指那些必须经过长期的积累才能获得的资源。本题案例材料的关键点是“康力公司多年来不断完善科研管理体制建设”，属于具有路径依赖性的资源。

答案 B

【例题14·简答题】☆海浪水泥公司成立于1997年，主要从事水泥及其熟料的生产和销售。2002年2月海浪水泥成功上市。

海浪水泥总部坐落于A省，A省是全国水泥生产主要原材料石灰石储量第二大的省份，且石灰石质量较高。海浪水泥凭借先天优势坐拥原材料成本和质量优势。

水泥产品体积大、单位重量价值低，而且其资源点和消费点的空间不匹配，这些是造成水泥行业运输成本居高不下的主要原因。海浪水泥利用自身位居长江附近的地理位置优势，积极推行其他水泥企业难以复制的“T型”战略布局。海浪水泥在拥有丰富石灰石资源的区域建立大规模生产的熟料基地，利用长江的低成本水运物流，在长江沿岸拥有大容量水泥消费的城市群建立粉磨厂，形成“竖端”熟料基地+长江水运、“横端”粉磨厂深入江、浙、沪等地的“T型”生产和物流格局，改变了之前通过“中小规模水泥工厂+公路运输+工地”的生产物流模式，解决了长江沿岸城市石灰石短缺与当地水泥消耗量大之间的矛盾。

海浪水泥不断完善“T型”战略布局。公

司率先在国内新型干法水泥生产线低投资、国产化的研发方面取得突破性进展，标志着中国水泥制造业的技术水平跨入世界先进行列，确保公司为市场提供规模可观的低价高质的产品；公司在沿江、沿海建造了多个万吨级装卸水泥和熟料的专用码头，着力建设或租赁中转库等水路上岸通道；集团下设物流公司，在集团总部设立了物流调度中心；公司强化终端销售市场的开拓，推行中心城市一体化销售模式，在各区域市场建立贸易平台；公司物流体系实现了工业化和信息化的深度融合，以 GPS 和 GIS 为核心的物流调度信息系统实现了一体化、可视化的管理。通过"T 型"战略的实施，海浪水泥进一步巩固了其"资源——生产——物流——市场"的产业链优势。

2018 年海浪水泥年报显示：公司营收同比大幅增长 70.50%，净利润同步增长 88.05%，净利润增长幅度超过营收增长幅度。

要求：

(1)从企业资源角度，简要分析海浪水泥所展示的竞争优势，以及海浪水泥资源"不可模仿性"的主要形式。

(2)简要分析海浪水泥企业能力。

答案

(1)海浪水泥所展示的竞争优势。有形资源方面："海浪水泥凭借着先天优势坐拥原材料成本和质量优势""海浪水泥利用自身位居长江入水口的地理位置优势，积极推行别家水泥企业难以复制的'T 型'战略布局""公司率先在国内新型干法水泥生产线的……方面取得突破性进展""公司在沿江、沿海建造了多个万吨级装卸水泥和熟料的专用码头，着力建设或租赁中转库等水路上岸通道；集团下设物流公司，在集团总部建设了物流调度中心"。

"公司强化终端销售市场，推行中心城市一体化销售模式，在各区域市场建立贸易平台；公司物流体系实现了工业化和信息化的深度融合，以 GPS 和 GIS 为核心的物流调度信息系统实现了一体化、可视化的管理"。

无形资源方面："公司率先在国内新型干法水泥生产线的低投资、国产化方面的研发取得突破性进展，标志着中国水泥制造业的技术水平已经跨入世界先进行列"。

海浪水泥资源"不可模仿性"的主要形式包括：

①物理上独特的资源。"海浪水泥凭借着先天优势坐拥原材料成本和质量优势""海浪水泥利用自身位居长江入水口的地理位置优势，积极推行别家水泥企业难以复制的'T 型'战略布局"。

②具有路径依赖性的资源。"通过 T 型战略的实施，海浪进一步巩固了其'资源—生产—物流—市场'的产业链优势"。

(2)海浪水泥的企业能力如下：

①研发能力。"公司率先在国内新型干法水泥生产线的低投资、国产化方面的研发取得突破性进展，标志着中国水泥制造业的技术水平已经跨入世界先进行列，确保公司为市场提供规模可观的低价高质的产品"。

②生产管理能力。"'T 型'生产和物流格局，改变了之前通过'中小规模工厂+公路运输+工地'的生产物流模式，解决了长江沿岸城市石灰石短缺与当地水泥消耗量大之间的矛盾""通过'T 型'战略的实施，海浪进一步巩固了其'资源—生产—物流—市场'的产业链优势"。

③营销能力。

a. 产品竞争能力。"海浪水泥凭借着先天优势坐拥原材料成本和质量优势""确保公司为市场提供规模可观的低价高质的产品"。

b. 销售活动能力。"公司强化终端销售市场，推行中心城市一体化销售模式，在各区域市场建立贸易平台；公司物流体系实现了工业化和信息化的深度融合，以 GPS 和 GIS 为核心的物流调度信息系统实现了一体化、可视化的管理"。

c. 市场决策能力。"积极推行别家水泥

企业难以复制的'T型'战略布局""公司率先在国内新型干法水泥生产线的低投资、国产化方面的研发取得突破性进展""海浪水泥不断完善'T型'战略布局"。

④财务能力。"2018年海浪水泥年报显示：公司营收同比大幅增长70.50%，净利润也同步提升88.05%，且净利润增长幅度超过营收增长"。

⑤组织管理能力。"积极推行别家水泥企业难以复制的'T型'战略布局""海浪水泥不断完善'T型'战略布局"。

(三)企业的核心能力(见表2-11)

老杭贴心话

『考试频率』★★

『重要程度』重要

『考试题型』选择题+主观题，案例分析为主

非常规考法(选择题常规考点在主观题出现)：基准类型

『复习建议』理解+记忆

所谓核心能力，就是企业在具有重要竞争意义的经营活动中能够比其竞争对手做得更好的能力。

表2-11　企业的核心能力

项目	内容
核心能力的辨别	企业的能力应同时满足以下三个关键测试才可称为核心能力：(主观题冷门点) (1)它对顾客是否有价值? (2)它是否比企业竞争对手更有优势? (3)它是否很难被模仿或复制
	辨识方法(熟悉名称即可) (1)功能分析。 (2)资源分析。 (3)过程系统分析
核心能力的评价	评价的基础与方法：(熟悉名称即可) (1)企业的自我评价。 (2)产业内部比较。 (3)基准分析(标杆学习法，benchmarking)。(见表2-12) (4)成本驱动力和作业成本法。 (5)收集竞争对手的信息

表2-12　基准分析

项目	内容
基准对象 (★，熟悉)	(1)占用资金较多的活动; (2)能显著改善与顾客关系的活动; (3)能最终影响企业结果的活动
基准类型： (★★★，掌握)	(1)内部基准：企业内部各个部门之间互为基准进行学习与比较。(如国家电网在下辖全国的多家分子公司中寻找标杆，找到内部学习榜样。) (2)竞争性基准：直接以竞争对手为基准进行比较。(比如施乐公司生产复印机，以日本的理光、佳能为标杆学习。复兴集团旗下的南钢联瞄准宝钢和武钢进行成本控制的学习。)

续表

项目	内容
基准类型： （★★★，掌握）	(3)过程或活动基准：以**具有类似核心经营的企业**为基准进行比较，但是二者之间的产品和服务**不存在直接竞争的关系**。这类基准分析的目的在于**找出企业做得最突出的方面**，例如，生产制造、市场营销、产品工艺、存货管理以及人力资源管理等方面。 （解释：以跨行业的公司为标杆，针对某个工作流程进行学习。因为有些公司即使行业不同，业务功能或程序却是相同的，例如库存管理、供应商管理、客户管理等。比如，施乐公司生产复印机，以物流公司美国快运为学习标杆，学习订单处理和应收程序。非通信行业的企业以华为为标杆，学习狼性文化、学习目标管理、学习股权激励等。） (4)一般基准：以具有相同业务功能的企业为基准进行比较。 （解释：公司以**处于同一行业但不在一个市场的公司为标杆**。好处是很容易找到愿意分享信息的对标对象，因为彼此不是直接竞争对手。比如澳大利亚电信可以就票据程序与英国电信对标。中国大陆地区的地铁行业会学习港铁、台湾地铁、新加坡地铁等先进运营管理经验。） (5)顾客基准：以顾客的预期为基准进行比较

【例题15·单选题】☆西康酒店是一家位于中国西部某著名旅游景区的五星级酒店。为了提升管理水平，西康酒店定期派人去东部旅游景区的五星级酒店学习，从而逐步提升了服务质量和财务业绩。西康酒店进行基准分析的基准类型是(　　)。

A. 内部基准　　B. 过程或活动基准

C. 一般基准　　D. 竞争性基准

解析 一般基准以具有相同业务功能的企业为基准进行比较。西康酒店位于中国西部，与东部旅游景区的五星级酒店不存在直接竞争关系，而且同是五星级酒店，具有相同的业务，所以是一般基准。

答案 C

(四)产业资源配置分析框架——钻石模型

老杭贴心话

『考试频率』★★★　　『重要程度』非常重要

『考试题型』选择题和主观题，案例分析为主

要求能够分析案例材料分别属于哪个要素

『复习建议』理解+记忆

钻石模型如图2-6所示。

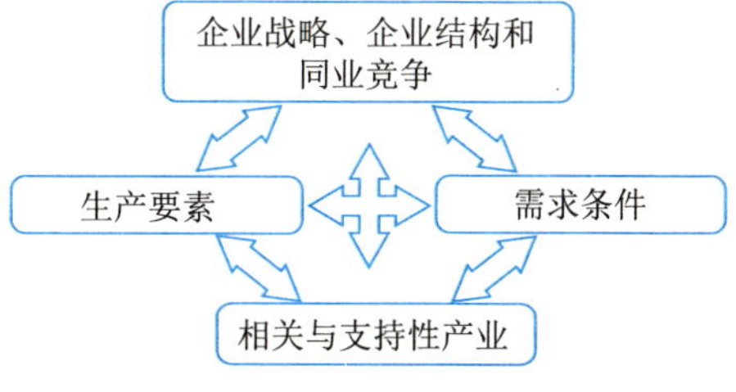

图2-6　钻石模型

具体内容如表2-13示。

表 2-13　钻石模型四要素

钻石模型四种要素	解释说明(不用背，理解)
生产要素 (一个国家在特定产业竞争中有关生产方面的表现，如人工素质或基础设施的良莠不齐)	波特教授认为，生产要素在竞争优势中占据重要地位。考试时会要求根据案例材料判断是否属于生产要素？建议将波特教授对生产要素的如下分类熟读，能够根据案例材料进行分析。 第一种分类： (1)初级生产要素：天然资源、气候、地理位置、非技术工人、资金等。 (2)高级生产要素：现代通讯、信息、交通等基础设施，受过高等教育的人力、研究机构等。 第二种分类： (1)一般生产要素。 (2)专业生产要素：高级专业人才、专业研究机构、专用的软硬件设施等。 【结论】(提示：简单阅读即可) (1)一个国家如果想通过生产要素建立起产业强大而又持久的产业优势，就必须发展高级生产要素和专业生产要素，这两类生产要素的可获得性与精致程度决定了竞争优势的质量。如果国家把竞争优势建立在初级与一般生产要素的基础上，它通常是不稳定的。 (2)一个国家的竞争优势其实可以从不利的生产要素中形成。不利因素，反而会形成一种刺激产业创新的压力，促进企业竞争优势的持久升级
需求条件 (本国市场对该项产业所提供产品或服务的需求如何)	(1)内行而挑剔的客户。是本国企业追求高质量、完美产品造型和精致服务的压力来源。 (2)预期性需求。如果本地的顾客需求领先于其他国家，这也可以成为本地企业的一种优势。有时国家政策会影响预期性需求，如汽车的环保和安全法规、节能法规、税费政策等。 (3)需求规模。大型的国内市场对产业的竞争力有利
相关与支持性产业 (这些产业的相关产业和上游产业是否具有国际竞争力)	相关和支持性产业(上游产业)与优势产业是一种休戚与共的关系
企业战略、企业结构和同业竞争 (企业在一个国家的基础、组织和管理形态，以及国内市场竞争对手的表现)	(1)如何创立、组织和管理公司。(受国家因素影响，不同国家的企业管理模式、治理结构均不同，例如日本、美国和德国，由于国情不同，这三国企业均有不同管理模式、治理结构) (2)如何应对同业竞争对手(创造与保持产业竞争优势的最大关联因素，是国内市场强有力的竞争对手)

【例题 16 · 多选题】☆卓力公司是一家汽车玻璃生产企业，拟在 S 国投资建立汽车玻璃生产基地，并对 S 国的相关环境进行了分析。卓力公司所做的下列分析中，符合钻石模型要素分析要求的有(　)。

A. S 国的汽车玻璃业发展落后，仅有一家本国汽车玻璃生产企业，其他国家的汽车玻璃生产企业尚未进入

B. S 国政府鼓励并支持该国汽车玻璃业的发展

C. S 国的汽车制造业处于成长期

D. S 国的土地租金和电力价格长期处于较低水平

解析 本题是钻石模型传统的考法。题目给出案例材料，要求判断属于哪些要素。钻石模型四要素是：生产要素、需求条件、相关与支持性产业、企业战略、企业结构和同业竞争对手的表现。选项 A 属于企业战

略、企业结构和同业竞争，选项C属于需求条件，选项D属于生产要素。选项ACD正确。选项B政府的政策不属于钻石模型四要素内容。

答案 ACD

『提示』钻石模型主要是站在一个国家的层面，研究导致该国某些产业具备全球竞争优势的驱动力因素。从历年考试来看，出题人会将钻石模型的研究思路进行扩展，设计相关题目。例如本题，某企业计划进入其他国家，利用钻石模型的理论体系和思路分析目标国家相关驱动力因素，要求进行判断。

【例题17·简答题】家电行业是我国竞争最为激烈、发展最为迅速的行业之一。通过近30年的迅速发展，家电行业已经成为我国的支柱性产业，在我国经济中占有重要地位。家电行业取得今天的地位，其发展得益于以下几个因素：

①与发达国家相比，国内劳动力供应充足，且价格低廉，使得定位在低端产品的本土企业获得劳动力成本优势。

②在行业发展过程中，通过购买、合资、并购等多种渠道获得国外家电企业先进技术。

③随着本土企业营业收入不断提高和盈利能力的提升，本土企业已经从过去更多投资于生产设备，转变为更多地投入到人才、研究资源等方面，自主研发实力不断提高。

④在政府"家电下乡"等相关政策的支持下，家电消费高速增长，特别是适合本土企业低端产品的市场需求旺盛。

⑤国内家电零部件产业快速发展，配套能力不断增强，形成了完善的零部件供应体系。

⑥行业已进入成熟期，参与者进入较为容易，竞争日趋激烈。销售收入增加幅度低于销售量的增长幅度，经济效益日趋下降。某些高端产品被国外企业或国内的外资企业垄断。

然而，近年来，这些因素发生了很大的变化：国内劳动力成本迅速上升，劳动力红利时代即将结束；引进国外先进技术的作用有限，本土企业研发投入与发达国家尚存在巨大差距；高级人才瓶颈日益显现；消费者的需求更加注重"时尚化""智能化""个性化""高端化"；国内多种零部件供应体系分割严重，"零部件供给—生产制造—销售渠道—服务贸易"的体系间的竞争正在逐步取代生产制造单个企业间的单打独斗；国际品牌以良好的性价比进入低端市场，挤压本土企业品牌的生存空间。

要求：

(1)运用钻石模型理论，分析国内家电企业得以生存和发展的基础条件。

(2)简要分析以上因素近年来发生的变化。

答案

(1)运用钻石模型理论，分析国内家电企业得以生存和发展的基础条件如下：

生产要素：①，②，③；

需求条件：④；

相关与支持性产业：⑤；

企业战略、企业结构和同业竞争：⑥。

(2)近年来，这些因素发生了很大的变化。具体包括：

①生产要素的变化："国内劳动力成本迅速上升，劳动力红利时代即将结束；引进国外先进技术的作用有限，本土企业研发投入与发达国家尚存在巨大差距；高级人才瓶颈日益显现"。

②需求条件的变化："消费者的需求更加注重'时尚化''智能化''个性化''高端化'"。

③相关与支持性产业的变化："国内多种零部件供应体系分割严重，'零部件供给—生产制造—销售渠道—服务贸易'的体系间的竞争正在逐步取代生产制造单个企业间的单打独斗"。

④同业竞争的变化："国际品牌以良好的性价比进入低端市场，挤压本土企业品牌的生存空间"。

五、价值链分析

（一）价值链的两类活动（重点内容）

老杭贴心话

『考试频率』★★★

『重要程度』非常重要

『考试题型』选择题和主观题，案例分析为主

『复习建议』理解+记忆

波特认为，企业每项生产经营活动都是其创造价值的经济活动，故可称为价值活动；企业所有的互不相同但又相互关联的生产经营活动，便构成了创造价值的一个动态过程，即价值链。

价值链分析将企业的生产经营活动分为基本活动和支持活动两大类。结合波特的价值链模型图，如图 2-7 所示，准确掌握波特教授将价值链分析划分成的五种基本活动和四种支持活动，具体如表 2-14、表 2-15 所示。

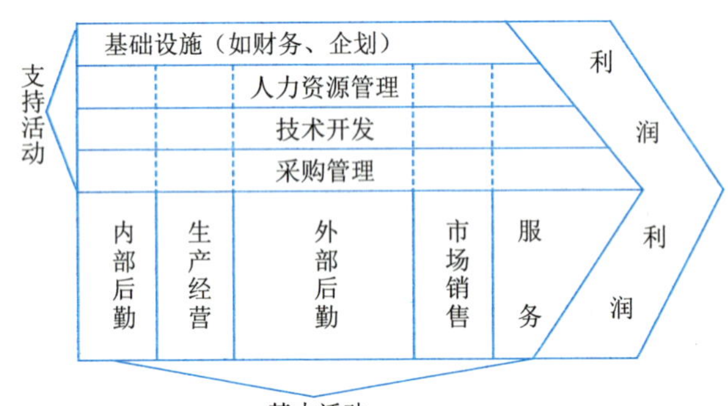

图 2-7　价值链

表 2-14　五种基本活动的内容

名称	解释	具体活动形式
内部后勤	与**产品投入**有关的进货、仓储和分配等活动	原材料的装卸、入库、盘存、运输以及退货等
生产经营	将投入**转化**为最终产品的活动	加工、装配、包装、设备维修、检测等
外部后勤	与产品的**库存、分送**给购买者有关的活动	最终产品的入库、接受订单、送货等
市场销售	与促进和引导购买者**购买**企业产品有关的活动	广告、定价、销售渠道等
服务	与**保持和提高产品价值**有关的活动	培训、修理、零部件的供应和产品的调试等

表 2-15　四种支持活动的内容

名称	具体内涵
基础设施	企业的组织结构、惯例、控制系统以及文化等活动，也包括企业高层管理人员
人力资源管理	是指企业对职工的管理。 企业职工的招聘、雇用、培训、提拔和退休等各项管理活动
技术开发	可以改进企业产品和工序的一系列技术活动。 广义的概念，既包括生产性技术，也包括非生产性技术。 企业中每项生产经营活动都包含着技术，只不过其技术的性质、开发的程度和使用的范围不同而已。有的属于生产方面的工程技术，有的属于通信方面的信息技术，还有的属于领导的决策技术

续表

名称	具体内涵
采购管理	采购企业所需投入品的职能，而不是被采购的投入品本身(2016年解释)。 采购是广义的，既包括原材料的采购，也包括其他资源投入的购买和管理。 例如：企业聘请咨询公司为企业进行广告策划、市场预测、管理信息系统设计、法律咨询等都属于采购管理

『提示』(1)价值链分析中的内部后勤和采购管理的区分：内部后勤涉及物流(商品物质实体的转移)，采购管理涉及商流(商品所有权的转移)。

内部后勤主要涉及企业生产所需各种有形资源的物质实体的流动，例如原材料、零配件等从供应商处转移至生产地点的物流活动。采购管理主要涉及企业经营所需各种资源的采购活动本身。例如，某企业在北京，从广州某供应商处采购原材料。这个过程中，该企业派业务员与供应商谈判、签订合同等活动属于采购管理。而原材料本身从供应商处运输到企业生产地点的物流属于内部后勤。

(2)价值链分析中的内部后勤和外部后勤的区分：内部后勤涉及原材料、零配件等物质实体由外至内转移，外部后勤涉及产成品物质实体由内至外转移。

(二)价值链确定(略)

(三)企业资源能力的价值链分析(重要内容)

老杭贴心话

『考试频率』★★★
『重要程度』非常重要
『考试题型』主观题，案例分析为主
『复习建议』理解+记忆

详细内容如表2-16所示。

表2-16　企业资源能力的价值链分析

要点(记忆)	说明(理解)
确认那些支持企业竞争优势的关键性活动。——内部单个活动	即企业内部价值活动本身。企业价值活动包括基本活动和支持活动，这些活动对于企业成功都是必需的。但确认那些能够帮助企业获得竞争优势的关键价值活动仍然很重要。例如，企业经过价值链分析，重点发展研发、生产，从而帮助企业构筑竞争优势
明确价值链内各种活动之间的联系。——企业内部联系	这种联系表现为价值链中基本活动之间、不同支持活动之间、基本活动与支持活动之间的联系，这些联系是某一价值活动进行的方式与成本与另一活动之间的关系，竞争优势往往来源于这些内部联系。 例如，成本高昂的产品设计、严格的材料规格或严密的工艺检查，会大大减少服务成本的支出，而使总成本下降

续表

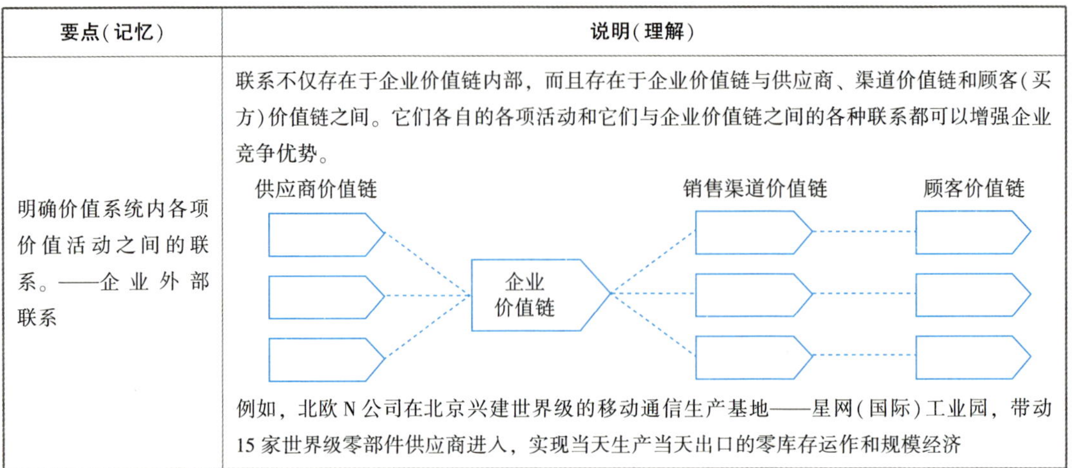

要点(记忆)	说明(理解)
明确价值系统内各项价值活动之间的联系。——企业外部联系	联系不仅存在于企业价值链内部，而且存在于企业价值链与供应商、渠道价值链和顾客(买方)价值链之间。它们各自的各项活动和它们与企业价值链之间的各种联系都可以增强企业竞争优势。 供应商价值链　企业价值链　销售渠道价值链　顾客价值链 例如，北欧N公司在北京兴建世界级的移动通信生产基地——星网(国际)工业园，带动15家世界级零部件供应商进入，实现当天生产当天出口的零库存运作和规模经济

【例题18·单选题】☆甲公司是一家汽车制造企业，该公司通过售后用户体验追踪系统随时掌握、分析不同车型的质量问题，并与汽车分销商共享信息，不断提高来维修的客户的满意度。甲公司的上述做法属于该公司价值链中的(　)。

A. 内部后勤　　B. 服务

C. 基础设施　　D. 外部后勤

解析 服务是指与保持和提高产品价值有关的活动，如培训、修理、零部件的供应和产品的调试等。“该公司通过售后用户体验追踪系统随时掌握、分析不同车型的质量问题，并与汽车分销商共享信息，不断提高来维修的客户的满意度”属于服务，选项B正确。

答案 B

【例题19·简答题】☆2003年，“电池大王”环亚公司收购了一家汽车制造公司，成立了环亚汽车公司。环亚汽车公司将其电池生产技术优势与汽车制造技术相结合，迅速成为国内新能源汽车领域的龙头企业。

新能源汽车生产的关键在于掌握三大核心：电机、电控与电池的生产制造技术以及具有完备的整车组装能力。环亚汽车公司下大力气增强企业这些关键性活动的竞争优势。

环亚汽车公司在包括电机、电控与电池生产领域投入的研发费用占销售收入比例达4.13%，远高于国内同类汽车生产企业的研发投入占比，与国际知名汽车品牌企业相当。环亚汽车公司自主研发的磷酸铁锂电池(锂电池的一种)及管理系统安全性能好、使用寿命长；环亚汽车公司的锂电池专利数量名列国内第一。环亚汽车公司自主研发的永磁同步电机功率大、扭矩大，足够满足双模电动汽车(拥有燃油驱动与电能驱动两种动力系统，驱动力可以由电动机单独供给，也可以由发动机与电动机耦合供给，与混合动力汽车并无差别)与纯电动车的动力需求。环亚汽车公司自主研发的动力系统匹配技术能够保证动力电池、驱动电机及整车系统的匹配，保证整车运行效率。此外，2008年环亚汽车公司以近2亿元的价格收购了半导体制造企业中达公司，此次收购使环亚汽车公司拥有了电动汽车驱动电机的研发能力和生产能力。2011年环亚汽车公司与国际知名老牌汽车制造企业D公司成立合资企业，借助D公司掌握的汽车结构以及安全领域的专有技术，增强公司在汽车整车组装方面的研发能力和生产能力。

为了进一步扩大新能源汽车生产制造规模，环亚汽车公司又将在新能源轿车制造的优势延展至新能源客车制造。2009年环亚汽车公司以6 000万元的价格收购国内美泽客车公司，获得客车生产许可证；2014年环亚汽车公司又与国内广贸汽车集团分别按51%和49%的持股比例合资设立新能源客车公司，注册资本3亿元人民币。

近年来，环亚汽车公司开启了向产业上下游延展的战略新举措。2015年环亚汽车公司收购专门从事盐湖资源综合利用产品的开发、加工与销售的东州公司，这一收购整合了环亚汽车公司汽车零部件的生产。2016年环亚汽车公司以49%的持股比例，与青山盐湖工业公司及深域投资公司共同建立合资企业，注册资本5亿元人民币。此次合作实现了环亚汽车公司的动力锂电池优势与盐湖锂资源优势相结合。2015年环亚汽车公司与广安银行分别以80%和20%的持股比例合资成立环亚汽车金融公司，注册资本5亿元人民币。这是环亚汽车公司向汽车服务市场延伸的一个重大事件。

到目前为止，环亚汽车公司是全球少有的同时掌握新能源电池、电机、电控及充电配套、整车制造等核心技术以及拥有成熟市场推广经验的企业之一。环亚新能源汽车的足迹已遍布全球的50个国家和地区。

要求：

简要分析环亚汽车公司在分析自身的资源和能力，从而构筑其竞争优势的过程中，是如何体现价值链分析方法的。

答案

(1)确认那些支持企业竞争优势的关键性活动。虽然价值链的每项活动，包括基本活动和支持活动，都是企业成功所必经的环节，但是，这些活动对企业竞争优势的影响是不同的。在关键活动的基础上建立和强化这种优势很可能使企业获得成功。“新能源汽车生产的关键在于掌握三大核心零部件电机、电控与电池的生产制造技术以及具有完备的整车组装能力。环亚汽车公司下大力气增强企业这些关键性活动的竞争优势”。

(2)明确价值链内各种活动之间的联系。价值链中基本活动之间、基本活动与支持活动之间以及支持活动之间存在各种联系，选择或构筑最佳的联系方式对于提高价值创造和战略能力是十分重要的。“环亚汽车公司在包括电机、电控与电池生产领域投入的研发费用占销售收入比例达4.13%，远高于国内同类汽车生产企业的研发投入占比，与国际知名汽车品牌企业相当”“2008年环亚汽车公司以近2亿元的价格收购了半导体制造企业中达公司，此次收购使环亚汽车公司拥有了电动汽车驱动电机的研发能力和生产能力。2011年环亚汽车公司与国际知名老牌汽车制造企业D公司成立合资企业，借助D公司掌握的汽车结构以及安全领域的专有技术，增强公司在汽车整车组装方面的研发能力和生产能力”“2009年环亚汽车公司收购国内美泽客车公司，获得客车生产许可证；2014年环亚汽车公司又与国内广贸汽车集团分别按51%和49%的持股比例合资设立新能源客车公司”，都是环亚汽车公司选择或构筑了公司价值链内各种活动最佳的联系方式，以提高公司价值创造和战略能力。

(3)明确价值系统内各项价值活动之间的联系。价值活动的联系不仅存在于企业价值链内部，而且存在于企业与企业的价值链之间。价值系统内包括供应商、分销商和客户在内的各项价值活动之间的许多联系。“近年来，环亚汽车公司开启了向产业上下游延展的战略新举措”“2015年环亚汽车公司收购专门从事盐湖资源综合利用产品的开发、加工与销售的东州公司，这一收购整合了环亚汽车公司汽车零部件的生产”“2016年环亚汽车公司以49%的持股比例，与青山盐湖工业公司及深域投资公司共同建立合资企业……实现了环亚汽车公司的动力锂电池优势与盐湖锂资源优势相结合”“2015年环亚汽车公司与广安银行……合资成立环亚汽车金融公司……向汽车服务市场延伸”，都是环亚汽车公司选择和构筑了价值系统中企业与企业的价值链之间最佳的联系方式。

六、业务组合分析

(一)波士顿矩阵(见图 2-8)

老杭贴心话

『考试频率』★★★

『重要程度』非常重要

『考试题型』选择题和主观题，案例分析为主

『复习建议』理解+记忆，复习重点是基本原理部分

1. 基本原理

首先，对波士顿矩阵的不同名称要有所了解，波士顿矩阵(BCG matrix)又称市场增长率—相对市场份额矩阵、波士顿咨询集团法、四象限分析法、产品系列结构管理法等。

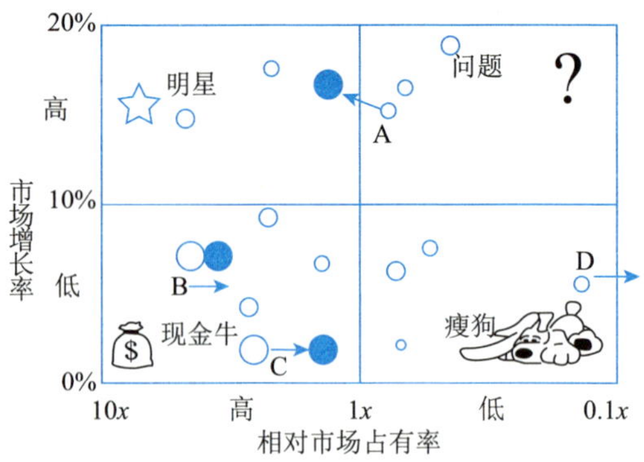

图 2-8　波士顿矩阵

其次，对波士顿矩阵的基本原理要理解。在波士顿矩阵中使用两大指标对企业产品(业务)进行分析，这两大指标分别是市场增长率和相对市场占有率，如表 2-17 所示。

表 2-17　波士顿矩阵两大指标

指标名称	计算公式
市场增长率	$=\frac{\text{本期销售额}-\text{上期销售额}}{\text{上期销售额}}$(通常以 10%作为增长率高、低的分界线)
相对市场占有率	$=\frac{\text{本企业某业务的市场占有率}}{\text{该业务最大竞争对手的市场占有率}}$(以 1 为高低分界点)

纵轴表示市场增长率，代表外部环境，是指企业所在产业某项业务前后两年市场销售额增长的百分比。这一增长率表示每项经营业务所在市场的相对吸引力。判断时，应以整个市场作为判断依据，不能以本企业自己的产品销售增长速度来判断。例如“近年来，A 产品在国内需求旺盛，市场发展迅猛，而主营业务为 A 产品的甲公司由于自身管理不善，未能抓住市场发展所带来的机会，市场份额每况愈下”。在本案例中，判断市场增长率的高低应依据“国内需求旺盛，市场发展迅猛”，得出市场增长率高的结论，如果依据“主营业务为 A 产品的甲公司由于自身管理不善，未能抓住市场发展所带来的机会，市场份额每况愈下”来判断，得出市场增长率低的结论，则是错误的。

横轴表示企业在产业中的相对市场占有率，代表内部环境，是指以企业某项业务的市场份额与这个市场上最大的竞争对手的市场份额之比。这一市场占有率反映企业在市场上的竞争地位。相对市场占有率的分界线为 1.0(在该点本企业的某项业务的市场份额与该业务市场上最大竞争对手的市场份额相等)，该分界线将市场占有率划分为高、低两个区域。

两大指标在考试中的提示线索如表 2-18 所示：

表 2-18　两大指标考试总结

线索	市场增长率	相对市场占有率
定量线索	以 10%为分界点	以 1 为分界点。 『注意』 (1)题目给出明确的市场份额排名，应考虑按指标计算公式进行判断。 (2)题目给出明确的相对市场占有率数据。 如果案例材料表述为“1.2%”，按 1.2 来判断；如果案例材料表述为“20%”，按 0.2 来判断
定性线索	例如： “市场进入成长期”“市场发展迅速”“市场需求巨大，发展前景广阔”“增长更快”等，可判断市场增长率高	例如： “保持着较高的市场份额”“排名前列”“一线品牌”等，表明相对市场占有率高
	例如： “市场进入成熟期”“市场发展前景不好”“总体市场增长缓慢”等，可判断市场增长率低	例如： “逐渐丧失了市场优势”“处于亏损状态”“沦为三线品牌”等，表明相对市场占有率低

在此基础上，对于波士顿矩阵根据两大指标组合出的四种产品(业务)类型要重点掌握，具体内容如表 2-19 所示。

表 2-19　波士顿矩阵的具体内容

业务类型	指标特征	现金流量	对策	组织要求
高增长——强竞争地位的“明星”业务	相对市场占有率：高。市场增长率：高	是企业资源的主要消费者，需要大量的投资	在短期内优先供给它们所需的资源，支持它们继续发展，积极扩大经济规模和市场机会，以长远利益为目标，提高市场占有率，加强竞争地位	管理组织最好采用事业部形式，由对生产技术和销售两方面都很内行的经营者负责
高增长——弱竞争地位的“问题”业务	相对市场占有率：低。市场增长率：高	通常处于最差的现金流量状态	采取选择性投资战略，即首先确定对该象限中那些经过改进可能成为明星业务的业务进行重点投资，提高市场占有率，使之转变为明星业务；其次，对其他将来有希望成为明星的业务则在一段时间内采取扶持的对策。对问题业务的改进与扶持方案一般均列入企业长期计划中	最好是采取智囊团或项目组等形式，选拔有规划能力、敢于冒风险的人负责
低增长——强竞争地位的“现金牛”业务	相对市场占有率：高。市场增长率：低	本身不需要投资，反而能为企业提供大量资金，用以支持其他业务的发展	采用收获战略，即投入资源以达到短期收益最大化为限。①把设备投资和其他投资尽量压缩；②采用榨油式方法，对于市场增长率仍有所增长的业务，应进一步进行市场细分，维持现存市场增长率或延缓其下降速度	适合用事业部制进行管理，其经营者最好是市场营销型人物

续表

业务类型	指标特征	现金流量	对策	组织要求
低增长——弱竞争地位的"瘦狗"业务	相对市场占有率：低。市场增长率：低	可获利润很低，不能成为企业资金的来源	采用撤退战略，即首先应减少批量，逐渐撤退，对那些还能自我维持的业务，应缩小经营范围，加强内部管理；对那些市场增长率和企业市场占有率均极低的业务则应立即淘汰。其次是将剩余资源向其他产品转移。最后是整顿产品系列，最好将"瘦狗"产品并入其他事业部，统一管理	最好将瘦狗产品并入其他事业部，统一管理

2. 波士顿矩阵的运用

2020年第一次出现选择题考核，适当掌握，预计再次考核的概率不高。具体内容如表2-20所示，主要掌握四种对策各自的适用情况，含义简单熟悉即可。

表2-20　波士顿矩阵的运用

对策	含义	适用情况
发展	以提高相对市场占有率为目标，增加资金投入，甚至不惜放弃短期收益	想尽快成为明星业务的问题业务
保持	投资维持现状，目标是保持该项业务现有的市场占有率	较大的现金牛业务
收割	主要是为了获得短期收益，目标是在短期内得到最大限度的现金收入	处境不佳的现金牛业务及没有发展前途的问题业务和瘦狗业务
放弃	目标在于清理和撤销某些业务，减轻负担，以便将有限的资源用于效益较高的业务	无利可图的瘦狗业务和问题业务

3. 波士顿矩阵的贡献和局限

属于细小的知识点，考试概率较小，以阅读原文为主，应对选择题。

波士顿矩阵的贡献如下：

(1)波士顿矩阵是最早的组合分析方法之一，被广泛运用在产业环境与企业内部条件的综合分析、多样化的组合分析、大企业发展的理论依据分析等方面。

(2)通过波士顿矩阵可以将企业业务组合中的众多经营业务综合在一个矩阵中，具有简单明了的效果。

(3)波士顿矩阵指出了业务组合中每个业务单位在竞争中的地位、作用和任务，从而使企业能够优化配置有限资金。每个业务单位也可以从矩阵中了解自己在公司整体中的位置和需要采用的战略发展方向。

(4)利用波士顿矩阵可以帮助企业推断竞争对手对相关业务的总体安排。当然前提是竞争对手也使用波士顿矩阵分析方法。

波士顿矩阵的局限如下：

(1)在实践中，由于受到缺乏数据等因素的影响，企业要准确确定各业务的市场增长率和相对市场占有率比较困难。

(2)波士顿矩阵过于简单。首先，该矩阵用市场增长率和企业相对市场占有率两个单一指标分别代表产业吸引力和企业竞争地位，评价不够全面客观；其次，两个指标的划分都只有两个范围，划分粗略。

(3)波士顿矩阵暗含了一个假设：企业的市场份额与投资回报是正相关的。高的市场份额会带来高的投资回报。但在现实中，这种假设有可能不成立。实践表明，市场占有率低的企业也可以通过实施创新、差异化和市场细分等战略，获得较高的利润。

(4)波士顿矩阵有一个核心观点，资金是企业的主要资源，所谓"现金为王"。但对于很多企业而言，现金并不是需要进行规划和均衡的唯一重要资源，可能还包括时间和人员的创造力。

(5)在实践中使用波士顿矩阵进行分析时还有很多困难。

【例题20·单选题】☆近年来中国公民出境游市场处于高速发展的阶段，实行多元化经营的鸿湖集团于2006年成立了甲旅行社，该旅行社专门提供出境游的服务项目，其市场份额位列第二。根据波士顿矩阵原理，鸿湖集团的甲旅行社业务属于(　)。

A. 明星业务　　B. 问题业务

C. 瘦狗业务　　D. 现金牛业务

解析 因为出境旅游处于高速发展阶段，说明是高增长率；甲旅行社的市场份额位列第二，按照相对市场占有率的计算公式(本企业该业务市场占有率/最大竞争对手的市场占有率)计算得出小于1，说明是低相对市场占有率。所以甲旅行社业务为问题业务。

答案 B

【例题21·单选题】☆H公司经营造船、港口建设、海运和相关智能设备制造四部分业务，这些业务的市场增长率分别为7.5%、9%、10.5%和18%，相对市场占有率分别为1.2、0.3、1.1和0.6。该公司四部分业务中，适合采用智囊团或项目组等管理组织的是(　)。

A. 港口建设业务

B. 造船业务

C. 相关智能设备制造业务

D. 海运业务

解析 通过波士顿矩阵分析，问题类业务适合采用智囊团或项目组等形式。问题类业务相对市场占有率低(小于1.0)，港口建设和相关智能设备制造符合；市场增长率高(大于10%)，海运和相关智能设备制造符合。综合以上，相关智能设备制造符合题意。

答案 C

【例题22·简答题】☆思达公司前身是C国J省一家冷气设备生产企业。为了最大限度地利用市场机会和公司在家电行业的优势地位，思达公司陆续上马了电冰箱、洗衣机、电视机、电脑等产品项目，希望利用公司的品牌优势，为企业获取更多的利润。

在C国，空调等家电产品的市场需求巨大，行业发展前景十分广阔。

思达公司家电业几大业务的经营状况如下：

(1)空调器业务。思达公司曾经是C国最大空调生产基地、世界空调器生产企业七强之一，由于思达公司的领导层未充分利用企业资源对空调业务扩大投资，公司生产的空调逐渐失去了市场优势，其市场份额逐年下降，已沦为C国内空调器三类品牌。

(2)洗衣机业务。思达公司的洗衣机业务只在投产的第一年实现盈亏基本平衡，其余年份都是亏损。思达公司试图通过调整产品结构、不断推出新产品来打开市场局面，但效果一直不理想，洗衣机业务的经营状况未得到根本扭转。

(3)电冰箱业务。思达品牌电冰箱的发展不尽如人意。2003年思达公司将电冰箱业务全部出售给另一家公司。

从1998年开始，C国加大对新能源行业的政策支持，思达公司领导层认为这一领域发展潜力巨大、前景广阔。1999年思达公司对高能动力镍氢电池项目进行了立项。2002年，思达公司召开了“高能动力镍氢电池及应用发布会”，标志着这个跨度更大的新能源行业成为思达公司的又一个主营领域。至2013年，思达公司是C国仅有的掌握镍氢电池自主专利技术的厂家，技术优势明显。

2009年思达公司的领导力排众议，坚持成立思达房地产开发有限公司，宣布进入房地产行业，希望高回报率的房地产业能给企业发展带来新的转机。然而，之后不久C国政府对房地产行业进行宏观调控，房地产业进入了一个“寒冬期”，资金链紧张，房地产销售面积大降。而作为一个没有房地产开发经验的行业“新手”，要想在宏观政策收紧的情况下，从众多经验丰富、实力雄厚、拥有良好品牌的房地产企业中夺取市场份额无疑难度极大。2010 年思达公司房地产业务亏损近千万元。

要求：

根据波士顿矩阵划分企业经营业务的两维坐标及其四类业务的内容，分析思达公司现存的家电业务、新能源业务、房地产业务在波士顿矩阵中的业务类型，并根据波士顿矩阵的原理说明这三类业务下一步的发展方向。

答案

思达公司现存的家电业务在波士顿矩阵中属于高增长—低竞争地位的“问题”业务，“在 C 国空调等家电产品的市场需求巨大，发展前景广阔”“公司空调逐渐丧失了市场优势”“洗衣机业务的经营状况未得到根本扭转”。企业对于“问题”业务的进一步投资需要进行分析，判断使其转移到“明星”业务所需要的投资量，分析其未来盈利，研究是否值得投资等问题。

思达公司现存的新能源业务在波士顿矩阵中属于高增长—强竞争地位的“明星”业务，“行业发展前景广阔”“思达公司是 C 国仅有的掌握镍氢电池自主专利技术的厂家，技术优势明显”。为了保护和扩展“明星”业务在增长的市场上占主导地位，企业应在短期内优先供给其所需的资源，支持其继续发展。

思达公司现存的房地产业务在波士顿矩阵中属于低增长—弱竞争地位的“瘦狗”业务，“房地产业已进入了一个‘寒冬期’”“行业‘新手’”“房地产业务亏损近千万元”。对这类产品应采用撤退战略。

（二）通用矩阵（见图 2-9）

老杭贴心话

『考试频率』★

『重要程度』一般重要

『考试题型』选择题，案例分析为主

『复习建议』理解+记忆

通用矩阵又称行业吸引力矩阵，是美国通用电气公司设计的一种投资组合分析方法。

通用矩阵尚未出现过考题，预计题型一般为选择题。对通用矩阵的原理以理解为主，三大方格的对策要熟练掌握。

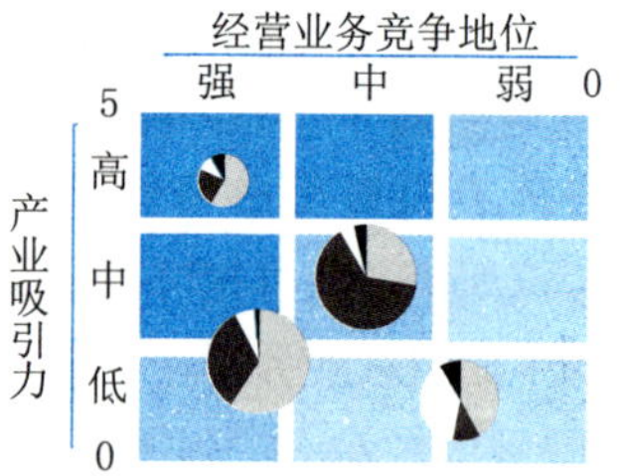

图 2-9　通用矩阵

通用矩阵改进了波士顿矩阵过于简化的不足。通用矩阵采用的两大指标分别是**产业吸引力（纵轴，代表外部环境）和经营业务竞争地位（横轴，代表内部环境）**。

通用矩阵中圆圈面积的大小与产业规模成正比，圈中扇形部分（画线部分）表示某项业务的市场占有率。具体内容如表 2-21 所示。

表 2-21　通用矩阵

项目	说明
处于左上方三个方格的业务	适于采取增长与发展战略，企业应优先分配资源
处于右下方三个方格的业务	一般采取停止、转移、撤退战略
处于对角线三个方格的业务	应采取维持或有选择地发展的战略，保持原有的发展规模，同时调整其发展方向

『提示』通用矩阵三大区域的对策在记忆时不应僵化地去记那些方格。建议结合图形和指标特征记忆。例如处于左上方三个方格的业务在指标上主要表现为三种组合：竞争地位和产业吸引力双强、一强一中、一中一强。

【例题 23 · 单选题】Z 公司旗下四大业务板块，分别是金融、零售、飞机发动机、智能制造。经测算，四大业务板块竞争地位分别为强、强、中、弱。所在产业吸引力分别为中、低、中、高。Z 公司四大业务中，应该采取增长与发展战略对策的是( )。

A. 金融

B. 零售

C. 飞机发动机

D. 智能制造

解析 根据题目所给信息"竞争地位""产业吸引力"判断考点为通用矩阵。处于左上方三个方格的业务，最适于采取增长与发展战略，企业应优先分配资源。左上方三个方格两大指标组合分别为"强高""中高""强中"。Z公司四大业务板块测试结果分别为：金融(强中)、零售(强低)、飞机发动机(中中)、智能制造(弱高)，因此答案为选项A。

答案 A

七、SWOT 分析

老杭贴心话

『考试频率』★★★

『重要程度』重要

『考试题型』选择题+主观题，案例分析为主

『复习建议』理解+记忆

SWOT分析的目的在于提供企业在市场中所处地位的分析。

(一)基本原理

SWOT分析是一种综合考虑企业内部条件和外部环境的各种因素，进行系统评价，从而选择最佳经营战略的方法。

S是指企业内部的优势(Strengths)，W是指企业内部的劣势(Weakness)，O是指企业外部环境的机会(Opportunities)，T是指企业外部环境的威胁(Threats)。

(二)SWOT 分析的应用

根据图2-10熟练掌握SWOT分析的应用，以理解为主。

内部环境 \ 外部环境	机会 O	威胁 T
优势 S	增长型战略 (SO) (Ⅰ)	多种经营战略 (ST) (Ⅳ)
劣势 W	扭转型战略 (WO) (Ⅱ)	防御型战略 (WT) (Ⅲ)

图2-10 SWOT分析的应用

【例题24 · 多选题】☆甲公司是国内火力发电装备制造行业的龙头企业，拥有雄厚的资金实力和品牌优势。2012年，甲公司在国家政策支持下，投资开展了为核电企业提供配套设备的新业务。由于相关技术研发力量不足，且市场竞争激烈，该业务一直处于亏损状态。下列各项对甲公司所做的分析并提出的相应战略中，正确的有( )。

A. 甲公司新业务的相关技术研发力量不足，且市场竞争激烈，应将新业务出售。此为WT战略

B. 甲公司拥有雄厚的资金实力和品牌优势，但自身研发能力不足，应寻找有实力的公司，结成战略联盟。此为WO战略

C. 甲公司虽然新业务的相关技术研发力量不足，但面对国家政策的支持，应寻找有实力的公司，结成战略联盟。此为ST战略

D. 甲公司拥有雄厚的资金实力和品牌优势，应借国家政策支持的东风，加大技术攻关力度，争取新业务尽快扭亏为盈。此为SO战略

解析 甲公司新业务的相关技术研发力量不足(存在劣势)，且市场竞争激烈(存在威胁)，应选择WT(防御型)战略，所以选项A正确。选项B只是描述了企业存在的优势和劣势，并没有表明外部的威胁和机会情况，所以判定为WO战略错误。选项C企业内身存在不足，但是外界存在机会，应判定为WO战略。选项D企业拥有自身优势，同时具有外界的机会，所以选项D正确。

答案 AD

【例题25·单选题】 ☆近年来新能源汽车产业及市场迅猛增长。国内汽车制造商华新公司于2018年进入新能源汽车制造领域，但是受技术和管理水平制约，其产品性能欠佳，市场占有率较低。根据SWOT分析，该公司应采用的战略是( )。

A. 增长型战略

B. 多种经营战略

C. 防御型战略

D. 扭转型战略

解析 “近年来新能源汽车产业及市场迅猛增长”属于机会，华新公司“受技术和管理水平制约，其产品性能欠佳，市场占有率较低”属于劣势，该公司采取的战略是扭转型战略(WO)。

答案 D

【例题26·简答题】 荣诚酒店有限责任公司(以下简称荣诚酒店或公司)是一家布局一线城市的经济型连锁酒店。截至2007年，公司在北京、上海等一线城市开设了300多家连锁酒店，凭借较高的市场占有率成为国内知名的全国性连锁酒店品牌之一。

荣诚酒店实际控制人徐军凭借其原在大型旅行社担任经理时累积的旅游业经验，将商旅人士定位为目标客源，尽量在餐馆、商场、停车场及洗衣店等周边选址，重点打造“简洁、舒适、快捷”的主题酒店。为了降低初期投资成本，荣诚酒店放弃了自建酒店的传统商业模式，而是采用租赁旧厂房或写字楼进行酒店改造的轻资产模式。在设施方面，荣诚酒店不断简化酒店要素，精简了豪华大堂、KTV等传统酒店设施，客房仅提供简单整洁的洗漱用品，配以淋浴、分体式空调等基本设施。在舒适性方面，酒店引进国外功能床垫，以增加床的舒适度，配备可调节工作椅，为商旅人士提供舒适的工作环境。在服务方面，遵循快捷原则，酒店前台人员须在5分钟内为客人办理完入住或结账手续，客服中心为顾客提供24小时便利服务。

荣诚酒店利用互联网技术，率先在经济型连锁酒店推出官网订房系统。公司为了对连锁酒店进行规范化经营，在销售、采购、投资等10个方面推出管理手册。分店的所有经营决策，均需分店店长、总部分管负责人、总部职能部门负责人及集团总经理的审核批准。为了进一步降低成本，部分分店开始与其他餐饮娱乐公司租用同一栋楼宇。2007年9月，荣诚酒店大连分店由于同一栋楼宇中的娱乐场所发生火灾而被殃及。在荣诚酒店准备进一步巩固一线城市并大力发展二三线城市市场的时候，管理层发现其轻资产模式导致银行融资越来越困难。

我国一线城市的经济型酒店经过近十年的发展，初步形成了全国性连锁品牌、区域性连锁品牌、国际品牌三足鼎立的局面。在关注度较少的二三线城市则涌现出大量民宿酒店，这些民宿酒店模仿经济型酒店，但质量参差不齐，难以满足住客的需求。在房屋租赁及人工成本逐年上涨的情况下，因顾客对房价敏感度较高，酒店住宿价格上涨空间有限，经济型酒店的利润空间开始逐年收紧。但由于国内居民可支配收入不断提高，老百姓越来越注重改善生活水平和生活方式，旅游也逐渐成为老百姓改善生活水平和方式的重要选择，旅游住宿需求依然旺盛，再加上国内举办大型展销会或博览会逐渐增多的良好契机，风险投资公司均看好经济型酒店的发展潜力，并陆续开始对大型经济型连锁酒店进行投资。通过评估当前发展面临的环境后，荣诚酒店决定积极准备创业板上市，以筹集资金扩大经营规模。

要求：

根据文中信息，运用SWOT分析方法，评估荣诚酒店上市前的优势、劣势、机会和威胁。

答案

(1)优势：

·在一线城市具有较高的市场占有率。

·良好的品牌效应。

·连锁经营有利于分散经营风险。

·实际控制人拥有旅游业的行业经验。

· 以租赁改造代替传统的自建酒店模式及简化酒店设施，初期投资成本较低。

· 酒店设施简化，日常维护及更新费用低。

· 选址贴近周边资源，为住客提供生活便利。

· 提供舒适的住宿及工作环境。

· 提供快捷及 24 小时便利服务。

· 在销售渠道上利用先进科技，率先建立互联网订房系统。

· 注重管理体系规范化建设。

(2)劣势：

· 酒店配置主要针对商旅人士的需求，住宿产品类型单一。

· 二三线城市发展不足。

· 分店经营决策流程较为烦琐。

· 与餐饮娱乐公司租用同一楼宇，对住宿环境造成不利影响。

· 轻资产的经营模式造成银行融资困难。

(3)机会：

· 居民收入不断提高，老百姓越来越注重改善生活水平和方式。

· 旅游成为老百姓改善生活水平和方式的重要选择，旅游住宿需求依然旺盛。

· 国内举办大型展销会或博览会逐渐增多的良好契机。

· 二三线城市具有较大的市场空间。

· 风险投资公司看好经济型酒店，乐于提供资金支持。

(4)威胁：

· 国内经济型酒店的市场竞争加剧。

· 成本上涨，价格上调空间有限，经济型酒店的利润空间逐年下降。

· 顾客对房价敏感度较高。

· 质量参差的民宿酒店对经济型酒店的形象造成不良影响。

同步训练

限时 170min

扫我做试题

一、单项选择题

1. ☆2012 年政府颁布了《生活饮用水卫生标准》。然而，由于相关设施和技术等方面的原因，国内一些地区的自来水水质短期内还不能达到标准。同时，近年随着国内经济迅速发展，国民追求健康和高品质生活的愿望不断提高。通过对上述情况的分析，华道公司于 2013 年从国外引进自来水滤水壶项目，获得成功。本案例中，华道公司外部环境分析所采用的主要方法是(　)。

   A. 产品生命周期分析

   B. 五种竞争力分析

   C. PEST 分析

   D. 钻石模型分析

2. 2007 年上半年，中国广大地区的猪肉价格大幅度上涨，其中部分原因来自养殖成本大幅上升。为此，一些地方政府开始给予养猪企业贷款和补贴，这种补贴行为对养猪行业的影响属于(　)。

   A. 经济环境

   B. 技术环境

   C. 政治和法律环境

   D. 社会和文化环境

3. 甲公司是一家传统家电零售企业，在最近几年的经营中，发现越来越多的消费者开始在网上购买家电，这一趋势已经给公司营业造成了影响。对此，甲公司决定实行线上线下同步走的策略。根据以上信息可以判断，甲公司在进行战略分析时主要关注的是(　)。

A. 消费心理　B. 价值观

C. 生活方式　D. 技术进步

4. 乙公司主业为化纤原料生产及成衣制造。企业领导人近几年发现，消费者回归自然，关注健康的消费理念日益普及，各种纯天然的成衣大量涌入市场，使得整个化纤成衣的市场明显萎缩，很多化纤成衣制造厂商开工严重不足，大量设备闲置。这种局势造成一些化纤厂商开始缩小生产规模，甚至转产。这种情况表明化纤原料及成衣制造行业开始进入(　)。

A. 导入期　B. 成长期

C. 成熟期　D. 衰退期

5. ☆近年来，国内空调产业的销售额达到前所未有的水平，不同企业生产的空调在技术和质量等方面的差异不明显，空调生产企业的主要战略路径是提高效率，降低成本，按照产品生命周期理论，目前国内空调产业所处的阶段是(　)。

A. 导入期　B. 衰退期

C. 成长期　D. 成熟期

6. ☆专为商业零售企业提供管理咨询服务的智信公司于2015年预测C国的实体百货零售业已进入衰退期。该公司作出上述预测的依据应是(　)。

A. 实体百货零售业投资额增长率曲线的拐点

B. 实体百货零售业利润额增长率曲线的拐点

C. 实体百货零售业工资额增长率曲线的拐点

D. 实体百货零售业销售额增长率曲线的拐点

7. ☆甲专车公司是基于互联网的专车服务提供商。甲专车公司采用“专业车辆、专业司机”的运营模式，利用移动互联网及大数据技术为客户提供“随时随地、专人专车”的全新服务体验，在专车服务市场取得很大的成功。甲专车公司给潜在进入者设置的进入障碍是(　)。

A. 规模经济　B. 资金需求

C. 价格优势　D. 产品差异

8. ☆龙苑公司是一家制作泥塑工艺品的家族企业。该公司成立100多年来，经过世代相传积累了丰富的泥塑工艺品制作经验和精湛技艺，产品远销国内外。目前一些企业试图进入泥塑工艺品制作领域。根据上述信息，龙苑公司给潜在进入者设置的障碍是(　)。

A. 资金需求　B. 学习曲线

C. 行为性障碍　D. 分销渠道

9. ☆下列各项中，对规模经济和学习经济之间的关系作出正确表述的是(　)。

A. 两者总是同方向变动

B. 在劳动密集型产业中，学习经济很小，规模经济却很大

C. 在资本密集型产业中，规模经济很小，学习经济却很大

D. 两者交叉地影响产品成本的下降水平

10. ☆2007~2013年，S公司在作为P公司最大的元器件和闪存供应商的同时，推出了原创智能手机和平板，成为P公司在智能手机和平板市场主要的竞争对手，P公司很想摆脱对S公司的依赖，但由于S公司在生产关键零件方面的能力显著强于其他公司，因而短期内P公司仍离不开S公司，最后影响了S公司对P公司讨价还价能力的主要因素是(　)。

A. 业务量

B. 产品差异化程度和与资产专用性程度

C. 纵向一体化程度

D. 信息把握程度

11. ☆根据波特的五种竞争力分析理论，下列各项关于供应商讨价还价能力的说法中，错误的是(　)。

A. 供应商提供的产品专用性程度越高，其讨价还价能力越强

B. 供应商借助互联网平台掌握的购买者转换成本信息越多，其讨价还价能力越强

C. 占市场份额80%以上的少数供应商将产品销售给较为零散的购买者时，其讨价还价能力强

D. 供应商拥有足够的资源能够进行后向一体化时，其讨价还价能力强

12. 甲公司是一家汽车零部件生产企业。2008年，受经济危机的影响，该公司业务量出现下滑。公司领导人经过思考后，决定进入餐饮行业，以分散风险。下列各项中，不属于决定进入餐饮行业壁垒高度的因素是(　)。

A. 现有餐饮企业以连锁形式经营，分店数量较多

B. 现有餐饮企业的反应

C. 行业中存在过剩的生产能力

D. 现有餐饮企业拥有主要客户的信任

13. 国内某市鲜奶品牌控制着本市的鲜奶销售网络，迫使其他省市鲜奶品牌在打入该市市场初期，不得不以低价竞争战略克服这种障碍。根据以上信息可以判断，该种障碍属于(　)。

A. 结构性障碍　　B. 行为性障碍

C. 反应性障碍　　D. 经济规模障碍

14. 2016年8月，国内Q省D啤酒公司收购B省两家啤酒公司的股权，进入B省市场。几个月后，B省Y啤酒公司也收购Q省三家啤酒公司的股权，进入Q省市场。根据以上信息可以判断，Y啤酒公司采取的措施属于(　)。

A. 行为性障碍　　B. 结构性障碍

C. 资源性障碍　　D. 流动性障碍

15. ☆哈佛商学院教授大卫·亚非在波特教授五种竞争力研究基础上，提出了影响产业利润的第六个要素。下列各项中，体现该要素作用的是(　)。

A. 某火力发电企业并购了一家煤矿，降低了原材料成本

B. 某地区交通条件的改善促进了该地区房地产业的发展

C. 某牛奶供应商控制了全市的销售渠道，使其他牛奶供应商在该市难以立足

D. 两家大型超市通过降低价格，争夺消费者

16. ☆近年来，国内智能家电产业的产品销量节节攀升，竞争者不断涌入。各厂家的产品虽然在技术和性能方面有较大差异，但均可被消费者接受。产品由于供不应求，价格高企。在产品寿命周期的这个阶段，从市场角度看，国内智能家电产业的成功关键因素应当是(　)。

A. 建立商标信誉，开拓新销售渠道

B. 保护现有市场，渗入别人的市场

C. 选择区域市场，改善企业形象

D. 广告宣传，开辟销售渠道

17. ☆2008年美国次贷危机爆发，波及中国大部分金融企业。在此期间，国外投行K预计其竞争对手中国的甲银行将会逐步降低权益类投资，并逐渐降低对客户的理财产品的收益率。投行K对甲银行进行的上述分析属于(　)。

A. 财务能力分析

B. 快速反应能力分析

C. 成长能力分析

D. 适应变化的能力分析

18. ☆自由现金储备、留存借贷能力、厂房设备的余力、定型的但尚未推出的新产品等因素决定着竞争对手的(　)。

A. 快速反应能力

B. 持久力

C. 核心能力

D. 成长能力

19. ☆七彩公司以“文化娱乐性”和“观光游览性”为两维坐标，将旅游业分为不同的战略群组，并将“文化娱乐性高、观光游览性低”的文艺演出与“文化娱乐性低、观光游览性高”的实景旅游两类功能结合起来，率先创建了“人物山水”旅游项目，它将震撼的文艺演出置于秀丽山水之中，让观众在观赏歌舞演出的同时将身心融于自然。七彩公司采用战略群组分析的

主要思路是(　)。

A. 了解战略群组间的竞争状况

B. 了解战略群组间的“移动障碍”

C. 预测市场变化或发现战略机会

D. 了解战略群组内企业竞争的主要着眼点

20. 下列关于企业资源的说法中，正确的是(　)。

A. 企业的资源禀赋是其获得持续竞争优势的重要基础

B. 人力资源是一种十分重要的核心能力来源

C. 组织成员向组织提供的技能、知识以及推理和决策能力属于企业的无形资源

D. 有价证券和技术都属于企业的有形资源

21. ☆对于产品质量差异较小的软饮料行业而言，最重要的企业资源是(　)。

A. 财务资源　　B. 企业文化

C. 商誉　　D. 技术

22. ☆西江公司是一家拥有100多年历史的医药公司，其使用国家级保密配方配制的某种药品，从20世纪初推出以来，疗效显著，一直深受患者欢迎。西江公司拥有的具有不可模仿性的资源属于(　)。

A. 物理上独特的资源

B. 具有经济制约性的资源

C. 具有因果含糊性的资源

D. 具有路径依赖性的资源

23. ☆广记公司是一家卤制品生产企业。该公司凭借其长期积累形成的原料配制秘方和生产工艺诀窍等资源生产的多种卤制品，深受消费者喜爱，近年国内市场占有率一直位居第一。在下列资源不可模仿性的形式中，广记公司的上述资源属于(　)。

A. 物理上独特的资源

B. 具有路径依赖性的资源

C. 具有因果含糊性的资源

D. 具有经济制约性的资源

24. ☆W航空公司以“家庭式愉快，节俭而投入”的企业文化为基础，构建起在U国航空业的竞争优势，竞争对手对其难以模仿。W航空公司的竞争优势来源于(　)。

A. 物理上独特的资源

B. 具有路径依赖性的资源

C. 具有因果含糊性的资源

D. 具有经济制约性的资源

25. 某国内汽车制造厂对中国经济增长潜力抱着乐观态度，除继续生产中等档次的车种外，在2009年开始生产高端越野车，希望吸引国内市场的高端消费者。在确定自身高端越野车市场的竞争力时，公司领导层认为应致力于形成现有和潜在顾客对本企业产品高端品牌的忠诚度，这也是竞争对手极少能拥有的资源。根据以上信息可以判断，该企业形成企业核心能力的资源是(　)。

A. 有价值的资源

B. 稀缺的资源

C. 难于模仿的资源

D. 不可替代的资源

26. 甲公司是某省唯一一家风力发电企业，另外两家发电企业是火力发电企业。与其他两家发电企业相比，甲公司具有一定的经营优势，包括：(1)风力发电站设在本省最适宜设立风电厂的出口，该出口常年具有风力发电所必需的有效风速；(2)风机和风车等风力发电设备全部从国外进口；(3)拥有省内水平最高的风电工程师；(4)享受国家对风电企业给予的税收优惠政策。与省内其他两家发电企业相比，甲公司核心能力的资源是(　)。

A. 先进的风力发电设备

B. 正在享受的税收优惠政策

C. 地理位置和风力资源

D. 拥有省内水平最高的风电工程师

27. ☆下列各项中，可以评价企业核心能力的方法是(　)。

A. 功能分析　　B. 基准分析

C. 资源分析　　D. 过程系统分析

28. ☆迅驰电梯公司是世界上最大的电梯、自动扶梯和自动走道的制造、安装和服务公司。2003年公司总裁鲍博在主持公司年度会议时，为迅驰电梯公司提出了一个愿景：超越自己，在提供卓越服务方面成为世界范围内所有公司——不仅仅是电梯公司——公认的领袖。为了追求服务卓越，迅驰电梯公司未来的参照标准是像UPS这样具有类似核心业务的公司。从基准分析方法判断，鲍博的观点是基于(　)。
A. 竞争性基准
B. 过程或活动基准
C. 一般基准
D. 顾客基准

29. ☆2016年，多年成功经营的啤酒生产企业宝泉公司投资新建了一家果蔬饮料生产企业，但因管理不善出现持续亏损。最近宝泉公司组织果蔬饮料生产企业的管理人员到本公司的啤酒生产企业调研、学习，收效良好。宝泉公司所实施的基准分析的类型属于(　)。
A. 顾客基准　　B. 一般基准
C. 内部基准　　D. 竞争性基准

30. ☆M国的甲航空公司专营国内城际航线，以低成本战略取得很大成功。专营H国国内城际航线的H国乙航空公司也采用低成本战略，学习甲公司的成本控制措施，在H国竞争激烈的航空市场取得了良好的业绩。乙公司的基准分析类型是(　)。
A. 内部基准
B. 一般基准
C. 竞争性基准
D. 过程或活动基准

31. ☆甲公司是C国著名的生产和经营电动汽车的厂商。2017年，公司制定了国际化战略，拟到某发展中国家N国投资建厂。为此，甲公司委托专业机构对N国的现有条件进行了认真详细的分析。根据波特的钻石模型理论，下列分析中不属于钻石模型四要素的是(　)。
A. N国电动汽车零部件市场比较落后，供应商管理水平较低
B. N国电动汽车市场刚刚兴起，市场需求增长较快
C. N国政府为了保护本国汽车产业，对甲公司的进入设定了限制条件
D. N国劳动力价格相对C国较低，工人技术水平和文化素质不高

32. 美发店应配备充足的、受过培训的初级理发师，雇用他们来为顾客洗头、打扫美发馆和进行一般性的勤杂工作。这样能确保造型师集中精力为美发店创收而不会浪费时间。从价值链分析角度看，这一措施属于企业的(　)。
A. 必要活动　　B. 支持活动
C. 基本活动　　D. 主要活动

33. ☆根据波特的价值分析理论，下列属于企业支持活动(辅助活动)的是(　)。
A. 聘请咨询公司实施广告策略
B. 物流配送产品
C. 通过互联网进行广告宣传
D. 生产设备维修

34. ☆东湖公司为了提升公司的信息化管理水平，聘请某知名咨询公司为其开发一套管理信息系统。东湖公司的上述活动属于价值链支持活动中的(　)。
A. 采购管理
B. 人力资源管理
C. 基础设施
D. 技术开发

35. ☆甲公司是一家汽车制造企业。该公司通过售后用户体验追踪系统随时掌握、分析不同车型的质量问题，并与汽车分销商共享相关信息，不断提高前来维修的客户的满意度。甲公司的上述做法属于该公司价值链中的(　)。
A. 内部后勤　　B. 外部后勤

C. 服务　　D. 基础设施

36. L集团的业务包括通用机械、专用机械、配件及服务、钢材贸易四个板块，在集团管理架构中分属于四个事业部。L集团是以生产通用机械起家的。通用机械产品包括各类通用型的机床、磨床等生产设备，其制造的设备广泛应用于各类生产型企业，并由于质量稳定、价格适中，一直受到客户的普遍认可，在国内保持着较高的市场份额，每年无须大量的资金投入即可为L集团带来稳定而可观的收益。但由于通用机械国内总体市场增长缓慢，因此L集团这一板块的业务增长也较为缓慢。根据波士顿矩阵理论，L集团通用机械业务板块属于(　)。

A. 明星产品　　B. 问题产品

C. 瘦狗产品　　D. 现金牛产品

37. ☆环美公司原以家电产品的生产和销售为主，近年来逐渐把业务范围扩展到新能源、房地产、生物制药等行业，依据波士顿矩阵分析，下列对业务定位错误的是(　)。

A. 家电业务的多数产品进入成熟期，公司在家电行业竞争优势显著，公司应加大投入力度，以维持优势地位

B. 新能源行业发展潜力巨大，前景广阔，公司该领域竞争优势不足，公司应对新能源重点投资提高市场占有率

C. 房地产进入寒冬期，公司房地产业务始终没有获利，应果断撤出

D. 生物制药行业近年发展迅猛，公司收购的一家生物制药企业由弱到强，竞争优势迅猛展现，公司应在短期内优先供给其所需资源，支持发展

38. ☆近年来中国公民出境游市场处于高速发展的阶段，实行多元化经营的鸿湖集团于2006年成立了甲旅行社，该旅行社专门提供出境游的服务项目，其市场份额位列第二。根据波士顿矩阵原理，鸿湖集团的甲旅行社业务属于(　)。

A. 明星业务　　B. 问题业务

C. 瘦狗业务　　D. 现金牛业务

39. ☆下列各项企业竞争策略运用了波士顿矩阵分析的是(　)。

A. 放弃与对手的竞争，不再对市场增长快的产品加大投入

B. 加大对市场占有率下滑产品的广告投入，以使该产品的市场占有率回升

C. 重新定位进入成熟期的产品价格，提高该产品的竞争力

D. 减少对市场占有率低且价格竞争激烈的产品的投资

40. ☆实行多元化经营的达梦公司在家装行业有很强的竞争力，市场占有率达50%以上。近年来家装市场进入低速增长阶段，根据波士顿矩阵原理，下列各项中，对达梦公司的家装业务表述正确的是(　)。

A. 该业务应采用撤退战略，将剩余资源向其他业务转移

B. 该业务应由生产技术和销售两方面都很内行的经营者负责

C. 该业务的经营者最好是市场营销型人物

D. 该业务需要增加投资以加强竞争地位

41. 甲集团2000年左右开始涉足钢材贸易，初衷是通过这一业务，一方面获取贸易利润，另一方面服务自身的原料采购。然而，由于钢材贸易市场竞争激烈，市场趋于饱和，该业务的市场份额非常小，可获利润很低却反而常常需要占用很多的营运资金，而且没有服务甲集团自身的原料采购。对于甲集团而言，针对钢材贸易适宜采用的对策是(　)。

A. 短期内投资　　B. 选择性投资

C. 收获　　D. 撤退

42. 甲公司利用通用矩阵对公司旗下五种业务进行分析。经过测算，五种业务的指标结果如下：

业务	竞争地位	产业吸引力
①	中等	高
②	中等	中等
③	强	中等
④	弱	中等
⑤	强	弱

根据以上结果可以判断，甲公司各项业务中，适合采用增长与发展战略的是(　)。

A. ①、②和④　　B. ①和③

C. ①、②和⑤　　D. ③和④

43. ☆甲公司是国内一家中型煤炭企业，近年来在政府出台压缩过剩产能政策、行业竞争异常激烈的情况下，经营每况愈下，市场份额大幅缩减。根据 SWOT 分析，甲公司应采取(　)。

A. 扭转型战略　　B. 增长型战略

C. 防御型战略　　D. 多种经营战略

44. ☆飞牛公司是一家农用无人机研发和制造企业。下列各项中，符合飞牛公司 SWOT 分析要求的是(　)。

A. 农用无人机市场需求旺盛，飞牛公司有较强的研发和制造能力，应加快业务发展。此为 ST 战略

B. 农用无人机市场竞争日趋激烈，飞牛公司缺乏精通业务的营销人员，应加大相关人才的招聘和培养力度。此为 WT 战略

C. 农用无人机市场需求旺盛，飞牛公司缺乏精通业务的营销人员，应与有实力的公司合作。此为 SO 战略

D. 农用无人机市场竞争日趋激烈，飞牛公司有较强的研发和制造能力，应加大技术和产品创新力度。此为 WO 战略

二、多项选择题

1. 甲公司为国内上市的电信公司。甲公司正在研究收购某发展中国家的乙移动通信公司。下列各项因素中，属于甲公司在 PEST 分析中应当考虑的有(　)。

A. 甲公司收购乙移动通信公司符合其总体公司战略

B. 乙移动通信公司所在国政府历来对企业实施高税收政策

C. 甲公司在国内提供电信服务积累的经验与技术有助于管理乙移动通信公司的业务

D. 乙移动通信公司所在国的电信行业十年来发展迅速，移动通信业务过去 10 年增长了 300 倍

2. ☆下列关于产品生命周期的表述中，正确的有(　)。

A. 以产业销售额增长率曲线的拐点划分，产业生命周期可以划分为导入期、成长期、成熟期和衰退期 4 个阶段

B. 成熟期开始的标志是竞争者之间出现挑衅性的价格竞争

C. 与产品生命周期每一阶段相联系的竞争属性随着产业的不同而不同

D. 一个产业所处生命周期具体阶段通常比较清晰

3. 某研究员提出，经过 20 年的发展，饮用水市场目前已进入成熟期。支持该研究员结论的市场现象包括(　)。

A. 行业内价格竞争非常激烈

B. 市场上饮用水品牌的数量逐渐减少

C. 行业产品利润率及企业的市场占有率同时处于低位

D. 同行业企业战略重点倾向于提高效率，降低成本

4. 甲行业是一个资本密集型行业，产品的生产需要使用一种特殊的设备，该行业现有企业中三家企业均掌握了该种设备，彼此规模相差不大，而客户却遍布全国各地。根据以上信息可以判断，下列选项中说法正确的有(　)。

A. 甲行业进入壁垒较高

B. 甲行业同业竞争激烈

C. 甲行业退出壁垒较高

D. 甲行业现有企业面对客户的议价能力较强

5. 格兰公司是一家从事少儿智力开发的企业。该企业成立十几年来，凭借其自主研发的独特高效的教育训练方法、国内一流的少儿智力开发团队和多年打造出的“格兰”品牌，在业内一直占据龙头地位，业务量持续快速增加。格兰公司给潜在进入者设置的进入障碍有(　)。

A. 现有企业对关键资源的控制

B. 现有企业的市场优势

C. 规模经济

D. 限制进入定价

6. 甲公司是国内第二大互联网游戏企业，公司除了考虑继续增加市场份额之外，还要考虑新资本进入给企业带来的威胁。下列选项中，能够支持甲公司分析进入壁垒高低的因素有(　)。

A. 政府针对互联网游戏行业颁布的监管法规

B. 互联网游戏行业整体增长速度

C. 经验丰富的游戏开发人才被现有互联网游戏企业控制的程度

D. 现有互联网游戏企业在消费者心目中的口碑

7. 甲企业是我国一家汽车租赁企业。随着网上约车行业的发展，该企业管理层感觉到竞争压力越来越大。经过分析，发现有很多因素会影响同行业竞争对手的竞争强度，其中表明同行业竞争压力加大的包括(　)。

A. 产业增长率较低

B. 产业生产能力过剩

C. 现有企业反击的程度

D. 产业产品属于标准化的产品

8. 按照波特的五力分析模型，下列各项因素中，可能对某家航空公司获取行业竞争优势产生不利影响的有(　)。

A. 进入航空业需要大量的资本投入

B. 航空产业的行业增长率开始处于下降趋势

C. 由于廉价航空公司兴起，使得机票价格大幅降低

D. 由于许多大型国际企业采用视频会议管理跨国业务，使得商务航空服务需求降低

9. 金铁公司主业为钢铁产业。近些年国内钢铁行业盈利持续下滑，为扩大企业利润来源，金铁公司决定进行业务扩展，对相关行业进行了分析。在下列分析结果中，错误的有(　)。

A. 甲行业是一个创新程度较高的行业，新产品不断出现，容易导致原有产品价格不断下降，这种现象属于替代品的威胁

B. 乙行业资本金投入大，因此进入门槛高，潜在新进入者威胁不大

C. 丙行业的生产需要使用专用设备，因此会抑制替代品的威胁

D. 丁行业产品的生产被少数几家企业控制，则该行业现有企业的议价能力较小

10. 惠丰公司是一家柴油机生产企业。最近，该公司拟把业务延伸到农机生产领域。下列各项中，属于惠丰公司进入新产业所面临的结构性障碍有(　)。

A. 现有农机企业采取限制进入定价行为

B. 现有农机企业的品牌优势

C. 政府颁布严格的农机产品能耗标准

D. 现有农机企业对销售渠道的控制

11. 巨能公司是多家手机制造企业的电池供应商。根据波特的五种竞争力分析理论，下列选项中，表明巨能公司议价能力较强的情况有(　)。

A. 巨能公司是产业内少数几家能够提供特定型号电池的企业，且没有替代品

B. 巨能公司打算采取前向一体化战略

C. 巨能公司的供应者汉尚公司计划实行前向一体化战略

D. 巨能公司是其供应者蓝天公司最大的客户，采购量占蓝天公司业务量 80% 以上

12. ☆近年来国内洗涤品生产企业面临日益沉重的竞争压力。国外著名洗涤品公司加快进入中国市场的步伐；原材料及用工成本不断上涨；国内洗涤品生产企业众多，产品差异较小，消费者选择余地大；新型洗涤品层出不穷，产品生命周期缩短，原有洗涤品不断遭到淘汰。从产业五种竞争力角度考察，国内洗涤品生产企业面临的竞争压力包括(　)。

A. 产业内现有企业的竞争

B. 购买者讨价还价

C. 供应者讨价还价

D. 潜在进入者的进入威胁

13. ☆甲公司是一家有机蔬菜生产供应商，通过分析普通蔬菜生产商对有机蔬菜行业盈利能力的影响，认为普通蔬菜生产商的影响力主要是波特五力模型中所提及的(　)。

A. 购买者的议价能力

B. 潜在进入者的威胁

C. 替代产品的威胁

D. 供应者的议价能力

14. ☆甲公司是一家重型汽车生产企业。甲公司管理层正在考虑进军小轿车生产行业，并创立一个小轿车的全新品牌。甲公司在评估面临的进入壁垒高度时，应当考虑的因素有(　)。

A. 为加入小轿车行业而成立新厂所需的资金是否足够

B. 政府是否出台限制某些公司进入小轿车行业的政策

C. 甲公司是否能够承担从重型汽车生产到小轿车生产的转换成本

D. 市场上汽车生产用合金材料供应商的数目及其议价能力

15. 近几年市场上开始出现无人驾驶汽车，但用户很少，只有高收入用户会进行一定消费；广大用户是否能够接受还存在较大不确定性。市场也只有几家具备较强实力的企业进行尝试。从市场角度看，现阶段无人驾驶行业的成功关键因素有(　)。

A. 建立商标信誉

B. 广告宣传，争取了解

C. 开拓销售渠道

D. 选择市场区域

16. 甲公司是国内一家大型体育用品企业，拥有国内市场份额第一的体育品牌，具有很高的知名度和较高的消费者忠诚度。经过多年的努力，企业形成了完善的规章制度，拥有一支高素质的员工队伍，建立了遍布全国的专卖店销售网络。公司员工在企业创始人的带领下，以“产业报国”为价值观，企业形成了极强的凝聚力。根据上述信息，可以判断甲公司拥有的无形资源有(　)。

A. 品牌　　B. 专卖店

C. 员工技能　　D. 企业文化

17. 下列关于企业资源的表述中，正确的有(　)。

A. 企业文化和组织经验属于企业的有形资源

B. 企业协调、配置各种资源的能力属于企业的人力资源

C. 企业的无形资源一般难以被竞争对手了解、购买、模仿或替代

D. 企业的有形资源列示在资产负债表的账面价值不能完全代表其战略价值

18. ☆研发和生产家用滤水壶的汇康公司秉承“使员工幸福，让顾客满意”的理念，建立并持续实施了一套以顾客需求为导向、充分调动员工积极性的管理体制，使该公司的技术发明专利数量、盈利率和顾客满意率长期稳居行业前列，显示出难以模仿的竞争优势。汇康公司的资源不可模仿性主要表现为(　)。

A. 物理上独特的资源

B. 具有路径依赖性的资源

C. 具有因果含糊性的资源

D. 具有经济制约性的资源

19. L公司是一家光伏电池板企业，其产品是基于以往积累的客户需求做出的改良产品，相对市场上的一般产品具有一定的优势。基于自身优势，与国内多家光伏电池板生产商达成协议，采用代工模式(OEM)，由生产商按照L公司的订单要求，为其提供符合标准的产品。同时将收付款模式设定为在收到客户全部货款后发货，并且在收到合格产品后支付生产商剩余货款。根据以上信息可以判断，L公司表现出的能力包括(　)。

A. 营销能力

B. 研发能力

C. 财务能力

D. 生产管理能力

20. 下列选项中，可用于识别企业核心能力的方法有(　)。

A. 情景分析

B. 功能分析

C. 过程系统分析

D. 马尔科夫分析

21. 某酒店在客户满意度调查中发现并未完全满足商务旅行者的需求，遂决定向航空业了解如何更好满足这类客户。根据以上信息可以判断，该酒店主要采用了(　)。

A. 内部基准

B. 竞争性基准

C. 过程或活动基准

D. 顾客基准

22. ☆甲公司是一家电力设备制造企业。为了正确评价自身的核心能力，甲公司选取了国内一家知名的同类上市公司进行基准分析。下列各项中，属于甲公司选择基准对象时应关注的领域有(　)。

A. 能够显著改善客户关系的活动

B. 能够衡量企业业绩的活动

C. 能够最终影响企业结果的活动

D. 占用企业较多资金的活动

23. ☆甲公司是C国一家生产经营消费类电子产品的企业，准备到发展中国家N国投资彩电生产业务，对N国诸多条件进行了认真的调查分析。以下分析内容属于钻石模型4要素的有(　)。

A. 国际名牌家电企业早已进入N国彩电市场，且竞争激烈

B. N国市场上质量高、价格适中的大众化彩电较少

C. 由于C国产品在N国名声不好，N国政府对于C国家电产品的进入制定了许多限制性政策

D. N国劳动力价格比C国明显偏低，且劳动者的文化与技术水平较低

24. ☆华泰医药公司拟在J国建立一个药品研发和生产基地，并对该国的相关情况进行了调查分析。下列各项中，符合钻石模型四要素分析要求的有(　)。

A. J国近年来经济增长较快，对高质量药品需求与日俱增

B. J国政府近期颁布了多项支持医药产业发展的政策

C. J国本土医药企业虽然数量较多，但规模小，竞争主要围绕价格进行

D. J国药品研发人才不足，尚无一项药品专利

25. 下列活动中属于企业价值链中支持活动——采购管理的有(　)。

A. 采购业务员与原料生产厂进行谈判

B. 进行法律咨询

C. 聘请咨询公司为企业进行广告策划

D. 员工招聘

26. 按照波特的价值链理论，企业的下列各项活动中，属于支持活动的有(　)。

A. 新华书店提供网络在线销售服务

B. 家电生产企业利用外包仓库储存其产成品

C. 快递公司重整其人力资源管理，提升员工的服务能力

D. 制鞋企业设立特定研究中心专门从事人体工程学与产品生产和研究

27. ☆甲公司是一家复印机生产企业。关于甲公司的价值链，以下表述正确的有(　)。

A. 进货材料搬运、部件装配、订单处理、广告、售后服务等活动属于基本活动

B. 公司的基础设施包括厂房、建筑物等

C. 运输服务、原材料采购、信息系统开发、招聘等活动属于支持活动

D. 价值链的每项活动对甲公司竞争优势的影响是不同的

28. ☆按照波特的价值链分析方法，企业支持活动中的基础设施包括(　)。

A. 财务管理

B. 厂房、道路等

C. 企业高层管理人员

D. 企业的组织结构、惯例、控制系统以及文化等活动

29. ☆下列各项对企业资源能力的价值链分析表述中，正确的有(　)。

A. 支持企业竞争优势的关键性活动是企业独特能力之一

B. 选择或构筑价值链各项活动之间的最佳联系方式，有利于提高价值创造和战略能力

C. 价值链分析适用于多元化经营企业对企业资源能力进行考察

D. 价值活动的联系既存在于企业价值链内部，也存在于企业与企业的价值链之间

30. ☆凯阳公司拥有发电设备制造、新能源开发、电站建设和环保 4 部分业务，这些业务的市场增长率依次为 5.5%、11%、5%和 13%，相对市场占有率依次为 1.3、1.1、0.8 和 0.2。根据波士顿矩阵原理，上述 4 部分业务中，可以视情况采取收割战略的有(　)。

A. 发电设备制造业务

B. 新能源开发业务

C. 电站建设业务

D. 环保业务

31. ☆甲公司是 C 国一家以乳制品业务为主体的多元化经营企业，业务范围涉及乳制品、煤化工、房地产、新能源等。甲公司对其业务发展状况进行分析，以下各项符合 SWOT 分析的有(　)。

A. 乳制品行业增长缓慢，公司市场占有率高，应采用 SO 战略

B. 房地产行业不景气，公司市场占有率低，应采用 WT 战略

C. 新能源行业具有广阔的发展前景，公司在该行业不具有竞争优势，应采用 WO 战略

D. 煤化工行业近年来发展势头明显回落，公司在该行业中具备一定优势，应采用 ST 战略

32. ☆甲公司是国内一家印刷机制造企业，主要产品是胶印机。为了开发“印后设备”(折页装订、模切、包装等设备)，该公司进行了 SWOT 分析。在以下表述中，符合该公司 SWOT 分析要求的有(　)。

A. 甲公司产品在国内具有较高的品牌知名度和完善的销售渠道，但在短期内印后设备研发能力不足，甲公司寻求一家有印后研发能力的企业进行战略合作。此战略为 WT 战略

B. 甲公司产品在国内具有较高的品牌知名度和完善的销售渠道，国家政策鼓励优势企业进行产品和技术开发进入市场需求旺盛的印后设备领域。甲公司决定借政策东风，迅速进入印后设备领域。此战略为 SO 战略

C. 由于甲公司短期内印后设备研发能力不足，国外印后设备制造商实力强大，因此，甲公司决定与一家国外印后设备制造商进行战略合作。此战略为 ST 战略

D. 由于甲公司短期内印后设备研发能力不足，面对国内对印后设备日益强劲的市场需求，甲公司寻求一家有印后研发能力的企业进行战略合作。此战略为 WO 战略

三、简答题

1. D公司是一家生产传统小家电的企业。由于国内小家电市场已进入成熟期，竞争激烈，D公司发展受到极大局限。从2012年开始，D公司寻找转型出路。

   2013年国家发布《大气污染防治行动计划》，之后各地区陆续出台了“煤改气”相关政策。尤其是2016年生态环境部发布的《京津冀大气污染防治强化措施（2016—2017年）》中明确指出限时完成散煤清洁化替代，目前煤改气已进入全面实施推进阶段。

   D公司从中嗅到了巨大的商机。一方面，伴随着各地政策的落地，壁挂炉产品在中国具备巨大的潜在市场。另一方面，我国国内壁挂炉生产企业技术水平不高，产品无论是安全性还是能耗都与世界先进企业存在较大差距。而国外进口产品技术性能较好，但价格居高不下，很难适应普通老百姓的消费需求。此外，经过长期的改革开放，中国的国家经济得到了迅速发展，国民生活水平大大提高，普通消费者的生活已经从追求温饱过渡到寻求健康的新阶段，对于壁挂炉的安全性和能耗都有了进一步的要求。事实也表明，在当前的商业领域中，能够满足人民群众日益增长的对健康和品质生活追求的产品通常都会有较好的市场表现。

   2013年，D公司与德国著名壁挂炉生产企业W公司签署合作协议，在J省建立合资生产基地，利用W公司生产专利和技术组织国内生产，极大降低了产品的成本。W公司是世界领先的环保型采暖及空调生产商，其壁挂炉产品采用电子比例式燃气阀，结合先进的电子控制技术，随时按现时的采暖需求调节锅炉热负荷，最大限度地节省使用能源。

   要求：

   简要分析D公司战略决策主要依据的PEST分析。

2. ☆光澜公司是C国一家二级民营电信运营商，专注于宽带接入业务。

   光澜公司的供应商主要分为带宽供应商和设备供应商。带宽供应商主要是3家一级电信运营商，他们控制了绝大部分互联网出口带宽资源。光澜公司与其他二级电信运营商一样，只能从这3家一级运营商手中购买带宽资源。设备供应商数量多、规模小，光澜公司每年都可以选择从不同供应商手中采购大量设备，在价格及付款方式等方面已达成很好的默契。光澜公司客户主要是中小企业，这些企业的资金实力有限，对光澜公司产品的价格比较敏感，加之光澜公司目前的产品比较单一，容易被竞争对手复制，因而使客户具有较强的议价能力。

   2013年，C国政府制定政策，将宽带定位于重要的公共基础设施；放宽了民间资本进入电信运营业的限制，以适应经济快速增长和互联网普及率迅速提高的需求。面对十分广阔的市场前景，许多投资者跃跃欲试，准备跻身于宽带接入行业。尤其是3家一级运营商，手中积累了大量资金，打造“全产业链”正在成为其战略取向。一旦它们的业务延伸到宽带接入领域，将很可能成为该领域的主导者。有的一级供应商还有可能采用更为先进的4G技术来代替传统的宽带接入技术，从根本上改变行业竞争格局。这些一级运营商在直接介入宽带业务之前，已经利用其市场知名度和资金优势，调整市场开发策略，通过扶植众多的代理商参与市场竞争。这些代理商虽然目前实力较弱，覆盖区域较小，但价格灵活，服务的客户比较集中，它们往往以价格为利器与光澜公司展开竞争，其中个别代理商提供的产品价格已达到与光澜公司产品价格持平甚至略低的水平。

   要求：

   （1）从宏观环境角度简要分析光澜公司面

临的机会与威胁。

(2)从五种竞争力角度简要分析光澜公司面临的机会与威胁。

3. E公司是C国一家卫浴产品生产企业，成立的时间不长。在成立初期，为了在市场上取得较好的成绩，主要投资人以一个较高的起点设立了这家企业，花巨资购买了世界最先进的一条生产线，并通过给予优厚的待遇招聘到了一些资深的研发人员，为他们配备了很好的设备和环境，期望能够在最短的时间内研发出新产品。E公司的产品质量在市场上处于中上游水平，仅位于一家主要竞争对手之后。产品一经推出即得到市场的认同，销售增长速度很快。针对该种产品客户对售后服务的要求，E公司主动与客户建立了结构性关系，使客户对企业的服务形成无法通过其他途径弥补的依赖。通过这种做法，该企业以优质的客户服务，获得了客户的认同，也维持了现有的市场。

为了制定自身的发展战略，采用五力模型对行业的竞争结构进行了分析。部分因素分析如下：

①本行业的可能投资人来自国内、国外两个方面。本行业是资本和技术密集型的行业；对国外进入者，国家有一定限制以对本行业进行必要的保护。

②本公司产品的主要原材料供应者十分集中，采购量在各供应者之间分布较均匀，主要原材料暂无替代品。

③由于本行业中各企业提供的产品差异性越来越小，因此顾客选择机会较多。

④由于科技进步加快，市场上已开始出现性能更高的同类产品，只是目前的价格还略高于传统产品。

在C国，卫浴产品属于兼具功能性和时尚性的产品，其功能性和外观时尚性的不同导致了不同企业之间的差异。

T公司、K公司都为知名的国际品牌企业，设计研发水平高，在品牌塑造上投入较大，具有很强的品牌影响力，其提供的产品和服务的特征是追求顾客的高端体验，满足了顾客对于功能性与外观时尚性完美结合的要求，在行业中处于标杆地位。

英鸟、达成、维亚、恩典、雄高是C国国内老品牌，通过模仿国际品牌高端产品，其外观和功能都达到一定水准。生产这些产品的企业注重节约设计和研发成本，通过价格优势和广告攻势，不断扩大市场份额，实现了规模经济效益。

还有一批以各大产区的杂牌为代表的企业，其产品的功能和外观较为低端、简陋。但由于产品简单，生产线投资成本小，产品价格低廉，适合不发达地区一部分用户的需求。

近年来，伴随人工成本、原料成本的不断攀升，以及恶性竞争带来的大量广告支出，英鸟、达成、维亚、恩典、雄高等产品生产企业的利润率逐年下降，企业亟待寻求新的出路。由于T公司、K公司等国际品牌的产品研发成本很高，固定资产投入大，退出壁垒高，追赶这些企业难度较大。有专家建议，国内这些老品牌企业可以从增强售后服务功能寻找出路，因为目前C国国内各类品牌卫浴产品的生产企业都未对安装、更换、维修等售后服务投入应有的精力，而消费者对这类服务的需求很高。

要求：

(1)简要分析上述四方面因素分别属于五力模型中的哪个方面，并简要说明每个因素对该行业竞争强度的影响。

(2)运用“功能性”“外观时尚性”两个战略特征，各分为“高”“中”“低”3个档次，将案例中所提及的C国卫浴产品生产企业进行战略群组划分。

(3)根据战略群组分析的作用，分析专家建议国内这些老品牌企业可以从增强售后服务功能寻找出路的依据。

4. ☆福安公司为一家食品生产企业。2006

年，福安公司拟扩大生产经营范围，投资于饮料行业。

福安公司管理层在对当时国内饮料行业进行深入调研后发现：已有一批大中型饮料企业从事各类知名品牌的饮用水的生产和销售。有关情况如下：(1)水清公司生产饮用水的历史最长，其生产的矿泉水的市场综合占有率多年名列行业前三；(2)蓝宝公司实施相关多元化战略，早已形成普通瓶装水、高档玻璃瓶装水、碳酸饮料、茶饮料、果汁饮料等几大系列十几种产品，全方位地进入饮料市场；(3)童乐公司从儿童营养液起步，已形成奶制品、水、茶、可乐、八宝粥5大战略业务单元；(4)万宝公司以长期经营的多种饮料产品为基础，近年来开发了新产品果蔬饮料，仅短短两三年时间，万宝公司在果蔬饮料的开发、生产、销售及市场占有率等方面，占据绝对优势；(5)K公司和B公司是两大国际知名外资企业，其产品集中于碳酸饮料。它们资金雄厚，研发能力强，依靠庞大的销售网络和低成本的产量扩张，在饮料市场占据了最大的份额，在碳酸饮料市场的占有率超过80%。

通过对饮料市场的深入调研，福安公司对市场竞争格局有了清晰的把握。公司管理层认为，开发上述公司已经占据优势地位的饮料产品市场，难度太大。公司管理层决定：着手开发当时国内市场上尚属空白的功能饮料，而且选择高端市场，注重品质和功能。这部分市场虽然目前市场需求量有限，但发展前景良好。2008年福安公司生产的第一批功能性饮料下线试销，受到消费者的广泛认同。

要求：

(1)简述战略群组的内涵，运用“产品多样化程度”“新产品程度”两个战略特征，各分为“高”“低”两个档次，对福安公司所调研的国内饮料行业的企业进行战略群组划分。

(2)简述战略群组分析的主要作用，分析福安公司进入尚属空白的功能饮料的依据。

5. ☆据专家预测，到2020年中国葡萄酒消费量将进入世界前三位，全球葡萄酒过剩时代结束，即将步入短缺时代。

葡萄酒界流传着“七分原料，三分工艺”的说法，意即决定葡萄酒品质最重要的因素是葡萄产地。G省的葡萄种植基地、葡萄酒生产企业主要集中在西北黄金产业带上。适宜的纬度、最佳光热水土资源组合，加之大幅度的昼夜温差、适宜有效的气温和干燥少雨的气候，使G省成为国内生产葡萄酒原料的最佳区域之一。

G省葡萄酒产业发展具有深厚的文化底蕴。“葡萄美酒夜光杯，欲饮琵琶马上催”等一系列脍炙人口的赞美葡萄酒的诗歌经久不衰。从史料中不难看出，自汉朝以来的2 000多年，西北黄金产业带的葡萄酒，一直闻名遐迩，享有盛赞。

然而，G省葡萄酒企业在国内市场的竞争地位却不尽如人意。2011年国内四大葡萄酒知名品牌占据国内市场份额60%左右，而G省最具竞争力的高华品牌只在华南和西北地区占有很低的市场份额，省内另外几家企业的葡萄酒基本未进入省外市场。2011年G省葡萄酒企业年销量仅占全国销量的1.1%。

以下三个方面因素在一定程度上影响了G省葡萄酒企业的竞争力：其一，相对于国内东部产区而言，G省产区交通条件欠发达，因此葡萄酒产品在外运过程中成本较高。其二，随着市场的发展，包装对于葡萄酒来说不仅是保护商品、方便流通的手段，更成为一种差异化、准确定位目标市场的营销方式。而G省与葡萄酒产业相关的包装印刷业发展缓慢，企业产品包装品的制作和商标的印刷主要依靠南方地区的企业提供。其三，G省绝大多数葡萄酒生产企业规模小且分散，产品销售网覆盖地区有限，彼此之间的竞争不够充分。

近年来，为了进一步完善本地葡萄酒企业发展环境，G省酒类商品管理局实施了“抱团走出去，择优引进来”的策略，通过开展品牌宣传、招商引资等多种手段，努力提升G省葡萄酒在国内市场的知名度。

要求：

(1)根据钻石模型四要素，简要分析G省葡萄酒产业发展的优势与劣势。

(2)根据企业资源的判断标准，简要分析G省葡萄酒企业资源的不可模仿性有哪几种形式。

6. ☆W镇是一个有1 300年建镇史的江南水乡古镇，因其历史街区保留了大量经典明清建筑群，被称为“江南六大古镇”之一。1999年6月，当地政府组建W镇旅游公司，开始了W镇古镇保护和旅游开发历程。然而，W镇的起步条件相对落后，旅游资源与其他江南水乡古镇雷同，且同一地区Z庄、X镇已小有名气，W镇旅游如果不能另辟蹊径，很难满足日益挑剔的旅游消费者的品位。

在吸收借鉴其他古镇旅游开发经验教训的基础上，W镇旅游公司走出了一条创新发展的路径，实现了古镇旅游转型升级和遗产活化保护的协调发展。

(1)多元化的产品、业态和盈利模式：“观光+休闲度假+商务+会展+文化”。W镇的旅游开发定位在商务和休闲市场，设计开发出W镇戏剧节、木心美术馆、现代艺术展、互联网大会等新产品，多业态复合经营已成为增加营收的主力。

(2)脱胎换骨式基建改造和整体风貌保护。W镇进行了大规模的脱胎换骨式的基建改造，实现了给排水系统、水电气系统的全面升级。景区保护基于街区风貌的整体打造，对建筑外立面和空间、周边环境进行系统整治，使古建筑更适合居住。

(3)外来资本和本土专业化管理相结合。W镇与一家上市旅游公司合作，后者既是战略投资者，又是旅游产品推介的渠道商。同时，政府和投资者之间达成共识，全权委托深谙当地文脉的本土专业团队开展经营管理工作，形成“内容商+渠道商+资本+政府”的经营管理模式。

(4)社区重构和部分空心化。W镇将全部居民迁出，再将部分商铺返租给原来的部分住户。这样“部分空心化”的社区重构，使得居民与游客的矛盾不复存在，也便于整体产权开发和集中统一管理，有效遏制过度商业化的问题。

自2001年开放迎客以来，W镇旅游开发获得的惊人发展受到专家和同行的肯定，被誉为中国古镇保护之“W镇模式”。

要求：

(1)依据钻石模型要素，简要分析W镇旅游业发展的优势。

(2)依据企业资源的主要类型，简要分析W镇旅游业发展的优势。

7. 保圣公司是一家汽车制造企业。保圣公司进行战略分析后，选择了成本领先战略作为其竞争战略，并重构价值链各项活动以求获取成本优势。保圣公司主要重构措施包括：

(1)与汽车发动机的供应厂家建立良好关系，保证生产进度不受影响。

(2)生产所需要的外购配件大部分由就近的朝辉公司生产，与保圣公司总装厂距离非常近，减少了物流费用。

(3)内部各个配件厂分布在保圣公司总装厂周围，建立大规模生产线实现规模经济，并根据销售量数据预测制订生产计划，最大限度地减少库存。

(4)总装厂根据装配工序，采用及时生产模式(JIT)，让配件厂按照流程进度提供配件，减少存储费用。

(5)订单处理人员根据全国汽车经销商的分布就近调配车型，并选择最优路线配送以降低物流费用。

(6)利用售前热线开展市场调查活动，有

的放矢地进行广告宣传，提高广告效率。

(7)终端车主可以通过售后热线反馈不同车型的质量问题，将信息与汽车经销商共享，以获得最佳配件库存，提高前来维修的客户的满意度。

(8)通过市场调查，开发畅销车型，提高资金周转率。

(9)定期对员工进行培训，使其及时掌握公司所采用的最新技术、工艺或流程，尽快实现学习经济。

(10)从产品研发阶段就开始实施成本企划来控制成本，事业部制和矩阵式相交融，在减少管理层次的同时提高了效率。

要求：

依据企业价值链分析理论，对保圣公司的价值活动进行分类。

8. ZL集团是M国最大的农业及粮油食品企业。历经六十余年发展，在M国市场上占据领先优势。ZL集团瞄准世界一流企业，通过主业、品牌、资本三大拉动，全面实现从传统农贸企业转变为新型生产服务经营主体。

在ZL集团的发展历史上，依托在农业及粮油食品行业具备的品牌、渠道、研发资源等多方面的竞争优势，以粮、油、糖、棉为核心主业，覆盖稻谷、小麦、玉米、油脂油料、糖、棉花等农作物品种以及生物能源，同时涉及食品、金融、地产行业。

(1)房地产业务。M国房地产行业在过去的十年中保持了每年两位数的增长速度，发展迅猛。自2002年开始，ZL公司成立了自己的房地产公司，在短时间内将触角伸向了M国各地，实现了公司在全国范围内的快速布局，占据了行业的优势地位。

(2)金融业务。M国金融行业属于新兴行业，行业销售收入和利润增长稳健。2006年ZL公司采用控股两家金融公司的方式进入金融业，金融业务得以快速增长，在金融市场占有率不断提升。

(3)食品业务。2001年开始，ZL集团将业务延伸至其他食品行业，涉足方便面、奶制品等。ZL集团在成熟的粮油行业的成功经营，以高市场占有率为其进一步战略扩张提供了大量的现金流。

ZL集团通过聚焦核心主业，推进专业化经营，取得了良好业绩。

要求：

运用波士顿矩阵分析方法，对ZL集团所投资的房地产业务、金融业务、食品业务进行分类并对其发展方向进行分析。

9. 万福家具股份有限公司(以下简称“万福”或“公司”)是一家专注于床垫产品设计研发和生产销售的公司，在床垫行业知名度较高，曾获得多项荣誉。

床垫是家庭生活必需品。随着经济发展和居民生活品质的提高，人们对床垫的质量、功能和外观等要求逐步提高，从而加快了床垫的更换频率，床垫市场需求持续增长。虽然我国床垫企业数量众多，但绝大多数分布在南方区域，且存在规模普遍较小、知识产权亟待保护等问题。大量企业生产以解决睡眠基本需求的低端床垫为主，产品同质化严重，设计开发能力不足，同行之间竞争往往以价格战形式出现。为此，近年来国家出台多项政策支持该行业加快振兴和整合规范，未来无品牌或品牌影响力较弱的床垫企业生存空间越来越小，国内床垫行业的集中度将越来越高。

万福自成立以来，始终致力于研发以健康睡眠为使命的中高端产品，摸索出了一套成熟的弹簧生产技术和床垫架构设计技术，已获专利近40项，是床垫行业内第一家“国家火炬计划重点高新技术企业”。公司成立了覆盖设计开发、品质复核、成品检测等各个环节的研发中心，研发中心拥有近百人的研发团队，包括多位在睡眠科学研究等领域颇具影响力的专家。公司建立了高标准的质量管理和品质保证体系，并逐步形成了以南方省会城市为中心，辐射各地市级城市和经济发达县级城市的营销网络体系。虽然公司产品销售主要集中在南方区域，但公司床垫产品产销量均居全国同行业首位。

随着美国、意大利等国际著名床垫公司日益注重中国市场的拓展，中高端市场的竞争日趋激烈，尽管公司在国内中高端市场的业务规模已处于领先地位，但与这些国际公司相比，在组织管理、生产工艺及机器设备等方面并不具有明显优势，优化管理和提升技术都需要以雄厚的资金为基础，然而随着规模持续扩大，公司财务风险逐年上升，需要进一步提升资本实力，夯实其核心竞争力。

针对上述情况，万福运用SWOT方法进行战略分析后，确定了“一融二优化”的战略目标。“一融”是指公司为寻求充沛的资金来源，积极开拓融资渠道，以增强资本实力，从而把握政策支持行业整合的契机，确保进一步扩大经营规模；“二优化”是指直面与国际著名床垫公司的差距，通过完善内部管理制度及运作流程，提高运营管理效率，从而实现公司组织管理的优化，以提高公司在激烈市场竞争中的反应速度。

要求：

运用SWOT分析方法评估万福的优势、劣势、机会以及威胁；指出“一融”“二优化”在SWOT战略分析中所属的战略类型，并简要说明理由。

同步训练答案及解析

一、单项选择题

1. C 【解析】“2012年政府颁布了《生活饮用水卫生标准》”属于政治和法律环境因素，“由于相关设施和技术等方面的原因，国内一些地区的自来水水质短期内还不能达到标准”属于技术环境因素，“国内经济迅速发展”属于经济环境因素，“国民追求健康和高品质生活的愿望不断提高”属于社会和文化环境因素。综上，华道公司外部环境分析采用的是PEST分析，选项C正确。

2. A 【解析】地方政府开始给予养猪企业贷款和补贴属于经济环境中的政府补助。

3. C 【解析】越来越多的消费者开始在网上购买家电属于生活方式的改变，属于社会和文化因素。

   【思路点拨】社会和文化因素与日常生活联系非常紧密，出题也比较灵活。应对此类题目的基础是基本理论知识点，建议将基本内容在理解的基础上熟练应用。同时，在平时的生活中可有意识地注意此类案例。

4. D 【解析】产品生命周期中衰退期的特征如下：

衰退期	产品技术特点：各企业的产品差别小，因此价格差异也会缩小。为降低成本，产品质量可能出现问题。 量、本、利：客户对性价比要求很高。产能严重过剩，只有大批量生产并有自己销售渠道的企业才具有竞争力。产品的价格、毛利都很低。只有到后期，多数企业退出后，价格才有望上扬。 竞争：有些竞争者先于产品退出市场。 经营风险：进一步降低，主要的悬念是什么时间产品将完全退出市场。 战略目标：首先是防御，获取最后的现金流。 战略途径：控制成本，以求能维持正的现金流量。如果缺乏成本控制的优势，就应采用退却战略，尽早退出

【思路点拨】产品生命周期阶段的判断是一个典型的考点。应对此类题目的根本是对相关理论的熟悉。

5. D 【解析】本题属于生命周期理论典型考法，即给出相关案例线索，要求判断生命周期所处阶段，主观题也会有类似考法。题目案例线索与理论知识内容结合紧密，复习时应熟练掌握理论知识原文。成熟期产品逐步标准化，差异不明显，技术和质量改进缓慢，市场巨大，但已经饱和，主要战略路径是提高效率，降低成本。“国内空调产业的销售额达到前所未有的水平”表明空调市场巨大，但已经饱和，“不同企业生产的空调在技术和质量等方面的差异不明显”表明产品逐步标准化，差异不明显，技术和质量改进缓慢，“主要战略路径是提高效率，降低成本”，因此判断属于成熟期。

6. D 【解析】生命周期理论分为4个阶段：导入期、成长期、成熟期、衰退期。这些阶段是以产业销售额增长率曲线的拐点划分。选项D正确。

7. D 【解析】甲专车公司为客户提供全新服务体验，属于差异化，所以选项D正确。

8. B 【解析】“学习曲线”又称经验曲线，是指当某一产品累积生产量增加时，由于经验和专有技术的积累所带来的产品单位成本的下降。“该公司成立100多年来，经过世代相传积累了丰富的泥塑工艺品制作经验和精湛技艺”说明龙苑公司给潜在进入者设置的进入障碍是学习曲线。选项B正确。

9. D 【解析】本题属于针对五力模型细小内容的考核，属于较为冷僻的考题。“学习曲线”(又称“经验曲线”)，是指当某一产品累计生产量增加时，由于经验和专有技术的积累所带来的产品单位成本的下降。它与规模经济往往交叉地影响产品成本的下降水平。

10. B 【解析】本题属于产业五种竞争力的典型考法。面对此类题目，首先需要在案例材料中迅速找到关键线索：“S公司在生产关键零件方面的能力显著强于其他公司”，联系差异化。当供应者的产品存在着差异化，因而替代品不能与供应者所销售的产品相竞争时，供应者讨价还价的能力就会增强。由于S公司在生产关键零件方面的能力显著强于其他公司，因而短期内P公司仍离不开S公司，最后影响了S公司对P公司的讨价还价能力。

11. D 【解析】当供应商具有前向一体化的现实威胁时，其讨价还价能力会提高，而不是后向一体化。实施后向一体化战略，并不影响当前作为购买者的企业的讨价还价能力，所以选项D不正确。

12. C 【解析】现有餐饮企业以连锁形式经营，分店数量较多体现的是规模经济。现有餐饮企业拥有主要客户的信任表现为品牌优势。现有餐饮企业的反应体现的是行为性障碍。选项C表明的是同业竞争激烈程度。

13. A 【解析】鲜奶销售网络属于企业经营所需关键资源，现有企业对关键资源的掌控属于结构性障碍。

14. A 【解析】属于行为性障碍中的进入对方领域。

15. B 【解析】哈佛商学院教授大卫·亚非在波特教授研究的基础上，根据企业全球化经营的特点，提出了第六个要素，即互动互补作用力。亚非认为，任何一个产业内部都存在不同程度的互动互补(互相配合一起使用)的产品或服务业务。例如，对于房地产业来说，交通、家具、电器、学校、汽车、物业管理、银行贷款、有关保险、社区、家庭服务等会对住房建设产生影响，进而影响整个房地产业的结构。所以选项B正确。

16. A 【解析】本题属于细小考点。做题时，先根据题目线索判断属于哪个阶段，“国内智能家电产业的产品销量节节攀升，竞争者不断涌入。各厂家的产品虽然在技术和性能方面有较大差异，但均可被消费者接受。产品由于供不应求，价格高企”，这些特征说明智能家电产业处于成长期。再从市场角度看，应该建立商标信誉，开拓新销售渠道，选项A正确。相关理论见表2-7。

17. D 【解析】本题考核竞争对手分析。“2008年美国次贷危机爆发，波及中国大部分金融企业”表明外部环境发生变化，“投行K预计其竞争对手中国的甲银行将会逐步降低权益类投资，并逐渐降低对客户的理财产品的收益率”，投行K对甲银行的上述分析属于适应变化的能力分析。

18. A 【解析】本题考核竞争对手分析，题目涉及的是快速反应能力的具体表述。**快速反应能力由下述因素决定：自由现金储备、留存借贷能力、厂房设备的余力、定型的但尚未推出的新产品。**

19. C 【解析】七彩公司率先创建了“人物山水”旅游项目，说明发现了旅游业中存在的“空缺”，为新战略或新的战略群体提供机会。因此，七彩公司采用战略群组分析的主要思路是预测市场变化或发现战略机会。

20. A 【解析】按照竞争优势的资源基础理论，企业的资源禀赋是其获得持续竞争优势的重要基础，选项A正确。无形资源是一种十分重要的核心能力来源，选项B错误。组织成员向组织提供的技能、知识以及推理和决策能力属于企业的人力资源，选项C错误。技术属于企业的无形资源，选项D错误。

21. C 【解析】对于产品质量差异较小的行业，例如软饮料行业，商誉可以说是最重要的企业资源。

22. A 【解析】本题考核“资源与能力分析——决定企业竞争优势的资源判断标准”知识点。具体考核的是资源的不可模仿性(物理上独特的资源)。**有些资源是物质本身的特性所决定的。例如，企业所拥有的房地产处于极佳的地理位置，拥有矿物开采权或是拥有法律保护的专利生产技术等。**这些资源都有它的物理上的特殊性，是不可能被模仿的。本题属于拥有法律保护的专利生产技术，所以属于物理上独特的资源。

23. B 【解析】“长期积累形成的原料配制秘方和生产工艺诀窍等资源”表明属于路径依赖性的资源。

24. C 【解析】企业的文化常常是一种因果含糊性的资源，企业对有些资源的形成原因并不能给出清晰的解释。所以选项C正确。

25. C 【解析】品牌属于不可被模仿的资源，也属于持久的资源。

26. C 【解析】选项A、B、D属于可以被模仿或复制的资源，不属于核心能力。选项C属于建立竞争优势和不可被模仿的资源，是核心能力。

27. B 【解析】**核心能力的评价方法有：企业的自我评价、产业内部比较、基准分析、成本驱动力和作业成本法、收集竞争对手的信息。**选项A、C、D均是核心能力识别的方法。

28. B 【解析】**过程或活动基准，即以具有类似核心经营内容的企业为基准进行比较，但是二者之间的产品和服务不存在直接竞争的关系。**迅驰电梯公司未来的参照标准是像UPS这样具有类似核心经营业务的公司，UPS公司是快递承运商与包裹递送公司，二者之间不存在直接竞争的关系，所以属于过程或活动基准。

29. C 【解析】宝泉公司组织果蔬饮料生产企业的管理人员到本公司的啤酒生产企业调研、学习，属于企业内部之间的学习与比较，即内部基准。选项C正确。

30. B 【解析】**甲和乙属于具有相同业务功能的企业，但分属于不同国家，各自经营本国国内航线，不存在直接竞争关系。**

以具有相同业务功能的企业为基准进行比较，说明是一般基准。

31. C 【解析】本题是钻石模型传统的考法。题目给出案例材料，要求判断属于哪些要素。钻石模型四要素是：生产要素；需求条件；相关与支持性产业；企业战略、企业结构和同业竞争。选项 A 属于相关与支持性产业，选项 B 属于需求条件，选项 D 属于生产要素。选项 C 体现的是宏观环境政府要素，不属于钻石模型的内容。

32. B 【解析】美发店的这一措施属于人力资源管理，属于支持活动。

33. A 【解析】本题属于价值链理论常规的考法——简单的案例分析，只需将针对价值链两类活动的讲解加强理解即可应对。选项 A 属于辅助活动中的采购管理，选项 B 属于基本活动中的外部后勤，选项 C 属于基本活动中的市场销售，选项 D 属于基本活动中的生产经营。

34. A 【解析】这里的采购是广义的，既包括生产原材料的采购，也包括其他资源的购买和管理。例如，企业聘请咨询公司为企业进行广告策划、市场预测、管理信息系统设计、法律咨询等属于采购管理，本题选项 A 正确。

35. C 【解析】“通过售后用户体验追踪系统随时掌握、分析不同车型的质量问题……不断提高前来维修的客户的满意度”属于售后服务，选项 C 正确。

36. D 【解析】通用机械业务总体市场增长缓慢，并且 L 集团的该业务保持着较高的市场份额，每年为 L 集团带来稳定而可观的收益，而无须大量的资金投入，反而能为企业提供大量资金，所以属于现金牛业务。

37. A 【解析】**本题相当于将波士顿矩阵主观题的考法移植到选择题。做题时，首先需要根据每个选项前半部分的信息判断属于波士顿矩阵的哪种业务类型，再根据业务类型判断相应选项后半部分对策的表述是否正确。**例如选项 A，前半部分“家电业务的多数产品进入成熟期，公司在家电行业竞争优势显著”，家电业务的多数产品进入成熟期表明市场增长率低，公司在家电行业竞争优势显著，表明相对市场占有率高，因此属于现金牛业务，对策上本身不需要投资，所以选项 A 说法错误。选项 B 属于问题业务，选项 C 属于瘦狗业务，选项 D 属于明星业务，说法都是正确的。

38. B 【解析】因为出境旅游处于高速发展阶段，说明是高市场增长率；甲旅行社的市场份额位列第二，按照相对市场占有率的计算公式(本企业该业务市场占有率/最大竞争对手的市场占有率)计算得出小于 1，说明是低相对市场占有率。所以甲旅行社业务为问题业务。

39. D 【解析】波士顿矩阵是从市场增长率和相对市场占有率两个角度对企业业务组合中的每种产品进行分析。选项 A 只涉及市场增长率(市场增长快)一个指标。选项 B 只涉及相对市场占有率(市场占有率下滑)一个指标。选项 C 只涉及相对市场增长率(进入成熟期)一个指标。选项 D 既涉及市场增长率(价格竞争激烈，表明属于成熟期，市场增长率低)，也涉及相对市场占有率(市场占有率低)，因此选项 D 运用了波士顿矩阵分析，是正确答案。

40. C 【解析】市场占有率达 50%以上，近年来家装市场进入低速增长阶段，属于低增长——强竞争地位的“现金牛”业务。该业务应采用收获战略，选项 A 不正确，选项 D 不正确。其经营者最好是市场营销型人物，选项 C 正确。选项 B 适用于“明星”业务。

41. D 【解析】根据题目信息可以判断钢材贸易市场竞争激烈，市场趋于饱和，甲集团该业务的市场份额非常小，可获利润很低却反而常常需要占用大量的营运资金，所以属于瘦狗业务，并没有帮到甲集团自身的原料采购，因此应采用撤退战略，逐步缩小，停止此业务。

42. B 【解析】通用矩阵的两大指标为竞争地位和产业吸引力。矩阵中圆圈面积的大小与产业规模成正比，圈中扇形部分(画线部分)表示某项业务所占有的市场占有率。

项目	说明
处于左上方三个方格的业务	适于采取增长与发展战略，企业应优先分配资源
处于右下方三个方格的业务	一般采取停止、转移、撤退战略
处于对角线三个方格的业务	应采取维持或有选择地发展的战略，保持原有的发展规模，同时调整其发展方向

43. C 【解析】政府出台压缩产能政策和行业激烈竞争说明该公司面临外部环境的威胁(T)；经营状况每况愈下和市场份额大幅缩减说明该公司内部环境处于劣势(W)。根据 SWOT 分析，甲公司应该采取的战略是 WT 战略，即防御型战略。

44. B 【解析】“农用无人机市场需求旺盛”属于机会(O)，“有较强的研发和制造能力”属于优势(S)，应为 SO 战略，选项 A 错误。“农用无人机市场竞争日趋激烈”属于威胁(T)，“缺乏精通业务的营销人员”属于劣势(W)，应为 WT 战略，选项 B 正确。“农用无人机市场需求旺盛”属于机会(O)，“缺乏精通业务的营销人员”属于劣势(W)，应为 WO 战略，选项 C 错误。“农用无人机市场竞争日趋激烈”属于威胁(T)，“有较强的研发和制造能力”属于优势(S)，应为 ST 战略，选项 D 错误。

二、多项选择题

1. BD 【解析】选项 A、C 属于企业的内部环境分析，而 PEST 分析的前提是分析企业的外部环境，因此选项 A、C 应该首先被排除，则本题只能选择选项 B、D。另外，虽然选项 D 涉及的是行业分析，但是从中观影响宏观的角度考虑，进行 PEST 分析不能仅仅考虑宏观的内容，还应该考虑可能影响它的中观或微观的外部环境，所以选项 D 是有道理的。

2. ABC 【解析】本题基本属于对生命周期理论知识的直接考核，个别选项涉及细小知识点，需要考生仔细阅读相关内容。各阶段的持续时间随着产业的不同而非常不同，并且一个产业究竟处于生命周期的哪个阶段通常不清楚，这就削弱了此概念作为规划工具的有用之处，因此选项 D 的说法不正确。

3. AD 【解析】本题代表生命周期理论的另一种考法，根据题目所提示生命周期阶段，要求判断对应表现。行业进入成熟期，主要战略路径是“提高效率，降低成本”。在成熟期，由于整个产业销售额达到前所未有的规模，并且比较稳定，任何竞争者想要扩大市场份额，都会遇到对手的顽强抵抗，并引发价格竞争，所以选项 A、D 是答案；选项 B 属于衰退期；选项 C 属于导入期。

4. ABCD 【解析】甲行业属于资本密集型行业，可以判断行业进入壁垒较高，选项 A 正确。该行业生产需要特殊设备，表明退出壁垒较高，选项 C 正确。甲行业只有三家企业，但彼此规模相差不大，而且退出壁垒较高，说明同业竞争激烈，选项 B 正确。甲行业只有三家企业，而客户数量众多，表明现有企业面对客户的议价能力较强，选项 D 正确。

5. ABC 【解析】“自主研发的独特高效的教育训练方法、国内一流的少儿智力开发团队”属于现有企业对关键资源的控制，选项 A 正确。“多年打造出的‘格兰’品牌”属于现有企业的市场优势，选项 B 正确。“业务量持续快速增加”属于规模经济，选项 C 正确。

6. ACD 【解析】选项 A 是结构性障碍中现有企业的市场优势(政府政策)。选项 C 反映的是结构性障碍中现有企业对关键资源的控制(人才资源)。选项 D 属于结构性障碍中现有企业的市场优势(品牌优势)。选项 B 反映的是同业竞争激烈程度。

7. ABD 【解析】同业竞争者的竞争强度取决于下列因素:

同业竞争者的竞争强度影响因素	产业内有众多的或势均力敌的竞争对手
	产业发展缓慢
	顾客认为所有的商品都是同质的
	产业内存在过剩的生产能力
	产业进入障碍低而退出障碍高

8. BCD 【解析】选项 A 属于进入壁垒高,所以对公司获取行业竞争优势产生有利影响。选项 B 使得行业增长率缓慢,新进入者为了寻求发展,需要从竞争者那里争取市场份额,竞争程度就会增强,对企业取得行业竞争优势不利,所以选项 B 是答案;选项 C、D 属于替代产品的威胁,都对公司获取行业竞争优势不利,所以选项 C、D 也是答案。

9. CD 【解析】生产需要使用专用设备,如果投资较大,则会形成进入壁垒,抑制潜在的新进入者,同时,投资高昂的专用设备若难以收回对相关设备的初始投资,会形成退出壁垒,使得行业内竞争激烈,与替代品的威胁无关,因此选项 C 错误。丁行业产品的生产被少数几家企业控制,则该行业现有企业的议价能力较强,因此选项 D 错误。

10. BCD 【解析】选项 A 属于行为性障碍中的限制进入定价;选项 B、C 属于结构性障碍中的现有企业的市场优势;选项 D 属于结构性障碍中的现有企业对资源的控制。

11. ABD 【解析】选项 A 表明面对购买者的议价能力强。选项 B 表明的也是面向购买者的议价能力强。巨能公司的某供应者计划实行前向一体化战略,表明供应者议价能力较强,选项 C 错误。选项 D 表明面对供应者的议价能力强。

12. ABCD 【解析】本题属于五力模型的典型考法。题目给出相关线索,要求判断属于五种竞争力中的哪些力量。“国外著名洗涤品公司加快进入中国市场的步伐”,体现了潜在进入者的进入威胁大,选项 D 正确。“原材料及用工成本不断上涨”,体现了供应者的议价能力强,选项 C 正确。“国内洗涤品生产企业众多,产品差异较小”,体现了产业内现有企业的竞争激烈,选项 A 正确。“产品差异较小,消费者选择余地大”,体现的是购买者讨价还价能力强,选项 B 正确。

13. BC 【解析】主要分析普通蔬菜生产商和有机蔬菜行业可能存在的关系。对于有机蔬菜生产供应商来说,普通蔬菜生产商可能是潜在进入者也可能是替代产品,所以正确答案为选项 B、C。

14. AB 【解析】选项 A 表明的是结构性障碍中的资金需求(波特的观点)。选项 B 表明的是贝恩观点中现有企业的市场优势(政府政策)。转换成本的概念应该是站在消费者的角度理解,而不是企业的角度,是指消费者从其他企业转换到甲公司付出的代价,选项 C 不正确。选项 D 说明的是供应商的议价能力。

15. BC 【解析】“用户很少,只有高收入用户会进行一定消费;广大用户是否能够接受还存在较大不确定性。市场也只有几家具备较强实力的企业进行尝试”表明现阶段无人驾驶行业处于导入期。从市场角度看,导入期的成功关键因素是广告宣传,争取了解,开拓销售渠道,选项 BC 正确。相关理论见表 2-7。

16. AD 【解析】专卖店属于有形资源,员工技能属于人力资源,企业的品牌和企业文化属于企业的无形资源。

17. CD 【解析】企业文化和组织经验属于企业的无形资源，选项 A 错误。企业的人力资源是指组织成员向组织提供的技能、知识以及推理和决策能力，选项 B 错误。

18. ABC 【解析】“使员工幸福，让顾客满意的理念”属于具有因果含糊性的资源；“建立并持续实施了一套以顾客需求为导向、充分调动员工积极性的管理体制”属于路径依赖性的资源；“该公司的技术发明专利数量……长期稳居行业前列”属于物理上独特的资源。因此，选项 ABC 正确。

19. ABCD 【解析】产品是基于以往积累的客户需求……具有一定的优势表明具有营销能力(产品竞争力)。产品是基于以往积累的客户需求做出的改良产品，表明具有研发能力；与国内多家光伏电池板生产商达成协议，采用代工模式(OEM)，由生产商按照 L 公司的订单要求，为其提供符合标准的产品，表明具有生产管理能力；将收付款模式设定为在收到客户全部货款后发货，并且在收到合格产品后支付生产商剩余货款，表明具有财务能力。

20. BC 【解析】识别企业的核心能力并非易事。然而，即便它很难被识别，也还是存在几种识别的方法，包括功能分析、资源分析以及过程系统分析。

21. CD 【解析】“酒店在客户满意度调查中发现并未完全满足商务旅行者的需求”表明属于顾客基准，“向航空业了解如何更好满足这类客户”表明属于过程或活动基准。

22. ACD 【解析】选择基准对象，企业可以主要关注几个领域：占用较多资金的活动；能显著改善与顾客关系的活动；能最终影响企业结果的活动。

23. ABD 【解析】选项 A 和选项 B 属于同业竞争，选项 D 属于生产要素。

24. ACD 【解析】钻石模型四要素是：生产要素、需求条件、相关与支持性产业、企业战略、企业结构和竞争对手的表现。选项 A 属于需求条件；选项 C 属于企业战略、企业结构和竞争对手的表现；选项 D 属于生产要素。

25. ABC 【解析】采购管理指采购用于企业活动所需的各种投入的活动，而不是外购投入品本身，这里的采购是广义的。员工招聘属于人力资源管理。

26. CD 【解析】选项 A 为基本活动中的市场销售；选项 B 为基本活动中的外部后勤。

27. ACD 【解析】基础设施是不包括厂房、设备等固定资产的，主要是站在管理的角度，涉及管理的基础设施(组织结构、任务分工、企业文化等)，因此在有些资料中没有翻译成基础设施，而是翻译为组织建设，或者基础制度，所以选项 B 错误。运输服务落脚点在“服务”两个字上，相当于是企业需要运输，自己没有运输能力，需要从外部获得运输服务，因此属于采购管理，所以选项 C 正确(此选项来源于教材复印机案例)。

28. ACD 【解析】基础设施指企业的组织结构、惯例、控制系统以及文化等活动。企业高层管理人员往往在这些方面发挥着重要的作用，因此高层管理人员也往往被视作基础设施的一部分。基础设施主要指的是管理方面的基础设施，厂房、道路属于生产领域，不属于基础设施，因此选项 B 错误。

29. ABD 【解析】本题是对价值链理论进行考核，属于相对冷僻的考法。应对此种考法，需要将理论内容进行较详细的阅读。价值链分析有助于对企业的能力进行考察，这种能力来源于独立的产品、服务或业务单位。但是，对于多元化经营的公司来说，还需要将企业的资源和能力作为一个整体来考虑。选项 C 的说法不正确。

30. ACD 【解析】按照波士顿矩阵，对处境不佳的“现金牛”业务及没有发展前途的“问题”业务和“瘦狗”业务应视具体情况采取收割战略。根据题目所给线索，发电设备制造属于现金牛产品，新能源开发属于明星产品，电站建设属于瘦狗产品，环保属于问题产品，因此，选项 ACD 符合题意。

【思路点拨】本题根据“收割”这个关键词，可以判断是针对波士顿矩阵的运用进行的考核，属于细小内容。题目线索直接套用教材原文。

31. BCD 【解析】选项 A 应该是 ST 战略。乳制品行业增长缓慢，说明外界存在增长缓慢的威胁，公司市场占有率高说明企业自身在市场占有率上是有优势的。正确答案是选项 B、C、D。

32. BD 【解析】甲公司产品在国内具有较高的品牌知名度和完善的销售渠道，此为优势，在短期内印后设备研发能力不足，表明存在劣势，但选项 A 并未表明该公司面临外部环境的威胁，所以不能判定其属于 WT 战略，选项 A 错误；由于甲公司短期内印后设备研发能力不足，国外印后设备制造商竞争对手实力强大，因此，甲公司决定与一家国外印后设备制造商进行战略合作，此战略为 WT 战略，选项 C 错误。

三、简答题

1.【答案】

(1)政治和法律因素。“2013 年国家发布《大气污染防治行动计划》，之后各地区陆续出台了‘煤改气’相关政策。尤其是 2016 年生态环境部发布的《京津冀大气污染防治强化措施(2016—2017 年)》中明确指出限时完成散煤清洁化替代。”

(2)经济因素。“经过长期的改革开放，中国的国家经济得到了迅速发展……在当前的商业领域中，能够满足人民群众日益增长的对健康和品质生活追求的产品通常都会有较好的市场表现。”

(3)社会和文化因素。“国民生活水平大大提高，普通消费者的生活已经从追求温饱过渡到寻求健康的新阶段，对于壁挂炉的安全性和能耗都有了进一步的要求。”

(4)技术因素。“我国国内壁挂炉生产企业技术水平不高，产品无论是安全性还是能耗都与世界先进企业存在较大差距。而国外进口产品技术性能较好”“W 公司是世界领先的环保型采暖及空调生产商，其壁挂炉产品采用电子比例式燃气阀，结合先进的电子控制技术，随时按现时的采暖需求调节锅炉热负荷，最大限度地节省使用能源”。

2.【答案】

(1)从 PEST 角度分析光澜公司面临的机会：

①政治和法律因素。“政府制定政策，将宽带定位于重要的公共基础设施；放宽了民间资本进入电信运营业的限制”。

②经济因素。“C 国经济快速发展”。

③社会和文化因素。“互联网普及率迅速提高”。

从 PEST 角度分析光澜公司面临的威胁：

技术因素。“有的一级供应商还有可能采用更为先进的 4G 技术来代替传统的宽带接入技术，从根本上改变行业竞争格局”。

(2)从五种竞争力角度分析光澜公司面临的威胁：

①潜在进入者的威胁。“面对十分广阔的市场前景，许多投资者跃跃欲试，准备跻身于宽带接入行业。尤其是 3 家一级运营商，手中积累了大量资金，打造‘全产业链’正在成为其战略取向。一旦它们的业务延伸到宽带接入领域，将很可能成为该领域的主导者”。

②替代品威胁。“有的一级供应商还有可能采用更为先进的 4G 技术来代替传统的

宽带接入技术”。

③购买者讨价还价。“光澜公司客户主要是中小企业，这些企业的资金实力有限，对光澜公司产品的价格比较敏感，加之光澜公司目前的产品比较单一，容易被竞争对手复制，因而使客户具有较强的议价能力”。

④供应商讨价还价。“带宽供应商主要是3家一级电信运营商，他们控制了绝大部分互联网出口带宽资源。光澜公司与其他二级电信运营商一样，只能从这3家一级运营商手中购买带宽资源”。

⑤现有竞争者间的抗衡。“这些代理商虽然目前实力较弱，覆盖区域较小，但价格灵活，服务的客户比较集中，它们往往以价格为利器与光澜公司展开竞争，其中个别代理商提供的产品价格已达到与光澜公司产品价格持平甚至略低的水平”。

从五种竞争力角度分析光澜公司面临的机会：

供应商讨价还价。“设备供应商则数量多、规模小，光澜公司每年都可以选择从不同供应商手中采购大量设备，在价格及付款方式等方面已达成很好的默契”。

【思路点拨】本题是针对PEST分析、产业五种竞争力进行的考核，属于主观题典型的考法。做本题时首先根据案例文字判断，PEST是外部宏观环境，体现的是政治、经济、文化、技术，所以文字表述上与公司本身无关，产业五种竞争力是产业环境分析的工具，把握好五力的名称思路即可。接下来需要做的就是逐句阅读，判断属于PEST分析还是五力模型。总结提炼后，再根据文字的表述区分出机会和威胁。

3.【答案】

(1)因素①属于新进入者的威胁因素。因素②属于供应者讨价还价的能力因素。因素③属于购买者讨价还价的能力因素。因素④属于替代品的威胁因素。

该行业存在新进入者，这会对现有企业带来竞争压力。新进入者来自国内和国外两个方面。由于本行业是资本和技术密集型的行业，因此具有一定的进入壁垒，在一定程度上限制了新进入者的威胁。同时，由于国家有一定限制以对本行业进行必要的保护，因此来自国外的新进入者的威胁不大。加上E公司主动与客户建立起了结构性关系，使客户对企业的服务形成无法通过其他途径弥补的依赖，也进一步阻止了新进入者的威胁。综合看来，新进入者的威胁不大。

对于供应者的议价能力分析：由于产品的主要原材料供应者十分集中，采购量在各供应者之间分布较均匀，主要原材料暂无替代品，因此供应者的议价能力较强。

对于购买者的议价能力分析：由于不同企业产品的差异性越来越小，顾客的选择机会较多，转换成本相对较低，因此，购买者的议价能力较强。

对于替代品威胁分析：市场上已经出现了性能更高的同类产品，存在替代品威胁。但由于替代品目前的价格还略高于传统产品，因此短期内威胁不明显。

(2)运用“功能性”“外观时尚性”两个战略特征，各分为“高”“中”“低”3个档次，对案例中所提及的C国卫浴产品企业进行战略群组划分，可分为3个战略群组：

①功能性高、外观时尚性高的群组，包括T公司、K公司；

②功能性中等、外观时尚性中等的群组，包括英鸟、达成、维亚、恩典、雄高等企业；

③功能性低、外观时尚性低的群组，包括一批以各大产区的杂牌为代表的企业。

(3)战略群组分析有助于企业了解相对于其他企业而言本企业的战略地位以及公司战略变化可能引起的对竞争的影响。

①有助于很好地了解战略群组间的竞争状况，主动地发现近处和远处的竞争者。

②有助于了解各战略群组之间的移动障碍。

③有助于了解战略群组内企业竞争的主要着眼点。

④可以预测市场变化或发现战略机会。

“由于T公司、K公司等国际品牌的产品研发成本很高，固定资产投入大，退出壁垒高，追赶这些企业难度较大”是基于对战略群组间的竞争状况、各战略群组之间的移动障碍、战略群组内企业竞争的主要着眼点的了解。专家建议“国内这些老品牌企业可以从增强售后服务功能寻找出路，因为目前C国国内各类品牌卫浴产品的生产企业都未对安装、更换、维修等售后服务投入应有的精力，而消费者对这类服务的需求很高”，则是预测市场变化或发现战略机会的体现，建议C国老品牌企业向功能性高、外观时尚性中等的群组移动，这是一片蓝海。

4.【答案】

(1)战略群组是指某一个产业中在某一战略方面采用相同或相似战略，或具有相同战略特征的各公司组成的集团。运用“产品多样化程度”“新产品程度”两个战略特征，各分为“高”“低”两个档次，对福安公司所调研的国内饮料行业的企业进行战略群组划分，可将饮料生产企业划分为3个战略群组：

①产品多样化程度高、新产品程度低的群组，包括童乐公司、蓝宝公司。

②产品多样化程度低、新产品程度低的群组，包括水清公司、K公司、B公司。

③产品多样化程度高、新产品程度高的群组，包括万宝公司。

【思路点拨】

第一，水清公司，“生产饮用水的历史最长”表明新产品程度低，“生产的矿泉水的市场综合占有率多年名列行业前三”表明产品多样化程度低，只有矿泉水。

第二，蓝宝公司，“早已形成”表明新产品程度低，“普通瓶装水、高档玻璃瓶装水、碳酸饮料、茶饮料、果汁饮料等几大系列十几种产品，全方位地进入饮料市场”表明产品多样化程度高。

第三，童乐公司，“已形成”表明新产品程度低，“奶制品、水、茶、可乐、八宝粥5大战略业务单元”表明产品多样化程度高。

第四，万宝公司，“近年来”表明新产品程度高，“多种饮料产品为基础，近年来开发了新产品果蔬饮料”表明产品多样化程度高。

第五，K公司和B公司，“产品集中于碳酸饮料”表明新产品程度低，“集中于碳酸饮料……在饮料市场占据了最大的份额”表明产品多样化程度低。

(2)战略群组分析有助于企业了解相对于其他企业本企业的战略地位以及公司战略变化可能引起的竞争性影响。

①有助于很好地了解战略群组间的竞争状况，主动地发现近处和远处的竞争者。

②有助于了解各战略群组之间的移动障碍。

③有助于了解战略群组内企业竞争的主要着眼点。

④可以预测市场变化或发现战略机会。

福安公司通过对饮料市场战略群组分析，了解了战略群组间的竞争状况和战略群组内企业竞争的主要着眼点(或“对市场竞争格局有了清晰的把握”)；了解了各战略群组之间的移动障碍(或“开发上述公司已经占据优势地位的饮料产品市场，难度太大”)；发现了战略机会(或“着手开发当时国内市场上尚属空白的功能饮料”)。

5.【答案】

(1)①优势：

生产要素。“G省的葡萄种植基地、葡萄酒生产企业主要集中在西北黄金产业带上。适宜的纬度、最佳光热水土资源组合，加之大幅度的昼夜温差、适宜有效的气温和干燥少雨的气候，使G省成为国内生产葡萄酒原料的最佳区域之一”。
需求条件。“据专家预测，到2020年中国葡萄酒消费量将进入世界前三位，全球葡萄酒过剩时代结束，即将步入短缺时代”。
②劣势：
相关与支持性产业。“其一，相对于国内东部产区而言，G省产区交通条件欠发达，因此葡萄酒产品在外运过程中成本较高。其二，随着市场的发展，包装对于葡萄酒来说不仅是保护商品、方便流通的手段，更成为一种差异化、准确定位目标市场的营销方式。而G省与葡萄酒产业相关的包装印刷业发展缓慢，企业产品包装品的制作和商标的印刷主要依靠南方地区的企业提供”。
企业战略、企业结构和同业竞争。“G省绝大多数葡萄酒生产企业规模小且分散，产品销售网覆盖地区有限，彼此之间的竞争不够充分”。
(2)①物理上独特的资源。“G省的葡萄种植基地、葡萄酒生产企业主要集中在西北黄金产业带上。适宜的纬度、最佳光热水土资源组合，加之大幅度的昼夜温差、适宜有效的气温和干燥少雨的气候，使G省成为国内生产葡萄酒原料的最佳区域之一”。
②具有路径依赖性的资源或具有因果含糊性的资源。“G省葡萄酒产业发展具有深厚的文化底蕴。‘葡萄美酒夜光杯，欲饮琵琶马上催’等一系列脍炙人口的赞美葡萄酒的诗歌经久不衰。从史料中不难看出，自汉朝以来的2 000多年，西北黄金产业带的葡萄酒，一直闻名遐迩，享有盛赞”。
『提示』本题答案为当年试题所给答案。其中“G省产区交通条件欠发达”放在了相关与支持性产业，与教材内容不太一致。对此不必深究，以教材为主掌握即可。

6.【答案】
(1)①生产要素。
初级生产要素。“W镇是一个有1 300年建镇史的江南水乡古镇，因其历史街区保留了大量经典明清建筑群，被称为‘江南六大古镇’之一”“外来资本”。
高级生产要素。“脱胎换骨式基建改造”“全权委托深谙当地文脉的本土专业团队开展经营管理工作”。
专业生产要素。“多元化的产品、业态和盈利模式”“脱胎换骨式基建改造和整体风貌保护”“外来资本和本土专业化管理相结合”“社区重构和部分空心化”“全权委托深谙当地文脉的本土专业团队开展经营管理工作”。
②需求条件。国内需求市场是产业发展的动力。本地客户的素质非常重要，特别是内行而挑剔的客户。假如本地客户对产品、服务的要求或挑剔程度在国际上数一数二，就会激发出该国企业的竞争优势。“W镇旅游如果不能另辟蹊径，很难满足日益挑剔的旅游消费者的品位”。
③相关与支持性产业。相关和支持性产业与优势产业是一种休戚与共的关系。“多元化的产品、业态和盈利模式：‘观光+休闲度假+商务+会展+文化’”“脱胎换骨式基建改造和整体风貌保护”。
④企业战略、企业结构和同业竞争。创造与持续产业竞争优势的最大关联因素是国内市场强有力的竞争对手。“W镇的起步条件相对落后，旅游资源与其他江南水乡古镇雷同，且同一地区的Z庄、X镇已小有名气，W镇旅游如果不能另辟蹊径，很难满足日益挑剔的旅游消费者的品位”。
(2)①有形资源。“W镇是一个有1 300年建镇史的江南水乡古镇，因其历史街区保留了大量经典明清建筑群，被称为‘江南六大古镇之一’”“外来资本”“脱胎换骨式基建改造”。
②无形资源。“多元化的产品、业态和盈利模式：观光+休闲度假+商务+会展+文化”“脱胎换骨式基建改造和整体风貌保护”“外来资本和本土专业化管理相结合”“社区重构和部分空心化”“被誉为中国古

镇保护之‘W 镇模式’”。

③人力资源。“全权委托深谙当地文脉的本土专业团队开展经营管理工作”。

7.【答案】

按照价值链活动的分类，保圣公司的10类活动可进行如下划分：

①内部后勤(进货物流)：活动(2)；

②生产经营：活动(3)、(4)；

③外部后勤(出货物流)：活动(5)；

④市场销售：活动(6)；

⑤服务：活动(7)；

⑥采购管理：活动(1)；

⑦技术开发：活动(8)；

⑧人力资源管理：活动(9)；

⑨企业基础设施：活动(10)。

8.【答案】

ZL 集团的房地产业务和金融业务在波士顿矩阵中属于高增长—强竞争地位的明星业务，“房地产行业在过去的十年中保持了每年两位数的增长速度”“在短时间内将触角伸向了 M 国各地，实现了公司在全国范围内的快速布局，占据了行业的优势地位”“金融行业属于新兴行业，行业销售收入和利润增长稳健”“金融业务得以快速增长，在金融市场占有率不断提升”。为了保护和扩展明星业务使其在增长的市场上占主导地位，企业应在短期内优先供给其所需的资源，支持其继续发展。

ZL 集团食品业务在波士顿矩阵中属于低增长—强竞争地位的现金牛业务，“ZL 集团在成熟的粮油行业的成功经营，以高市场占有率为其进一步战略扩张提供了大量的现金流”。这类业务处于成熟的低速增长的市场中，市场地位有利，盈利率高，本身不需要投资，反而能为企业提供大量资金，用以支持其他业务的发展。

9.【答案】

(1)万福的优势、劣势、机会以及威胁如下：

优势： (1)拥有品牌和声誉优势； (2)拥有专利权优势； (3)拥有领先的研发能力； (4)拥有设计研发人才储备优势； (5)良好的质量控制体系； (6)南方营销网络优势； (7)市场占有率高； (8)国内中高端床垫的业务规模大； (9)技术成熟	劣势： (1)北方营销渠道拓展不足； (2)与国际著名床垫公司相比，在组织管理、生产工艺及机器设备等方面存在不足； (3)财务风险逐年上升； (4)资本实力不足
机会： (1)床垫市场需求将持续增长； (2)国内竞争对手普遍规模较小、品质技术低下； (3)国家政策支持行业发展； (4)行业集中度低，存在行业并购整合契机； (5)北方市场存在拓展空间	威胁： (1)知识产权保护亟待完善； (2)价格战； (3)国际竞争对手进入中国市场； (4)市场竞争激烈

(2)战略类型：

①“一融”属于扭转型战略(WO 战略)。

理由：该战略是万福为了扭转自身资金不足的劣势(W)，结合国家政策支持产业整合以及产业集中度有待提高等机会(O)作出的，故属于扭转型战略(WO 战略)。

②“二优化”属于防御型战略(WT 战略)。

理由：该战略是万福针对自身与国际著名公司之间存在组织管理方面的差距(W)，结合市场竞争激烈的威胁(T)作出的，故属于防御型战略(WT 战略)。

第三章　战略选择

考情解密

历年考情概况

本章属于重点章，历年分值在35～45分。考试题型比较全面，特别是简答题、综合题分值较高。知识内容繁杂、需要记忆的量比较大，建议安排足够的时间进行扎实复习。

近年考点直击

主要考点		主要考查题型	考频指数	考查角度
总体战略	总体战略的类型	选择题(案例分析)+主观题(案例分析)	★★★	战略类型的判断(发展战略与收缩战略为主)，理论内容的案例分析(优缺点、风险、适用条件等)
	发展战略的实现途径	选择题(案例分析)+主观题(案例分析)	★★★	实现途径的案例分析，理论内容的考核
业务单位战略	基本竞争战略	选择题(案例分析)+主观题(案例分析)	★★★	战略类型的判断，理论内容的案例分析(优点、适用条件、风险等)
	中小企业竞争战略	选择题(案例分析)+主观题(案例分析)	★★★	理论内容的案例分析
	蓝海战略	主观题(案例分析)	★★★	给出案例材料，分析蓝海战略与红海战略的关键性差异，开拓市场边界的六条路径
职能战略	市场营销战略	选择题(案例分析)+主观题(案例分析)	★★★	分析案例中的公司采用的营销战略，也会针对某一细节内容进行分析，例如目标市场选择策略、产品组合策略等
	研发战略	选择题(案例分析)+主观题(案例分析)	★★★	分析案例中的公司采用的研发类型、动力来源、研发定位
	生产运营战略	选择题(案例分析)	★★★	案例分析
	采购战略	选择题(案例分析)	★★★	分析货源策略类型，考核优缺点
	人力资源战略	选择题(案例分析)	★	案例分析
	财务战略	选择题(案例分析)	★★★	案例分析

续表

主要考点		主要考查题型	考频指数	考查角度
国际化经营战略	国际化经营的动因	选择题(案例分析)+主观题(案例分析)	★★★	分析案例中的公司对外投资的动机(四个寻求)
	进入国际市场的模式	主观题(案例分析)	★★	分析案例中的公司进入国际市场都采用了哪些模式
	国际化经营的战略类型	选择题(案例分析)	★★★	分析案例中的公司采用国际化经营的战略类型
	新兴市场的企业战略	选择题(案例分析)+主观题(案例分析)	★★★	分析案例中的公司属于哪种类型的新兴市场本土企业，分析案例中的公司采用的新兴市场本土企业的战略措施

2022 年考试变化

结构：未变。

内容：第四节新增“全球价值链中的企业国际化经营”。第三节采购战略、生产运营战略改写较大。其余细节文字和案例调整。

考点详解及精选例题

一、总体战略的主要类型

总体战略，又称公司层战略，是企业最高层次的战略。总体战略主要解决的问题是业务选择和资源配置。公司战略常常涉及整个企业的财务结构和组织结构方面的问题。

企业总体战略可分为三大类：发展战略、稳定战略和收缩战略。具体类型如图 3-1 所示。

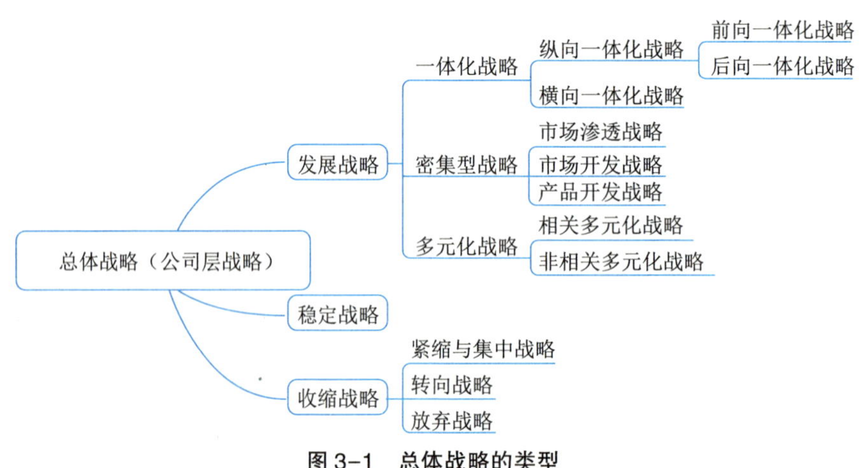

图 3-1　总体战略的类型

(一)发展战略★★★

老杭贴心话

『考试频率』★★★ 『重要程度』非常重要

『考试题型』选择题+主观题，案例分析

『复习建议』全面复习，重点内容

发展战略主要包括三种基本类型：一体化战略、密集型战略和多元化战略。

1. 一体化战略

一体化战略是指企业对具有优势和增长潜力的产品或业务，沿其经营链条的纵向或横向延展业务的深度和广度，扩大经营规模，实现企业成长。

一体化战略按照业务拓展的方向可以分为纵向一体化和横向一体化，如图 3-2 所示。

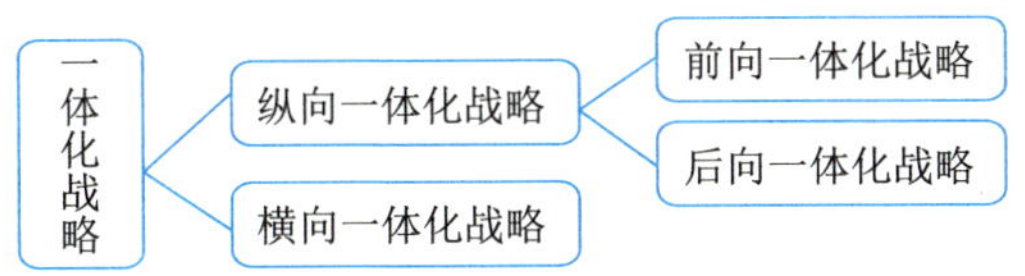

图 3-2 一体化战略的分类

纵向一体化是企业沿着产业链的上下游进行扩张，其中，如果通过某种方式控制上游企业，属于后向一体化；控制下游企业，属于前向一体化。横向一体化则是通过某种方式控制处在同一环节的其他企业(竞争对手)。举例如图 3-3、图 3-4 所示。

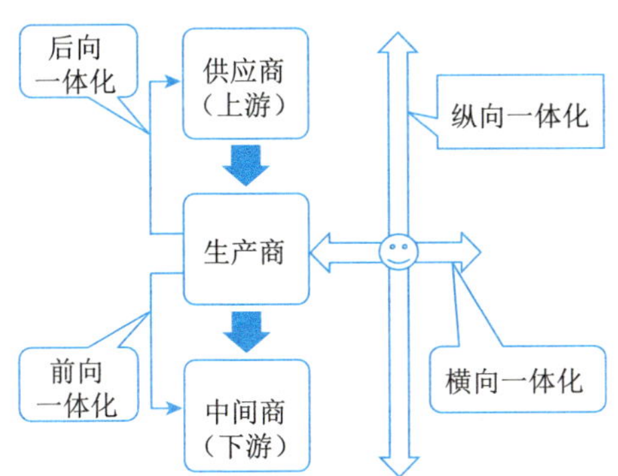

图 3-3 一体化战略理论模型图

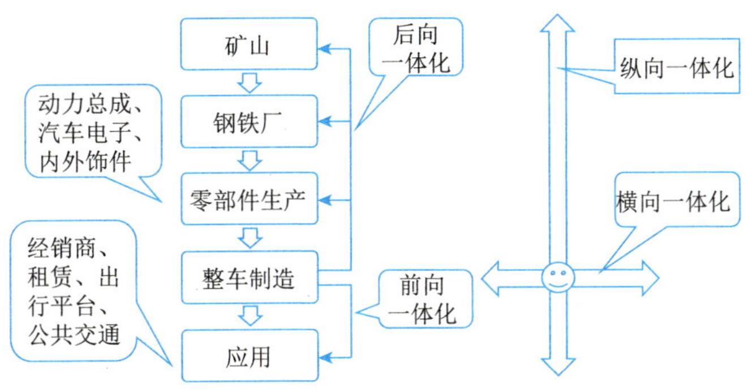

图 3-4 一体化战略举例

一体化战略相关理论内容可结合表 3-1 所示要点进行复习。

表 3-1　一体化战略

<table>
<tr><th>战略分类</th><th colspan="2">理论内容(全面掌握)</th></tr>
<tr><td rowspan="5">纵向一体化战略</td><td colspan="2">优点：有利于节约与上、下游企业在市场上进行购买或销售的交易成本，控制稀缺资源，保证关键投入的质量或者获得新客户。
缺点：纵向一体化会增加企业内部管理成本。
主要风险：
(1)不熟悉新业务领域所产生的风险；
(2)纵向一体化，尤其是后向一体化，一般涉及的投资数额较大且资产专用性较强，增加了企业在该产业的退出成本</td></tr>
<tr><td rowspan="2">前向一体化战略：获得分销商或零售商的所有权或加强对其控制权</td><td>优点：通过控制销售过程和渠道，有利于企业控制和掌握市场，增强对消费者需求变化的敏感性，提高企业产品的市场适应性和竞争力</td></tr>
<tr><td>适用条件：
(1)企业现有销售商难以满足企业的销售需要，原因是销售成本较高或者可靠性较差；
(2)企业所在产业的增长潜力较大；
(3)企业具备前向一体化所需的人、财、物等资源；
(4)销售环节的利润率较高</td></tr>
<tr><td rowspan="2">后向一体化战略：获得供应商的所有权或加强对其控制权</td><td>优点：有利于企业有效控制关键原材料等投入的成本、质量及供应可靠性，确保企业生产经营活动稳步进行</td></tr>
<tr><td>适用条件：
(1)企业现有供应商难以满足企业对原材料、零件等的需求，原因是供应成本较高或者可靠性较差；
(2)供不应求，供应商数量较少而需求方竞争者众多；
(3)企业所在产业的增长潜力较大；
(4)企业具备后向一体化所需的人、财、物等资源；
(5)供应环节的利润率较高；
(6)企业产品价格的稳定对企业来说十分关键，后向一体化有利于控制原材料成本，从而确保产品价格的稳定</td></tr>
<tr><td rowspan="2">横向一体化战略</td><td rowspan="2">指企业向产业价值链相同阶段方向扩张的战略</td><td>优点：主要目的是实现规模经济以获取竞争优势</td></tr>
<tr><td>适用条件：
(1)企业处在竞争激烈的产业中；
(2)企业所在产业具有显著的规模经济；
(3)企业的横向一体化符合反垄断法律法规，能够在局部地区获得一定的垄断地位；
(4)企业所在产业的增长潜力较大；
(5)企业具备横向一体化所需的人、财、物等资源</td></tr>
</table>

2. 密集型战略

密集型战略是考试概率和频率都很高的知识点，首先要记住其基本框架为“产品—市场战略组合”矩阵，如表 3-2 所示。该矩阵由安索夫提出，因此也叫安索夫矩阵。

表 3-2 产品—市场战略组合

市场分类		产品	
		现有产品	新产品
市场	现有市场	市场渗透	产品开发
	新市场	市场开发	多元化

第一种组合：市场渗透(现有产品面向现有市场)。应加强对其含义的理解，以应对案例分析题。市场渗透战略适用条件的考试概率较低，适当了解，具体如表 3-3 所示。

表 3-3 市场渗透战略

项目	相关内容
做法	强调发展单一产品，试图通过更强的营销手段来获得更大的市场占有率
适用条件	(1)当整个市场正在增长时，那些想要增加市场份额的企业能够以较快的速度达成目标；相反，向停滞或衰退的市场渗透可能难得多； (2)如果一家企业决定将利益局限在现有产品或市场领域，即使在整个市场衰退时也不允许销售额下降，那么企业就必须采取市场渗透战略； (3)如果其他企业由于各种原因离开了市场，那么采用市场渗透战略是比较容易成功的； (4)企业拥有强大的市场地位，并且能够利用经验和能力来获得强有力的独特竞争优势，那么实施市场渗透是比较容易的； (5)当市场渗透战略的风险较低、高级管理者参与度较高，且在需要的投资较少的时候，市场渗透战略也会比较适用

第二种组合：市场开发(现有产品面向新市场)。学习中，首先加强对其含义的理解，以应对案例分析题。其中，对于新市场的理解要从两个方面进行：一个是地理区域的新市场，例如企业过去在北京经营，现在决定进入河北雄安，河北雄安即是地理区域意义上的新市场；另一个是新的消费人群，例如企业过去主要面对女性消费者，现在开始涉足男性消费者，男性消费者即是消费人群意义上的新市场。

在此基础上，对表 3-4 所列知识点应重点掌握，尤其要防范在主观题中进行考核。

表 3-4 市场开发战略

类型	相关内容
原因	①企业发现现有产品生产过程的性质导致难以转而生产全新的产品，因此希望能开发其他市场；②市场开发往往与产品改进结合在一起；③现有市场或细分市场已经饱和，企业只能去寻找新的市场
适用条件	①存在未开发或未饱和的市场；②可得到新的、可靠的、经济的和高质量的销售渠道；③企业在现有经营领域十分成功；④企业拥有扩大经营所需的资金和人力资源；⑤企业存在过剩的生产能力；⑥企业的主业属于正在迅速全球化的产业

第三种组合：产品开发(新产品面向现有市场)。学习中，应加强对其含义的理解，以应对案例分析题。在此基础上，对表 3-5 所列知识点应重点掌握，尤其要防范在主观题中进行考核。

表 3-5　产品开发战略

类型	相关内容
原因	①充分利用企业对市场的了解；②保持相对于竞争对手的领先地位；③从现有产品组合的不足中寻求新的机会；④使企业能继续在现有市场中保持稳固的地位
适用条件	①企业的产品具有较高的市场信誉度和顾客满意度；②企业所在产业属于适宜创新的高速发展的高新技术产业；③企业所在产业正处于高速增长阶段；④企业具有较强的研究与开发能力；⑤主要竞争对手以近似价格提供更高质量的产品

3. 多元化战略

多元化战略的主要知识点分别是原因、类型、优点和风险。其中优点和风险是重点内容。尤其是风险，除了记忆标题之外，还应理解其内涵，能够结合案例进行分析。

(1)多元化战略的类型(见表 3-6)。

表 3-6　多元化战略的类型

战略类型	战略描述(适当了解)	适用条件(适当了解)
相关多元化战略(同心多元化)	·企业以现有业务或市场为基础进入相关产业或市场 ·有利于获得融合优势	企业在产业或市场内具有较强的竞争优势，而该产业或市场的成长性或吸引力逐渐下降
非相关多元化战略(离心多元化)	·企业进入与当前产业和市场均不相关的领域 ·目标是从财务上考虑平衡现金流或者获得新的利润增长点，规避产业或市场的发展风险	企业当前产业或市场缺乏吸引力，而企业也不具备较强的能力和技能转向相关产品或市场

(2)采用多元化战略的三大原因：

①在现有产品或市场中持续经营不能达到目标。

②企业存在多余资金，即以前在现有产品或市场中成功经营而保留下来的资金超过了其在现有产品或市场中的财务扩张所需要的资金。

③与在现有产品或市场中的扩张相比，多元化战略意味着更高的利润。

(3)多元化战略的优点：

①分散风险。

②更容易地从资本市场满足融资需求。

③当企业在原产业无法增长时找到新的增长点。

④利用未被充分利用的资源。

⑤运用盈余资金。

⑥获得资金或其他财务利益。

⑦运用企业在某个产业或某个市场中的形象和声誉来进入另一个产业或市场。而在另一个产业或市场中要取得成功，企业形象和声誉是至关重要的。

(4)多元化战略的风险：

①原有经营产业的风险。

②市场整体风险。

③进入产业的风险。

④退出产业的风险。

⑤整合内部经营的风险。

【例题 1·多选题】☆铁才公司是一家特种钢材生产企业，其产品主要用于大型采矿机械、采油设备的生产。为了增强对钢铁市场需求变化的敏感性，铁才公司决定把前向一体化作为发展战略。下列各项中，符合该公司发展战略的有(　)。

A. 参股海城矿山机械公司

B. 与东港石油公司签订集研发、生产、销售为一体的合作协议

C. 投资建立铁矿资源开发和生产企业

D. 与南岗煤炭集团建立战略联盟

解析 前向一体化战略是指获得分销商或零售商的所有权或加强对他们的控制权的

战略。铁才公司的产品主要用于大型采矿机械、采油设备的生产。所以参股海城矿山机械公司、与东港石油公司签订合作协议，属于前向一体化战略。选项A、B正确。投资建立铁矿资源开发和生产企业，属于后向一体化战略。与南岗煤炭集团建立战略联盟，属于后向一体化战略。

答案 AB

【例题2·多选题】☆民岭公司主营定向爆破业务，在大型设施设备定向爆破拆除领域具有明显优势。民岭公司确定的发展战略，一是向爆破拆除与拆除现场清理的一揽子承包工程拓展，二是向承揽矿山采掘爆破、筑路土方爆破业务拓展。民岭公司业务开拓方向是密集型成长战略中的(　)。

A. 市场渗透战略 B. 市场开发战略

C. 产品开发战略 D. 多元化战略

解析 该公司主营定向爆破业务，向爆破拆除与拆除现场清理的一揽子承包工程拓展属于产品开发战略。向承揽矿山采掘爆破、筑路土方爆破业务拓展属于市场开发战略。

答案 BC

【例题3·单选题】☆莱英公司是国内一家中成药品生产企业。为了保障原材料的稳定供给与产品质量，自2015年以来投资建设了3个原料药材现代化种植基地，收购了2个原属于其他药品公司的药材种植企业，全面推进原料药材规范化绿色种植工程。下列各项中，属于莱英公司采用上述战略适用条件的是(　)。

A. 中成药品产业增长潜力较大

B. 莱英公司现有销售商的销售成本较高

C. 莱英公司存在过剩的生产能力

D. 中成药品产业竞争较为激烈

解析 本题考核知识点"发展战略——一体化战略"。"莱英公司是国内一家中成药品生产企业。为了保障原材料的稳定供给与产品质量……全面推进原料药材规范化绿色种植工程"表明莱英公司采取的是后向一体化战略，后向一体化战略是指获得供应商的所有权或加强对其控制权。选项A属于后向一体化的适用条件。

答案 A

【例题4·简答题】☆原本是地方特产的辣椒调味品"金土地"辣酱，如今成了全国乃至世界众多消费者佐餐和烹饪的佳品。金土地公司在国内65个大中城市建立了省级、市级代理机构。2001年，金土地公司产品已出口欧洲、北美、澳洲、亚洲、非洲多个国家和地区。一个曾经的"街边摊"，发展成为一个上缴利税上亿元的国家级重点龙头企业。

"金土地"辣酱热销多年，无一家其他同类产品能与其抗衡，关键原因就在于其高度稳定的产品品质和低廉的价格。

"金土地"辣酱恰到好处地平衡了辣、香、咸口味，让大多数消费者所接受。"金土地"辣酱制作从不偷工减料，用料、配料和工艺流程严谨规范，保持产品风味，迎合消费者的口味。金土地公司对辣椒原料供应户要求十分严格，提供的辣椒全部要剪蒂，保证分装没有杂质。只要辣椒供应户出现一次质量差错，金土地公司就坚决终止合作关系。为了确保原料品质与低成本的充足供应，金土地公司在Z地区建立了无公害辣椒基地和绿色产品原材料基地，搭建了一条"企业+基地+农户"的农业产业链，90%以上的原料来源于这一基地。

中低消费水平的人群是"金土地"辣酱的目标客户，与此相应的就是低价策略。"金土地"产品相继开发的十几种品类中，主打产品风味豆豉和鸡油辣椒，210g规格的锁定在8元左右；280g产品的价格锁定在9元左右。其他几种品类产品根据规格不同，大多也集中在7~10元的主流消费区间。"金土地"产品价格一直非常稳定，涨幅微乎其微。

多年来"金土地"产品从未更换包装和瓶贴。金土地公司的理念是，包装便宜，就意味着消费者花钱买到的实惠更多，而节省下来的都是真材实料的辣酱。事实上，"金土地"产品土气的包装和瓶贴，已固化为最深入消费者内心的品牌符号。

金土地公司不做广告，不搞营销活动。

公司产品推广有两条绝招：一是靠过硬的产品让消费者口口相传；二是靠广泛深入的铺货形成高度的品牌曝光，直接促成即时的现实销售。

金土地公司的经销商策略极为强势：①先打款后发货，现货现款；②以火车皮为单位，量小不发货；③没有优惠政策支持，而且利润很低，一瓶甚至只有几毛钱；④大区域布局，一年一次经销商会。金土地公司如此强势的底气来自产品，将产品做成了硬通货，经销商只要能拿到货，就不愁卖出，流通速度快，风险小，是利润的可靠保障。

多年来，金土地公司专注辣椒调味制品，着力打造"金土地"品牌，坚持不上市、不贷款、不冒进、不投资控股其他企业，规避了民营企业创业后急于扩张可能面临的各种风险，走出了一条传统产业中家族企业稳健发展的独特之路。

要求：

(1) 简要分析金土地公司发展战略的类型及其适用条件。

(2) 简要分析金土地公司的营销组合策略。

答案

(1) 1) 密集型战略。

①市场渗透——现有产品和现有市场。"坚守阵地"，这种战略强调发展单一产品，试图通过更强的营销手段来获得更大的市场占有率。"多年来，金土地公司专注辣椒调味制品"。对于金土地公司而言，实施这一战略的主要条件是：

A. 如果其他企业由于各种原因离开了市场，那么采用市场渗透战略比较容易成功。"'金土地'辣酱热销多年，无一家其他同类产品能与其抗衡"。

B. 企业拥有强大的市场地位，并且能够利用经验和能力来获得强有力的独特竞争优势，那么实施市场渗透战略是比较容易的。"'金土地'辣酱热销多年，无一家其他同类产品能与其抗衡，关键原因就在于其高度稳定的产品品质和低廉的产品价格"。

C. 当市场渗透战略对应的风险较低，且在需要的投资较少的时候，市场渗透战略也会比较适用。"多年来，金土地公司专注辣椒调味制品……不投资控股其他企业，规避了民营企业创业后急于扩张可能面对的各种风险，走出了一条传统产业中家族企业稳健发展的独特之路"。

②市场开发——现有产品和新市场。市场开发战略是指将现有产品或服务打入新市场的战略。"金土地公司在国内65个大中城市建立了省级、市级代理机构。2001年，金土地公司产品已出口欧洲、北美、澳洲、亚洲、非洲多个国家和地区"。

对于金土地公司而言，实施这一战略的主要条件是：

A. 存在未开发或未饱和的市场。"原本是地方特色的辣椒调味品'金土地'辣酱，如今成了全国和世界众多消费者佐餐和烹饪的佳品"，说明地方特色产品开发为被全国乃至世界接受的产品。

B. 企业在现有经营领域十分成功。"'金土地'辣酱热销多年，无一家其他同类产品能与其抗衡，关键原因就在于其高度稳定的产品品质和低廉的产品价格"。

C. 企业拥有扩大经营所需要的资金和人力资源；企业存在过剩的生产能力。"金土地公司在Z地区建立了无公害辣椒基地和绿色产品原材料基地，搭建了一条"企业+基地+农户"的农业产业链，90%以上的原料都来源于这一基地""先打款后发货，现货现款，金土地公司将产品做成了硬通货，经销商只要能拿到货，就不愁卖，流通速度快""不贷款"。

D. 企业的主业属于正在迅速全球化的产业。"原本是地方特产的辣椒调味品'金土地'辣酱，如今成了全国和世界众多消费者佐餐和烹饪的佳品"，说明地方特色产品变为全球化产品。

③产品开发——新产品和现有市场。这

种战略是在原有市场上，通过技术改进与开发研制新产品。“‘金土地’产品相继开发的十几种品类”。

对于金土地公司而言，实施这一战略的主要条件是：

企业具有较高的市场信誉度和顾客满意度。“‘金土地’辣酱热销多年，无一家其他同类产品能与其抗衡，关键原因就在于其高度稳定的产品品质和低廉的产品价格”“‘金土地’辣酱恰到好处地平衡了辣、香、咸口味，让最大多数消费者所接受。‘金土地’辣酱制作从不偷工减料，用料、配料和工艺流程严谨规范，保持产品风味，虏获消费者的舌尖。金土地公司对辣椒原料供应户要求十分严格，提供的辣椒全部要剪蒂，保证分装没有杂质”。

2）一体化战略，纵向一体化战略中的后向一体化。是指获得供应商的所有权或加强对其控制权。“为了确保原料品质与低成本的充足供应，金土地公司在Z地区建立了无公害辣椒基地和绿色产品原材料基地，搭建了一条“企业+基地+农户”的农业产业链，90%以上的原料都来源于这一基地”。

对于金土地公司而言，实施这一战略的主要条件是：

A. 企业现有的供应商供应成本较高或者可靠性较差而难以满足企业对原材料、零件等的需求。“为了确保原料品质与低成本的充足供应”。

B. 企业所在产业的增长潜力较大。“一个曾经的‘街边摊’，发展成为一个上缴利税上亿元的国家级重点龙头企业”。

C. 企业具备后向一体化所需的资金、人力资源等。“搭建了一条“企业+基地+农户”的农业产业链”（说明企业具备人力资源）；“先打款后发货，现货现款，金土地公司将产品做成了硬通货，只要能拿到货，就不愁卖，流通速度快”“不贷款”（都说明现金流充足）。

D. 企业产品价格的稳定对企业而言十分关键，后向一体化有利于控制原材料成本，从而确保产品价格的稳定。“‘金土地’产品价格一直非常稳定，价格涨幅微乎其微”“为了确保原料品质与低成本的充足供应”。

（2）1）产品策略。

①产品组合策略。

金土地公司的产品组合很简单，从产品组合的宽度看，就是1大类，“金土地”辣酱。从产品组合的深度看，“金土地”相继开发了十几种品类产品。

金土地公司的产品组合策略，也是1种，扩大产品组合，加强产品组合的深度。“相继开发了十几种品类产品”。

②品牌和商标策略。

金土地公司的品牌和商标策略属于单一的品牌名称。“着力打造‘金土地’品牌”“多年来‘金土地’产品从未更换包装和瓶贴……‘金土地’产品土气的包装和瓶贴，已固化为最深入消费者内心的品牌符号”。

③产品开发策略。“相继开发了十几种品类产品”。

2）促销策略。

在促销组合的四个要素构成（广告促销、营销推广、公关宣传、人员推销）中，金土地公司以其独特的方法，主要采用后两种。

①公关宣传。指宣传企业形象，以便为企业及其产品建立良好的公众形象。“二是靠广泛深入的铺货形成高度的品牌曝光，直接促成了即时的现实销售”。

②人员推销。“靠过硬的产品让消费者口口相传”。

3）分销策略。

金土地公司采用间接分销渠道，“大区域布局，一年一次经销商会”。

4）价格策略。

“中低端人群是‘金土地’辣酱的目标客户，与此相应的就是低价策略”“‘金土地’产品价格一直非常稳定，涨幅微乎其微”。

（二）稳定战略（见表 3-7）

老杭贴心话

『考试频率』★
『重要程度』不重要
『考试题型』选择题+主观题
『复习建议』含义理解，适用情况简单了解，优点和风险尽量掌握，主观题冷门点

表 3-7　稳定战略

类别	相关描述
含义	又称为维持战略，是指限于经营环境和内部条件，企业在战略期所期望达到的经营状况基本保持在战略起点的范围和水平上的战略
适用情况	适用于对战略期环境的预测变化不大，而企业在前期经营相当成功的企业
优点	企业可以充分利用原有生产经营领域中的各种资源；避免开发新产品和新市场所必需的巨大资金投入和开发风险；避免资源重新配置和组合的成本；防止由于发展过快、过急造成的失衡状态
风险	一旦企业外部环境发生较大变动，企业战略目标、外部环境、企业实力三者之间就会失去平衡，企业就会陷入困境。稳定战略还容易使企业减弱风险意识，甚至会形成惧怕风险、回避风险的企业文化，降低企业对风险的敏感性和适应性

（三）收缩战略（见表 3-8）

老杭贴心话

『考试频率』★★★
『重要程度』重要
『考试题型』选择题+主观题
『复习建议』主要掌握收缩战略的三种方式和退出障碍，以理解为主。其他内容熟悉。

表 3-8　收缩战略

类别	相关描述
含义	也称为撤退战略，指企业从目前的经营领域和基础上收缩，在一定时期内缩小原有经营范围和规模的一种战略
原因（主观题冷门点）	(1)主动原因——满足企业战略重组的需要。 (2)被动原因。 ①外部环境原因。如宏观经济形势、产业周期、技术、政策、社会价值观或时尚等方面发生重大变化，以及市场达到饱和、竞争行为加剧或改变等，导致企业赖以生存的外部环境恶化甚至出现危机。 ②内部环境原因。由于内部经营机制不顺、决策失误、管理不善等原因，企业或企业某项业务陷入困境，失去竞争优势，不得不采用收缩战略

续表

<table>
<tr><th>类别</th><th colspan="2">相关描述</th></tr>
<tr><td rowspan="6">方式
（掌握）</td><td rowspan="3">紧缩与集中战略：
往往集中于短期效益，主要涉及采取补救措施制止利润下滑</td><td>机制变革：调整管理层领导机构；制定新的政策和建立新的管理控制系统，以及改善激励机制与约束机制等</td></tr>
<tr><td>财政和财务战略：建立有效的财务控制系统，严格控制现金流量；债务重组；债转股等</td></tr>
<tr><td>削减成本战略：削减人工成本、材料成本、管理费用；削减资产，如内部放弃或改租、售后回租等等；缩小分部和职能部门的规模</td></tr>
<tr><td rowspan="2">转向战略：
涉及企业的经营方向或经营策略的改变</td><td>重新定位或调整现有的产品和服务</td></tr>
<tr><td>调整营销策略</td></tr>
<tr><td>放弃战略：
涉及企业或其子公司产权的变更</td><td>特许经营；分包；卖断；管理层杠杆收购；拆产为股/分拆</td></tr>
<tr><td rowspan="2">采用收缩战略的困难</td><td colspan="2">对企业或业务状况的判断（略）</td></tr>
<tr><td>退出障碍</td><td>①固定资产的专用性程度。②退出成本（包括劳工协议、重新安置的成本、备件维修能力等）。③内部战略联系（企业内某经营单位与企业其他经营单位在市场形象、市场营销能力、利用金融市场及设施共享等方面的内部相互联系）。④感情障碍。⑤政府与社会约束（政府出面反对或劝阻）</td></tr>
</table>

【例题5 · 多选题】☆近年来大数据和云计算的快速发展，使主营传统数据库业务的甲公司受到极大冲击，经营业绩大幅下滑。2019年初，甲公司裁员1 800人，并重组开发团队和相关资源，大力开拓和发展云计算业务，以改善公司的经营状况。甲公司采用的总体战略类型有（　）。

A. 转向战略

B. 稳定战略

C. 市场开发战略

D. 紧缩与集中战略

解析 “甲公司裁员1 800人”属于紧缩与集中战略中的削减成本战略，选项D正确；“重组开发团队和相关资源，大力开拓和发展云计算业务”属于转向战略中的重新定位或调整现有的产品和服务，选项A正确。

答案 AD

【例题6 · 多选题】☆滦河公司是一家大型能源集团，拥有分别从事煤矿开采、炼焦、发电等业务的多家子公司。面对煤炭产能过剩销售困难的局面，该公司管理层提出放弃煤矿开采业务，但此举将大量煤炭采掘设备废弃，下岗工人生活和重新安置费用短期难以解决，炼焦、发电等业务原料来源的稳定性将受影响，因此遭到各个子公司员工的质疑、不满甚至反对。滦河公司的煤矿开采业务面临的退出障碍有（　）。

A. 感情障碍

B. 固定资产的专用性程度

C. 内部战略联系

D. 退出成本

解析 “将大量煤炭采掘设备废弃”，体现了固定资产的专用性程度。“下岗工人生活和重新安置费用”，体现了退出成本。“炼焦、发电等业务原料来源的稳定性将受影响”，体现了内部战略联系。“遭到各个子公司员工的质疑、不满甚至反对”，体现了感情障碍。选项ABCD正确。　**答案** ABCD

二、发展战略的主要途径

此部分内容属于考试的主要出题点，各种题型均会出现。

以选择题形式出现时，涉及的知识点以并购和战略联盟为主，例如并购的类型、并购失败的原因，以及战略联盟的类型、股权式联盟与契约式联盟的主要区别等。以案例形式进行考核较为常见，例如“甲公司……根据以上信息可以判断，甲公司采取的战略联盟类型是(　)”。

以主观题形式出现时，主要以案例分析形式进行考核，典型考点包括并购的类型、动机、失败的原因，战略联盟的动因、管控等。

(一)发展战略可选择的途径

老杭贴心话

『考试频率』★

『重要程度』不重要

『考试题型』个别主观题

『复习建议』主要掌握三种途径完整名词，内涵简单了解

发展战略一般可以采用三种途径，即外部发展(并购)、内部发展(新建)与战略联盟。

1. 外部发展(并购)

外部发展是指企业通过取得**外部经营资源**谋求发展的战略。外部发展的狭义内涵是并购。

2. 内部发展(新建)

内部发展指企业利用自身**内部资源**谋求发展的战略。内部发展的狭义内涵是新建。

3. 战略联盟

战略联盟是指两个或两个以上经营实体之间为了达到某种战略目的而建立的一种**合作关系**。

(二)并购战略

老杭贴心话

『考试频率』★★★

『重要程度』非常重要

『考试题型』选择题+主观题

『复习建议』理解+记忆，全面复习

1. 并购的类型

此部分内容建议以理解为主，掌握原文关键词，能够根据案例判断其属于何种并购类型，如表3-9所示。

表3-9　并购战略的类型

分类依据	类型	含义
按并购双方所处的产业分类	横向并购	指并购方与被并购方处于**同一产业**
	纵向并购	指在经营对象上**有密切联系，但处于不同产销阶段**的企业之间的并购。可分为前向并购与后向并购
	多元化并购	指处于**不同产业，在经营上也无密切联系**的企业之间的并购
按被并购方的态度分类	友善并购	指并购方与被并购方通过**友好协商**确定并购条件，在双方意见基本一致的情况下实现产权转让的一类并购
	敌意并购	又叫恶意并购，通常是指当友好协商遭到拒绝后，并购方不顾被并购方的意愿采取强制手段，强行收购对方企业的一种并购
按并购方的身份分类	产业资本并购	一般由**非金融企业**进行，目的是获得产业利润
	金融资本并购	一般由投资银行或非银行**金融机构**(如金融投资企业、私募基金、风险投资基金等)进行，目的是获得投资利润

续表

分类依据	类型	含义
按收购资金来源分类	杠杆收购	收购方在实施企业收购时，其主体资金来源是对外负债，即是在银行贷款或金融市场借贷的支持下完成的
	非杠杆收购	收购方的主体资金来源是自有资金

2. 并购的动机

(1)避开进入壁垒，迅速进入，争取市场机会，规避各种风险。

(2)获得协同效应。协同效应的表现：

①两个企业在生产、营销和人员方面的统一调配；——相同资源统一调配

②公司内部的转移定价；信息、人员、产品种类、先进技术与管理、分销渠道、商标品牌、融资渠道等资源的优势互补与共享；——优势资源互补

③在公司内部的技术转让、消化、吸收以及技术创新后的再反馈。——内部转让消化创新

(3)克服企业负外部性，减少竞争，增强对市场的控制力。

3. 并购失败的原因

(1)决策不当。

决策不当的表现：

①目标企业层面：并购前，没有对目标企业进行认真尽职调查，对目标企业存在的问题或隐患未能发现，例如产品质量的缺陷、经营决策的失误、管理漏洞等。完成并购后，这些问题暴露，导致巨大损失。

②并购对象所在产业层面：高估目标企业所在产业的未来发展潜力，意图通过并购目标企业进入该产业。完成并购后，发现该产业前景远不能达到预期，无法获得期望的潜在效益。

(2)并购后不能很好地进行企业整合。(整合包括战略、组织、制度、业务、文化等)

(3)支付过高的并购费用。

(4)跨国并购面临政治风险。

防范东道国政治风险的具体措施可以考虑以下几点：①加强对东道国政治风险的评估，完善动态监测和预警系统；②采取灵活的国际投资策略，构筑风险控制的坚实基础；③实行企业当地化策略，减少与东道国之间的矛盾和摩擦。

【例题7·简答题】CC公司是一家饮料公司，其起家产品是棕色带汽的可乐产品。随着全球消费者健康意识的不断普及，非碳酸饮料，特别是在健康和营养方面更胜一筹的果汁饮料开始受到越来越多的欢迎。

2007年，CC公司在中国的饮料市场面临着很大的经营压力，亟需寻找一条突破之路。虽然中国的多数消费者仍喜欢直接食用新鲜水果，但随着消费习惯的改变，人们对果汁饮料的接受度将急剧上升。HY是中国果汁市场目前销量第一的品牌，并且已经形成一条较为成熟的产业链，其品牌和全国的生产、销售网络具有很大优势。截至2007年底，HY100%纯果汁及中浓度果蔬汁的销售量分别占国内市场总额的42.6%和39.6%，HY已经连续数年在这两项指标上占据市场领导地位。此外，从短期来看，低浓度果汁在中国更受欢迎。但是HY公司在低浓度果汁市场的占有率仅为6.9%，远远落后于CC公司、T公司和K公司等主要竞争对手。

某咨询公司提供的数据显示，如果以各企业产销量作为市场份额比重的计算参考依据，2007年中国果(蔬)汁及果(蔬)汁饮料市场份额排名前三位分别是：T公司、HY公司、CC公司，市场份额分别是18.69%、15.04%与13.95%。如果收购HY公司，CC公司的市场份额将达到28.99%，超过目前位居第一的T公司。还可以取得HY公司引以为傲的品牌价值、市场潜力和营销网络。再

加上CC公司在低浓度果汁市场上的优势，二者的产品将形成良性互补。因此，倚仗两者的品牌效应和产品、渠道协同，再辅以出众的资源整合能力、国际市场营销手段和产品研发优势，CC公司在与中国同类企业的竞争中，无疑将占得先机。由此种种因素看来，HY公司成为CC公司在果汁领域并购的最佳选择，也是唯一选择。

2008年9月3日，CC公司宣布，经与HY公司创始人协商，计划以自有资金24亿美元收购HY公司。

宣布收购HY公司后，中国国内出现了一股反对浪潮，许多人批评出售HY公司是民族品牌的一大损失。尤其是HY公司的中低层管理人员和员工，产生了很大的抵触情绪。同时，2008年的HY公司年报也显示出公司面临较大的资金压力，其2008年生产成本上升22.8%，营销成本增加50.3%，但价格只提高7.5%。2008年上半年，HY果汁的销售额同比减少5.2%，毛利润降幅高达22.2%，现金与现金等价物下降48%，而存货增长33.42%。

最终，CC公司决定放弃收购HY公司。

要求：

(1)简要分析CC公司收购HY公司的主要动机。

(2)简要分析CC公司放弃收购HY公司的原因。

(3)简要分析CC公司收购HY公司的类型。

答案

(1)CC公司收购HY公司的主要动机：

①避开进入壁垒，迅速进入，争取市场机会，规避各种风险。“虽然中国的多数消费者仍喜欢直接食用新鲜水果，但随着消费习惯的改变，人们对果汁饮料的接受度将急剧上升”“HY是中国果汁市场目前销量第一的品牌，并且已经形成一条较为成熟的产业链，其品牌和全国的生产、销售网络具有很大优势”“如果收购HY公司，CC公司的市场份额将达到28.99%，超过目前位居第一的T公司”“倚仗两者的品牌效应和产品、渠道协同，再辅以出众的资源整合能力、国际市场营销手段和产品研发优势，CC公司在与中国同类企业的竞争中，无疑将占得先机”。

②获得协同效应。“如果收购HY公司，CC公司的市场份额将达到28.99%，超过目前位居第一的T公司。还可以取得HY公司引以为傲的品牌价值、市场潜力和营销网络”“但是HY公司在低浓度果汁市场的占有率仅为6.9%，远远落后于CC公司、T公司和K公司等主要竞争对手”“再加上CC公司在低浓度果汁市场上的优势”“倚仗两者的品牌效应和产品、渠道协同”。

③克服企业负外部性，减少竞争，增强对市场的控制力。“2007年，CC公司在中国的饮料市场面临着很大的经营压力，亟需寻找一条突破之路”“HY是中国果汁市场目前销量第一的品牌”“CC公司在与中国同类企业的竞争中，无疑将占得先机”。

(2)CC公司放弃收购HY公司的原因如下：

①避免决策不当。避免并购前，没有认真地分析目标企业的潜在成本和效益，过于草率地并购，结果无法对被并购企业进行合理的管理。“2008年的HY公司年报也显示出公司面临较大的资金压力，其2008年生产成本上升22.8%，营销成本增加50.3%，但价格只提高7.5%。2008年上半年，HY果汁的销售额同比减少5.2%，毛利润降幅高达22.2%，现金与现金等价物下降48%，而存货增长33.42%”。

避免高估并购对象所在产业的吸引力和自己对被并购企业的管理能力，从而高估并购后所带来的潜在经济效益。“从短期来看，低浓度果汁在中国更受欢迎。但是HY公司在低浓度果汁市场的占有率仅为6.9%，远远落后于CC公司、T公司和K公司等主要竞争对手”“2008年的HY公司年报也显示出公司面临较大的资金压力，其2008年生产成本上升22.8%，营销成本增加50.3%，但价格只提高7.5%。2008年上半年，HY果汁的销售额同比减少5.2%，毛利润降幅高达22.2%，现金与现金等价物下降48%，而存货增长33.42%”。

②避免并购后不能很好地进行企业整合。“尤其是HY公司的中低层管理人员和员工，产生了很大的抵触情绪”。

(3)CC公司收购HY公司的类型：

按并购双方所处的产业分类，属于横向并购。“CC公司是一家饮料公司”“HY是中国果汁市场目前销量第一的品牌”，双方属于同一产业。

按被并购方的态度分类，属于友善并购。“CC公司宣布，经与HY公司创始人协商，计划以自有资金24亿美元收购HY公司”。

按并购方的身份分类，属于产业资本并购。“CC公司是一家饮料公司”。

按收购资金来源分类，属于非杠杆收购。“CC公司宣布，经与HY公司创始人协商，计划以自有资金24亿美元收购HY公司”。

(三)内部发展(新建)战略

老杭贴心话

『考试频率』★★

『重要程度』一般重要

『考试题型』主观题冷门点

『复习建议』理解+记忆(尽量兼顾)

内部发展也称内生增长，是企业在不并购其他企业的情况下利用自身的规模、利润、活动等内部资源来实现扩张。

1. 企业采取内部发展战略的动因

(1)开发新产品的过程使企业能深刻地了解市场及产品；

(2)不存在合适的并购对象；

(3)保持统一的管理风格和企业文化；

(4)为管理者提供职业发展机会；

(5)代价较低，因为获得资产时无须为商誉支付额外的金额；

(6)并购通常会产生隐藏的或无法预测的损失，而内部发展不太可能产生这种情况；

(7)这可能是唯一合理的、实现真正技术创新的方法；

(8)可以有计划地进行，容易从企业获得财务支持，并且成本可以按时间分摊；

(9)风险较低，在并购中，并购者可能还需承担被并购者以前所做决策产生的后果；

(10)内部发展的成本增速较慢。

2. 内部发展的缺点

(1)与并购市场中现有的企业相比，在市场上增加了竞争者，这可能激化某一市场内的竞争；

(2)企业不能接触到其他企业的知识及系统，这可能更具风险；

(3)从一开始就缺乏规模经济或经验曲线效应；

(4)当市场发展非常快时，内部发展会显得过于缓慢；

(5)进入新市场可能要面对非常高的障碍。

3. 内部发展战略的应用条件

(1)产业处于不均衡状况，结构性障碍还没有完全建立起来。

(2)产业内现有企业的行为性障碍容易被制约。

(3)企业有能力克服结构性与行为性障碍，或者企业克服障碍的代价小于企业进入后的收益。

(四)企业战略联盟

老杭贴心话

『考试频率』★★★

『重要程度』非常重要

『考试题型』选择题+主观题

『复习建议』理解+记忆(全面复习)

1. 企业战略联盟的基本特征(选择题)

(1)从经济组织形式来看，战略联盟是介于企业与市场之间的一种“中间组织”。

(2)从企业关系来看，组建战略联盟的企业各方是在资源共享、优势相长、相互信任、相互独立的基础上通过事先达成协议而结成的一种平等的合作伙伴关系。

联盟企业之间的协作关系主要表现为：①相互往来的平等性；②合作关系的长期性；③整体利益的互补性；④组织形式的开放性。

(3)从企业行为来看，联盟是一种战略性的合作行为。

2. 企业战略联盟形成的动因（见表3-10，选择题和主观题）

表 3-10　企业战略联盟形成的动因

动因	基本原理	典型案例线索
(1)促进技术创新	分担投入	通过合作，其中一方或者双方从对方获得先进技术(专利)
(2)避免经营风险	信息沟通	合作双方各自在某些方面存在经营上的短板，通过与对方合作，可以弥补短板
(3)避免或减少竞争	竞合，避免过度竞争	合作双方是现实(或潜在)竞争对手关系
(4)实现资源互补	—	合作双方各有优势，实现互补
(5)开拓新的市场	产品增加，市场扩张	通过合作，其中一方获得另一方的新产品，或者通过合作帮助一方成功进入一个新市场
(6)降低协调成本	不用整合(相对于并购)	原文——“协调成本”

3. 企业战略联盟的主要类型

以理解为主，能够结合案例信息判断是哪种类型，如表3-11所示。

表 3-11　战略联盟的主要类型

分类依据	分类	
从股权参与和契约联结的方式角度来看	合资企业	
	相互持股投资	
	功能性协议	技术交流协议
		合作研究开发协议
		生产营销协议
		产业协调协议

股权式战略联盟与契约式战略联盟的主要区别如表3-12所示，建议以阅读为主，应对选择题。

表 3-12　股权式战略联盟与契约式战略联盟

类型	区别
契约式战略联盟	契约式战略联盟由于更强调相关企业的协调与默契，从而更具有战略联盟的本质特征。 优点：在经营的灵活性、自主权和经济效益等方面比股权式战略联盟具有更大的优越性。 缺点：企业对联盟的控制能力差、松散的组织缺乏稳定性和长远利益、联盟内成员之间的沟通不充分、组织效率低下等问题
股权式战略联盟	优点：有利于扩大企业的资金实力，并通过部分“拥有”对方的形式，增强双方的信任感和责任感，因而更利于长久合作。 缺点：灵活性差

战略联盟的分类，此部分内容以了解为主，如表3-13所示。

表3-13 战略联盟的分类

阶段	联盟内容
研究开发阶段的战略联盟	许可证协议
	交换许可证合同
	技术交换
	技术人员交流计划
	共同研究开发
	以获得技术为目的的投资
生产制造阶段的战略联盟	OEM(委托定制)供给
	辅助制造合同
	零部件标准协定
	产品的组装及检验协定
销售阶段的战略联盟	销售代理协定
全面性的战略联盟	产品规格的调整
	联合分担风险

4. 战略联盟的管控

主观题冷门点。

(1)订立协议。发生纠纷时往往是联盟成员之间自行商议解决。因此，订立协议需要明确一些基本内容：①严格界定联盟的目标；②周密设计联盟结构；③准确评估投入的资产；④规定违约责任和解散条款。

(2)建立合作信任的联盟关系。

【例题8·多选题】☆张运客运公司与青旅旅行社于2016年开启深度战略合作，联合推出“车票+地接”打包旅游产品。其中，张运客运公司提供用于打包产品的“低价票”，青旅旅行社则提供比以往更为丰富、优质的旅游目的地和地接服务。该产品的推出明显提升了合作双方的竞争力。本案例中，张运客运公司与青旅旅行社进行战略合作的动因有(　)。

A. 防范信任危机

B. 保持统一的管理风格和企业文化

C. 实现资源互补

D. 开拓新的市场

解析 张运客运公司与青旅旅行社进行战略合作属于战略联盟，通过合作推出产品，提升了合作双方的竞争力，体现了实现资源互补和开拓新的市场的动因。选项CD正确。

答案 CD

三、业务单位战略

(一)基本竞争战略

此部分内容属于较为重要的知识点，各种题型均有可能出现。

选择题的典型考法是进行案例分析，其次会针对理论知识原文进行考核。本考点内容在简答题和综合题中经常出现。一般是进行案例分析，要求根据题目案例中给出的信息判断属于哪种竞争战略类型。在此基础上，针对该种竞争战略类型的理论知识比如优势、适用条件、风险等进行考查。

1. 成本领先战略(见表3-14)

老杭贴心话

『考试频率』★★★

『重要程度』非常重要

『考试题型』选择题+主观题

『复习建议』理解+记忆(全面复习)

表3-14 成本领先战略

项目	内容
含义	企业通过在内部加强成本控制，在研究开发、生产、销售、服务和广告等领域把成本降到最低限度，成为产业中的成本领先者的战略
优势	(1)建立进入障碍；(2)提高讨价还价能力；(3)降低替代品的威胁；(4)保持领先的竞争地位

续表

项目	内容	
实施条件	市场情况（外部条件）	(1)产品的价格弹性较高，市场中的大量用户对价格比较敏感； (2)产业中所有企业的产品都是标准化的，产品难以实现差异化； (3)购买者不太关注品牌，大多数购买者以同样的方式使用产品； (4)价格竞争是市场竞争的主要手段，消费者的转换成本较低
	资源和能力（内部条件）	(1)在规模经济显著的产业中，装备相应的生产设施来实现规模经济； (2)降低各种要素成本； (3)提高生产率；生产率即单位要素的产出，与单位产品的成本互为倒数。提高生产率与降低成本密切相关。采用最新的技术、工艺或流程和充分利用学习曲线来降低成本，都是提高生产率必要的手段； (4)改进产品工艺设计；采用简单的产品设计，通过减少产品的功能但同时又能充分满足消费者需要来降低成本； (5)提高生产能力利用程度； (6)选择适宜的交易组织形式(外购 VS 自行生产)； (7)重点集聚
风险	(1)技术的变化可能使过去用于降低成本的投资(如扩大规模、工艺革新等)与积累的经验一笔勾销； (2)产业的新进入者或追随者通过模仿或者以更高技术水平设施的投资能力，达到同样的甚至更低的产品成本； (3)市场需求从注重价格转向注重产品的品牌形象，使得企业原有的优势变为劣势	

2. 差异化战略(见表 3-15)

『考试频率』★★★　　『重要程度』非常重要　　老杭贴心话

『考试题型』选择题+主观题　　『复习建议』理解+记忆(全面复习)

表 3-15　差异化战略

项目	内容	
含义	企业向顾客提供的产品和服务在产业范围内独具特色，这种特色可以给产品带来额外的加价。如果一个企业的产品或服务的溢出价格超过因其独特性所增加的成本，那么，创造和拥有这种差异化的企业将获得竞争优势	
优势	(1)形成进入障碍；(2)降低顾客敏感程度；(3)提高讨价还价能力；(4)抵御替代品威胁	
实施条件	市场情况（外部条件）	(1)产品能够充分地实现差异化，且为顾客所认可； (2)顾客的需求是多样化的； (3)企业所在产业技术变革较快，创新成为竞争的焦点
	资源和技能（内部条件）	(1)具有强大的研发能力和产品设计能力； (2)具有很强的市场营销能力； (3)有能够确保激励员工创造性的激励体制、管理体制和良好的创新性文化； (4)具有从总体上提高某项经营业务的质量、树立产品形象、保持先进技术和建立完善分销渠道的能力
风险	(1)为实现产品差异化，企业投入的成本过高； (2)市场需求发生变化； (3)竞争对手的模仿和进攻缩小了差异，甚至出现了超过本企业的新的差异化产品	

3. 集中化战略(见表 3-16)

老杭贴心话

『考试频率』★★★ 『重要程度』非常重要
『考试题型』选择题+主观题
『复习建议』理解+记忆(全面复习),集中化战略的优势相对次要

表 3-16 集中化战略

项目	内容
含义	针对**某一特定购买群体、产品细分市场或区域市场**,采用成本领先或产品差异化来获取竞争优势的战略。 一般是中小企业采用的战略,可分为两类:集中成本领先战略和集中差异化战略
优势	(1)成本领先和差异化战略抵御产业五种竞争力的优势也都能在集中化战略中体现出来; (2)由于集中化战略避开了在大范围内与竞争对手的直接竞争,所以,对于一些力量还不足以与实力雄厚的大公司抗衡的中小企业来说,集中化战略的实施可以增强它们相对的竞争优势; (3)对于大企业来说,采用集中化战略能够避免与竞争对手正面冲突,使企业处于一个竞争的缓冲地带
实施条件	(1)购买者群体之间在需求上存在着差异; (2)目标市场在市场容量、成长速度、获利能力、竞争强度等方面具有相对的吸引力; (3)在目标市场上,没有其他竞争对手采用类似的战略; (4)企业资源和能力有限,难以在整个产业实现成本领先或差异化,只能选定个别细分市场
风险	(1)目标市场狭小导致的风险; (2)购买者群体之间需求差异变小; (3)竞争对手的进入与竞争

【例题 9·单选题】☆团美公司是一家餐饮外卖公司,该公司运用大数据挖掘新技术,对某软件园区的客户订餐行为进行了深入调查并分析结果,针对该区域的客户制定和实施了一套促销方案,取得了良好效果,团美公司实施的竞争战略是( )。

A. 差异化战略　　B. 蓝海战略

C. 集中化战略　　D. 成本领先战略

解析 集中化战略是指面向某一特定购买群体、产品细分市场或区域市场,采用成本领先或产品差异化来获取竞争优势的战略。本题中,该公司针对某软件园区的客户实施促销方案,说明客户群体是特定区域中的,因此采用的是集中化战略。 **答案** C

【例题 10·多选题】☆TL 公司是一家享誉世界的家电制造巨头,在其涉足的各项家电业务领域,一直坚持差异化战略,强调原创技术、性能卓越、品质不凡且价格高昂。但 TL 公司近年连续出现亏损。从差异化战略的风险角度分析,TL 公司亏损的原因可能包括( )。

A. 竞争对手推出了性能更好的差异化产品

B. TL 公司形成产品差异化的成本过高

C. 随着家电行业的发展和成熟,消费者对产品的差异化需求下降

D. 家电行业技术扩散速度加快,竞争对手的模仿能力迅速提高

解析 采用差异化战略的风险包括:①企业形成产品差别化的成本过高;②市场需求发生变化;③竞争对手的模仿和进攻使已建立的差异缩小甚至转向。选项 ABCD 的说法都是正确的。 **答案** ABCD

【例题 11·简答题】☆天翼公司成立于 2010 年,是一家研究开发智能手机的企业。天翼公司从创立之初就做了大量的市场调研,

发现智能手机市场上国内中低端品牌与国际高端品牌的技术差距正在逐步缩小，消费者更多地关注产品价格，价格竞争开始成为市场竞争的主要手段。在此基础上，天翼公司对消费者的年龄进行了细分，将目标市场消费者的年龄定位在25至35岁之间，这个阶段的年轻人相对经济独立，普遍处于事业的发展期，并且个性张扬，勇于尝试，对于新鲜事物的接受程度比其他年龄段的人更高。

为了适应目标顾客对价格敏感的特点，天翼手机以其“高性价比”走入大众视线。为了降低天翼手机的成本和价格，天翼公司采取了以下措施：

(1)开创了官网直销预订购买的发售方式，减少了昂贵的渠道成本，使天翼手机生产出来之后，不必通过中间商就可以到达消费者手中。

(2)在营销推广方面，天翼公司没有使用传统的广告营销手段，而是根据消费者的不同类型，分别在天翼官网、QQ空间、天翼论坛、微信平台等渠道进行天翼手机的出售和天翼品牌的推广，在很大程度上采用粉丝营销、口碑营销的方式，有效降低了推广费用。

(3)采用低价预订式抢购模式。这种先预定再生产的方式使天翼公司的库存基本为零，大大减少了生产运营成本。

(4)天翼手机定价只有国际高端品牌的1/3，而其硬件成本要占到其定价的2/3以上。为了既保证高性价比又不降低手机的产品质量，天翼公司为手机瘦身，把不需要的硬件去掉，把不需要的功能替换掉，简化框架结构设计，使用低成本的注塑材质工艺等。

(5)将手机硬件的研发和制造外包给其他公司，提高了生产率，大大减小了天翼成立之初的资金压力。

(6)实现规模经济。2011~2015年天翼手机的销售量突飞猛进地增长，进而为天翼手机通过规模经济降低成本和价格奠定了基础。

要求：

(1)从市场情况和资源能力两个方面，简要分析天翼手机实施成本领先战略的条件。

(2)从确定目标市场和设计营销组合两个方面，简要分析天翼手机的营销策略。

答案

(1)市场情况：

①市场中存在大量的价格敏感用户。“消费者更多地关注产品价格。”

②产品难以实现差异化。“智能手机市场上国内中低端品牌与国际高端品牌的技术差距正逐步缩小。”

③购买者不太关注品牌。“智能手机市场上国内中低端品牌与国际高端品牌的技术差距正逐步缩小。”

④价格竞争是市场竞争的主要手段。“价格竞争开始成为市场竞争的主要手段。”

资源和能力：

①实现规模经济。“2011~2015年天翼手机的销售量突飞猛进地增长，进而为天翼手机通过规模经济降低成本和价格奠定了基础。”

②降低各种要素成本。“减少了昂贵的渠道成本。”

③提高生产率。“将手机硬件的研发和制造外包给其他公司，提高了生产率。”

④改进产品工艺设计。“为手机瘦身，把不需要的硬件去掉，把不需要的功能替换掉，简化框架结构设计，使用低成本的注塑材质工艺等。”

⑤选择适宜的交易组织形式。“将手机硬件的研发和制造外包给其他公司，大大减小了天翼公司成立之初的资金压力。”

⑥重点集聚。“将目标市场消费者的年龄定位在25至35岁之间。”

(2)从确定目标市场角度分析，天翼公司按照人口细分，把目标市场消费者的年龄定位在25岁至35岁之间；目标市场的选择是集中化营销策略。

从设计营销组合角度分析，天翼公司的

营销策略是：

①产品策略。"将目标市场消费者的年龄定位在25至35岁之间""天翼手机以其'高性价比'走入大众视线""为了既保证高性价比又不降低手机的产品质量，天翼公司为手机瘦身，把不需要的硬件去掉，把不需要的功能替换掉，简化框架结构设计，使用低成本的注塑材质工艺等"。

②促销策略。"在营销推广方面，天翼公司没有使用传统的广告营销手段，而是根据消费者的不同类型，分别在天翼官网、QQ空间、天翼论坛、微信平台等渠道进行天翼手机的出售和天翼品牌的推广，在很大程度上采用粉丝营销、口碑营销的方式""采用低价预订式抢购模式，这种先预定再生产的方式使天翼公司的库存基本为零"。

③分销策略。"开创了官网直销预订购买的发售方式，减少了昂贵的渠道成本，使天翼手机生产出来之后，不必通过中间商就可以到达消费者手中。"

④价格策略。"天翼手机定价只有国际高端品牌的1/3""为天翼手机通过规模经济降低成本和价格奠定了基础"。

4. 基本战略的综合分析——"战略钟"（见图3-5、表3-17）

老杭贴心话

『考试频率』★★★

『重要程度』重要

『考试题型』案例分析选择题，主观题冷门点

『复习建议』理解，准确记忆1、2、4、5四个方向的名称及相应波特理论的名称，理解3混合战略的内涵

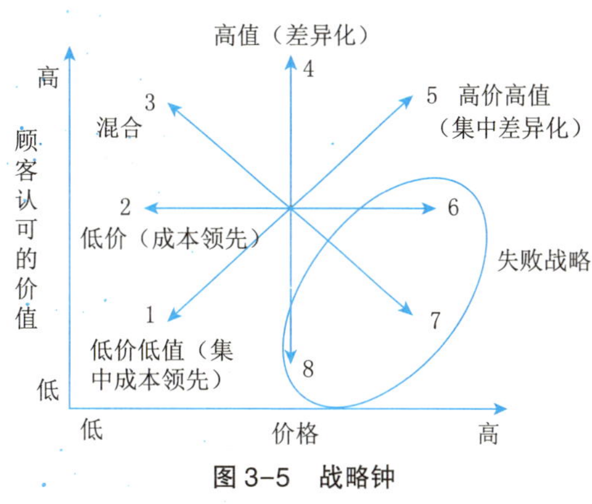

图3-5 战略钟

表3-17 基本战略的综合分析——战略钟

战略类型	说明
成本领先战略	成本领先战略包括途径1和途径2。一是低价低值战略（途径1），关注的是对价格非常敏感的细分市场；二是低价战略（途径2），在降低价格的同时，努力保持产品或服务的质量不变
差异化战略	差异化战略包括途径4和途径5。一是高值战略（途径4），以相同或略高于竞争者的价格向顾客提供高于竞争对手的顾客认可价值。二是高价高值战略（途径5），以特别高的价格为顾客提供更高的认可价值
混合战略	混合战略指途径3，企业可以在为顾客提供更高认可价值的同时，获得成本优势。 从理论角度看，以下因素会导致一个企业同时获得两种优势： （1）提供高质量产品的公司会增加市场份额，而这又会因规模经济而降低平均成本。其结果是，公司可同时在该产业取得高质量和低成本的定位； （2）生产高质量产品的经验累积降低成本的速度比生产低质量产品快。生产工人必须更留心产品的生产，这又会因经验曲线而降低平均成本； （3）注重提高生产效率可以在高质量产品的生产过程中降低成本
失败战略	途径6、途径7、途径8一般情况下可能是导致企业失败的战略

（二）中小企业竞争战略

1. 零散型产业中的竞争战略

老杭贴心话

『考试频率』★★★

『重要程度』重要

『考试题型』选择题+主观题

『复习建议』理解+记忆，零散产业的战略选择要注意在主观题考核

在零散产业中，产业集中度很低，没有任何企业占有显著的市场份额，也没有任何一个企业能对整个产业的发展产生重大的影响。

1）造成产业零散的原因。

（1）进入障碍低或存在退出障碍。

（2）市场需求多样导致高度产品差异化，包括对产品本身需求的多样，也包括消费地点的零散。

（3）不存在规模经济或难以达到经济规模。

其他的因素，如政府政策和地方法规对某些产业集中的限制，以及一个新产业中还没有企业掌握足够的技能和能力以占据重要的市场份额等因素，也是导致产业零散的原因。

2）零散型产业的战略选择（见表3-18，主观题考点）。

表3-18　零散型产业的战略选择

战略选择种类	具体内容
克服零散——获得成本优势	克服零散的途径有如下几条： （1）连锁经营或特许经营； （2）技术创新以创造规模经济； （3）尽早发现产业趋势
增加附加价值——提高产品差异化程度	—
专门化——目标集聚	在零散产业中可以考虑以下几种专门化战略： （1）产品类型或产品细分的专门化； （2）顾客类型专门化； （3）地理区域专门化

3）谨防潜在的战略陷阱。

（1）避免寻求支配地位。

（2）保持严格的战略约束力。

（3）避免过分集权化。

（4）了解竞争者的战略目标与管理费用。

（5）避免对新产品做出过度反应。

【例题12·多选题】☆金三角公司是一家经营照相、冲印、彩扩的企业。金三角公司应当采用的竞争战略有（　）。

A. 聚焦细分市场需求，如婚庆大尺寸照片的拍摄、冲印、美化等

B. 适应多样化的顾客需求，开发多种服务品种

C. 增加服务的附加价值，如在顾客等候时提供茶水、杂志等

D. 连锁经营或特许经营，将服务点分散在居民生活区中

解析 金三角公司所处产业属于零散产业，该产业的战略选择包括：①克服零散——获得成本优势；②增加附加价值——提高产品差异化程度；③专门化——目标集聚。

答案 ACD

【例题13·单选题】☆经营中式快餐的东方白公司于2015年宣布其战略目标是建成门店覆盖全国的"快餐帝国"。由于扩张过快、缺乏相关资源保障、各地流行菜系经营者的激烈竞争以及不同消费者口味难以调和的矛盾，该战略目标未能实现，公司经营也陷入危机。从零散产业角度看，下列各项中，属于东方白公司进行战略选择未能避免的战略陷阱是（　）。

A. 不能保持严格的战略约束力

B. 寻求支配地位

C. 不了解竞争者的战略目标和管理费用

D. 过分集权化

解析 东方白公司的战略目标是建成门店覆盖全国的“快餐帝国”。由于扩张过快、缺乏相关资源保障、各地流行菜系经营者的激烈竞争以及不同消费者口味难以调和的矛盾。体现的是零散产业谨防潜在的战略陷阱中的避免寻求支配地位。零散产业的基本结构决定了寻求支配地位是无效的，除非可以从根本上出现变化。 **答案** B

2. 新兴产业中的竞争战略

老杭贴心话

『考试频率』★★★

『重要程度』重要

『考试题型』选择题+主观题(冷门点)

『复习建议』理解+记忆

新兴产业是新形成的或重新形成的产业。其形成的原因是技术创新、消费者新需求的出现，或其他经济和社会变化将某个产品或服务提高到一种潜在可行的商业机会的水平。

1)新兴产业内部结构的共同特征。

(1)技术的不确定性。

(2)战略的不确定性。

(3)成本的迅速变化。

(4)萌芽企业和另立门户。

(5)首次购买者。

2)新兴产业的发展障碍与机遇。

从产业的五种竞争力角度分析，这些障碍主要表现在新兴产业的供应者、购买者与被替代品三个方面。

(1)专有技术选择、获取与应用的困难。

(2)原材料、零部件、资金与其他供给的不足。

(3)顾客的困惑与等待观望。

(4)被替代产品的反应。

(5)缺少承担风险的胆略与能力。

尽管新兴产业的特征可能成为产业发展的障碍与风险的来源，但也同样会成为发展机遇的来源。新兴产业的发展机遇更多地从五种竞争力中的进入障碍与产业内现有企业的竞争中表现出来。相对于成熟产业，新兴产业的进入成本与竞争代价都会小得多。

3)新兴产业的战略选择(见表3-19)。

表3-19 新兴产业的战略选择

战略选择种类	具体内容
塑造产业结构	企业努力建立产业的游戏规则
正确对待产业发展的外在性	产业整体利益与企业个体利益的协调
注意产业机会与障碍的转变，在产业发展变化中占据主动地位	略
选择适当的进入时机与领域(未出现过考题，建议理解)	当下列基本情况具备时，早期进入是适当的： (1)企业的形象和声望对顾客至关重要，企业可因作为先驱者而提高声望； (2)产业中的学习曲线很重要，经验很难模仿，并且不会因持续的技术更新换代而过时，早期进入企业可以较早地开始这一学习过程； (3)顾客忠诚非常重要，那些首先对顾客销售产品或服务的企业将获益； (4)通过早期对原材料供应、分销渠道的承诺可获得利益； 在下列情况下，早期进入将是非常危险的： (1)早期细分市场与产业发展成熟后的细分市场不同，早期进入企业建立了竞争基础后，在产业发展成熟后面临过高的转换成本； (2)为了塑造产业结构，需付出开辟市场的高昂代价，其中包括顾客教育、法规批准、技术开拓等，而开辟市场的利益无法被企业专有； (3)技术变化使早期投资过时，并使晚期进入企业因拥有最新产品和工艺而获益

（三）蓝海战略

1. 蓝海战略的内涵

『考试频率』★★★　　『重要程度』非常重要　　老杭贴心话
『考试题型』选择题+主观题　　『复习建议』理解+记忆

蓝海的开拓者并不将竞争作为自己的标杆，而是遵循另一套完全不同的战略逻辑，即“价值创新”。这是蓝海战略的基石。之所以称为价值创新，原因在于它并非着眼于竞争，而是力图使客户和企业的价值都出现飞跃，由此开辟一个全新的、非竞争性的市场空间。红海战略和蓝海战略的比较如表 3-20 所示。

表 3-20　红海战略和蓝海战略比较

	红海战略	蓝海战略
竞争	在已经存在的市场内竞争	拓展非竞争性市场空间
	参与竞争	规避竞争
需求	争夺现有需求	创造并攫取新需求
价值与成本互替定律	遵循价值与成本互替定律	打破价值与成本互替定律
	根据差异化或低成本的战略选择，把企业行为整合为一个体系	同时追求差异化和低成本，把企业行为整合为一个体系

2. 蓝海战略制定的原则——蓝海战略的六项原则（见表 3-21）

『考试频率』★　　『重要程度』一般重要　　老杭贴心话
『考试题型』个别选择题　　『复习建议』理解

表 3-21　蓝海战略制定的原则

战略制定原则	各原则降低的风险因素
重建市场边界	↓搜寻的风险
注重全局而非数字	↓规划的风险
超越现有需求	↓规模的风险
遵循合理的战略顺序	↓商业模式风险
战略执行原则	**各原则降低的风险因素**
克服关键组织障碍	↓组织的风险
将战略执行建成战略的一部分	↓管理的风险

3. 重建市场边界的基本法则（见表 3-22）

表 3-22　从肉搏式竞争到蓝海战略

	肉搏式竞争	开创蓝海战略
产业	专注于产业内的竞争者	审视他择产业
战略群组	专注于战略群组内部的竞争地位	跨越产业内不同的战略群组

续表

	肉搏式竞争	开创蓝海战略
买方群体	专注于更好地为买方群体服务	重新界定产业的买方群体
产品或服务范围	专注于在产业边界内将产品或服务的价值最大化	放眼互补性产品或服务
功能—情感导向	专注于产业既定功能—情感导向下性价比的改善	重设产业的功能与情感导向
时间	专注于适应外部发生的潮流	跨越时间参与塑造外部潮流

(1)路径一：审视他择产业。

他择品的概念要比替代品更广。形式不同但功能或者核心效用相同的产品或服务，属于替代品，而他择品则还包括了功能和形式都不同而目的却相同的产品或服务。

红海思维：接受现有产业界定，并一心成为其中最优。

蓝海观点：企业不仅与自身产业对手竞争，而且与他择产品或服务的产业对手竞争。

(2)路径二：跨越战略群组。

红海思维：接受现有战略群组划分，并努力在群组中技压群雄。

蓝海观点：突破现有群组划分，搞清楚什么因素决定顾客选择。找到市场空白点。

例子：Q 健身俱乐部

(3)路径三：重新界定产业的买方群体。

红海思维：只关注单一买方(购买者)，不关注最终用户。

蓝海观点：买方是由购买者、使用者和施加影响者共同组成的买方链条。关注点由购买者转向使用者。

例子：N 公司(诺和诺德公司，一家胰岛素厂商)，由关注医生(购买者)转向关注使用者，将胰岛素和注射笔整合创造出 NovoLet 注射装置，便于病人随身携带使用。

(4)路径四：放眼互补性产品或服务。

红海思维：雷同方式为产品或服务的范围定界。例如：向顾客提供汽车。

蓝海观点：互补性产品或服务蕴含着未经发掘的需求，简单方法是分析顾客在使用产品之前、之中、之后都有哪些需要。例如：购买汽车，还需要互补品(汽车的维护)。

(5)路径五：重设客户的功能性或情感性诉求。

红海思维：接受现有产业固化的功能或情感导向。

蓝海观点：企业改变现有功能或情感导向，发现新空间。

(6)路径六：跨越时间(正确预测外部环境发展变化的趋势)。

红海思维：制定战略只关注现阶段的竞争威胁。

蓝海观点：从商业角度洞悉技术与政策潮流如何改变顾客获取的价值，如何影响商业模式，抓住产业未来发展趋势。

【例题 14 · 简答题】 ☆随着生活节奏的加快，生活在都市的人们越来越希望能有一方净土，在空闲的时光摆脱繁忙的工作，通过劳动来净化自己的心灵，回归到最简单家庭亲情的生活方式中。此外，消费者对有机农产品的需求与日俱增，而一些企业的不规范行为导致消费者对市场销售的有机农产品的真实性产生质疑。

一种新型的社区支持型农业顺应这些需求而产生，其中以民乐市民农园最为知名。民乐市民农园成立于 2008 年，农园将农业、休闲业、教育产业融为一体，以会员制的模式运作。会员分为两种类型——配送份额会员和劳动份额会员。对于配送份额会员，农园提供配送服务，包括宅配和取菜点两种方式。宅配即配送到家，配送频率为每周一次或两次；民乐农园在市区设立了三个取菜点，会员可以自行选择时间和取菜点。这些配送为消费者提供了便利，使他们享受到被关爱的体验。

劳动份额会员可以在空闲时间到农场耕种自己的园地。有儿童的家庭特别青睐这种亲近自然、家庭团聚、寓教于乐的模式。民乐农园策划了很多节事活动，包括开锄节、立夏节、端午节、立秋节、中秋节、丰收节等，在这些节事活动中，对小朋友进行传统农耕和文化教育。农园还开展了一些活动激发小朋友的兴趣，包括认识植物、喂养动物、挖红薯、拔萝卜、荡秋千、玩沙子、滚铁环、拔河、在野地里撒欢等，这些活动是孩子们在城市中不可能见到的。在农园一角设立了一个大食堂，会员在劳动过程中，可以到食堂用餐。农园要求会员用餐后自己洗碗，洗碗用的不是洗涤灵，而是麦麸，更增添了农园天然质朴环保的色彩。

民乐市民农园新鲜的有机农产品去掉了中间商，可以直接被会员们购买，在传统农产品的激烈竞争中，确保了稳定的市场和农民可靠的收入来源；同时，由于降低了农产品物流和包装成本，会员们能够亲历有机农产品的生产过程，也满足了会员们能够放心地享用物美价廉有机农产品的消费需求。

要求：

(1)依据红海战略和蓝海战略的关键性差异，简要分析民乐农园怎样体现蓝海战略的特征。

(2)依据蓝海战略重建市场边界的基本法则(开创蓝海战略的途径)，简要分析民乐农园如何在激烈的农产品生产领域，开创新的生存与发展空间。

答案

(1)①规避竞争，拓展非竞争性市场空间。“在传统农产品的激烈竞争中，确保了稳定的市场和农民可靠的收入来源”。

②创造并攫取新需求。“随着生活节奏的加快，生活在都市的人们越来越希望能有一方净土，在空闲的时光摆脱繁忙的工作，通过劳动来净化自己的心灵，回归到最简单家庭亲情的生活方式中。此外，消费者对有机农产品的需求与日俱增，而一些企业的不规范行为导致消费者对市场销售的有机农产品的真实性产生质疑。一种新型的社区支持型农业顺应这些需求而产生”。

③打破价值与成本互替定律，同时追求差异化和低成本，把企业行为整合为一个体系。“民乐市民农园新鲜的有机农产品去掉了中间商，可以直接被会员们购买……由于降低了农产品物流和包装成本，会员们能够亲历有机产品的生产过程，也满足了会员们能够放心地享用物美价廉有机农产品的消费需求”。

(2)①审视他择产业或跨越产业内不同的战略群组。“农园将农业、休闲业、教育产业融为一体”。

②重新界定产业的买方群体。“民乐市民农园新鲜的有机农产品去掉了中间商，可以直接被会员们购买”。

③放眼互补性产品或服务。“农园将农业、休闲业、教育产业融为一体”。

④重设客户功能性或情感性诉求。“这些配送为消费者提供了便利，使他们享受到被关爱的体验”“有儿童的家庭特别青睐这种亲近自然、家庭团聚、寓教于乐的模式。民乐农园策划了很多节事活动，在这些节事活动中，对小朋友进行传统农耕和文化教育”“农园还开展了一些活动激发小朋友的兴趣，这些活动是孩子们在城市中不可能见到的”“在农园一角设立了一个大食堂，会员在劳动过程中，可以到食堂用餐，农园要求会员用餐后自己洗碗，洗碗用的不是洗涤灵，而是麦麸，更增添了农园天然质朴环保的色彩”。

⑤跨越时间参与塑造外部潮流。“一种新型的社区支持型农业顺应这些需求而产生，其中以民乐市民农园最为知名”。

四、职能战略

(一)市场营销战略

老杭贴心话

『考试频率』★★★

『重要程度』非常重要

『考试题型』选择题+主观题

『复习建议』理解+记忆

复习时首先应掌握市场营销战略的整体框架和核心内容。市场营销战略核心内容包括两大部分：第一是确定目标市场(目标市场策略)，具体分为三个工作步骤，即市场细分、目标市场选择、市场定位，而且这三个步骤有先后顺序；第二是设计市场营销组合，分别是产品、价格、分销、促销。具体如图 3-6 所示。

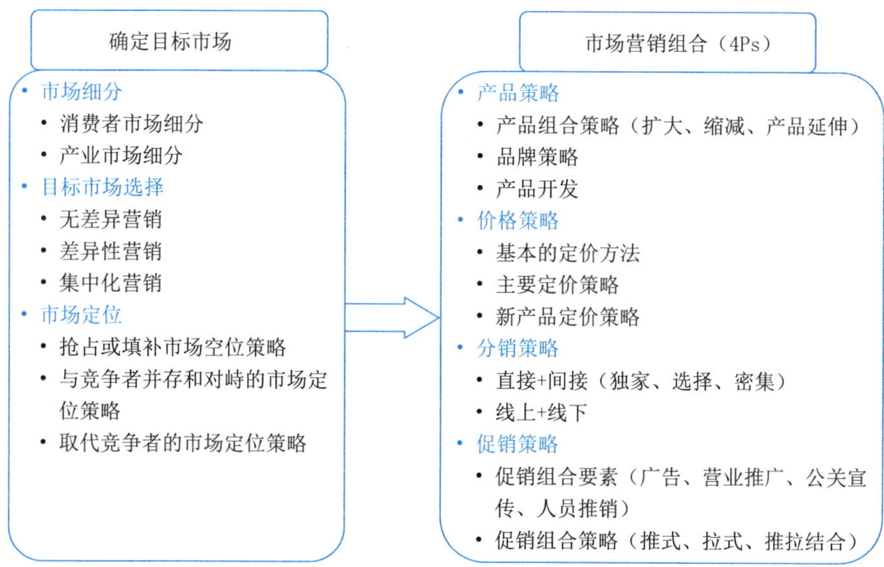

图 3-6 市场营销战略理论核心框架

1. 确定目标市场

首先熟练记忆目标市场战略的三大内容：市场细分、目标市场选择和市场定位，如图 3-7 所示。

图 3-7 确定目标市场

(1)市场细分(见表 3-23)。

表 3-23 市场细分

项目	内容	
消费者市场细分的依据	地理细分	按照消费者所在的地理位置以及其他地理变量(包括城市农村、地形气候、交通运输等)来细分消费者市场
	人口细分	按照人口变量(包括年龄、性别、收入、职业、教育水平、家庭规模、家庭生命周期阶段、宗教、种族、国籍等)来细分消费者市场
	心理细分	按照消费者的生活方式、个性等心理变量来细分消费者市场
	行为细分	按照消费者购买或使用某种产品的时机、消费者所追求的利益、使用者情况、消费者对某种产品的使用率、消费者对品牌(或商店)的忠诚程度、消费者待购阶段和消费者对产品的态度等行为变量来细分消费者市场

续表

项目	内容	
产业市场细分的依据	用户的行业类别	—
	用户规模	公司规模可以是大型、中型和小型
	用户的地理位置	—
	购买行为因素	购买行为包括用户追求的利益、使用频率、品牌忠诚度、使用者地位（如重点户、一般户、常用户、临时户等）和购买方式等

（2）目标市场选择（见表 3-24）。

表 3-24　目标市场选择

目标市场选择策略	含义（不用背，理解）
无差异营销	企业把整个市场作为自己的目标市场，只考虑市场需求的共性，而不考虑其差异，运用一种产品、一种价格、一种推销方法，尽可能吸引更多的消费者
差异性营销	企业选择两个或两个以上，直至所有的细分市场作为目标市场，并根据不同细分市场的需求特点，分别设计生产不同的产品，制定不同的营销组合策略，有针对性地满足不同细分市场顾客的需求
集中化营销	由于受到资源等条件的限制，以一个或少数几个性质相似的子市场作为目标市场，试图在较少的子市场上占领较大的市场份额

（3）市场定位。

不论是产品的初次定位还是重新定位，一般有以下三种产品市场定位策略可供选择，如表 3-25 所示。

表 3-25　市场定位

项目	内容
抢占或填补市场空位策略	是将企业产品定位在目标市场的空白处，生产销售目标市场上尚没有的某种特色产品，避开与目标市场上竞争者的直接对抗，以增强企业的相对竞争优势，获取更好的经济效益
与竞争者并存和对峙的市场定位策略	是将本企业的产品位置确定在目标市场上现有竞争者的产品旁，相互并存并对峙着
取代竞争者的市场定位策略	将竞争者赶出原有位置，并取而代之

2. 设计市场营销组合——四个基本变量，即产品、促销、分销、价格

1）产品策略。

产品策略包括产品组合策略、品牌和商标策略以及产品开发策略。

（1）产品组合策略。

①产品组合的宽度、长度、深度和关联性（见表 3-26）。（熟悉）

表 3-26　产品组合的宽度、长度、深度和关联性

项目	内容
宽度	指一个企业有多少产品大类
长度	指一个企业的产品组合中所包含的产品项目的总数

续表

项目	内容
深度	指产品大类中每种产品有多少花色、品种、规格
关联性	指一个企业的各个产品大类在最终使用、生产条件、分销渠道等方面的密切相关程度

②产品组合策略类型。(掌握)

第一，扩大产品组合。包括拓展产品组合的宽度、长度和加强产品组合的深度。

第二，缩减产品组合。做法与扩大产品组合相反。

第三，产品延伸。具体做法有向下延伸、向上延伸和双向延伸三种。如表3-27所示。

表3-27 产品延伸策略

产品延伸策略	向下延伸	企业原来生产高档产品，后来决定增加低档产品
	向上延伸	企业原来生产低档产品，后来决定增加高档产品
	双向延伸	原定位于中档产品市场的企业掌握了市场优势以后，决定向产品大类的上下两个方向延伸，一方面增加高档产品，另一方面增加低档产品，扩大市场阵地

(2)品牌和商标策略(见表3-28)。

表3-28 品牌和商标策略

项目	内容
单一的品牌名称	企业对所有产品都使用同一商标
每个产品都有不同的品牌名称	企业对每个产品都采用不同的品牌名称
自有品牌	许多零售商销售自有品牌的商品，以使客户建立对该零售商而不是产品生产商的忠诚度

(3)产品开发策略(见表3-29)。(主观题冷门点)

新产品：主要是指打开了新市场的产品、取代了现有产品的产品以及现有产品的替代品。

表3-29 产品开发策略

项目	内容
产品开发的原因	(1)企业具有较高的市场份额和较强的品牌实力，并在市场中具有独特的竞争优势； (2)市场中有潜在增长力； (3)客户需求的不断变化需要新产品。持续的产品更新是防止产品被淘汰的唯一途径； (4)需要进行技术开发或采用技术开发； (5)企业需要对市场的竞争创新做出反应
产品开发的投资风险	(1)在某些产业中，缺乏新产品构思； (2)不断变小的细分市场使得市场容量降低； (3)产品开发涉及复杂的研发过程，失败的概率很高； (4)企业通常需要进行许多产品构思来生产好产品，因而费用高昂； (5)即便产品获得成功，但是由于被市场中的竞争者"模仿"并加以创新和改良，因而新产品的生命周期可能较短

2）价格策略（见表 3-30）。

表 3-30　价格策略

<table>
<tr><th>项目</th><th colspan="2">内容</th></tr>
<tr><td>基本的定价方法</td><td colspan="2">基本的定价方法有三种：成本导向定价、需求导向定价和竞争导向定价。
（1）成本导向定价法。具体的做法又可分为四种：成本加成定价、收支平衡定价法、目标利润定价法和变动成本定价法。
（2）需求导向定价法，是根据市场需求水平制定相应价格。市场需求量大，可以定高价，需求量小，可以定低价。
高定价策略，一般适用于以下情况：竞争者产品未上市；愿付高价购买的人数相当多；即使高价格诱使竞争者进入市场的风险也不大。
低定价策略，一般适用于以下情况：市场对价格呈现高度敏感，降低价格，需求量将大幅提高；低价可拒退已有或潜在竞争者；单位市场成本与销售成本能够因大量生产和销售而降低。
（3）竞争导向定价法，是指企业对竞争对手的价格保持密切关注，以对手的价格作为自己产品定价的主要依据。主要做法有通行价格定价和密封投标定价</td></tr>
<tr><td rowspan="4">主要定价策略</td><td>心理定价策略</td><td>为适应消费者的购买心理所采用的定价策略，主要有尾数定价、整数定价、声望定价和招徕定价。
尾数定价是依据消费者感觉零数价格比整数价格便宜的消费心理而采取的一种定价策略；
整数定价是将商品价格定位一个整数；
声望定价是利用企业和产品的声誉，对产品给予高定价的策略；
招徕定价是利用消费者求廉的心理，将少数几种商品价格暂时降至最低，借此吸引和招徕顾客购买的一种策略</td></tr>
<tr><td>产品组合定价策略</td><td>包括系列产品定价、副产品定价、关联产品定价和捆绑定价等。
系列产品定价即将系列商品根据规格、外观等的不同给予不同的价格；
副产品定价是对在生产主要产品的过程中同时产出的产品给予低于主要产品的定价；
关联产品大多为互补产品，一些既生产主要产品又生产关联产品的企业，将主要产品的价格定得偏低，而将关联产品定高价，靠关联产品赚钱；
捆绑定价是将几种相关产品组合起来，以低于整体价格的价格销售，有助于促进消费者购买那些他们本来可能不会购买的产品</td></tr>
<tr><td>折扣与折让策略</td><td>有现金折扣、数量折扣、交易折扣、季节性折扣和推广折扣等</td></tr>
<tr><td>地理差价策略</td><td>是根据买卖双方地理位置的差异，考虑买卖双方分担运输、装卸、仓储、保险等费用的一种价格策略，包括产地价、目的地交货价、统一交货价、分区运送价和津贴运费定价等</td></tr>
<tr><td>新产品定价策略</td><td colspan="2">（1）渗透定价法——低价（市场占有率）；
（2）撇脂定价法——高价（利润）；
（3）满意定价策略——介于以上两种定价策略之间的适中定价策略</td></tr>
</table>

3)分销策略(见表3-31)。

表3-31　分销策略

项目	内容			
分销渠道类型	传统分类	直接分销	不经过中间商，直接从生产商到消费者	
		间接分销	经过了中间商的分销系统	独家分销：生产企业在某一地区仅通过一家中间商推销其产品
				选择性分销：生产企业在某一地区仅通过几个精心挑选的、最适合的中间商推销产品
				密集分销：生产商以尽可能多的中间商销售企业的产品或服务
	互联网时代	线上		
		线下		

4)促销策略(见表3-32)。

表3-32　促销策略

项目		内容(理解，不用背)
促销组合的构成要素	广告促销	在媒体中投放广告，使潜在客户对企业产品和服务产生良好印象。广告促销要仔细考虑广告投放的地点、时间、频率和形式
	营业推广	采用非媒体促销手段，为鼓励客户购买产品或服务而设计。例如，试用品、折扣、礼品等方式都已被许多企业所采用
	公关宣传	通常是指宣传企业形象，为企业及其产品建立良好的公众形象
	人员推销	企业的销售代表直接与预期客户进行接触。销售代表能够完整地解释产品的细节，针对客户提出的问题进行解答，还可以演示产品的用途
促销组合策略	推式策略	将产品经过营销渠道“推”向最终消费者
	拉式策略	依靠制造商直接开展的市场活动(主要是广告和消费者推广)指向最终消费者，激励他们购买产品
	推拉结合策略	将推式策略和拉式策略配合起来使用

【例题15 · 多选题】☆新年前夕，某出版商推出反映不同民族生活习俗特点的系列年画，深受目标市场的消费者喜爱。该出版商进行市场细分的依据有(　)。

A. 地理细分　　B. 人口细分　　C. 心理细分　　D. 行为细分

解析 消费者市场的细分变量主要有地理、人口、心理和行为四类变量。“不同民族”是人口变量，属于人口细分，“生活习俗特点”属于心理细分——生活方式。选项BC是正确答案。

答案 BC

【例题16 · 单选题】甲公司是全国最大的饮料生产企业。考虑到不同人群对饮料的需求不同，甲公司推出了不同的产品。针对儿童推出“××营养液”，针对青少年推出“××功能饮料”，针对老年人推出“×××保健饮料”。根据以上信息，可以判断该公司采取的目标市场涵盖战略是(　)。

A. 无差异营销　　B. 差异性营销　　C. 集中化营销　　D. 选择性营销

解析 差异性营销策略指企业选择两个或两个以上，直至所有的细分市场作为目标市场，并根据不同细分市场的需求特点，分别设计生产不同的产品，制定不同的营销组合策略，有针对性地满足不同细分市场顾客的需求。甲公司针对不同细分市场推出不同产品，属于差异性营销。

答案 B

（二）研究与开发战略（见表3-33）

老杭贴心话

『考试频率』★★★
『重要程度』重要
『考试题型』选择题+主观题
『复习建议』理解+记忆，侧重掌握类型、动力来源、研发定位。研发的战略作用、鼓励创新性构思的政策作为主观题冷门点

表3-33 研究与开发战略

项目	具体内容
类型（记忆）	（1）产品研究——新产品开发； （2）流程研究——针对企业运营各项流程进行分析，例如采购、生产等，目的是提高各项流程效率，降低成本
研发的动力来源（记忆）	（1）需求拉动——市场的新需求拉动创新以满足需求； （2）技术推动——创新来自发明的应用
战略作用（主观题冷门点）	（1）基本竞争战略； （2）价值链； （3）安索夫矩阵； （4）产品生命周期
研发定位（记忆）	（1）成为向市场推出新技术产品的企业； （2）成为成功产品的创新模仿者； （3）成为成功产品的低成本生产者； （4）成为成功产品低成本生产者的模仿者
鼓励创新性构思的政策；（主观题冷门点）	（1）必须对创新给予**财务支持**，可以通过为研发和市场研究投入资金以及为新构思投入风险资金来实现； （2）必须使员工有机会在一个**能够产生创新构思的环境**中工作，这需要适当的管理风格和组织结构； （3）**管理层积极地鼓励**员工和客户**提出新构思**； （4）**组建开发项目小组**并建立相关管理机构； （5）在适当情况下，企业的**招聘政策**应集中于招聘具有创新技能的员工。应对员工进行培训并使其知识、技能与时俱进； （6）由**专门的管理者**负责从环境中或从企业的内部沟通中**获取与创新构思有关的信息**； （7）**战略计划**应有助于创新目标的达成；对成功实现目标的员工应**给予奖励**

（三）生产运营战略★★★

老杭贴心话

『考试频率』★★★　　『重要程度』一般重要
『考试题型』案例分析选择题　　『复习建议』理解+记忆

1. 生产运营战略所涉及的主要因素和阶段

主要记忆运营流程的四个因素：**批量、种类、需求变动、可见性**，并对四个因素的含义进行适当了解，具体如表 3-34 所示，主要应对选择题。

表 3-34　生产运营流程四因素

因素	说明（理解，不用背）
批量	大规模生产——低成本（可以实现专业化分工）； 小规模生产——高成本（无法实现专业化分工）
种类	多品种——成本高（要求足够的灵活性）； 少品种——成本低（标准化的生产）
需求变动	需求波动——产能利用率较低——成本高； 需求稳定——产能利用率较高——成本低
可见性	指生产运营流程为客户所见的程度。 可见性高（服务型行业）——员工技巧要求高——单位成本可能比较高； 可见性较低（生产型行业）——员工技巧要求低——单位成本可能比较低

2. 生产运营战略的内容（见表 3-35）

表 3-35　生产运营战略

<table>
<tr><th>生产运营战略的内容</th><th colspan="2">具体内容</th></tr>
<tr><td>产品（服务）的选择</td><td colspan="2">需考虑的因素：
（1）市场条件；
（2）企业内部的生产运营条件；
（3）财务条件；
（4）企业各部门工作目标的差异性</td></tr>
<tr><td>自制或外购选择</td><td colspan="2">自制两种选择：完全自制+装配阶段自制（部分零件外购）</td></tr>
<tr><td>生产与运营方式选择</td><td colspan="2">两种典型方式：
（1）大批量、低成本——适用于需求量大、差异性小的产品或服务的提供；
（2）多品种、小批量——适用于需求多样化、个性化的产品或服务</td></tr>
<tr><td rowspan="2">供应链与配送网络选择</td><td>供应链选择</td><td>高效供应链——适用于品种少、产量高、可预见的市场环境，追求降低“实物成本”；共性需求产品采用。
敏捷供应链——适用于品种多、产量低、难以预见的环境，追求降低“市场协调成本”；个性化需求产品采用</td></tr>
<tr><td>配送网络选择</td><td>（1）制造商存货加直送。产品绕过零售商直接从制造商发送到最终顾客。
（2）制造商存货、直送加在途并货。将来自不同地点的订单组合起来，使顾客只需接收一次交付。
（3）分销商存货加承运人交付。由分销商或零售商存放在中间仓库里，并使用包裹承运人将产品从中间仓库运送到最终顾客。
（4）分销商存货加到户交付。分销商或零售商将产品交付到顾客家门而不通过承运人。
（5）制造商或分销商存货加顾客自提。存货存放在制造商或分销商的仓库，顾客通过在线或电话下订单，然后到指定的提货点领取他们的商品。
（6）零售商存货加顾客自提。库存存放在零售店，顾客走进零售店购货，或者通过在线或电话下订单，然后到零售店提货</td></tr>
</table>

3. 生产运营战略的竞争重点(不用背，理解熟悉为主)

在多数行业中，影响竞争力的因素主要是TQCF，即交货期、质量、成本、制造柔性，也是生产运营系统的中心任务。

①交货期(Time)。

交货期指比竞争对手更快捷地响应顾客的需求，体现在新产品的推出、交货期等方面。对交货期的要求可表现在两个方面：快速交货和按约交货。

②质量(Quality)。

质量是指产品的质量和可靠性，主要依靠顾客的满意度来体现。这里所讲的质量是指全面的质量，既包括产品本身的质量，也包括生产过程的质量。

③成本(Cost)。

成本包括生产成本、制造成本、流通成本和使用成本等。

④制造柔性(Flexibility)。

制造柔性是指企业面临市场机遇时在组织和生产方面体现出来的快速而又低成本地适应市场需求，反映了企业生产运作系统对外部环境做出反应的能力。

4. 生产流程与产能计划

产能计划的类型和平衡产能与需求的方法如表3-36所示，主要应对选择题。

表3-36　产能计划

项目	类型	含义(理解，不用背)
产能计划的类型	领先策略	根据对需求增长的预期增加产能
	滞后策略	仅当企业因需求增长而满负荷生产或超额生产后才增加产能
	匹配策略	少量地增加产能来应对市场需求的变化
平衡产能与需求的方法	资源订单式生产	订单→资源→生产
	订单生产式生产	资源→订单→生产
	库存生产式生产	资源→生产→订单

【例题17·单选题】☆天昊公司是一家饮料生产企业，临近春节到来，公司预计销售会有较大增长，因而采取加大生产。这是一种(　)。

A. 订单生产式　　B. 库存生产式　　C. 准时生产式　　D. 资源订单式

解析 本题考核“产能计划”的知识点，考核其中的平衡产能与需求的方法。库存生产式生产，许多企业在收到订单之前或在知道需求量之前就开始生产产品或提供服务。该公司在预计销售有较大增长时就采取加大生产，属于在收到订单之前或在知道需求量之前就开始生产产品或提供服务，即库存生产式生产。

答案 B

(四)采购战略

老杭贴心话

『考试频率』★★★

『重要程度』一般重要

『考试题型』选择题

『复习建议』以复习货源策略为主，理解定义，优缺点原文熟悉。市场交易策略和采购模式属于新增内容，考核选择题概率大。

1. 货源策略（见表3-37）

表3-37　货源策略

策略（理解）	优点（熟悉原文）	缺点（熟悉原文）
少数或单一货源的策略	①使企业与供应商建立较为稳固的关系； ②有利于企业信息的保密； ③使企业增加进货的数量，从而产生规模经济并使企业享受价格优惠； ④随着与供应商关系的加深，企业可能获得高质量的供应品	①若无其他供应商，则单一供应商的议价能力就会增强； ②企业容易遭受供应中断的风险
多货源少批量策略	①企业可以与较多的供应商建立和保持联系，以保证稳定的供应； ②有利于与多个供应商合作从而获得更多的知识和技术； ③供应商之间的竞争使企业的议价能力增强	①企业与供应商的联系不够稳固，相互信任程度较低； ②不利于产生规模经济；企业不能享受大批量购买的价格优惠； ③不利于企业获得质量和性能不断提高改进的供应品
平衡货源策略	在以上两种货源策略之间寻求一个比较均衡的点，使企业既能获得集中于少数货源的好处，又充分利用多货源的优点	

【例题18·多选题】小狼公司是一家电动摩托车制造商，长期从一家锂电池公司购买锂电池，下列各项中，属于小狼公司货源策略优点的有（　）。

A. 便于信息的保密

B. 能产生规模经济

C. 随着与供应商关系的加深，企业可能获得高质量的供应品

D. 能与供应商建立较为稳固的关系

解析“长期从一家锂电池公司购买锂电池”表明小狼公司选用的是少数或单一货源策略。选项ABCD都属于该策略的优点。　**答案** ABCD

2. 交易策略

交易策略是指企业通过一定方式与供应商进行交易获取供应品的策略。如表3-38所示。

表3-38　交易策略

策略类型	含义（理解）	适用条件（尽量掌握）
市场交易策略	即企业通过与供应商签订买卖合同在市场上取得所需供应品的策略	适用条件： (1)供应品的技术含量较低或生产技术相对成熟； (2)供应品在企业产品的生产和销售中不具有重要性； (3)企业不需要供应商提供售后服务； (4)供应商所处的市场较为成熟； (5)供应商数量较多； (6)竞争比较激烈
短期合作策略	企业为了应对一定的市场需求对供应商采取短期合作的策略，在市场需求满足或消失后，合作就宣告结束	(1)企业的产品往往面临急剧变化的市场机会和变化很灵活的客户需求； (2)供应品的供给具有较高的适应性； (3)有的供应品有较高的技术含量，对企业产品的设计、生产、销售都有重要影响

续表

策略类型	含义(理解)	适用条件(尽量掌握)
功能性联盟策略	企业与供应商通过订立协议结成联盟的策略	(1)供应品在企业产品的生产经营中起着重要作用; (2)企业对供应品的需求量比较大; (3)供应品的生产技术成熟,可替代性较高; (4)供应商拥有较强的生产能力和实现规模经济的能力
创新性联盟策略	企业为了产品、业务的创新并取得长期竞争优势而与供应商结成联盟的策略	(理解下面这句话即可,不用背) 采用这种策略时,往往从某种新产品概念的提出就开始与供应商合作,其产品的设计、试制、改进、定型、生产与供应商的产品和技术创新基本上同步进行、相互契合

3. 采购模式(见表 3-39)

表 3-39 采购模式

模式类型	含义(了解)	特点(熟悉,不用背)
传统采购模式	企业采购部门在每个月末或者每个季末,根据库存情况制定下个月或下个季的采购计划,经主管经理或企业负责人审批后,向供应商发出采购信息,供应商接收后向企业报价,再经过双方谈判、协商,最终签订交易合同	(1)企业与供应商之间的信息沟通不够充分、有效,甚至双方有时为了各自在谈判中占据有利地位,有意隐瞒一些信息; (2)企业和供应商之间只是简单的供需关系,缺少其他方面的合作; (3)以补充库存为目的,缺少对生产需求及市场变化的考虑,因而经常造成库存积压或供不应求,影响企业生产经营正常进行; (4)管理简单、粗放,采购成本居高不下
MRP (Material Requirement Planning)采购模式	企业以生产为导向,根据生产计划中的产品数量、结构和库存情况,计算推导出需要购买的各种原材料、零部件的数量以及进货时间,据此编制采购计划,按照采购计划向供应商发出订单	(1)生产计划和采购计划十分精细,从产品到原材料、零部件,从需求数量到需求时间,从生产进度到进货顺序,都无一遗漏地做出明确规定; (2)采购计划的计算、编制非常复杂,尤其在产品种类繁多、产品结构复杂的情况下,对各种所需原材料和零部件及其进货时间的计算量是十分巨大的,因而需要借助计算机技术进行
JIT (Just In Time) 采购模式	又称准时化采购,该模式是指企业根据自身生产需要对供应商下达订单,要求供应商把适当数量、适当质量的物品在适当的时间送达适当的地点	(1)供应商数量少甚至是单一供应商; (2)企业与供应商建立长期稳定的合作关系; (3)采购批量小,送货频率高; (4)企业与供应商都关心对方产品的改进和创新,并主动协调、配合;信息共享快速可靠

续表

模式类型	含义（了解）	特点（熟悉，不用背）
VMI （Vendor Managed Inventory） 采购模式	企业和供应商签订协议，规定由供应商管理企业库存，确定最佳库存量，制定并执行库存补充措施，合理控制库存水平，同时双方不断监督协议执行情况，适时修订协议内容，使库存管理得到持续改进	(1)企业与供应商建立了的长期稳定的深层次合作关系； (2)打破了以往各自为政的采购和库存管理模式，供应商通过共享企业实时生产消耗、库存变化、消耗趋势等方面的信息，及时制定并实施正确有效的补货策略，不仅以最低的成本满足了企业对各类物品的需要，而且尽最大可能地减少了自身由于独立预测企业需求的不确定性造成的各种浪费，极大地节约了供货成本； (3)企业与供应商之间按照利益共享、风险共担的原则，协商确定对相关管理费用和意外损失的分担比例以及对库存改善带来的新增利润的分成比例，从而为双方的合作奠定了坚实的基础
数字化采购模式	通过人工智能、物联网、云端协同等技术，实现对采购全流程的智慧管理，在选择和管理供应商、采购需求和费用分析、决策审批、订单生成、进货物流、对账结算、开票付款等各个环节都实现自动化、可视化、标准化和可控化，并通过实时监测和定期评估使之不断优化	(1)企业和供应商以数字化平台为基础建立了自动识别、彼此认知、直接交易、高度契合的新型合作关系； (2)自动化技术淘汰了以往大量的人工操作，创新、优化了采购流程甚至企业全部业务流程； (3)采购管理的科学性、便捷性、精细性、准确性空前提高，“降本增效”极为显著；适应新技术发展趋势，推广前景十分广阔

（五）人力资源战略

老杭贴心话

『考试频率』★

『重要程度』不重要

『考试题型』客观题，偶尔会出主观题

『复习建议』整体熟悉

1. 人力资源战略的作用

人力资源战略的主要内容：

(1)精确识别出企业为实现短期、中期和长期的战略目标所需要的人才类型；

(2)通过培训、发展和教育来激发员工潜力；

(3)尽可能地提高任职早期表现出色的员工在员工总数中所占的比重；

(4)招聘足够的、有潜力成为出色工作者的年轻新就业者；

(5)招聘足够的、具备一定经验和成就的人才，并使其迅速适应新的企业文化；

(6)确保采取一切可能的措施来防止竞争对手挖走企业的人才；

(7)激励有才能的人员达到更高的绩效水平，并激发其对企业的忠诚度；

(8)创造企业文化，使人才能在这种文化中得到培育并能够施展才华。

2. 人力资源规划

(1)人力资源规划的步骤。

①调查、收集和整理涉及企业战略决策和经营环境的各种信息。

②根据企业或部门实际确定其人力资源规划的期限、范围和性质。建立企业人力资源信息系统，为相关预测工作准备精确而翔实的资料。

③在分析人力资源供给和需求影响因素的基础上，采用以定量为主结合定性分析的各种科学预测方法对企业未来人力资源供求

进行预测。

④制订人力资源供求平衡的总计划和各项业务计划。

(2)人力资源供需平衡策略(见表3-40)。

表3-40　人力资源供需平衡策略

项目	内容
针对供给和需求总量平衡但结构不匹配情况应当采取的措施	①进行人员内部的重新配置，包括晋升、调动、降职等，来弥补那些空缺的职位，满足这部分的人力资源需求；②对现有人员进行有针对性的专门培训，使他们能够从事空缺职位的工作；③进行人员的置换，清理企业不需要的人员，补充企业需要的人员，以调整人员的结构
针对供给大于需求情况应当采取的措施	①扩大经营规模，或者开拓新的增长点，以增加对人力资源的需求；②永久性地裁员或者辞退员工；③鼓励员工提前退休；④冻结招聘，就是停止从外部招聘人员，通过自然减员来减少供给；⑤缩短员工的工作时间、实行工作分享或者降低员工的工资等方式也可以减少供给；⑥对富余的员工进行培训
针对供给小于需求情况应当采取的措施	①从外部雇用人员，包括返聘退休人员；②采取多种方法提高现有员工的工作效率，如改进生产技术、增加工资、进行技能培训、调整工作方式等；③延长工作时间，让员工加班加点；④降低员工的离职率，减少员工的流失，同时进行内部的调配，增加内部的流动来提高某些职位的供给；⑤将企业的某些业务进行外包，减少对人力资源的需求

3. 人力资源获取

与企业竞争战略匹配的人力资源获取策略，见表3-41。(个别选择题出题点)

表3-41　与三种基本竞争战略相匹配的人力资源获取策略比较

人力资获取策略	成本领先	差异化	集中化
员工来源	外部	内部	两者兼顾
晋升阶梯	狭窄、不宜转换	广泛、灵活	狭窄、不宜转换
甄选决策	人力资源部	业务部门	结合两者
甄选方法	简历和面试为主	多重方法	心理测试
甄选标准	强调技能	强调与文化契合	结合两者
社会化过程	正式的雇佣和社会化过程	非正式的雇佣和社会化过程	结合两者

4. 人力资源培训与开发——与竞争战略相匹配的人力资源开发与培训

当企业采取成本领先战略时，通常强调的是员工个人能力，因此强调员工只需要掌握范围有限的知识和技巧，实施员工个人在职培训，企业往往通过自己设立内部企业大学或者通过定期岗位培训来提升员工的知识和能力。

采用差异化战略的企业则强调公司与其他企业的差异，因此要求员工应具有范围更广的知识、技巧和创造性，采用这种策略的公司往往通过向员工传递外部新的知识、向企业外部购买所需技能(例如聘请设计公司等)或者利用外部培训机构对团队进行培训。

采用集中化战略的企业，更需要的是专门领域的知识，一般强调范围适中的知识和技巧。这种知识和技巧会成为专有知识，不易转换和共享。企业可能利用在职培训或者外部培训，自己培养技能或者购买技能。

5. 人力资源绩效评估——绩效管理与企业基本竞争战略的匹配

实施成本领先战略的企业，强调的是通过低成本战胜竞争对手或者成为行业领先者，因此进行绩效评估强调结果导向，以控制成本为目的，评估范围狭窄，评估的信息相对单一，主要的考核者是上级。

差异化战略强调生产与众不同的产品，关注创新和新颖性，评估内容既包括过程，也包括结果两种指标。评估范围宽广，需要的评估信息更加丰富，主要用于员工的发展和素质提升。

采用集中化战略的企业，相比于成本领先和差异化战略，无论是绩效管理目的，还是内容、范围及其结果应用等都倾向于二者的结合。

6. 人力资源薪酬激励

(1) 薪酬的组成及公平性原则(见表3-42)。

表 3-42　薪酬的组成及公平性原则

项目	内容	
薪酬的组成	基本薪酬	根据员工所承担的工作或者所具备的技能而支付给他们的较为稳定的经济收入
	可变薪酬	根据员工、部门或团队、组织自身的绩效而支付给他们的具有变动性质的经济收入
	间接薪酬	给员工提供的各种福利
公平性原则	外部公平性	在不同企业中，类似职位或者员工的薪酬应当基本相同
	内部公平性	在同一企业中，不同职位或者员工的薪酬应当与各自对企业贡献成正比
	个体公平性	在同一企业中，相同或类似职位上的员工，薪酬应当与其能力、贡献成正比

(2)薪酬水平策略(见表3-43)。

薪酬水平指内部各职位、各部门以及组织整体平均薪酬的高低状况，反映了企业所支付薪酬的外部竞争性与薪酬成本。

表 3-43　薪酬水平策略

薪酬水平策略类型	内涵
领先型策略	薪酬水平高于市场平均水平的策略
匹配型策略	薪酬水平与市场平均水平保持一致
拖后型策略	薪酬水平要明显低于市场平均水平
混合型策略	针对企业内部的不同职位采用不同的策略(例如，对关键职位采用领先型策略，对辅助性职位采用匹配型策略)

(3)企业竞争战略与薪酬策略。

实施成本领先战略的企业侧重于对外公平，而实施差异化战略和集中化战略的企业则侧重于对内公平；实施成本领先战略的企业支付薪酬的基础是岗位或年资，使用固定薪酬(基本薪酬)，而实施差异化战略的企业支付薪酬的基础是能力或绩效，更多使用浮动薪酬(可变薪酬)，实施集中化战略的企业工资基础则强调能力与绩效的结合，并将固定薪酬和浮动薪酬一起使用。决策过程也截然不同，实施成本领先战略的企业强调集权，主要由高层作出决策；实施差异化战略的企业会适度分权，授权中层或子公司进行决策；采用集中化战略的企业则会将集权与分权统一，针对不同市场和公司能力采用不同的方式。

（六）财务战略

1. 财务战略的概念

老杭贴心话

『考试频率』★　　『重要程度』不重要

『考试题型』个别选择题

『复习建议』简单了解，主要为后续内容学习做铺垫

财务管理分为资金筹集和资金管理，财务战略分为筹资战略和资金管理战略。
狭义的财务战略仅指筹资战略，包括资本结构决策、筹资来源决策和股利分配决策等。

2. 财务战略的确立

老杭贴心话

『考试频率』★　　『重要程度』不重要

『考试题型』个别选择题

『复习建议』简单了解，时间不足可放弃

（1）融资方式（见表3-44）。

表3-44　融资方式（熟悉文字）

融资方式	优点	缺点
内部融资	管理层自主性强； 可以降低融资成本	融资数量有限； 向股东传递了以后盈利的一种信号，对企业盈利能力要求高
股权融资	没有固定的股利支付压力，适宜于大量需求	引起控制权的变更； 成本比较高
债权融资	贷款： 与股权融资相比，融资成本较低，融资的速度也较快，并且方式较为隐蔽	限制较多； 额度有限； 需要按期还本付息，对企业的压力大
	租赁： 不需要额外融资； 租赁很有可能使企业享有更多的税收优惠（租金有抵税的作用）； 租赁可以增加企业的资本回报率	企业使用租赁资产的权利是有限的，因为资产的所有权不属于企业
资产销售融资	简单易行，并且不用稀释股东权益	无回旋余地； 如果销售时机选择得不准，销售的价值就会低于资产本身的价值

(2)融资成本与最优资本结构(见表3-45)。

表3-45 融资成本与最优资本结构(熟悉文字)

项目	具体内容
融资成本	(1)资本资产定价模型：企业权益资本成本等于无风险资本成本加上企业的风险溢价，因而企业的资本成本可以计算为无风险利得与企业风险溢价之和； (2)用无风险利率估计：使用这种方法时，企业首先要得到无风险债券的利率值，然后综合考虑自身企业的风险在此利率值的基础上加上几个百分点，最后按照这个利率值计算企业的权益资本成本； (3)长期债务资本成本：等于各种长期债务利息费用的加权平均数扣除税收； (4)加权平均资本成本(WACC)：权益资本成本与长期债务资本成本的加权平均
最优资本结构	资本结构是权益资本与债务资本的比例

(3)股利分配策略。

实务中的股利政策(见表3-46)。

表3-46 实务中的股利政策

名称	内容讲解(理解)
固定股利政策	每年支付固定的或者稳定增长的股利，将为投资者提供可预测的现金流量，减少管理层将资金转移到盈利能力差的活动的机会，并为成熟的企业提供稳定的现金流。但是，盈余下降时也可能导致股利发放遇到一些困难
固定股利支付率政策	股利支付率等于企业发放的每股现金股利除以企业的每股盈余。支付固定比例的股利能保持盈余、再投资率和股利现金流之间的稳定关系，但是投资者无法预测现金流，这种方法也无法表明管理层的意图或者期望，并且如果盈余下降或者出现亏损，这种方法就会出现问题
零股利政策	将企业所有剩余盈余都投资回本企业中。在企业成长阶段通常会使用这种股利政策，并将其反映在股价的增长中。但是，当成长阶段已经结束，并且项目不再有正的现金净流量时，就需要积累现金和制定新的股利分配政策
剩余股利政策	只有在没有现金净流量为正的项目的时候才会支付股利。这在那些处于成长阶段，不能轻松获得其他融资来源的企业中比较常见

3. 财务战略的选择

老杭贴心话

『考试频率』★★★

『重要程度』重要

『考试题型』选择题+主观题(冷门点：价值创造和增长率矩阵)

『复习建议』理解+记忆

(1)财务风险与经营风险的搭配。

此部分知识点属于考试概率较高的内容，通常以选择题形式进行考核。复习时应重在理解，紧密结合理论知识原文。熟练掌握财务风险与经营风险搭配关系最终的结论。同时，教材所列举的例子一定要看，并会举一反三。

经营风险的大小是由特定的经营战略决定的，财务风险的大小是由资本结构决定的，它们共同决定了企业的总风险，如图3-8所示。

经营风险与财务风险的反向搭配，是可以同时符合权益投资人和债权人的期望的现实搭配。

“双高搭配”，符合风险投资人的要求，不符合债权人的要求，会因找不到债权人而无法实现。

“双低搭配”，对债权人是一个理想的资本结构，但不符合权益投资人的期望，不是现实的搭配。

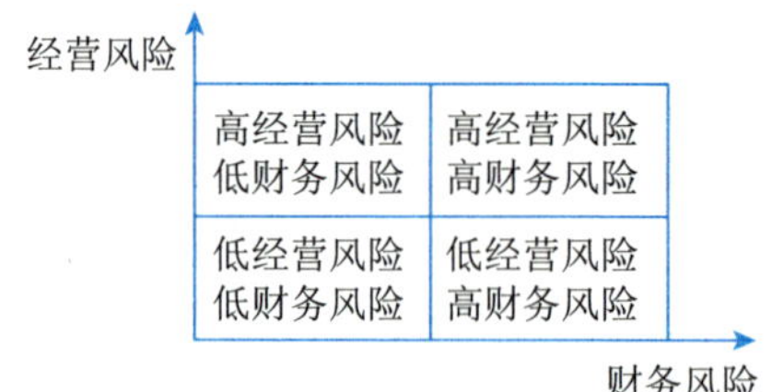

图 3-8 财务风险与经营风险的搭配

(2)基于产品生命周期的财务战略选择。

此部分知识点属于考试概率较高的内容，一般以选择题为主。在理解的基础上，对表 3-47 结论文字要准确记忆。

表 3-47 企业在产品生命周期不同发展阶段的经营特征

项目		产品生命周期阶段			
		导入期	成长期	成熟期	衰退期
风险搭配情况	经营风险	非常高	高	中等	低
	财务风险	非常低	低	中等	高
财务战略	资本结构	权益融资	主要是权益融资	权益+债务融资	权益+债务融资
	资金来源	风险资本	权益投资增加	保留盈余+债务	债务
	股利	不分配	分配率很低	分配率高	全部分配
常见指标	价格/盈余倍数(市盈率)	非常高	高	中	低
	股价	迅速增长	增长并波动	稳定	下降并波动

(3)基于价值创造或增长率的财务战略选择。

价值创造和增长率矩阵(财务战略矩阵)。此部分属于每年考试涉及概率较高的考点，建议全面复习。

财务战略矩阵可以作为评价和制定战略的分析工具。通过一个矩阵把价值创造(投资资本回报率-资本成本)和现金余缺(销售增长率-可持续增长率)联系起来，该矩阵称为财务战略矩阵，如图 3-9、表 3-48 所示。

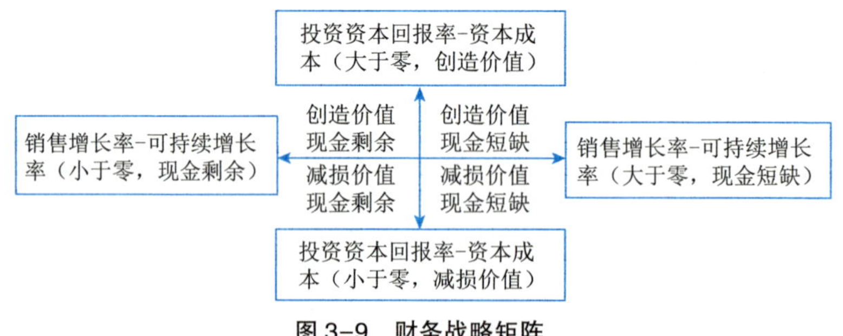

图 3-9 财务战略矩阵

财务矩阵的结构必须熟练掌握，知道横轴和纵轴的界定、四个象限的名称。

表 3-48　财务战略矩阵

<table>
<tr><th>情况</th><th>财务战略</th></tr>
<tr><td>增值型现金短缺（第一象限）
（投资资本回报率-资本成本）大于0
（销售增长率-可持续增长率）大于0</td><td>(1)如果高速增长是暂时的，则应通过借款(周转短期借款)来筹集所需资金。
(2)如果高速增长是长期的，则资金问题有两种解决途径：
【途径1】提高可持续增长率，包括提高经营效率(提高税后经营利润率和经营资产周转率)和改变财务政策(停止支付股利、增加借款)，使之向销售增长率靠拢。
①提高经营效率是应对现金短缺的首选战略。不但可以增加现金流入，还可以减少增长所需的资金数额；
②改变财务政策也可以暂时解决现金短缺。
【途径2】增加权益资本(增发股份、兼并成熟企业)，提供增长所需资金。 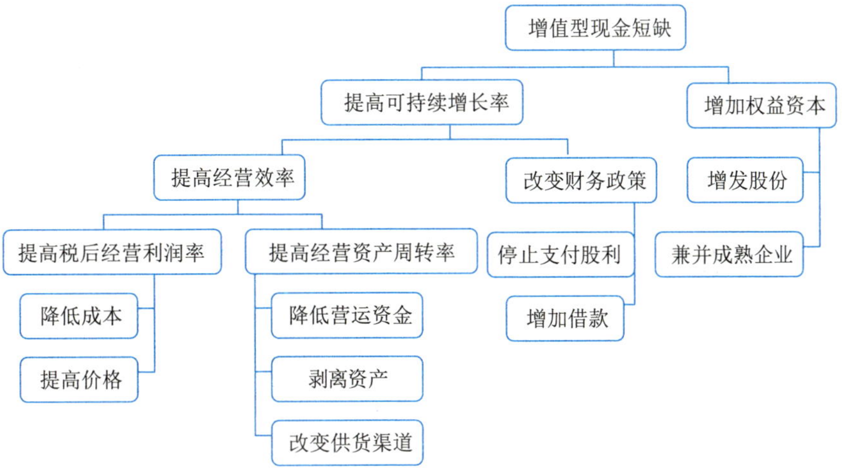
增值型现金短缺
提高可持续增长率
增加权益资本
提高经营效率
改变财务政策
增发股份
提高税后经营利润率
提高经营资产周转率
停止支付股利
兼并成熟企业
降低成本
降低营运资金
增加借款
提高价格
剥离资产
改变供货渠道</td></tr>
<tr><td>增值型现金剩余（第二象限）
（投资资本回报率-资本成本）大于0
（销售增长率-可持续增长率）小于0</td><td>首选的战略是利用过剩的资金促进业务增长。
途径包括：①内部投资；②收购相关业务。
如果加速增长之后仍有剩余现金，找不到进一步投资的机会，则企业应把这些资金返还给股东。
途径包括：①增加股利支付；②回购股份</td></tr>
<tr><td colspan="2"> 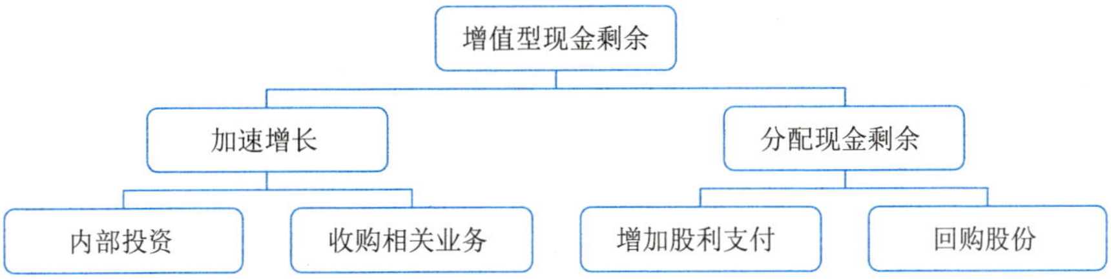增值型现金剩余
加速增长
分配现金剩余
内部投资
收购相关业务
增加股利支付
回购股份</td></tr>
</table>

续表

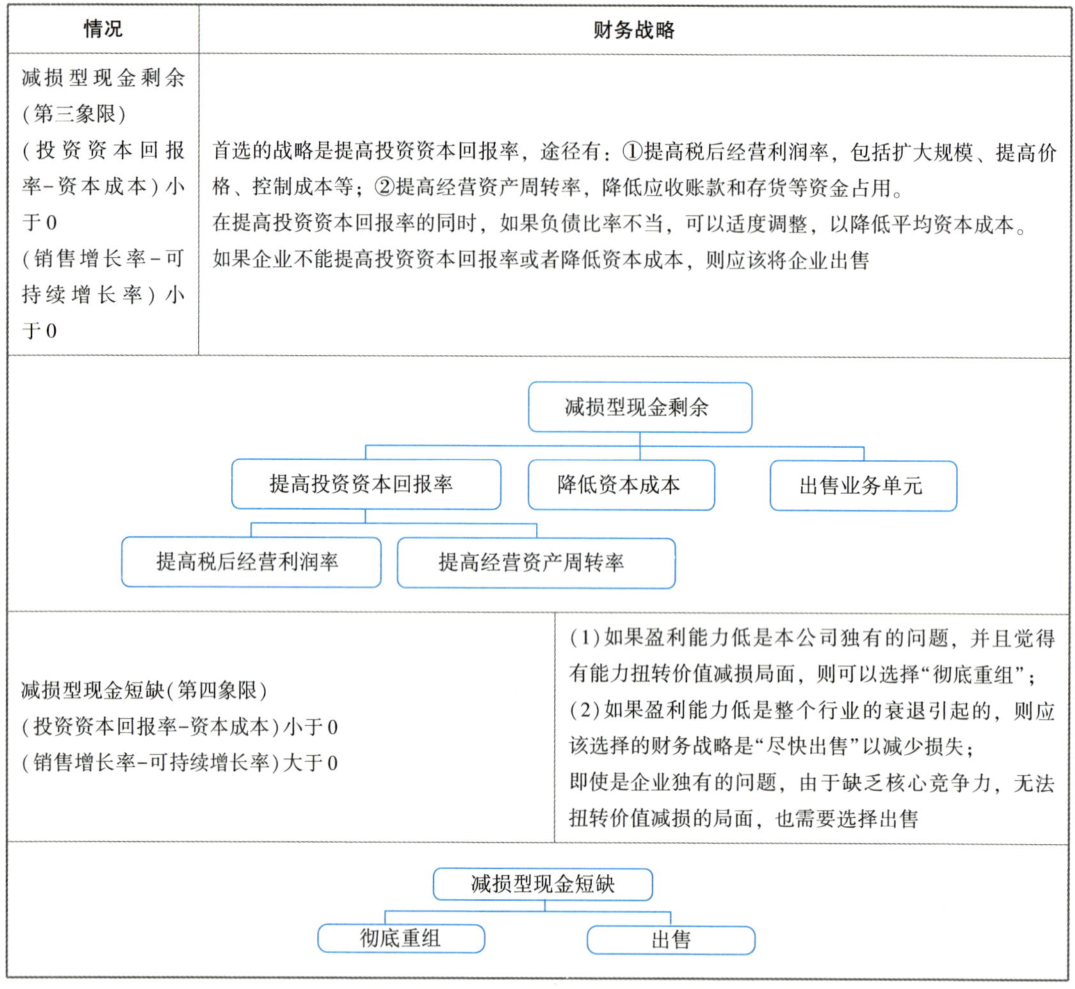

情况	财务战略
减损型现金剩余(第三象限) (投资资本回报率-资本成本)小于0 (销售增长率-可持续增长率)小于0	首选的战略是提高投资资本回报率，途径有：①提高税后经营利润率，包括扩大规模、提高价格、控制成本等；②提高经营资产周转率，降低应收账款和存货等资金占用。 在提高投资资本回报率的同时，如果负债比率不当，可以适度调整，以降低平均资本成本。 如果企业不能提高投资资本回报率或者降低资本成本，则应该将企业出售
减损型现金短缺(第四象限) (投资资本回报率-资本成本)小于0 (销售增长率-可持续增长率)大于0	(1)如果盈利能力低是本公司独有的问题，并且觉得有能力扭转价值减损局面，则可以选择“彻底重组”； (2)如果盈利能力低是整个行业的衰退引起的，则应该选择的财务战略是“尽快出售”以减少损失； 即使是企业独有的问题，由于缺乏核心竞争力，无法扭转价值减损的局面，也需要选择出售

【例题19·单选题】☆明目公司发明了一款供视障患者使用的智能眼镜，使用者在对这种眼镜发出去往某目的地的指令后，就能在行走过程中不断收到眼镜发出的引导信息，从而避开障碍物，保持正确的行走路线。目前，该款眼镜价格较高，性能还有待完善，因此销售量小，公司净利润率较低。明目公司现阶段的资金来源应是(　)。

A. 风险资本　　B. 权益投资增加

C. 债务　　D. 保留盈余+债务

解析“目前，该款眼镜价格较高，性能还有待完善，因此销售量小，公司净利润率较低”表明产品目前处于导入期，导入期的资金来源是风险资本。　**答案** A

【例题20·单选题】爱康公司是一家国际健康事业领域中居领先地位的集团企业，业务范围主要涉及药品、医疗诊断、维生素和精细化工等领域。2021年，该公司医疗器械业务取得较好发展，其相关数字如下：投资回报率16%，可持续增长率12%，综合资本成本6%，销售增长率10%。根据以上信息可以判断，最适合爱康公司医疗器械业务采用的战略是(　)。

A. 回购股份

B. 增加股利支付

C. 出售该业务单元

D. 横向并购

解析当某个业务单元的投资资本回报率大于资本成本并且可持续增长率大于销售增长率时，属于增值型现金剩余。首选的战略是利用剩余现金加速增长。途径包括：①内部投资；②收购相关业务。如果加速增长之后仍有剩余现金，找不到进一步投资的机会，则应把多余的钱还给股东。途径包括：①增加股利支付；②回购股份。根据题目信息可知，爱康公司医疗器械业务投资回报率16%，大于综合资本成本6%；可持续增长率12%，大于销售增长率10%。首选的战略是利用剩余现金加速增长。途径包括：①内部投资；②收购相关业务。 答案 D

五、国际化经营战略

（一）企业国际化经营动因

老杭贴心话

『考试频率』★★★
『重要程度』重要
『考试题型』选择题+主观题
『复习建议』理解+记忆

1. 寻求市场

2. 寻求效率（案例材料表现为两点：第一，投资国生产成本上升，特别是劳动力成本；第二，来自于低成本生产商的竞争）

3. 寻求资源（案例材料表现为取得更多自然资源/原材料的供应，例如石油、天然气、金属和非金属矿产等）

4. 寻求现成资产（案例材料表现为从发达国家获得品牌、先进技术与管理经验、资金、规模经济等等）

【例题21·单选题】☆国内家电企业美好集团在2016年5月宣布，将斥资45亿美元收购发达国家D国工业机器人制造商A公司，A公司是该国市场上专注于工业制造流程数字化企业，其研发的机器人已经被用来装配轿车和飞机，美好集团收购A公司的动机是（ ）。

A. 寻求市场

B. 寻求效率

C. 寻求资源

D. 寻求现成资产

解析 寻求现成资产型对外投资主要是发展中国家跨国公司向发达国家投资，其主要动机是主动获取发达国家企业的品牌、先进技术与管理经验等现成资产。国内家电企业美好集团收购发达国家D国工业机器人制造商A公司，是因为A公司拥有成熟的工业制造流程数字化技术，所以收购的动机是寻求现成资产。 答案 D

（二）国际化经营的主要方式

老杭贴心话

『考试频率』★★
『重要程度』重要
『考试题型』选择题+主观题
『复习建议』理解+记忆

企业国际化经营的主要方式一般有出口贸易、对外直接投资、非股权形式等几种。

1. 出口贸易

出口贸易的内容如表3-49所示。

表3-49 出口贸易

项目	具体内容
目标市场选择（掌握）	目标市场的区域路径： 传统方式：高新技术产品在发达国家出口的国别路径是先到经济技术发展水平相类似的发达国家，然后到发展中国家； 发展中国家则是先到环境类似的发展中国家，再逐步走向发达国家。 发展中国家的农产品、矿产品等初级产品和劳动密集型的低端产品主要流向是发达国家。 新型方式：经济全球化背景下，许多产业中的全球分工体系已经形成，全球同步使用新产品。不论是发达国家还是发展中国家，该产业中的高新技术产品出口的国别路径都是先到发达国家（特别是美国），以占领世界最大市场，然后走向发展中国家

续表

项目	具体内容
选择分销渠道与出口营销(了解)	渠道特点： (1)一般说来，国际分销渠道比国内分销渠道更复杂，涉及更多的中间环节； (2)国际分销渠道的成本通常比国内分销渠道的成本高； (3)出口商有时必须通过与国内市场不同的分销渠道向海外市场进行销售； (4)国际分销渠道通常为公司提供海外市场信息，包括产品在市场上的销售情况及其原因
出口贸易定价(了解)	(1)定价偏高，以期获得大于国内市场的收益； (2)制定使海外市场与国内市场收益水平接近的价格； (3)在短期内定价较低，即使收益偏低甚至亏损也在所不惜； (4)只要在抵消变动成本之后还能增加利润，就按能把超过国内市场需求量的产品销售出去的价格定价

2. 对外直接投资(主要掌握分类，表格内容了解)

对外直接投资，见图 3-10、表 3-50。

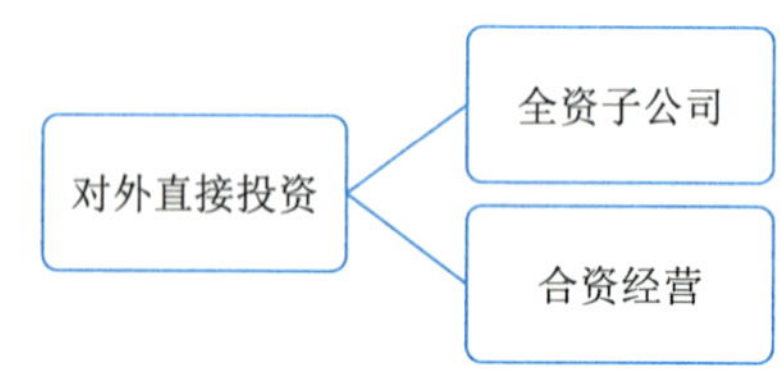

图 3-10 对外直接投资

表 3-50 对外直接投资

	优点(不用背，了解)	缺点(不用背，了解)
全资子公司	第一，管理者可以完全控制子公司在目标市场上的日常经营活动，并确保有价值的技术、工艺和其他无形资产都保留在子公司。 第二，可以避免合资经营各方在利益、目标等方面的冲突问题，从而使国外子公司的经营战略与企业的总体战略融为一体	第一，这种方式可能得耗费大量资金，公司必须在内部集资或在金融市场上融资以获得资金。 第二，由于没有东道国企业的合作与参与，全资子公司难以得到当地的政策与各种经营资源的支持，规避政治风险的能力也明显小于合资经营企业
合资经营	形成国际合资企业的四个动机： (1)加强现有业务。 (2)将现有产品打入国外市场。 (3)将国外产品引入国内市场。 (4)经营一种新业务	
	企业采用合资经营这种方式，一方面可以减少国际化经营的资本投入，另一方面有利于弥补跨国经营经验不足的缺陷，有利于吸引和利用东道国合资方的资源，如东道国合资方在当地市场的信誉、融资与销售渠道、同当地银行和政府官员的公私关系以及具有的生产、技术、管理和营销技能等	由于合资企业由多方参与投资，因而协调成本可能过大。协调问题又主要表现在以下几个方面： 第一，合资各方目标的差异。 第二，合资各方的文化差异。(国家、民族文化和企业文化)

3. 非股权形式

非股权形式包括**合约制造、服务外包、订单农业、特许经营、许可经营、管理合约**及其他类型的合约关系。

（三）全球价值链中的企业国际化经营

> 老杭贴心话
>
> 『考试频率』★
>
> 『重要程度』重要
>
> 『考试题型』选择题+主观题冷门点
>
> 『复习建议』理解+记忆

1. 全球价值链的理论与概念（了解，后续放弃）

全球价值链是指在全球范围内为实现商品或服务价值而连接生产、销售、回收处理等过程的全球性跨国企业网络组织，涉及从原料采集和运输、半成品和成品的生产和分销，直至最终消费和回收处理的过程。

2. 企业国际化经营与全球价值链构建（了解）

（1）全球价值链中企业的角色定位（了解，可放弃）。

①领先企业——核心、主导，承担核心技术研究和营销渠道构建等功能。

②一级供应商——技术能力较强、具有较高成本优势，承担诸如部件的生产、组装、物流等外围管理工作。

③其他层级供应商——微弱比较优势，承接非关键环节的非核心生产活动，如进行简单组装、初始设备制造（OEM）等。

④合同制造商——具备一定的技术能力，能够承接领先企业对技术有一定要求的产品的生产，也可以独立完成产品部分结构的生产，为领先企业提供除关键环节设计和营销以外的配套服务。

（2）全球价值链的分工模式（了解，个别选择题，可放弃）（见表 3-51）。

表 3-51　全球价值链的分工模式

<table>
<tr><th colspan="2">分工模式</th><th>领先企业与供应商关系主要特点</th><th>对供应商的主要影响</th></tr>
<tr><td colspan="2">对外直接投资</td><td>产品规格或加工规格方面的信息专有或不易于整理和传播；
适用于具有高知识产权、高质量风险以及高品牌价值的产品；
交易复杂，领先企业需要进行全面的风险管理；
领先企业协调性高</td><td>供应商是被垂直整合的，受到全面的管理控制；
能够快捷地获得领先企业的现成资产；
技术扩展和知识转移通过内部商业联系</td></tr>
<tr><td colspan="2">市场交易</td><td>产品规格的相关信息易于传播；
适用于商品以及商品化的产品；
交易简单，价格机制发挥主导作用；
领先企业协调性低</td><td>交易伙伴间没有正式合作；
客户转换成本低；
受到市场力量的影响；
学习方式仅限贸易渠道</td></tr>
<tr><td rowspan="2">非股权形式</td><td>俘获型</td><td>产品信息或加工规格不容易整理和传播；
领先企业有效控制生产，交易相对简单；
领先企业协调性较高；
在汽车产业供应商的分级结构较常见</td><td>相对较小的供应商受到领先企业的高度监管和控制；
对领先企业依赖度较高；
知识转移侧重于提高效率与部分产品改进的知识共享</td></tr>
<tr><td>模块型</td><td>产品结构具有模块型特征，从而降低信息编码的难度；
领先企业选择和更换供应商便利，交易相对简单；
领先企业协调性较低；
在电子产业的供应商关系较常见</td><td>企业间联系范围广、信息流动量较高；
对领先企业的依赖度较低，供应商往往参与多个价值链</td></tr>
</table>

续表

分工模式		领先企业与供应商关系主要特点	对供应商的主要影响
非股权形式	关联型	产品信息或加工规格不容易整理和传播； 团队合作； 复杂的交易通过高频率的当面交流或高度明确的调控来实现； 领先企业协调性中等	合作伙伴间相互依存度较高； 合作伙伴间的交易与交流频繁； 供应商更容易生产差异化产品； 知识学习和转移的程度相对较高； 由于领先企业转换成本较高，需求更加稳定

(3)全球价值链与发展中国家企业升级(选择题+主观题冷门点)

“企业升级”：发展中国家企业参与全球价值链，能够提高生产效率，并进入或扩展至全球价值链的高附加值阶段。

企业升级从易到难的 4 种类型——工艺升级、产品升级、功能升级和价值链升级。

①工艺升级，即通过对生产技术的改进和生产组织管理效率的提升而实现的升级。

例如，为满足农业生产的更高标准，许多领先企业鼓励发展中国家供应商采用“GAP”(良好农业规范)，在田间管理、收割期后、存储运输等环节实现工艺升级，并提供培训和技术援助。

②产品升级，即通过改进产品设计(甚至开发突破性的产品)提高产品的竞争力而实现的升级。例如，在旅游业价值链中，企业提供更高品质的酒店或增加诸如生态旅游和医疗旅游等高档次产品实现产品升级。

③功能升级，即通过占领价值链更高附加值的环节而实现升级。例如，企业从初始设备制造商(OEM)到初始设计制造商(ODM)的提升就是典型的功能升级。

④价值链升级，即通过进入技术壁垒或资本壁垒更高的价值链或获取价值链中更高的地位，以提升盈利能力和竞争力而实现的升级。例如，汽车零部件供应商进入整车制造产业、企业从初始设备制造商(OEM)到初始设计制造商(ODM)再到自有品牌制造商(Original Brand Manufacturer，OBM)等都属于价值链升级。

(四)国际化经营的战略类型(见表 3-52)

老杭贴心话

『考试频率』★★★

『重要程度』重要

『考试题型』案例分析选择题+主观题冷门考法

『复习建议』理解

表 3-52 国际化经营的战略类型

类型	解释(不用背，理解)	主要特征(了解)
国际战略	企业将其具有价值的产品与技能转移到国外的市场，以创造价值的举措。产品开发的职能留在母国，而在东道国建立制造和营销职能，总部一般严格地控制产品与市场战略的决策权。 做法归纳： (1)研发在母国，推向各个国家市场。 (2)国外分支机构负责制造、营销，当地没有决策权	适应性较差 经营成本高

续表

类型	解释(不用背，理解)	主要特征(了解)
多国本土化战略	将自己国家所开发出的产品和技能转移到国外市场，而且在重要的国家市场上从事生产经营活动。满足各地个性化需求，适应性强；成本结构较高，无法获得经验曲线效益和区位效益。 做法归纳： (1)针对各国需求研发，产品在当地生产和当地销售，当地具有决策权。 (2)不同国家生产销售的产品不一样	适应性较好 经营成本高 高度分权
全球化战略	向全世界的市场推销标准化的产品和服务，并在较有利的国家集中地进行生产经营活动，由此形成经验曲线和规模经济效益，以获得高额利润。企业采用该战略的目的是实施成本领先战略，通过提供标准化产品来促使不同国家的习俗和偏好趋同。 做法归纳： (1)生产什么由总部统一决定，产品生产的不同环节配置在不同国家。 (2)不同国家生产销售的产品是标准化的	适应性较差 经营成本低 高度集权
跨国战略	形成以经验为基础的成本效益和区位效益，转移企业的核心竞争力，同时注意满足当地市场的需要。为了避免外部市场的竞争压力，母公司与子公司、子公司与子公司的关系是双向的。 做法归纳： 综合了多国本土化战略和全球化战略的做法	适应性较好 经营成本低

【例题22 · 单选题】☆波登公司是一家驼羊毛制品生产和销售企业，产品销往多个国家和地区。为了确保产品质优价廉，该公司在最适合驼羊生产的L国建立统一的驼羊养殖场，并在加工条件最好的N国设厂生产驼羊毛制品。波登公司国际化经营的战略类型是(　)。

A. 国际战略　　B. 多国本土化战略　　C. 全球化战略　　D. 跨国战略

解析▶为了确保产品质优价廉，波登公司在最适合驼羊生产的L国建立统一的驼羊养殖场，并在加工条件最好的N国设厂生产驼羊毛制品，在较有利的国家集中地进行生产经营活动，属于全球化战略。　**答案**▶C

(五)新兴市场的企业战略

老杭贴心话

『考试频率』★★★　　『重要程度』非常重要

『考试题型』选择题+主观题　　『复习建议』理解+记忆

新兴市场本土企业的战略选择如图3-11、表3-53所示。

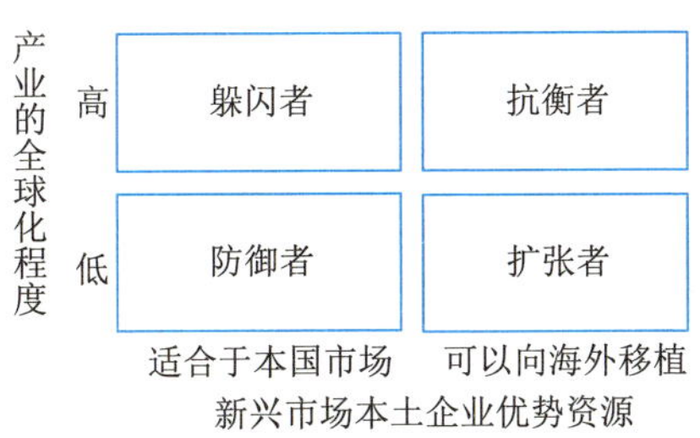

图3-11　新兴市场本土企业的战略选择

表 3-53　新兴市场本土企业的战略选择

本土企业类型	核心策略	具体措施
“防御者”	利用本土优势进行防御	(1)把目光集中于喜欢本国产品的客户，而不考虑那些崇尚国际品牌的客户； (2)频繁地调整产品和服务，以适应客户特别的甚至是独一无二的需求； (3)加强分销网络的建设和管理，缓解国外竞争对手的竞争压力
“扩张者”	向海外延伸本土优势	在向海外延伸本土优势时应当注意寻找在消费者偏好、地缘关系、分销渠道或政府管制方面与本国市场相类似的市场，来最有效地利用自己的资源
“躲闪者”	避开跨国竞争对手的冲击	(1)与跨国竞争对手建立合资、合作企业； (2)将企业出售给跨国竞争对手； (3)重新定义自己的核心业务，避开与跨国竞争对手的直接竞争； (4)根据自身的本土优势专注于细分市场，将业务重心转向价值链中的某些环节； (5)生产与跨国竞争对手产品互补的产品，或者将其改造为适合本国人口味的产品
“抗衡者”	在全球范围内对抗	(1)不要拘泥于成本上竞争，而应该比照行业中的领先公司来衡量自己的实力；(建议阅读案例 3.72 印度尼西亚 I 造纸公司大肆进军出口市场) (2)找到一个定位明确又易于防守的市场；(建议阅读案例 3.73 印度 S 汽车公司加入美国 G 汽车公司主导的战略联盟) (3)在一个全球化的产业中找到一个合适的突破口；(建议阅读案例 3.74 匈牙利 R 汽车公司在全球竞争中业务重组) (4)学习从发达国家获取资源，以克服自身技能不足和资本的匮乏(建议阅读案例 3.75 墨西哥 C 公司的全球竞争战略)

【例题 23 · 单选题】☆固德微公司是国内一家风力发电设备制造企业。2015 年，固德微公司取得世界最大的风力发电机组制造商德利公司的叶轮生产外包项目，并从对方引进一整条先进生产线，成为德利公司唯一的叶轮供应商。之后，固德微公司通过引进德利公司的先进技术，不断提高产品性能和生产效率，并把引进的新技术移植到核心业务齿轮增速器的生产中，成为欧美多家相关企业的齿轮增速器供应商。作为新兴市场国家本土企业，固德微公司采用的战略类型是(　)。

A. 防御者战略　　B. 抗衡者战略

C. 扩张者战略　　D. 躲闪者战略

解析 本题考核“本土企业的战略选择”的知识点。“固德微公司通过引进德利公司的先进技术，不断提高产品性能和生产效率，并把引进的新技术移植到核心业务齿轮增速器的生产中，成为欧美多家相关企业的齿轮增速器供应商”属于抗衡者战略中的“找到一个定位明确又易于防守的市场”，选项 B 正确。

答案 B

同步训练

限时 350min

扫我做试题

一、单项选择题

1. ☆甲公司是一家知名淮扬菜餐厅，在全国有 100 多家门店。为了在行业中始终保持领先，公司内设立研究所，紧跟市场需求变化，定期开发特色菜上市，赢得消费者好评。甲公司采取的发展战略类型是(　)。

A. 多元化战略　B. 市场开发战略

C. 市场渗透战略　D. 产品开发战略

2. ☆神大钢铁公司为确保公司铁砂资源与煤炭的稳定供应，成功收购了甲铁矿石企业，同时与龙潭煤炭公司签订了长期购销协议，神大公司的发展战略是(　)。

A. 前向一体化战略

B. 后向一体化战略

C. 密集型战略

D. 多元化战略

3. ☆长森公司是一家从事智能化产品研发和生产的高科技公司，最初的产品是智能手机。近两年来，公司业务范围扩展到智能家电和智能机器人制造等领域，长森公司的发展战略类型属于(　)。

A. 同心多元化　B. 离心多元化

C. 市场渗透　D. 产品开发

4. ☆某旅行社与航空公司、出租汽车公司合作，采用代购机票、免费机场接送的营销方法吸引更多的客户。该旅行社采用的战略是(　)。

A. 市场开发战略

B. 产品开发战略

C. 相关多元化战略

D. 市场渗透战略

5. L公司是一家光伏电池板企业，其产品是基于以往积累的客户需求做出的改良型产品，研发成本较低，相对市场上的一般产品具有一定的优势。后曾与某电池板制造商采用代工生产的方式进行合作，经过几年的合作，L公司收购了这家电池板制造商。根据以上信息可以判断，L公司采取的战略类型是(　)。

A. 相关多元化战略

B. 一体化战略

C. 成本领先战略

D. 密集型成长战略

6. 乙公司为国内经营多年的制药公司，近期成功研制了一种预防新型流感的疫苗。乙公司管理层计划将此疫苗规模化生产，并同时在国内市场和国外市场销售，预计该疫苗的销售可为公司未来数年带来较高的净收益。根据安索夫矩阵，乙公司进军国外市场的计划属于(　)。

A. 市场渗透战略　B. 市场开发战略

C. 产品开发战略　D. 多元化战略

7. 下列企业采用的成长型战略中，属于多元化战略的是(　)。

A. 甲碳酸饮料生产企业通过按季更换饮料包装、在各传统节日期间附赠小包装饮料等方式增加市场份额

B. 乙汽车制造企业开始将其原在国内生产销售的小型客车出口到南美地区

C. 丙洗衣粉生产企业通过自行研发，开始生产销售具有不同功效的洗发水

D. 丁酸奶生产企业新开发出一种凝固型酸奶，并将其推向市场

8. 下列情况下，适宜采用市场开发战略的是(　)。

A. 甲公司发现邻国市场上对本企业产品需求旺盛，但现有供应量不足

B. 乙公司在现有行业中经营多年，竞争优势明显，但该行业被称为“夕阳行业”

C. 丙公司从自身实际出发，决定将经营重心局限在现有产品或市场领域

D. 丁公司预测未来环境变化不大，对目前经营业绩比较满意

9. T公司是一家汽车生产企业，2018年与网络出行平台D公司达成合作，开始在T公司示范经销店面向网约车司机开展车辆租赁业务。双方也探索通过TransLog技术、运用T公司移动出行服务平台(MSPF)的数据分析能力为网约车司机提供多种汽车相关服务，包括可靠的汽车养护和安全驾驶指导。下列各项中，适合T公司选择相应战略的条件是(　)。

A. 企业所在行业竞争较为激烈

B. 现有的供应商供应成本较高或可靠性较差

C. 销售环节的利润率较高

D. 企业具有较强的研究和开发能力

10. 甲企业是一家成立不到三年的企业，依靠公司创始人发明的技术，公司三年来取得了飞速增长，但由于产品属于较为超前的产品，市场对其尚未达到广泛接受的地步，未来的发展具有极大的不确定性。根据以上信息，甲企业适用的企业战略是(　)。

A. 稳定战略　　B. 无变战略

C. 放弃战略　　D. 收缩战略

11. ☆竹岭公司是我国知名的白酒生产企业。随着我国公务消费改革的日益推进，白酒市场需求发生了重大变化，该公司积极应对这一变化，对旗下白酒品牌重新进行了定位，并按照“系列酒薄利多销”的策略，快速实现了从满足公务消费到大众消费需求的转型。该公司采取的总体战略类型是(　)。

A. 多元化战略　　B. 产品开发战略

C. 放弃战略　　D. 转向战略

12. ☆M 国 F 汽车集团在经历了 10 余年的全面扩张之后，由于市场变化及公司竞争力下降，业绩全面下滑。集团进行了重大战略调整，即从战略扩张改为战略收缩，只专注于北美市场，专注于其自有的核心品牌，以改变该集团地域性品牌分割状态。集团相继出售了旗下几个欧洲高端品牌。F 汽车集团的战略收缩类型属于(　)战略。

A. 削减成本　　B. 放弃

C. 紧缩与集中　　D. 转向

13. 甲公司服装事业部的经营持续严重亏损，2014 年甲公司决定关闭服装事业部并进行清算，消息传出，立即引发了职工的抗议，当地政府要求甲公司就职工补偿和重新安置提出方案，甲公司股东担心其服装生产线专用性程度高难以对外出售。甲公司关闭服装事业部碰到的退出障碍不包括(　)。

A. 退出成本

B. 感情障碍

C. 内部战略联系

D. 固定资产的专用性程度

14. ☆如果并购方不以谋求产业利润为首要目的，而是靠购入然后售出企业的所有权来获得投资利润，按并购方的身份分类，则该并购属于(　)。

A. 产业资本并购　B. 杠杆并购

C. 金融资本并购　D. 非杠杆并购

15. ☆佳美公司是一家全国性家电零售连锁企业，在国内一、二线城市拥有近百家大型连锁商城，是国内外众多家电品牌厂家在中国的最大销售商。2019 年，该公司并购了国内另一家著名的家电零售连锁企业恒兴公司，销售网络扩展到全国三分之二以上的城市和部分乡镇，市场占有率提高了 20%，进一步巩固了其行业领先地位。佳美公司实施上述并购的动机是(　)。

A. 避开进入壁垒，迅速进入，争取市场机会

B. 实现资源互补

C. 克服企业负外部性，增强对市场的控制力

D. 避免经营风险

16. 2019 年 G 国连锁超市巨头 M 集团和 C 国 W 集团联合成立合资公司。W 集团持股 70%，M 集团持有 30% 股份。通过组建合资公司，W 集团及其技术伙伴和 M 集团将能发挥各自在市场上的领先地位，及在批发、零售和数字领域的领先专长，加速 M 集团中国的发展和数字化转型。根据以上信息可以判断，双方成立合资公司的动因是(　)。

A. 避免经营风险　B. 实现资源互补

C. 降低协调成本　D. 开拓新的市场

17. ☆国内著名商业零售企业东海公司与主营大数据业务的高胜公司签订战略合作协议，商定由东海公司免费向高胜公司

开放相关数据收集平台，高胜公司则无偿为东海公司提供数据分析及应用方案。下列各项中，属于上述两个公司结成的战略联盟的特点是(　)。

A. 企业对联盟的控制力较强

B. 更具有战略联盟的本质特征

C. 有利于企业长久合作

D. 有利于扩大企业资金实力

18. ☆某酒店的使命是“为客户提供舒适”，其目标顾客是那些愿意支付高额住宿费用和希望享受一流个人服务的高端旅行者和度假者。该酒店的经营特色包括：周五是孩子们卡拉 OK 之夜；周六，全家人在私人小屋里吃龙虾，小游客们可以在月夜下露营；酒店一共有 365 间客房，每间都能看到海景，还有大量的套房；附属设施有游泳池、海滩、网球场、儿童俱乐部等。该酒店的竞争战略是(　)。

A. 产品开发战略　B. 混合战略

C. 产品组合战略　D. 集中差异化战略

19. ☆绿屋咖啡店率先采取了一项新的经营方式：顾客点单付费后，亲自操作咖啡机自取咖啡。此举节省了店员的操作和相关费用，相应地把咖啡价格降到行业最低水平，同时使顾客产生宾至如归的亲切感，“回头客”明显增加。绿屋咖啡店采用的战略属于(　)。

A. 成本领先战略　B. 集中化战略

C. 混合战略　　　D. 差异化战略

20. 浙江某民营企业的主营业务为厨房用具，在很多民营企业均涉足房地产业以获取高额回报时，该企业仍坚持经营厨房用具，并且定位高端市场，舍弃中端和低端市场。该企业的这种战略属于(　)。

A. 市场细分战略

B. 差异化战略

C. 集中成本领先战略

D. 集中化战略

21. ☆甲公司是一家日用洗涤品生产企业。甲公司在市场调研中发现，采购日用洗涤品的消费者主要是家庭主妇，她们对品牌的忠诚度不高，但对价格变动非常敏感。目前，甲公司主要竞争对手的各类产品与甲公司的产品大同小异。在这种市场条件下，最适合甲公司选择的业务单位战略是(　)。

A. 成本领先战略　B. 差异化战略

C. 集中化战略　　D. 一体化战略

22. MM 公司是一家巧克力豆生产商，公司通过大规模投资先进生产设施、简单的产品设计、有限的产品品种获得了较高的市场份额。下列选项中，属于 MM 公司实施的竞争战略类型可能面对的风险是(　)。

A. 生产巧克力豆的成本过高

B. 购买者群体之间需求差异变小

C. 顾客更多关注价格

D. 技术进步

23. ☆甲公司是国内一家语言培训公司，公司率先采用引进外籍教师“一对一”的培训方式，在国内外办出了名气。考生们慕名而来，公司因此又获得规模经济优势。甲公司的竞争战略的类型属于(　)。

A. 集中化战略　　B. 混合战略

C. 差异化战略　　D. 成本领先战略

24. ☆轿车生产企业华美公司起步初期，国内汽车市场基本被跨国巨头公司瓜分殆尽。华美公司生存和发展的唯一途径就是走低价值路线，过去国内汽车市场一直流传一句话“卖一高档车赚一中档车，卖一低档车只能赚一辆自行车”。华美公司轿车在入市时只是一般低档车价格的 1/2，利润微薄可想而知，依据基本战略的“战略钟”分析，华美当时的竞争战略是(　)。

A. 集中成本领先战略

B. 失败战略

C. 混合战略

D. 成本领先战略

25. ☆从事苹果种植与销售的秋实公司于

2017年率先采用了一种新的经营方式，在种植区内增设了园林景观、运动场、游戏场等，到秋收季节，顾客可前来付费进行休闲娱乐等活动，同时能以市场最低的价格采摘和购买苹果。顾客采摘和购买的苹果到达一定数量，可免费参加休闲娱乐活动。这一经营方式受到市场的热捧。秋实公司采用的上述战略属于(　)。

A. 成本领先战略　B. 差异化战略

C. 集中化战略　　D. 混合战略

26. 一些便民超市等零售业将服务点分散在居民的生活区中间，建立起区域性的供货配送中心，克服了高运输成本，减少了库存，快速地满足顾客的需求，最终克服零散的限制，获得规模经济带来的成本优势。通过以上案例可以分析，这些便民超市等零售业克服零散限制的途径是(　)。

A. 技术创新以创造规模经济

B. 尽早发现产业趋势

C. 连锁经营

D. 给商品增加附加价值

27. ☆经营健身房的永强公司率先采用新技术，在其拥有的所有分店统一推出智能健身设备。使用该设备，健身者可以比以往节省50%的时间达到同样的健身效果，因此该设备受到健身者的好评。但由于购置、使用、维护智能健身设备耗资很大，而需求和使用率有限，永强公司入不敷出，经营陷入困境。从零散产业角度看，下列各项中，属于永强公司进行战略选择未能避免的战略陷阱是(　)。

A. 寻求支配地位

B. 过分集权化

C. 对新产品作出过度反应

D. 不能保持严格的战略约束力

28. ☆下列各项关于蓝海战略的表述中，正确的是(　)。

A. “蓝海”的开创是基于价值的创新

B. “蓝海”的开创是基于技术的突破

C. “蓝海”不会萌生在产业现有的“红海”之中

D. 企业不能以系统的、可复制的方式去寻求“蓝海”

29. ☆甲公司是一家区别于传统火锅店方式的火锅餐饮企业，在给顾客提供餐饮服务的同时，还免费给顾客提供擦鞋、美甲、擦拭眼镜等服务。甲公司的经营模式取得了成功，营业额高速增长。甲公司实施蓝海战略的路径是(　)。

A. 跨越时间

B. 重新界定产业的买方群体

C. 跨越战略群体

D. 重设客户的功能性或情感性诉求

30. ☆云澜公司是一家面向全球的家具和室内饰品生产商。该公司根据不同国家和地区的消费者是崇尚传统还是追求时尚来为他们设计、生产具有不同风格和质地的产品。云澜公司对消费者市场的细分属于(　)。

A. 地理细分　　B. 人口细分

C. 心理细分　　D. 行为细分

31. 某轮胎制造商为汽车制造商和农用拖拉机制造商分别生产两种安全标准不同的轮胎，其中为汽车制造商生产的轮胎安全标准高于为农用拖拉机制造商生产的轮胎安全标准。该轮胎制造商进行市场细分的依据是(　)。

A. 用户的行业类别

B. 用户规模

C. 使用者地位

D. 购买方式

32. 乙公司是一家化工企业，旗下产品主要为杀虫剂、鞋油、空气清新剂三大系列。公司为这三种产品分别设计了A、B、C三种不同的品牌。该公司采用的品牌策略属于(　)。

A. 单一的品牌名称

B. 每个产品都有不同的品牌名称

C. 自有品牌

D. 家族品牌

33. 甲企业经过详细的市场调研，决定采用折扣的方式进行促销，折扣属于促销组合要素中的(　)。

A. 广告促销　　B. 营业推广

C. 公关宣传　　D. 人员推销

34. 酒店和机票的价格因季节而异，这种定价策略属于(　)。

A. 心理定价策略　B. 产品组合定价策略

C. 地理差价策略　D. 折扣与折让策略

35. 仁青公司是一家小型连锁超市，店址多在居民小区附近。为吸引足够人流量。公司每周会选择若干周围居民购买频率较大的生活必需品，以低于成本的价格销售，而且远低于周边竞争对手类似产品的价格。根据以上信息可以判断，仁青公司采用的定价策略是(　)。

A. 尾数定价　　B. 招徕定价

C. 系列产品定价　D. 捆绑定价

36. 甲公司是一家手机企业，自 2011 年起陷入窘境。2014 年甲公司向市场推出一款旗舰智能手机 M8。甲公司希望 M8 能够尽快提升公司盈利的同时，也带来更多的现金流。根据以上信息可以判断，适合该企业采取的价格策略是(　)。

A. 细分定价　　B. 渗透定价

C. 撇脂定价　　D. 满意定价策略

37. 北海的茶是一家饮吧，经过市场调研发现市场上其他饮吧多以奶茶或咖啡饮料为主。北海的茶决定以 Smoothie 水果健康饮料为主打产品，提供不同水果组合口味。根据以上信息可以判断，北海的茶采用的市场定位策略是(　)。

A. 抢占或填补市场空位策略

B. 与竞争者并存和对峙的市场定位策略

C. 取代竞争者的市场定位策略

D. 追随竞争者的市场定位策略

38. 甲公司计划进入 C 国某省市场。经过对该省诸多经销商的考核，甲公司只挑选了一家在该省影响力较大的经销商，签订了未来五年在该省的经销合同。甲公司采取的分销渠道类型属于(　)。

A. 直接分销　　B. 选择性分销

C. 独家分销　　D. 密集分销

39. 甲公司是一家国际船舶制造企业。甲公司在与其客户签订船舶制造合同后，才向各主要部件供应商发出采购订单。甲公司采用的平衡产能与需求的方法是(　)。

A. 订单生产式生产

B. 资源订单式生产

C. 库存生产式生产

D. 滞后策略式生产

40. A 国今年经济增长情况理想，国内外消费强劲，玩具生产商预计在圣诞节前订单会有 15%~20%的增长，因此在第三季度就开始生产各种玩具，以减小在第四季度不能满足市场需求的压力。根据以上信息可以判断，该国玩具生产商采用的方式是(　)。

A. 资源订单式生产

B. 库存生产式生产

C. 订单生产式生产

D. 库存订单式生产

41. ☆甲公司是一家高科技环保企业，其自主研发的智能呼吸窗刚一推向市场，即受到消费者欢迎，产品供不应求，企业一直处于满负荷生产状态。为满足持续增长的订单要求，公司决定增加一条生产流水线。甲公司所实施的产能计划属于(　)。

A. 滞后策略　　B. 匹配策略

C. 维持策略　　D. 领先策略

42. 顺达公司是一家小型健身器材生产企业。顾客可以在手机 APP 上下单后，根据自己的时间到与公司合作的几家大型商超提货。根据以上信息可以判断，顺达公司采用的配送网络类型是(　)。

A. 制造商存货加直送
B. 分销商存货加承运人交付
C. 分销商存货加到户交付
D. 零售商存货加顾客自提

43. 松井公司是一家汽车生产厂商，该公司每年确定2~3家供应商以采购整套刹车系统，直接安装在汽车上。此外，松井公司在设计新款汽车时，还委托这几家供应商根据新款汽车的特点设计适合的新刹车系统。下列选项中，属于松井公司所采用货源策略缺点的是(　)。
A. 企业容易遭受供应中断的风险
B. 不利于和供应商建立稳固关系
C. 不利于产生规模经济
D. 不利于企业信息的保密

44. 甲公司人力资源部在讨论公司薪酬政策时，人力资源部经理认为为体现出针对员工的激励性，即使处在相同岗位上的员工所得到的薪酬也应该有所差异，要与自身能力和对企业做出的贡献成正比。根据薪酬政策的公平性原则可以判断，甲公司薪酬政策体现的原则是(　)。
A. 外部公平性　B. 内部公平性
C. 个体公平性　D. 集体公平性

45. ☆下列股利政策中，适合于成熟企业且能为投资者提供可预测的现金流量的是(　)。
A. 零股利政策
B. 固定股利政策
C. 剩余股利政策
D. 固定股利支付率政策

46. ☆甲燃气公司负责某市的民用天然气供给业务。近年来该市的民用天然气需求量比较稳定，甲燃气公司主要通过向银行贷款取得更新设备所需的资金。该公司财务风险与经营风险的搭配属于(　)。
A. 高经营风险与高财务风险
B. 高经营风险与低财务风险
C. 低经营风险与高财务风险
D. 低经营风险与低财务风险

47. 甲公司是一家创业三年的净水器生产企业，大股东以其拥有的国内先进的渗透膜技术以及部分现金投入企业进行生产经营，近两年销售额年均增幅在25%以上。为了获得拓展污水处理工程业务所需的资金，甲公司与多家银行洽谈，筹措资金35亿，占公司总资产的比重达到76%。根据财务风险与经营风险搭配理论，该企业属于(　)。
A. 高经营风险与高财务风险
B. 低经营风险与高财务风险
C. 高经营风险与低财务风险
D. 低经营风险与低财务风险

48. 近年来，凯达公司推出的某型号产品所处市场尚在不断发展变化中，市场中企业数量不多、规模也比较小。在这种情况下，凯达公司宜采用的股利分配政策是(　)。
A. 零股利政策
B. 低股利政策
C. 稳健的高股利分配政策
D. 全部分配的股利政策

49. ☆近年来，人们不断增加的对健康水源的需求催生了越来越多的滤水壶生产企业。目前这些企业提供的产品性能、质量大体相同，彼此之间为争夺客户展开挑衅性的价格竞争；行业规模达到前所未有的水平；任何一个企业扩大市场份额都十分困难。下列各项中，属于目前上述企业所具有的经营特征的是(　)。
A. 经营风险非常高
B. 资金来源于保留盈余+债务
C. 价格/盈余倍数非常高
D. 具有中等的股利分配率

50. 根据企业在不同发展阶段的特征，下列各项中正确的是(　)。
A. 衰退期财务风险和经营风险都高，股利全部分配给股东，股价呈下降并波动趋势
B. 成熟期财务风险和经营风险与股利分

配水平都是中等，资本结构为权益资本加债务资本

C. 导入期经营风险很高而财务风险很低，资金来源主要是风险资本，随着企业的发展股价迅速增长

D. 成长期经营风险高而财务风险低，权益资本在资金来源中所占的比重增加，股利分配率低且股价较低

51. 甲公司2021年的投资资本回报率为12%，销售增长率为10%，经测算，甲公司的加权平均资本成本为5.5%，可持续增长率为15%。下列选项中，适合甲公司选择的措施是(　)。

A. 投资于新技术　B. 业务重组

C. 停止股利支付　D. 收购成熟企业

52. 龙源公司是国内最大的汽车零部件供应商，2004年，与M国L公司签订了每年贴牌生产20万套万向节的合作协议，开展OEM业务。2014年初，M国批准了龙源公司对M国FS电动汽车公司的收购，标志着龙源公司全面进入新能源整车制造产业。本案例中，从在全球价值链中企业升级类型考察，龙源公司体现的类型是(　)。

A. 工艺升级　B. 产品升级

C. 功能升级　D. 价值链升级

53. 甲银行是国内一家商业银行，2008年10月甲银行纽约分行在曼哈顿开业。该分行依托甲银行的国内资源，致力于成为专业的美元清算银行，客户主要定位于在美国投资的中国企业、在中国扩张的美国企业、从事中美贸易的美国公司等。根据上述信息可以判断，甲银行建立纽约分行的动因是(　)。

A. 寻求市场　B. 寻求效率

C. 寻求资源　D. 寻求现成资产

54. ☆贝恩公司是著名的电子商务企业，下设5大商务区和分布在100多个国家的子公司。商务区经理负责为各自商务区制定国际化经营战略，各国子公司经理则根据所在国市场需求对该子公司的经营活动行使经营权和管理权。商务区经理需要各国子公司经理的合作，当商务区经理和子公司经理的意见或决策发生冲突时，可提交总公司裁决。贝恩公司采用的国际化经营的战略类型是(　)。

A. 国际战略　B. 多国本土化战略

C. 全球化战略　D. 跨国战略

55. 甲公司是一家玩具制造商，其业务已经扩展到国际市场。甲公司擅长根据各国民俗设计玩具，深受各国儿童喜爱。甲公司国际化经营的战略类型属于(　)。

A. 跨国战略　B. 国际化战略

C. 全球化战略　D. 多国本土化战略

56. ☆P是一家经营日化用品的跨国公司，其母公司在U国，在其他国家设立20余个子公司。在该公司经营中，母公司将产品的研发技术和新产品提供给子公司，子公司也会把当地畅销的产品提供给母公司和其他子公司。P的国际化经营战略类型为(　)。

A. 国际战略　B. 跨国战略

C. 全球化战略　D. 多国本土化战略

57. 甲公司是牛肉生产、加工及零售企业。近期甲公司开始考虑将其业务扩展到国际市场，在劳工成本较低的越南设立统一的牛肉加工厂，并在多个国家从事牛肉加工食品零售业务。甲公司管理层采用集权式管理方式。为确保牛肉加工食品的质量，甲公司计划将所有原料牛在日本农场饲养。根据以上内容，适合甲公司选择的国际化发展战略是(　)。

A. 多元化战略

B. 全球化战略

C. 多国本土化战略

D. 跨国战略

58. ☆2015年，国内研发和制造铁路设备的东盛公司开启了国际化经营战略，在国外成立了多家子公司。东盛公司在国内的母公司保留技术和产品开发的职能，

在国外的子公司只生产由母公司开发的产品。东盛公司采取的国际化经营战略类型的特点是(　)。

A. 全球协作程度低，本土独立性和适应能力高

B. 全球协作程度高，本土独立性和适应能力低

C. 全球协作程度高，本土独立性和适应能力高

D. 全球协作程度低，本土独立性和适应能力低

59. M国汽车市场对外开放后，该国当地的许多汽车制造企业给自己重新定位，成为国外跨国公司在M国汽车新建工厂的零部件供应商。根据以上信息可以判断，M国当地企业面对来自国际巨头的竞争，采取的战略定位是(　)。

A. 躲闪者　　B. 抗衡者

C. 防御者　　D. 扩张者

60. ☆奇天公司是国内通信行业的知名企业。面对日益加剧的全球化压力，奇天公司于1998年开始实施全球化扩张行动，成功建立了全球性的市场网络和研发平台。奇天公司始终坚持在通信行业的主航道上聚焦，在国际市场上站稳了脚跟。根据以上描述，奇天公司作为新兴市场本土企业所选择的战略是(　)。

A. “防御者”战略　B. “躲闪者”战略

C. “抗衡者”战略　D. “扩张者”战略

61. ☆面对国外著名医药公司在中国市场上不断扩张，多年从事药品研发、生产和销售的康达公司为了自身的长期发展，把药品的生产和销售业务转让给其他公司，同时与国外某医药公司合作专注于新药品的研发业务。从本土企业战略选择的角度看，康达公司扮演的角色可称为(　)。

A. 防御者　　B. 扩张者

C. 抗衡者　　D. 躲闪者

62. 飞翔公司是国内一家奶粉生产企业。近年来，很多具有品牌优势的国外奶粉制造商纷纷涉足中国市场。面对竞争，飞翔公司坚信一方水土养一方人，通过与著名研究机构合作，推出了更适合中国宝宝体质的奶粉，吸引了大批喜爱国货的消费者，产品也从奶粉扩展到各类奶制品。从战略选择角度看，飞翔公司扮演的角色可称为(　)。

A. 防御者　　B. 扩张者

C. 躲闪者　　D. 抗衡者

二、多项选择题

1. ☆甲公司是M国的一家电子商务公司。2006年甲公司收购了N国一家从事电子商务业务的乙公司，从而正式进军N国。甲公司收购乙公司涉及发展战略的类型有(　)。

A. 横向一体化战略

B. 市场开发战略

C. 产品开发战略

D. 相关多元化战略

2. ☆京川餐饮公司近期实行了新的经营方式，顾客既可以按照公司提供的菜谱点餐，也可以自带菜谱和食材请公司的厨师加工烹饪，还可以在支付一定学习费用后在厨师指导下自己操作，从而在享受美食的同时提高厨艺。这些新的经营方式使该公司的顾客数量和营业收入均增长20%以上。从密集型战略角度看，京川餐饮公司的上述做法属于(　)。

A. 市场开发战略　B. 市场渗透战略

C. 产品开发战略　D. 一体化战略

3. ☆下列选项中，属于企业采用市场渗透战略的有(　)。

A. 某酒店收购一家旅游公司，进入新的业务市场

B. 甲银行与乙航空公司发行联名卡，刷该银行信用卡客户可累计航空里程积分

C. 甲公司通过与国外经销商合作的方式将生产出来的智能手机销往拉美国家

D. 某超市为了提高牙膏的销售，采用美化包装、买赠的促销方式

4. ☆甲公司是一家啤酒生产大型企业，利用自主研发的清爽型啤酒，在当地取得了50%的市场占有率。为保证质量、再降成本，强化成本领先战略优势，甲公司下一步应选择一体化战略中的( )。

A. 横向一体化 B. 纵向一体化

C. 前向一体化 D. 后向一体化

5. 为了克服对客户需求的变化缺乏敏感性，公司结构性产能过剩问题，神大钢铁公司近年来收购了远航造船厂，参股国兴造船厂，与天州钢帘线制造厂签订合作协议。下列选项中，不属于神大钢铁公司所选发展战略适用条件的有( )。

A. 销售环节的利润率较高

B. 需要确保产品价格的稳定

C. 所在产业集中度低，而供应商数量较少

D. 所在产业规模经济较为显著

6. 甲公司是一家多元化经营的企业集团。受欧债危机影响，该公司业务大幅萎缩。公司进行了大规模重组，调整了管理层领导机构，制定新的政策和建立新的管理控制系统，以及改善激励机制与约束机制，建立有效的财务控制系统，严格控制现金流量，并将旗下金融与租赁业务剥离出去。根据以上信息可以判断，该公司采取的战略类型包括( )。

A. 紧缩与集中战略

B. 转向战略

C. 放弃战略

D. 扭转战略

7. 甲公司是一家上海证券交易所上市的有色金属公司。2009 年，受全球金融危机影响，该公司亏损 46.5 亿元。再加上公司产品市场需求持续疲软，不断下降的产品价格与成本形成了严重倒挂，公司进入最为艰难的时期。为此，甲公司选择出售旗下 9 家主业为铝加工的亏损子公司，扩大氧化铝和电解铝业务比例，并加快了在海外矿山资源的布局步伐。根据以上信息可以判断，甲公司战略选择涉及的类型包括( )。

A. 紧缩与集中战略

B. 一体化战略

C. 转向战略

D. 放弃战略

8. 甲公司是国内一家印刷机制造企业，主要产品是胶印机。受不利大环境的影响，原有业务经营持续低迷。为此，公司董事会决定并购一家手游公司进军网络游戏。根据以上信息可以判断，该公司采用战略类型的优点有( )。

A. 更容易地从资本市场中获得融资

B. 分散风险

C. 运用盈余资金

D. 找到新的增长点

9. ☆2014 年年初，甲公司经营陷入困境。面对困境，甲公司采取了以下措施：高管减薪，加强广告宣传，委托其他公司生产本公司的产品。这些措施所体现的收缩战略的方式有( )。

A. 削减成本 B. 调整营销策略

C. 分包 D. 拆产为股

10. ☆甲公司是吉祥集团控股的一家钢铁厂。几年来由于扩张过快和市场竞争激烈等原因，甲公司陷入不能偿还到期债务的危机，由于钢铁厂的高炉等设备难以转产，所以吉祥集团拟通过甲公司破产的方式退出钢铁行业，并用买断方式终止与甲公司员工的劳动合同，但引起职工抵触。后来在当地政府的协调下，甲公司被外资企业收购。在上述案例中，吉祥集团面临的退出障碍有( )。

A. 退出成本

B. 政府与社会约束

C. 固定资产专用性程度

D. 感情障碍

11. Z 公司是澳大利亚一家矿产公司，其拥有

的铜、锌、银、铅、金资源储量非常可观。2008年国际金融危机爆发，Z公司面临巨大的债务压力。国内蓝太公司的主营业务为铜、铅、锌等矿产资源的生产和经营。2009年经双方充分协商，蓝太公司以80%的自有资金，完成了对Z公司的并购。蓝太公司对Z公司并购的类型属于(　)。

A. 友善并购　　B. 产业资本并购

C. 杠杆并购　　D. 纵向并购

12. ☆富和矿业公司于2013年收购了Y国一座铁矿，预计5年后收回成本并赢利。后来发现这座铁矿的储量和矿石出铁率低于预期，且所处地质环境复杂，开采成本和运输费用超出预算1倍以上。2018年底，该铁矿的运营出现严重收不抵支，富和矿业公司向当地银行申请贷款，但由于Y国有限制外资贷款的法律未果，公司被迫宣布该铁矿倒闭。富和矿业公司上述收购失败的原因有(　)。

A. 决策不当

B. 并购后不能很好地进行企业整合

C. 支付过高的并购费用

D. 跨国并购面临政治风险

13. ☆从事能源工程建设的百川公司在并购M国一家已上市的同类企业后发现，后者因承建的项目未达到M国政府规定的环保标准而面临巨额赔偿的风险，股价一落千丈；上市企业的核心技术人员因对百川公司的管理措施不满而辞职。百川公司为挽救被并购企业的危局做出各种努力，均以失败告终。下列各项中，属于百川公司上述并购失败原因的有(　)。

A. 决策不当

B. 并购后不能很好地进行企业整合

C. 支付过高的并购费用

D. 跨国并购面临政治风险

14. L公司2012年进入智能电视领域。宣布与D网上商城达成战略合作，将通过该商城首发A系列智能电视新品。同时L公司还宣布与日本X公司进行深度合作，推出双方共同打造的60英寸智能电视。根据以上信息可以判断，L公司采用的战略联盟类型包括(　)。

A. 技术交流协议

B. 合作研究开发协议

C. 生产营销协议

D. 产业协调协议

15. ☆为共同推进国内某市5G生态产业集群的发展，鹏霄电信公司与东序软件公司达成战略合作协议，前者作为基础网络和电信服务供应商，提供基础通信、流量入口、运营平台建设保障；后者作为技术供应商，负责该市智慧园区、工业互联网、“5G+光网双千兆”标杆园区、云计算应用等领域的场景落地。下列各项中，属于上述两个公司结成的战略联盟的特征的有(　)。

A. 双方在经营上具有较强的灵活性和自主权

B. 组织效率较高

C. 双方具有较好的信任感和责任感

D. 联盟内成员之间的沟通不充分

16. ☆甲公司专门经营一项其率先推出的手机业务。该业务以基于位置定位的手机信息系统为核心，使用户到与甲公司合作的商家消费时，可得到一定的优惠，甲公司也可从合作商家得到佣金。甲公司实施的竞争战略有(　)。

A. 混合战略　　B. 差异化战略

C. 集中化战略　　D. 成本领先战略

17. C国太乐厨具有限公司(简称太乐公司)创办于1996年。近20年来，太乐公司集中全部资源，重点发展厨具小家电产品。公司利用与发达国家企业OEM合作方式获得的设备，进行大批量生产，从而获得规模经济优势，迅速提高市场占有率，在国内外享有较高的知名度。下列选项中，属于太乐公司选择的战略的优点有(　)。

A. 降低顾客敏感程度

B. 增加进入壁垒

C. 增强讨价还价能力

D. 保持领先的竞争地位

18. ☆Y国的F公司是一家专门生产高档运动自行车的企业，其产品在Y国高档运动自行车细分市场上的占有率高达80%以上。下列各项中，属于F公司竞争战略实施条件的有(　)。

A. 购买者群体之间在需求上存在差异

B. 目标市场上在市场容量、成长速度等方面具有相对的吸引力

C. 产品具有较高的价格弹性，市场中存在大量价格敏感用户

D. 产业规模经济显著

19. ☆近年来，随着汽车销量的上升，洗车行业迅速发展。由于洗车业务不需要复杂的技术和大量的投资，且消费者需要的洗车地点分散，因而洗车公司数量大量增加，洗车行业呈零散状态。根据以上信息，造成洗车产业零散的原因有(　)。

A. 成本的迅速变化

B. 进入障碍低

C. 技术的不确定性

D. 市场需求多样导致高度产品差异化

20. A公司在对自身所处产业进行分析时，发现产业表现出如下特征：(1)企业数量很多；(2)市场占有率分布较为平均；(3)缺乏龙头企业。针对以上特征，适合该公司采取的战略类型有(　)。

A. 连锁经营

B. 集中经营自身特色产品

C. 提高现有产品差异化程度

D. 采取削价策略吸引后来对价格敏感的购买者

21. 绿宝公司主打产品是高端滤水壶，在C地区主要通过在高端商场设立品牌专柜的方式进行销售。为充分利用高端渠道的潜力，决定引入M国A公司的管道式滤水器和B公司空气净化器。同时，将滤水壶产品适当下沉，推出部分新型号进入低端渠道。根据以上信息可以判断，绿宝公司采取的产品组合策略是(　)。

A. 扩大产品组合　B. 缩小产品组合

C. 向下延伸　D. 双向延伸

22. ☆新业影视公司于2019年底推出一档贺岁片。该片公映前，公司召开新片发布会，全体创作人员、导演和阵容强大的主要演员集体在媒体和影视界嘉宾前亮相，宣称此片将“进军奥斯卡”。公司在会上散发了该片的精彩剧照，透露了令人捧腹的拍摄花絮，并请与会人员免费观看了该片的首映。新业影视公司采用的促销策略组合要素有(　)。

A. 广告促销　B. 营业推广

C. 公关宣传　D. 人员推销

23. ☆乐融旅行社定期开展会员俱乐部活动。活动期间，该社向参加活动的社员提供免费茶点、风景摄影及旅游知识讲座、旅游新项目推广等，建立了良好的公众形象。在上述活动中，乐融旅社采用的促销组合要素有(　)。

A. 营业推广　B. 广告促销

C. 公关宣传　D. 人员推销

24. ☆欣馨公司是某市一家向公众开放的花卉种植和销售企业，平时采用自动化设备培植、出售当地居民喜爱的兰花、绿萝等花卉；每逢节日前夕，便向市场推出富有节庆意义的花卉，同时接受并满足顾客观看公司业务流程后所提出的个性化定制要求。该公司的生产运营战略所涉及的主要因素有(　)。

A. 批量　B. 种类

C. 需求变动　D. 可见性

25. 清尔公司是一家家电生产企业。公司不断提高顾客需求的响应速度，改善生产过程质量，通过合理的产品设计降低顾客使用成本，并致力于改善生产运作系

统随市场需求变化快速低成本的调整能力。本案例中，清尔公司体现的生产运营战略竞争重点包括(　)。

A. 交货期　　B. 质量

C. 成本　　D. 制造柔性

26. 江陵公司是一家致力于智能汽车研发生产的初创企业。公司从新产品概念的提出就与各供应商合作，产品的设计、试制、改进、定型、生产与供应商的产品和技术创新基本上同步进行、相互契合。本案例中，江陵公司采用的交易策略不包括(　)。

A. 市场交易策略

B. 短期合作策略

C. 创新性联盟策略

D. 功能性联盟策略

27. 甲公司需要制定未来三年人力资源战略。下列选项中，属于该公司人力资源战略应包含的内容有(　)。

A. 创造使人才能够得到培育并能够施展才华的企业文化

B. 为员工的利益而不是管理层的利益服务

C. 使人力资源的发展与人力资源策略相联系

D. 通过培训、发展和教育来激发员工潜力

28. 下列关于企业财务战略矩阵分析的表述中，正确的有(　)。

A. 对增值型现金短缺业务，长期性高速增长的资金问题应首先选择提高经营效率

B. 对增值型现金剩余业务，应首先选择提高投资资本回报率

C. 对减损型现金剩余业务，应首先选择提高投资资本回报率

D. 对减损型现金短缺业务，应首先选择提高可持续增长率

29. ☆甲公司是一家制造和销售洗衣粉的公司。目前洗衣粉产业的产品逐步标准化，技术和质量改进缓慢，洗衣粉市场基本饱和。处于目前发展阶段的甲公司具备的财务特征有(　)。

A. 股价迅速增长

B. 股利分配率高

C. 资金来源于保留盈余和债务

D. 财务风险高

30. ☆甲公司是一家互联网叫车平台公司，目前经营处于培育客户的阶段。该公司通过支付大量的营销费用来培养客户通过互联网叫车的习惯。下列各项中，属于甲公司现阶段经营特征的有(　)。

A. 经营风险非常高而财务风险非常低

B. 具有中等的股利分配率

C. 价格/盈余倍数非常高

D. 主要资金来源是风险资本

31. 申万公司主营智能家电，其所在市场客户群已经扩大，消费者对质量的要求不高。申万公司每年的广告费用较高，但是每单位销售收入分担的广告费在下降。下列针对该公司目前经营特征的表述中，错误的有(　)。

A. 财务风险中等

B. 资本结构主要是权益融资

C. 股利分配率高

D. 股价稳定

32. 甲公司在其五年发展战略中确立了以下目标：①降低产品成本，使现有产品单位成本在三年内降至同行业90%的水平；②为客户提供差异化服务，提高客户的品牌忠诚度；③细分现有市场并发掘潜在客户，力争在三年内使市场占有率提升5%；④根据市场调研结果，研发新的产品。以上目标所涉及的职能战略有(　)。

A. 财务战略

B. 差异化战略

C. 研究与开发战略

D. 营销战略

33. ☆顺驰公司是国内一家汽车玻璃制造商。

面对国内生产要素成本不断上涨和产品订单日趋减少，该公司把一部分资金和生产能力转移至生产综合成本相对较低的汽车产销大国M国。通过独立投资和横向并购M国一家拥有国际知名品牌的企业，顺驰公司在M国不仅很快站稳脚跟，而且获得M国汽车制造商的大量订单，业务量大幅增长。在本案例中，顺驰公司向M国投资的动机有（ ）。

A. 寻求效率　　B. 寻求市场

C. 寻求资源　　D. 寻求现成资产

34. ☆国内从事有色金属矿产地质勘探的艾地公司于2017年横向收购了N国的纳奇公司。N国政府只允许本国企业从事贵金属矿产的勘探，因此，这次收购使艾地公司获得N国储量丰富的黄金矿产的勘探权。此后艾地公司留用了纳奇公司经验丰富的管理层。艾地公司向N国投资的动机有（ ）。

A. 寻求市场　　B. 寻求效率

C. 寻求资源　　D. 寻求现成资产

三、简答题

1. W钢铁集团公司（简称W公司）位于C国中原地区，2016年集团亏损额高达114.14亿元，营业收入自2010年以来也已经腰斩，过去五年W公司已经在持续裁员。背后的原因主要在于W公司产品结构较为单一，产品以粗钢为主，产量居全球第十一位。体量虽然很大，但从运输半径来讲，远不如沿海地区有竞争力。W钢铁集团公司对客户需求的变化缺乏敏感性，导致公司结构性产能过剩。

近年来，C国钢铁企业所使用的铁矿石80%依靠进口，而全球铁矿石供应基本来自“四大矿”，即淡水河谷（Vale）、力拓（RioTinto）、必和必拓（BHP）和福蒂斯丘（FMG）。由于“四大矿”的铁矿石产量高、品位好、成本低，在供应端形成了寡头垄断的局面，在铁矿石定价中逐步获得了压倒性的优势地位，导致W钢铁集团公司原料供应受制于人。

从未来发展来看，C国钢铁深加工产业持续快速发展，包括建筑、机械、汽车、家电、石油、造船等。钢铁市场的需求依旧十分旺盛，但这些深加工产业客户面临的选择越来越多，对用料的要求也越来越高。

目前钢铁产业链中的上游原料的销售利润率可以达到15%，而下游产品的销售利润率可以达到7%~10%。W公司在以往的经营过程中，与上下游企业业务联系密切，因而可以在现有人才和技术不需要做大的投入和调整的前提下，实现整合。

W钢铁公司战略的实施正在从以下两个方面展开：

（1）完成参股Z石油西北管道联合有限责任公司合计80亿元的出资，持有其12.8%的股权；收购J集装箱厂；参股D造船厂；与N齿轮厂签订合作协议。

（2）2016年W公司收购非洲矿业有限公司（非洲矿业）唐克里里铁矿项目75%的股权。唐克里里铁矿属世界级铁矿石资产，储量巨大，为非洲第二大铁矿，也是全球规模最大的赤铁矿和磁铁矿之一。完成此次收购，可以确保W公司铁矿资源的长期稳定供应；2017年再度出资8亿美元海外收购莫桑比克煤矿40%股权，充分利用开发莫桑比克的巨大焦煤资源，以保证其基本生产需求。

要求：

（1）简要分析W公司实施的发展战略类型及相关动因（或优势）。

（2）简要分析W公司实施的发展战略适用条件。

2. 绿安集团创建于20世纪90年代，专门从事化工原料贸易，化工原料主要来源于国内生产企业。在绿安集团成立后的几年内，国内民用化工产品的市场不断扩大，对化工原料的需求日益增加，绿安集团的业务开展得红红火火，利润持续增长。2000年开始，在董事长李先生的推动下，绿安集团实施第一次战略转型：走“工贸结合”的道路，凭借绿安集团的贸易优势，尤其是多年积累的信息优势和渠道优势，把产业链延伸到工业实体领域，做出自己的产品，树立自己的品牌，以适应未来市场趋势和行业环境的变化。2002年，绿安集团成立了一家化纤企业，产品主要是地毯纱线，这种纱线是地毯纺织企业的主要原料。这家企业成立后不久就实现了盈利，以后几年内产销量不断增加，成为绿安集团新的利润增长点。

2008年国际金融危机爆发，化工产品制造行业遭遇了严重的困难，由于需求增速放缓以及企业自主创新能力不足、同质化竞争严重，行业的发展陷于停滞。绿安集团化纤企业的销售量开始下降，难以实现当年的计划目标。董事长李先生从中既看到了挑战，也看到了机会，他提出并组织实施了绿安集团的又一次战略转型：将绿安集团的产业链进一步向下游延伸至终端产品——地毯行业。年底，绿安集团克服了阻力，投资新建了地毯生产企业。几年来，随着中国酒店业、房地产业的迅猛发展以及人们居住条件的改善，国内地毯市场的潜力被逐渐开发出来，绿安集团的地毯生产企业也持续呈现产销两旺的局面。

要求：

(1)简要分析绿安集团两次战略转型所属战略创新的类型。

(2)简要分析绿安集团实施纵向一体化战略所属的类型及其主要优点。

3. ☆2004年1月，以B2C为主要经营模式的综合性网络零售商喜旺公司注册成立。此时在电商领域，无论是用户规模或是平台数量，早期进入者云里公司已占尽先机。为了突破云里公司一家独大的状况，喜旺公司采取一系列战略举措，实现对产业链上下游的整合和控制，打造自身的竞争优势。

(1)自建物流体系。喜旺公司早期与大多数电商一样，采用第三方物流配送商品。随着商品年销售量的不断增加，第三方物流配送能力不足、每天数千单货物积压问题日益显著，严重影响服务质量和客户满意度。喜旺公司决定自建物流体系，并于2007年投资2 000万元建立东速快递公司，专门为喜旺商城提供物流服务，服务范围覆盖200多座城市。东速快递公司的成立，大大提高了喜旺商城全国配送商品的速度，为喜旺商城的用户带来良好的体验。此后，喜旺公司不断完善物流配送体系，将大量资金用于物流队伍、运输车队、仓储体系建设。到2011年，喜旺公司在全国各地建立7个一级物流中心和20多个二级物流中心，以及118个大型仓库。

(2)进一步整合物流配送资源和能力。2014年3月，喜旺公司并购迅风物流；2014年10月，喜旺公司与国有邮政公司达成战略合作；2016年5月，喜旺公司并购“快快”，实现“两小时极速达”的个性化增值服务。喜旺公司这一系列举措，使得其下游配送的效率取得质的飞跃。

(3)运用多种方式整合与完善商品采购与供给端。为了确保上游供给商品的质量与可靠性，2014年4月，喜旺公司与国内最大海洋牧场微岛公司达成合作协议；2014年6月，喜旺公司投资智能体重体脂秤P产品；2015年5月，喜旺公司投资7 000万美元建立生鲜电商果园；2015年8月，喜旺公司与国信医药公司合作，使用户在喜旺平台可购买处方药品；2015年8月，喜旺公司出资43亿元战略入股永芒超市，取得10%股权。永芒超市是国内超市中最好的生鲜品供应商，拥有业内最低的生鲜品采购成本。永芒超市的门店超过350家，但还不能覆盖全国。线上线下两大零售巨头原本是竞争对手，达成合作后，在永芒超市门店尚未覆盖的区域，喜旺公司可以与永芒超市共同提供O2O服务（即online线上网店和offline线下消费），因此双方还有较大的潜在合作空间。

要求：

(1)简要分析喜旺公司所实施的发展战略类型及其实施该战略的动因(或优势)。

(2)简要分析喜旺公司实施发展战略所采用的途径。

(3)简要分析喜旺公司与永芒超市合作的动因。

4. ☆江康公司是C国一家大型药品生产企业。江康公司自身的优势在于药品的生产与新药研发的前期业务。近年来公司以多种方式进行业务拓展。

为了保障原料药的稳定供给与产品质量，降低产业链中的交易成本，2009年以来，江康公司在C国3个省建设了5个原料药材现代化种植基地，全面推进原料药材规范化绿色种植工程。

2011年，为建立营销网络，江康公司收购了两家医药分销公司。之后，又将并购重心转向特色原料药领域，收购在这一领域具有优势地位的常丽制药公司70%股权，以增强公司在特色原料药生产方面的竞争实力。

为了提高江康公司的研发效率，同时保持江康公司自身在经营中的相对独立性，2012年江康公司以合作研究开发协议的方式与通健公司进行合作，通健公司的优势在于新药研发后期的毒理学试验。这一合作使江康公司实现了从新药研发到临床前试验一体化的业务整合。

要求：

(1)简要分析江康公司实施纵向一体化的具体类型、内涵与优点。

(2)分析江康公司业务拓展所属的企业发展战略途径的具体类型。

5. Q汽车公司(简称Q公司)曾一度是自主品牌的销量霸主，2012年之后开始出现下滑。截至2016年年底，Q公司与第一梯队的A、C和J公司相比，已经严重落后。2017年1月—11月Q公司在国内市场累计销售37.78万辆，排名自主品牌车企的第六位，比排名第一的J汽车超过100万辆的成绩少了近70万辆，已经不是一个量级。

对发展不理想但摊子铺得又大的Q公司来说，资产负债率自2013年起，均维持在74%左右的较高水平，而新能源等又在烧钱，其压力可想而知。Q公司的平台技术以及发动机、变速箱、底盘等方面的技术在自主品牌当中处于领先地位，仅仅因为产品规划和营销方面拖了后腿。与此同时，多品牌运营让Q公司资源分散，本想兼顾所有，结果一个也没做好。

痛定思痛，Q公司采取了一系列措施，力争改变企业现状。

(1)2015年开始实施成本节约计划。同时，为了保证发展，与主要债权人商讨降低利率或免去应付未付利息。

(2)将对旗下品牌进行分拆出售，重点发展新能源汽车。

KY汽车是Q公司2013年成立的子公司。借着Q公司原本的生产资质，KY汽车一边打着“众包造车”的名义在互联网上拉拢年轻消费者，另一边借着Q公司原本的车型技术快速切入正飞速发展的SUV市场。随着SUV市场热度消退，KY汽车缺乏技术积累及资金投入的弊端慢慢显现。2017年1月—11月，KY汽车销量约4万辆，同比下降6.8%。KY汽车在产品资源和产能方面都依赖Q公司，Q公司也无法给予其更好的发展。2018年年初，作为KY汽车唯一的股东Q公司将持有的KY汽车51%股权出让，股权减持至49%。这意味着，Q公司丧失了对KY汽车的控股权。

要求：

(1)简要分析Q公司实施收缩战略的原因。

(2)简要分析Q公司实施收缩战略所采用的方式。

6. ☆南天集团是一家川味特色餐饮集团，成立于2001年，通过不断创新菜品和高端餐饮的定位，在国内餐饮市场上赢得了一席之地。2012年以来，受宏观经济的影响，国内餐饮行业整体增长趋势明显放缓，行业收入增速同比下降。特别是2012年年底政府出台各种限制“三公”消费的政策，这些政策引起了社会公众的强烈反响，个人消费攀比之风得到遏制，大众的消费需求更加理性。高端餐饮行业受到猛烈冲击，市场需求萎缩。此外，房地产市场的火爆推升了房租价格，也加大了餐饮行业的经营成本。

面对前所未有的困局，南天集团决定向“大众餐饮”转型，主推中低档大众菜品。近年来国内移动互联网行业呈现井喷式发展，催生出了新的商业模式和消费习惯，南天集团开始通过微信、微博和网络外卖等互联网工具扩大销售，并通过大数据来发现客户的就餐习惯和餐饮偏好，提升服务质量。与此同时，南天集团认为环保行业将是产业政策的下一个风口，前景看好。2015年南天集团通过收购洁丽公司大举进入环保行业。由于环保行业竞争日趋激烈，短期内盈利前景不明朗，南天集团用于环保业务的资本支出不断加大。同时两家公司的文化存在差异，内耗不断。洁丽公司的经营一直处于亏损状态，导致了后来南天集团现金流断裂，不仅使集团在新业务上进退两难，还拖累了刚走出低谷的餐饮业务。

要求：

(1)运用PEST分析方法，简要分析2012年以来南天集团面临的机会与威胁。

(2)简要分析南天集团多元化经营面临的风险。

7. DF公司成立于1993年，成立初期主要产品是液晶面板，广泛应用于手机、平板电脑、笔记本电脑、显示器、电视、车载、可穿戴设备等领域。2005年，DF公司开始为M国P公司提供液晶产品，应用其手机和平板电脑产品，并逐渐成为P公司最大的液晶面板供应商。

由于DF公司的液晶面板质量过硬，价格相对于其他液晶面板厂商低10%～15%，P公司因此大大降低了制造成本。同时，DF公司在向P公司供货过程中，也对手机及相关产品对液晶面板的技术要求进行了学习、消化和再创新，促进自己不断进步，最终成为液晶面板市场全球老大。

2009年，DF公司以显示和智能制造技术为基础，开始提供智能电视、智能通讯终端等创新应用和服务。目前，在C国多地建有整机智能制造工厂。这一系列产品的推出，特别是智能通讯终端产品，使得DF公司作为P公司供应商的同时，又成为P公司在智能手机和平板电脑市场明显的竞争对手。对于P公司而言，向DF公司继续进行采购，相当于将自己核心技术的相关信息与DF公司进行了分享，间接培养了自己竞争对手的实力。同时，两家公司在专利方面也开始产生纠纷。从2011年开始，双方就专利交叉许可问题多次进行谈判，但一直没有实质性进展。由于在合作协议中，双方没有规定相应的违约责任条款，最终只能走上诉讼之路。九年来，双方在C国和相关国家先后提起了40多起诉讼。2016年，C国中级人民法院一审判决P公司在C国生产销售的4G手机侵犯DF公司两项专利。

在此情况下，P公司开始想办法摆脱对DF公司的依赖。由于DF公司的液晶面板技术属于世界一流，对消费者使用体验感有重大影响，使得P公司在短期内仍无法完全摆脱DF公司。为尽量降低对DF公司液晶面板的依赖，2017年P公司宣布，将帮助其他屏幕供应商，包括H国和R国的几家液晶面板厂商扩建工厂，扩大对其采购量。同时，与R国X公司合资进行最新一代液晶面板的生产。

要求：

(1)简要分析P公司与DF公司进行合作采取的类型和主要动因。

(2)依据战略联盟管控的要求，简要分析P公司防止与DF公司战略联盟合作过程中对自己所带来的不利影响应当采取的措施。

(3)依据“五种竞争力”模型中影响供应者讨价还价能力的主要因素，分析P公司对DF公司液晶面板供给依赖度较大的原因，以及P公司为摆脱对DF公司液晶面板的依赖所采取的措施的依据。

8. ☆一项调查报告显示，方便面虽然是方便食品，但我国消费者非常关注方便面的口味和品质。除了口味以49.0%的比率排在购买因素的第1位之外，有38.5%的消费者关注方便面的品质；关注品牌和价格的消费者比率分别为30.5%和27.0%；关注方便面的配料和面的弹性的消费者比率也分别达到26.5%和26.0%；同时还分别有18.5%和17.0%的消费者更关注方便面的营养和卫生。

K牌方便面在我国方便面市场占据1/3左右的市场份额，其在产品口味、品种、包装、品牌传播等方面都走在其他方便面企业的前面。但是，K牌方便面的特色程度正在逐步降低。一些中小方便面企业和新进入方便面市场的品牌通过差异化的品牌策划、产品策划、市场策划和销售策划，在某个细分市场或某个区域市场取得竞争优势，借此在方便面市场做强做大。

(1)品牌定位差异化。例如，W牌方便面通过非油炸的品牌定位，与K牌方便面形成了明显的市场区隔，W牌方便面很快成为方便面市场知名品牌。

(2)产品卖点差异化。例如，J牌弹面以面的弹性作为产品的新卖点，与K牌方便面在产品上形成了差异，从而成就了J牌方便面品牌。

(3)产品口味差异化。例如，T牌老坛酸菜牛肉面，通过推出新的产品口味，与K牌方便面等产品在口味方面形成了差异，赢得了消费者的认同，产品销量迅速增加，同时提升了T牌方便面的整体品牌形象。

要求：

(1)根据调查报告显示的信息，你认为在方便面市场竞争适宜采用何种基本竞争战略？为什么？

(2)W牌方便面、J牌弹面、T牌老坛酸菜牛肉面采用的是什么样的竞争战略？阐述采用这种竞争战略的优势。

(3)分析K牌方便面所采用的竞争战略正在面临的风险。

9. ☆2003年，从国内名牌大学毕业的李轩开始以“眼镜肉店”老板的身份在X市农贸市场卖猪肉，成为备受关注的“最有文化的猪肉佬”。多年的教育背景让李轩把卖猪肉这个生意做到了很高的水准，他从来不卖注水肉，品质不好的肉坚决不进货，也从不缺斤少两，慢慢地积攒了诚信经营的口碑，他的肉铺一天能卖出十几头猪。

2008年，李轩与同是经营猪肉生意的本校校友张生相识。张生于2007年在Z市创办猪肉连锁店，同样因为“国内名牌大学”和“猪肉”的名号，引起众人关注。

李轩和张生开始联手打造“特号土猪”的猪肉品牌。他们自己养猪，自己卖猪。他们选择口感颇受国内百姓喜爱的优良土猪品种；猪场采用半开放式的大空间，让猪自由活动；猪场里设有音响，专门给猪听音乐。他们认为，猪和人一样，只有心情愉悦，才会长得又肥又壮，肉质也会更加鲜美。

“特号土猪”公司日益发展壮大。从2010年5月开始，李轩和张生凭着自己多年经营猪肉的经验，开办了培训职业屠夫的“屠夫学校”，培养目标是“通晓整个产业流程的高素质创新型人才”。“特号土猪”公司每年都会招聘应届大学生，经过“屠夫学校”40天培训，再派往各店铺工作。

2015年，“特号土猪”销量超过10亿元，成为国内土猪肉第一品牌。2016年，在互联网的大潮引领下，“特号土猪”登陆国内最大电商平台，成为第一个面向大众消费者的“互联网+”猪肉品牌。线上与线下同时发力，“特号土猪”品牌影响力进一步扩展，销量也更上一层楼。

2019年，“特号土猪”品牌连锁店开到了全国20多个城市，共有2 000多家门店。十几年来，李轩和张生专心致志，将“特号土猪”这个高端品牌做到了极致。

要求：

(1)简要分析李轩和张生在零散产业——猪肉经营业中是如何实施三种基本竞争战略的。

(2)从差异化战略实施条件(资源能力)角度，简要分析李轩和张生将“特号土猪”高端品牌做到极致的原因。

10. ☆羊乐火锅成立于1999年8月。羊乐火锅以其风格多样的“美味锅底无须蘸料”的特色和旨在“让消费者到处能看到我的店”的全国连锁经营布局赢得消费者的喜爱。2002年，羊乐火锅的营业额达到25亿元，一跃成为国内本土餐饮业的佼佼者。2008年6月，羊乐火锅登陆香港交易所主板上市。

2010年，国内最大的餐饮企业千百集团领导层判断，中餐市场的发展势不可挡，而火锅占中餐市场1/3，羊乐火锅又居国内火锅企业中的龙头地位，因而加快了收购羊乐火锅的步伐。

2012年2月，千百集团以6.5港元/股的注销价格(溢价30%)，总额近46亿港元现金完成了对羊乐火锅的高价收购，持股比例高达93.2%，剩余的6.8%股权则由羊乐火锅的两位创始人持有。一年后，千百集团再次加码，以现金收购羊乐火锅全部股权。曾经的“国内火锅第一股”的称号也随羊乐火锅从交易所退市而隐匿。

正式收购羊乐火锅后，千百集团启动了标准化品牌升级工作，发布了全新品牌形象和运营标准，将传统厨艺与先进的管理理念相结合，努力将羊乐火锅打造成为知名火锅连锁品牌。

然而收购后的几年中，羊乐火锅的运营情况不尽如人意，客流量与门店数量不断下滑。在国内一项行业评比中，收购前一直名列前茅的羊乐火锅仅列第9位。业内人士分析，造成这种情况的原因如下：

(1)收购后的标准化管理未必适合饮食文化多元化的中餐，即使对于形式相对简单的火锅也不例外。经过多年的发展和改良，火锅种类的划分更加细化，比如以‘麻、辣、烫’著称的重庆火锅属于南派火锅，还有以涮羊肉为代表的北派火锅和新派火锅等等。火锅作为一种餐饮文化，很难用标准化的管理模式去经营。消费者对口味的感受需要多元化的体验。羊乐火锅标准化管理的升级将着重于店面的装修风格和菜品的精致程度向千百旗下的外资餐饮企业看齐，而羊乐火锅原来引以为傲的“美味锅底无须蘸料”的特色被改掉，没有及时更新菜品，不能针对不同顾客提供差异化服务(如南北方消费者对调料的不同需求)，使得消费者失去了以往享用羊乐火锅的乐趣。

(2)千百集团运用“关、延、收、合”四字诀对羊乐火锅的加盟店加以整顿，使得原来羊乐火锅的门店数量大幅缩减，又没有及时对羊乐火锅门店开展新的布局，因此失去了羊乐火锅旨在“让消费者到处能看到我的店”打造的规模经济优势。

(3) 2013年千百集团收购羊乐火锅两位创始人持有的剩余股权后，羊乐火锅原创团队离开，之前多年积累的企业竞争优势也随之消失殆尽。例如羊乐火锅当时完全有能力去整合M省肉羊全产业链，而原创团队散伙后，这一功能被M省另一家企业取而代之。

(4) 中国庞大的火锅餐饮市场吸引着新的企业不断加入，火锅业态近几年涌现不少实力强大的竞争对手。这些公司各自以其鲜明的特色，不断地推陈出新，清晰的市场定位，以及不断拓展的门店布局，赢得日益挑剔的消费者的青睐，对羊乐火锅的市场地位形成巨大的威胁。

要求：

(1) 依据并购战略“并购失败的原因”，简要分析千百集团收购羊乐火锅效果不尽如人意的主要原因。

(2) 依据“零散产业的战略选择”，结合本案例，简要分析餐饮企业应当如何选择和实施波特三种基本竞争战略。

11. ☆学朗书吧位于某大学城内，其主要顾客为学生和教师，该书吧主人在创建该书吧前进行了市场调查，调查结果显示：该大学城现有书店两家，书店内空间较少，书籍种类较少，以各种考试辅导用书为主。由于商品严重同质化，两家书店的竞争异常激烈，该大学城还有若干饮品店，它们只外卖各种冷饮和奶茶，没有给顾客留出休憩的位置。学朗书吧的创建者决定把书店和饮品店具有的两类互补性功能结合起来，建立一个集读书、休闲、生活服务为一体的综合性服务书吧。

现有一些书吧往往注重营造高雅的环境，通过豪华装修来吸引顾客，比如在书架旁放置高大的古董瓷瓶、在墙壁上挂上油画等。但这并不是大学城附近的消费者关注的重点，却会产生高昂的成本。学朗书吧抛弃这些流行的理念和做法，只在墙壁上描绘一些山水画提高意境，舍去了昂贵的摆设，大大地降低了成本，进而降低了饮品和图书的售价，提升了竞争力。

随着电子商务的普及，饮品的网上销售日益火爆，许多网站均提供网售平台。学朗书店与时俱进，也提供网上点单、送货上门。另外，现在大学中自习室紧张，抢位现象严重，学朗书吧计划打造自习位出租系列，并提供午餐，为学生们提供理想的学习和休息场所。

学朗书吧以创新的理念和定位，进入竞争激烈的文化和生活服务领域，开创了新的生存与发展空间。

要求：

(1) 依据红海战略和蓝海战略的关键性差异，简要分析学朗书吧的经营怎样体现了蓝海战略的特征。

(2) 依据蓝海战略重建市场边界的基本原则（开创蓝海战略的路径），简要分析学朗书吧如何在竞争激烈的文化和生活服务领域，开创了新的生存与发展空间。

12. ☆随着社会消费水平的提高与消费观念的转变，酒店行业中高端消费的市场越来越大。专注于三四线城市经济连锁酒店经营的优尚公司意识到，不同消费群体有不同的消费需求，酒店行业细分已经成为未来的大趋势；仅仅集中于三四线城市经营经济型酒店将面临新的风险。优尚公司开始拓展业务与品牌，进军中高档酒店，不断挖掘投资者及细分人群的需求，兼顾投资者和消费者利益，寻求最佳平衡点。

2015年7月，优尚公司对外发布三大新酒店品牌，标志着公司开始着手中高档酒店品牌建设。为了设计出成本低、质量好，又能确保加盟商能盈利的产品，几年来，优尚公司推出一系列创新模式。

(1)“投一产多”的运营模式。除了经营酒店住宿业务外，还开展了辅助业务，如在酒店大堂开设蛋糕店、面吧，在房间销售毛巾、浴巾等产品。运营一年后，酒店辅助业务的盈利远远超过住宿业务的盈利。“投一产多”运营模式比传统运营模式酒店多35%的收益。

(2)“住酒店可以不花钱”。与“投一产多”运营模式相配套，优尚公司为顾客构建了一个生活分享平台：大堂的沙发、灯具、各种装饰，以及客房的床垫、靠枕、床单、小摆件、毛巾、浴巾、洗浴用品、水杯、家具甚至壁纸，顾客只要是体验后喜欢的，都可以通过手机扫描二维码下单购买。顾客只要购买等同房价的物品，就可以免收房间费用。优尚公司这一举措的基本思路是，家居用品行业大约有50%的毛利，但生产厂家净利不超过5%，因为销售过程中会产生仓储、商场展示、扣点、物流等费用。如果家居用品生产厂家把酒店作为一个商场来展示和销售商品，就会节约所有铺货的费用，那么只需从50%的毛利中拿出一部分补贴酒店，就可以收到双赢的效果。

(3)打造互联网智能公寓。优尚公司将旗下的中档酒店蓝港公寓定位于互联网智能公寓，引领时代潮流。公司引入O2O(即online线上到offline线下)模式和酒店式标准化管理，推广“住宿、社交、管家式生活服务”的酒店模式。智能酒店系统可以远程调控客房里的温度、灯光模式、音乐、空气温度与洁净度；移动设备可无线连接智能电视，实现双屏互动。智能化体验为投资者和消费者带来更多的惊喜和便利。

(4)与生产经营家电、金融、旅游、家居、智能门锁的五大行业巨头达成品牌合作。通过强强联合，增加信用住宿、无息贷款、投资扶持、微信开锁等功能，优尚公司的酒店生态更加开放，为酒店行业发展探索新的契机。

要求：

(1)依据市场营销战略目标市场选择理论，简要说明优尚公司在2015年前后目标市场选择类型的变化。

(2)依据蓝海战略重建市场边界的基本法则(开创蓝海战略的途径)，简要分析优尚公司在中高档酒店品牌建设中开创新的生存发展空间的路径。

13. ☆C国太乐厨具有限公司(简称“太乐公司”)创办于1996年。近20年来，太乐公司运用成本领先战略，迅速提高市场占有率，在国内外享有较高的知名度。

太乐公司集中全部资源，重点发展厨具小家电产品。公司利用与发达国家企业OEM合作方式获得的设备，进行大批量生产，从而获得规模经济优势。在此基础上，公司多次主动大幅度降低产品价格，以致连生产劣质产品的企业都无利可图，在市场上既淘汰了高成本和劣质企业，又令新进入者望而却步。

太乐公司实行24小时轮班制，设备的利用率很高，因而其劳动生产率与国外同类企业基本持平。同时，由于国内劳动力成本低，公司产品成本中的人工成本大大低于国外家电业的平均水平。

对于一些成本高且太乐公司自身有生产能力的上游资源，如集成电路等，公司通过多种形式自行配套生产。这样，一方面可以大幅度降低成本，确保质量，降低经营风险，另一方面还可以获得核心元器件的生产和研发技术。而对于一些成本高、自身还不具备生产能力的上游资源，公司由于在其他各环节上成本低于竞争对手，也能够消化这些高成本投入物的价格。

近几年来，C国厨具小家电的销售数量每年递增30%左右，吸引了众多国内外大型家电企业加入。这些企业放弃了原有在大家电市场走的高端产品路线，以中低端的价格进入市场。这些企业认为，在厨具小家电市场，企业销售的都是标准化的产品，消费者大多对价格比较敏感，价格竞争仍然是市场竞争的主要手段。

要求：

(1)简要分析太乐公司在C国厨具小家电市场采用成本领先战略的优势。

(2)从市场情况和企业资源能力两个方面，简要分析太乐公司在C国厨具小家电市场实施成本领先战略的条件。

14. Ha公司是国内著名家电企业，1995年开始向美国出口冰箱。起初是以OEM的方式，然后才开始打造自己的品牌。而在美国设立"Ha美国贸易有限公司"和投资建立"Ha美国生产中心"则是在5年之后，这时Ha公司已积累了较多的有关美国市场的经验。

美国家电市场是非常成熟的市场，是世界上进口家电最多的国家，世界所有家电名牌无不在这个市场上竞争，是世界上最难进入的市场。Ha公司国际化经营选择的第一站就是美国市场，力图先进入国外最讲究、最挑剔的市场，占领制高点，然后居高临下进入其他国家市场。Ha公司进入美国，首选人口密度大的大城市，其美国总部就设在曼哈顿。

从产品种类来看，Ha公司的策略是首先以一两种产品打入美国市场，站住脚后再多元化发展。针对美国市场充分调研后，Ha公司设计人员注意到了美国的"酒吧文化"，这些酒吧风格各异，为城市中辛苦工作一天的人们提供一个放松身心和朋友聚会的场所。Ha公司推出了一款与众不同的酒柜。这是一种具有华丽的外观，采用磨砂玻璃门、曲线造型、柔和的内部灯光、滑动式镀铬食品架的产品。虽然定价稍高，售价在400美元左右，但一经推出，就深受消费者喜爱。

要求：

(1)简要分析Ha公司进入美国市场采用的国际化经营方式，以及目标市场选择策略。

(2)简要分析Ha公司在美国市场所采用的竞争战略的类型和市场条件。

15. VoIP是一种利用区域或互联网进行交换话音信号的技术服务，在专用的电话上可以采用IP网络。以VoIP模式进行通话，是一种较便宜的跨地区电话联系方式，适用于个人、家庭或商业机构用户。支持这一技术服务的首要条件就是一个稳定的网络环境和宽带网络。在发达国家A国(其使用货币为"索拉")已经蓬勃发展多年，VoIP已被A国的大多数个人、家庭和商业机构普遍采用。A国市场上现有三家提供有关服务的运营商。正通电视是其中一家电视运营商，在A国使用其VoIP技术及设备服务的用户群组包括个人、家庭用户和设于A国的大型商业机构(主要是跨国企业)。在2011年，正通电视VoIP个人、家庭用户超过2 000万户，市场份额达62%，而商业企业的大型商业机构更达120万家，市场份额达68%。

正通电视针对全国不同地区不同用途的用户推出了14种套餐，但收费模式均以包月方式计算。例如，针对个人、家庭新用户使用综合计划(包括宽带上网+VoIP+电视)的包月费用为400索拉，同一计划的现有宽带客户包月为330索拉。对于商业用途的客户就只有宽带和VoIP服务，且收费相对高。正通电视最大的优势就是用户能够在一家服务供应商获得视频、数据和话音服务。这不仅方便消费者，也减少了用户流失率。

正通电视管理层正考虑进一步开拓海外市场。业务发展部总监黄羽建议可以与B国当地的电信运营商合作，设立联营公司以方便打进B国市场，开发VoIP的语音业务，并以本地模式运作。

而在B国的最大电信运营商优越电信也

正计划开发 VoIP 这种技术服务及相关设备，在国内开展商机。优越电信现时的核心业务是提供宽带和流动电话服务。

要求：

(1)如果优越电信选择独自开发 VoIP 技术服务，简要分析内部开发方式对优越电信可能带来的不利之处。

(2)简要说明正通电视考虑开拓海外市场所属的发展战略类别(包含利用产品市场战略组合矩阵作的细分类别)。

(3)利用产品生命周期和波士顿矩阵，简要分析正通电视在 A 国提供的 VoIP 技术及设备服务所属象限，并根据所处的运营市场的特征预计此产品在 A 国市场的战略方向。

(4)如果优越电信能够独自成功在 B 国开拓 VoIP 技术及相关设备服务，简要介绍公司利用新产品定价法时可选择的价格策略。

16. 资料一

L 集团是一家民营企业，主要从事机械制造及相关业务，是国内的行业龙头。L 集团主要股东包括集团创始人 Z 先生和另外八位公司关键管理人员。L 集团的业务包括以下四个板块，在集团管理架构中分属于四个事业部。

(1)通用机械(general machinery)。L 集团在创业之初是从生产通用机械起家的。产品包括各类通用型的机床、磨床等生产设备，其制造的设备广泛应用于各类生产型企业，并由于质量稳定、价格适中，一直受到客户的普遍认可，在国内保持着较高的市场份额，每年无须大量的资金投入即可为 L 集团带来稳定而可观的收益。但由于通用机械国内总体市场增长缓慢，因此 L 集团这一板块的业务增长也较为缓慢。

(2)专用机械(special machinery)。从 20 世纪 90 年代，L 集团开始进入利润更高、增长更快的专用机械市场。与通用机械不同，专用机械应用于特定行业，一般按客户订单生产，需要符合客户特定的技术要求，因此需要公司在研发和技术方面给予大量的投入。L 集团经过多年不懈的努力，其生产的专用机械在国产专用设备市场上的份额已跻身前三，近年来一直保持着强劲的增长速度。然而 L 集团的管理层也清晰地意识到，自身的技术水平虽然在国内居于领先，但与国际同行相比仍相差甚远，高端领域的客户仍然毫无例外地采购欧美进口的专用设备。虽然专用机械业务有着很好的长期发展前景，但此项业务的长期发展还需 L 集团持续地加大投入。

(3)配件及服务(components and services)。这一业务板块主要是销售上述两类设备的配件，以及提供维修、保养、技术培训、技术咨询等服务。目前这一业务板块在 L 集团总体销售收入中的比例不到 5%，市场份额很低，增长缓慢，并处于亏损状态。管理层通过调研发现，配件及服务市场整体近年来正在快速增长，事实上，在中国开展业务的国际同行们在配件及服务上取得的销售收入可以达到总体销售收入 20% 以上，并且利润率非常可观。他们经过深入研究后认为，L 集团应当可以凭借多年来积累的客户基础将这一业务板块发展起来，形成新的增长点。

(4)钢材贸易(steel trading)。L 集团在 2000 年左右开始涉足钢材贸易，初衷是通过这一业务，一方面获取贸易利润，另一方面服务自身的原料采购。然而，由于钢材贸易市场竞争激烈，市场趋于饱和，该业务的市场份额非常小，可获利润很低而需要占用的营运资金却很多，而且也并没有服务 L 集团自身的原料采购。由于其并非 L 集团的核心业务，公司无法投入相应足够的资源去支持这一业务板块的发展。

资料二

2011年年初，L集团召开集团发展战略研讨会，研讨会以“产业升级及国际化”为主题，深入研究了集团长期发展的战略，除了集团核心管理层参加会议以外，还邀请了外部专家共同参会。

会议首先讨论了国内外机械制造行业的机遇与挑战。目前，欧美国家机械制造行业一些拥有全世界先进技术的优秀企业，在国际金融危机的影响下，在发展上遇到了很大挑战，成本高，本地市场萎缩，纷纷寻求战略东移。而在中国，机械制造行业的整体发展水平仍然较低，虽有国内和东南亚广阔的市场，以及较强的成本控制力，但由于受到技术、研发、管理、服务等经验的限制，却始终难以进入高端市场，在产业升级问题上遇到了挑战。

其次，研讨会就产业升级的途径展开探讨。充分讨论了外部发展(并购)、内部发展(新建)、战略联盟这三种不同的途径，并着重讨论了前两种途径。

最后，研讨会还就国际化经营的模式进行了探讨。充分讨论了出口、对外直接投资、非股权安排等几种国际化经营的方式。

通过多个方案的权衡比较，L集团结合自身的特点和发展目标，决定通过海外并购来实施集团的“产业升级及国际化”的发展战略。希望通过海外并购获得技术、研发、品牌、营销网络、管理经验等多方面的产业升级，尤其是通过并购将海外的先进技术带回国内。

要求：

(1)根据资料一，利用波士顿矩阵对L集团的四个业务板块作出分析：第一，指出这四个业务板块分别属于波士顿矩阵中的哪一类型业务并简要阐述判断依据；第二，基于四个业务板块所属类型的特点和现状，分别针对下一步战略简要提出建议。

(2)如果你作为受邀参加L集团发展战略研讨会的外部咨询顾问，请对下列问题作出简要回答：第一，如果L集团通过并购仅仅是谋求获得海外生产能力，研发和市场决策权保留在总部，请分析该集团采用的国际化经营战略类型。第二，结合L集团的具体情况，分析L集团选择海外并购战略的国际化经营动因。

17. ☆C国亚威集团是一家国际化矿业公司，其前身是主营五金矿产进出口业务的贸易公司。

2004年7月，亚威集团在“从贸易型企业向资源型企业转型”的战略目标指引下，对北美N矿业公司发起近60亿美元的收购。当时国际有色金属业正处于低潮，收购时机较好。2005年5月，虽然购并双方进行了多个回合沟通和交流，但N矿业公司所在国政府否决了该收购方案。否决的主要理由有两点：一是亚威集团资产负债率高达69.82%，其收购资金中有40亿美元由C国国有银行贷款提供，质疑此项收购有C国政府支持；二是亚威集团在谈判过程中一直没有与工会接触，只与N矿业公司管理层谈判，这可能导致收购方案在管理与企业文化整合方面存在不足。

Z公司原是澳大利亚一家矿产上市公司，其控制的铜、锌、银、铅、金等资源储量非常可观。2008年，国际金融危机爆发，Z公司面临巨大的银行债务压力，于当年11月停牌。之后Z公司努力寻求包括出售股权在内的债务解决方案。亚威有色公司是亚威集团下属子公司，主营业务为生产经营铜、铅、锌、锡等金属产品。2009年6月，经过双方充分协商，亚威有色公司以70%的自有资金，成功完成对Z公司的收购，为获取Z公司低价格的有色金属资源提供了重要条件。

要求：

(1)根据并购的类型，从不同角度简要分析亚威集团和亚威有色公司跨国收购的类型。

(2)简要分析亚威集团收购N矿业公司失败的主要原因。

(3)简要分析亚威集团和亚威有色公司通过跨国收购实现国际化经营的主要动机。

18. ☆2000年以来，随着国内经济的快速发展、居民生活水平的提高以及人口老龄化的加剧，国内市场对医药产品的需求快速增长，世界著名医药跨国公司纷纷进入国内市场。

神农医药公司是国内一家生产和经销药品及医疗器械的企业，由于缺乏拥有自主知识产权的药品，多年来以生产仿制药为主；其生产的医疗器械科技含量较低，难以满足用户对高科技医疗器械的需要，国内高科技医疗器械市场基本被进口产品占领。神农医药公司的管理层通过对其进行深入分析认识到，与国外跨国公司相比，自己在规模及利润两个方面存在着巨大差距，在研发经费的投入方面差距更大。如2012年，神农公司投入的研发费用占营业收入的比重为2.3%，而国外一家同类企业Y公司投入的研发费用占营业收入的比重高达19%。此外，神农公司还存在着专业化程度和品牌认知度较低等问题。上述种种差距，使神农公司不仅在国内市场上面临国外跨国公司的巨大挑战，而且进入国际市场步履维艰。

2013年年初，神农公司管理层制定并实施了新的发展战略。新战略的核心是设立若干个中小型医药高科技分公司，每个分公司相对独立经营，有的专攻国外跨国公司不太关注的盲区(如罕见病、特殊需求)，在产品上逐渐形成自己的特色；有的通过承接国外跨国公司医药研发外包业务，将业务重点转向价值链的研发环节；还有的着力于将自身具有相对优势的本土医药产品拓展至周边欠发达国家和地区。几年来，神农公司在国内市场与跨国公司的较量中，注重向跨国公司学习，合理整合和运用国内外优势资源，弥补自身技能和资本匮乏的缺陷，以期发展为实力强大的大型跨国企业。在国内外市场上与国外跨国医药公司展开真正的较量。

要求：

(1)依据“进入障碍”中几种主要“结构性障碍”，简要分析神农公司进入国际市场举步维艰的主要原因。

(2)依据新兴市场本土企业战略选择理论，简要分析神农公司面对跨国公司的大规模进入和挑战所做出的战略选择。

19. ☆C国北方机床集团于1993年组建，主导产品是两大类金属切削机床。销售市场覆盖全国30多个省、市、自治区，并出口M国、G国等80多个国家和地区。

G国S公司是一个具有140多年历史的世界知名机床制造商，其重大型机床加工制造技术始终处于世界最高水平。但S公司内部管理存在诸多问题，其过高的技术研发成本造成资金链断裂。2004年年初，S公司宣布破产。

2004年10月，北方机床集团收购了S公司全部有形资产和无形资产。北方机床集团在对S公司进行整合中颇费思量：首先，采取“以诚信取信于G国员工”的基本策略，承诺不解雇一个S公司员工，S公司的总经理继续留任；其次，北方机床集团与S公司总经理多次沟通，谋求双方扬长避短、优势互补，使“混合文化形态”成为S公司未来的个性化优势，以避免跨国并购可能出现的文化整合风险；最后，在运行整合方面，仍由S公司主要负责开发、设计及制造重要机械和零部件，组装则在C国完成，力求实现S公司雄厚的技术开发能力和C国劳动力成本优势的最佳组合。

整合后第二年，S 公司实现 2 000 多万欧元的销售收入，生产经营状况已恢复到 S 公司历史最高水平。

然而 2008—2009 年，受世界金融危机的影响，加上 S 公司内部原有的管理问题尚未彻底解决，公司陷入亏损的困境。北方机床集团不得不开始更换 S 公司的管理团队，逐渐增强北方机床集团在 S 公司的主导地位。2010 年，S 公司经营情况有所好转，实现 3 500 万欧元的销售收入，但仍处于亏损状态。

2012 年，由于受到国内下游需求方——汽车、铁路等固定资产投资放缓的影响，北方机床集团销售收入同比下降 8%。尽管如此，北方机床集团仍然表示将继续投资 S 公司项目，因为 S 公司承载着北方机床集团孜孜以求的核心技术和迈入国际高端市场的梦想，而且由于并购后在技术整合上存在缺陷，北方机床集团尚未掌握 S 公司的全部核心技术。集团计划到 2015 年对 S 公司投入近 1 亿欧元，同时招聘新的研发人员。

要求：

(1) 依据企业国际化经营动因原理，简要分析北方机床集团跨国并购 G 国 S 公司的主要动机。

(2) 简要分析北方机床集团并购 G 国 S 公司所面对的主要风险。

四、综合题

☆资料一

20 世纪 90 年代，兰微公司在 C 国推出微波炉产品。兰微公司充分利用市场对微波炉产品价格的高度敏感，通过集中生产少数品种、规模经济、减少各种要素成本、提高生产效率、不断改进产品工艺设计、承接外包等多种手段降低成本，以“价格战”不断摧毁竞争对手的防线，抬高行业的进入门槛，使自己成为微波炉行业的霸主，国内市场占有率超过 70%，全球产量占比超过 30%。国内微波炉生产厂商从超过 200 家迅速下降到不足 30 家。

1999 年，在众人的质疑声中，光美公司宣布大举进入微波炉行业。光美公司当时的战略决策是基于两点理由：一是从制造技术的角度看，微波炉和光美公司已生产的电饭煲、电磁炉等产品都是使用电能转换加热系统，因此对微波炉的技术研发、生产制造和营销网络都有着极其便利的条件和经验，还可以利用光美公司在其他厨具小家电市场上树立的品牌优势开拓市场；二是光美公司的主打产品空调、风扇等，销售旺季集中在每年的 3—8 月，在其余时间里资金和经销商资源的利用都明显不足，而推出微波炉产品可以弥补这一缺陷，有利于优化公司整体运作和产品结构，建立新的增长点。

对于光美公司的挑战，兰微公司予以迎击，不仅再次祭起了“价格战”的大旗，而且宣布大举进军光美公司已拥有优势的产业，如空调、冰箱、风扇、电暖气等产业。针对兰微公司的行为和兰微公司价格血洗形成的行业规模壁垒，光美公司的微波炉业务确立了“低成本、规模化”的跟随发展策略，利用光美公司强大的品牌优势、销售网络和资源实力，以“低价渗透”的方式与兰微公司展开正面的激烈对抗，开启了微波炉行业“两强争霸”的征程。

在与兰微公司竞争力的对比分析中，光美公司清楚地看到，自己的微波炉业务竞争地位不稳固，多年来一直被迫接受价格战，而没有通过差异化创新建立与兰微公司相抗衡的产品特色和品牌形象。

2006 年，在一次光美公司每年例行的经营策略高层研讨会上，与会人员对微波炉行业的发展趋势形成了统一的判断和认识。

与炉灶等加热工具相比，微波炉具有多种优点，它不仅能快速加热或烹调食物，而且没有油烟，还能保持食物的原汁原味与减少营养损失。在C国，虽然80%以上的家庭已经使用微波炉，但微波炉只是作为一个加热工具，它的多种优点还没被消费者充分认识。同时，市场上的微波炉设计、构造与性能雷同，缺少创新型产品。如果能够开发并向市场推出使消费者迅速认识并接受微波炉的多种优点的产品，微波炉市场将进入另一个高速发展期。

光美公司对全球微波炉产销调研情况显示，在国际市场，日本、韩国垄断了中高端市场，C国企业控制了中低端市场，而全球微波炉市场中低端制造向C国转移已经接近尾声。随着材料成本、物流成本的快速上升，微波炉行业的利润空间将进一步缩小。日本、韩国企业由于在规模、产业链的配套上不如C国企业，成本劣势将进一步凸显，只能逐步退出制造领域，因此为C国企业进入中高端制造领域、实现中高端产品出口增长提供了机会。

与会人员一致认为，公司应当从以跟随为主的“低成本”战略向“差异化”战略转变；公司竞争的焦点应当从关注竞争对手向关注消费者、关注客户需求转变；用3～5年时间，扭转目前品牌竞争的被动局面，由“中低端”向“中高端”转变，最终超越兰微公司成为全球微波炉行业霸主，成为全球最优秀的微波炉供应商。

资料二

光美公司于2006年在国内率先推出具备蒸功能的产品，这不仅是第一款针对国内市场消费者使用习惯开发的本土化创新产品，实现了C国传统烹饪习惯与微波炉功能优点的有效结合，而且在核心技术上形成了对兰微公司的技术壁垒，突破了兰微公司的价格和产品封锁。经过将近一年的推广，市场反响很好，显示了巨大的发展潜力。光美公司决定通过对微波炉蒸功能的持续升级和传播实现战略转型，扭转在国内市场上竞争的被动局面。

2007年，公司确立了以“80后”白领阶层以及一二线城市家庭作为具备蒸功能微波炉的主要目标客户群，推出了第二代具备蒸功能的产品——“全能蒸”微波炉，这款微波炉可以使国内8大菜系的代表性菜式烹饪通过蒸功能实现，并将健康、营养、口感、杀菌与外观的时尚及使用的安全、便捷完美地结合在一起。此后，光美公司以“蒸功能”为主题的产品功能不断升级，针对不同消费群体的产品线不断扩充，“蒸文化”逐步普及，公司和产品的品牌形象日益鲜明。

2008年，光美公司发布了5个系列14款“蒸功能”微波炉。该产品在智能化、时尚设计方面对第二代产品进行了升级，并针对不同细分市场推出系列新品。

2009年，公司第三代产品“蒸立方”面世，该款产品创造了三项纪录：首创新的蒸技术，即不借助其他器具，由蒸汽将食物蒸熟；首创炉腔内蒸汽温度达到300℃，使食物脱脂减盐，更有效地保留营养；首创自动供水、排水系统，使用更加便捷，也更省电。

2010年，光美公司发布第五代“蒸功能”系列新品，新产品顺应节能、绿色、环保的时代潮流，率先将历时4年开发的变频技术应用在微波炉上，产品更节能。同时，光美公司宣布，退出300元以下微波炉市场，主流变频蒸立方产品价格集中在3 000～5 000元，最高端变频高温产品的零售价格高达10 000元。

2012年，光美公司发布了半导体、太阳能和云技术微波炉三大创新产品，而且宣布把蒸立方作为独立的高端品牌。从2012年开始，超市系统将停止销售399元以下产品，在连锁销售系统中将停止销售599元以下产品。光美公司解释，从光美公司掌握的数据看，国内市场的高端化消费趋势已经非常明显，低端产品对消费者已不具吸引力。

光美公司在不断创新和推出产品的过程中，成功地开展了一系列促销活动。

2006 年，光美公司开启了以“食尚蒸滋味”为主题的全年推广活动，首次在各大电视台开展广告营销活动，同时在全国主要市场开展产品的循环演示活动。2008 年，光美公司主办了“蒸夺营养冠军”的全国推广活动。2009 年，光美公司推出“全蒸宴”的全国演示推广活动。2010 年，光美公司推出“蒸出营养与健康——光美公司蒸立方”微波炉的电视形象广告片。

配合线上的品牌广告推广以及线下的循环演示活动，2010 年光美公司耗巨资在国内主要城市的核心终端，开辟了 1 000 个“蒸立方”品牌专柜。

2011 年公司开发上线了新一代营销管理系统，该系统实现了全国主要终端的销售、库存数据动态更新，公司能及时了解市场销售变化情况。2012 年光美公司推出另一项重大变革措施，变以产定销为以销定产。这项变革成效显著，仅 2012 年第一个季度工厂库存就下降了 60%。

自 2007 年起，光美公司在海外前 15 大市场设立了区域经理，同时针对不同区域的主流客户设立了专门的产品开发团队。通过资源的聚焦、本土化市场拓展以及公司技术、品质等后台支持体系的不断强化，至 2010 年，光美公司生产的微波炉在 9 个国家成功实现对竞争对手产品的超越，在 10 个国家中市场占有率排名首位。

资料三

提升自主创新能力一直是光美公司努力的方向和管理的重点。光美公司在这方面开展的主要工作有：

(1)确定公司技术发展方向以及技术发展路线。2009 年公司制定了三年技术路线图，其中不仅规划出公司主要技术发展方向，而且第一次将产品实现技术(关键制造技术)纳入技术规划中，形成基础研究、核心技术研究、产品开发的阶梯创新模式，实现了技术与市场的有效对接。

(2)开展广泛技术合作。2008 年光美公司引进变频器开发的鼻祖——日本 D 公司的变频技术以及高温蒸汽技术和生产工艺。经过一年多的消化吸收，公司于 2010 年在国内市场推出“变频蒸立方高端新品”，树立了光美公司在微波炉“蒸功能”上的绝对技术领先地位。此外，公司广泛开展与国内外科研院校、零部件供应商在研发项目上的合作。公司还与其他单位建立联合实验室，开展长期的合作研究。

(3)投入巨资改善软硬件条件。到 2012 年年底，光美公司研发体系的人员从转型前的约 100 人增加到 240 人，形成了 10 多个前沿、关键技术研究团队。公司调整了研发项目激励方式，提高了基础研究项目的激励比例。同时，公司调整了科技人员的薪酬结构，减少年底绩效收入，提高固薪，以稳定研发队伍。公司累计投资 3 亿多元，建立了包括零部件质量检验、整机性能寿命检测、消费者体验研究、营养分析等在内的全球最先进、最完善的研发测试体系。

(4)大刀阔斧进行组织变革。2009 年之后，公司不断完善基于以市场、客户为导向的矩阵式管理模式，各产品、客户经理对经营结果负责，并拥有相应的产品企划和定价、供应商选择、人员选择等关键决策权力；其他管理人员在各自职责体系中对产品、客户经理经营提供后台支持。

(5)变革学习、考核机制。公司不断加大对各类人员培训的投入，同时转变培训方式。公司要求中高层管理者每年必须走访市场不少于 4 次，倾听市场和客户的声音。公司定期组织中高层管理者赴日本、韩国企业进行学习交流和取经。公司每年投入超过 1 000 万元的培训费用于员工的专业技能培训。公司出台专项政策，鼓励员工进行再学习、再深造。公司经常组织读书心得分享会，书目由公司总经理亲自选定，均与公司当期推动的变革措施有关。光美公司的绩效导向文化逐渐深入到员工骨髓，公司也结合各阶段工作重点在绩效考核导向方面进行不断的调整和优化。

(6)提高成本竞争力。为了避免差异化成本过高，光美公司通过加大部件自制、精益运营、加强价值链信息共享和协同降低运营成本等手段来创新成本管控，解决成本与结构升级的矛盾，应对资源要素价格的持续上升，保证成本优势。

经过多年的努力，光美公司在2010年成功超越兰微公司成为微波炉出口冠军；在2012年，光美公司微波炉国内市场品牌价格指数全面超越兰微公司，由行业跟随者升级为行业领导者，跳出行业“价格战”的恶性循环，实现了企业业绩持续增长。

要求：

(1)简要分析光美公司实行多元化经营进入微波炉产业的动因(采用多元化战略的优点)。

(2)简要分析兰微公司微波炉产品实施成本领先战略的条件(从市场情况、资源能力两个方面分析)与风险。

(3)简要分析光美公司微波炉产品战略转型、实施差异化战略的条件(从市场情况、资源能力两个方面分析)，以及光美公司如何防范差异化战略的风险。

(4)简要分析兰微公司为阻止光美公司进入微波炉产业所设置的行为性障碍。

(5)简要分析光美公司战略转型中研发的类型、动力来源和定位。

(6)依据市场营销组合四个要素，简要分析光美公司如何运用市场营销来实现战略转型。

同步训练答案及解析

一、单项选择题

1. D 【解析】产品开发战略是在原有市场上，通过技术改进与开发研制新产品。这种战略可以延长产品的生命周期，提高产品的差异化程度，满足市场新的需求，从而改善企业的竞争地位。甲公司定期推出新菜，面对的还是现有的消费群体，目的是在行业中始终保持领先，所以是产品开发战略。

2. B 【解析】后向一体化战略是指获得供应商的所有权或加强对其控制权。后向一体化有利于企业有效控制关键原材料等投入的成本、质量及供应可靠性，确保企业生产经营活动稳步进行。后向一体化战略在汽车、钢铁等产业采用得较多。本题中，神大公司收购铁矿石供应企业，属于获得供应商所有权，因此属于后向一体化战略。

3. A 【解析】本题是战略类型判断的典型考法，题目给出相应线索，要求判断战略类型。复习时需要将相关战略类型的含义加强理解。智能家电和智能机器人制造等领域是新产品、新市场，属于多元化战略，而且与智能手机都是智能化产品，具有相关性，所以属于相关多元化(同心多元化)。

4. D 【解析】某旅行社采用这样的营销方法吸引更多的客户，增加了现有市场占有率，属于市场渗透战略。

5. B 【解析】一体化战略是指企业对具有优势和增长潜力的产品或业务，沿其经营链条的纵向或横向延展业务的深度和广度，扩大经营规模，实现企业成长。L公司收购了电池板制造商，这是沿着产业链向上游光伏电池板制造进行发展，因此属于一体化战略。

【思路点拨】发展战略的三种类型即一体化、密集型和多元化不是截然分开的，彼此之间存在交叉。在考试中，如果能够确定案例所给线索主要强调上下游关系和同业竞争对手关系，应选择一体化，而不是多元化。

6. D 【解析】由于要在国外市场(新市场)销售新型流感的疫苗(新产品)，所以是多元化战略。

7. C 【解析】选项A属于市场渗透战略；选项B属于市场开发战略；选项C属于多元化战略；选项D属于产品开发战略。

8. A 【解析】选项B表明该公司具有较强的竞争优势，而该行业成长性逐渐下降，因此适宜采用相关(同心)多元化战略；选项C适宜采用市场渗透战略；选项D适宜采用稳定战略。

9. C 【解析】本题考核知识点“发展战略——一体化战略”。根据题目信息可以判断，T公司采用的是前向一体化战略，其适用条件是选项C。选项A是横向一体化的适用条件。选项B是后向一体化战略的适用条件。选项D是产品开发战略适用的条件。

10. A 【解析】从案例信息可以判断，甲企业发展势头较好，因此判断不应采用放弃战略或收缩战略，选项C、D错误。选项B代表的战略类型属于干扰选项，错误。甲企业三年发展速度较快，市场风险加大，如果继续保持高速发展，容易造成企业出现问题，因此适用的战略为稳定战略。

11. D 【解析】转向战略涉及企业经营方向的改变，包括重新定位或调整现有的产品和服务以及调整营销策略。本题中，该公司对旗下白酒品牌重新进行了定位，并按照“系列酒薄利多销”的策略实现了转型，因此可以判定为是转向战略。

12. B 【解析】放弃战略涉及企业(或子公司)产权的变更，是比较彻底的撤退方式。采用放弃战略的主要方式有：特许经营、分包、卖断、管理层杠杆收购、拆产为股/分拆。

13. C 【解析】退出障碍包括：①固定资产的专用性程度；②退出成本；③内部战略联系；④感情障碍；⑤政府与社会约束。职工补偿和重新安置属于退出成本，职工抗议属于感情障碍，当地政府的要求属于政府和社会约束，担心其服装生产线专用性程度高难以对外出售属于固定资产的专用性程度。

14. C 【解析】金融资本并购，一般由投资银行或非银行金融机构(如金融投资企业、私募基金、风险投资基金等)进行。金融资本一般并不以谋求产业利润为首要目的，而是靠购入然后售出企业的所有权来获得投资利润。

15. C 【解析】“佳美公司是一家全国性家电零售连锁企业，在国内一、二线城市拥有近百家大型连锁商城”，并购恒兴公司，“销售网络扩展到全国三分之二以上的城市和部分乡镇，市场占有率提高了20%，进一步巩固了其行业领先地位”，表明通过并购进一步提高了佳美公司对全国家电零售市场的控制力，选项C正确。

16. B 【解析】“W集团及其技术伙伴和M集团将能发挥各自在市场上的领先地位，及在批发、零售和数字领域的领先专长”体现的是实现资源互补。

17. B 【解析】根据资料“国内著名商业零售企业东海公司与主营大数据业务的高胜公司签订战略合作协议”，可判断两个公司结成的战略联盟是功能性协议，属于契约式战略联盟。相对于股权式战略联盟而言，契约式战略联盟更具有战略联盟的本质特征，选项B正确。选项 A、C、D 属于股权式战略联盟的特点。

18. D 【解析】该酒店的经营特色体现的是与众不同，且目标顾客是那些愿意支付高额住宿费用和希望享受一流个人服务的高端旅行者和度假者，所以采用的是集中差异化的竞争战略。

19. C 【解析】“节省了店员的操作和相关费用，相应地把咖啡价格降到行业最低水平”表明成本领先。“同时使顾客产生宾至如归的亲切感”表明顾客认可价值高，属于差异化，即低价格、高顾客认可价值，混合战略。

20. D 【解析】很多民营企业均涉足房地产业表明竞争对手采取了多元化战略，而该公司仍集中于高端的厨房用具，因此属于集中化战略。同时，该企业定位于高端市场，舍弃中端和低端市场，因此判断不属于集中成本领先战略。

21. A 【解析】本题考核的是成本领先战略的适用条件，“对品牌的忠诚度不高，但对价格变动非常敏感。目前，甲公司主要竞争对手的各类产品与甲公司的产品大同小异”表明适合采用成本领先战略。

22. D 【解析】根据案例信息，可以判断 MM 公司，采用的竞争战略类型是成本领先战略，选项 D 是成本领先战略可能的风险。选项 A、C 属于差异化战略的风险，选项 B 属于集中化战略的风险。

23. B 【解析】率先采用外籍教师“一对一”培训方式，又获得规模经济优势，属于混合战略。

24. A 【解析】“在入市时只是一般低档车价格的 1/2”，表明是低价策略。华美公司起步初期“唯一途径就是走低价值路线”，二者结合属于低价低值战略，即集中成本领先战略。

25. D 【解析】“顾客可前来付费进行休闲娱乐等活动”“顾客采摘和购买的苹果到达一定数量，可免费参加休闲娱乐活动”体现的是为顾客提供更多价值。“顾客可前来付费进行休闲娱乐等活动，同时能以市场最低的价格采摘和购买苹果”属于价格低，即混合战略。

26. C 【解析】对于由顾客消费地点或消费口味不同而造成的生产规模的不经济性，克服零散最好的办法就是连锁经营或特许经营。比如一些便民超市、快餐店、理发店、美容厅等零售业和服务业。

27. C 【解析】谨防潜在的战略陷阱包括：①避免寻求支配地位；②保持严格的战略约束力；③避免过分集权化；④了解竞争者的战略目标与管理费用；⑤避免对新产品作出过度反应。“永强公司率先采用新技术，在其拥有的所有分店统一推出智能健身设备”表明公司重视产品研发。“但由于购置、使用、维护智能健身设备耗资很大，而需求和使用率有限，永强公司入不敷出，经营陷入困境”表明对新产品作出过度反应，选项 C 正确。

28. A 【解析】蓝海战略代表着战略管理领域示范性的转变，即从给定结构下的定位选择向改变市场结构本身的转变。由于蓝海的开创是基于价值的创新而不是技术的突破，是基于对现有市场现实的重新排序和构建而不是对未来市场的猜想和预测，企业就能够以系统的、可复制的方式去寻求它；“蓝海”既可以出现在现有产业疆域之外，也可以萌生在产业现有的“红海”之中。

29. D 【解析】本题通过为顾客提供经营范围之外的其他服务，更好地满足消费者的需求，属于重设客户的功能性或情感性诉求。选项 D 正确。

30. C 【解析】“崇尚传统还是追求时尚”表明是根据生活方式进行了细分，选项 C 正确。

31. A 【解析】本题中轮胎制造商为汽车制造商和农用拖拉机制造商分别生产两种安全标准不同的轮胎，是根据用户的行业类别进行划分的。选项A正确。

32. B 【解析】乙公司针对三大系列产品设计三种不同的品牌，说明采用的品牌策略是每种产品都有不同的品牌名称。

33. B 【解析】营业推广采用非媒体促销手段，比如为鼓励客户购买产品或服务而设计的刺激性手段。例如，试用品、折扣、礼品等方式都已为许多企业所采用。『提示』促销组合四种手段是选择题出题点，促销组合手段的名称要熟练记忆，含义要适当理解。

34. D 【解析】酒店和机票的价格因季节而异，属于季节性折扣。而季节性折扣属于折扣与折让策略。

35. B 【解析】招徕定价是利用消费者求廉的心理，将少数几种商品价格暂时降至最低，借此吸引和招徕顾客购买的一种策略。仁青公司每周会选择若干周围居民购买频率较大的生活必需品，以低于成本的价格销售，而且远低于周边竞争对手类似产品的价格表明属于招徕定价。

36. C 【解析】新产品上市定价包括撇脂定价、渗透定价和满意定价策略。能够尽快提升公司盈利的同时，也带来更多的现金流适合定高价，属于撇脂定价。

37. A 【解析】抢占或填补市场空位策略是将企业产品定位在目标市场的空白处，生产销售目标市场上尚没有的某种特色产品，避开与目标市场上竞争者的直接对抗，以增强企业的相对竞争优势，获取更好的经济效益。北海的茶以Smoothie水果健康饮料为主打产品，提供不同水果组合口味，与市场上其他饮吧多以奶茶或咖啡饮料为主不同，因此属于抢占或填补市场空位策略。

38. C 【解析】

<table>
<tr><td rowspan="6">分销渠道类型</td><td rowspan="4">传统分类</td><td>直接分销</td><td colspan="2">不经过中间商，直接从生产商到消费者</td></tr>
<tr><td rowspan="3">间接分销</td><td rowspan="3">经过了中间商（批发商、零售商或可能两者）的分销系统</td><td>独家分销：在每个地域市场仅使用一家零售商</td></tr>
<tr><td>选择性分销：生产企业在某一地区仅通过几个精心挑选的、最适合的中间商推销产品</td></tr>
<tr><td>密集分销：在每个地域市场通过许多商店销售产品</td></tr>
<tr><td rowspan="2">互联网时代</td><td colspan="3">线上</td></tr>
<tr><td colspan="3">线下</td></tr>
</table>

本题中，甲公司只挑选了一家在该省影响力较大的经销商，属于独家分销。

39. B 【解析】本题考核的是平衡产能与需求的方法。

<table>
<tr><td rowspan="3">平衡产能与需求的方法</td><td>资源订单式生产</td><td>订单→资源→生产</td></tr>
<tr><td>订单生产式生产</td><td>资源→订单→生产</td></tr>
<tr><td>库存生产式生产</td><td>资源→生产→订单</td></tr>
</table>

资源订单式生产即当需求不确定时，企业仅在需要时才购买所需材料并开始生产所需的产品或提供所需的服务，其特征是订单→资源→生产。

40. B 【解析】玩具生产商在第三季度就开始生产各种玩具，表明是先采购资源，组织生产，然后在第四季度进行销售。属于库存生产式生产。

41. A 【解析】滞后策略是指仅当企业因需求增长而满负荷生产或超额生产后才增加产能。甲公司一直处于满负荷生产状态，为满足持续增长的订单要求，公司决定增加一条生产流水线，属于滞后策略。所以选项A正确。

42. D 【解析】零售商存货加顾客自提是指库存存放在零售店，顾客走进零售店购货，或者通过在线或电话下订单，然后到零售店提货。“顾客在手机 APP 上下单后，根据自己的时间到与公司合作的几家大型商超提货”表明顺达公司采用的是零售商存货加顾客自提。

43. A 【解析】“公司每年确定 2~3 家供应商以采购整套刹车系统”表明松井公司采用的是少数或单一货源的策略。少数或单一货源策略的缺点包括：①若无其他供应商，则单一供应商的议价能力就会增强；②企业容易遭受供应中断的风险。

44. C 【解析】

薪酬的组成	基本薪酬	根据员工所承担的工作或者所具备的技能而支付给他们的较为稳定的经济收入
	可变薪酬	根据员工、部门或团队、组织自身的绩效而支付给他们的具有变动性质的经济收入
	间接薪酬	给员工提供的各种福利
公平性原则	外部公平性	在不同企业中，类似职位或者员工的薪酬应当基本相同
	内部公平性	在同一企业中，不同职位或者员工的薪酬应当与各自对企业贡献成正比
	个体公平性	在同一企业中，相同或类似职位上的员工，薪酬应当与其能力、贡献成正比

45. B 【解析】固定股利政策，即每年支付固定的或者稳定增长的股利，将为投资者提供可预测的现金流量，减少管理层将资金转移到盈利能力差的活动的机会，并为成熟企业提供稳定的现金流。

46. C 【解析】“需求量比较稳定”体现的是低经营风险，“主要通过向银行贷款取得更新设备所需的资金”体现的是高财务风险，所以选项 C 正确。

47. A 【解析】该净水器生产企业创业三年，近两年销售额年均增幅在 25% 以上，表明经营风险较高。甲公司与多家银行洽谈，筹措资金 35 亿，占公司总资产的比重达到 76%，属于高财务风险。根据财务风险与经营风险搭配理论，该企业属于高经营风险与高财务风险的搭配。

48. A 【解析】“所处市场尚在不断发展变化中，市场中企业数量不多、规模也比较小”表明该公司所处行业属于导入期，适合采用零股利政策，选项 A 正确。

49. B 【解析】“提供的产品性能、质量大体相同，彼此之间为争夺客户展开挑衅性的价格竞争；行业规模达到前所未有的水平；任何一个企业扩大市场份额都十分困难”表明处于成熟期。成熟期资金来源于保留盈余+债务，选项 B 正确。

50. C 【解析】导入期由于企业存在很大的不确定性因而经营风险非常高，导入期企业很少进行借债，一般只有风险投资者投资，所以财务风险非常低，资金主要来源于风险资本，导入期的企业受到风险投资家的追捧，会吸引更多的投资者，所以股价迅速增长，选项 C 正确；成长期因为企业迅速扩张使经营风险相对降低，此时开始借入少量的借款，财务风险开始升高，资本结构中主要是权益融资，权益资本在资金来源中所占的比重减少，风险资本撤出企业，吸引更多普通权益投资者的投入，股利分配率低，股价增长并波动，选项 D 错误；成熟期经营风险和财务风险中等，因获得大量的现金流而投资较少，所以股利分配率高，资本结构中既包括权益资本也包括债务资本，选项 B 错误；衰退期经营风险很低，只需考虑企业何时退出的问题，而财务风险高，股利用于全部分配，股价呈下降趋势，选项 A 错误。

51. A 【解析】投资资本回报率大于加权平均资本成本，创造价值。销售增长率小于可持续增长率，现金剩余，属于财务战略矩阵第二象限，增值型现金剩余。首选战略是利用剩余现金加速增长，包括内部投资和收购相关业务，投资于新技术属于内部投资。选项 B 属于第四象限可以选择的财务战略。选项 C 属于第一象限可以选择的财务战略，停止股利支付，特别是现金股利的支付，以把更多现金留在企业内部，满足对资金的需求。选项 D 属于第一象限可以选择的财务战略，成熟企业通常拥有大量富余资金，通过收购成熟企业，就可以获得充分的资金来源。

52. D 【解析】价值链升级，即通过进入技术壁垒或资本壁垒更高的价值链或获取价值链中更高的地位，以提升盈利能力和竞争力而实现的升级。例如，汽车零部件供应商进入整车制造产业。

53. A 【解析】寻求市场：联合国贸易和发展会议报告指出，在发展中国家企业对外投资动机中，最重要的是寻求市场型的外国直接投资。本题体现的就是发展中国家商业银行为了寻求新的市场，进入发达国家投资开设分行的情形。

54. D 【解析】本题是根据教材案例“欧洲 A 公司的跨国战略”改写而成。

55. D 【解析】本题考核“国际化经营的战略类型”的知识点。甲公司擅长根据各国民俗设计玩具，深受各国儿童喜爱，表明考虑到不同国家需求的差异，推出不同的产品，采用的是多国本土化战略。

56. B 【解析】为了避免外部市场的竞争压力，跨国战略中母公司与子公司、子公司与子公司的关系是双向的，不仅母公司向子公司提供产品与技术，子公司也可以向母公司和其他子公司提供产品与技术，所以 P 公司的国际化经营战略类型为跨国战略。

57. B 【解析】全球化战略是指在全世界范围内生产和销售同一类型和质量的产品或服务。企业根据最大限度地获取低成本竞争优势的目标来规划其全部的经营活动，它们将研究与开发、生产、营销等活动按照成本最低原则分散在少数几个最有利的地点来完成，但产品和其他功能则采取标准化和统一化以节约成本。全球化战略强调集权，强调由母国总部控制，不同国家的战略业务单元相互依存，而总部试图将这些业务单元整合。甲公司在劳工成本较低的越南设立统一的牛肉加工厂，并在多个国家从事牛肉加工食品零售业务。甲公司管理层采用集权式管理方式。为确保牛肉加工食品的质量，甲公司计划将所有原料牛在日本农场饲养。属于全球化战略。

58. D 【解析】国际战略，企业多把产品开发的职能留在母国，而在东道国建立制造和营销职能。“东盛公司在国内的母公司保留技术和产品开发的职能，在国外的子公司只生产由母公司开发的产品”属于国际战略，特点是全球协作程度低，本土独立性和适应能力低，选项 D 正确。

59. A 【解析】本题体现的是通过转向新业务避开竞争。躲闪者战略：避开跨国竞争对手的冲击。①与跨国竞争对手建立合资、合作企业；②将企业出售给跨国竞争对手；③重新定义自己的核心业务，避开与跨国竞争对手的直接竞争；④根据自身的本土优势专注于细分市场，将业务重心转向价值链中的某些环节；⑤生产与跨国竞争对手产品互补的产品，或者将其改造为适合本国人口味的产品。

60. C 【解析】全球化压力大，全球扩张(优势资源可以海外转移)，所以选择的是“抗衡者”战略。此外，“全球性的市场网络和研发平台”表明从发达国家获取资源，“始终坚持在通信行业的主航道上聚焦”表明在一个全球化的产业中找到一个合适的突破口。

“抗衡者”战略：在全球范围内对抗，其战略定位是通过全球竞争发动进攻。①不拘泥于成本的竞争，而应该比照行业中的领先公司来衡量自己的实力。

②找到一个定位明确又易于防守的市场。③在一个全球化的产业中找到一个合适的突破口。④学习从发达国家获取资源，以克服自身技能不足和资本的匮乏。

61. D 【解析】“康达公司为了自身的长期发展，把药品的生产和销售业务转让给其他公司，同时与国外某医药公司合作专注于新药品的研发业务”体现了“躲闪者”战略中的“根据自身的本土优势专注于细分市场，将业务重心转向价值链中的某些环节”。

62. A 【解析】本题考核“本土企业的战略选择”的知识点。防御者的战略：利用本土优势进行防御。①把目光集中于喜欢本国产品的客户，而不考虑那些崇尚国际品牌的客户；②频繁地调整产品和服务，以适应客户特别的甚至是独一无二的需求；③加强分销网络的建设和管理，缓解国外竞争对手的竞争压力。

二、多项选择题

1. AB 【解析】进入 N 国属于市场开发战略，并购乙公司是同业之间的并购，属于横向一体化战略。

2. ABC 【解析】“顾客既可以按照公司提供的菜谱点餐，也可以自带菜谱和食材请公司的厨师加工烹饪”，表明通过自带菜谱和食材进行促销，体现的是市场渗透。“顾客既可以按照公司提供的菜谱点餐，也可以自带菜谱和食材请公司的厨师加工烹饪”，表明推出了新的产品，属于产品开发。“顾客既可以按照公司提供的菜谱点餐……还可以在支付一定学习费用后在厨师指导下自己操作”，表明进入了新的市场，属于市场开发。

3. BD 【解析】选项 A 属于多元化战略，选项 B 属于市场渗透战略，选项 C 属于市场开发战略，选项 D 属于市场渗透战略。

4. BD 【解析】后向一体化的优点：有利于企业有效控制关键原材料等投入的成本、质量及供应可靠性，确保企业生产经营活动稳步进行。根据题目信息可以判断，甲公司需要保证质量，再降成本，强化成本领先战略优势，因此适合采用纵向一体化中的后向一体化战略。

5. BCD 【解析】前向一体化战略通过控制销售过程和渠道，有利于企业控制和掌握市场，增强对消费者需求变化的敏感性，提高企业产品的市场适应性和竞争力。远航造船厂、国兴造船厂、天州钢帘线制造厂都是神大钢铁公司的下游企业，所以首先判断其发展战略是前向一体化战略。选项 A 属于前向一体化战略的主要适用条件；选项 B、C 属于后向一体化适用的条件；选项 D 属于横向一体化适用的条件。

6. AC 【解析】调整了管理层领导机构，制定新的政策和建立新的管理控制系统，以及改善激励机制与约束机制，建立有效的财务控制系统，严格控制现金流量，属于紧缩与集中战略；将旗下金融与租赁业务剥离出去，属于放弃战略。

7. BCD 【解析】出售旗下 9 家主业为铝加工的亏损子公司为放弃战略，扩大氧化铝和电解铝业务比例为转向战略，加快在海外矿山资源的布局步伐为一体化战略。

8. BD 【解析】甲公司原来业务是印刷机制造，后来通过收购进军网络游戏，表明甲公司采用的是多元化战略。多元化战略优点为：①分散风险；②能更容易地从资本市场中获得融资；③当企业在原产业无法增长时找到新的增长点；④利用未被充分利用的资源；⑤运用盈余资金；⑥获得资金或其他财务利益，例如累计税项亏损；⑦运用企业在某个产业或某个市场中的形象和声誉来进入另一个产业或市场，而在另一个产业或市场中要取得成功，企业形象和声誉是至关重要的。根据题目信息可以判断，甲公司采用多元化经营的优点应该是选项 B、D。

9. ABC 【解析】高管减薪属于削减成本；

加强广告宣传属于调整营销策略；委托其他公司生产本公司的产品属于分包。

10. ACD 【解析】退出障碍包括：①固定资产的专用性程度；②退出成本；③内部战略联系；④感情障碍；⑤政府与社会约束。高炉等设备难以转产，说明是固定资产专用性程度高，而买断职工劳动合同属于退出成本，职工抵触说明是感情障碍。

11. AB 【解析】2009 年经双方充分协商，所以是友善并购，选项 A 正确。蓝太公司主营业务为铜、铅、锌等矿产资源的生产和经营，所以是产业资本并购，选项 B 正确。蓝太公司以 80%的自有资金，成功完成对 Z 公司的收购，80%的自有资金表明收购方的主体资金来源是自有资金，所以对 Z 公司的收购属于非杠杆收购，选项 C 错误。蓝太公司主营业务为铜、铅、锌等矿产资源的生产和经营，Z 公司是澳大利亚一家矿产公司，其控制的铜、锌、银、铅、金资源储量非常可观，二者处于同一环节，所以是横向并购，选项 D 错误。

12. ACD 【解析】“后来发现这座铁矿的储量和矿石出铁率低于预期”属于决策不当。“预计 5 年后收回成本并赢利……且所处地质环境复杂，开采成本和运输费用超出预算 1 倍以上。2018 年底，该铁矿的运营出现严重收不抵支”属于支付过高的并购费用。“富和矿业公司向当地银行申请贷款，但由于 Y 国有限制外资贷款的法律规定”属于跨国并购面临政治风险。因此，选项 ACD 正确。

13. AB 【解析】百川公司在并购 M 国一家已上市的同类企业后发现，后者因承建的项目未达到 M 国政府规定的环保标准而面临巨额赔偿的风险，属于决策不当，选项 A 正确。上市企业的核心技术人员因对百川公司的管理措施不满而辞职，属于并购后不能很好地进行企业整合，选项 B 正确。

14. BC 【解析】与 D 网上商城合作首发 A 系列智能电视新品，属于生产营销协议；与日本 X 公司进行深度合作，推出双方共同打造的 60 英寸智能电视，属于合作研究开发协议。

15. AD 【解析】“鹏霄电信公司与东序软件公司达成战略合作协议”表明双方采用的战略联盟形式为契约式战略联盟。选项 AD 属于契约式战略联盟的特点。选项 BC 属于股权式战略联盟的特点。

16. BC 【解析】甲公司率先推出该种手机业务，并因此得到相应的利润，所以选项 B 正确。用户集中在“与甲公司合作的商家”市场中，可以理解为是集中化战略，所以选项 C 正确。

17. BCD 【解析】太乐公司集中全部资源，重点发展厨具小家电产品。公司利用与发达国家企业 OEM 合作方式获得的设备，进行大批量生产，从而获得规模经济优势。这些表明太乐公司采取的是集中成本领先战略。成本领先战略的优点在集中成本领先战略中都有体现，即成本领先战略的优点包括：①形成进入障碍；②增强讨价还价能力；③降低替代品的威胁；④保持领先的竞争地位。选项 A 属于差异化战略的优势。

18. AB 【解析】“F 公司是一家专门生产高档运动自行车的企业”表明该公司实行的是集中化战略，选项 A、B 属于集中化战略的适用条件。选项 C、D 属于成本领先战略的适用条件。

19. BD 【解析】洗车业务不需要复杂的技术和大量的投资，说明洗车产业进入障碍低；消费者需要的洗车地点分散，说明市场需求多样导致高度产品差异化(消费者消费地点的零散)。故选项 B、D 正确。

20. ABC 【解析】根据题目所给三条特征，可以判断该产业属于零散产业(在零散产业中，产业集中度很低，没有任何企业占有显著的市场份额，也没有任何一个企业能对整个产业的发展产生重大的影响)。选项A符合克服零散(获得成本优势)的战略思路，选项B符合专门化的战略思路，选项C符合增加附加价值(差异化)的战略思路。选项D采取价格战吸引后来对价格敏感的购买者符合新兴产业企业采用的战略思路。

21. AC 【解析】引入M国A公司的管道式滤水器和B公司空气净化器属于扩大产品组合。将滤水壶产品适当下沉，推出部分新型号进入低端渠道属于向下延伸。

22. BCD 【解析】“全体创作人员、导演和阵容强大的主要演员集体在媒体和影视界嘉宾前亮相，宣称此片将‘进军奥斯卡’”属于公关宣传；“全体创作人员、导演和阵容强大的主要演员集体在媒体和影视界嘉宾前亮相……散发了该片的精彩剧照，透露了令人捧腹的拍摄花絮”属于人员推销；“请与会人员免费观看了该片的首映”属于营业推广。

23. ACD 【解析】该旅行社定期开展会员俱乐部活动，向参加活动的社员提供免费茶点，风景摄影及旅游知识讲座，旅游新项目推广等，属于营业推广和人员推销。建立良好的公众形象，属于公关宣传。

24. ABCD 【解析】生产运营战略所涉及的主要因素包括批量、种类、需求变动、可见性。其中，可见性是指生产运营流程为客户所见的程度。“平时采用自动化设备培植、出售当地居民喜爱的兰花、绿萝等花卉”体现了批量、种类；“每逢节日前夕，便向市场推出富有节庆意义的花卉”体现了种类、需求变动；“同时接受并满足顾客观看公司业务流程后所提出的个性化定制要求”体现了种类和可见性。

25. ABCD 【解析】“不断提高顾客需求的响应速度”体现交货期，“改善生产过程质量”体现质量，“通过合理的产品设计降低顾客使用成本”体现成本，“改善生产运作系统随市场需求变化快速低成本的调整能力”体现制造柔性。

26. ABD 【解析】“公司从新产品概念的提出就与各供应商合作，产品的设计、试制、改进、定型、生产与供应商的产品和技术创新基本上同步进行、相互契合”表明采用的是创新性联盟策略。

27. AD 【解析】人力资源战略的主要内容：①精确识别出企业为实现短期、中期和长期的战略目标所需要的人才类型；②通过培训、发展和教育来激发员工潜力；③尽可能地提高任职早期表现出色的员工在员工总数中所占的比重；④招聘足够的、有潜力成为出色工作者的年轻新就业者；⑤招聘足够的、具备一定经验和成就的人才，并使其迅速适应新的企业文化；⑥确保采取一切可能的措施来防止竞争对手挖走企业的人才；⑦激励有才能的人员实现更高的绩效水平，并激发其对企业的忠诚度；⑧创造企业文化，使人才能在这种文化中得到培育并能够施展才华。

28. AC 【解析】对增值型现金短缺业务，长期性高速增长的资金问题有两种解决途径，一是提高可持续增长率，二是增加权益资本。提高可持续增长率的方法包括提高经营效率和改变财务政策。提高经营效率是应对现金短缺的首选战略，所以选项A的说法正确。减损型现金剩余表明资源未得到充分利用。减损型现金剩余的主要问题是盈利能力差，而不是增长率低，简单的加速增长很可能有害无益。首先应分析盈利能力差的原因，寻找提高投资资本回报率或降低资本成本的途径，使投资资本回报率超过资本成本，所以选项C的说法正确。

29. BC 【解析】本题考核“财务战略”的知识点。“洗衣粉产业的产品逐步标准化，技术和质量改进缓慢，洗衣粉市场基本饱和”，说明产品处于成熟期，处于成熟期的企业财务风险是中等，股利分配率高，资金来源于保留盈余和债务，股价稳定。所以选项 B、C 正确。

30. ACD 【解析】本题考点为财务战略（基于产品生命周期的财务战略选择）。互联网叫车产业处于培育客户的阶段，即导入期。导入期经营风险非常高而财务风险非常低，不分配股利，价格/盈余倍数非常高，主要资金来源是风险资本，选项 A、C、D 正确。

31. ACD 【解析】“客户群已经扩大，消费者对质量的要求不高。申万公司每年的广告费用较高，但是每单位销售收入分担的广告费在下降”表明申万公司处于成长期。成长期的企业财务风险低，选项 A 错误。股利分配率很低，选项 C 错误。股价增长并波动，选项 D 错误。

32. CD 【解析】本题问的是职能战略。细化现有市场，发掘潜在客户，力争在三年内，市场占有率提升 5%，体现的是营销战略。根据市场调研结果，研发新的产品，体现的是研究与开发战略。选项 A 虽然属于职能战略，但在案例信息中并未体现。

33. ABD 【解析】“国内生产要素成本不断上涨”“生产综合成本相对较低”体现了寻求效率。“产品订单日趋减少”“获得 M 国汽车制造商的大量订单，业务量大幅增长”体现的是寻求市场。“通过独立投资和横向并购 M 国一家拥有国际知名品牌的企业”，体现了寻求现成资产。

34. AD 【解析】艾地公司是国内从事有色金属矿产地质勘探的企业，“收购使艾地公司获得 N 国储量丰富的黄金矿产的勘探权”体现的是寻求市场。“留用了纳奇公司经验丰富的管理层”体现了寻求现成资产。

三、简答题

1.【答案】

（1）W 钢铁集团公司实施的发展战略类型属于纵向一体化，具体包括两种类型：

①前向一体化。完成参股 Z 石油西北管道联合有限责任公司合计 80 亿元的出资，持有其 12.8% 的股权；收购 J 集装箱厂；参股 D 造船厂；与 N 齿轮厂签订合作协议。

实施前向一体化的动因表现为通过控制销售过程和渠道，有利于企业控制和掌握市场，增强对消费者需求变化的敏感性，提高企业产品的市场适应性和竞争力。“深加工产业客户面临的选择越来越多，对用料的要求也越来越高”“W 钢铁集团公司对客户需求的变化缺乏敏感性，导致公司结构性产能过剩”。

②后向一体化。W 钢铁集团公司收购非洲矿业有限公司（非洲矿业）唐克里里铁矿项目 75% 的股权。完成此次收购，可以确保 W 公司铁矿资源的长期稳定供应；2017 年再度出资 8 亿美元海外收购莫桑比克煤矿 40% 股权，以保证其基本生产需求。

实施后向一体化战略的动因是有利于企业有效控制关键原材料等投入的成本、质量及供应可靠性，确保企业生产经营活动稳步进行。“……导致 W 钢铁集团公司原料供应受制于人”“完成此次收购，可以确保 W 公司铁矿资源的长期稳定供应”“充分利用开发莫桑比克的巨大焦煤资源，以保证其基本生产需求”。

（2）W 钢铁集团公司实施纵向一体化战略的适用条件如下：

前向一体化战略的主要适用条件包括：

①企业现有销售商的销售成本较高或者可靠性较差而难以满足企业的销售需要。“深加工产业客户面临的选择越来越多，对用料的要求也越来越高”。

②企业所在产业的增长潜力较大。“钢铁市场的需求依旧十分旺盛”。

③企业具备前向一体化所需的人、财、物等资源。“W 公司在以往的经营过程中，与上下游企业业务联系密切，因而可以在

现有人才和技术不需要做大的投入和调整的前提下，实现纵向一体化的整合”。

④销售环节的利润率较高。“下游产品的销售利润率可以达到7%~10%”。

后向一体化战略主要适用条件包括：

①企业现有的供应商供应成本较高或者可靠性较差而难以满足企业对原材料、零件等的需求。“导致W钢铁集团公司原料供应受制于人”。

②供应商数量较少而需求方竞争者众多。“由于‘四大矿’的铁矿石产量高、品位好、成本低，在供应端形成了寡头垄断的局面，在铁矿石定价中逐步获得了压倒性的优势地位”。

③企业所在产业的增长潜力较大。“钢铁市场的需求依旧十分旺盛”。

④企业具备后向一体化所需的人、财、物等资源。“W公司在以往的经营过程中，与上下游企业业务联系密切，因而可以在现有人才和技术不需要做大的投入和调整的前提下，实现整合”。

⑤企业产品价格的稳定对企业来说十分关键，后向一体化有利于控制原材料成本，从而确保产品价格的稳定。“在供应端形成了寡头垄断的局面，在铁矿石定价中逐步获得了压倒性的优势地位，导致W钢铁集团公司原料供应受制于人”。

⑥供应环节的利润率较高，“上游原料的销售利润率可以达到15%”“2016年集团亏损额高达114.14亿元，营业收入自2010年以来也已经腰斩”。

2.【答案】

(1)绿安集团第一次和第二次战略创新的类型属于产品创新和范式创新。

①产品创新。“2002年，绿安集团成立了一家化纤企业，产品主要是地毯纱线，这种纱线是地毯纺织企业的主要原料”“投资新建了地毯生产企业”。

②范式创新。“走‘工贸结合’的道路，凭借绿安集团的贸易优势，尤其是多年积累的信息优势和渠道优势，把产业链延伸到工业实体领域，做出自己的产品，树立自己的品牌，以适应未来市场趋势和行业环境的变化”“董事长李先生从中既看到了挑战，也看到了机会，他提出并组织实施了绿安集团的又一次战略转型：将绿安集团的产业链进一步向下游延伸至终端产品——地毯行业”。

(2)绿安集团从化工原料贸易延伸至地毯纱线生产，是前向一体化战略，绿安集团从地毯纱线生产延伸至地毯生产，也是前向一体化战略。前向一体化战略有利于企业控制和掌握市场，增强对消费者需求变化的敏感性，提高企业产品的市场适应性和竞争力。“以适应未来市场趋势和行业环境的变化……以后几年内产销量不断增加，成为绿安集团新的利润增长点”“既看到了挑战，也看到了机会……国内地毯市场的潜力被逐渐开发出来，绿安集团的地毯企业也持续呈现产销两旺的局面”。

3.【答案】

(1)喜旺公司所实施的发展战略类型属于纵向一体化战略，包括前向一体化和后向一体化战略。

①前向一体化。“自建物流体系”“进一步整合物流配送资源和能力”。其动因(或优势)是有利于企业控制和掌握市场，增强对消费者需求变化的敏感性，提高企业产品的市场适应性和竞争力。“随着商品年销售量的不断增加，第三方物流配送能力不足、每天数千单的货物积压的问题日益显著，严重影响服务质量和客户满意度。喜旺公司决定自建物流体系”“喜旺公司这一系列举措，使得其下游配送的效率取得了质的飞跃”。

②后向一体化。“运用多种方式整合与完善商品采购与供给端”。其动因(或优势)是有利于企业有效控制关键原材料等上游投入的成本、质量及供应可靠性，确保企业生产经营活动稳步进行。“为了确

保上游供给商品的质量与可靠性”“喜旺公司与国信医药公司合作，用户在喜旺平台可购买处方药品”“永芒超市是国内超市中最好的生鲜品供应商，拥有相比各大超市最低的生鲜品采购成本”。

(2)喜旺公司实施发展战略所采用的途径有：

①外部发展(并购)。“2014 年 3 月，喜旺并购迅风物流”“2016 年 5 月，喜旺公司并购‘快快’”。

②内部发展(新建)。“自建物流体系，2007 年，喜旺公司投资 2 000 万元建立东速快递公司，专门为喜旺商城提供物流服务……喜旺公司不断完善物流配送体系，将大量的资金用于物流队伍、运输车队、仓储体系建设，到 2011 年，喜旺公司在全国各地建立了 7 个一级物流中心和 20 多个二级物流中心，以及 118 个大型仓库”“2014 年 6 月，喜旺公司投资智能体重体脂秤 P 产品；2015 年 5 月，喜旺公司投资 7 000 万美元建立生鲜电商果园”。

③战略联盟。“2014 年 10 月，喜旺与国有邮政公司达成战略合作”“2014 年 4 月，喜旺公司与国内最大海洋牧场微岛公司达成合作协议”“2015 年 8 月，喜旺公司与国信医药公司合作”“2015 年 8 月，喜旺公司出资 43 亿元战略入股永芒超市，取得 10% 股权”。

(3)①避免或减少竞争。“线上线下两大零售龙头原本是竞争对手，达成合作后……双方还有很多潜在合作空间”。

②实现资源互补。“永芒超市是国内超市中最好的生鲜品供应商，拥有相比各大超市最低的生鲜品采购成本，永芒超市拥有超过 350 家门店，但还不能覆盖全国……达成合作后，在永芒超市实体店尚未覆盖的区域，喜旺可以与其共同提供 O2O 服务(即 online 线上网店 offline 线下消费)”。

③开拓新的市场。“喜旺公司可以与其共同提供 O2O 服务(即 online 线上网店 offline 线下消费)(喜旺开拓线下市场，永芒超市开拓线上市场)”。

4.【答案】

(1)江康公司向原料药材业务延伸(建设 5 个原料药材现代化种植基地、收购在这一领域具有优势地位的常丽制药公司)是后向一体化战略。后向一体化战略是指获得供应商的所有权或加强对其的控制权。后向一体化有利于企业有效控制关键原材料等投入的成本、质量及供应可靠性，确保企业生产经营活动稳步进行。“为了保障原料药的稳定供给与产品质量，降低产业链中的交易成本”“以增强公司在特色原料药生产的竞争实力”。

江康公司向医药分销领域延伸是前向一体化战略，其研发向后期的毒理学试验延伸也是前向一体化战略。前向一体化战略是指获得下游企业的所有权或加强对它们的控制权的战略。前向一体化战略有利于企业控制和掌握市场，增强对消费者需求变化的敏感性，提高企业产品的市场适应性和竞争力。“实现了从新药研发到临床前试验一体化的业务整合”，提高了研发效率。

(2)发展战略一般可以采用 3 种途径，即外部发展(并购)、内部发展(新建)与战略联盟。

江康公司向原料药材业务延伸采用了新建与并购两种途径，“建设了 5 个原料药材现代化种植基地”是新建，“收购在这一领域具有优势地位的常丽制药公司”是并购。江康公司向医药分销领域延伸采用了并购方式，“江康公司收购了两家医药分销公司”。向研发毒理学试验延伸采用了战略联盟方式，“江康公司以合作研究开发协议的方式与通健公司进行合作”。

5.【答案】(1)Q 公司实施收缩战略的原因属于被动原因：

①外部环境原因。“SUV 市场热度消退……”。

②内部环境原因。“对发展不理想但摊子铺得又大的Q公司来说，资产负债率自2013年起，均维持在74%左右的较高水平，而新能源等又在烧钱，其压力可想而知”“多品牌运营让Q公司资源分散”“产品规划和营销方面拖了后腿”“KY汽车缺乏技术积累及资金投入的弊端慢慢显现……KY汽车在产品资源和产能方面都依赖Q公司，Q公司也无法给予其更好的发展”。

(2)Q公司实施收缩战略的方式有三类：紧缩与集中战略、转向战略和放弃战略。

首先是紧缩与集中战略：①财政和财务战略。“与主要债权人商讨降低利率或免去应付未付利息”；②削减成本战略。“2015年开始实施成本节约计划。”

其次是转向战略，重新定位或调整现有的产品和服务。“重点发展新能源汽车”。

最后是放弃战略，“作为KY汽车唯一的股东Q公司将持有的KY汽车51%股权出让，股权减持至49%。这意味着，Q公司丧失了对KY汽车的控股权”“将对旗下品牌进行分拆出售”。

6.【答案】

(1)机会：技术环境因素。近年来国内移动互联网行业呈现井喷式发展，催生出了新的商业模式和消费习惯，南天集团开始通过微信、微博和网络外卖等互联网工具扩大销售，并通过大数据来发现客户的就餐习惯和餐饮偏好，提升服务质量。

威胁：①政治和法律环境因素。2012年年底政府出台各种限制“三公”消费的政策。

②经济环境因素。受宏观经济的影响，国内餐饮行业整体增长趋势明显放缓，行业收入增速同比下降。房地产市场的火爆推升了房租价格，也加大了餐饮行业的经营成本。环保行业竞争日趋激烈，短期内盈利前景不明朗。

③社会和文化环境因素。个人消费攀比之风得到遏制，大众的消费需求更加理性。

(2)南天集团多元化经营面临的风险包括：

①进入产业的风险。“由于环保行业竞争日趋激烈，短期内盈利前景不明朗，南天集团用于环保业务的资本支出不断加大。”

②整合内部经营的风险。“两家公司的文化存在差异，内耗不断。”

③原有经营产业的风险。“南天集团用于环保业务的资本支出不断加大，洁丽公司一直亏损，导致了后来南天集团现金流断裂，不仅使集团在新业务上进退两难，还拖累了刚走出低谷的餐饮业务。”

④退出产业的风险。“洁丽公司一直亏损，导致了后来南天集团现金流断裂，使集团在新业务上进退两难。”

⑤市场整体风险。“环保行业竞争日趋激烈，短期内盈利前景不明朗。”

7.【答案】

(1)DF公司与P公司合作采取的类型是契约式战略联盟(功能性协议)。主要动因如下：

①促进技术创新。“DF公司在向P公司供货过程中，也对手机及相关产品对液晶面板的技术要求进行了学习、消化和再创新，促进自己不断进步，最终成为液晶面板市场全球老大”。

②避免经营风险。“由于DF公司的液晶面板质量过硬，价格相对于其他液晶面板厂商低10%~15%，P公司因此大大降低了制造成本。同时，DF公司在向P公司供货过程中，也对手机及相关产品对液晶面板的技术要求进行了学习、消化和再创新，促进自己不断进步，最终成为液晶面板市场全球老大。”

③实现资源互补。“由于DF公司的液晶面板质量过硬，价格相对于其他液晶面板厂商低10%~15%，P公司因此大大降低了制造成本”“DF公司在向P公司供货过程中，也对手机及相关产品对液晶面板的技术要求进行了学习、消化和再创新”。

④开拓市场。“DF公司开始为M国P公司

提供液晶产品，应用其手机和平板电脑产品，并逐渐成为P公司最大的液晶面板供应商”“最终成为液晶面板市场全球老大”。

(2)依据战略联盟管控的要求，P公司防止与DF公司战略联盟合作过程中对自己所带来的不利影响应当采取的措施如下：

①订立协议。但是，P公司在与DF公司合作过程中，这一管控手段没有到位。“由于在合作协议中，双方没有规定相应的违约责任条款，最终只能走上诉讼之路”。

②建立合作信任的联盟关系。但是P公司在与DF公司合作过程中，没有注意防范可能存在的信任危机，这一管控手段没有到位。“由于在合作协议中，双方没有规定相应的违约责任条款，最终只能走上诉讼之路”“九年来，双方在C国和相关国家先后提起了40多起诉讼”。

(3)P公司对DF公司液晶面板供给依赖度较大的原因是DF公司液晶面板供给产品差异化程度与资产专用性程度较高，“DF公司的液晶面板质量过硬，价格相对于其他液晶面板厂商低10%~15%”“由于DF公司的液晶面板技术属于世界一流，对消费者使用体验感有重大影响，使得P公司在短期内仍无法完全摆脱DF公司”，增强了DF公司对P公司讨价还价能力。

P公司为摆脱对DF公司液晶面板的依赖所采取的措施的依据是两点：

①降低DF公司液晶面板供给产品差异化程度与资产专用性程度，“2017年P公司宣布，将帮助其他屏幕供应商，包括H国和R国的几家液晶面板厂商扩建工厂，扩大对其采购量”。

②提高P公司纵向一体化程度，“与R国X公司合资进行最新一代液晶面板的生产”。

通过这些措施，提高P公司对DF公司讨价还价能力，从而摆脱对DF公司液晶面板的依赖。

8.【答案】

(1)调查报告显示，“方便面虽然是方便食品，但我国消费者非常关注方便面的口味和品质”。关注价格的消费者的比例明显低于关注口味、品质和品牌的消费者，所以依据差异化战略与成本领先战略实施市场条件分析，在方便面市场竞争适宜采用差异化战略，而不是成本领先战略。

(2)W牌方便面、J牌弹面、T牌老坛酸菜牛肉面分别通过“品牌定位差异化”“产品卖点差异化”“产品口味差异化”，在某个细分市场或某个区域市场取得竞争优势，这三个品牌采用的是集中化战略中的集中差异化战略。

由于采用集中差异化战略是企业在一个特定的目标市场上实施差异化战略，所以，差异化战略抵御产业5种竞争力的优势也都能在集中战略中体现出来。此外，集中化战略的实施可以增强企业相对的竞争优势。

(3)“K牌方便面在我国方便面市场占据1/3左右的市场份额，其在产品口味、品种、包装、品牌传播等方面都走在方便面企业的前面”，据此可以判断K牌方便面采用的是差异化战略。

采取差异化战略的风险主要有：

①企业形成产品差别化的成本过高；

②市场需求发生变化；

③竞争对手的模仿和进攻使已建立的差异缩小甚至转向。

本案例中，K牌方便面面临的风险主要体现在第三点：“中小方便面企业和新进入方便面市场的品牌通过差异化的品牌策划、产品策划、市场策划和销售策划”使得“K牌方便面的特色程度正在逐步降低”。

9.【答案】

(1)①克服零散——获得成本优势。

A. 连锁经营或特许经营。“张生于2007年在Z市创办猪肉连锁店”“2019年，

‘特号土猪’品牌连锁店开到了全国20多个城市，共有2 000多家门店”。

B. 技术创新以创造规模经济。“在互联网的大潮引领下，‘特号土猪’登陆国内最大电商平台，成为第一个面向大众消费者的‘互联网+’猪肉品牌。线上与线下同时发力，‘特号土猪’品牌影响力进一步扩展，销量也更上一层楼”“开办了培训职业屠夫的‘屠夫学校’，培养目标是‘通晓整个产业流程的高素质创新型人才’”。

②增加附加价值——提高产品差异化程度。“把卖猪肉这个生意做到了很高的水准，从来不卖注水肉、品质不好的肉坚决不进货，也从不缺斤少两，慢慢地积攒了诚信经营的口碑’”“他们自己养猪、自己卖猪。他们选择口感颇受国内百姓喜爱的优良土猪品种；猪场采用半开放式的大空间，让猪自由活动；猪场里设有音响，专门给猪听音乐。他们认为，猪和人一样，只有心情愉悦，才会长得又肥又壮，肉质也会更加鲜美”“开办了培训职业屠夫的‘屠夫学校’，培养目标是‘通晓整个产业流程的高素质创新型人才’”。

③专门化——目标集聚。“十几年来，李轩和张生专心致志，将‘特号土猪’这个高端品牌做到了极致”。

(2)①具有强大的研发能力和产品设计能力。“开办了培训职业屠夫的‘屠夫学校’，培养目标是‘通晓整个产业流程的高素质创新型人才’”“他们自己养猪、自己卖猪。他们选择口感颇受国内百姓喜爱的优良土猪品种；猪场采用半开放式的大空间，让猪自由活动；猪场里设有音响，专门给猪听音乐。他们认为，猪和人一样，只有心情愉悦，才会长得又肥又壮，肉质也会更加鲜美”。

②具有很强的市场营销能力。“从来不卖注水肉、品质不好的肉坚决不进货，也从不缺斤少两，慢慢地积攒了诚信经营的口碑，他的肉铺一天能卖出十几头猪”“在互联网的大潮引领下，‘特号土猪’登陆国内最大电商平台，成为第一个面向大众消费者的‘互联网+’猪肉品牌。线上与线下同时发力，‘特号土猪’品牌影响力进一步扩展，销量也更上一层楼”。

③有能够确保激励员工创造性的激励体制、管理体制和良好的创造性文化。“开办了培训职业屠夫的‘屠夫学校’，培养目标是‘通晓整个产业流程的高素质创新型人才’”。

④具有从总体上提高某项经营业务的质量、树立产品形象、保持先进技术和建立完善分销渠道的能力。“李轩和张生开始联手打造‘特号土猪’的猪肉品牌”“选择口感颇受国内百姓喜爱的优良土猪品种，猪场采用半开放式的大空间，让猪自由活动，猪场里设有音响，专门给猪听音乐”“开办了培训职业屠夫的‘屠夫学校’，培养目标是‘通晓整个产业流程的高素质创新型人才”“在互联网的大潮引领下，‘特号土猪，登陆国内最大电商平台，成为第一个面向大众消费者的‘互联网+’猪肉品牌”“专心致志，将‘特号土猪’这个高端品牌做到了极致”。

10.【答案】

(1)依据并购战略“并购失败的原因”，简要分析千百集团收购羊乐火锅效果不尽人意的主要原因如下：

①决策不当。本案例主要体现在高估自己对被并购企业的管理能力，从而高估并购带来的潜在经济效益，结果遭到失败。“收购后的标准化管理未必适合饮食文化多元化的中餐，即使对于形式相对简单的火锅也不例外……羊乐火锅标准化管理的升级着重于店面的装修风格和菜品的精致程度向千百旗下的外资餐饮企业看齐，而羊乐原来引以为傲的‘美味锅底无须蘸料’的特色被改掉了，没有及时地更新菜品，不能针对不同顾客提供差异化服务(如南北方消费者对调料的不

同需求）。使得原来的消费者失去了以往享用羊乐火锅的乐趣”“千百集团运用‘关、延、收、合’四字诀对羊乐火锅的加盟店进行整顿，使得原本羊乐火锅的门店数量大幅缩减，又没有及时对羊乐火锅门店开展新的布局。因此失去了羊乐火锅旨在‘让消费者到处能看到我的店’打造的规模经济优势”。

②并购后不能很好地进行企业整合。“羊乐原创团队离开，之前多年积累的企业竞争优势也随之消失殆尽”“羊乐火锅标准化管理的升级着重于店面的装修风格和菜品的精致程度向千百旗下的外资餐饮企业看齐，而羊乐原来引以为傲的‘美味锅底无须蘸料’的特色被改掉，没有及时地更新菜品，不能针对不同顾客提供差异化服务（如南北方消费者对调料的不同需求）”“千百集团……对羊乐火锅的加盟店进行整顿，使得原来羊乐火锅的门店数量大幅缩减，又没有及时对羊乐火锅门店开展新的布局”。

③支付过高的并购费用。“千百集团以6.5港元/股的价格（溢价30%）、总额近46亿港元现金完成了对羊乐火锅的高价收购”。

（2）依据“零散产业的战略选择”，结合本案例，简要分析餐饮企业应当如何选择和实施波特三种基本竞争战略如下：

①克服零散——获得成本优势。本案例的事例主要体现在通过连锁经营或特许经营将消费者分散的需求集中起来，克服零散。“羊乐火锅以‘让消费者到处能看到我的店’为宗旨的全国连锁经营赢得消费者的喜爱”“千百集团……对羊乐火锅的加盟店进行整顿，使得原来羊乐火锅的门店数量大幅缩减，又没有及时对羊乐火锅门店新的开展布局。因此失去了羊乐火锅以‘让消费者到处能看到我的店’打造的规模经济优势”“这些公司……以及不断拓展的门店布局，赢得日益挑剔的消费者的青睐”。

②增加附加价值——提高产品差异化程度。“火锅作为一种中国特色的餐饮文化，很难用标准化的管理模式去‘经营’，消费者味蕾的感受需要多元化的体验。羊乐火锅标准化管理的升级着重于店面的装修风格和菜品的精致程度向千百旗下的外资餐饮企业看齐，而羊乐原来引以为傲的‘美味锅底无须蘸料’的特色被改掉了，没有及时地更新菜品，不能针对不同顾客提供差异化服务（如南北方消费者对调料的不同需求）。让原来的消费者丧失了以往享用羊乐火锅的乐趣”“这些公司各自以其鲜明的特色、不断地推陈出新……赢得日益挑剔的消费者的青睐”。

③专门化——目标集聚。零散产业需求多样化的特点，为企业实施重点集中战略提供了基础条件。“经过多年的发展和改良，火锅种类的划分更加细化，比如以‘麻、辣、烫’著称的重庆火锅属于南派火锅，还有以涮羊肉为代表的北派火锅和新派火锅等等。火锅作为一种中国特色的餐饮文化，很难用标准化的管理模式去‘经营’，消费者味蕾的感受需要多元化的体验”“这些公司各自以其鲜明的特色、不断地推陈出新、清晰的细分市场定位……赢得日益挑剔的消费者的青睐”。

11.【答案】

（1）依据红海战略和蓝海战略的关键性差异，简要分析学朗书吧的经营体现的蓝海战略的特征如下：

①规避竞争，拓展非竞争性市场空间。“两家书店竞争异常激烈”“学朗书吧的创建者决定将书店和饮品店具有的两类互补性的功能结合起来，建立一个集读书、休闲、生活为一体的综合性服务书吧”。

②创造并攫取新需求。“现在大学中自习室紧张，抢位现象愈发严重，学朗书吧

计划打造自习位出租系列，并且提供午餐，为学生们提供理想的学习和休息场所”。

③打破价值与成本互替定律，同时追求差异化和低成本，把企业行为整合为一个体系。“现有的一些书吧往往注重营造高雅的环境，通过豪华装修来吸引顾客”“学朗书吧抛弃这些流行的理念和做法，只是在墙壁上描绘一些山水画提高意境，舍去了昂贵的摆设，大大降低了成本，进而降低了饮品和图书的售价，提升了竞争力”。

(2)依据蓝海战略重建市场边界的基本法则(开创蓝海战略的路径)，简要分析“学郎书吧”在竞争激烈的文化休闲领域中开创新的生存与发展空间的路径如下：

①审视他择产业或跨越产业内不同的战略群组。“学朗书吧的创建者决定将书店和饮品店具有的两类互补性的功能结合起来，建立一个集读书、休闲、生活为一体的综合性服务书吧”。

②放眼互补性产品或服务。“学朗书吧的创建者决定将书店和饮品店具有的两类互补性的功能结合起来，建立一个集读书、休闲、生活为一体的综合性服务书吧”。

③重设客户功能性或情感性诉求。“现有的一些书吧往往注重营造高雅的环境，通过豪华装修来吸引顾客，比如在书架旁放置高大的古董瓷瓶，在墙壁上挂上油画等，但这并不是大学城附近消费者关注的重点，却会产生巨大的成本。学朗书吧抛弃这些流行的理念和做法，只是在墙壁上描绘一些山水画提高意境，舍去了昂贵的摆设，大大降低了成本，进而降低了饮品和图书的售价，提升了竞争力”。

④跨越时间参与塑造外部潮流。“随着电子商务的普及，饮品的网上销售日益火爆，许多网站均提供网售平台。学朗书吧与时俱进，也提供网上点单，送货到门。另外，现在大学中自习室紧张，抢位现象愈发严重，学朗书吧计划打造自习位出租系列，并且提供午餐，为学生们提供理想的学习和休息场所”。

12.【答案】

(1)优尚公司在2015年前目标市场选择类型属于集中化营销。是指企业由于受到资源等条件的限制，以一个或少数几个性质相似的子市场作为目标市场，试图在较少的子市场上占领较大的市场份额。“专注于三四线城市经济连锁酒店经营的优尚公司”。

优尚公司在2015年后目标市场选择类型属于差异性营销。指企业选择两个或两个以上，直至所有的细分市场作为目标市场，并根据不同细分市场的需求特点，分别设计生产不同的产品，制定不同的营销组合策略，有针对性地满足不同细分市场顾客的需求。“优尚公司开始拓展业务与品牌，进军中高档酒店，不断挖掘投资者及细分人群的需求，兼顾投资者和消费者利益，寻求最佳平衡点”。

(2)①审视他择产业，跨越产业内不同的战略群体。“‘投一产多’的运营模式。除了拥有酒店住宿业务外，还在酒店大堂开设蛋糕店、面吧，在房间销售毛巾、浴巾等产品”。

②重新界定产业的买方群体。“优尚公司为顾客构建了一个生活分享平台：大堂的沙发、灯具、各种装饰，以及客房的床垫、靠枕、床单、小摆件、毛巾、浴巾、洗浴用品、水杯、家具甚至壁纸，顾客只要是体验后喜欢的，都可以通过手机扫描二维码下单购买。顾客只要购买等同房价的物品，就可以免收房间费用(住客也是家居消费者)”。

③放眼互补性产品或服务。“除了拥有酒店住宿业务外……在酒店大堂开设蛋糕店、面吧，在房间销售毛巾、浴巾等产

品”“优尚公司构建了一个生活分享平台：大堂的沙发、灯具、各种装饰，以及客房的床垫、靠枕、床单、小摆件、毛巾、浴巾、洗浴用品、水杯、家具甚至壁纸，顾客只要是体验后喜欢的，都可以通过手机扫描二维码下单购买”“与生产经营家电、金融、旅游、家居、智能门锁的五大行业巨头达成品牌合作。通过强强联合，增加信用住宿、无息贷款、投资扶持、微信开锁等功能，优尚公司的酒店生态更加开放，为酒店行业发展探索新的契机”。

④跨越时间参考塑造外部潮流。“优尚公司将其下的中档酒店蓝港公寓定位于互联网智能公寓，引领时代潮流”。

13.【答案】

(1)太乐公司在C国厨具小家电市场采用成本领先战略的优势：

①形成进入障碍。“太乐公司多次主动大幅度降低产品价格……令新进入者望而却步。”

②增强讨价还价能力。“而对于一些成本高、自身还不具备生产能力的上游资源，公司由于在其他各环节上成本低于竞争对手，也能够应付和消化这些高成本投入物的价格。”

③保持领先的竞争地位。“在市场上既淘汰了高成本和劣质企业”“迅速提高市场占有率，在国内外享有较高的知名度”。

(2)太乐公司在C国厨具小家电市场实施成本领先战略的条件：

市场情况：

①产品具有较高的价格弹性，市场中存在大量的价格敏感用户；“消费者大多对价格比较敏感”。

②产业中所有企业的产品都是标准化的产品，产品难以实现差异化；“在厨具小家电市场，企业的产品都是标准化的产品”。

③价格竞争是市场竞争的主要手段；“价格竞争仍然是市场竞争的主要手段”。

资源和能力：

①在规模经济显著的产业中装备相应的生产设施来实现规模经济；“利用与发达国家企业OEM合作方式获得的设备，进行大批量生产，从而获得规模经济优势”。

②降低各种要素成本；“由于国内劳动力成本低，公司产品成本中的人工成本大大低于国外制造业的平均水平”“对于一些成本高且太乐公司自身有生产能力的上游资源，公司通过多种形式自行配套生产，可以大幅度降低成本”。

③提高生产率；“太乐公司实行24小时轮班制，设备的利用率很高，因而其劳动生产率与国外同类企业基本持平”。

④提高生产能力利用程度；“太乐公司实行24小时轮班制，设备的利用率很高。因而其劳动生产率与国外同类企业基本持平。”

⑤选择适宜的交易组织形式；“对于一些成本高且太乐公司自身有生产能力的上游资源，如集成电路等，公司通过多种形式自行配套生产，可以大幅度降低成本”。

⑥重点集聚；“太乐公司集中全部资源，重点发展厨具小家电产品”。

14.【答案】

(1)Ha公司进入美国市场采用的模式包括：

出口贸易。“1995年开始向美国出口冰箱。”。

对外直接投资。“在美国设立‘Ha美国贸易有限公司’和投资建立“Ha美国生产中心”则是在5年之后”。

非股权安排。“起初是以OEM的方式”。

从目标市场的区域路径考察，采用了新型方式(或称不连续方式)。不论是发达国家还是发展中国家，该产业中的高新技术产品出口的国别路径是先到发达国家(特别是美国)，以占领世界最大市场，然后再走向发展中国家。“Ha 公司国际化经营选择的第一站就是美国市场，力图先进入国外最讲究、最挑剔的市场，占领制高点，然后居高临下进入其他国家市场”。

(2) Ha 公司在美国市场所采用的竞争战略的类型是差异化战略。因为从市场情况考察，Ha 公司实施差异化战略具备以下条件：

①产品能够充分地实现差异化，且为顾客所认可。“推出了一款与众不同的酒柜。这是一种具有华丽的外观，采用磨砂玻璃门、曲线造型、柔和的内部灯光、滑动式镀铬食品架的产品……售价在400 美元左右……深受消费者喜爱”。

②顾客的需求是多样化的。“注意到了美国的‘酒吧文化’，这些酒吧风格各异，为城市中辛苦工作一天的人们提供一个放松身心和朋友聚会的场所”。

15. 【答案】

(1) 以内部开发方式实现 VoIP 技术服务对优越电信可能带来的不利之处：①相比于与海外具有经验的运营商合作(不论以并购还是战略联盟模式)，内部开发会激化市场竞争。②优越电信无法获得或接触到有经验的 VoIP 技术及设备服务供应商的知识或支持，将令服务产品开发更具投资风险。③内部发展在开发服务产品的开始就缺乏规模经济或经验曲线效应。④相对于日新月异、发展速度非常快的科技产业来说，优越电信进行内部发展会显得缓慢及缺乏及时性。

(2) 正通电视正考虑的发展战略是利用现有的技术及设备服务，强化竞争地位的战略，这属于密集型战略。根据产品市场战略组合矩阵，这是一个密集型战略中的市场开发战略。

(3) 正通电视在 A 国提供的 VoIP 技术及设备服务，占有非常高的市场占有率，在个人、家庭和跨国企业客户群组的份额分别达 62%和 68%，但 VoIP 已被 A 国的大多数个人、家庭和商业机构普遍采用，这显示了市场中可持续发展的空间有限，处于低增长空间。

在波士顿矩阵中，这是一个现金牛象限。正通电视并不需要大量资本投入，却能产生大量的现金收入。

从使用群组覆盖率看，市场需求已经基本饱和，可增长率有限。新的客户减少，主要靠现有客户的重复购买支撑，在市场内可能提高的利润空间有限。在行业生命周期中，这属于运营的成熟期。

由于整个产业销售额可能达到饱和的规模，并且比较稳定，正通电视要继续扩大市场份额，会遇到市场上其他两家运营商的顽强抵抗，并可能引发价格竞争。既然扩大市场份额已经变得很困难，正通电视的经营战略重点就会转向在巩固市场份额的同时提高投资报酬率。

(4) 如果优越电信能够独自在 B 国成功开拓 VoIP 技术及相关设备服务，利用新产品定价法的可选价格策略有渗透定价法、撇脂定价法和满意定价策略。

渗透定价法是指在新服务及相关设备投放市场时确定一个非常低的价格，以便抢占销售渠道和消费者群体，从而使在 B 国的其他电信行业竞争者较难进入市场。这是一种通过牺牲短期利润来换取长期利润的策略，可以缩短服务生命周期的最初阶段，以便尽快进入成长期和成熟期。

撇脂定价法是指在新产品上市之初确定较高的价格，并随着生产能力的提高或技术质量完善程度逐渐降低价格。这一方法可令优越电信在产品生命周期的较早阶段获取较高的单位利润。

而满意定价策略则是介于以上两种定价策略之间的适中定价策略。

16. 【答案】

(1) 第一，①通用机械属于“现金牛”业务（或低增长—强竞争地位的业务）。

通用机械业务总体市场增长缓慢，并且L集团的该业务保持着较高的市场份额，每年为L集团带来稳定而可观的收益，而无需大量的资金投入，反而能为企业提供大量资金，所以属于“现金牛”业务。

②专用机械属于“明星”业务（或高增长—强竞争地位的业务）。

专用机械业务处于一个利润更高、增长更快的市场，并且L集团的该业务已跻身全国前三，近年来一直保持着强劲的增长速度。在L集团的四个业务板块中专用机械业务有着极好的长期发展前景，但需要公司在研发和技术方面给予大量的持续的投入来支持其发展，所以属于“明星”业务。

③配件及服务属于“问题”业务（或高增长—低竞争地位的业务）。

配件及服务业务整体市场近年来正在快速增长，而L集团此项业务的市场份额却很低，而且目前处于亏损状态，所以属于“问题”业务。

④钢材贸易属于“瘦狗”业务（或低增长—低竞争地位的业务）。

钢材贸易市场竞争激烈，市场趋于饱和，L集团该业务的市场份额非常小，可获利润很低却常常需要占用大量的营运资金，所以属于“瘦狗”业务。

第二，①通用机械业务板块可以把设备投资和其他投资尽量压缩，可采用榨油式方式，争取在短时间内获取更多利润，从而为其他业务的发展提供资金支持。也可以进一步进行市场细分，维持其现有的增长率或延缓增长率下降的速度。通用机械事业部的领导者最好是市场营销型人物。

②对于专用机械业务板块，L集团应在短期内优先提供其所需的资源，保护其专用机械在国内市场上的领先地位，持续地在研发和技术上给予大力投入，积极扩大经济规模和市场机会，以长远利益为目标，进一步提高市场占有率。专用机械事业部最好是由对生产技术和销售两方面都很内行的经营者负责。

③配件及服务业务由于具备成为新增长点的基础条件，因此可以努力将其从问题业务转化为将来的明星业务。应当详细分析目前阻碍配件及服务业务发展的问题并作出改进，集团需在一段时期内对该板块给予扶持，并将扶持方案列入集团的长期计划中。配件及服务事业部最好是采取智囊团或项目组织等形式，选拔有规划能力、敢于冒风险的人负责。

④钢材贸易业务由于可获利润很低却常常需要占用大量的营运资金，也并没有帮到L集团自身的原料采购，因此应采用撤退战略，逐步缩小，停止此业务，将资源留给其他业务板块。钢材贸易事业部可取消，其人员可合并至其他事业部担任适合的岗位。

（2）第一，如果L集团通过并购仅仅是谋求获得海外生产能力，研发和市场决策权保留在总部，表明L集团采用的是国际战略。

第二，国际化经营动因包括：①寻求市场；②寻求效率；③寻求资源；④寻求现成资产。L集团选择海外并购的动机主要是寻求现成资产。通过海外并购获得技术、研发、品牌、营销网络、管理经验等多方面的产业升级，尤其是通过并购将海外的先进技术带回国内。

17. **【答案】**

（1）按并购双方所处的产业分类，亚威集团收购N矿业公司属于纵向并购，“从贸易型企业向资源型企业转型”；亚威有色公司对Z公司的收购属于横向并购，“亚威有色公司是亚威集团下属子公司，主营业务为生产经营铜、铅、锌、锡等金属产品”“Z公司原是澳大利亚一家矿产上市公司，其控制的铜、锌、银、铅、金等资源储量非常可观"。

按被并购方的态度分类，亚威集团收购N矿业公司为友善并购，"购并双方进行了多个回合沟通和交流"；亚威有色公司对Z公司的收购也属于友善并购，"经过双方充分协商"。

按并购方的身份分类，亚威集团收购N矿业公司为产业资本并购；亚威有色公司对Z公司的收购也属于产业资本并购。

按收购资金来源分类，亚威集团收购N矿业公司属于杠杆收购，亚威集团"收购资金中有40亿美元由C国国有银行贷款提供"(总共60亿美元的收购)；亚威有色公司对Z公司的收购属于非杠杆收购，"亚威有色公司以70%的自有资金，成功完成对Z公司的收购"。

(2)亚威集团收购N矿业公司失败的主要原因：

①并购后不能很好地进行企业整合。"亚威集团在谈判过程中一直没有与工会接触，只与N矿业公司管理层谈判，这可能导致收购方案在管理与企业文化整合方面存在不足"。

②跨国并购面临政治风险。"N矿业公司所在国政府否决了该收购方案……其收购资金中有40亿美元由C国国有银行贷款提供，质疑此项收购有C国政府支持"。

(3)企业国际化经营动因有：①寻求市场；②寻求效率；③寻求资源；④寻求现成资产。亚威集团公司和亚威有色公司跨国收购的主要动机都是寻求资源，将亚威"从贸易型企业向资源型企业转型""为获取Z公司低价格的有色金属资源提供了重要条件"。

18.【答案】

(1)神农公司进入国际市场举步维艰的主要原因包括：

①规模经济方面。"与国外跨国公司相比，自己在规模及利润两个方面存在着巨大差距，在研发经费的投入方面差距更大"说明神农公司缺乏规模经济优势。

②现有企业对关键资源的控制方面。"由于缺乏拥有自主知识产权的药品，多年来以生产仿制药为主；其生产的医疗器械科技含量较低，难以满足用户对高科技医疗器械的需要，国内高科技医疗器械市场基本被进口产品占领"说明神农公司缺乏对关键资源的控制。

③现有企业的市场优势方面。"神农公司还存在着专业化程度和品牌认知度较低等问题"说明神农公司缺乏市场优势。

(2)神农公司面对跨国公司的大规模进入和挑战所做出的战略选择如下：

①"躲闪者"战略，避开跨国公司的冲击。根据自身的本土优势专注于细分市场，将业务重心转向价值链中的某些环节。"设立若干个中小型医药高科技分公司，每个分公司相对独立经营，有的专攻国外跨国公司不太关注的盲区(如罕见病、特殊需求)，在产品上逐渐形成自己的特色""有的通过承接国外跨国公司医药研发外包业务，将业务重点转向价值链的研发环节"。

②"扩张者"战略，向海外延伸本土优势。"还有的着力于将自身具有相对优势的本土医药产品拓展至周边欠发达国家和地区"。

③"抗衡者"战略：在全球范围内对抗。"神农公司在国内市场与跨国公司的较量中，注重向跨国公司学习，合理整合和运用国内外优势资源，克服自身技能和资本匮乏的缺陷"。

19.【答案】

(1)企业国际化经营动因包括：寻求市场、寻求效率、寻求资源、寻求现成资产。

北方机床集团跨国并购G国S公司的主要动机是：

①寻求市场。"S公司承载着北方机床集团孜孜以求的核心技术和迈入国际高端

市场的梦想”。

②寻求现成资产。“北方机床集团收购了S公司全部有形资产和无形资产”。

(2)北方机床集团并购G国S公司所面对的主要风险有：

①决策不当的并购。表现为：

可能高估并购对象所在产业的吸引力，“受世界金融危机的影响……S公司经营情况有所好转，实现3 500万欧元的销售收入，但仍处于亏损状态”。

可能高估自己对被并购企业的管理能力。“北方机床集团在对S公司进行整合中颇费思量……加上S公司内部原有的管理问题尚未彻底解决，公司陷入亏损的困境”。

②并购后不能很好地进行企业整合。北方机床集团为减少新的协同问题，“在对S公司进行整合中颇费思量：首先，采取‘以诚信取信于G国员工’的基本策略，承诺不解雇一个S公司员工，S公司的总经理继续留任；其次，北方机床集团与S公司总经理多次沟通，谋求双方扬长避短、优势互补，使‘混合文化形态’成为S公司未来的个性化优势，以避免跨国并购可能出现的文化整合风险”“在运行整合方面，仍由S公司主要负责开发、设计及制造重要机械和零部件，组装则在C国完成，力求实现S公司雄厚的技术开发能力和C国劳动力成本优势的最佳组合”“然而……S公司内部原有的管理问题尚未彻底解决，公司陷入亏损的困境。北方机床集团不得不开始更换S公司的管理团队，逐渐增强北方机床集团在S公司的主导地位”。

四、综合题

【答案】

(1)①分散风险。“光美公司的主打产品空调、风扇等，销售旺季集中在每年的3—8月，在其余时间里资金和经销商资源的利用都明显不足，而推出微波炉产品可以弥补这一缺陷”。

②找到新的增长点。“有利于优化公司整体运作和产品结构，建立新的增长点”。

③利用未被充分利用的资源。“从制造技术的角度看，微波炉和光美公司已生产的电饭煲、电磁炉等产品都是使用电能转换加热系统，因此对微波炉的技术研发、生产制造和营销网络都有着极其便利的条件和经验”“在其余时间里资金和经销商资源的利用都明显不足”。

④运用盈余资金。“在其余时间里资金和经销商资源的利用都明显不足”。

⑤运用企业在某个产业或某个市场中的形象和声誉来进入另一个产业或市场。“还可以利用光美公司在其他厨具小家电市场上树立的品牌优势开拓市场”。

(2)实施条件(市场情况)：

①市场中的大量用户对价格比较敏感。“兰微公司充分利用市场对微波炉产品价格的高度敏感”。

②产品难以实现差异化。“通过集中生产少数品种……使自己成为微波炉行业的霸主”。

③价格竞争是市场竞争的主要手段。“充分利用市场对微波炉产品价格的高度敏感”“以‘价格战’不断摧毁竞争对手的防线”。

实施条件(资源和能力)：

①实现规模经济。“通过……规模经济……多种手段降低成本”。

②降低各种要素成本。“通过……减少各种要素成本……多种手段降低成本”。

③提高生产率。“通过……提高生产效率……多种手段降低成本”。

④改进产品工艺设计。“通过……不断改进产品工艺设计……多种手段降低成本”。

⑤选择适宜的交易组织形式。“通过……承接外包等多种手段降低成本”。

⑥重点集聚。“通过集中生产少数品种……多种手段降低成本”。

风险：

市场需求从注重价格转向注重产品的品牌形象，使得企业原有的优势变为劣势。“从光美公司掌握的数据看，国内市场的高端化消费趋势已经非常明显，低端产品对消费者已不具吸引力”“光美公司在2010年成功超越兰微公司成为微波炉出口冠军；在2012年，光美公司微波炉国内市场品牌价格指数全面超越兰微公司，由行业跟随者升级为行业领导者，跳出行业‘价格战’的恶性循环，实现了企业业绩持续增长”。

(3)实施条件(市场情况)：

①产品能充分地实现差异化，且为顾客所认可。“如果能够开发并向市场推出使消费者迅速认识并接受微波炉的多种优点的产品，微波炉市场将进入另一个高速发展期”“从光美公司掌握的数据看，国内市场的高端化消费趋势已经非常明显，低端产品对消费者已不具吸引力”。

②顾客的需求是多样化的。“微波炉具有多种优点，它不仅能快速加热或烹调食物，而且没有油烟，还能保持食物的原汁原味与减少营养损失。在C国，虽然80%以上的家庭已经使用微波炉，但微波炉只是作为一个加热工具，它的多种优点还没被消费者充分认识”。

③创新成为竞争的焦点。“如果能够开发并向市场推出使消费者迅速认识并接受微波炉的多种优点的产品，微波炉市场将进入另一个高速发展期”“从光美公司掌握的数据看，国内市场的高端化消费趋势已经非常明显，低端产品对消费者已不具吸引力”。

实施条件(资源和能力)：

①具有强大的研发能力和产品设计能力。“确定公司技术发展方向以及技术发展路线”“开展广泛技术合作”“投入巨资改善软硬件条件”“变革学习、考核机制”。

②具有很强的市场营销能力。“光美公司在不断创新和推出产品的过程中，成功地开展了一系列促销活动”“2010年光美公司耗巨资在国内主要城市的核心终端，开辟了1000个‘蒸立方’品牌专柜”“2011年公司开发上线了新一代营销管理系统”“光美公司在海外前15大市场设立了区域经理，同时针对不同区域的主流客户设立了专门的产品开发团队”。

③有能够确保激励员工创造性的激励体制、管理体制和良好的创新性文化。“公司不断加大对各类人员培训的投入，同时转变培训方式。公司要求中高层管理者每年必须走访市场不少于4次，倾听市场和客户的声音。公司定期组织中高层管理者赴日本、韩国企业进行学习交流和取经。公司每年投入超过1 000万元的培训费用于员工的专业技能培训。公司出台专项政策，鼓励员工进行再学习、再深造。公司经常组织读书心得分享会，书目由公司总经理亲自选定，均与公司当期推动的变革措施有关。光美公司的绩效导向文化逐渐深入到员工骨髓，公司也结合各阶段工作重点在绩效考核导向方面进行不断的调整和优化”“2009年之后，公司不断完善基于以市场、客户为导向的矩阵式管理模式”。

④具有从总体上提高某项经营业务的质量、树立产品形象、保持先进技术和建立完善分销渠道的能力。“为了避免差异化成本过高，光美公司通过加大部件自制、精益运营、加强价值链信息共享和协同降低运营成本等手段来创新成本管控，解决成本与结构升级的矛盾，应对资源要素价格的持续上升，保证成本优势”“确定公司技术发展方向以及技术发展路线”“光美公司在不断创新和推出产品的过程中，成功地开展了一系列促销活动”“光美公司在海外前15大市场设立了区域经理，同时针对不同区域的主流客户设立了专门的产品开发团队”。

光美公司注重防范差异化战略的风险：

①企业形成产品差异化的成本过高。"为了避免差异化成本过高，光美公司通过加大部件自制、精益运营、加强价值链信息共享和协同降低运营成本等手段来创新成本管控，解决成本与结构升级的矛盾，应对资源要素价格的持续上升，保证成本优势"。

②竞争对手的模仿和进攻使已建立的差异缩小甚至转向。"光美公司以'蒸功能'为主题的产品功能不断升级，针对不同消费群体的产品线不断扩充……公司和产品的品牌形象日益鲜明"。

(4)①限制进入定价。"对于光美公司的挑战，兰微公司予以迎击……再次祭起了'价格战'的大旗"。

②进入对方领域。兰微公司"宣布大举进军光美公司已拥有优势的产业，如空调、冰箱、风扇、电暖气等产业"。

(5)①研发的类型：产品研究——新产品开发。

②研发的动力来源：既是"需求拉动"，也是"技术推动"。"如果能够开发并向市场推出使消费者迅速认识并接受微波炉的多种优点的产品，微波炉市场将进入另一个高速发展期""光美公司于2006年在国内率先推出具备蒸功能的产品，这不仅是第一款针对国内市场消费者使用习惯开发的本土化创新产品，实现了C国传统烹饪习惯与微波炉功能优点的有效结合……经过将近一年的推广，市场反响很好，显示了巨大的发展潜力"。

③研发的定位：成为向市场推出新技术产品的企业。"光美公司于2006年在国内率先推出具备蒸功能的产品"。

(6)①产品策略。"对微波炉'蒸功能'的持续升级和传播""2007年……推出了第二代具备蒸功能的产品——'全能蒸'微波炉""2008年，光美公司发布了5个系列14款'蒸功能'微波炉""2009年，公司第三代产品'蒸立方'面世""2010年，光美公司发布第五代'蒸功能'系列新品""2012年，光美公司发布了半导体、太阳能和云技术微波炉三大创新产品"。

②促销策略。"光美公司在不断创新和推出产品的过程中，成功地开展了一系列促销活动""2006年，光美公司开启了以'食尚蒸滋味'为主题的全年推广活动，首次在各大电视台开展广告营销活动，同时在全国主要市场开展产品的循环演示活动。2008年，光美公司主办了'蒸夺营养冠军'的全国推广活动。2009年，光美公司推出'全蒸宴'的全国演示推广活动。2010年，光美公司推出'蒸出营养与健康——光美公司蒸立方'微波炉的电视形象广告片"。

③分销策略。"2010年光美公司耗巨资在国内主要城市的核心终端，开辟了1 000个'蒸立方'品牌专柜""2011年公司开发上线了新一代营销管理系统，该系统实现了全国主要终端的销售、库存数据动态更新，公司能及时了解市场销售变化情况""自2007年起，光美公司在海外前15大市场设立了区域经理，同时针对不同区域的主流客户设立了专门的产品开发团队"。

④价格策略。"退出300元以下微波炉市场，主流变频蒸立方产品价格集中在3 000~5 000元，最高端变频高温产品的零售价格高达10 000元""从2012年开始，超市系统将停止销售399元以下产品，在连锁销售系统中将停止销售599元以下产品"。

第四章　战略实施

考情解密

历年考情概况

本章分值 5~10 分，内容无论是理解还是记忆均存在一定难度。主观题潜在考点为横向分工结构的基本类型、企业发展阶段与组织结构的关系、战略失效、平衡计分卡、数字化战略转型的主要方面。

近年考点直击

主要考点		主要考查题型	考频指数	考查角度
企业战略与组织结构	横向分工结构	选择题(案例分析)	★★★	给出案例材料，要求判断横向分工结构类型的表述
	组织的战略类型	选择题(案例分析)	★★★	给出案例材料，要求判断属于哪种类型
企业文化	企业文化的类型	选择题(案例分析)	★★★	给出案例材料，要求判断企业文化的类型
	战略稳定性与文化适应性	选择题(案例分析)	★★★	给出案例材料，要求判断属于哪种类型
战略控制	战略控制的方法	选择题(案例分析)	★★★	预算：给出案例材料，判断预算类型，考核优缺点原文。 平衡计分卡：列出指标，判断所属平衡计分卡的角度
数字化技术	数字化技术对企业战略的影响	选择题(案例分析)+主观题(案例分析)	★★★	给出案例材料，要求判断属于哪些方面的影响
	数字化战略转型的方面	选择题(案例分析)+主观题(案例分析)	★★★	给出案例材料，要求判断数字化战略转型的表现

2022 年考试变化

结构：删除“战略管理中的权力与利益相关者”，调整至第一章。

内容：变化较为明显，主要体现在战略控制。其余内容涉及细节文字和案例调整。

考点详解及精选例题

一、组织结构的构成要素★

老杭贴心话

『考试频率』★ 『重要程度』不重要

『考试题型』个别选择题+主观题冷门点(参考教材案例 4.1)

『复习建议』适当兼顾，掌握基本结论

分工与整合的相关内容如表 4-1 所示。

表 4-1 分工与整合

项目	具体内容
分工	企业为创造价值而对其人员和资源进行分配的方式。 (1)纵向分工。企业高层管理人员必须在如何分配组织的决策权上做出选择，以便很好地控制企业创造价值的活动。 (2)横向分工。企业高层管理人员必须在如何分配人员、职能部门以及事业部方面做出选择，以便增加企业创造价值的能力
整合	企业为实现预期的目标而用来协调人员与职能的手段

二、纵横向分工结构

纵横向分工结构分为纵向分工结构和横向分工结构，考试重点在于横向分工结构。

(一)纵向分工结构

老杭贴心话

『考试频率』★ 『重要程度』不重要

『考试题型』个别选择题 『复习建议』简单了解

首先，对纵向分工结构的两种基本类型即高长型组织结构和扁平型组织结构做一般程度的了解。具体如表 4-2 所示。

表 4-2 高长型组织结构和扁平型组织结构

类型	特点	优缺点
高长型组织结构	管理层次较多； 在每个层次上，管理人员的控制幅度较窄	有利于企业内部的控制，但对市场变化的反应较慢
扁平型组织结构	管理层次较少； 在每个层次上，管理人员的控制幅度较宽	可以及时地反映市场的变化，并做出相应的反应，但容易造成管理的失控

其次，纵向分工结构组织内部的管理问题包括：集权与分权；中层管理人员人数；信息传递；协调与激励。这部分内容可适当了解，具体如表 4-3 所示，能够应对选择题即可。

表 4-3　纵向分工结构组织内部的管理问题

项目	具体内容
集权与分权	集权是指企业的高层管理人员拥有最重要的决策权力。 集权型决策的优点： 一是易于协调各职能间的决策；二是对上下沟通的形式进行规范(比如利用管理账户)；三是能与企业的目标达成一致；四是危急情况下能够做出快速决策；五是有助于实现规模经济；六是这种结构比较适用于由外部机构(比如专业的非营利性企业)实施密切监控的企业，因为所有的决策都能得以协调。 集权型决策的缺点： 一是高级管理层可能不会重视个别部门的不同要求；二是决策时需要通过集权职能的所有层级向上汇报，因此决策时间过长；三是对级别较低的管理者而言，其职业发展有限。 分权型结构一般包含更少的管理层次，并将决策权分配到较低的层级，从而具有较宽的管理幅度并呈现出扁平型结构。分权型结构减少了信息沟通的障碍，提高了企业反应能力，能够为决策提供更多的信息并对员工产生激励效应
中层管理人员人数	—
信息传递	—
协调与激励	—

(二)横向分工结构

老杭贴心话

『考试频率』★★★

『重要程度』重要

『考试题型』选择题+主观题

『复习建议』横向分工结构的基本类型属于高频考点，要防止在主观题进行案例分析。

横向分工结构的基本协调机制主要应对选择题，理解为主，适当熟悉原文

1. 横向分工结构的基本类型

八种类型的逻辑关系参考图 4-1，复习时从三个层面掌握：第一，每种类型的含义以理解为主，应对案例分析题，包括选择题和主观题。第二，每种类型的适用情况以理解为主，应对案例分析题，包括选择题和主观题。第三，每种类型的优缺点，以理解为主，适当记忆，选择题、主观题均可能涉及，尤其防范在主观题考核。

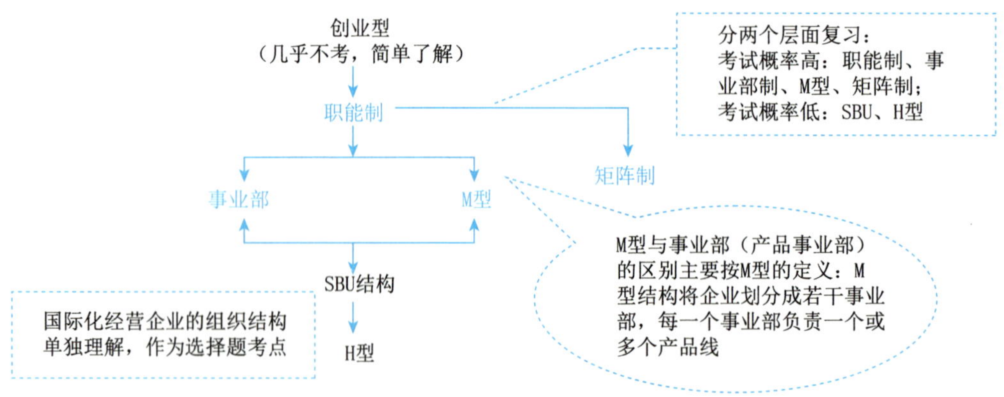

图 4-1　八种横向分工结构类型理论逻辑及复习建议

（1）创业型组织结构（见表 4-4）。

表 4-4　创业型组织结构

项目	内容
基本含义	企业的所有者或管理者对若干下属实施直接控制，并由其下属执行一系列工作任务。企业的战略计划（若有）由中心人员完成，该中心人员还负责所有重要的经营决策，如下图所示。 总经理 员工　员工　……　员工
特点	弹性较小并缺乏专业分工，其成功主要依赖于该中心人员的个人能力
适用情况	通常应用于小型企业

（2）职能制组织结构（见表 4-5）。

表 4-5　职能制组织结构

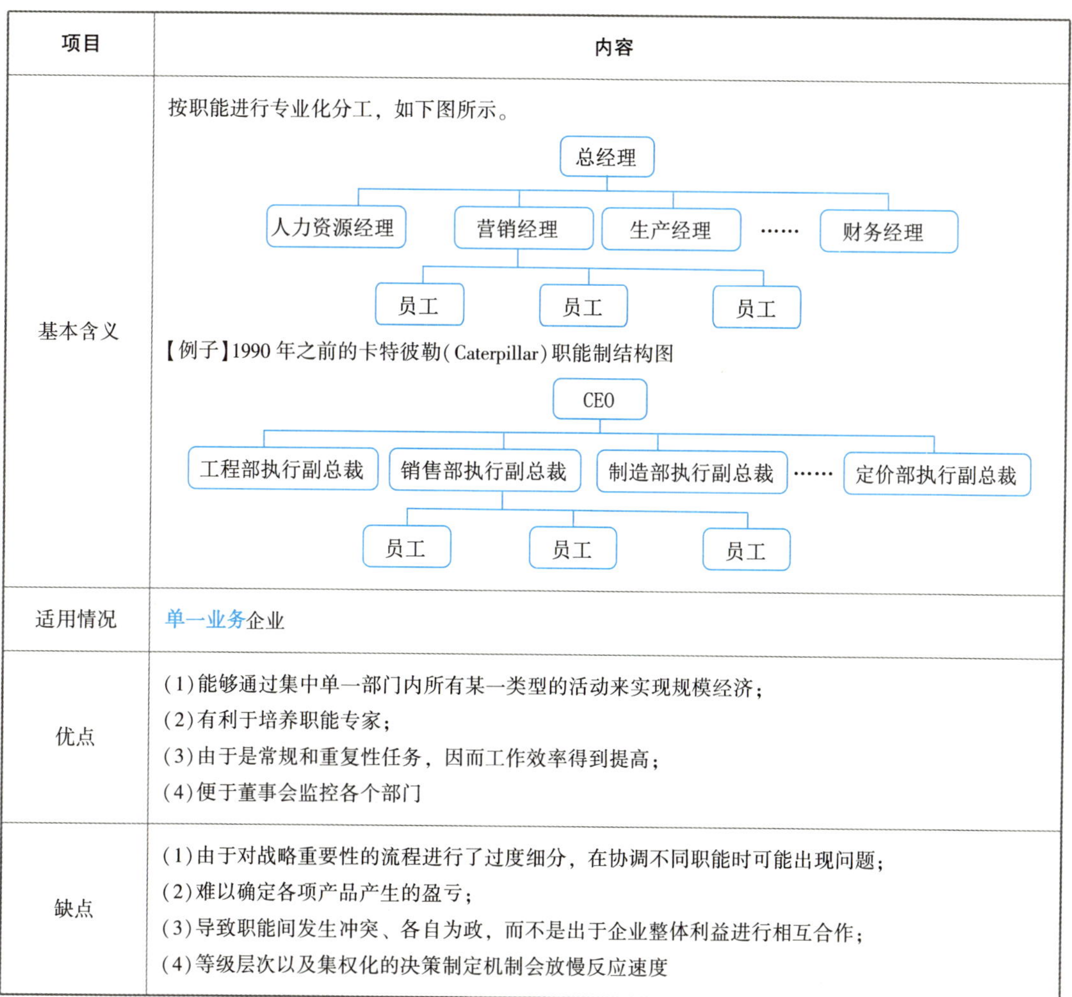

项目	内容
基本含义	按职能进行专业化分工，如下图所示。 总经理 人力资源经理　营销经理　生产经理　……　财务经理 员工　员工　员工 【例子】1990 年之前的卡特彼勒（Caterpillar）职能制结构图 CEO 工程部执行副总裁　销售部执行副总裁　制造部执行副总裁　……　定价部执行副总裁 员工　员工　员工
适用情况	单一业务企业
优点	（1）能够通过集中单一部门内所有某一类型的活动来实现规模经济； （2）有利于培养职能专家； （3）由于是常规和重复性任务，因而工作效率得到提高； （4）便于董事会监控各个部门
缺点	（1）由于对战略重要性的流程进行了过度细分，在协调不同职能时可能出现问题； （2）难以确定各项产品产生的盈亏； （3）导致职能间发生冲突、各自为政，而不是出于企业整体利益进行相互合作； （4）等级层次以及集权化的决策制定机制会放慢反应速度

（3）事业部制组织结构（见表 4-6）。

表 4-6　事业部制组织结构

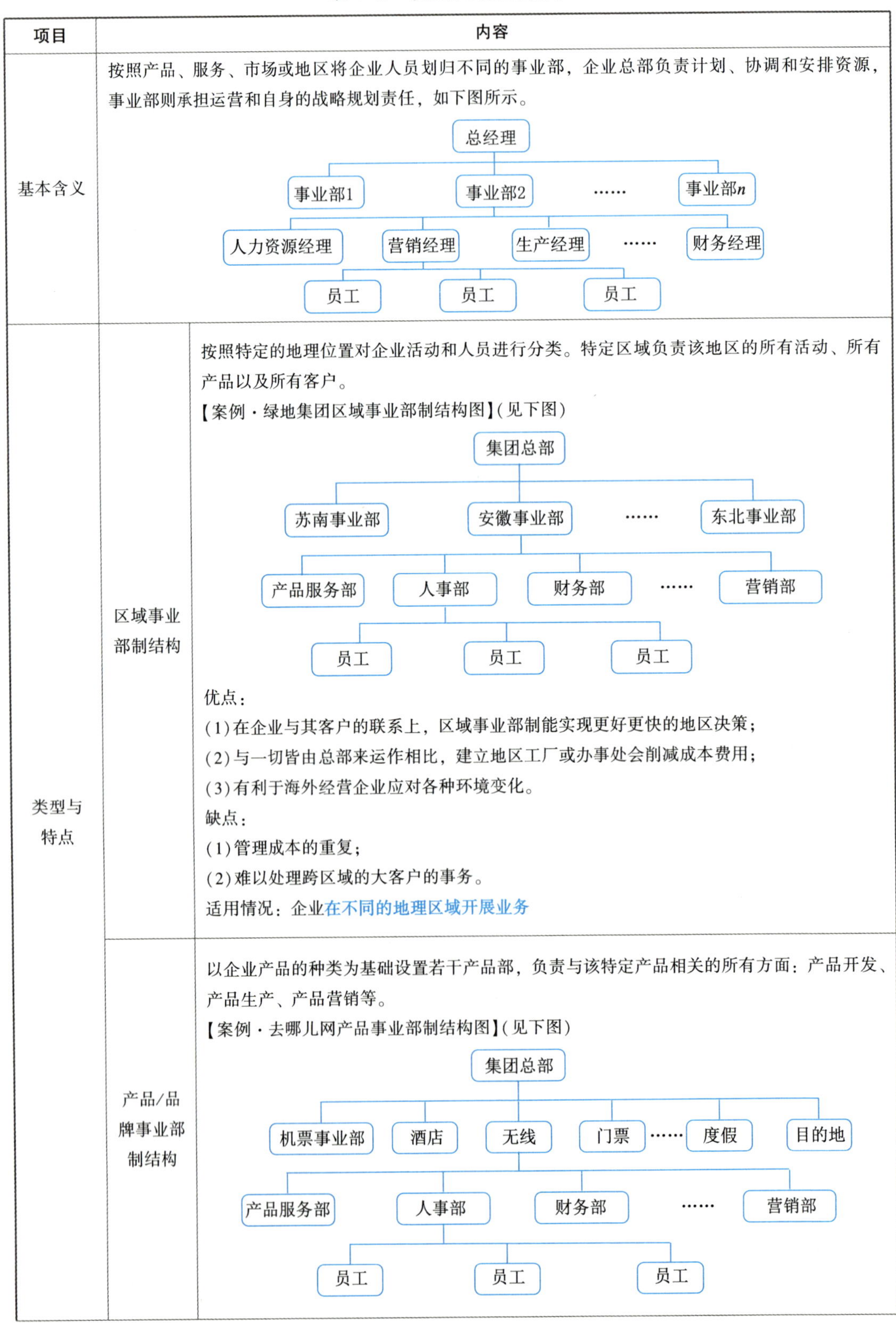

项目	内容	
基本含义	按照产品、服务、市场或地区将企业人员划归不同的事业部，企业总部负责计划、协调和安排资源，事业部则承担运营和自身的战略规划责任，如下图所示。 总经理 事业部1　事业部2　……　事业部n 人力资源经理　营销经理　生产经理　……　财务经理 员工　员工　员工	
类型与特点	区域事业部制结构	按照特定的地理位置对企业活动和人员进行分类。特定区域负责该地区的所有活动、所有产品以及所有客户。 【案例·绿地集团区域事业部制结构图】（见下图） 集团总部 苏南事业部　安徽事业部　……　东北事业部 产品服务部　人事部　财务部　……　营销部 员工　员工　员工 优点： （1）在企业与其客户的联系上，区域事业部制能实现更好更快的地区决策； （2）与一切皆由总部来运作相比，建立地区工厂或办事处会削减成本费用； （3）有利于海外经营企业应对各种环境变化。 缺点： （1）管理成本的重复； （2）难以处理跨区域的大客户的事务。 适用情况：企业在不同的地理区域开展业务
	产品/品牌事业部制结构	以企业产品的种类为基础设置若干产品部，负责与该特定产品相关的所有方面：产品开发、产品生产、产品营销等。 【案例·去哪儿网产品事业部制结构图】（见下图） 集团总部 机票事业部　酒店　无线　门票　……　度假　目的地 产品服务部　人事部　财务部　……　营销部 员工　员工　员工

续表

项目	内容	
类型与特点	产品/品牌事业部制结构	优点： (1)生产与销售不同产品的不同职能活动和工作可以通过事业部/产品经理来予以协调和配合； (2)各个事业部可以集中精力在其自身的区域； (3)易于出售或关闭经营不善的事业部。 缺点： (1)各个事业部会为了争夺有限资源而产生摩擦； (2)各个事业部之间会存在管理成本的重叠和浪费； (3)若产品事业部数量较大，则难以协调； (4)若产品事业部数量较大，事业部的高级管理层会缺乏整体观念。 适用情况：**具有若干生产线的企业**
	客户细分/市场细分事业部制结构	【案例 · 大华银行(新加坡)客户细分或市场细分事业部制结构图】(见下图) 大华银行 中小企业银行部　企业银行部　个人银行部 市场营销、销售及信贷开发　法律事务及文件处理　信贷服务及管理　现金管理服务 员工　员工　员工

(4)M 型组织结构(见表 4-7)。

表 4-7　M 型组织结构

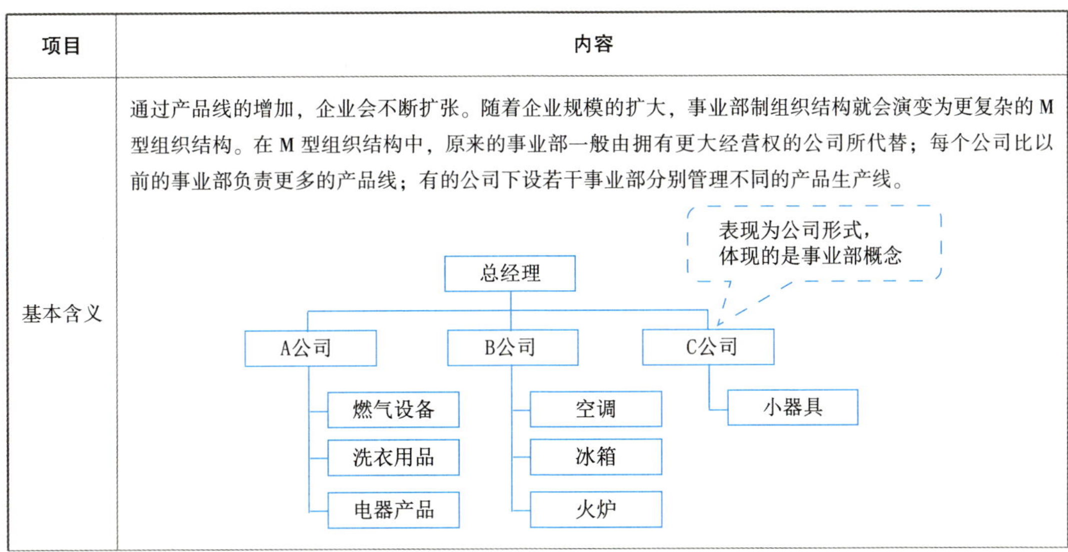

项目	内容
基本含义	通过产品线的增加，企业会不断扩张。随着企业规模的扩大，事业部制组织结构就会演变为更复杂的 M 型组织结构。在 M 型组织结构中，原来的事业部一般由拥有更大经营权的公司所代替；每个公司比以前的事业部负责更多的产品线；有的公司下设若干事业部分别管理不同的产品生产线。

续表

项目	内容
优点	(1)便于企业的持续成长； (2)由于每一个事业部都有其自身的高层战略管理者，首席执行官就有更多的时间分析各个事业部的经营情况以及进行资源配置； (3)职权被分派到总部下面的每个事业部，并在每个事业部内部进行再次分派； (4)能够通过诸如资本回报率等方法对事业部的绩效进行财务评估和比较
缺点	(1)为事业部分配企业的管理成本比较困难并略带主观性； (2)事业部之间滋生功能失调性的竞争和摩擦； (3)当一个事业部生产另一事业部所需的部件或产品时，确定转移价格也会产生冲突
适用情况	具有多个产品线的企业

(5)战略业务单位组织结构(SBU)(见表4-8)。

表4-8 战略业务单位组织结构

项目	内容
基本含义	企业的成长最终需要将相关产品线归类为事业部，然后将这些事业部归类为战略业务单位，如下图所示。 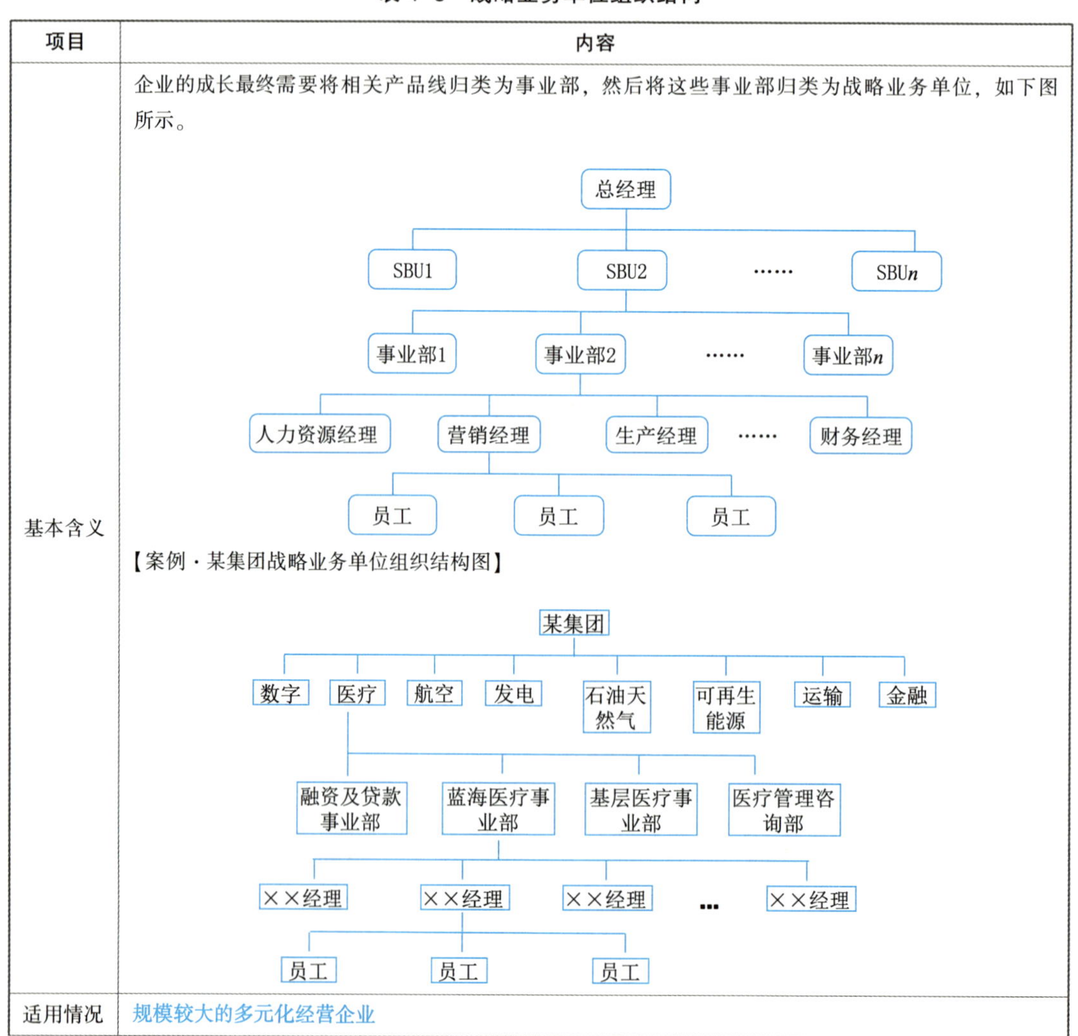
适用情况	规模较大的多元化经营企业

续表

项目	内容
优点	(1)降低了企业总部的控制跨度(管理幅度); (2)由于不同的企业单元都向其上级领导报告其经营情况，因此控制幅度的降低也减轻了总部的信息过度情况; (3)这种结构使得具有类似使命的产品、市场或技术的事业部之间能够更好地协调; (4)由于几乎无须在事业部之间分摊成本，因此易于监控每个战略业务单位的绩效
缺点	(1)由于采用这种结构多了一个垂直管理层，因此总部与事业部和产品层的关系变得更疏远; (2)战略业务单位经理为了取得更多的企业资源会引发竞争和摩擦，从而对企业的总体绩效产生不利影响

(6)矩阵制组织结构(见表 4-9)。

表 4-9 矩阵制组织结构

项目	内容
基本含义	矩阵结构是一种具有两个或多个命令通道的结构，包含两条预算权力线以及两个绩效和奖励来源，如下图所示。 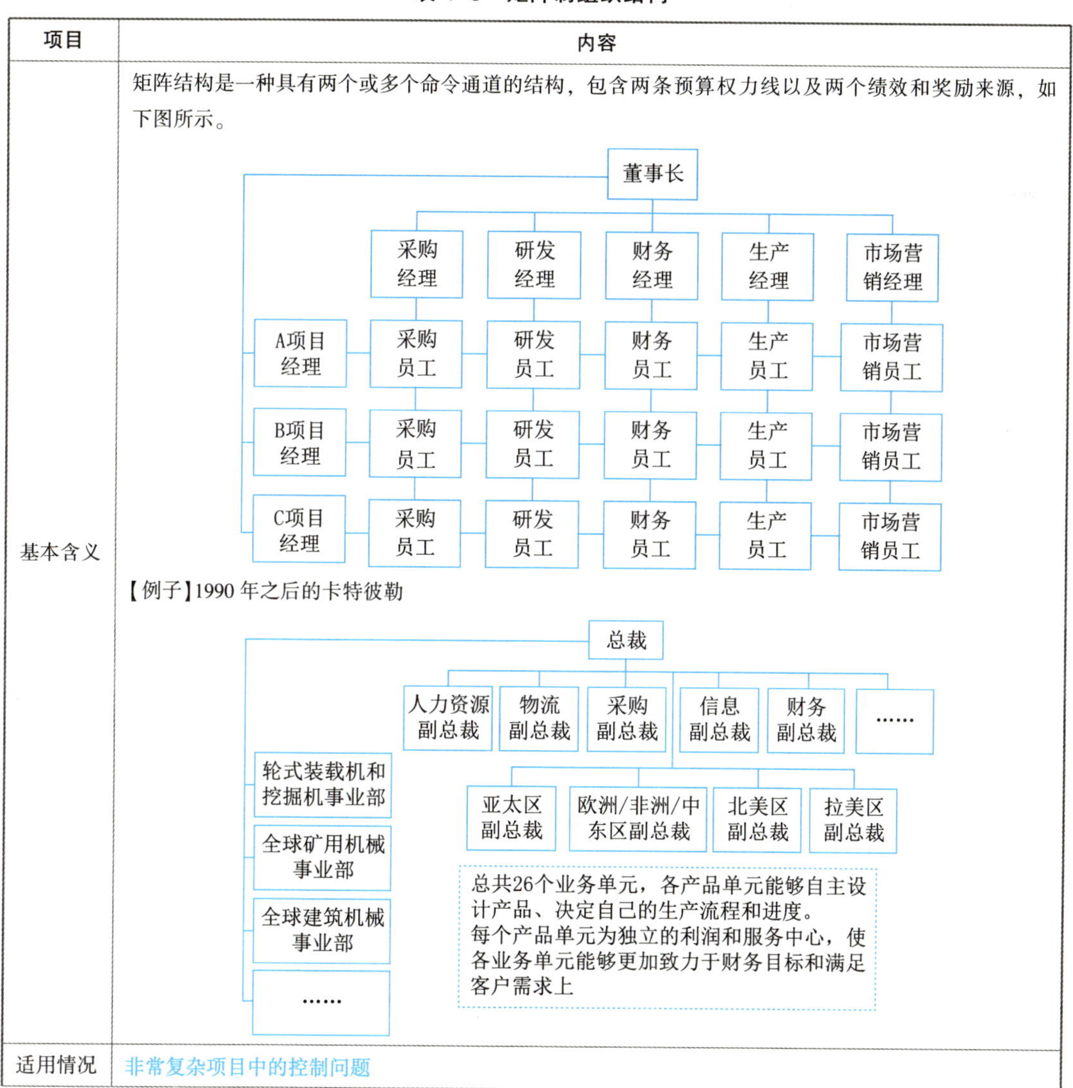 【例子】1990 年之后的卡特彼勒
适用情况	非常复杂项目中的控制问题

续表

项目	内容
优点	(1)由于项目经理与项目的关系更紧密，因而能更直接地参与到与其产品相关的战略中来，从而激发其成功的动力； (2)能更加有效地优先考虑关键项目，加强对产品和市场的关注，从而避免职能型结构对产品和市场的关注不足； (3)与产品主管和职能主管之间的联系更加直接，从而能够做出更有质量的决策； (4)实现了各个部门之间的协作以及各项技能和专门技术的相互交融； (5)双重权力使得企业具有多重定位，这样职能专家就不会只关注自身的业务范围
缺点	(1)可能导致权力划分不清晰(比如谁来负责预算)，并在职能工作和项目工作之间产生冲突； (2)双重权力容易使管理者之间产生冲突。如果采用混合型结构，非常重要的一点就是确保上级的权力不相互重叠，并清晰地划分权力范围。下属必须知道其工作的各个方面应对哪个上级负责； (3)管理层可能难以接受混合型结构，并且管理者可能觉得另一名管理者将争夺其权力，从而产生危机感； (4)协调所有的产品和职能会增加时间成本和财务成本，从而导致制定决策的时间过长

(7)H 型结构(控股企业/控股集团组织结构)——企业集团(见表 4-10)。

表 4-10　H 型结构

项目	内容
基本含义	成立控股企业，其下属子企业具有独立的法人资格。 控股企业的类型： (1)纯粹控股公司不直接从事某种实际的生产经营活动，其目的只是掌握子公司的股份，控制其股权； (2)混合控股公司除了利用控股权支配子公司的生产经营活动，还从事自身的生产经营
适用情况	业务领域涉及多个方面，甚至上升到全球化竞争层面
主要特点	(1)其业务单元的自主性强； (2)企业无须负担高额的核心企业管理费，因为母企业的职员数量很可能非常少，而业务单元能够自负盈亏并从母企业取得较便宜的投资成本； (3)在某些国家如果将这些企业看成一个整体，业务单元还能够获得一定的节税收益； (4)控股企业可以将风险分散到多个企业中，但是有时也很容易撤销对个别企业的投资

(8)国际化经营企业的组织结构(简单阅读，适当理解)(见表 4-11)。

表 4-11　国际化经营企业的组织结构

结构名称	对应战略类型	特征
国际部结构	国际战略	企业发挥全球协作程度低，产品对东道国市场需求的适应能力也比较弱。企业一般在母国集中进行产品研发，东道国的分支机构则主要负责在当地生产和销售
全球区域分部结构	多国本土化战略	为较小的“国内”市场较少地生产了同样的产品。下属公司的生产成本通常比母公司高，因为它要以相对小的规模生产各种产品。但在很多情况下，贸易壁垒把国际市场隔离开来，使下属公司仍能盈利并运转。国家或地区经理有高度的自主权，可以改变本国的产品战略，使它能适应于所在国家或地区的特殊环境。公司获得了本地迅速适应的能力

续表

结构名称	对应战略类型	特征
全球性产品分部结构	全球化战略	当公司在全球范围内寻求资源时，产品经理可以根据各国成本和技术的差异来设置活动。在全球产品分部结构下，一些活动会被分散进行，如零件加工和装配，而其他活动则集中进行，如研制开发活动。 母国总部负责制定企业战略目标和经营战略，各产品业务部门根据母国总部确定的目标和战略分别制订本部门的经营计划，几乎没有战略自主权。下属部门只是全球性企业的一个组成部分，生产某种零部件，提供给整个企业使用，并不拥有太大的经营自主权。产品的设计和说明很少由下属公司来决定。各下属公司被视为成本中心。通常来说，由母公司管理整个国际市场的营销，而下属公司可能雇用自己市场的营销人员，这些营销人员一般对部门营销经理负责
跨国结构	跨国战略	从全球性产品——地区混合结构思路出发，根据下属公司的功能与权力，优化组织结构。产品分部和地区分部都由总部副总经理负责，总部从全球范围来协调各产品分部和地区分部的活动，以取得各种产品的最佳地区合作。 跨国结构的目的是同时最大限度地提高效率、地区适应能力和组织学习能力。适用于那些产品多样化程度很高、地区分散化程度很大的跨国公司。尤其是那些销售、计划、财务、人事、研究与开发等职能难以全部下放到产品分部或地区分部，而这些职能又是对各分部以下的子公司之间的协调具有重要意义的企业

【例题 1 · 多选题】☆大众火锅店规定：10 万元以下的开支，各个分店的店长就可以做主；普通的一线员工，拥有免单权，而且可以根据客人的需求，赠送水果盘。根据组织纵向分工结构集权与分权理论，大众火锅店这种组织方式的优点有(　)。

A. 降低管理成本

B. 易于协调各职能间的决策

C. 提高企业对市场的反应能力

D. 能够对普通员工产生激励效应

解析 本题考核“集权与分权”的知识点，考试概率较低。首先需要根据题目所给线索判断是集权还是分权，然后再判断其优点。10 万元以下的开支，各个分店的店长就可以做主；普通的一线员工，拥有免单权，而且可以根据客人的需求，赠送水果盘。说明企业采用的是分权型结构，分权型结构包含更少的管理层次，因此管理成本得到降低。分权型结构的优点包括：①减少了信息沟通的障碍；②提高了企业反应能力；③为决策提供了更多的信息并对员工产生了激励效应。因为分权型结构的管理层级少，所以减少了管理成本，选项 A 也是正确的。**答案** ACD

【例题 2 · 单选题】顺达公司成立十年来，生产和经营规模逐步扩大，家电产品的品种不断增加。为了提高工作效率并实现规模经济，该公司应采用的组织结构是(　)。

A. M 型组织结构

B. 事业部制组织结构

C. 创业型组织结构

D. 职能制组织结构

解析 本题考核“横向分工结构的基本类型”的知识点。题目给出相关案例线索，要求判断所属结构类型，属于该知识点的典型考法。提高工作效率，实现规模经济，属于职能制组织结构的优点。该公司应采取的组织结构是职能制组织结构。**答案** D

【例题 3 · 多选题】☆以生产、销售多种机械产品为主业的平东公司对本企业的经营活动和人员，按照北方区域和南方区域进行划分。公司总部负责计划、协调和安排资源，区域分部负责所在区域的所有经营活动、产品销售和客户维护。下列各项中，属于平东公司组织结构优点的有(　)。

A. 可以削减差旅和交通费用

B. 能实现更好更快的地区决策

C. 可以避免管理成本的重复

D. 易于处理跨区域的大客户的事务

解析▶ 本题考核“横向分工结构的基本类型”的知识点。题目考核思路：首先要求判断平东公司采用的组织结构类型，再去对照相应结构类型的优缺点。根据资料可知，平东公司采用的组织结构是区域事业部制组织结构。优点：①在企业与其客户的联系上，区域事业部制能实现更好更快的地区决策；②与一切皆由总部来运作相比，建立地区工厂或办事处会削减成本费用；③有利于海外经营企业应对各种环境变化。缺点：①管理成本的重复；②难以处理跨区域的大客户的事务。

答案▶ AB

2. 横向分工结构的基本协调机制

此部分内容以选择题形式考核，分值不会很高，适当理解。主要内容如表4-12所示。

表4-12 横向分工结构的基本协调机制

机制名称	含义
相互适应，自行调整	是一种自我控制方式。组织成员直接通过非正式的、平等的沟通达到协调，相互之间不存在指挥与被指挥的关系，也没有来自外部的干预。 适合于最简单的组织结构。在十分复杂的组织里，由于人员构成复杂，工作事务事先不能全部规范化，因而也采用这种协调机制
直接指挥，直接控制	组织的所有活动都按照一个人的决策和指令行事
工作过程标准化	组织通过预先制定的工作标准，来协调生产经营活动
工作成果标准化	组织通过预先制定的工作成果标准，实现组织中各种活动的协调
技艺(知识)标准化	组织对其成员所应有的技艺、知识加以标准化。 属于超前的间接协调机制
共同价值观	组织内全体成员要对组织的战略、目标、宗旨、方针有共同的认识和共同的价值观念，充分地了解组织的处境和自己的工作在全局中的地位和作用，互相信任、彼此团结，具有使命感，组织内的协调和控制达到高度完美的状态

【例题4·单选题】☆在最简单的组织结构中，适宜采用的组织协调机制是(　)。

A. 共同价值观

B. 直接指挥，直接控制

C. 标准化体系结构

D. 相互适应，自行调整

解析▶ 本题考核“横向分工的基本协调机制”的知识点。相互适应，自行调整是一种自我控制方式。这种机制适合于最简单的组织结构。

答案▶ D

三、企业战略与组织结构

(一)组织结构与战略的关系

老杭贴心话

『考试频率』★★

『重要程度』一般重要

『考试题型』选择题+主观题冷门考点

『复习建议』理解+记忆

钱德勒的组织结构服从战略理论可以从以下两个方面展开：

1. 战略的前导性与结构的滞后性

(1)战略前导性。企业战略的变化快于组织结构的变化。

(2)结构滞后性。企业组织结构的变化常常慢于战略的变化速度。

2. 企业发展阶段与结构

企业发展到一定阶段，其规模、产品和市场都发生了变化。这时，企业会采用合适的战略，并要求组织结构做出相应的反应，具体如表4-13所示。此表内容建议掌握，应对主观题。

表4-13 企业发展阶段与结构

项目	企业发展阶段（了解）	战略类型（理解+记忆）	企业结构类型（记忆）	原因(阅读理解)
国内经营（钱德勒的理论观点）	创立不久的初步发展阶段	市场渗透战略	简单结构(创业型组织结构)	企业处于创立不久的初步发展阶段，往往着重发展单一产品，试图通过更强的营销手段来获得更大的市场份额。这时，企业只需采用简单结构即创业型组织结构
	开始发展后	市场开发战略	职能制结构	企业发展后，需要将产品或服务扩展到其他地区中去。为了实现产品和服务的标准化、专业化，企业要求建立职能制组织结构
	进一步发展	纵向一体化战略	事业部制结构	企业进一步发展后，拥有了多个产品线，销售市场迅速扩张，需要增强管理协调能力；同时，为了提高竞争力，需要拥有一部分原材料的生产能力或销售产品的渠道。在这种情况下，企业适宜采用事业部制组织结构
	成熟期	多元化经营战略	分别采用战略业务单位结构、矩阵制结构、H型结构	企业高度发展并进入成熟期，为了避免投资或经营风险，需要开发与企业原有产品不相关的新产品系列。这时企业应根据经营规模、业务结构和市场范围，分别采用更为复杂的组织结构，如战略业务单位组织结构、矩阵制组织结构或H型组织结构
国际化经营（钱德勒理论观点的应用，细小内容，简单了解，无时间可放弃）	第一阶段	国际战略	国际部	—
	第二阶段	多国本土化战略	全球区域分部结构	—
	第三阶段	全球化战略	全球产品分部结构	—
	第四阶段	跨国战略	跨国结构	—

（二）组织的战略类型（见表 4-14）

老杭贴心话

『考试频率』★★★
『重要程度』一般重要
『考试题型』案例分析选择题
『复习建议』理解，适当熟悉原文关键文字

表 4-14　组织的战略类型

类型名称	产品与市场	工程技术问题	行政管理
防御型战略组织 “从一而终”	追求一种**稳定**的环境。 创造一个稳定的经营领域，占领一部分产品市场。常**采用竞争性定价或高质量产品**来阻止竞争对手进入自己的领域	创造出一种具有高度成本效率的核心技术，**技术效率是组织成功的关键**	采取**“机械式”结构机制**。由生产与成本控制专家形成的高层管理，注重成本和其他效率问题的集约式计划、广泛分工的职能结构、集中控制、正式沟通等
开拓型战略组织 “喜新厌旧”	追求一种更为**动态**的环境，将其能力表现在**探索和发现新产品和市场的机会上**	技术具有很大的**灵活性**	行政管理具有很大的灵活性，采取**“有机的”机制**。包括由市场、研究开发方面的专家组成的高层管理，注重产出结果的粗放式计划、分散式控制以及横向和纵向的沟通
分析型战略组织 “喜新不厌旧”	在寻求新的产品和市场机会的同时（模仿开拓型组织已开发成功的产品或市场），保持传统的产品和市场（保留防御型组织的特征，依靠一批相当稳定的产品和市场保证其主要收入）	需要在保持技术的灵活性与稳定性之间进行平衡	**矩阵结构**
反应型战略组织	对其外部环境的反应上采取一种**动荡不定的调整模式**，缺少在变化的环境中随机应变的机制。往往会对环境变化和不确定性**做出不适当的反应**，随后又会**执行不力**，对以后的经营行动犹豫不决。结果，反应型组织永远处于不稳定的状态		

【例题 5·单选题】 润丰公司是一家智能家居用品制造商。该公司在技术开发和行政管理上具有很大的灵活性，由技术、营销等人员组成的项目组拥有产品开发的自主选择权。近年来该公司适应不断变化的市场需求，陆续开发出智能音箱、智能手环、智能电视、扫地机器人等产品。润丰公司组织结构的战略类型是（　　）。

A. 防御型战略组织　　B. 分析型战略组织

C. 反应型战略组织　　D. 开拓型战略组织

解析 开拓型战略组织追求一种更为动态的环境，将其能力表现在探索和发现新产品和市场的机会上。“该公司在技术开发和行政管理上具有很大的灵活性……近年来该公司适应不断变化的市场需求，陆续开发出智能音箱、智能手环、智能电视、扫地机器人等产品”属于开拓型战略组织，选项 D 正确。

答案 D

四、公司战略与企业文化

企业文化的内容整体理论性较强，考试分值不高，建议适当理解，掌握基本文字。

(一)企业文化的概念(略)

(二)企业文化的类型(见表 4-15)

老杭贴心话

『考试频率』★★★　　　　『重要程度』一般重要
『考试题型』选择题
『复习建议』理解，适当熟悉教材原文关键文字

表 4-15　企业文化的类型

类型	特点	常见表现
权力导向型	掌权人试图对下属保持绝对控制，企业组织结构往往是传统框架。企业的决策可以很快地做出，但其质量在很大程度上取决于企业经理人员的能力。企业的变革主要由企业中心权力来决定	通常存在于家族式企业和刚开创企业
角色导向型	尽可能追求理性和秩序，角色文化十分重视合法性、忠诚和责任。企业的权力仍在上层，十分强调等级和地位。 具有稳定性、持续性的优点，可能导致高效率。但是，这类企业不太适合动荡的环境	最常见于国有企业和公务员机构
任务导向型	管理者关心的是不断地和成功地解决问题。采用的组织结构往往是矩阵制。实现目标是任务导向型企业的主导思想。企业强调的是速度和灵活性，专长是个人权力和职权的主要来源，并且决定一个人在给定情景中的相对权力。 具有很强的适应性，个人能高度控制自己分内的工作，在十分动荡或经常变化的环境中会很成功。也会给企业带来很高的成本	常见于新兴产业中的企业，特别是一些高科技企业
人员导向型	企业存在的目的主要是为其成员的需要服务，员工通过示范和助人精神来互相影响，而不是采用正式的职权。这类文化中的人员不易管理，企业能给他们施加的影响很小	常见于俱乐部、协会、专业团体和小型咨询公司

【例题 6 · 单选题】嘉苑公司是一家从事环境艺术的企业，该公司的业务以创意为核心，员工根据个人的爱好、专长和成长需要，自主选择从事建筑设计、室内装潢、城市雕塑和壁画制作等工作，公司则为员工的工作需要提供必要的服务。嘉苑公司的企业文化类型是(　)。

A. 权力导向型　B. 任务导向型
C. 人员导向型　D. 角色导向型

解析 本题考核“企业文化的类型”的知识点，属于典型的选择题考点。在人员导向型文化下的企业存在的目的主要是为其成员的需要服务，企业是其员工的下属，企业的生存也依赖于员工。“员工根据个人的爱好、专长和成长需要，自主选择从事建筑设计、室内装潢、城市雕塑和壁画制作等工作，公司则为员工的工作需要提供必要的服务”属于人员导向型，选项 C 正确。　**答案** C

（三）文化与绩效

老杭贴心话

『考试频率』★

『重要程度』不重要

『考试题型』个别选择题+主观题冷门点

『复习建议』简单了解

1. 企业文化为企业创造价值的途径

（1）文化简化了信息处理。

（2）文化补充了正式控制。

（3）文化促进合作并减少讨价还价成本。

2. 文化、惯性和不良绩效

当战略符合其环境的要求时，文化则支持企业的定位并使之更有效率；当企业所面对的环境产生了变化，并显著地要求企业对此适应以求得生存时，文化对绩效的负面影响就变得重要起来。

3. 企业文化成为维持竞争优势源泉的条件

首先，文化必须为企业创造价值。其次，公司文化必须是企业所特有的。最后，企业文化必须是很难被模仿的。

（四）战略稳定性与文化适应性（见图 4-2、表 4-16）

老杭贴心话

『考试频率』★★★

『重要程度』一般重要

『考试题型』个别选择题

『复习建议』出题点为图 4-2，能够根据案例材料判断属于哪种组合，加强理解。表 4-16 尚未出现考题，属于琐碎内容，尽量兼顾

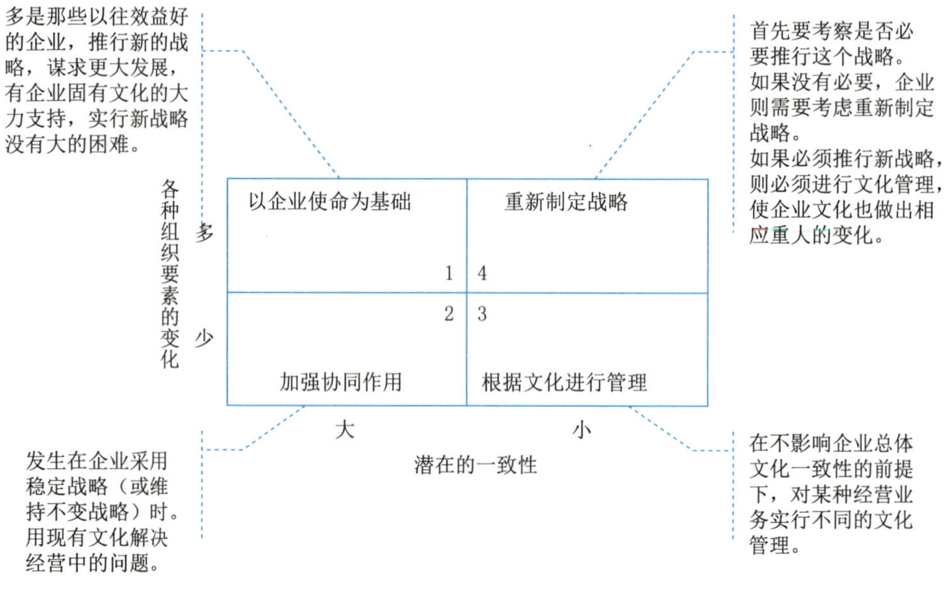

图 4-2 战略稳定性与文化适应性图

表 4-16 战略稳定性与文化适应性（考试概率很低，有时间可兼顾）

类型	基本含义	工作焦点
以企业使命为基础	战略变化大；文化一致性大	在这种情况下，企业处理战略与文化关系的重点有以下几项： （1）企业在进行重大变革时，必须考虑与企业基本使命的关系； （2）发挥企业现有人员在战略变革中的作用； （3）在调整企业的奖励系统时，必须注意与企业组织目前的奖励行为保持一致； （4）考虑进行与企业组织目前的文化相适应的变革，不要破坏企业已有的行为准则

续表

类型	基本含义	工作焦点
加强协同作用	战略变化小；文化一致性大	企业应考虑两个主要问题： (1)利用目前的有利条件，巩固和加强企业文化； (2)利用文化相对稳定的这一时机，根据企业文化的需求，解决企业生产经营中的问题
根据文化进行管理	战略变化小；文化一致性小	可以根据经营的需要，在不影响企业总体文化一致的前提下，对某种经营业务实行不同的文化管理
重新制定战略	战略变化大；文化一致性小	企业首先要考察是否有必要推行这个新战略。如果没有必要，企业则需要考虑重新制定战略。 若企业外部环境发生重大变化，企业考虑到自身长远利益，必须实施不能迎合企业现有文化的重大变革，企业则必须进行文化管理，使企业文化也做出相应重大的变化。为了处理这种重大的变革，企业需要从四个方面采取管理行动： (1)企业的高层管理人员要痛下决心进行变革，并向全体员工讲明变革的意义； (2)为了形成新的文化，企业要招聘或从内部提拔一批与新文化相符的人员； (3)改变奖励结构，将奖励的重点放在具有新文化意识的事业部或个人的身上，促进企业文化的转变； (4)设法让管理人员和员工明确新文化所需要的行为，形成一定的规范，保证新战略的顺利实施

【例题7·单选题】☆某市经营综合实体商城的五彩城公司决定今后3年实现在保持原有经营规模的同时，适当减少商品销售活动占用的面积，相应增加供顾客休闲、娱乐的空间，并对管理组织和人员作适当调整。公司的战略调整受到大多数员工的认同支持。该公司在处理战略稳定性与文化适应性关系时应(　)。

A. 以企业使命为基础

B. 加强协同作用

C. 重新制定战略

D. 根据文化进行管理

解析 本题考核“战略稳定性与文化适应性”的知识点。“在保持原有经营规模的同时，适当减少商品销售活动占用的面积，相应增加供顾客休闲、娱乐的空间，并对管理组织和人员作适当调整”表明各种组织要素变化少；“公司的战略调整受到大多数员工的认同支持”表明潜在一致性较大。因此，属于加强协同作用，选项B正确。 **答案** B

五、战略控制

(一)战略失效与战略控制的概念

1. 战略失效(见表4-17)

老杭贴心话

『考试频率』★★

『重要程度』一般重要

『考试题型』选择题+主观题

『复习建议』战略失效是潜在考点，尤其注意在主观题出现

表4-17 战略失效

项目	内容
含义	企业战略实施的结果偏离了预定的战略目标或战略管理的理想状态

续表

项目	内容	
原因	(1)企业内部缺乏沟通，企业战略未能成为全体员工的共同行为目标，企业成员之间缺乏协作共事的愿望； (2)战略实施过程中各种信息的传递和反馈受阻； (3)战略实施所需的资源条件与现实存在的资源条件之间出现较大缺口； (4)用人不当，主管人员、作业人员不称职或玩忽职守； (5)公司管理者决策错误，使战略目标本身存在严重缺陷或错误； (6)企业外部环境出现了较大变化，而现有战略一时难以适应等	
类型	早期失效	战略实施初期
	偶然失效	偶然因素出现的影响
	晚期失效	战略实施一段时间后

【例题8·单选题】☆2002年，小王在市区黄金位置开了一家咖啡店。由于经营有方，小店开业不到一个月就创造了销售佳绩。正在小王准备大干一场时，当地发生了流行性疾病，小店经营陷入困境。小王采取各种措施试图挽救失败后，不得不关闭了咖啡店。根据战略失效理论，小王创业没达到预期目标属于(　)。

A. 前期失效　　B. 晚期失效

C. 正常失效　　D. 偶然失效

解析 本题考核“战略失效”的知识点。流行性疾病属于偶然因素，所以属于偶然失效。

答案 D

2. 战略控制

老杭贴心话

『考试频率』★

『重要程度』不重要

『考试题型』个别选择题

『复习建议』了解定义，适当掌握战略控制与预算控制之间的差异

战略控制是指企业在战略实施过程中，检测环境变化，检查业务进展，评估经营绩效，把检查和评估结果与既定的战略目标相比较，发现战略实施出现的偏差，分析产生偏差的原因，采取有效措施及时纠正偏差，使战略实施结果符合预期战略目标。

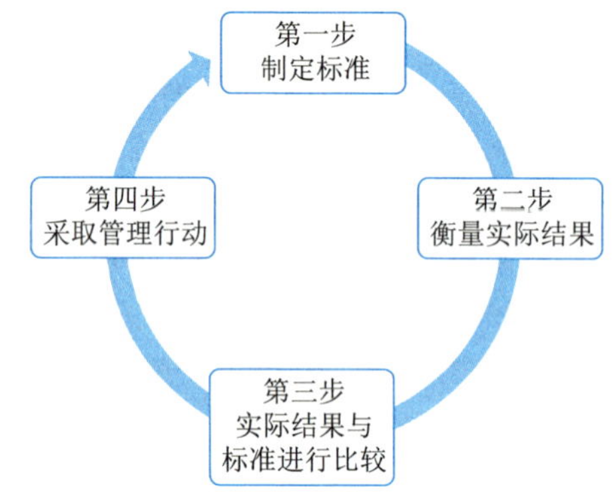

战略控制与预算控制之间的差异，如表4-18所示。

表4-18　战略控制与预算控制之间的差异

战略控制	预算控制
期间比较长，从几年到十几年以上	期间通常为一年以下
定性方法和定量方法	定量方法
重点是内部和外部	重点是内部
不断纠正行为	通常在预算期结束之后采用纠正行为

（二）战略控制过程

老杭贴心话

『考试频率』★　　『重要程度』不重要

『考试题型』选择题　　『复习建议』简单了解

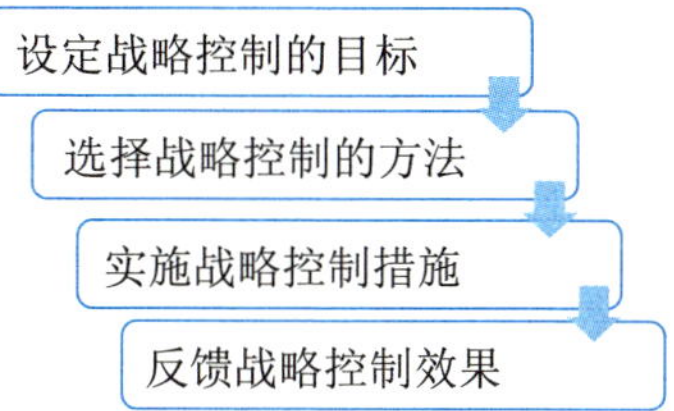

（三）战略控制方法

1. 预算——预算的类型（见表 4-19）

老杭贴心话

『考试频率』★★★　　『重要程度』重要

『考试题型』选择题　　『复习建议』理解含义，优缺点熟悉原文

表 4-19　预算的类型

预算类型	含义	优点	缺点
增量预算	是指在以前期间的预算或者实际业绩的基础上，通过增加相应的内容编制新的预算	①预算编制工作量较少，相对容易操作； ②预算变动较小且循序渐进，为各个部门的经营活动提供了一个相对稳定的基础； ③有利于避免因资金分配规则改变而引起各部门之间产生冲突； ④比较容易对预算进行协调	①没有考虑经营条件和经营情况的变化； ②容易使企业管理层和部门经理产生维持现状的保守观念，不利于企业创新； ③与部门和员工的业绩没有联系，没有提供降低成本的动力； ④鼓励各部门用光预算以保证下一年的预算不减少； ⑤随着业务活动及其开支水平的变化而失去合理性、可行性
零基预算	是指在新的预算期，不受以往预算安排的影响，不考虑过去的预算项目和收支水平，以零为基点编制预算	①有利于根据实际需要合理分配资金； ②有利于调动各个部门和员工参与预算编制的积极性； ③增强员工的成本效益意识； ④鼓励企业管理层和部门经理根据环境变化进行创新； ⑤增加预算的科学性和透明度，提高预算管理水平	①预算编制比较复杂，工作量大，费用较高； ②如果过度强调眼前预算项目的需要，容易导致追求短期利益而忽视长期利益； ③预算规则和业务项目开支标准的改变可能引起部门之间的矛盾和冲突

【例题 9·多选题】☆信中银行每年都依据实际业绩编制预算。2016 年年底信中银行在某地开设了一家分行。该分行 2017 年预算编制类型的优点有（　）。

A. 增强员工的成本效益意识

B. 没有考虑经营条件和经营情况的变化

C. 鼓励企业管理层和部门经理根据环境变化进行创新

D. 比较容易对预算进行协调

解析 新开设的分行适合采用的预算编制类型是零基预算。零基预算的优点包括：①有利于根据实际需要合理分配资金。②有利于调动各个部门和员工参与预算编制的积极性。③增强员工的成本效益意识。④鼓励企业管理层和部门经理根据环境变化进行创新。⑤增加预算的科学性和透明度，提高预算管理水平。选项B是增量预算的缺点。选项D是增量预算的优点。 **答案** AC

2. 企业业绩衡量

老杭贴心话

『考试频率』★★

『重要程度』一般重要

『考试题型』选择题+主观题(冷门点)

『复习建议』熟悉文字+适当记忆

(1)财务衡量指标(见表4-20)。

表4-20　财务衡量指标

项目	具体内容
常用财务指标(主观题冷门点)	①盈利能力和回报率指标： 毛利率=[(营业收入-销售成本)/营业收入]×100% 净利润率=[(营业收入-销售成本-期间费用)/营业收入]×100% 已动用资本报酬率(ROCE)=(息税前利润/当期平均已动用资本)×100%(衡量企业投资效益和盈利能力的重要指标) ②股东投资指标： 每股盈余=净利润/股票数量 每股股利=股利/股票数量(每股盈余或每股股利是显示企业为股东带来收益的主要指标) 市净率=每股市价/每股净资产(衡量、评估股票投资价值的指标) 股息率=每股股利/每股市价×100%(衡量企业投资价值的重要指标之一。假设其他条件相同，股息率低说明企业将较多的利润进行再投资，股息率高说明企业将较多的利润用于股东分红。股息率通常高于利息率) 市盈率=每股市价/每股盈余×100%(评估股价水平是否合理的指标之一) ③流动性指标(作为流动性指标的各种比率越高，企业避免拖欠债务和偿还短期债务的能力越强)： 流动比率=流动资产/流动负债×100% 速动比率=(流动资产-存货)/流动负债×100% 存货周转期=存货×365/销售成本 应收账款周转期=应收账款借方余额×365/销售收入 应付账款周转期=应付账款贷方余额×365/购买成本 ④综合负债和资金杠杆指标： 负债率=有息负债/股东权益×100%(体现企业的整体负债水平和资金杠杆水平) 现金流量比率=经营现金净流量/(流动负债+非流动负债)×100%(企业经营活动产生的现金净流量是企业偿还债务的财务保障，现金净流量与企业债务总额之间的比率称为现金流量比率，该比率反映企业偿还全部债务的能力)
使用比率来进行绩效评价的主要原因(细小知识点，通常是选择题)	①通过比较不同时期的比率可以很容易地发现它们的变动； ②相对于实物数量或货币的绝对数值，比率对企业业绩的衡量更为适合； ③比率适合用作业绩目标； ④比率提供了总结企业业绩和经营成果的工具、方法，并可在同类企业之间进行比较
比率评价的局限性(细小知识点，通常是选择题)	①信息获取存在困难； ②信息的使用存在局限性

续表

项目	具体内容
比率评价的局限性（细小知识点，通常是选择题）	③比率在各个行业的理想标准不同，而且理想标准会随着时间推移发生改变，这给不同行业或同一行业中不同企业的业绩比较带来困难； ④比率有时不能准确反映真实情况； ⑤比率有时体现的是被扭曲的结果； ⑥可能鼓励短期行为； ⑦忽略其他战略要素； ⑧激励、控制的人员范围有限

（2）非财务衡量指标（见表 4-21、表 4-22）。

表 4-21　非财务指标（简单了解，个别选择题，可放弃）

评价的领域	业绩计量
服务	诉讼数量；客户等待时间
人力资源	员工周转率；旷工时间；每个员工的培训时间
市场营销	销量增长；市场份额；客户数量
生产	工艺、流程先进性；质量标准
研发	技术专利数量和等级；设计创新能力
物流	设备利用能力；服务水平
广告	属性等级；成本水平
管理信息	及时性；准确度

表 4-22　非财务指标衡量业绩的原因与局限性

项目	具体内容
使用非财务指标衡量业绩的主要原因（细小的知识点）	①能够反映和监控非财务方面的经营业绩； ②通常比使用财务衡量指标提供企业业绩信息更为及时； ③容易被非财务管理人员理解并使用； ④有利于激励企业高管关注财务因素之外的因素甚至决定企业成败的战略因素； ⑤一些衡量企业长期业绩的非财务指标有利于避免短期行为； ⑥往往需要同时采用定性和定量分析、衡量，因此更能反映企业业绩的真实情况； ⑦激励、控制的人员范围较广，覆盖了对财务结果无任何责任的人员
非财务指标衡量业绩的局限性（细小的知识点）	①不能使用统一的比率标准，因此不能容易地发现业绩变化或进行业绩比较； ②指标通常产生于各个经营部门并被它们分别使用，不能作为所有部门的共同业绩目标即企业整体性业绩目标； ③难以避免外部环境中某些因素的变化，造成不能客观、真实地衡量和反映企业业绩

（3）ESG 衡量指标。（新增细小内容，简单了解，个别选择题）

ESG 是环境（environmental）、社会（social）和治理（governance）的英文缩写。

目前，ESG 企业业绩衡量指标或标准主要涉及以下三个方面：

第一，环境方面，包括碳及温室气体排放、废物污染及管理政策、能源使用/消费、自然资源使用和管理政策、生物多样性、合规性、员工环境意识、绿色采购政策、节能减排措施、环境成本核算、绿色技术等。

第二，社会方面，主要有性别及性别平衡政策、人权政策及违反情况、社团（或社区）健康安全、管理培训、劳动规范、产品责任、职业健康安全、产品质量、供应链责任管理、精准扶贫、公益慈善及其他等。

第三，治理方面，主要涉及公司治理、贪污受贿政策、反不公平竞争、风险管理、税收透明、公平的劳动实践、道德行为准则、合规性、董事会独立性及多样性、组织结构、投资者关系等。

3. 平衡计分卡的企业业绩衡量

老杭贴心话

『考试频率』★★★　　『重要程度』重要

『考试题型』选择题+主观题冷门点

『复习建议』理解，重点掌握例子及四个角度具体指标

(1)平衡计分卡的基本概念。

提出者：卡普兰和诺顿。分为四个角度审视自身业绩：财务角度、顾客角度、内部流程角度、创新与学习角度。平衡计分卡的应用实例如图4-3所示。

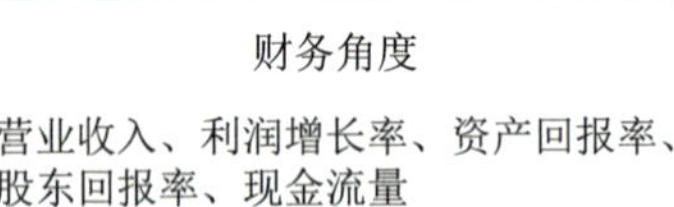

图4-3　平衡计分卡例子

平衡计分卡四个角度常用的财务指标，见表4-23。

表4-23　平衡计分卡四个角度常用的财务指标

角度	常用的财务指标
财务角度	常用的财务指标有营业收入、销售增长率、利润增长率、资产回报率、股东回报率、现金流量、经济增加值等
顾客角度	常用的顾客指标有顾客满意度、顾客投诉率、投诉解决率、准时交货率、市场份额、客户保留率、新客户开发率、客户收益率等
内部流程角度	常用的内部流程指标有数字化信息系统覆盖率、计划准确率、设备利用率、订单准时交付率、采购成本和周期、项目进度及完成率、废物减排及利用率、安全事故率、接待客户的时间和次数、对客户诉求的反应时间以及员工建议采纳率和员工收入等
创新与学习角度	常用的指标有研发费用占销售额的比例、新产品销售额占总销售额的比例、专利等级和数量、数字化技术采用率、员工流动率、员工培训费用及次数、员工满意度等

(2)平衡计分卡的特点。(了解，时间不足可放弃)

①用全面体现企业战略目标的四个方面的指标内容代替了单一的财务指标内容，为企业战略实施提供了强有力的支持。

②平衡计分卡四个角度指标所包含的内

容体现了五个方面的平衡：财务指标和非财务指标的平衡；企业的长期目标(如创新与学习指标的内容)和短期目标(如财务指标的内容)的平衡；结果性指标(如财务指标的内容)与动因性指标(如内部流程指标、创新与学习指标的内容)之间的平衡；企业内部利益相关者(员工)与外部利益相关者(股东、客户)的平衡；领先指标即预期性指标与滞后指标即结果性指标之间的平衡。

③平衡计分卡四个指标的内容之间都紧密联系、相互支持、彼此加强。

④每个企业的平衡计分卡都具有独特性。

(3)平衡计分卡的作用。(了解，时间不足可放弃)

①为企业战略管理提供强有力的支持。

②提高企业整体管理效率和效果。

③促进部门合作，完善协调机制。

④完善激励机制，提高员工参与度。

⑤促进企业立足实际、着眼未来，实现长期可持续发展。

【例题 10·多选题】☆研发、生产治疗心血管疾病药品的诺泰公司采用平衡计分卡进行绩效管理。下列各项中，属于该公司的平衡计分卡内部流程角度包括的内容有(　)。

A. 每个员工的收入

B. 药品研发人员和生产技术人员的流动率

C. 采购成本和周期

D. 新药品销售额占总销售额的比例

解析 选项 A 属于内部流程角度，选项 B 属于创新与学习角度，选项 C 属于内部流程角度，选项 D 属于创新与学习角度。

答案 AC

4. 统计分析与专题报告

老杭贴心话

『考试频率』★

『重要程度』不重要

『考试题型』个别选择题

『复习建议』简单了解

(1)统计分析报告 —— 特点：

①以统计数据为主体。

②以科学的指标体系和统计方法来进行分析研究说明。

③具有独特的表达方式和结构特点。

④逻辑严密、脉络清晰、层次分明。

(2)专题报告。

专题报告是根据企业管理人员的要求，指定专人对特定问题进行深入、细致的调查研究，形成包括现状与问题、对策与建议等有关内容的研究报告，以供决策者参考。

六、公司战略与数字化技术

(一)数字化技术

老杭贴心话

『考试频率』★

『重要程度』不重要

『考试题型』个别选择题

『复习建议』简单了解，可放弃

1. 数字化技术的发展历程(略)

2. 数字化技术应用领域

(1)大数据——大数据的主要特征(见表 4-24)。

表 4-24　大数据的主要特征

特征	解释
大量性	大数据的数量巨大
多样性	数据类型繁多。大数据不仅包括传统的以文本资料为主的结构化数据，还包括信息化时代所有的文本、图片、音频、视频等半结构化数据和非结构化数据，且以半结构化和非结构化数据为主
高速性	大数据处理时效性高
价值性	大数据价值巨大，但价值密度低

(2)人工智能(略)。

(3)移动互联网(略)。

(4)云计算(略)。

(5)物联网(略)。

(6)区块链(略)。

(二)数字化技术对公司战略的影响

老杭贴心话

『考试频率』★★

『重要程度』一般重要

『考试题型』选择题+主观题

『复习建议』掌握基本结论，总结提炼的具体文字以熟悉理解为主，不用背

1. 数字化技术对组织结构的影响

(1)组织结构向平台化转型。

组织形态趋于柔性化、扁平化和网络化，呈现出大平台、小前端的特征。

①柔性化、扁平化和网络化。

·纵向：扁平化，前端具有更大的决策权，提高对市场变化的反应速度。

·横向：打破部门边界，降低部门分割造成的中断和分散。

②大平台、小前端。

·大平台：标准化、效率。

·小前端：个性化。

(2)构建传统与数字的融合结构。

一方面，融合结构中包含传统和新兴的两类人才、观念、技术、流程和传播渠道；另一方面，融合结构只是一个过渡性的结构，通过新兴的知识、观念、技术的引导与洗礼，无法适应数字内容生产和分发的人员、介质等要素需要被清除，从而使组织转向更加纯粹地适宜网络端，尤其是移动端的形态。

(3)以新型组织结构为主要形式。

利用数字化技术，有些组织采用了诸如团队结构和虚拟组织这样的新型组织结构，以提高组织竞争力。

①团队结构。信息技术使得团队之间的沟通和组织对团队的有效监督成为可能。

②虚拟组织，指的是具有不同资源与优势的企业为了共同开拓市场，共同对付其他的竞争者而组织、建立在信息网络基础上的共享技术与信息，分工合作、互利互惠的企业联盟体。

只有依托于强有力的计算机网络和数字技术，这种以信息流管理为核心能力的组织形式才可能存在。

2. 数字化技术对经营模式的影响

(1)互联网思维的影响——由工业化思维向互联网思维转型。

(2)多元化经营的影响——从营业模式上看，O2O模式下的实体零售运用现代信息技术，充分整合线上线下全渠道资源和价值链上下游合作伙伴，打破了线下店铺传统经营模式的时空限制，促进跨界经营融合。

(3)消费者参与的影响——借助大数据平台，消费者可以实现将历史数据和实时数据高度融合匹配，充分发挥主观能动性，为企业商业模式创新贡献个性化智慧。

3. 数字化技术对产品和服务的影响

(1)个性化——抓取顾客数据，分析顾客偏好，发现消费者的隐性需求和个性化需求。

(2)智能化——智能产品实现了对使用数据的实时抓取，这些数据被企业用于分析消费者的使用行为，或者用于智能产品的自主学习，以便为消费者提供更好的使用体验。

(3)连接性(万物互联)——智能产品之间的连接，将看似不相关的活动主体连接起来，能够创造出更多的商业机会。例如智能化可穿戴设备的一项基本功能是帮助消费者了解身体的各项指标。因此，医院、医保、药企、健康顾问等医疗机构都可以通过可穿戴设备，与消费者构建直接的连接，为其提供定制化的服务。

(4)生态化。

4. 数字化技术对业务流程的影响

利用数字化技术(例如云服务、大数据分析、人工智能等)进行业务流程重组。

（三）数字化战略

『考试频率』★★★　　『重要程度』重要　　老杭贴心话
『考试题型』选择题+主观题　　『复习建议』掌握基本结论，应对案例分析

1. 数字化战略的定义（略）
2. 数字化战略转型的主要方面（见表 4-25）

表 4-25　数字化战略转型的主要方面

主要方面（具体文字熟悉理解）	细分方面（熟悉）	内涵（了解，不用背）
技术变革： 5G、工业互联网等新一代信息技术的发展促使企业对诸如网络、通信设备和原有系统等之类的基础条件进行改造与变革，为企业开展创新提供数字技术资源的支撑，加速企业产品与服务的创新，探索新的市场机遇	数字化基础设施建设	数字化基础设施建设是企业进行数字化转型的基石。 评价指标：主干网与互联网接口带宽、主干网网络覆盖率、数据安全措施应用率
	数字化研发	数字化研发是企业转型升级的主要动力。 评价指标：新产品产值率、R&D 投入强度、员工人均专利数
	数字化投入	数字化投入为推动企业数字化转型提供支持。 评价指标：数字化投入占比、数字化设备投入占比、数字化运维投入占比、数据安全投入占比
组织变革： 企业利用数字化技术重组组织结构，以增强对市场的反应速度。同时也需要加强员工之间直接沟通与信息获取，提高员工的数字化技能与管理能力，进而拉动企业对数字化应用人才的需求	组织架构	数字化转型为企业组织架构带来重要变革。 评价指标：数字化部门领导者地位和企业管理层级数量
	数字化人才	数字化人才是推动企业数字化转型的关键要素之一。 评价指标：数字化人才比重、数字化技能员工覆盖率、初级数字化技能人才培训支出比
管理变革： 企业通过数字化转型打通生产与管理全流程的数据链，促进各项业务流程变革、生产变革和财务变革，提高产品质量和生产效率	业务数字化管理	业务数字化管理是企业数字化转型的重点之一。 评价指标：电子商务采购比率、数字化仓储物流设备占比、订单准时交付率、数据可视化率
	生产数字化管理	数字化生产是企业数字化转型的关键。 评价指标：作业自动化编制及优化排程比例、与过程控制系统（PCS）或生产执行系统（MES）直接相连的数字化设备占比、数字化检测设备占比、在线设备管理与运维比例
	财务数字化管理	财务数字化管理为企业数字化转型提供保障。 评价指标：ERP 系统覆盖率、资金周转率和库存资金占有率
	营销数字化管理	利用数字化技术有效拓展客群范围，通过数字挖掘发现客户的行为模式和动态需求，发展潜在客户，服务低收入人群，实现客户多元化。 要运用客户管理系统（CRM）、数据仓库（DW）和商业智能（BI）技术，获取全面完整的客户信息，实现整合营销和交叉销售。在数字化客户管理的基础上，通过大数据分析实现精准营销、内容营销、数字化的客户生命周期管理等

(四)数字化战略转型的困难和任务

老杭贴心话

『考试频率』★
『重要程度』不重要
『考试题型』个别选择题
『复习建议』简单了解，可放弃

1. 公司数字化战略转型面临的困难

(1)网络安全与个人信息保护问题。

(2)数据容量问题。

(3)“数据孤岛”问题。

(4)核心数字技术问题。

(5)技术伦理与道德问题。

2. 公司数字化战略转型的主要任务

(1)构建数字化组织设计，转变经营管理模式。

①制定数字化转型战略；②建立数字化企业架构；③推动数字化组织变革。

(2)加强核心技术攻关，夯实技术基础。

(3)打破“数据孤岛”，打造企业数字化生态体系。

(4)加快企业数字文化建设。

(5)利用新兴技术，提升公司网络安全水平。

(6)重视数字伦理，提升数字素养。

同步训练

限时 110min

扫我做试题

一、单项选择题

1. 梦辉公司是一家快速消费品企业，经营中需要及时了解市场需求，改进产品质量。针对梦辉公司而言，较为适宜采取(　)。
   A. 高长型组织结构
   B. 扁平型组织结构
   C. 职能制组织结构
   D. 有机式组织结构

2. ☆升达公司是一家控股企业，下属多个分别主营石油化工、物流、机械制造等业务的独立经营的子公司。升达公司不干预子公司的战略决策和业务活动，仅根据市场前景和子公司的经营状况作出对子公司增加或减少投资的决策。升达公司应采取的组织结构类型是(　)。
   A. 事业部制组织结构
   B. M 型组织结构
   C. H 型组织结构
   D. 战略业务单位组织结构

3. ☆百灵公司是一家企业集团，主要从事音响设备、舞台灯具、中国乐器及影视策划等业务，拥有两家全资子公司、三家控股公司。百灵公司宜采用的组织结构是(　)。
   A. M 型组织结构
   B. 矩阵型组织结构
   C. 职能制组织结构
   D. 事业部制组织结构

4. 甲公司为软件开发公司，总部设在北京。其主要客户为乙移动通信公司(以下简称乙公司)，甲公司主要为乙公司实现预期通信功能和业务管理功能提供应用软件开发服务。乙公司以各省或大型城市为业务管理单位，各业务管理单位需求差异较大，软件功能经常升级。甲公司与乙公司保持了多年的良好合作关系。甲公司所处的软件开发行业的突出特点是知识更新快，同时也导致经验丰富、素质高的软件工程师流动性较大。为此，甲公司按乙公司的业务管理单位，对各项目进行管理和考核。根据上述情况，适合甲公司选择的最佳组织结构类型是( )。

A. 职能制组织结构

B. 事业部制组织结构

C. 战略业务单位组织结构

D. 矩阵制组织结构

5. 甲企业是一家跨国企业，在多个国家都设有子公司。该企业非常注意加强各个子公司在当地的反应能力，同时也注重不同子公司之间的协作，将二者有机结合，取得了很好的市场成绩，这种多国结构类型是( )。

A. 国际事业部　　B. 国际子企业

C. 全球产品企业　D. 跨国结构

6. 甲公司是一家复印机生产企业。该公司在制定好自动生产流水线的标准以后，工人在生产过程中便根据这个标准进行生产和检验产品。一旦生产出现问题，管理人员便用这个标准来检查和调整。根据横向分工结构的基本协调机制分类，该公司属于( )。

A. 相互适应，自行调整

B. 技艺(知识)标准化

C. 工作成果标准化

D. 工作过程标准化

7. 在横向分工基本协调机制中，属于超前间接协调机制的是( )。

A. 共同价值观

B. 直接指挥，直接控制

C. 技艺(知识)标准化

D. 相互适应，自行调整

8. ☆图美公司是某出版社所属的一家印刷厂，该公司按照出版社提供的文稿、图片和质量要求从事印刷、装订工作。图美公司适宜采用的组织协调机制是( )。

A. 相互适应，自行调整

B. 共同价值观

C. 工作成果标准化

D. 技艺(知识)标准化

9. ☆生产智能家电产品的凯威公司适应外部环境的不断变化，及时调整内部资源和组织结构，发挥协同效果和整体优势，激发员工的创新精神和使命感，对社会需求作出灵活、快速的反应。该公司采取的组织协调机制是( )。

A. 直接指挥，直接控制

B. 工作过程标准化

C. 共同价值观

D. 工作成果标准化

10. 甲公司是研发音乐耳塞的企业，其近期面向舞台表演者和音乐发烧友推出的3款“入耳型”音乐耳塞产品，虽然外形并不时尚，但凭借着先进的音频技术和舒适的佩戴感觉，得到了客户的认可。甲公司决定转型推出更高端的“入耳型”音乐耳塞产品，更趋向于时尚，以迎合高端时尚类型市场需求，进入新的市场。甲公司宜采取的组织战略类型为( )。

A. 防御型战略组织

B. 开拓型战略组织

C. 分析型战略组织

D. 反应型战略组织

11. 兴华公司是A市一家生产床上用品的企业。近年来，A市床上用品市场竞争日趋激烈。为了稳定自身市场占有率，巩固竞争优势，兴华公司一方面依靠一批相当稳定的产品保证其主要收入，同时又模仿领先企业已开发成功的产品，并实施有利于保持高协调性的“矩阵”组织机制。兴华公司所采取的组织的战略类型属于( )。

A. 防御型战略组织

B. 反应型战略组织

C. 开拓型战略组织

D. 分析型战略组织

12. ☆华蓓公司是Y市一家生产婴幼儿用品的企业。多年来公司在Y市婴幼儿用品市场拥有稳定的市场占有率。为了巩固其竞争优势，华蓓公司运用竞争性定价阻止竞争对手进入其经营领域，并实施有利于保持高效率的“机械式”组织机制。

华蓓公司所采取的组织的战略类型属于（ ）。

A. 防御型战略组织

B. 开拓型战略组织

C. 分析型战略组织

D. 反应型战略组织

13. ☆在以下4种组织类型中，不能对环境变化和不确定性做出适当反应、总是处于不稳定状态的是（ ）。

A. 防御型战略组织

B. 开拓型战略组织

C. 反应型战略组织

D. 分析型战略组织

14. ☆丁国的S公司是一家全球500强企业，依靠严格的规章制度进行精细化管理，内部等级分明，决策权集中在上层，资历在员工晋升中发挥着重要作用。S公司的企业文化类型是（ ）。

A. 任务导向型 B. 权力导向型

C. 角色导向型 D. 人员导向型

15. ☆甲公司是一家关注于高科技移动领域的互联网公司。公司没有森严的等级制度，强调员工平等，崇尚创新，在处理多样化的问题时，鼓励员工跨部门合作，在工作中发挥自己的专长和创意，努力打造客户需要的产品。甲公司的企业文化类型属于（ ）。

A. 权力导向型 B. 角色导向型

C. 人员导向型 D. 任务导向型

16. 甲公司是一家成功的家电企业，多年来致力于为消费者提供整套家电解决方案。随着互联网技术的兴起，公司于2004年制定并实施了进军智能家居领域的战略，通过建立“家庭网络标准产业联盟”，推出了一系列信息及多媒体共享的智能家居产品。同时，公司组织结构进行了重大改革，管理制度也做了相应调整。但该战略并没有得到大部分员工的支持。根据战略稳定性与文化适应性矩阵的要求。甲公司在实施上述新战略时，应当（ ）。

A. 加强协同作用

B. 重新制定战略

C. 以企业使命为基础

D. 根据文化进行管理

17. ☆越达公司是合成橡胶、合成树脂等石化类产业的龙头企业。2017年，该公司启动新的战略变革，该公司在原产业领域积累的高分子技术应用到光化学和有机合成化学领域，使业务内容扩大到半导体制造材料、显示器材料等领域，同时进行了广泛的组织结构调整。此次战略变革得到公司上下一致认同和支持。该公司处理企业战略稳定性与文化适应性的关系时应（ ）。

A. 以企业使命为基础

B. 加强协同作用

C. 根据文化进行管理

D. 重新制定战略

18. ☆制造商I公司于2015年并购了一家同类企业。I公司在保留被并购企业原有组织的同时，实行了新的绩效考核制度，结果遭到被并购企业大多数员工反对，本案例中I公司处理被并购企业战略稳定性与文化适应性关系应（ ）。

A. 以企业使命为基础

B. 加强协调作用

C. 根据文化的要求进行管理

D. 重新制定战略

19. 甲公司在2018年制定了未来五年的发展战略，其中一个重点就是以出口的形式扩大海外市场。2019年世界范围内发生了突如其来的“新冠疫情”，造成出口订单锐减，公司不得不修改原来制定的出口战略，转向国内市场。从战略失效的角度看，这属于（ ）。

A. 早期失效 B. 偶然失效

C. 晚期失效 D. 特定失效

20. 甲公司是一家集团企业，一直采用增量预算的方式进行管理。2010年下半年，该公司通过并购将一家肉联厂纳入公司旗下，并进行重组。下列选项中，属于在编制2011年预算时，该肉联厂应采用的编制方法是(　)。

A. 增量预算　　B. 零基预算

C. 动态预算　　D. 静态预算

21. 甲企业是一家处于成长期的健身公司，地处高校密集的大学城。公司实行会员制，顾客主要通过电话和网络预约方式来门店进行健身。甲企业决定采用平衡计分卡进行绩效管理，从顾客角度考虑，其平衡计分卡的内容包括(　)。

A. 顾客订单的增加

B. 顾客续卡率

C. 健身器材的维护

D. 员工培训费用

22. 芯材公司是一家致力于财经职业培训的公司，采用平衡计分卡进行绩效管理。下列各项中，属于该公司平衡计分卡创新与学习角度指标的是(　)。

A. 课程及时开通率

B. 数字化技术采用率

C. 市场份额

D. 员工建议采纳率

23. 甲公司是一家不锈钢生产企业，为了提高企业竞争力，甲公司决定采用平衡计分卡衡量公司绩效，并选用销售增长率、预期利润、订单准时交付率、顾客满意度作为衡量指标，该公司选用的衡量指标涵盖的角度不包括(　)。

A. 财务角度

B. 创新与学习角度

C. 内部流程角度

D. 顾客角度

24. ☆瑞安保险公司依托医疗大数据智能化管理系统，将来自保险机构、医院和药房的诸如疾病发病率、治疗效果和医疗费用等方面的大数据及时进行“提纯”和整合，对潜在目标客户进行精细化管理，从而实现对健康保费的有效控制。本案例主要体现的大数据特征是(　)。

A. 大量性　　B. 多样性

C. 价值性　　D. 高速性

25. 国丰电力公司通过大数据分析发现停电以后恢复供电时间的长短与客户满意度的高度相关性，并依据具体的数据调整了服务战略，提高了客户满意度。根据上述信息，数字化战略转型的主要方面是(　)。

A. 管理变革　　B. 组织变革

C. 技术变革　　D. 流程变革

二、多项选择题

1. ☆创维公司是一家拥有3 000多名员工的高科技企业，该公司的组织结构从上至下分为总经理、部门经理、一线管理人员和基层员工4个层次。根据组织纵向分工结构理论，创维公司采用的组织结构通常具有的特征有(　)。

A. 可以及时反映市场的变化

B. 企业管理费用会大幅度增加

C. 容易造成管理的失控

D. 企业战略难以实施

2. 华盛是经营手机业务的跨国企业。其组织是两维设计：一维按职能专业化准则，设立区域组织，主要为业务单位提供支持服务与监督；另一维是按业务专业化原则设立四大业务运营中心，对客户需求组建管理团队并确定相应的经营目标与考核制度。根据以上信息可以判断，下列选项中，对华盛采取的组织结构表述正确的有(　)。

A. 实现了各个部门之间的协作

B. 降低了企业总部的控制跨度

C. 不会导致权力划分不清晰

D. 存在双重管理的问题

3. ☆威能公司是一家生产日常消费品的企业，有四大事业部，分别负责研发和生产洗发类产品、婴儿类产品、洗漱类产品和化妆类产品。每个事业部拥有多个产品线。公司总部对各个事业部统一进行资源配置。威能公司采取的组织结构类型的特点有(　)。

A. 能够通过资本回报率等方法对事业部进行绩效考核

B. 集权化的决策机制放慢了反应速度

C. 职权分派到事业部，并在事业部内部进行再次分派

D. 为各事业部分配企业的管理成本比较困难

4. 下列关于企业文化类型的表述，错误的有(　)。

A. 权力导向型常见于小型咨询公司

B. 角色导向型员工通过示范和助人精神来互相影响，而不是采用正式的职权

C. 任务导向型十分重视合法性、忠诚和责任，可能导致高效率

D. 人员导向型强调企业的变革主要由企业中心权力来决定

5. 面对不明朗的经济环境，丁公司管理层年初在公司内各部门制定实施了开源节流的具体措施。为定期考察相关措施的绩效是否符合管理层的预期，及其在各部门的运作和顾客服务等方面是否与公司的战略目标相符，丁公司管理层可以采用的评价方法有(　)。

A. SWOT 分析

B. 预算控制

C. 平衡计分卡的业绩衡量

D. 马尔科夫分析法

6. 甲公司采用流动比率、资产负债率等财务指标进行绩效评价。下列各项中，属于甲公司上述做法的局限性的有(　)。

A. 可能鼓励短期行为

B. 难以在同类企业之间进行比较

C. 忽视其他战略要素

D. 不适合作业绩目标

7. 龙都钢铁公司每年都用投资报酬率、销售利润率、资产周转率对经营绩效进行评价。下列各项中，属于该公司采用上述绩效评价指标的主要原因有(　)。

A. 信息获取较为容易

B. 相对于实物数量或货币的绝对数值，比率对企业业绩的衡量更为适合

C. 可以避免短期行为

D. 比率适合用作业绩目标

8. 新阳医药公司每年都用客户等待时间、设备利用能力、技术专利数量和等级对经营绩效进行评价。下列各项中，属于该公司采用上述绩效评价指标的主要原因有(　)。

A. 能够使用统一的比率标准

B. 激励、控制的人员范围较广，覆盖了对财务结果无任何责任的人员

C. 有利于避免短期行为

D. 往往需要同时采用定性和定量分析、衡量，因此更能反映企业业绩的真实情况

9. ☆富友公司实行全面预算管理，每年年底都在深入分析每个部门的需求和成本的基础上，根据未来的需求编制预算。富友公司编制预算采用的方法的优点有(　)。

A. 不利于企业创新

B. 根据实际需要合理分配资金

C. 增强员工的成本效益意识

D. 容易导致追求短期利益而忽视长期利益

10. 南汇公司实行全面预算管理，每年年底都以当年的实际业绩作为基础编制下一年的预算。2018 年，南汇公司收购了银河公司并进行了全面重组。银河公司在编制 2020 年预算时使用方法的特征有(　)。

A. 没有提供降低成本的动力

B. 避免因资金分配规则改变而引起各部门之间产生冲突

C. 增加预算的科学性和透明度

D. 根据实际需要合理分配资金

11. ☆东亚建筑公司采用平衡计分卡衡量公司业绩，并选取了利润预期、工程项目进度完成率、市场份额、工程交付时间

等作为绩效衡量标准。该公司选取的上述指标涵盖的平衡计分卡角度有( )。

A. 财务角度

B. 创新与学习角度

C. 顾客角度

D. 内部流程角度

12. 顺通公司是一家快递公司。2016 年，顺通公司使用平衡计分卡衡量公司业绩，并选取了业务量增长率、投诉解决率、员工满意度、安全事故率等指标作为业绩衡量指标。上述指标涵盖的角度有( )。

A. 创新与学习角度

B. 顾客角度

C. 内部流程角度

D. 财务角度

13. 甲公司是沿海地区的一家大型物流配送企业，业务量位居全国同行业三甲之列。该公司的业务明确定位于只做文件与小件业务，承诺在国内一二线城市快件 24 小时送达，其他城市不超过 36 小时。为此，公司在全国建立了 2 个快递分拨中心、50 多个中转场及 100 多个直营网点。甲公司采用平衡计分卡对企业绩效进行衡量。从顾客角度看，甲公司平衡计分卡的内容可以包括( )。

A. 数字化信息系统覆盖率

B. 服务承诺完成率

C. 顾客投诉率

D. 服务满意度

14. 战略控制中经常利用统计分析报告。统计分析报告以图表和文章式等多种形式表达统计分析结果，其特点有( )。

A. 多以较详尽的文字配合不同假设的情景的表述

B. 以统计数据为主体

C. 具有独特的表达方式和结构特点

D. 逻辑严密、脉络清晰、层次分明

15. 国内光纤光缆生产商海王公司抓住大数据时代来临的机遇，从“制造”迈向“智造”。该公司通过自动化和信息化不断融合，搭建数字化的链接通道，打通市场调研、研发、供给、生产、管控、销售等各个环节，实现定制化产品以销定产、自动化制造和智能化运营，同时对所有客户的信用动态、支付能力进行实时追踪，防范货款拖欠风险。在该案例中，体现出的数字化技术对海王公司战略影响的有( )。

A. 数字化技术对组织结构的影响

B. 数字化技术对经营模式的影响

C. 数字化技术对产品和服务的影响

D. 数字化技术对业务流程的影响

三、简答题

1. ☆乙公司是一家历史悠久的英国奶制品公司，业务遍布欧洲、亚洲和美洲，其规模在英国同行业排行第二。乙公司生产的主要产品包括婴儿奶粉、全脂成人奶粉、各类乳酪制品，并一直使用单一品牌在各地市场上销售。

乙公司在英国总部聘用了 400 余名营销人员，分别负责各地区的销售业务。大多数营销人员的大部分时间均在国外出差，与当地大型超市及经销商洽谈业务。乙公司生产总部的厂房与农场均设于英国市郊，采用劳动密集型的生产及包装模式。乙公司各生产线的生产成本占公司总运营成本的 30%，比同行业平均水平高约 5%。

近年来，某些地区兴起以瘦为美的理念、崇尚多样化口味的饮料等，导致奶制品市场竞争激烈。由于乙公司未能对各个地区市场变化采取应对措施，导致其总体市场份额和利润率下降幅度均超过 10%，在成人奶粉细分市场的份额下降了 20%。

经研究分析，最高管理层发现乙公司在战略制定、内部组织结构和经营管理等方面存在缺陷，急需进行调整。最高管理层决定在乙公司内推行全新的运营模式，并拟将总部直接管理各地区业务的业务管理模式调整为区域事业部制组织结构。

要求：

(1)简要分析乙公司在成人奶粉市场面对的挑战，并提出可以增强乙公司竞争优势的可选战略建议。

(2)简要分析乙公司实施区域事业部制组织结构的好处，并提出乙公司应如何组织区域事业部制组织结构的建议。

2. LD控股集团股份有限公司(以下简称“LD集团”)是一家全球经营的多元化企业集团，创立于1992年。目前已在全球范围内形成了“以房地产开发为主业，大基建、大金融、大消费等综合产业并举发展”的多元经营格局，实施资本化、公众化、国际化发展战略，旗下企业及项目遍及全球四大洲十国百城。

成立之初，LD集团总部设立于S市，总部设有信息部、财会部、法务部、人力资源部、工程部、计划部等若干职能部门。同时，按不同地理位置分别设置分公司(地区公司)。总部职能部门对地区公司的职能活动进行直线管控。

LD集团初期的规模不大，职能部门间虽然也会发生冲突，但高层管理者完全能够面面俱到，部门间扯皮推诿的事情均能得到公平地处理。公司组织结构的专门化、规模化带来明显的成本节约和资源浪费的减少，促进深层次技能提高，决策迅速，执行力强。此种结构有力促进了集团初期二十多年高速发展。

随着集团业务不断扩张，规模不断壮大，公司组织结构的缺点越发明显。具体表现如下：

其一，地区分公司受到多头职能部门领导，在命令链不统一时无所适从。其二，部门分割，不了解其他部门的工作，部门追求各自的职能利益，容易发生冲突。其三，权力比较集中，随着集团业务规模不断扩大，总经理被日常事务性的请示汇报包围，事无巨细均要顾及，因此再无更多精力考虑集团战略发展。其四，随着企业规模的扩大，企业的最高管理者远离基层，基层发生的问题经过层层请示汇报后再作决策，不仅影响了决策的正确性，而且影响决策的及时性。且由于日常事务堆积，造成集团运转效率低下。

进入2010年后，集团业绩持续下降，连续多年业绩低迷。2014年，集团制定了新的发展战略目标：到2020年底，实现总资产3万亿、年销售规模8 000亿、年利税1 500亿，成为世界百强企业。LD集团高层管理者决定对集团组织进行变革，以改变当时的不利局面。以集团新发展战略目标为基础，集团开始进行组织结构的调整。

第一，统一命令链，避免多头领导。总部职能部门不再直接命令各地区公司职能部门，而是由总部总经理与地区公司经理对接；第二，集团总部与区域公司改变原职能部门为主导的组织结构形式，给予分公司以适当放权。由地区公司经理独立负责该地区产品和市场运作，加强对产品与市场的关注，增强决策的有效性。第三，每个地区公司下面成立项目部，由项目经理负责管理整个项目，负责在规定时间、预算范围内完成工作要求。让项目经理与项目关系更加紧密，从而实现各个部门之间的协作。

要求：

(1)简要分析LD集团组织变革前采用的组织结构类型及优缺点。

(2)简要分析LD集团组织变革后采用的组织结构类型及优点。

3. 20世纪70年代中叶，K公司垄断了美国90%的胶卷市场以及85%的相机市场份额。

2000年之后，数码照相技术开始发展，此后的数年间，数码相机迅速地被人们接受。但是和传统的胶卷产业相比，数码照相产业技术粗糙、产值微薄、利润率低、远景不明。对数码技术短暂的尝试，让K公司认为不该朝数码的方向继续前进，选择了固执地坚守传统相机和胶卷的地盘，产品发展重点长期围绕着已有胶卷、印像和冲洗业务打转，压制了数码相机的进步。

很多K公司的员工其实已经清楚地看到了数字成像的未来，但公司高管却充耳不闻，将数字成像这一技术束之高阁，希望消费者继续使用传统相机继而购买其毛利率高达80%的胶卷，同时K公司也误判了数码发展的形势，没有预料到数码相机的增长速度是几何级的。由于数码拍照技术的兴起，传统胶卷业务一落千丈。胶片市场以每年10%的速度萎缩，公司收入不断下降，流动资金的匮乏日益严重。2003年9月，K公司正式宣布放弃传统胶卷业务，向数码拍照转移。

2009年K公司开始实施战略重组，仅当年就裁掉了近一半的员工。并要求重组后的每个部门根据未来的需求重新判断所有的费用以编制预算，实施数码成像的战略导向。但为时已晚，大势已去。2011年，K公司提交破产保护申请。2012年1月，K公司申请破产。

要求：

(1)简要分析K公司战略失效所属类型，以及战略失效的原因。

(2)简要分析K公司战略重组后采用的预算类型。

4. 鸿泰科技2013年在国内网页游戏领域的市场份额排名前三。基于对移动终端游戏业务(以下简称移动游戏)未来发展前景的看好，鸿泰科技逐渐将其拥有的经典网页游戏产品转换为移动游戏产品，迅速进入该业务领域。虽然2013年在移动游戏领域的市场份额排名尚未进入前30名，但公司预计未来移动游戏将为其创造高额收入。

据相关调查，我国网页游戏、移动游戏业务2012年、2013年和2014年(预计)的收入增长率如下表所示：

类别	2012年	2013年	2014年(预计)
网页游戏	20%	25%	22%
移动游戏	32.4%	112.4%	140%

据此，鸿泰科技运用波士顿矩阵理论，决定对网页游戏及移动游戏业务采取以下战略及措施：

(1)网页游戏业务战略：保持投资现状，维持现有市场占有率。管理组织采用事业部形式，聘请市场营销型人才负责经营。

(2)移动游戏业务战略：重点投入和扶持，提高市场占有率。管理组织采用事业部形式，聘请产品研发人才负责经营。

鸿泰科技一直采用财务指标进行业绩考核，主要指标包括净利润、营业收入、资产负债率、现金流量、投资回报率以及经济增加值。鸿泰科技发现该业绩考核模式无法满足网络游戏产业战略发展的需求，主要面临的挑战如下：

(1)游戏用户兴趣热点切换越来越快，如果不能及时满足用户的兴趣，用户容易流失。

(2)考虑到在平台累计的等级、已充值金额等，游戏用户更倾向于使用常用的游戏运营平台，故游戏运营平台中的用户越多在竞争中越有优势。

(3)随着产业技术的不断升级和创新，公司游戏研发部门需要对开发技术和表现形式等进行及时革新。

为了应对上述挑战，鸿泰科技拟采用平衡计分卡进行业绩考核，并由公司总经理赵丽牵头负责平衡计分卡指标体系的设计。

要求：

(1)指出鸿泰科技的网页游戏和移动游戏两类业务分别属于波士顿矩阵的哪类业务，判断鸿泰科技采取的战略及措施是否恰当。如果存在不当之处，请提出合理建议。

(2)结合平衡计分卡的四个角度，针对鸿泰科技主要面临的挑战，分析建议增设哪些指标。

5. 鑫龙制药(集团)有限公司(以下简称鑫龙制药或公司)是一家较早成立于我国东北地区的大型制药企业集团，主要从事抗生素原料药及制剂的生产和销售，属于医药行业中的化学药品制造业。鑫龙制药为有效解决企业可持续发展过程中的资金瓶颈问题，自 2007 年起一直谋求在上海证券交易所发行股票并实现上市。

在创立大会上，董事长张亮介绍了公司未来十年的中长期发展纲要：

第一阶段，将营销管理作为各项工作的重中之重，加强对公司营销管理部门的投入和建设，积极探索和大胆创新营销方法和理念，进一步巩固和提升抗生素原料药及制剂的现有市场优势。

第二阶段，积极探索和推进与国际大型医药销售公司的合作，开拓国际医药商业渠道，进一步向海外推广公司的品牌产品抗生素原料药及制剂，利用国际合作的桥梁和纽带作用，在扩大公司品牌产品出口的同时，提高公司在国际抗生素市场的知名度。

第三阶段，通过并购重组行业内优质医药企业，以抗生素为主的化学药为平台，打造生物药、中药、大健康产业等其他产业板块，完善公司产业链，实现公司逐渐向综合性医药公司转型。

要求：

(1)分析鑫龙制药中长期发展的三个阶段所属发展战略的主要实现途径。根据安索夫矩阵，判断各个发展阶段分别属于何种细分战略类型，并简要说明理由。

(2)指出在鑫龙制药三个不同发展阶段中可能采用的组织结构类型，并简要分析理由。

6. ☆2005 年之前金宝集团着重于公用事业，主要围绕城市燃气来推动企业发展。从 2005 年开始金宝集团专注于清洁能源的开发和利用，依托技术创新和商业模式创新，形成从能源开发、能源转化、能源物流到能源分销的上中下游纵向一体化的产业链条，为客户提供多种清洁能源组合的整体解决方案。金宝集团“清洁能源生产与应用”的宗旨日益清晰。

随着集团清洁能源战略目标的日益清晰，金宝集团于 2006 年年初进行了重大调整：

一是调整组织结构，将金宝集团的原有 3 大产业集团调整为能源分销、能源装备、能源化工、生物化工等产业板块，总部下设的支持保障机构也做了相应的变更。

二是人力资源政策调整，实施以科技牵引集团发展清洁能源的战略升级。金宝集团启动科技人才梯队建设，努力实现拥有科研人员、工程设计人员、技术管理人员、项目管理人员、技术工人五类人才和领军人物、核心人才、骨干人才三级智力网络的优秀科技人才梯队。

三是在科技人才激励体系、运行机制方面，金宝集团依据价值共创与价值共享的人本思想建立科技人才激励机制。金宝集团的激励政策致力于激发员工创新能力，重实效、重贡献、重成果，向优秀科技创新人才和关键技术岗位倾斜，实行“智慧参与分配”和“技术参与股利分配”政策。技术与资本、劳动、管理一起，作为集团价值分配要素，以引导技术人员创造性地工作，全力攻克技术难关。建立以项目为基本单元，以项目成果为导向的激励机制，使激励和项目运作有机地结合起来。

要求：

(1)简要分析钱德勒“组织结构服从战略”理论在金宝集团的战略变革中是如何应用的。

(2)简要分析金宝集团采取的人力资源战略措施。

同步训练答案及解析

一、单项选择题

1. B 【解析】企业应根据自己的战略以及战略所需要的职能来选择组织的管理层次。例如，企业为了更及时地满足市场的需求，追求产品的质量与服务，通常采用扁平型组织结构。
2. C 【解析】本题属于“横向分工结构基本类型”的典型考法，题目给出一家公司的基本线索，要求判断其类型。案例中关键线索涉及“控股企业……子公司……不干预子公司的战略决策和业务活动”，据此可以判断属于H型组织结构。
3. A 【解析】M型组织结构将企业划分成若干事业部，每一个事业部负责一条或多条产品线。该公司从事多种业务，拥有两家全资子公司、三家控股公司，规模较大，是具有多条产品线的企业，适合采用M型组织结构。
4. D 【解析】矩阵制组织结构是为了处理非常复杂项目中的控制问题而设计的。这种结构在职能和产品或项目之间起到了联系的作用。甲公司按乙公司的业务管理单位，对各项目进行管理和考核，适合采用的是矩阵制组织结构。
5. D 【解析】企业非常注意加强各个子公司在当地的反应能力，同时也注重不同子公司之间的协作，将二者有机结合，说明全球协作程度高且本土独立性及适应能力强，属于跨国结构，所以选项D正确。
6. D 【解析】工作过程标准化是指组织通过预先制定的工作标准，来协调生产经营活动。在生产之前，企业向职工明确工作的内容，或对工作制定出操作规程及其规章制度，然后要求工作过程中所有活动都要按这些标准进行，以实现协调。该公司在制定好自动生产流水线的标准以后，工人在生产过程中便根据这个标准进行生产和检验产品。一旦生产出现问题，管理人员便用这个标准来检查和调整。属于工作过程标准化。
7. C 【解析】本题考核“横向分工的基本协调机制”的知识点。技艺(知识)标准化指的是组织对其成员所应有的技艺、知识加以标准化。属于超前的间接协调机制。
8. C 【解析】工作成果标准化是指组织通过预先制定的工作成果标准，实现组织中各种活动的协调。“该公司按照出版社提供的文稿、图片和质量要求从事印刷、装订工作”采用的是工作成果标准化。选项C正确。
9. C 【解析】“及时调整内部资源和组织结构，发挥协同效果和整体优势，激发员工的创新精神和使命感，对社会需求作出灵活、快速的反应”体现了企业对内要及时调整，发挥创新精神、协同效果和整体优势；对外要灵活适应，快速行动。即共同价值观，选项C正确。
10. B 【解析】开拓型组织追求一种更为动态的环境，将其能力表现在探索和发现新产品和市场的机会上。甲公司决定转型推出更高端的“入耳型”音乐耳塞产品，更趋向于时尚，以迎合高端时尚类型市场需求，进入新的市场，因此适宜采用的组织战略类型为开拓型战略组织。
11. D 【解析】本题考核“组织的战略类型——分析型战略组织”。分析型战略组织在寻求新的产品和市场机会的同时(模仿开拓型组织已开发成功的产品或市场)，保持传统的产品和市场(保留防御型组织的特征，依靠一批相当稳定的产品和市场保证其主要收入)。采用的结构一般是矩阵结构。选项 D 正确。

12. A 【解析】防御型组织常采用竞争性定价或高质量产品等经济活动来阻止竞争对手进入它们的领域，保持自己的稳定。在行政管理上，行政管理是为了保证组织严格地控制效率。为解决这一问题，防御型组织常常采取“机械式”结构机制。本题中，为了巩固其竞争优势，华蓓公司运用竞争性定价阻止竞争对手进入其经营领域，并实施有利于保持高效率的“机械式”组织机制，所采取的组织的战略类型属于防御型战略组织。

13. C 【解析】反应型战略组织在对其外部环境的反应上采取一种动荡不定的调整模式，缺少在变化的环境中随机应变的机制。它往往会对环境变化和不确定性做出不适当的反应，随后又会执行不力，对以后的经营行动犹豫不决。结果，反应型战略组织永远处于不稳定的状态。

14. C 【解析】角色导向型这类文化一般是围绕着限定的工作规章和程序建立起来的，理性和逻辑是这一文化的中心，分歧由规章和制度来解决，稳定和体面几乎被看成与能力同等重要。这类结构十分强调等级和地位，权利和特权是限定的。本题中，该公司“依靠严格的规章制度进行精细化管理，内部等级分明，决策权集中在上层，资历在员工晋升中发挥着重要作用”符合角色导向型文化的特点。

【思路点拨】企业文化四种类型的特征在记忆时主要根据关键词加以区分。权力导向型强调“权力”，权力集中于高层，下层无条件服从。角色导向型强调“角色”，每个人都有自己的角色，不能出位。只要能够扮演好自己的角色，企业就能正常运转。任务导向型强调“任务”，一切以任务为主，只看结果不看过程。人员导向型强调“人员”的重要性。

15. D 【解析】实现目标是任务导向型企业的主导思想，不允许有任何事情阻挡目标的实现。企业强调的是速度和灵活性，专长是个人权力和职权的主要来源，并且决定一个人在给定情景中的相对权力。这类文化常见于新兴产业中的企业，特别是一些高科技企业。这类企业采用的组织结构往往是矩阵制。

16. B 【解析】本题考核“战略稳定性与文化适应性”的知识点。“甲公司是一家成功的家电企业……于 2004 年制定并实施了进军智能家居领域的战略……公司组织结构进行了重大改革，管理制度也做了相应调整”表明组织要素变化多。“并没有得到大部分员工的支持”表明潜在的一致性小，属于重新制定战略。

17. A 【解析】“该公司在原产业领域积累的高分子技术应用到光化学和有机合成化学领域，使业务内容扩大到半导体制造材料、显示器材料等领域，同时进行了广泛的组织结构调整”表明组织要素变化多，关键线索涉及两个：一是业务跨度大，二是“广泛”的结构调整。“得到公司上下一致认同和支持”表明潜在一致性大，关键线索涉及“一致认同”。属于以企业使命为基础。

18. C 【解析】保留被并购企业原有组织，说明各种组织要素的变化小，实行了新的绩效考核制度，结果遭到被并购企业大多数员工反对，说明文化的潜在一致性小，应当根据文化进行管理。

19. B 【解析】按照在战略实施过程中出现的时间顺序，战略失效可分为早期失效、偶然失效和晚期失效三种类型。在战略实施过程中，因为一些意想不到的偶然因素导致战略失效，这就是偶然失效。甲公司的出口战略由于突如其来的“新冠疫情”而无法继续执行，说明是偶然失效。

20. B 【解析】零基预算是指在新的预算期，不受以往预算安排的影响，不考虑过去的预算项目和收支水平，以零为基点编制预算。该肉联厂进行了重组，因此编制的预算属于零基预算。

21. B 【解析】选项A属于财务角度；选项B属于顾客角度中的客户保留率；选项C属于内部流程角度；选项D属于创新与学习角度。

22. B 【解析】选项A属于顾客角度(准时交货率)，选项C属于顾客角度，选项D属于内部流程角度。

23. B 【解析】销售增长率和预期利润属于财务角度，订单准时交付率属于内部流程角度，顾客满意度属于顾客角度。所以选项B是答案。

24. C 【解析】大数据的特征包括大量性、多样性、高速性、价值性。“瑞安保险公司依托医疗大数据智能化管理系统，将来自保险机构、医院和药房的诸如疾病发病率、治疗效果和医疗费用等方面的大数据及时进行‘提纯’和整合，对潜在目标客户进行精细化管理，从而实现对健康保费的有效控制”，通过大数据技术完成数据的价值“提纯”、整合体现了大数据特征的价值性，选项C正确。

25. A 【解析】通过大数据分析发现停电以后恢复供电时间的长短与客户满意度高度相关，并据此调整了服务战略，提高了客户满意度，体现了营销数字化管理，属于管理变革。

二、多项选择题

1. AC 【解析】题目考核知识点为“纵向分工结构”。首先根据题目线索“拥有3 000多名员工……从上至下分为总经理、部门经理、一线管理人员和基层员工4个层次”可以判断属于扁平型组织结构。其特点为可以及时地反映市场的变化，并做出相应的反应，但容易造成管理的失控。

2. AD 【解析】本题考核“横向分工结构的基本类型”的知识点。题目给出相关案例线索，首先要求判断相应结构类型，在此基础上再考核与该种类型有关的优缺点，属于该知识点近几年典型考法。“华盛是经营手机业务的跨国企业。其组织是两维设计”表明该公司采用的是矩阵制组织结构。矩阵制组织结构是为了处理非常复杂项目中的控制问题而设计的。这种结构在职能和产品或项目之间起到了联系的作用。选项B属于战略业务单位组织结构的特点。矩阵制组织结构可能导致权力划分不清晰(比如谁来负责预算)，并在职能工作和项目工作之间产生冲突，因此选项C表述不正确。

3. ACD 【解析】本题考核“横向分工结构的基本类型”的知识点。题目考核思路：首先要求判断威能公司采用的组织结构类型，再去对照相应结构类型的优缺点。威能公司下设四个事业部，每个事业部拥有多个产品线，公司总部对各个事业部统一进行资源配置，可以判断公司采取的组织结构类型是M型组织结构。选项B属于职能制组织结构的特点。

4. ABCD 【解析】人员导向型通过示范和助人精神来互相影响，而不是采用正式的职权，常见于俱乐部、协会、专业团体和小型咨询公司，所以选项A、B错误；角色导向型十分重视合法性、忠诚和责任，可能导致高效率，所以选项C错误；权力导向型强调企业的变革主要由企业中心权力来决定，所以选项D错误。

5. BC 【解析】本题考核的是战略控制的方法。选项A属于环境分析的工具，选项D属于风险管理的技术与方法。因此选项B、C是答案。

6. AC 【解析】“甲公司采用流动比率、资产负债率等财务指标进行绩效评价”表明该公司使用比率来进行绩效评价。使用比率评价企业业绩的局限性：①信息获取存在困难。②信息的使用存在局限性。③比率在各个行业的理想标准不同，而且理想标准会随着时间推移发生改变，这给不同行业或同一行业中不同企业的业绩比较带来困难。④比率有时不能准确反映真实情况。⑤比率有时体现的是被扭曲的结果。⑥可能鼓励短期行为。⑦忽略其他战略要素。⑧激励、控制的人员范围有限。

7. BD 【解析】“龙都钢铁公司每年都用投资报酬率、销售利润率、资产周转率对经营绩效进行评价”表明该公司使用比率来进行绩效评价。使用比率来衡量、评价企业业绩的主要原因有：①通过比较不同时期的比率可以很容易地发现它们的变动。②相对于实物数量或货币的绝对数值，比率对企业业绩的衡量更为适合。③比率适合用作业绩目标。④比率提供了总结企业业绩和经营成果的工具、方法，并可在同类企业之间进行比较。

8. BCD 【解析】“新阳医药公司每年都使用客户等待时间、设备利用能力、技术专利数量和等级对经营绩效进行评价”表明该公司使用的是非财务指标衡量业绩。使用非财务指标衡量业绩的主要原因包括：①能够反映和监控非财务方面的经营业绩。②通常比使用财务衡量指标提供企业业绩信息更为及时。③容易被非财务管理人员理解并使用。④有利于激励企业高管关注财务因素之外的因素甚至决定企业成败的战略因素。⑤一些衡量企业长期业绩的非财务指标有利于避免短期行为。⑥往往需要同时采用定性和定量分析、衡量，因此更能反映企业业绩的真实情况。⑦激励、控制的人员范围较广，覆盖了对财务结果无任何责任的人员。

9. BC 【解析】首先需要根据题目线索判断是哪种预算类型，然后再去对照相应类型预算的优缺点。“每年年底都在深入分析每个部门的需求和成本的基础上，根据未来的需求编制预算”属于关键线索，根据未来的需求表明富友公司使用的是零基预算。零基预算的优点包括：①有利于根据实际需要合理分配资金。②有利于调动各个部门和员工参与预算编制的积极性。③增强员工的成本效益意识。④鼓励企业管理层和部门经理根据环境变化进行创新。⑤增加预算的科学性和透明度，提高预算管理水平。

10. AB 【解析】根据题干描述可以判断南汇公司采用的是增量预算。2018 年，南汇公司收购了银河公司并进行了全面重组。银河公司在编制 2019 年预算时应使用零基预算，但在编制 2020 年预算时应按照南汇公司惯例编制增量预算。选项 AB 属于增量预算的特征，选项 CD 属于零基预算的特征。

11. ACD 【解析】平衡计分卡包括：财务角度、顾客角度、内部流程角度和创新与学习角度。本题中，利润预期属于财务角度，工程项目进度完成率属于内部流程角度，市场份额属于顾客角度，工程交付时间属于顾客角度和内部流程角度。

12. ABCD 【解析】本题考核“平衡计分卡”的知识点。业务量增长率属于财务角度，投诉解决率属于顾客角度，员工满意度属于创新与学习角度，安全事故率属于内部流程角度。

13. BCD 【解析】数字化信息系统覆盖率属于内部流程角度。选项 B、C、D 均属于顾客角度的指标。

14. BCD 【解析】统计分析报告特点包括：①以统计数据为主体。②以科学的指标体系和统计方法来进行分析研究说明。③具有独特的表达方式和结构特点。④逻辑严密、脉络清晰、层次分明。

15. ABCD 【解析】“抓住大数据时代来临的机遇，从‘制造’迈向‘智造’”表现的是数字化技术对经营模式的影响(互联网思维的影响：由工业化思维向互联网思维转型)。“通过自动化和信息化不断融合，搭建数字化的链接通道”表现的是数字化技术对组织结构的影响(构建传统与数字的融合结构)。“实现定制化产品……”体现的是数字化技术对产品和服务的影响。“打通市场调研、研发、供给、生产、管控、销售等各个环节……同时对所有客户的信用动态、支付能力进行实时追踪,防范货款拖欠风险”体现的是数字化技术对业务流程的影响。

三、简答题

1.【答案】

(1)根据案例材料可知,乙公司正面对的挑战包括:

①高生产成本,比同业高约5%。

②在某些市场中未能满足顾客的需要,例如,全脂成人奶粉与某些市场兴起的“以瘦为美”文化互相抵触。

③市场竞争力开始减弱。

面对挑战,乙公司可采用竞争战略中的差异化战略或成本领先战略,以获得竞争优势。

①差异化战略是通过与竞争者存在差异来获得优势。乙公司可通过增加其产品的多样性,包括提供不同类型的成人奶粉供消费者选择,如不同的口味(如草莓、巧克力)的奶粉或低脂奶粉,或以其他品牌推出同类产品。

②成本领先战略就是通过规模经济或改善生产技术来降低生产成本,超越同业的竞争者。乙公司生产总部的厂房与农场均设于英国市郊,采用劳动密集型的生产及包装模式。各生产线的生产成本占公司总运营成本的30%,比同行业平均水平高约5%。所以该公司也可以同时采取措施降低成本,例如将厂房搬离市郊,设在离市场较近的地方;对现有生产及包装模式进行改造,采用现代化的生产及包装模式以改善效率,降低成本等。

(2)乙公司实施区域事业部制的主要好处是:

①在企业与其客户的联系上,区域事业部制能实现更好更快的地区决策。

②建立地区工厂或办事处会削减成本费用。

③有利于该企业进行海外经营时应对各种环境变化。

针对该企业的实际经营状况,该公司可以设置亚洲、美洲、欧洲和英国四个事业部,分别负责亚洲、美洲、欧洲(英国之外的其他欧洲国家)和英国本土的相关事务。

2.【答案】

(1)LD集团组织变革前组织结构的类型是职能制。“总部设有信息部、财会部、法务部、人力资源部、工程部、计划部等若干职能部门”“总部职能部门对地区公司的职能活动进行直线管控”。

LD集团组织变革前组织结构采用职能制的优点表现为:

①能够通过集中单一部门内所有某一类型的活动来实现规模经济。“公司组织结构的专门化、规模化带来明显的成本节约和资源浪费的减少”。

②有利于培养职能专家。“促进深层次技能提高”。

③由于是常规和重复性任务,因而工作效率得到提高。“决策迅速,执行力强”。

④董事会便于监控各个部门。“高层管理者完全能够面面俱到,部门间扯皮推诿的事情均能得到公平地处理”。

LD集团组织变革前组织结构采用职能制的缺点表现为:

①由于对战略重要性的流程进行了过度细分,在协调不同职能时可能出现问题。“地区分公司受到多头职能部门领导,在命令链不统一时无所适从”。

②导致职能间发生冲突、各自为政,而不是出于企业整体利益进行相互合作。“部门分割,不了解其他部门的工作,部门追求各自的职能利益,容易发生冲突”。

③等级层次以及集权化的决策制定机制会放慢反应速度。“随着企业规模的扩大,企业的最高管理者远离基层,基层发生的

问题经过层层请示汇报后再作决策，不仅影响了决策的正确性，而且影响决策的及时性。且由于日常事务堆积，造成集团运转效率低下”。

(2) LD 集团变革后采用的组织结构类型是矩阵制。“由地区公司经理独立负责该地区产品和市场运作”“每个地区公司下面成立项目部，由项目经理负责管理整个项目，负责在规定时间、预算范围内完成工作要求”。

LD 集团变革后采用矩阵制结构的优点表现为：

①由于项目经理与项目的关系更紧密，因而能更直接地参与到与其产品相关的战略中来，从而激发其成功的动力。“让项目经理与项目关系更加紧密，从而实现各个部门之间的协作”。

②能更加有效地优先考虑关键项目，加强对产品和市场的关注，从而避免职能型结构对产品和市场的关注不足。“由地区公司经理独立负责该地区产品和市场运作”“加强对产品与市场的关注”。

③与产品主管和职能主管之间的联系更加直接，从而能够作出更有质量的决策；“增强决策的有效性”。

④实现了各个部门之间的协作以及各项技能和专门技术的相互交融。“从而实现各个部门之间的协作”。

3.【答案】

(1) K 公司战略失效属于晚期失效。“2000 年之后，数码照相技术开始发展，此后的数年间，数码相机迅速地被人们接受”“K 公司认为不该朝数码的方向继续前进，选择了固执地坚守传统相机和胶卷的地盘，产品发展重点长期围绕着已有胶卷、印像和冲洗业务打转”“公司高管却充耳不闻，将数字成像这一技术束之高阁”。

K 公司战略失效的原因有：

①战略实施过程中各种信息的传递和反馈受阻。“很多 K 公司的员工其实已经清楚地看到了数字成像的未来，但公司高管却充耳不闻，将数字成像这一技术束之高阁”。

②战略实施所需的资源条件与现实存在的资源条件之间出现较大缺口。“胶片市场以每年 10%的速度萎缩，公司收入不断下降，流动资金的匮乏日益严重”。

③公司管理者决策错误，使战略目标本身存在严重缺陷或错误。“数码照相产业技术粗糙、产值微薄、利润率低、远景不明。对数码技术短暂的尝试，让 K 公司认为不该朝数码的方向继续前进，选择了固执地坚守传统相机和胶卷的地盘，产品发展重点长期围绕着已有胶卷、印像和冲洗业务打转，压制了数码相机的进步”“公司高管却充耳不闻，将数字成像这一技术束之高阁，希望消费者继续使用传统相机继而购买其毛利率高达 80%的胶卷，同时 K 公司也误判了数码发展的形势”。

④企业外部环境出现较大变化，现有战略一时难以适应。“没有预料到数码相机的增长速度是几何级的。由于数码拍照技术的兴起，传统胶卷业务一落千丈。胶片市场以每年 10%的速度萎缩”。

(2) K 公司战略重组后采用的预算类型是零基预算。“要求重组后的每个部门根据未来的需求重新判断所有的费用以编制预算”。

4.【答案】

(1) 波士顿矩阵业务类型：

①网页游戏业务为处于高增长—强竞争地位的明星业务。

②移动游戏业务为处于高增长—低竞争地位的问题业务。

判断及其建议：

①网页游戏业务。

战略：不当。

建议：积极扩大经济规模和市场机会，以长远利益为目标，提高市场占有率，加强竞争地位。

管理组织形式：合理。
经营者胜任的特点：不当。
建议：由对生产技术(或产品研发)和销售两方面都内行的经营者负责。
②移动游戏业务。
战略：合理。
管理组织形式：不当。
建议：采取智囊团或项目组织等形式。
经营者胜任的特点：不当。
建议：选拔有规划能力、敢于冒风险的人负责。
(2)指标设计：
①财务角度。"公司游戏运营平台中的用户越多在竞争中越有优势"，公司用户数量是收入的表现，建议制定"销售增长率"指标。
②顾客角度。"游戏运营平台中的用户越多在竞争中越有优势"，公司用户数量是其市场份额的表现，建议制定"市场份额"。此外，"用户越多在竞争中越有优势"说明用户忠诚度的重要性，建议制定"客户保留率"指标。
"游戏用户兴趣热点切换越来越快，如果不能及时满足用户的兴趣，用户容易流失"说明如果用户不满意则会离开，建议制定"顾客满意度"指标，可以对客户开展问卷调查，及时了解客户的需求。
③内部流程角度。"游戏用户兴趣热点切换越来越快，如果不能及时满足用户的兴趣，用户容易流失"说明公司要提高开发产品的效率，建议制定"设计计划准确率或设计效率"指标。
④创新与学习角度。"游戏用户兴趣热点切换越来越快，如果不能及时满足用户的兴趣，用户容易流失"说明公司需要加快开发新产品，建议制定"研发费用占销售额比例或新产品销售额占总销售额比例"指标。
"随着产业技术的不断升级和创新，公司游戏研发部门需要对开发技术和表现形式等进行及时革新"说明公司需要对研发人员进行持续的培训，并留住核心技术人员，建议制定员工培训费用及次数及员工满意度指标。

5.【答案】
(1)各阶段的主要实现途径：
①第一阶段的主要途径：内部发展(新建)。内部发展指企业利用自身内部资源谋求发展的战略。
②第二阶段的主要途径：战略联盟。战略联盟是指两个或两个以上经营实体之间为了达到某种战略目的而建立的一种合作关系。
③第三阶段的主要途径：外部发展(并购)。外部发展是指企业通过取得外部经营资源谋求发展的战略。外部发展的狭义内涵是并购，并购包括收购与合并。
各发展阶段的细分战略及其理由：
①第一阶段。
细分战略类型：市场渗透——现有产品和现有市场。
理由：通过加强对公司内部营销的投入和管理，从而扩大现有产品抗生素原料药及制剂现有市场份额，加强现有产品的现有市场优势。
②第二阶段。
细分战略类型：市场开发——现有产品和新市场。
理由：通过战略合作，向海外市场拓展现有产品抗生素原料药及制剂。
③第三阶段。
细分战略类型：多元化——新产品和新市场。
理由：通过并购重组方式实现除现有产品抗生素原料药及制剂之外的生物药等其他产业板块打造和市场拓展。
(2)各发展阶段的组织结构类型及其分析。
①第一阶段的组织结构类型：采用简单结构(创业型组织结构)。分析：企业处于创立不久的初步发展阶段，往往着重发展单

一产品，试图通过更强的营销手段来获得更大的市场份额。这时，企业只需采用简单结构即创业型组织结构。

②第二阶段的组织结构类型：采用职能制结构。分析：企业发展后，需要将产品或服务扩展到其他地区中去。为了实现产品和服务的标准化、专业化，企业要求建立职能制组织结构。

③第二阶段的组织结构类型：采用更为复杂的组织结构，如战略业务单位组织结构、矩阵制组织结构或H型组织结构。分析：企业高度发展并进入成熟期，为了避免投资或经营风险，需要开发与企业原有产品不相关的新产品系列。这时企业应根据经营规模、业务结构和市场范围，分别采用更为复杂的组织结构，如战略业务单位组织结构、矩阵制组织结构或H型组织结构。

6.【答案】

(1)钱德勒的组织结构服从战略理论可以从以下两个方面展开：

①战略的前导性与结构的滞后性。战略与结构的关系基本上是受产业经济发展制约的。在不同的发展阶段中，企业应有不同的战略，企业的组织结构也相应做出了反应。企业最先对经济发展做出反应的是战略，而不是组织结构，即在反应的过程中存在着战略的前导性和结构的滞后性现象。战略前导性是指企业战略的变化快于组织结构的变化，结构滞后性是指企业组织结构的变化常常慢于战略的变化速度。企业应努力缩短结构反应滞后的时间，使结构配合战略的实施。

②企业发展阶段与结构。企业发展到一定阶段，其规模、产品和市场都发生了变化。这时，企业应采用合适的战略，并要求组织结构做出相应的反应。

本案例中“从2005年开始金宝集团专注于清洁能源的开发和利用”，体现战略前导性；“随着集团清洁能源战略目标的日益清晰，金宝集团于2006年年初进行了重大调整”，体现结构的滞后性；体现出当企业发展到一定阶段，企业会采用合适的战略，并要求组织结构做出相应的反应。

(2)①精确识别出企业为实现短期、中期和长期的战略目标所需要的人才类型。“金宝集团启动科技人才梯队建设，努力实现拥有科研人员、工程设计人员、技术管理人员、项目管理人员、技术工人五类人才和领军人物、核心人才、骨干人才三级智力网络的优秀科技人才梯队”。

②激励有才能的人员达到更高的绩效水平，并激发其对企业的忠诚度。“在科技人才激励体系、运行机制方面，金宝集团依据价值共创与价值共享的人本思想建立科技人才激励机制”。

③创造企业文化，使人才能在这种文化中得到培育并施展才华。“在科技人才激励体系、运行机制方面，金宝集团依据价值共创与价值共享的人本思想建立科技人才激励机制”。

『提示』第2小问答案涉及的内容已改变，答案已做调整。

2022年

注册会计师全国统一考试

公司战略与风险管理

应试指南

下册

■ 杭建平 主编

■ 正保会计网校 编

感恩22年相伴 助你梦想成真

中国商业出版社

下　册

第五章　公司治理 ………………………………………… 237

考情解密 ………………………………………… 237

考点详解及精选例题 ………………………………… 237

同步训练 ………………………………………… 249

同步训练答案及解析 ………………………………… 251

第六章　风险与风险管理 …………………………………… 253

考情解密 ………………………………………… 253

考点详解及精选例题 ………………………………… 253

同步训练 ………………………………………… 287

同步训练答案及解析 ………………………………… 308

综合题演练 ………………………………………… 326

综合题演练参考答案 ………………………………… 336

第三部分　脉络梳理

公司战略与风险管理脉络梳理 ………………………………… 351

第四部分　考前模拟

考前模拟 2 套卷 …… 369
模拟试卷(一) …… 369
模拟试卷(二) …… 382
考前模拟 2 套卷参考答案及解析 …… 395
模拟试卷(一)参考答案及解析 …… 395
模拟试卷(二)参考答案及解析 …… 411

第五章　公司治理

考情解密

历年考情概况

本章分值一般在1~5分，主要考点是三大公司治理问题，公司治理的基础设施，建议加强记忆和理解。其他内容属于细小知识点，了解为主。

近年考点直击

主要考点	主要考查题型	考频指数	考查角度
三大公司治理问题	选择题(案例分析)+主观题(案例分析)	★★★	以上市公司为背景，给出案例材料，要求判断公司治理问题的类型和具体表现
公司内部治理结构	主观题(案例分析)	★	给出案例，分析内部治理结构可能存在的问题
公司治理的基础设施	主观题(案例分析)	★★★	给出案例材料，要求分析公司治理基础设施的表现

2022年考试变化

结构：未变。
内容：变化不大，细节文字和案例调整。

考点详解及精选例题

一、公司治理概述★

1. 企业的起源与演进(见表5-1)

老杭贴心话

『考试频率』★
『重要程度』不重要
『考试题型』个别选择题
『复习建议』简单了解，没有时间可以放弃

表 5-1　企业的形式

形式	具体说明
业主制企业	优点：①企业内部的组织形式较为简单，经营管理的制约因素较少，经营管理灵活，法律登记手续简单，容易创立和解散。②企业的资产所有权、控制权、经营权、收益权均归业主所有，业主享有完全自主权，便于发挥其个人能动性、生产力及创造力。③业主自负盈亏，对企业债务承担无限责任，个人资产与企业资产不存在绝对的界限，当企业出现资不抵债时，业主要用其全部资产进行偿还。因此，业主会更加关注企业预算和成本控制以降低经营风险。 缺点：①所有者只有一人，企业规模小，资金筹集困难，企业容易受到资金限制难以扩大生产规模。②企业所有权、控制权、经营权、收益权高度统一归业主所有，使企业的生存受制于业主的经营意愿、生命期、继承者能力等因素。③企业经营者也只是所有者一人，当企业发展到一定规模后，个人能力的限制很可能会影响到组织决策的质量。④因业主承担无限责任要承受更大的风险，企业为规避风险而缺乏动力进行创新，不利于新产业发展
合伙制企业： 由两个或多个出资人联合组成的企业。企业归出资人共同所有、共同管理，并分享企业剩余或承担亏损，对企业债务承担无限责任	优点：①可以扩大企业资金来源，有助于企业扩大规模、生产发展，部分缓解了业主制资金不足的问题。②合伙企业虽然拥有多个产权主体，但其产权结构完整统一，更有利于整合发挥合伙人的资源优势，促进人力、技术、土地、资金等资源共享，在某种程度上可以缓解业主制人力资本不足的问题。③合伙人共同经营、共担风险，在经营管理上可以实现优势互补、集思广益，在某种程度上也有助于分散经营压力 缺点：①合伙人对企业债务承担无限责任，承担较大风险。②合伙人间缺乏有效制约机制，监督履责困难，可能产生"搭便车"行为。③合伙人之间针对经营决策可能会产生分歧，造成较大的组织协调成本，降低决策效率。④合伙人的退伙会影响企业的生存和寿命
公司制企业	具有以下三个重要特点： (1)有限责任制。有限责任制指公司以其全部财产承担清偿债务的责任，有两层含义：一是公司以其全部法人财产对其债务承担有限责任；二是当公司破产清算时，股东仅以其出资额为限，对公司债务承担有限责任； (2)股东财产所有权与企业控制权分离； (3)规模增长与永续生命

2. 公司治理问题的产生(略)

3. 公司治理的概念(见表 5-2)

一般不会出题，属于后续知识点学习的铺垫，熟悉即可。

表 5-2　公司治理的概念

类别	概念
狭义	是指所有者(主要是股东)对经营者的一种监督与制衡机制，即通过一种制度安排，合理地配置所有者和经营者之间的权利和责任关系。它是借助股东大会、董事会、监事会、经理层所构成的公司治理结构来实现的内部治理。其目标是保证股东利益的最大化，防止经营者对所有者利益的背离
广义	通过一套包括正式或非正式的、内部或外部的制度或机制来协调公司与所有利益相关者之间的利益关系，以保证公司决策的科学性与公正性，从而最终维护各方面的利益。公司治理是利益相关者通过一系列的内部、外部机制来实施的共同治理，治理的目标不仅是股东利益的最大化，还是保证所有利益相关者的利益最大化

4. 公司治理理论（见表5-3）

老杭贴心话

『考试频率』★ 『重要程度』不重要
『考试题型』个别选择题 『复习建议』简单了解

表5-3 公司治理理论

项目	具体内容
委托代理理论	委托代理理论的主要观点认为：委托代理关系是随着生产力大发展和规模化大生产的出现而产生的。 随着企业股权日益分散化，股份制企业中作为企业所有者的股东所拥有的企业控制权越来越少，而企业的经营管理者几乎完全拥有了企业的控制权和支配权。所有权与控制权分离导致的直接后果是委托——代理问题的产生。这就是作为委托人的股东怎样才能以最小的代价，使得作为代理人的经营者愿意为委托人的目标和利益而努力工作
资源依赖理论	能帮助组织获得稀缺性资源的利益相关者往往能在组织中获得更多的话语权，即资源的依赖状况决定组织内部的权力分配状况
利益相关者理论	利益相关者管理理论是指企业的经营管理者为综合平衡各个利益相关者的利益要求而进行的管理活动

5. 公司治理与战略管理（略）

二、三大公司治理问题

（一）经理人对于股东的“内部人控制”问题

老杭贴心话

『考试频率』★★★ 『重要程度』非常重要
『考试题型』选择题+主观题（案例分析）
『复习建议』理解+记忆

经理人对于股东的“内部人控制”问题主要表现（重点掌握）如表5-4所示：

表5-4 经理人对于股东的“内部人控制”问题的主要表现

问题	具体表现
违背忠诚义务导致的内部人控制问题的主要表现	过高的在职消费；盲目过度投资，经营行为的短期化；侵占资产，转移资产；工资、奖金等收入增长过快，侵占利润；会计信息作假、财务作假；建设个人帝国
违背勤勉义务导致的内部人控制问题的主要表现	信息披露不完整、不及时；敷衍偷懒不作为；财务杠杆过度保守；经营过于稳健、缺乏创新等
国有资产流失、会计信息失真是我国国企改革过程中的“内部人控制”的主要表现形式	

（二）终极股东对于中小股东的“隧道挖掘”问题

老杭贴心话

『考试频率』★★★ 『重要程度』非常重要
『考试题型』选择题+主观题（案例分析） 『复习建议』理解+记忆

1.“隧道挖掘”问题的表现（重点内容）

“隧道挖掘”问题的表现可以分为以下两种类型，具体内容如表 5-5 所示：

表 5-5 “隧道挖掘”问题的表现

<table>
<tr><th>类型</th><th colspan="2">内容</th></tr>
<tr><td>滥用公司资源</td><td colspan="2">滥用公司资源的行为并不以占有公司资源为目的，但也没有以公司整体利益为出发点。例如终极股东是某家族或某国有企业的时候，终极股东制定决策可能更多从家族利益（如为了家族荣耀等目标采取过度保守的经营策略）或政府社会性功能的角度出发（如为保障社会就业而导致国有企业的冗员），从而偏离了股东财富最大化目标。终极股东滥用公司资源违背了其作为代理人的勤勉义务</td></tr>
<tr><td>占用公司资源</td><td>占用公司资源是指终极股东通过各种方法将公司的利益输送至自身的行为，违背了其作为代理人的忠实义务</td><td>(1)直接占用资源。直接占用资源是指终极股东直接从公司将利益输送给自己。表现为直接借款、利用控制的企业借款、代垫费用、代偿债务、代发工资、利用公司为终极股东违规担保、虚假出资。
终极股东占用公司商标、品牌、专利等无形资产以及抢占公司的商业机会等行为也属于直接的利益输送。
(2)关联性交易。关联性交易的利益输送又可以分为商品服务交易活动、资产租用和交易活动、费用分摊活动。
①商品服务交易活动。终极股东经常以高于市场价格向公司销售商品和提供服务，以低于市场价格向公司购买商品和服务，利用明显的低价或高价来转移利润、进行利益输送。
②资产租用和交易活动。租用和交易的资产有房屋、土地使用权、机器设备、商标和专利等无形资产。托管经营活动中的非市场交易，也属于这一类。
③费用分摊活动。上市公司和控股母公司常常要共同分担一系列费用，比如广告费用、离退员工费用、各类员工福利费用如医疗、住房、交通等费用，这些费用的分摊过程经常充满了随意性，且属于内部信息，控股的终极股东常常利用费用分摊活动从上市公司获取利益，进行“隧道挖掘”。另外，终极股东自己或者派人到公司担任董事、监事和高管等职位后，将相关的高额薪酬、奖金、在职消费等费用分摊到公司，这样终极股东就变相地从公司进行了利益输送。
(3)掠夺性财务活动。具体可以分为掠夺性融资、内幕交易、掠夺性资本运作和超额股利等。
①掠夺性融资。公司通过财务作假骗取融资资格、虚假包装以及过度融资的行为，损害外部中小投资者利益。另外，公司向终极股东低价定向增发股票也属于掠夺性融资行为。
②内幕交易。内幕交易是指内幕人员根据内幕消息买卖证券或者帮助他人。终极股东经常利用信息优势，利用所知悉、尚未公开的可能影响证券市场价格的重大信息来进行内幕交易，谋取不当利益。
③掠夺性资本运作。掠夺性资本运作的标的物是公司的股权，终极股东经常利用公司股权进行资本运作，实现相关公司的股权交易，经常是公司高价收购终极股东持有的其他公司股权，造成公司的利益流向了终极股东。
④超额股利。以终极股东需求为导向的股利政策操纵也是一种“隧道挖掘”行为</td></tr>
</table>

2. 如何保护中小股东的权益(见表 5-6)(了解，无时间可放弃)

表 5-6 如何保护中小股东的权益

措施	内涵	我国《公司法》及有关法律制度相应规定
累积投票制	即当股东应用累积投票制度行使表决权时，每一股份代表的表决权数不是一个，而是与待选人数相同，并且股东可以将与持股数目相对应的表决票数以任何集中组合方式投向所选择的对象	股东大会选举董事、监事，可以依照公司章程的规定或者股东大会的决议，实行累积投票制 单一股东及其一致行动人拥有权益的股份比例在 30% 及以上的上市公司，应当采用累积投票制。采用累积投票制的上市公司应当在公司章程中规定实施细则
建立有效的股东民事赔偿制度	略	略
建立表决权排除制度	指当某一股东与股东大会讨论的决议事项有特别的利害关系时，该股东或其代理人均不得就其持有的股份行使表决权的制度	公司向其他企业投资或者为他人提供担保，依照公司章程的规定，由董事会或者股东会、股东大会决议；公司章程对投资或者担保的总额及单项投资或者担保的数额有限额规定的，不得超过规定的限额。公司为公司股东或者实际控制人提供担保的，必须经股东会或者股东大会决议。前款规定的股东或者受前款规定的实际控制人支配的股东，不得参加前款规定事项的表决。该项表决由出席会议的其他股东所持表决权的过半数通过。 上市公司董事与董事会会议决议事项所涉及的企业有关联关系的，不得对该项决议行使表决权，也不得代理其他董事行使表决权。该董事会会议由过半数的无关联关系董事出席即可举行，董事会会议所作决议须经无关联关系董事过半数通过。出席董事会的无关联关系董事人数不足三人的，应将该事项提交上市公司股东大会审议
完善小股东的代理投票权	股东可以委托代理人出席股东大会会议，代理人应当向公司提交股东授权委托书，并在授权范围内行使表决权	略
建立股东退出机制	退出存在以下两种方式： 转股。转股是指股东将股份转让给他人从而退出公司，也称为“用脚投票”。 退股。退股是指在特定条件下股东要求公司以公平合理价格回购其股份从而退出公司，这种机制来源于异议股东股份回购请求权制度	有限责任公司的股东之间可以相互转让其全部或者部分股权。股东向股东以外的人转让股权，应当经其他股东过半数同意。股东应就其股权转让事项书面通知其他股东征求同意，其他股东自接到书面通知之日起满三十日未答复的，视为同意转让。其他股东半数以上不同意转让的，不同意的股东应当购买该转让的股权；不购买的，视为同意转让。经股东同意转让的股权，在同等条件下，其他股东有优先购买权。两个以上股东主张行使优先购买权的，协商确定各自的购买比例；协商不成的，按照转业时各自的出资比例行使优先购买权。公司章程对股权转让另有规定的，从其规定； 有下列情形之一的，对股东会该项决议投反对票的股东可以请求公司按照合理的价格收购其股权：①公司连续五年不向股东分配利润，而公司该五年连续盈利，并且符合法规规定的分配利润条件的；②公司合并、分立、转让主要财产的；③公司章程规定的营业期限届满或者章程规定的其他解散事由出现，股东会会议通过决议修改章程使公司存续的

（三）企业与其他利益相关者之间的关系问题

老杭贴心话

『考试频率』★

『重要程度』不重要

『考试题型』主观题

『复习建议』简单了解

利益相关者对企业经营和公司治理的影响越来越明显，企业经营必须重视将利益相关者融入企业的治理模式中，让企业外部与企业利益相关的主体共同参与公司治理。

也有学者提出了让所有利益相关者直接参与公司治理事务的弊端。所有利益相关者共同参与公司治理会产生权责不清的问题，从而降低公司效率，企业容易陷入“泛利益相关者治理”的困境。应当对利益相关者进行选择，依据利益相关者对公司稀缺资源的贡献程度、利益相关者因公司破产或关系终结而承担的风险损失的大小、优先利益相关者的利益诉求、利益相关者在公司里的权力大小来安排公司治理。

【例题1·简答题】☆盛邦达公司是G省的一家于2013年挂牌上市的公司，其主营业务是从事水泥及水泥制品的生产和销售。2018年5月，某财经媒体深度报道了盛邦达公司存在的多种经营违规行为。该报道在微博等网络平台上成为热门话题后，G省证监局迅速反应，立案调查。

根据证监局的调查结果，盛邦达公司经营违规行为主要有以下几点：

（1）2016年9月，盛邦达公司与银行签署一笔担保合同，为大股东星科集团5 000万元的贷款提供担保，承担连带保证责任。2016年11月，星科集团向龙辉公司借款2亿元，盛邦达公司为该笔借款提供担保，到期后星科集团没有偿还借款，龙辉公司向法院提起诉讼，法院做出判决，盛邦达公司作为该笔借款的担保方，须与星科集团共同偿还债务本金和利息。这两笔担保均没有在2016年年报中进行信息披露。

（2）盛邦达公司从甲公司购进熟料等重要原材料，双方签订了长期供应合同，价格比市场价高40%。盛邦达公司还从乙公司以租赁的方式引入一台机器设备，租赁费用每年5 000万元，同样的设备市场租赁价格为4 000万元。经查，甲公司和乙公司均为星科集团全资控制的子公司。

（3）盛邦达公司在2017年年底完成一项定向增发，向星科集团以每股6元价格增发1亿股，当时盛邦达公司的股价为每股12元，相当于5折进行定向增发。

（4）盛邦达公司发布公告，拟购买丙公司100%股权，由于丙公司拥有物联网概念，所以盛邦达公司发布公告后10个交易日内，股价大涨70%，发布公告前几天，星科集团实际控制人刘某买入盛邦达公司股票100万股，在公告发布后卖出，获利600多万元。经查，刘某买卖股票的时间都属于证监会认定的敏感期。

（5）2017年5月，盛邦达公司发布了一份收购方案，计划收购大股东星科集团100%持有的丁公司的全部股权，收购价格为20亿元，丁公司被收购时净资产为5 000万元，盈利能力较差，业内专家质疑是超溢价收购。

（6）2016年盛邦达公司1.4亿元的销售费用未及时入账，造成2016年年度报告虚假记载。此外，由于与星科集团多笔资金往来事项并未披露和记账，导致盛邦达公司在2016年和2017年年报中存在信息不实、虚假记载的情况。而盛邦达公司2016年和2017年年报经过注册会计师审计后，审计师都出具了标准无保留的审计意见。

证监局对盛邦达公司及其大股东星科集团立案调查后，依法对其进行行政处罚及公开谴责。

要求：

依据“三大公司治理问题”，简要分析盛邦达公司存在的终极股东“隧道挖掘”的利益输送行为的主要表现。

答案

终极股东“隧道挖掘”的利益输送行为，

可以分为直接占用资源、关联性交易和掠夺性财务活动三类。

(1)直接占用资源。“2016年9月，盛邦达公司与银行签署一笔担保合同，为大股东星科集团5 000万元的贷款提供担保，承担连带保证责任。2016年11月，星科集团向龙辉公司借款2亿元，盛邦达公司为该笔借款提供担保，到期后星科集团没有偿还借款，龙辉公司向法院提起诉讼，法院做出判决，盛邦达公司作为该笔借款的担保方，须与星科集团共同偿还债务本金和利息”。

(2)关联性交易。

①商品服务交易活动。“盛邦达公司从甲公司购进熟料等重要原材料，双方签订了长期供应合同，价格比市场价高40%”。

②资产租用和交易活动。“盛邦达公司还从乙公司以租赁的方式引入一台机器设备，租赁费用每年5 000万元，同样的设备市场租赁价格为4 000万元。经查，甲公司和乙公司均为星科集团全资控制的子公司”。

(3)掠夺性财务活动。

①掠夺性融资。“盛邦达公司在2017年年底完成一项定向增发，向星科集团以每股6元价格定向增发1亿股，当时盛邦达公司的股价为每股12元，相当于5折进行定向增发”。

②内幕交易。“盛邦达公司发布公告，拟购买丙公司100%股权，由于丙公司拥有物联网概念，所以盛邦达公司发布公告后10个交易日内，股价大涨70%，发布公告前几天，星科集团实际控制人刘某买入盛邦达公司股票100万股，在公告发布后卖出，获利600多万元。经查，刘某买卖股票的时间都属于证监会认定的敏感期”。

③掠夺性资本运作。“2017年5月，盛邦达公司发布了一份收购方案，计划收购大股东星科集团100%持有的丁公司的全部股权，收购价格为20亿元，丁公司被收购时净资产为5 000万元，盈利能力较差，业内专家质疑是超溢价收购”。

三、公司内部治理结构和外部治理机制

(一)公司内部治理结构

老杭贴心话

『考试频率』★

『重要程度』不重要

『考试题型』选择题+主观题(冷门点)

『复习建议』掌握内部治理结构的基本框架，细节内容尽量熟悉

公司内部治理结构是指主要涵盖**股东大会、董事会(监事会)、高级管理团队以及公司员工**之间责、权、利相互制衡的制度体系。

1. 公司内部治理结构的不同模式(了解)(见表5-7)

表5-7 公司内部治理结构的不同模式

内部治理结构模式	示例国家	特征
单层董事会制	英国、美国	最高权力机构——股东大会 决策、监督机构——董事会 执行机构——经理人员
双层董事会制	德国	最高权力机构——股东大会 决策、监督机构——监事会 执行机构——董事会(管理委员会)
复合结构制	日本、中国、韩国等	最高权力机构——股东大会 决策、监督机构——董事会 监督——独立监察人(监事会) 执行机构——经理人员

2. 公司内部治理结构各方主体的权利和义务

(1)股东大会。

①股东与股东权利(见表5-8)。

表5-8 股东与股东权利

<table>
<tr><th>项目</th><th colspan="2">内容</th></tr>
<tr><td rowspan="3">股东分类</td><td colspan="2">自然人股东+法人股东</td></tr>
<tr><td rowspan="2">普通股股东+优先股股东</td><td>股票必须有票面金额，不允许公司发行无面额股票。
普通股股东权利：①剩余收益请求权和剩余财产清偿权；②监督决策权；③优先认股权；④股票转让权</td></tr>
<tr><td>优先股股东的权利主要集中于以下几方面：
(1)利润分配权：在利润分配方面，公司要在支付了优先股股利之后才能向普通股股东支付股利。优先股股利通常是按照面值的固定比例支付的。
(2)剩余财产清偿优先权：当公司因经营不善而破产时，在偿还全部债务和清理费用之后，如有剩余财产，优先股东有权按票面价值优先于普通股股东得到清偿。
(3)管理权：在公司的股东大会上，优先股股东没有表决权。但是，当公司研究与优先股有关的问题时有权参加表决</td></tr>
</table>

②股东大会(见表5-9)。

表5-9 股东大会

<table>
<tr><th>项目</th><th colspan="3">内容</th></tr>
<tr><td rowspan="5">股东大会</td><td colspan="3">公司设立由股东组成的股东会(股东大会)，股东大会是公司的权力机构，行使决定公司重大问题的权力，决定公司合并、分立、解散、年度决算、利润分配、董事会成员等重大事项</td></tr>
<tr><td>基本特征</td><td colspan="2">第一，公司内部的最高权力机构和决策机构；
第二，公司的非常设机构</td></tr>
<tr><td rowspan="3">股东大会会议</td><td>年会</td><td>我国《公司法》规定，股东大会应当每年召开一次年会。应当于上一会计年度结束后的6个月内举行</td></tr>
<tr><td>临时股东大会</td><td>有下列情形之一的，应当在2个月内召开临时股东大会。一是董事人数不足本法规定的人数或者公司章程所定人数的2/3时；二是公司未弥补的亏损达股本总额1/3时；三是持有公司股份10%以上的股东请求时；四是董事会认为必要时；五是监事会提议召开时</td></tr>
<tr><td>职权</td><td>①决定公司的经营方针和投资计划；②选举和更换非由职工代表担任的董事、监事，决定有关董事、监事的报酬事项；③审议批准董事会的报告；④审议批准监事会或者监事的报告；⑤审议批准公司的年度财务预算方案、决算方案；⑥审议批准公司的利润分配方案和弥补亏损方案；⑦对公司增加或者减少注册资本作出决议；⑧对发行公司债券作出决议；⑨对公司合并、分立、解散、清算或者变更公司形式作出决议；⑩修改公司章程；⑪公司章程规定的其他职权</td></tr>
</table>

③机构投资者(见表5-10)。

表5-10 机构投资者

<table>
<tr><th>项目</th><th colspan="2">内容</th></tr>
<tr><td>机构投资者的定义</td><td colspan="2">用自有资金或者从分散的公众手中筹集的资金专门进行有价证券投资活动的法人机构，包括证券投资基金、社会保障基金、商业保险公司和各种投资公司等</td></tr>
<tr><td rowspan="2">机构投资者参与公司治理的两种途径</td><td>用脚投票</td><td>机构投资者作为投资人通过买入或卖出公司股票而参与被投资公司的管理的行为</td></tr>
<tr><td>用手投票</td><td>机构投资者通过董事会选举获取董事会席位，入驻董事会和出席股东大会，对公司投资、融资、人事、分配等重大问题议案进行表决或否决，参与公司的重要决策，直接对公司董事会和经理层的行为施加影响</td></tr>
</table>

(2)董事会。

①职能。

我国《公司法》规定：股份有限公司设董事会，董事会对股东大会负责，行使下列职权：

a. 负责召集股东大会，并向股东大会报告工作；

b. 执行股东大会的决议；

c. 决定公司的经营计划和投资方案；

d. 制订公司的年度财务预算方案、决算方案；

e. 制订公司的利润分配方案和弥补亏损方案；

f. 制订公司增加或者减少注册资本的方案以及发行公司债券的方案；

g. 拟订公司合并、分立、解散的方案；

h. 决定公司内部管理机构的设置；

i. 聘任或者解聘公司经理，根据经理的提名，聘任或者解聘公司副经理、财务负责人，决定其报酬事项；

j. 制定公司的基本管理制度。

②董事及其分类(见表5-11)。

表5-11 董事及其分类

<table>
<tr><th>分类</th><th colspan="2">内容</th></tr>
<tr><td>内部董事</td><td colspan="2">也称执行董事，主要指担任董事的本公司管理人员，如总经理、常务副总经理等</td></tr>
<tr><td rowspan="2">外部董事</td><td rowspan="2">指不在公司担任除董事以外的其他职务的董事，如其他上市公司总裁、公司咨询顾问和大学教授等</td><td>关联董事：
指虽然不在公司中担任其他职位，但仍与公司保持着利益关系的董事，如公司关联机构的雇员或咨询顾问等</td></tr>
<tr><td>独立董事：
是真正具有独立性的董事，他们不仅是公司的外部董事，而且还是需要与公司或公司经营管理者没有重要的业务联系或专业联系，并对公司事务做出独立判断的董事，如大学的教授、退休的政府官员等</td></tr>
</table>

③董事的权利及义务(见表5-12)。

表5-12 董事的权利及义务

<table>
<tr><th>项目</th><th colspan="2">内容</th></tr>
<tr><td>权利</td><td colspan="2">(1)出席董事会会议。
(2)表决权。
(3)董事会临时会议召集的提议权。
(4)通过董事会行使职权而行使权利</td></tr>
<tr><td rowspan="2">义务</td><td>善管义务</td><td>(1)董事必须忠实于公司。
(2)董事必须维护公司资产。
(3)董事在董事会上有审慎行使决议权的义务</td></tr>
<tr><td>竞业禁止义务</td><td>未经股东会或股东大会同意，董事不得自营或者为他人经营与其所任职公司同类的业务</td></tr>
</table>

④几个专门委员会。

董事会的专门委员会原则上都应由独立董事构成，其内容如表5-13所示。

表5-13 几个专门委员会

项目	内容
审计委员会	①检查公司会计政策、财务状况和财务报告程序；②与公司外部审计机构进行交流；③对内部审计人员及其工作进行考核；④对公司的内部控制进行考核；⑤检查、监督公司存在或潜在的各种风险；⑥检查公司遵守法律、法规的情况
薪酬与考核委员会	①负责制定董事、监事与高级管理人员考核的标准，并进行考核；②负责制定、审查董事、监事、高级管理人员的薪酬政策与方案
提名委员会	①分析董事会构成情况，明确对董事的要求；②制定董事选择的标准和程序；③广泛搜寻合格的董事候选人；④对股东、监事会提名的董事候选人进行形式审核；⑤确定董事候选人，提交股东大会表决
战略决策委员会	①制定公司长期发展战略；②监督、核实公司重大投资决策等

(3)监事会。

董事、经理及财务负责人不得兼任监事，其内容如表5-14所示。

表5-14 监事会

<table>
<tr><th>项目</th><th colspan="2">内容</th></tr>
<tr><td rowspan="2">有限责任公司</td><td>经营规模较大的</td><td>设立监事会，其成员不得少于3人。监事会应在其组成人员中推选1名召集人。监事会由股东代表和适当比例的公司职工代表组成，具体比例由公司章程规定。监事会中的职工代表由公司职工民主选举产生</td></tr>
<tr><td>股东人数较少和规模较小的</td><td>可以设1至2名监事</td></tr>
<tr><td>股份有限公司</td><td colspan="2">设监事会，其成员不得少于3人</td></tr>
</table>

(4)经理层。

经理层由董事会聘任，其内容如表 5-15 所示。

表 5-15 经理层

项目	内容
职权	我国《公司法》规定，公司经理人员的职权包括： (1)主持公司的生产经营管理工作，组织实施董事会决议。 (2)组织实施公司年度经营计划和投资方案。 (3)拟订公司内部管理机构设置方案。 (4)拟订公司的基本管理制度。 (5)制定公司的具体规章。 (6)提请聘任或者解聘公司副经理、财务负责人。 (7)决定聘任或者解聘除应由董事会决定聘任或者解聘以外的负责管理人员。 (8)董事会授予的其他职权
薪酬激励	(1)年薪制； (2)股权激励

(5)国有企业各级党委(党组)(略)。

(二)公司外部治理机制

老杭贴心话

『考试频率』★ 『重要程度』不重要

『考试题型』选择题+主观题(冷门点) 『复习建议』理解

外部治理机制主要是指除企业内部的各种监控机制外的各个市场机制(如产品市场、资本市场、经理人市场)对公司的监控和约束，其内容如表 5-16 所示。

表 5-16 公司外部治理机制

项目	内容
产品市场	产品市场的竞争对经理人员的约束主要来自两个方面：一方面，在充分竞争的市场上，只有最有效率的企业才能生存，作为企业的经理人员自然也就面临更大的压力。另一方面，产品市场的竞争可以提供有关经理人员行为的更有价值的信息
资本市场	资本市场对经理人员行为的约束是通过接管和兼并方式进行的，也就是通过资本市场上对企业控制权的争夺的方式进行的
经理人市场	经理人市场之所以对经理人员的行为有约束作用，是因为在竞争的市场上声誉是决定个人价值的重要因素

【例题 2 · 单选题】下列选项中，不属于普通股股东享有的权利是(　)。

A. 剩余收益请求权　B. 优先认股权

C. 股票转让权　D. 公司经营权

解析 普通股股东享有的权利可以概述如下：①剩余收益请求权和剩余财产清偿权；②监督决策权；③优先认股权；④股票转让权。

答案 D

【例题 3 · 单选题】我国《公司法》规定，股东大会应当每年召开(　)次年会。

A. 一　B. 二

C. 三　D. 四

解析 我国《公司法》规定，股东大会应当每年召开一次年会。年度股东大会应当于上一会计年度结束后的 6 个月内举行。

答案 A

【例题4·多选题】下列选项中，属于董事会职权的包括(　)。

A. 决定公司的经营方针和投资计划

B. 制订公司的利润分配方案

C. 决定公司内部管理机构的设置

D. 制定公司的基本管理制度

解析 我国《公司法》规定：股份有限公司设董事会，董事会对股东大会负责，行使下列职权：①负责召集股东大会，并向股东大会报告工作；②执行股东大会的决议；③决定公司的经营计划和投资方案；④制订公司的年度财务预算方案、决算方案；⑤制订公司的利润分配方案和弥补亏损方案；⑥制订公司增加或者减少注册资本的方案以及发行公司债券的方案；⑦拟订公司合并、分立、解散的方案；⑧决定公司内部管理机构的设置；⑨聘任或者解聘公司经理，根据经理的提名，聘任或者解聘公司副经理、财务负责人，决定其报酬事项；⑩制定公司的基本管理制度。选项A属于股东大会的职权。 **答案** BCD

【例题5·单选题】在竞争的市场上声誉是决定个人价值的重要因素表明的是公司外部治理机制中的(　)。

A. 产品市场　　B. 经理人市场

C. 资本市场　　D. 人才市场

解析 外部治理机制主要是指除企业内部的各种监控机制外，还包括各个市场机制(如产品市场、资本市场、经理人市场)。经理人市场之所以对经理人员的行为有约束作用，是因为在竞争的市场上声誉是决定个人价值的重要因素，选项B正确。 **答案** B

四、公司治理的基础设施

(一)公司治理的基础设施

老杭贴心话

『考试频率』★★★

『重要程度』一般重要

『考试题型』个别选择题+主观题

『复习建议』理解+记忆

1. 信息披露制度

从四个方面评估信息披露的质量：①财务信息；②审计信息；③披露的公司治理信息；④信息披露的及时性。

会计信息披露在公司治理结构中的作用表现在：①信息披露在内部治理结构中的监督作用；②信息披露在内部治理结构中的激励作用；③信息披露在内部治理结构中的契约沟通作用；④信息披露有助于外部治理机制的有序运作。

2. 中介机构

信息披露制度旨在向公司利益相关者提供必要的公司信息，进一步通过信用中介机构让公司利益相关者相信公司所提供信息的真实性和可靠性。信用中介机构需要保持足够的独立性，对公司披露的信息出具客观公正的评估，为公司的利益相关者负责，避免公司利益相关者的利益受到损害。主要的信用中介机构包括：会计师事务所、投资银行和律师事务所等。

3. 法律法规(略)

4. 政府监管

有效的政府监管体系应包括以下四个方面：

(1)法律监管。

(2)行政监管。行政监管的主体主要有证券委及其派出机构、财政部、国资委、银保监会等。

(3)市场环境监管。

(4)信息披露监管。负责上市公司信息披露监管的管理机构主要包括证券主管机关和证券交易所。

5. 媒体、专业人士的舆论监督(略)

(二)公司治理的原则(有时间可适当阅读理论知识内容，简单了解，无时间则可选择放弃)

同步训练

限时 35min

一、单项选择题

1. 下列关于公司治理的相关表述中，正确的是(　)。
   A. 狭义公司治理的目标是保证所有利益相关者的利益最大化
   B. 广义公司治理的目标是保证股东利益的最大化，防止经营者对所有者利益的背离
   C. 委托代理理论认为企业追求利益相关者的整体利益
   D. 利益相关者理论是指企业的经营管理者为综合平衡各个利益相关者的利益要求而进行的管理活动

2. ☆佳宝公司是一家上市公司，最近连续两年亏损，经营陷入困境。经审计发现，佳宝公司的重大决策权一直被控股股东控制，控股股东把佳宝公司当作“提款机”，占用佳宝公司的资金累计高达10亿元。佳宝公司存在的公司治理问题属于(　)。
   A. 代理型公司治理问题
   B. 剥夺型公司治理问题
   C. “内部人控制”问题
   D. 企业与其他利益相关者之间的关系问题

3. ☆建安集团是一家上市公司，公开信息显示该公司2016年实现净利润3.8亿元。当年该公司股价波动区间为12-22元，市盈率波动区间为6-11倍，公司以每股5元的价格向控股股东定向增发1 000万股。从掠夺性财务活动角度分析，建安集团的上述定向增发行为属于(　)。
   A. 内幕交易
   B. 超额股利
   C. 掠夺性资本运作
   D. 掠夺性融资

4. ☆甲公司在2017年完成发行上市后的首次定增，以每股1元的价格向两名控股股东发行5 000万股。当时该公司股价为每股5元。甲公司披露的2017年报显示，当时有净利润1.2亿元，市盈率为2.8倍。从终极股东对于中小股东的“隧道挖掘”问题角度看，甲公司的上述作法属于掠夺性财务活动中的(　)。
   A. 内幕交易　　B. 掠夺性融资
   C. 直接占用资源　　D. 超额股利

5. 下列选项中，属于公司内部董事的是(　)。
   A. 总经理
   B. 其他上市公司总裁
   C. 公司咨询顾问
   D. 大学教授

6. “审议批准公司年度财务预算方案、决算方案”属于(　)的职权。
   A. 监事　　B. 经理
   C. 董事　　D. 股东大会

7. 公司经理选任和解聘的决定权属于(　)。
   A. 股东会　　B. 董事会
   C. 董事长　　D. 职工大会

8. 股份有限公司设立监事会，其成员不得少于(　)。
   A. 1人　　B. 2人
   C. 3人　　D. 4人

二、多项选择题

1. 下列选项中，属于内部人控制问题主要表现的有(　)。
   A. 过高的在职消费

B. 财务杠杆过度保守

C. 对公司投资机会进行侵占

D. 掠夺性融资

2. 当前，在国内上市公司中，终极股东对中小股东的“隧道挖掘”问题有多种表现形式，其中包括(　)。

A. 过高的在职消费

B. 直接借款

C. 资产租用和交易活动

D. 超额股利

3. 下列选项中，属于审计委员会职责的有(　)。

A. 检查公司会计政策

B. 与公司外部审计机构进行交流

C. 广泛搜寻合格的董事候选人

D. 监督、核实公司重大投资决策

4. 根据公司法律制度的规定，下列各项中，有权提议召开临时股东大会的有(　)。

A. 持有公司 1/10 股份的股东

B. 董事长

C. 1/3 的董事

D. 监事会

5. 上市公司的相关会计信息需要向社会公开或者公告。下列各项中属于会计信息披露在公司治理结构中的作用的有(　)。

A. 监督作用

B. 有助于外部治理机制的有序运作

C. 激励作用

D. 契约沟通作用

6. 信用中介机构需要保持足够的独立性，对公司披露的信息出具客观公正的评估。下列各项中属于信用中介机构的有(　)。

A. 会计师事务所　B. 律师事务所

C. 投资银行　D. 行政监管机构

三、简答题

万成公司成立于 1984 年，1988 年进入房地产业，现为国内最大的房地产住宅开发企业。万成公司的股权极其分散。截至 2014 年 12 月 31 日，其第一大股东华民公司持有万成公司 14.97%的股份，而万成公司的创始人王刚仅持有总股份的 0.05%。华民公司一直给予万成公司管理层高度的信任。正如万成公司总经理所述“华民公司是积极不干预管理的股东，是大股东的表率”。正因为如此，万成公司是一家典型的内部人控制企业。万成公司在其高管团队的精心呵护下稳定实施其既定的企业战略，一步步做大做强，连续多次获得“最受尊敬企业”称号。

宝产系是宝产投资集团有限公司及其控制的企业。2015 年 7 月 23 日，宝产系通过其旗下的投资公司大举收购万成公司股份。截至 2015 年 12 月 24 日，宝产系共持有万成公司 24.26%的股份，力图成为万成公司新的控制人，对此，万成公司高管团队强烈反对，不同意宝产系为万成公司第一大股东，理由主要是宝产系素以擅长资本运作著称，长期以来商业信用欠佳。如果成为万成公司实际控制人，一些投资公司、大金融机构以及商业评级机构很可能降低万成公司的信用评级，万成公司则有可能沦为实际控制人掏空其他股东的工具。

由于华民公司拒绝增持万成公司股份，万成公司高管团队一度陷入控制权危机，直到广地集团的资金注入，暂时解除了万成集团高管团队的管理权危机。

要求：

简要分析“经理人对股东‘内部人控制’问题以及终极股东对中小股东‘隧道管理’问题”在万成公司的表现。

同步训练答案及解析

一、单项选择题

1. D 【解析】狭义的公司治理的目标是保证股东利益的最大化，防止经营者对所有者利益的背离，所以选项 A 错误。广义的公司治理的目标不仅是股东利益的最大化，还是保证所有利益相关者的利益最大化，所以选项 B 错误。利益相关者理论认为企业追求利益相关者的整体利益，所以选项 C 错误。

2. B 【解析】根据案例资料可知，佳宝公司的重大决策权一直被控股股东控制，存在的公司治理问题是"终极股东对于中小股东的隧道挖掘"问题，属于剥夺型公司治理问题。选项 B 正确。

3. D 【解析】公司向终极股东低价定向增发股票属于掠夺性融资行为。"当年该公司股价波动区间为 12~22 元，市盈率波动区间为 6~11 倍，公司以每股 5 元的价格向控股股东定向增发 1 000 万股"属于掠夺性融资，选项 D 正确。

4. B 【解析】根据资料可知，甲公司的作法属于低价定向增发行为，本质上是向大股东进行利益输送，属于掠夺性融资。选项 B 正确。

5. A 【解析】内部董事是指担任董事的本公司管理人员，如总经理、常务副总经理等。外部董事是指不在公司担任除董事以外的其他职务的董事，如其他上市公司总裁、公司咨询顾问和大学教授等。

6. D 【解析】股东大会主要行使以下职权：①决定公司的经营方针和投资计划；②选举和更换非由职工代表担任的董事、监事，决定有关董事、监事的报酬事项；③审议批准董事会的报告；④审议批准监事会或者监事的报告；⑤审议批准公司的年度财务预算方案、决算方案；⑥审议批准公司的利润分配方案和弥补亏损方案；⑦对公司增加或者减少注册资本作出决议；⑧对发行公司债券作出决议；⑨对公司合并、分立、解散、清算或者变更公司形式作出决议；⑩修改公司章程；⑪公司章程规定的其他职权。

7. B 【解析】经理人是公司日常经营管理和行政事务的负责人，由公司董事会聘任，在法律、法规及公司章程规定和董事会授权范围内，代表公司从事业务活动的高级管理人员。

8. C 【解析】股份有限公司设监事会，其成员不得少于 3 人。

二、多项选择题

1. AB 【解析】一般认为违背忠诚义务导致的内部人控制问题的主要表现有：过高的在职消费，盲目过度投资，经营行为的短期化；侵占资产，转移资产；工资、奖金等收入增长过快，侵占利润；会计信息作假、财务作假；建设个人帝国。一般认为违背勤勉义务导致的内部人控制问题的主要表现有：信息披露不完整、不及时；敷衍偷懒不作为；财务杠杆过度保守；经营过于稳健、缺乏创新等等。国有资产流失、会计信息失真是我国国企改革过程中的"内部人控制"的主要表现形式。选项 C 和选项 D 属于终极股东对于中小股东的"隧道挖掘"问题的表现形式。

2. BCD 【解析】本题考核"公司治理三大问题"的知识点。选项 A 是经理人对于股东的"内部人控制"问题的表现形式，其余三个是终极股东对于中小股东"隧道挖掘"问题的表现形式。

3. AB 【解析】审计委员会的主要职责是：

①检查公司会计政策、财务状况和财务报告程序；②与公司外部审计机构进行交流；③对内部审计人员及其工作进行考核；④对公司的内部控制进行考核；⑤检查、监督公司存在或潜在的各种风险；⑥检查公司遵守法律、法规的情况。

4. AD 【解析】有下列情形之一的，应当在2个月内召开临时股东大会：一是董事人数不足本法规定的人数或者公司章程所定人数的2/3时；二是公司未弥补的亏损达股本总额1/3时；三是持有公司股份10%以上的股东请求时；四是董事会认为必要时；五是监事会提议召开时。

5. ABCD 【解析】会计信息披露在公司治理结构中的作用表现在：①信息披露在内部治理结构中的监督作用；②信息披露在内部治理结构中的激励作用；③信息披露在内部治理结构中的契约沟通作用；④信息披露有助于外部治理机制的有序运作。

6. ABC 【解析】信用中介机构需要保持足够的独立性，对公司披露的信息出具客观公正的评估，为公司的利益相关者负责，避免公司利益相关者的利益受到损害。主要的信用中介机构包括：会计师事务所、投资银行和律师事务所等。行政监管机构属于政府监管体系的内容。

三、简答题

【答案】

(1)经理人对于股东的“内部人控制”问题。本题中，在宝产系大举收购万成公司股份之前，由于大股东华民公司“是积极不干预管理的股东……万成公司实际上是一家典型的内部人控制企业……万成公司在其高管团队的精心呵护下稳定实施其既定的企业战略，一步步做大做强”，说明尽管万成公司内部成员能够直接参与企业的战略决策，并掌握了大部分企业实际控制权，但是没有造成架空所有者的有效控制并以此来侵蚀外部人(股东)的合法权益的后果，因而不存在经理人对于股东的“内部人控制”问题。

(2)终极股东对于中小股东的“隧道挖掘”问题。本题中，在宝产系大举收购万成公司股份之前，“其第一大股东华民公司持有万成公司14.97%的股份……华民公司一直给予万成公司管理层高度的信任……是积极不干预管理的股东”，因而，这一阶段万成公司不存在终极股东对于中小股东的“隧道挖掘”问题。然而，宝产系大举收购万成公司股份，力图成为万成公司新的实际控制人，“万成公司高管团队强烈反对，不同意宝产系为万成公司第一大股东，理由主要是宝产系素以擅长资本运作著称，长期以来商业信用欠佳，如果成为万成公司实际控制人，一些投资公司、大金融机构以及商业评级机构很可能降低万成公司的信用评级，万成公司则有可能沦为实际控制人掏空其他股东的工具”，说明万成公司认为宝产系成为万成公司第一大股东后，难免会出现终极股东对于中小股东的“隧道挖掘”问题。“直到广地集团的资产注入，暂时解除了万成公司高管团队的管理权危机”，说明万成公司暂时避免了宝产系作为终极股东对于中小股东的“隧道挖掘”问题。

第六章　风险与风险管理

考情解密

历年考情概况

本章分值在 16~25 分，在往年的考试中，属于较为重要的内容。本章比较大的考点为企业面对主要风险、风险管理的 7 种工具、内部控制，题型会比较丰富。风险管理技术与方法是难点，但涉及考试的题量相对较低，选择题为主。

近年考点直击

主要考点	主要考查题型	考频指数	考查角度
风险种类	选择题(案例分析)+主观题(案例分析)	★★★	给出案例材料，进行风险类型的分析
风险管理基本流程	选择题	★★	考核原文关键文字
风险管理策略	选择题(案例分析)	★★★	针对风险管理策略 7 种工具进行案例分析，其余内容基本考核原文
风险理财	选择题(案例分析)	★★★	风险资本和应急资本以案例分析为主(同时考核理论内容)，其余内容以原文考核为主
风险管理的组织职能体系	选择题	★★	甄别职责表述是否正确
内部控制系统	选择题(案例分析)	★★★	给出案例材料，分析属于哪个要素
风险管理技术和方法	选择题(案例分析)	★★★	给出案例材料，分析风险管理技术类型，考核该类型优缺点

2022 年考试变化

结构：风险类型单独作为一节出现。
内容：变化不大，细节文字和案例调整。

考点详解及精选例题

一、风险与风险管理概述

(一)风险的概念与构成要素

老杭贴心话

『考试频率』★　　『重要程度』不重要
『考试题型』个别选择题　　『复习建议』了解

1. 风险的概念

2006年，我国国务院国有资产监督管理委员会发布《中央企业全面风险管理指引》，将“企业风险”定义为“未来的不确定性对企业实现其经营目标的影响”，并以能否为企业带来盈利等机会为标志，将风险分为纯粹风险(只有带来损失一种可能性)和机会风险(带来损失和盈利的可能性并存)。理解这个定义需要把握以下几个方面：

(1)企业风险与企业战略相关。

(2)风险是一系列可能发生的结果，而不能简单理解为最有可能的结果。

(3)风险既具有客观性，又具有主观性。

(4)风险往往与机遇并存。

2. 风险的构成要素

风险由风险因素、风险事件(事故)、损失三个基本要素构成，如表6-1所示。三者的逻辑关系如图6-1所示。

表6-1　风险的构成要素

<table>
<tr><td rowspan="2">风险因素：
指促使某一风险事件发生，或增加其发生的可能性，或提高其损失程度的原因或条件</td><td>有形风险因素</td><td>指直接影响事物物理功能的物质风险因素，也称为实质性风险因素，如水源或空气污染是损害人们健康的有形风险因素，汽车刹车系统失灵是引起车祸的有形风险因素</td></tr>
<tr><td>无形风险因素</td><td>指影响物质损失的可能性和程度的非物质因素，进一步分为道德风险因素和心理风险因素。
道德风险因素：由于个人不诚实、不正当或不轨企图促使风险事件发生或提高已发生风险事故的损失程度的原因和条件，如欺诈、抢劫、盗窃、贪污等。
心理风险因素：由于人们主观上的过失或疏忽，而增加风险事件发生的概率，或提高风险事故的损失程度的原因和条件。如司机在驾驶过程中由于注意力分散增加了车祸发生的风险；居民外出忘记锁门增加了盗窃发生的风险等</td></tr>
<tr><td>风险事件(事故)</td><td colspan="2">指造成损失的偶发事故。是导致损失的直接原因</td></tr>
<tr><td>损失</td><td colspan="2">损失可分为直接损失和间接损失两种类型。
直接损失是指风险事件导致的财产损毁和人身伤害，这类损失又称为实质损失；
间接损失则是指由直接损失引起的其他损失，即派生损失，包括额外费用损失、收入损失和责任损失等。
间接损失有时大于直接损失</td></tr>
</table>

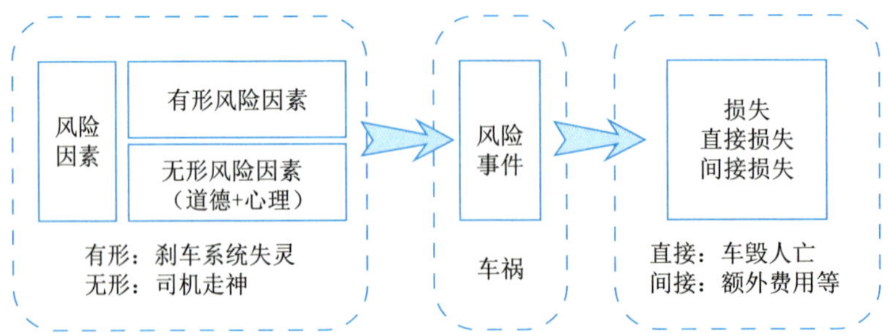

图6-1　风险构成要素的逻辑关系

(二)风险管理的概念、目标和演进

『考试频率』★ 『重要程度』一般重要 老杭贴心话
『考试题型』选择题 『复习建议』以掌握原文为主，适当理解

1. 风险管理的定义与特征

企业风险管理的特征，如表6-2所示。风险管理的新旧理念对比，具体如表6-3所示。

表6-2 企业风险管理的特征

(1)战略性	尽管风险管理渗透到企业各项活动中，存在于企业管理者对企业的日常管理当中，但它**主要运用于企业战略管理层面，站在战略层面整合和管理企业层面风险是全面风险管理的价值所在**
(2)全员性	企业全面风险管理是一个**由企业治理层、管理层和所有员工参与、旨在把风险控制在风险容量以内**，增进企业价值的过程
(3)专业性	要求风险管理的专业人才实施专业化管理
(4)二重性	企业全面风险管理的商业使命在于：**①损失最小化管理；②不确定性管理；③绩效最优化管理**。全面风险管理既要管理纯粹的风险，也要管理机会风险
(5)系统性	全面风险管理必须拥有一套系统的、规范的方法，建立健全全面风险管理体系，包括风险管理策略、风险理财措施、风险管理的组织职能体系、风险管理信息系统和内部控制系统，从而为实现风险管理的总体目标提供合理保证

表6-3 风险管理的新旧理念对比(表格内容通读，应对选择题)

项目	传统风险管理	全面风险管理
涉及面	主要是**财务会计主管和内部审计等部门负责**；就**单个风险**个体实施风险管理，主要是**可保风险和财务风险**	在高层的参与下，**每个成员都承担**与自己行为相关的风险管理责任；从总体上集中考虑和**管理所有风险**(包括纯企业风险和机会风险)
连续性	只有管理层认为**必要时才进行**	是企业系统的、有重点的、**持续的行为**
态度	被动地将风险管理作为**成本中心**	主动积极地将风险管理作为**价值中心**
目标	**与企业战略联系不紧，目的是转移或避免风险**	**紧密联系企业战略，目的是寻求风险优化措施**
方法	**事后反应式**的风险管理方法，即先检查和预防经营风险，然后采取应对措施	**事前风险防范，事中风险预警和及时处理，事后风险报告、评估、备案及其他相应措施**
注意焦点	专注于**纯粹和灾害性风险**	焦点在所有利益相关者的**共同利益最大化**上

2. 风险偏好与风险承受度(理解为主)

①风险偏好是企业希望承受的风险范围。

②风险承受度是指企业风险偏好的边界，分析风险承受度可以将其作为企业采取行动的预警指标，企业可以设置若干风险承受度指标，以显示不同的警示级别。

3. 风险管理的目标——《中央企业全面风险管理指引》(可放弃)

(1)确保将风险控制在与公司总体目标相适应并可承受的范围内；

(2)确保内外部，尤其是企业与股东之间实现真实、可靠的信息沟通，包括编制和提供真实、可靠的财务报告；

(3)确保遵守有关法律法规；

(4)确保企业有关规章制度和为实现经营目标而采取重大措施的贯彻执行，保障经营管理的有效性，提高经营活动的效率和效果，降低实现经营目标的不确定性；

(5)确保企业建立针对各项重大风险发生后的危机处理计划，保护企业不因灾害性

风险或人为失误而遭受重大损失。

4. 风险管理的演进与新发展(略)

二、企业面对的风险种类(见表 6–4)

老杭贴心话

『考试频率』★★★　　『重要程度』非常重要

『考试题型』选择题+主观题

『复习建议』理解+记忆，全面复习。建议关注教材案例

表 6–4　企业面对的风险种类

分类	具体种类
外部风险(5 种)	政治风险、法律风险与合规风险、社会文化风险、技术风险、市场风险
内部风险(3 种)	战略风险(含 1 项内控指引)、运营风险(含 14 项内控指引)、财务风险(含 3 项内控指引)

1. 外部风险

(1)政治风险(见表 6–5)。

表 6–5　政治风险

项目	内容
含义(理解)	政治风险是指完全或部分由政府官员行使权力和政府组织的行为而产生的不确定性
分类(源头)(理解+记忆)	限制投资领域；设置贸易壁垒；外汇管制规定；进口配额和关税；组织结构及要求最低持股比例；限制向东道国的银行借款；没收资产

(2)法律风险与合规风险(理解)。

法律风险是指企业在经营过程中因自身经营行为的不规范或者外部法律环境发生重大变化而导致的不利法律后果的可能性。

合规风险是指因违反法律或监管要求而受到制裁、遭受金融损失以及因未能遵守适用法律、法规、行为准则或相关标准而给企业信誉带来损失的可能性。

合规风险侧重于行政责任和道德责任的承担，而法律风险则侧重于民事责任的承担。

法律风险与合规风险至少要考虑的几个方面(个别选择题)：

①国内外与企业相关的政治、法律环境可能引发的风险；

②影响企业的新法律法规和政策可能引发的风险；

③员工的道德操守可能引发的风险；

④企业签订的重大协议和有关贸易合同可能引发的风险；

⑤企业发生重大法律纠纷案件可能引发的风险；

⑥企业和竞争对手的知识产权可能引发的风险。

『提示』法律风险的核心关键词为“不利法律后果”，主要指企业面临诉讼。合规风险的核心关键词有三个“制裁、金融损失、信誉损失”。其中，制裁主要指上级主管部门的行政处罚，金融损失应理解为财务损失，即资金上的损失。

(3)社会文化风险(理解，记忆三个小标题)。

①跨国经营活动引发的文化风险——民族文化。

②企业并购活动引发的文化风险——组织文化、民族文化。

③组织内部因素引发的文化风险——组

织文化的变革、组织员工队伍的多元文化背景导致的个人层面的文化风险。

(4)技术风险(理解)。

广义的技术风险是指在某一种新技术给某一行业或某一些企业带来增长机会的同时，可能对另一行业或另一些企业形成巨大的威胁。狭义的技术风险就是指技术在创新过程中，由于技术本身复杂性和其他相关因素变化产生的不确定性而导致**技术创新遭遇失败**的可能性。

从技术活动过程所处的不同阶段考察，技术风险可以划分为技术设计风险、技术研发风险和技术应用风险，属于细小知识点。具体如表6-6所示。

表6-6 技术风险

类型	说明(以阅读理解为主)
技术设计风险	指技术在设计阶段，由于技术构思或设想的不全面，致使技术及技术系统存在先天缺陷或创新不足而引发的各种风险
技术研发风险	指在技术研究或开发阶段，由于外界环境存在变化的不确定性、技术研发项目本身具备的难度和复杂性、技术研发人员自身知识和能力的有限性都可能导致技术研发面临着失败危险。例如，外部环境缺乏一个由协调规范的产权制度、市场结构、投资管理、政策组成的社会技术创新体系，没有形成一个由社会流动资本、专业技术人员、风险投资、筹资/退资渠道组成的高效便利的风险投资体系，或者从微观组织结构看，缺乏灵活的技术开发组织形式，缺乏创新观念和创业理念的企业家精神等，都会由于低水平管理、低效率运行等可能使企业的技术研发活动陷入困境难以实现预期目标
技术应用风险	指技术成果在产品化、产业化的过程中由一系列不确定性带来的负面影响或效应。例如，外部环境没有良好的社会化服务和技术的聚集效应，缺乏成熟的市场经济体制、规范的市场环境、透明的行业政策等；或市场对新技术的接受程度不高；或他人的技术模仿行为；或由于市场准入的技术门槛较低，大量企业涌入致使竞争激烈；或人为的道德诚信问题等都可能使企业面临技术应用风险

(5)市场风险。

(理解)市场风险指企业所面对的外部市场的复杂性和变动性所带来的与经营相关的风险。

市场风险至少要考虑以下几个方面(理解+记忆)：

①产品或服务的价格及供需变化带来的风险；

②能源、原材料、配件等物资供应的充足性、稳定性和价格的变化带来的风险；

③主要客户、主要供应商的信用风险；

④税收政策和利率、汇率、股票价格指数的变化带来的风险；

⑤潜在进入者、竞争者与替代品的竞争带来的风险。

2. 内部风险

1)战略风险。

(理解)战略风险指企业在战略管理过程中，由于内外部环境的复杂性和变动性以及主体对环境的认知能力和适应能力的有限性，而导致企业整体性损失和战略目标无法实现的可能性及其损失。

战略风险至少要考虑的几个方面(个别选择题)：

①国内外宏观经济政策和经济运行情况、本行业状况、国家产业政策可能引发的风险；

②科技进步、技术创新可能引发的风险；

③市场对该企业产品或服务的需求可能引发的风险；

④与企业战略合作伙伴的关系，未来寻求战略合作伙伴可能引发的风险；

⑤企业主要客户、供应商及竞争对手可能引发的风险；

⑥与主要竞争对手相比企业的实力与差距可能引发的风险；

⑦企业编制发展战略和规划、投融资计划、年度经营目标、经营战略可能引发的风险；

⑧企业对外投融资过程中曾发生或易发生错误的业务流程或可能引发的风险。

我国《企业内部控制应用指引第2号——发展战略》从企业制定与实施发展战略角度阐明企业战略风险具体体现在以下3个方面（理解+记忆）：

（1）缺乏明确的发展战略或发展战略实施不到位，可能导致企业盲目发展，难以形成竞争优势，丧失发展机遇和动力。

（2）发展战略过于激进，脱离企业实际能力或偏离主业，可能导致企业过度扩张，甚至经营失败。

（3）发展战略因主观原因频繁变动，可能导致资源浪费，甚至危及企业的生存和持续发展。

2）运营风险。

（简单了解）运营风险是指企业在运营过程中，由于内外部环境的复杂性和变动性以及主体对环境的认知能力和适应能力的有限性，而导致运营失败或使运营活动达不到预期目标的可能性及其损失。

（1）依据《中央企业全面风险管理指引》，运营风险至少要考虑以下几个方面（理解+记忆）：

①企业产品结构、新产品研发可能引发的风险。

②企业新市场开发、市场营销策略（包括产品或服务定价与销售渠道、市场营销环境等）可能引发的风险。

③企业组织效能、管理现状、企业文化以及高层、中层管理人员和重要业务流程中专业人员的知识结构、专业经验等方面可能引发的风险。

④期货等衍生产品业务中发生失误带来的风险。

⑤质量、安全、环保、信息安全等管理中发生失误导致的风险。

⑥因企业内外部人员的道德因素或业务控制系统失灵导致的风险。

⑦给企业造成损失的自然灾害风险。

⑧企业现有业务流程和信息系统操作运行情况的监管、运行评价及持续改进能力方面引发的风险。

（2）从内部控制角度展开的主要运营风险如下（理解+记忆）：

①依据《企业内部控制应用指引第1号——组织架构》，组织架构设计与运行中需关注的主要风险：

第一，治理结构形同虚设，缺乏科学决策、良性运行机制和执行力，可能导致企业经营失败，难以实现发展战略。

第二，内部机构设计不科学，权责分配不合理，可能导致机构重叠、职能交叉或缺失、推诿扯皮，运行效率低下。

②依据《企业内部控制应用指引第3号——人力资源》，人力资源管理需关注的主要风险包括：

第一，人力资源缺乏或过剩、结构不合理、开发机制不健全，可能导致企业发展战略难以实现。

第二，人力资源激励约束制度不合理、关键岗位人员管理不完善，可能导致人才流失、经营效率低下或关键技术、商业秘密和国家机密泄露。

第三，人力资源退出机制不当，可能导致法律诉讼或企业声誉受损。

③依据《企业内部控制应用指引第4号——社会责任》，履行社会责任方面需关注的主要风险包括：

第一，安全生产措施不到位，责任不落实，可能导致企业发生安全事故。

第二，产品质量低劣，侵害消费者利益，可能导致企业巨额赔偿、形象受损，甚至破产。

第三，环境保护投入不足，资源耗费大，造成环境污染或资源枯竭，可能导致企业巨额赔偿、缺乏发展后劲，甚至停业。

第四，促进就业和员工权益保护不够，可能导致员工积极性受挫，影响企业发展和社会稳定。

④依据《企业内部控制应用指引第 5 号——企业文化》，企业文化建设需关注的主要风险包括：

第一，缺乏积极向上的企业文化，可能导致员工丧失对企业的信心和认同感，企业缺乏凝聚力和竞争力。

第二，缺乏开拓创新、团队协作和风险意识，可能导致企业发展目标难以实现，影响可持续发展。

第三，缺乏诚实守信的经营理念，可能导致舞弊事件的发生，造成企业损失，影响企业信誉。

第四，忽视企业间的文化差异和理念冲突，可能导致并购重组失败。

⑤依据《企业内部控制应用指引第 7 号——采购业务》，采购业务需关注的主要风险包括：

第一，采购计划安排不合理，市场变化趋势预测不准确，造成库存短缺或积压，可能导致企业生产停滞或资源浪费。

第二，供应商选择不当，采购方式不合理，招投标或定价机制不科学，授权审批不规范，可能导致采购物资质次价高，出现舞弊或遭受欺诈。

第三，采购验收不规范，付款审核不严，可能导致采购物资、资金损失或信用受损。

⑥依据《企业内部控制应用指引第 8 号——资产管理》，资产管理需关注的主要风险包括：

第一，存货积压或短缺，可能导致流动资金占用过量、存货价值贬损或生产中断。

第二，固定资产更新改造不够、使用效能低下、维护不当、产能过剩，可能导致企业缺乏竞争力、资产价值贬损、安全事故频发或资源浪费。

第三，无形资产缺乏核心技术、权属不清、技术落后、存在重大技术安全隐患，可能导致企业出现法律纠纷、缺乏可持续发展能力。

⑦《企业内部控制应用指引第 9 号——销售业务》，销售业务需关注的主要风险包括：

第一，销售政策和策略不当，市场预测不准确，销售渠道管理不当等，可能导致销售不畅、库存积压、经营难以为继。

第二，客户信用管理不到位，结算方式选择不当，账款回收不力等，可能导致销售款项不能收回或遭受欺诈。

第三，销售过程存在舞弊行为，可能导致企业利益受损。

⑧依据《企业内部控制应用指引第 10 号——研究与开发》，开展研发活动需关注的主要风险包括：

第一，研究项目未经科学论证或论证不充分，可能导致创新不足或资源浪费。

第二，研发人员配备不合理或研发过程管理不善，可能导致研发成本过高、舞弊或研发失败。

第三，研究成果转化应用不足、保护措施不力，可能导致企业利益受损。

⑨依据《企业内部控制应用指引第 11 号——工程项目》，工程项目需关注的主要风险包括：

第一，立项缺乏可行性研究或者可行性研究流于形式，决策不当，盲目上马，可能导致难以实现预期效益或项目失败。

第二，项目招标暗箱操作，存在商业贿赂，可能导致中标人实质上难以承担工程项目、中标价格失实及相关人员涉案。

第三，工程造价信息不对称，技术方案不落实，预算脱离实际，可能导致项目投资失控。

第四，工程物资质次价高，工程监理不到位，项目资金不落实，可能导致工程质量低劣，进度延迟或中断。

第五，竣工验收不规范，最终把关不严，可能导致工程交付使用后存在重大隐患。

⑩依据《企业内部控制应用指引第 12 号——担保业务》，担保业务需关注的主要风险包括：

第一，对担保申请人的资信状况调查不

深，审批不严或越权审批，可能导致企业担保决策失误或遭受欺诈。

第二，对被担保人出现财务困难或经营陷入困境等状况监控不力，应对措施不当，可能导致企业承担法律责任。

第三，担保过程中存在舞弊行为，可能导致经办审批等相关人员涉案或企业利益受损。

⑪依据《企业内部控制应用指引第13号——业务外包》，企业的业务外包需关注的主要风险包括：

第一，外包范围和价格确定不合理，承包方选择不当，可能导致企业遭受损失。

第二，业务外包监控不严、服务质量低劣，可能导致企业难以发挥业务外包的优势。

第三，业务外包存在商业贿赂等舞弊行为，可能导致企业相关人员涉案。

⑫依据《企业内部控制应用指引第16号——合同管理》，合同管理需关注的主要风险包括：

第一，未订立合同、未经授权对外订立合同、合同对方主体资格未达要求、合同内容存在重大疏漏和欺诈，可能导致企业合法权益受到侵害。

第二，合同未全面履行或监控不当，可能导致企业诉讼失败、经济利益受损。

第三，合同纠纷处理不当，可能损害企业利益、信誉和形象。

⑬依据《企业内部控制应用指引第17号——内部信息传递》，内部信息传递需关注的主要风险包括：

第一，内部报告系统缺失、功能不健全、内容不完整，可能影响生产经营有序运行。

第二，内部信息传递不通畅、不及时，可能导致决策失误、相关政策措施难以落实。

第三，内部信息传递中泄露商业秘密，可能削弱企业核心竞争力。

⑭依据《企业内部控制应用指引第18号——信息系统》，信息系统需关注的主要风险包括：

第一，信息系统缺乏或规划不合理，可能造成信息孤岛或重复建设，导致企业经营管理效率低下。

第二，系统开发不符合内部控制要求，授权管理不当，可能导致无法利用信息技术实施有效控制。

第三，系统运行维护和安全措施不到位，可能导致信息泄露或毁损，系统无法正常运行。

3)财务风险。

(理解)财务风险，是指企业在生产经营过程中，由于内外部环境的各种难以预料或无法控制的不确定性因素的作用，使企业在**一定时期内所获取的财务收益与预期收益发生偏差的可能性**。企业管理者对财务风险只有采取有效措施来降低风险，而不可能完全消除风险。

财务风险需要考虑的几个方面(个别选择题)：

①负债、负债率、偿债能力方面可能引发的风险；

②现金流、应收账款及其占销售收入的比重、资金周转率方面可能引发的风险；

③产品存货及其占销售成本的比重、应付账款及其占购货额的比重方面可能引发的风险；

④制造成本和管理费用、财务费用、营业费用方面可能引发的风险；

⑤盈利能力方面可能引发的风险；

⑥成本核算、资金结算和现金管理业务中曾发生或易发生错误的业务流程或环节方面可能引发的风险；

⑦与企业相关的产业会计政策、会计估算、与国际会计制度的差异及调节(如退休金、递延税项等)等信息方面可能引发的风险。

从企业内部控制角度考察，财务风险可以从以下几个方面展开(理解+记忆)。

(1)依据《企业内部控制应用指引第15号——全面预算》，实行全面预算管理需关注的主要风险包括：

①不编制预算或预算不健全，可能导致企业经营缺乏约束或盲目经营。

②预算目标不合理、编制不科学，可能导致企业资源浪费或发展战略难以实现。

③预算缺乏刚性、执行不力、考核不严，可能导致预算管理流于形式。

（2）依据《企业内部控制应用指引第6号——资金活动》，资金活动需关注的主要风险包括：

①筹资决策不当，引发资本结构不合理或无效融资，可能导致企业筹资成本过高或债务危机。

②投资决策失误，引发盲目扩张或丧失发展机遇，可能导致资金链断裂或资金使用效益低下。

③资金调度不合理、营运不畅，可能导致企业陷入财务困境或资金冗余。

④资金活动管控不严，可能导致资金被挪用、侵占、抽逃或企业遭受欺诈。

（3）依据《企业内部控制应用指引第14号——财务报告》，编制、对外提供和分析利用财务报告需关注的主要风险包括：

①编制财务报告违反会计法律法规和国家统一的会计准则制度，可能导致企业承担法律责任和声誉受损。

②提供虚假财务报告，误导财务报告使用者，造成决策失误，干扰市场秩序。

③不能有效利用财务报告，难以及时发现企业经营管理中存在的问题，可能导致企业财务和经营风险失控。

【例题1·多选题】☆科文公司是一家连锁书店。面对电子图书的冲击和网上售书模式的兴起，科文公司陆续开辟了“名师书架”“读者乐园”和“网上书城”等，通过优化图书结构和经营模式吸引消费者，取得了显著效果。在本案例中，科文公司规避的风险有（　）。

A. 市场风险　　B. 运营风险

C. 技术风险　　D. 战略风险

解析▶本题考核知识点“企业面对的风险种类”，属于案例分析的典型考法。电子图书的冲击和网上售书模式的兴起，属于市场风险。通过优化图书结构和经营模式吸引消费者，规避的是运营风险。　**答案**▶AB

【例题2·单选题】☆大恒集团原是一家房地产企业。2016年，大恒集团以银行贷款为主要资金来源，开始大举并购一些发达国家的酒店和娱乐、体育健身等方面的业务。最近，大恒集团由于收购规模过大，资金出现短缺。同时银行收紧了银根，不再向大恒集团发放贷款。因此，大恒集团被迫中止了收购活动，并为弥补资金漏洞出售了一些已购的业务。根据《企业内部控制应用指引第2号——发展战略》，大恒集团在制定和实施发展战略方面存在的主要风险是（　）。

A. 发展战略实施不到位

B. 缺乏明确的发展战略

C. 发展战略因主观原因频繁变动

D. 发展战略过于激进，脱离企业实际能力或偏离主业

解析▶大恒集团原是房地产企业，后大举收购酒店、娱乐、健身等业务，说明业务方向偏离。收购行为以银行贷款为主，说明企业实际能力不足以支持收购业务的进行，因此大恒集团面临的风险属于发展战略过于激进，脱离企业实际能力或偏离主业。

答案▶D

【例题3·简答题】☆主营单晶硅、多晶硅太阳能电池产品研发和生产的圣邦公司于2003年成立。这是一家由董事长兼总经理李自一手创办并控制的家族式企业。

2010年11月圣邦公司挂牌上市。在资本市场获得大额融资的同时，圣邦公司开始了激进的扩张之路。从横向看，为了扩大市场份额，圣邦公司在欧美多个国家投资或设立子公司；从纵向看，圣邦公司布局光伏全产业链，实施纵向一体化发展战略，由产业中游的组件生产，延伸至上游的硅料和下游的电站领域。圣邦公司还大举投资房地产、

炼油、水处理和LED显示屏等项目。

为了支持其扩张战略，圣邦公司多方融资。公司上市仅几个月便启动第二轮融资计划——发行债券，凭借建设海外电站的愿景，通过了管理部门的审批，发行10亿元的“圣邦债”，票面利率为8.98%，在当年新发债券中利率最高。自2011年2月起，李自及其女儿李丽陆续以所持股份作抵押，通过信托融资约9.7亿元，同时圣邦公司大举向银行借债。李自还发起利率高达15%的民间集资。这样，圣邦公司在上市后三年内，通过各种手段融资近70亿元。

受2008年美国次贷危机和2011年欧债危机影响，欧美国家和地区纷纷大幅削减甚至取消光伏补贴，光伏产品国际市场需求急剧萎缩。随后欧盟对中国光伏产品发起“反倾销、反补贴”调查，光伏企业出口遭受重创。而全行业的非理性发展已经导致产能严重过剩，市场供大于求，企业间开始以价格战展开恶性竞争，利润急速下降，甚至亏损。

在这种情况下，圣邦公司仍执着于多方融资扩大产能，致使产品滞销库存积压。同时，在海外大量投资电站致使公司的应收账款急速增加。欧盟经济低迷，海外客户还款能力下降，欧元汇率下跌。存货跌价损失、汇兑损失、坏账准备的计提使严重依赖海外市场的圣邦公司出现大额亏损。公司把融资筹措的大量短期资金投放于回款周期很长的电站项目，投资回报期和债务偿付期的错配使公司的短期还款压力巨大，偿债能力逐年恶化。2010年公司的流动比率为3.165，到了2013年只有0.546。公司资金只投不收的模式使现金流很快枯竭。2012年和2013年多家银行因贷款逾期、供应商因货款清偿事项向圣邦公司提起诉讼，公司部分银行账户被冻结，深陷债务危机。圣邦公司由于资金链断裂，无法在原定付息日支付公司债券利息8 980万元，成为国内债券市场上第一家违约公司，在资本市场上掀起轩然大波，打破了公募债券刚性兑付的神话。

2014年5月圣邦公司因上市后连续三年亏损被ST处理，暂停上市。仅仅三年多的时间，圣邦公司就从一家市值百亿元的上市公司深陷债务违约危机导致破产重组。

要求：

(1)简要分析圣邦公司上市后所面对的市场风险。

(2)简要分析圣邦公司上市后所存在的战略风险。

(3)依据《企业内部控制应用指引第6号——资金活动》，简要分析圣邦公司资金活动中存在的主要风险。

答案

(1)①产品或服务的价格及供需变化带来的风险。“受2008年美国次贷危机和2011年欧债危机的影响，欧美政府纷纷大幅削减甚至取消光伏补贴，光伏产品市场需求急剧萎缩。随后欧盟对中国光伏产品发起了‘反倾销、反补贴’调查，光伏企业出口遭受重创。而全行业的非理性发展已经导致产能严重过剩，市场供大于求”。

②主要客户、主要供应商的信用风险。“欧盟经济低迷，海外客户还款能力下降”。

③税收政策和利率、汇率、股票价格指数的变化带来的风险。“欧元汇率下跌……汇兑损失……使严重依赖海外市场的圣邦公司出现大额亏损”。

④潜在进入者、竞争者、与替代品的竞争带来的风险。“而全行业的非理性发展已经导致产能严重过剩，市场供大于求，企业间开始以价格战恶性竞争，利润急速下降，甚至亏损”。

(2)圣邦公司上市后所存在的战略风险主要表现为：发展战略过于激进，脱离企业实际能力或偏离主业，可能导致企业过度扩张，甚至经营失败。“在资本市场获得大额融资的同时，圣邦公司开始了激进的扩张之路。从横向看，为了扩大市场份额，圣邦公司在欧美多个国家投资或设立子公司；从纵向看，圣邦公司布局光伏全产业链，实施纵向一体化发展战略，由产业中游的组件生产，延伸至上游的硅料和下游的电站领域。不仅如此，圣邦公司还大举投资房地产项目、炼油项目、水处理项目和LED显示屏项目等”。

(3)①筹资决策不当，引发资本结构不合理或无效融资，可能导致企业筹资成本过高或债务危机。“为了支持其战略扩张的需要，圣邦公司广开财路，多方融资。公司上市仅几个月便启动第二轮融资计划——发行债券，凭借建设海外电站的愿景，通过了管理部门的批准，发行规模为10亿元的‘圣邦债’，票面利率为8.98%，在当年新发债券中利率最高。自2011年2月起，李自及其女儿李丽陆续以所持股份抵押，通过信托融资约9.7亿元，同时，圣邦公司大举向银行借债。李自还发起了利率高达15%的民间集资。这样，圣邦公司在上市后三年时间内，通过各种手段融资近70亿元”。

②投资决策失误，引发盲目扩张或丧失发展机遇，可能导致资金链断裂或资金使用效益低下。“在这种情况下，圣邦公司仍执着于多方融资扩大产能，致使产品滞销库存积压。同时，海外大量投资电站致使公司的应收账款急速增加。欧盟经济低迷，海外客户还款能力下降，欧元汇率下跌。存货跌价损失、汇兑损失、坏账准备的计提使严重依赖海外市场的圣邦公司出现大额亏损”。

③资金调度不合理、营运不畅，可能导致企业陷入财务困境或资金冗余。“公司把融资筹措的大量短期资金投放于回款周期很长的电站项目，投资回报期和债务偿付期的错配使得公司的短期还款压力巨大，偿债能力逐年恶化。2010年公司的流动比率为3.165，到了2013年却只有0.546。公司资金只投不收的模式使现金流很快枯竭”。

三、风险管理基本流程

风险管理基本流程的相关内容如表6-7所示。

老杭贴心话

『考试频率』★★

『重要程度』一般重要

『考试题型』选择题

『复习建议』以讲义总结为主掌握原文的说法，能够进行判断

表6-7 风险管理基本流程

项目	内容	
收集风险管理初始信息（熟悉，选择题出题点）	(1)要广泛地、持续不断地收集与本企业风险和风险管理相关的**内部、外部初始信息，包括历史数据和未来预测**。 (2)应把收集初始信息的职责分工落实到**各有关职能部门和业务单位**。 (3)收集初始信息要根据所分析的风险类型具体展开(以下文字以熟悉为主，应对选择题)	
	与战略风险有关的信息	(1)国内外宏观经济政策和经济运行情况、本行业状况、国家产业政策； (2)科技进步、技术创新的有关内容； (3)市场对该企业产品或服务的需求； (4)与企业战略合作伙伴的关系，未来寻求战略合作伙伴的可能性； (5)本企业主要客户、供应商及竞争对手的有关情况； (6)与主要竞争对手相比企业的实力与差距； (7)企业发展战略和规划、投融资计划、年度经营目标、经营战略，以及编制这些战略、规划、计划、目标的有关依据； (8)企业对外投融资过程中曾发生或易发生错误的业务流程或环节

续表

<table>
<tr><th>项目</th><th colspan="4">内容</th></tr>
<tr><td rowspan="4">收集风险管理初始信息(熟悉，选择题出题点)</td><td>与财务风险有关的信息</td><td colspan="3">(1)负债、负债率、偿债能力；
(2)现金流、应收账款及其占销售收入的比重、资金周转率；
(3)产品存货及其占销售成本的比重、应付账款及其占购货额的比重；
(4)制造成本和管理费用、财务费用、营业费用；
(5)盈利能力；
(6)成本核算、资金结算和现金管理业务中曾发生或易发生错误的业务流程或环节；
(7)与企业相关的产业会计政策、会计估算、与国际会计制度的差异及调节(如退休金、递延税项等)等信息</td></tr>
<tr><td>与市场风险有关的信息</td><td colspan="3">(1)产品或服务的价格及供需变化；
(2)能源、原材料、配件等物资供应的充足性、稳定性和价格变化；
(3)主要客户、主要供应商的信用情况；
(4)税收政策和利率、汇率、股票价格指数的变化；
(5)潜在竞争者、竞争者及其主要产品、替代品情况</td></tr>
<tr><td>与运营风险有关的信息</td><td colspan="3">(1)产品结构、新产品研发情况；
(2)新市场开发情况、市场营销策略包括产品或服务定价与销售渠道、市场营销环境状况；
(3)企业组织效能、管理现状、企业文化，高、中层管理人员和重要业务流程中专业人员的知识结构、专业经验；
(4)期货等衍生产品业务中曾发生或易发生失误的流程和环节；
(5)质量、安全、环保、信息等管理中曾发生或易发生失误的业务流程或环节；
(6)因企业内、外部人员的道德风险致使企业遭受损失或业务控制系统失灵的情况；
(7)给企业造成损失的自然灾害以及除上述有关情形之外的其他纯粹风险；
(8)对现有业务流程和信息系统操作运行情况的监管、运行评价及持续改进能力；
(9)企业风险管理的现状和能力</td></tr>
<tr><td>与法律风险有关的信息</td><td colspan="3">(1)国内外与企业相关的政治、法律环境；
(2)影响企业的新法律法规和政策；
(3)员工的道德操守；
(4)企业签订的重大协议和有关贸易合同；
(5)企业发生重大法律纠纷案件的情况；
(6)企业和竞争对手的知识产权情况</td></tr>
<tr><td rowspan="5">进行风险评估(熟悉，选择题出题点)</td><td colspan="4">企业应对收集的风险管理初始信息和企业各项业务管理及重要业务流程进行风险评估</td></tr>
<tr><td rowspan="4">风险评估包括风险辨识、风险分析、风险评价三个步骤</td><td colspan="2">解释</td><td>关键词(主要内容)</td></tr>
<tr><td>风险辨识</td><td>查找企业各业务单元、各项重要经营活动及其重要业务流程中有无风险、有哪些风险</td><td>风险种类</td></tr>
<tr><td>风险分析</td><td>对辨识出的风险及其特征进行明确的定义描述，分析和描述风险发生可能性的高低、风险发生的条件</td><td>风险发生可能性(概率)</td></tr>
<tr><td>风险评价</td><td>对企业实现目标的影响程度、风险的价值等</td><td>影响程度</td></tr>
</table>

续表

<table>
<tr><th>项目</th><th colspan="2">内容</th></tr>
<tr><td>进行风险评估（熟悉，选择题出题点）</td><td colspan="2">（1）进行风险辨识、分析、评价，应将定性与定量方法相结合；
（2）风险分析应包括风险之间的关系分析，以便从风险策略上对风险进行统一集中管理；
（3）企业在评估多项风险时，应根据对风险发生可能性的高低和对目标的影响程度的评估，绘制风险坐标图，对各项风险进行比较，初步确定对各项风险进行管理的先后顺序和策略；
（4）风险评估应由企业组织有关职能部门和业务单位实施，也可聘请有资质、信誉好、风险管理专业能力强的中介机构协助实施；
（5）企业应对风险管理信息实行动态管理，定期或不定期实施风险辨识、分析、评价，以便对新的风险和原有风险的变化重新评估</td></tr>
<tr><td>制定风险管理策略</td><td colspan="2">略</td></tr>
<tr><td>提出和实施风险管理解决方案</td><td colspan="2">略</td></tr>
<tr><td rowspan="3">风险管理的监督与改进（熟悉，选择题出题点）</td><td>企业各有关部门和业务单位</td><td>应定期对风险管理工作进行自查和检验，及时发现缺陷并改进，其检查、检验报告应及时报送企业风险管理职能部门</td></tr>
<tr><td>企业风险管理职能部门</td><td>应定期对各部门和业务单位风险管理工作实施情况和有效性进行检查和检验，要根据在制定风险管理策略时提出的有效性标准对风险管理策略进行评估，对跨部门和业务单位的风险管理解决方案进行评价，提出调整或改进建议，出具评价和建议报告，及时报送企业总经理或其委托分管风险管理工作的高级管理人员</td></tr>
<tr><td>企业内部审计部门</td><td>应至少每年一次对包括风险管理职能部门在内的各有关部门和业务单位能否按照有关规定开展风险管理工作及其工作效果进行监督评价，监督评价报告应直接报送董事会或董事会下设的风险管理委员会和审计委员会</td></tr>
</table>

【例题4·多选题】☆利吉公司起步初期选择了中低级别的轿车作为其主要产品定位，在价格战中迅速成为行业中的一匹“黑马”。十余年过后，利吉公司的低价策略，形成了在消费者心目中低端的形象，影响了企业进一步的发展。利吉公司在分析企业所面对的风险时，应至少收集与该企业、本行业相关的信息包括（　）。

A. 企业风险管理的现状和能力

B. 潜在竞争者、竞争者及其主要产品、替代品情况

C. 期货等衍生产品业务曾发生或易发生失误的流程和环节

D. 新市场开发情况、市场营销策略

解析▶“利吉公司的低价策略，形成了在消费者心目中低端的形象，影响了企业进一步的发展”表明利吉公司遇到了运营风险。分析运营风险，企业应至少收集与本企业、所在行业相关的以下信息：

（1）产品结构、新产品研发情况；

（2）新市场开发情况、市场营销策略，包括产品或服务定价与销售渠道、市场营销环境状况等；

（3）企业组织效能、管理现状、企业文化，高、中层管理人员和重要业务流程中专业人员的知识结构、专业经验；

（4）期货等衍生产品业务曾发生或易发生失误的流程和环节；

（5）质量、安全、环保、信息等管理曾发生或易发生失误的业务流程或环节；

（6）因企业内、外部人员的道德风险致使企业遭受损失或业务控制系统失灵的情况；

(7)给企业造成损失的自然灾害以及除上述有关情形之外的其他纯粹风险；

(8)对现有业务流程和信息系统操作运行情况的监管、运行评价及持续改进能力；

(9)企业风险管理的现状和能力。

答案 ACD

【例题5·多选题】☆下列各项关于风险评估的表述中，正确的有(　)。

A. 风险评估包括风险辨识、风险分析和风险评价三个步骤

B. 风险定性评估时应统一制定各风险的度量单位和度量模型

C. 企业应当定期或不定期对新风险或原有风险的变化进行重新评估

D. 风险评估应将定性方法和定量方法相结合

解析 本题考核知识点“风险管理基本流程——进行风险评估”，依教材原文考核。风险评估包括风险辨识、风险分析、风险评价三个步骤，所以选项A正确。进行风险定量评估时，应统一制定各风险的度量单位和风险度量模型，所以选项B错误。企业应对风险管理信息实行动态管理，定期或不定期实施风险辨识、分析、评价，以便对新的风险和原有风险的变化重新评估，所以选项C正确。进行风险辨识、分析、评价，应将定性与定量方法相结合，所以选项D正确。

答案 ACD

四、风险管理体系

(一)风险管理策略

1. 风险管理策略总体定位与作用

> **老杭贴心话**
>
> 『考试频率』★
> 『重要程度』不重要
> 『考试题型』个别选择题
> 『复习建议』简单了解，以原文熟悉为主

风险管理策略的总体定位：

(1)风险管理策略是全面风险管理的总体策略，需要根据企业经营战略制定；

(2)风险管理策略在企业整体风险管理体系中起着统领全局的作用；

(3)风险管理策略在企业战略管理的过程中起着承上启下的作用，制定与企业战略保持一致的风险管理策略可以减少企业战略发生失误的可能性。

风险管理策略的作用：

(1)为企业的总体战略服务，以保证企业经营目标的实现；

(2)在企业整体经营战略和运营活动之间建立联系；

(3)指导企业的风险管理活动；

(4)可以分解为各业务和职能领域的风险管理指导方针。

2. 风险管理策略的组成部分

> **老杭贴心话**
>
> 『考试频率』★
> 『重要程度』不重要
> 『考试题型』个别选择题
> 『复习建议』简单了解，以原文熟悉为主

(1)风险偏好和风险承受度；

(2)全面风险管理的有效性标准；

(3)风险管理的工具选择；

(4)全面风险管理的资源配置。

3. 风险管理策略的工具(见表6-8、图6-2)

> **老杭贴心话**
>
> 『考试频率』★★★
> 『重要程度』非常重要
> 『考试题型』选择题+主观题冷门点
> 『复习建议』理解+记忆

表 6-8　风险管理策略的工具

名称	含义	相关内容
风险承担	亦称风险保留、风险自留。是指企业对所面临的风险采取接受的态度，从而承担风险带来的后果。 对于重大风险，一般不应采用风险承担	企业风险评估的结果对于是否采用风险承担影响很大。 未能辨识出的风险，企业只能采用风险承担。 辨识出的风险，企业也可能由于以下几种原因采用风险承担：①缺乏能力进行主动管理；②没有其他备选方案；③从成本效益考虑，风险承担是最适宜的方案
风险规避	指企业回避、停止或退出蕴含某一风险的商业活动或商业环境，避免成为风险的所有人	例如： ①退出某一市场以避免激烈竞争；②拒绝与信用不好的交易对手进行交易；③外包某项对工人健康安全风险较高的工作；④停止生产可能有客户安全隐患的产品；⑤禁止各业务单位在金融市场进行投机；⑥不准员工访问某些网站或下载某些内容
风险转移	指企业通过合同将风险转移到第三方，企业对转移后的风险不再拥有所有权。 转移风险不会降低其可能的严重程度，只是从一方转移到另一方	例如： ①保险。②非保险型的风险转移：将风险可能导致的财务风险损失负担转移给非保险机构。例如，服务保证书等(免责约定、保证互助、基金制度、赔偿条款、出售等)。③风险证券化 风险证券化（INSURANCE—LINKED SECURITY, ILS） 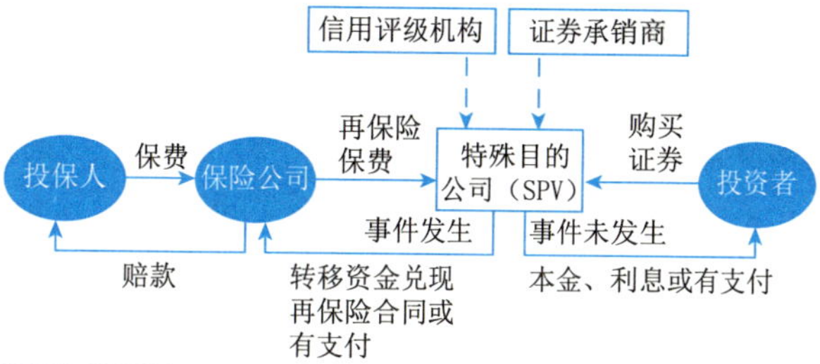 信用评级机构　证券承销商 投保人　保费　保险公司　再保险保费　特殊目的公司（SPV）　购买证券　投资者 赔款　事件发生　转移资金兑现再保险合同或有支付　事件未发生　本金、利息或有支付
风险转换	指企业通过战略调整等手段将企业面临的风险转换成另一个风险。 (1)风险转换一般不会直接降低企业总的风险，其简单形式就是在减少某一风险的同时，增加另一风险； (2)企业可以通过风险转换在两个或多个风险之间进行调整，以达到最佳效果； (3)风险转换可以在低成本或者无成本的情况下达到目的	手段包括战略调整和使用衍生产品等。 例如，通过放松交易客户信用标准，增加了应收账款，但扩大了销售
风险对冲	指采取各种手段，引入多个风险因素或承担多个风险，使得这些风险能够互相抵消。 风险对冲不是针对单一风险，而是涉及风险组合；对于单一风险，只能进行风险规避、风险控制	例如，资产组合使用、多种外币结算的使用和战略上的多种经营等。在金融资产风险管理中，对冲也包括使用衍生产品，如利用期货进行套期保值
风险补偿	指企业对风险可能造成的损失采取适当的措施进行补偿	风险补偿的形式有财务补偿、人力补偿、物资补偿等。 财务补偿是损失融资，包括企业自身的风险准备金或应急资本等

续表

名称	含义	相关内容
风险控制	指通过控制风险事件发生的动因、环境、条件等，来达到减轻风险事件发生时的损失或降低风险事件发生的概率的目的	【控制概率】例如，室内使用不易燃地毯、山上禁止吸烟——损失预防； 【控制风险事件发生后的损失】例如，修建水坝防洪、设立质量检查防止次品出厂等——损失抑制

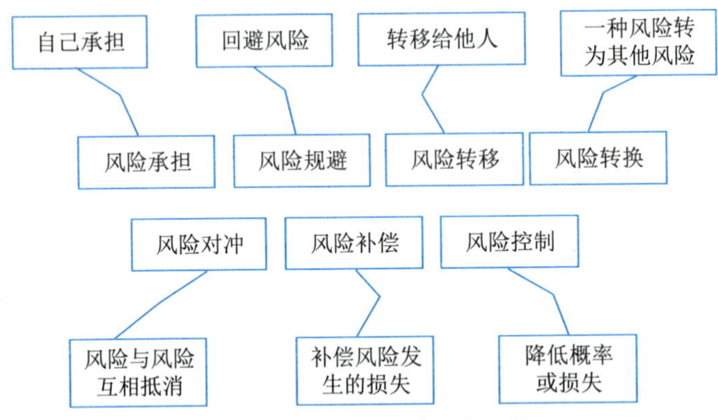

图6-2　风险管理策略的工具

【例题6·单选题】☆下列各项中，属于企业一般不应把风险承担作为风险管理策略的情况是(　)。

A. 企业管理层及全体员工都未辨识出风险

B. 企业以成本效益考虑，认为选择风险承担是最适宜的方案

C. 企业面临影响企业目标实现的重大风险

D. 企业缺乏能力对已经辨识出的风险进行有效管理与控制

解析 本题考核“风险管理工具”的知识点。对于重大风险，一般不应采用风险承担。

答案 C

【例题7·单选题】☆X国某地区位于地震频发地带，那里的居民具有较强的防震意识，住房普遍采用木制结构，抗震性能优越。不少家庭加装了地震时会自动关闭煤气的仪器，以防范地震带来的相关灾害。根据上述信息，该地区居民采取的风险管理策略工具是(　)。

A. 风险控制　　B. 风险转移

C. 风险规避　　D. 风险转换

解析 X国居民通过住房采用木制结构，加装地震时会自动关闭煤气的仪器来防范地震带来的灾害。属于控制风险事件发生的动因、环境、条件等，来减轻风险事件发生时的损失或降低风险事件发生的概率，体现的风险管理策略工具是风险控制。

答案 A

【例题8·多选题】☆圣元公司是一家生产高档不锈钢表壳的企业，产品以出口为主，以美元为结算货币。公司管理层召开会议讨论如何管理汇率风险，与会人员提出不少对策。关于这些对策，以下表述正确的有(　)。

A. 部门经理张某提出“风险规避”策略：从国外进口相关的原材料，这样可以用外币支付采购货款，抵消部分人民币升值带来的影响

B. 业务员刘某提出“风险对冲”策略：运用套期保值工具来控制汇率风险

C. 财务部小何提出“风险转移”策略：公司干脆把目标客户从国外转移到国内，退出国外市场，这样就从根本上消除了汇率风险

D. 负责出口业务的副总杭某提出“风险控制”策略：加强对汇率变动趋势的分析和研究，以减少汇率风险带来的损失

解析 选项A属于风险对冲；选项C属

于风险规避。 **答案** BD

4. 确定风险偏好和风险承受度(见表6-9)

『考试频率』★ 『重要程度』不重要 老杭贴心话
『考试题型』个别选择题 『复习建议』简单了解，以原文熟悉为主

表6-9 确定企业整体风险偏好要考虑的因素

因素	说明
风险个体	对每一个风险都可以确定风险偏好和风险承受度
相互关系	**既要考虑同一个风险在各个业务单位或子公司之间的分配，又要考虑不同风险之间的关系**
整体形状	一个企业的整体风险偏好和风险承受度是基于针对每一个风险的风险偏好和风险承受度
行业因素	**同一风险在不同行业风险偏好不同**

一般来讲，风险偏好和风险承受度是针对公司的重大风险制定的，对企业的非重大风险的风险偏好和风险承受度不一定要十分明确，甚至可以先不提出。企业的风险偏好依赖于企业的风险评估的结果，由于企业的风险不断变化，企业需要持续进行风险评估。

重大风险的风险偏好是企业的重大决策，应由董事会决定。

5. 风险度量(见表6-10)

『考试频率』★★ 『重要程度』重要 老杭贴心话
『考试题型』选择题 『复习建议』简单了解，以原文熟悉为主

表6-10 风险度量

项目	具体内容
风险度量方法(不用背，熟悉文字即可)	(1)最大可能损失。最大可能损失指风险事件发生后可能造成的最大损失。企业一般在无法判断发生概率或无须判断发生概率的时候，使用最大可能损失作为风险的衡量方法。 (2)概率值。概率值是指风险事件发生的概率或造成损失的概率。在可能的结果只有好坏、对错、是否、输赢、生死等简单情况下，常常使用概率值。 (3)期望值。期望值通常指的是数学期望，即概率加权平均值。所有事件中，先将每一事件发生的概率乘以该事件的影响得出乘积，然后将这些乘积相加得到和。期望值综合了概率值和最大损失两种方法。 (4)波动性：波动性反映数据的离散程度。也就是该变量离其期望值的距离。一般用方差或均方差(标准差)来描述波动性。方差是各个数据与其期望值的离差平方和的平均数；方差的算术平方根称为该变量的标准差，也称均方差。 (5)在险值。在险值，又称VaR，是指在正常的市场条件下，在给定的时间段中，给定的置信区间内，预期可能发生的最大损失。在险值具有通用、直观、灵活的特点，为《巴塞尔协议》所采用。在险值的局限性是适用的风险范围小，对数据要求严格，计算困难，对肥尾效应无能为力。 (6)直观方法。直观方法指不依赖于概率统计结果的度量方法，即人们直观判断的方法，如专家意见法、层次分析法(AHP)等。当统计数据不足或需要度量的结果包括人们的偏好时，可以使用直观方法

续表

项目	具体内容
风险量化的困难（不用背，熟悉文字即可）	(1)方法误差。企业情况很复杂，致使采用的风险度量不能够准确反映企业的实际情况； (2)数据。很多情况下，企业的有关风险数据不足，质量不好； (3)信息系统。企业的信息传递不够理想，导致需要的信息未能及时到达； (4)整合管理。数据和管理水平不能与现实的管理连接

6. 风险管理的有效性标准

老杭贴心话

『考试频率』★

『重要程度』不重要

『考试题型』个别选择题

『复习建议』简单了解，以原文熟悉为主，可放弃

量化的企业风险管理的有效性标准与企业风险承受度有相同的度量基础。

风险管理有效性标准的原则如下：

(1)风险管理的有效性标准应该针对企业重大风险，能够反映企业重大风险的管理现状；

(2)风险管理有效性标准应当依据全面风险管理的总体目标，在五个方面都能保证企业运营效果；

(3)风险管理有效性标准应当应用于企业的风险评估中，并根据风险的变化及时调整；

(4)风险管理有效性标准应当用于评估全面风险管理体系的运行效果。

7. 风险管理的资源配置(略)

8. 确定风险管理的优先顺序

对此部分内容原文文字有印象即可。考试概率不高，主要应对选择题。

确定风险管理的优先顺序。根据风险与收益平衡原则，确定风险管理的优先顺序可以考虑以下几个因素：

①风险事件发生的可能性和影响；

②风险管理的难度；

③风险的价值或管理风险可能带来的收益；

④合规的需要；

⑤对企业技术、人力、资金的需求；

⑥利益相关者的要求。

9. 风险管理策略检查(略)

(二)风险理财措施

老杭贴心话

『考试频率』★★★

『重要程度』重要

『考试题型』选择题为主

『复习建议』理解为主，适当熟悉原文

1. 风险理财概述

考试概率中等，选择题会涉及，建议以理论原文的学习为主。具体内容如表6-11所示。

表6-11　风险理财概述

项目	具体内容
风险理财的必要性	风险理财是全面风险管理的重要组成部分。 对于可控的风险，所有的风险控制措施，除了风险规避在特定范围内有效外，其余均无法保证风险和损失不会发生。 风险理财还可以针对不可控的风险
风险理财的特点	(1)风险理财对风险本身没有影响，既不会改变风险事件发生的可能性，也不会改变风险事件可能引起的直接损失

续表

项目	具体内容
风险理财的特点	(2)风险理财需要判断风险的定价，因此量化的标准较高，即不仅需要量化风险事件发生的可能性和损失的分布，更需要量化风险本身的价值。 (3)风险理财的应用范围一般不包括声誉等难以衡量价值的风险，也难以消除企业战略失误造成的损失。 (4)风险理财使用的手段本身技术性较强，许多风险理财工具本身也有着比较复杂的风险特性，使用不当容易造成重大损失
风险理财与公司理财	风险理财过去被认为是公司财务管理的一部分，现在则被认为在很多情况下超出了公司财务管理的范畴。具体表现在： (1)风险理财注重的是风险因素对公司现金流产生的影响。 (2)风险理财会影响公司资本结构，比较注意以最低成本获得现金流。 (3)风险理财是公司战略的有机组成部分，其使用的结果直接影响公司整体价值的提升
风险理财创造价值	传统的风险理财是损失理财，即为可能发生的损失融资，补偿风险造成的财务损失，如购买保险。传统的风险理财的目的是降低公司承担的风险。 与损失理财相反，公司可能通过使用金融工具来承担额外的风险，改善公司的财务状况，创造价值。风险理财对机会的利用是整个经营战略的有机组成部分

2. 选择风险理财策略与方案的原则和要求

考试概率较低，一般以选择题考核原文为主，适当阅读即可，如时间紧张，可适当放弃。

(1)与公司整体风险管理策略一致。

(2)与公司所面对风险的性质相匹配。

(3)选择风险理财工具的要求。在选择风险理财工具时，要考虑如下几点：合规的要求；可操作性；法律法规环境；企业的熟悉程度；风险理财工具的风险特征。不同的风险理财手段可能适用同一风险。

(4)成本与收益的平衡。

3. 两类主要的风险理财措施

(1)损失事件管理。

老杭贴心话

『考试频率』★★★
『重要程度』重要
『考试题型』选择题
『复习建议』理解+记忆，全面复习

损失事件管理是指对可能给企业造成重大损失的风险事件的事前、事后管理的方法。具体如表6-12所示。

表6-12　损失事件管理

项目	具体内容
损失融资	(1)损失融资是为风险事件造成的财物损失融资，是从风险理财的角度进行损失事件的事后管理。 (2)是损失事件管理中最有共性，也是最重要的部分。 (3)企业损失分为预期损失和非预期损失，因此损失事件融资也相应分为预期损失融资和非预期损失融资。预期损失融资一般作为运营资本的一部分，而非预期损失融资则属于风险资本的范畴
风险资本 (★★★)	风险资本即除经营资本之外，公司补偿风险造成的财务损失而需要的资本。 风险资本是使一家公司破产的概率低于某一给定水平所需的资金，因此取决于公司的风险偏好。 例子：一家公司每年的最低运营资本是5亿元，但是有5%的可能性需要7.5亿元维持运营，有1%的可能性需要10亿元才能维持运营。 换句话说，如果风险资本为2.5亿元，那么这家公司的生存概率就是95%，而5亿元的风险资本对应的则是99%的生存概率

续表

项目	具体内容
应急资本（★★★）	(1)应急资本是一个金融合约，规定在某一个时间段内、某个特定事件发生的情况下公司有权从应急资本提供方处募集股本或贷款(或资产负债表上的其他实收资本项目)，并为此按时间向资本提供方缴纳费用，特定事件称为触发事件。 (2)应急资本费用、利息和额度在合同签订时约定。 (3)应急资本最简单的形式是公司为满足特定条件下的经营需要而从银行获得的信贷额度，一般通过与银行签订协议加以明确，比如信用证、循环信用工具等。 应急资本的特点：①应急资本的提供方并不承担特定事件发生的风险造成的损失，只是在事件发生并造成损失后提供用于弥补损失、保证公司持续经营的资金。事后公司要向应急资本的提供方归还这部分资金，还要支付相应利息。②应急资本是一个综合运用保险和资本市场技术设计和定价的产品。但与保险不同，保险属于风险转移，而应急资本不属于风险转移，属于风险补偿。③应急资本是一个在一定条件下的融资选择权，公司可以使用也可以不使用这个权利。④应急资本可以提供公司经营持续性的保证
保险	可保风险是纯粹风险，机会风险不可保
专业自保（熟悉文字，个别选择题）	专业自保公司又称专属保险公司，是非保险公司的附属机构，为母公司提供保险，并由其母公司筹集保险费，建立损失储备金。几乎所有的大型跨国公司都有专业自保公司。 专业自保的特点：由被保险人所有和控制，承保其母公司的风险，也可以通过租借的方式承保其他公司的保险，不在保险市场上开展业务。 专业自保公司的优点包括：降低运营成本；改善公司现金流；保障项目更多；公平的费率等级；保障的稳定性；直接进行再保险；提高服务水平；减少规章的限制；国外课税扣除和流通转移。 专业自保公司的缺点包括：提高内部管理成本；增加资本投入；损失储备金不足；减少其他保险的可得性

(2)套期保值。

属于理解的难点，考试分值不高，一般以个别选择题进行考核，适当掌握基本结论即可。

①对金融衍生产品的选择。

a. 金融衍生产品的概念和类型。金融衍生产品是其价值决定于一种或多种基础资产或指数的金融合约。常用衍生产品包括：远期合约、互换交易、期货、期权等，表 6-13 的内容尽量了解。

表 6-13　金融衍生产品的类型

类型	内容
远期合约	远期合约指合约双方同意在未来日期按照事先约定的价格交换金融资产的合约。 (1)远期合约是必须履行的协议，不像可选择不行使权利(即放弃交割)的期权。 (2)远期合约也与期货不同，其合约条件是为买卖双方量身定制的，通过场外交易(OTC)达成，而后者则是在交易所买卖的标准化合约。 (3)远期合约是现金交易。 (4)远期合约是场外交易，如同即期交易一样，交易双方都存在风险。 (5)在远期市场中经常用到两个术语： 如果即期价格低于远期价格，市场状况被描述为正向市场或溢价。 如果即期价格高于远期价格，市场状况被描述为反向市场或差价
互换交易	—

续表

类型	内容
期货	期货是指在约定的将来某个日期按约定的条件(包括价格、交割地点、交割方式)买入或卖出某种一定标准数量、质量的资产。 期货价格则是通过公开竞价而达成的
期权	—

b. 运用衍生产品进行风险管理的主要思路。

◆增加自己愿意承担的风险；

◆消除或减少自己不愿承担的风险；

◆转换不同的风险。

c. 运用衍生产品进行风险管理需满足的条件。

◆合法合规；

◆与公司的业务和发展战略保持一致；

◆建立完善的内部控制措施，包括授权、计划、报告、监督、决策等流程和规范；

◆采用能够准确反映风险状况的风险计量方法，明确头寸、损失、风险限额；

◆建立完善的信息沟通机制，保证头寸、损失、风险敞口的报告及时可靠；

◆合格的操作人员。

②套期保值与投机(见表 6-14)。

表 6-14　套期保值与投机

套期保值	投机
套期保值是指为冲抵风险而买卖相应的衍生产品的行为	与套期保值相反的是投机行为
套期保值的目的是降低风险	投机的目的是承担额外的风险以盈利
套期保值的结果是降低了风险	投机的结果是增加了风险

③期货套期保值基本原理与主要方式。

a. 基差。用来表示标的物的现货价格与所用合约的期货价格之差。注意，一定是用现货价格减期货价格，不能颠倒。

基差在期货合约到期日为零，在此之前可正可负。一般而言，离到期日越近，基差就越小。

b. 期货的套期保值。加强理解，能够准确判断空头期货套期保值和多头期货套期保值。

期货的套期保值也称为期货对冲，是指为配合现货市场上的交易，而在期货市场上做与现货市场商品相同或相近但交易部位相反的买卖行为，以便将现货市场的价格波动的风险在期货市场上抵销。

【基本原理】某一特定商品的期货价格和现货价格受相同的经济因素影响和制约。

利用期货套期保值有两种方式，具体如表 6-15 所示。

表 6-15　期货套期保值

套期保值种类	说明
空头套期保值	如果某公司要在未来某时间出售某种资产，可以通过持有该资产期货合约的空头来对冲风险
多头套期保值	如果要在未来某时买入某种资产，则可采用持有该资产期货合约的多头来对冲风险

【例题9·单选题】☆下列各项关于金融衍生产品的说法中，正确的是（ ）。

A. 远期合约价格不能预先确定

B. 远期合约是标准化合约

C. 欧式期权只能在到期时执行

D. 期货价格不是通过公开竞价达成的

解析 远期合约规定了将来交换的资产、交换的日期、交换的价格和数量，合约条款因合约双方的需要不同而不同。这说明远期合约是提前预订价格的，选项A错误。远期合约亦与期货不同，其合约条件是为买卖双方量身定制的，通过场外交易达成，而后者则是在交易所买卖的标准化合约。这说明远期合约不是标准化合约，选项B错误。期货价格是通过公开竞价而达成的，选项D错误。欧式期权只能在到期日执行，选项C正确。 **答案** C

【例题10·单选题】☆丁公司每年最低运营资本是10亿元，但是有5%的可能性需要12亿元维持运营。该公司筹集了12亿元，将其生存概率提高到95%。丁公司管理损失事件的方法是（ ）。

A. 风险资本　　B. 损失融资

C. 保险　　D. 专业自保

解析 风险资本是指除经营所需的资本之外，企业还需要额外的资本用于补偿风险造成的财务损失。丁公司每年最低运营资本是10亿元，筹集了12亿元，将其生存概率提高到95%，属于风险资本。 **答案** A

【例题11·多选题】☆2017年初，聚光公司与浦西银行签订一份协议，约定聚光公司一旦发生特定事件引起财务危机时，有权从浦西银行取得500万元贷款来应对风险。在协议中，双方明确了聚光公司归还贷款的期限以及获得贷款应当支付的利息和费用。针对聚光公司采取的措施，下列各项中表述正确的有（ ）。

A. 聚光公司采取的风险理财策略不涉及风险补偿

B. 聚光公司采取的风险理财策略为其可持续经营提供了保证

C. 聚光公司采取的风险理财策略不是必须执行

D. 浦西银行向聚光公司提供贷款不承担甲公司发生特定事件的风险

解析 聚光公司采取的风险理财策略为应急资本。应急资本所对应的管理工具是风险补偿，选项A说法错误。应急资本的特点之一是可以提供经营持续性的保证，选项B说法正确。应急资本是一个在一定条件下的融资选择权，公司可以不使用这个权利，选项C正确。应急资本提供方不承担特定事件发生的风险，选项D说法正确。 **答案** BCD

（三）风险管理的组织职能体系

老杭贴心话

『考试频率』★★

『重要程度』重要

『考试题型』选择题+主观题（冷门点）

『复习建议』熟悉原文

企业风险管理组织职能体系，主要包括规范的公司法人治理结构，风险管理委员会、风险管理职能部门、审计委员会、企业其他职能部门及各业务单位。具体内容如表6-16所示。

表6-16　风险管理组织职能体系

组织体系	主要规定	具体职责
规范的公司法人治理结构	—	【董事会】就全面风险管理工作的有效性对股东（大）会负责。董事会在全面风险管理方面主要履行以下职责： （1）审议并向股东（大）会提交企业全面风险管理年度工作报告。 （2）确定企业风险管理总体目标、风险偏好、风险承受度，批准风险管理策略和重大风险管理解决方案

续表

组织体系	主要规定	具体职责
规范的公司法人治理结构	—	(3)了解和掌握企业面临的各项重大风险及风险管理现状，作出有效控制风险的决策。 (4)批准重大决策、重大风险、重大事件和重要业务流程的判断标准或判断机制。 (5)批准重大决策的风险评估报告。 (6)批准内部审计部门提交的风险管理监督评价审计报告。 (7)批准风险管理组织机构设置及其职责方案。 (8)批准风险管理措施，纠正和处理任何组织或个人超越风险管理制度作出的风险性决定的行为。 (9)督导企业风险管理文化的培育。 (10)批准或决定全面风险管理的其他重大事项
风险管理委员会	具备条件的企业，董事会可下设风险管理委员会。 **该委员会的召集人应由不兼任总经理的董事长担任；董事长兼任总经理的，召集人应由外部董事或独立董事担任。** 该委员会成员中需有熟悉企业重要管理及业务流程的董事，以及具备风险管理监管知识或经验、具有一定法律知识的董事	【风险管理委员会】对董事会负责，主要履行以下职责： (1)提交全面风险管理年度报告。 (2)审议风险管理策略和重大风险管理解决方案。 (3)审议重大决策、重大风险、重大事件和重要业务流程的判断标准或判断机制，以及重大决策的风险评估报告。 (4)审议内部审计部门提交的风险管理监督评价审计综合报告。 (5)审议风险管理组织机构设置及其职责方案。 (6)办理董事会授权的有关全面风险管理的其他事项。 【企业总经理】对全面风险管理工作的有效性向董事会负责。总经理或总经理委托的高级管理人员，负责主持全面风险管理的日常工作，负责组织拟订企业风险管理组织机构设置及其职责方案
风险管理职能部门	企业应设立专职部门或确定相关职能部门履行全面风险管理的职责	该部门对总经理或其委托的高级管理人员负责，主要履行以下职责： (1)研究提出全面风险管理工作报告。 (2)研究提出跨职能部门的重大决策、重大风险、重大事件和重要业务流程的判断标准或判断机制。 (3)研究提出跨职能部门的重大决策风险评估报告。 (4)研究提出风险管理策略和跨职能部门的重大风险管理解决方案，并负责该方案的组织实施和对该风险的日常监控。 (5)负责对全面风险管理有效性的评估，研究提出全面风险管理的改进方案。 (6)负责组织建立风险管理信息系统。 (7)负责组织协调全面风险管理日常工作。 (8)负责指导、监督有关职能部门、各业务单位以及全资、控股子企业开展全面风险管理工作。 (9)办理风险管理的其他有关工作

续表

组织体系	主要规定	具体职责
审计委员会	企业应在董事会下设立审计委员会，企业内部审计部门对审计委员会负责。内部审计部门在风险管理方面，主要负责研究提出全面风险管理监督评价体系，制定监督评价相关制度，开展监督与评价，出具监督评价审计报告	(1)审计委员会履行职责的方式。董事会应决定委派给审计委员会的责任。审计委员会应每年至少举行三次会议，并于审计周期的主要日期举行。审计委员会应每年至少与外聘及内部审计师会面一次，讨论与审计相关的事宜，但无须管理层出席。审计委员会成员之间的不同意见如无法内部调解，应提请董事会解决。审计委员会应每年对其权限及其有效性进行复核，并就必要的人员变更向董事会报告。 (2)审计委员会与合规。审计委员会的主要活动之一是核查对外报告合规的情况。审计委员会一般有责任确保公司履行对外报告合规的义务，并结合企业财务报表的编制情况，对重大的财务报告事项和判断进行复核。管理层的责任是编制财务报表，审计师的责任是编制审计计划和执行审计。要倾听审计师关于财务报告的看法。如有不满意的地方，须向董事会汇报。 (3)审计委员会与内部审计。负责监督内部审计部门的工作。监察和评估内部审计职能在企业整体风险管理系统中的角色和有效性。批准对内部审计主管的任命和解聘。确保内部审计部门能直接与董事长或董事会主席接触。审计委员会复核及评估年度内部审计工作计划，听取内部审计部门的定期工作报告，复核和监察管理层对内部审计的调查结果的反映。确保内部审计部门提出的合理建议得到执行。审计委员会有助于保持内部审计部门对压力或干涉的独立性，确保内部审计部门的有效运作，并在四个主要方面对内部审计进行复核，即组织中的地位、职能范围、技术才能和专业应尽义务

（四）风险管理信息系统（略）

（五）内部控制系统

老杭贴心话

『考试频率』★★★　　『重要程度』重要

『考试题型』选择题+主观题冷门点

『复习建议』理解+记忆，主要复习我国《内部控制基本规范》内控框架五要素

此部分内容是复习重点内容，复习以我国内控框架五要素为主，要求全面掌握。特别要注意可能的案例分析主观题。

内部控制的要素包括五个，如图6-3所示：

控制环境（内部环境）	风险评估	信息与沟通	控制活动	监控（内部监督）

图6-3　内部控制的要素

1)控制环境。

我国《企业内部控制基本规范》关于内部环境要素的要求：

(1)企业应当根据国家有关法律法规和企业章程，建立规范的公司治理结构和议事规则，明确决策、执行、监督等方面的职责权限，形成科学有效的职责分工和制衡机制。

(2)董事会负责内部控制的建立健全和

有效实施。监事会对董事会建立与实施内部控制进行监督。经理层负责组织领导企业内部控制的日常运行。企业应当成立专门机构或者指定适当的机构具体负责组织协调内部控制的建立实施及日常工作。

(3)企业应当在董事会下设立审计委员会。审计委员会负责审查企业内部控制，监督内部控制的有效实施和内部控制自我评价情况，协调内部控制审计及其他相关事宜等。审计委员会负责人应当具备相应的独立性、良好的职业操守和专业胜任能力。

(4)企业应当结合业务特点和内部控制要求设置内部机构，明确职责权限，将权利与责任落实到各责任单位。企业应当通过编制内部管理手册，使全体员工掌握内部机构设置、岗位职责、业务流程等情况，明确权责分配，正确行使职权。

(5)企业应当加强内部审计工作，保证内部审计机构设置、人员配备和工作的独立性。内部审计机构应当结合内部审计监督，对内部控制的有效性进行监督检查。内部审计机构对监督检查中发现的内部控制缺陷，应当按照企业内部审计工作程序进行报告；对监督检查中发现的内部控制重大缺陷，有权直接向董事会及其审计委员会、监事会报告。

(6)企业应当制定和实施有利于企业可持续发展的人力资源政策。人力资源政策应当包括下列内容：①员工的聘用、培训、辞退与辞职；②员工的薪酬、考核、晋升与奖惩；③关键岗位员工的强制休假制度和定期岗位轮换制度；④掌握国家秘密或重要商业秘密的员工离岗的限制性规定；⑤有关人力资源管理的其他政策。

(7)企业应当将职业道德修养和专业胜任能力作为选拔和聘用员工的重要标准，切实加强员工培训和继续教育，不断提升员工素质。

(8)企业应当加强文化建设，培育积极向上的价值观和社会责任感，倡导诚实守信、爱岗敬业、开拓创新和团队协作精神，树立现代管理理念，强化风险意识。董事、监事、经理及其他高级管理人员应当在企业文化建设中发挥主导作用。企业员工应当遵守员工行为守则，认真履行岗位职责。

(9)企业应当加强法制教育，增强董事、监事、经理及其他高级管理人员和员工的法制观念，严格依法决策、依法办事、依法监督，建立健全法律顾问制度和重大法律纠纷案件备案制度。

2)风险评估。

我国《企业内部控制基本规范》关于风险评估要素的要求：

(1)根据设定的控制目标，全面系统持续地收集相关信息，结合实际情况，及时进行风险评估。

(2)企业开展风险评估，应当准确识别与实现控制目标相关的内部风险和外部风险，确定相应的风险承受度。风险承受度是企业能够承担的风险限度，包括整体风险承受能力和业务层面的可接受风险水平。

(3)企业识别内部风险，应当关注下列因素：①董事、监事、经理及其他高级管理人员的职业操守、员工专业胜任能力等人力资源因素；②组织机构、经营方式、资产管理、业务流程等管理因素；③研究开发、技术投入、信息技术运用等自主创新因素；④财务状况、经营成果、现金流量等财务因素；⑤营运安全、员工健康、环境保护等安全环保因素；⑥其他有关内部风险因素。

(4)企业识别外部风险，应当关注下列因素：①经济形势、产业政策、融资环境、市场竞争、资源供给等经济因素；②法律法规、监管要求等法律因素；③安全稳定、文化传统、社会信用、教育水平、消费者行为等社会因素；④技术进步、工艺改进等科学技术因素；⑤自然灾害、环境状况等自然环境因素；⑥其他有关外部风险因素。

(5)企业应当采用定性与定量相结合的方法，按照风险发生的可能性及其影响程度等，对识别的风险进行分析和排序，确定关注重点和优先控制的风险。企业进行风险分析，应当充分吸收专业人员，组成风险分析团队，按照严格规范的程序开展工作，确保风险分析结果的准确性。

(6)企业应当根据风险分析的结果，结合风险承受度，权衡风险与收益，确定风险应对策略。企业应当合理分析、准确掌握董事、经理及其他高级管理人员、关键岗位员工的风险偏好，采取适当的控制措施，避免因个人风险偏好给企业经营带来重大损失。

(7)企业应当综合运用风险规避、风险降低、风险分担和风险承受等风险应对策略，实现对风险的有效控制。

(8)企业应当结合不同发展阶段和业务拓展情况，持续收集与风险变化相关的信息，进行风险识别和风险分析，及时调整风险应对策略。

3)控制活动。

我国《企业内部控制基本规范》关于控制活动要素的要求：

(1)企业应当结合风险评估结果，通过手工控制与自动控制、预防性控制与发现性控制相结合的方法，运用相应的控制措施，将风险控制在可承受度之内。控制措施一般包括：不相容职务分离控制、授权审批控制、会计系统控制、财产保护控制、预算控制、运营分析控制和绩效考评控制等。

(2)不相容职务分离控制要求企业全面系统地分析、梳理业务流程中所涉及的不相容职务，实施相应的分离措施，形成各司其职、各负其责、相互制约的工作机制。

(3)授权审批控制要求企业根据常规授权和特别授权的规定，明确各岗位办理业务和事项的权限范围、审批程序和相应责任。企业应当编制常规授权的权限指引，规范特别授权的范围、权限、程序和责任，严格控制特别授权。常规授权是指企业在日常经营管理活动中按照既定的职责和程序进行的授权。特别授权是指企业在特殊情况、特定条件下进行的授权。

企业各级管理人员应当在授权范围内行使职权和承担责任。企业对于重大的业务和事项，应当实行集体决策审批或者联签制度，任何个人不得单独进行决策或者擅自改变集体决策。

(4)会计系统控制要求企业严格执行国家统一的会计准则制度，加强会计基础工作，明确会计凭证、会计账簿和财务会计报告的处理程序，保证会计资料真实完整。企业应当依法设置会计机构，配备会计从业人员。从事会计工作的人员，必须取得会计从业资格证书。会计机构负责人应当具备会计师以上专业技术职务资格。大中型企业应当设置总会计师。设置总会计师的企业，不得设置与其职权重叠的副职。

(5)财产保护控制要求企业建立财产日常管理制度和定期清查制度，采取财产记录、实物保管、定期盘点、账实核对等措施，确保财产安全。企业应当严格限制未经授权的人员接触和处置财产。

(6)预算控制要求企业实施全面预算管理制度，明确各责任单位在预算管理中的职责权限，规范预算的编制、审定、下达和执行程序，强化预算约束。

(7)运营分析控制要求企业建立运营情况分析制度，经理层应当综合运用生产、购销、投资、筹资、财务等方面的信息，通过因素分析、对比分析、趋势分析等方法，定期开展运营情况分析，发现存在的问题，及时查明原因并加以改进。

(8)绩效考评控制要求企业建立和实施绩效考评制度，科学设置考核指标体系，对企业内部各责任单位和全体员工的业绩进行定期考核和客观评价，将考评结果作为确定员工薪酬以及职务晋升、评优、降级、调岗、辞退等的依据。

(9)企业应当根据内部控制目标，结合风险应对策略，综合运用控制措施，对各种业务和事项实施有效控制。

(10)企业应当建立重大风险预警机制和突发事件应急处理机制，明确风险预警标准，对可能发生的重大风险或突发事件，制定应急预案、明确责任人员、规范处置程序，确保突发事件得到及时妥善处理。

4)信息与沟通。

我国《企业内部控制基本规范》关于信息与沟通要素的要求：

(1)企业应当建立信息与沟通制度，明确内部控制相关信息的收集、处理和传递程序，确保信息及时沟通，促进内部控制有效运行。

(2)企业应当对收集的各种内部信息和外部信息进行合理筛选、核对、整合，提高信息的有用性。企业可以通过财务会计资料、经营管理资料、调研报告、专项信息、内部刊物、办公网络等渠道，获取内部信息。企业可以通过行业协会组织、社会中介机构、业务往来单位、市场调查、来信来访、网络媒体以及有关监管部门等渠道，获取外部信息。

(3)企业应当将内部控制相关信息在企业内部各管理级次、责任单位、业务环节之间，以及企业与外部投资者、债权人、客户、供应商、中介机构和监管部门等有关方面之间进行沟通和反馈。信息沟通过程中发现的问题，应当及时报告并加以解决。重要信息应当及时传递给董事会、监事会和经理层。

(4)企业应当利用信息技术促进信息的集成与共享，充分发挥信息技术在信息与沟通中的作用。企业应当加强对信息系统开发与维护、访问与变更、数据输入与输出、文件储存与保管、网络安全等方面的控制，保证信息系统安全稳定运行。

(5)企业应当建立反舞弊机制，坚持惩防并举、重在预防的原则，明确反舞弊工作的重点领域、关键环节和有关机构在反舞弊工作中的职责权限，规范舞弊案件的举报、调查、处理、报告和补救程序。企业至少应当将下列情形作为反舞弊工作的重点：①未经授权或者采取其他不法方式侵占、挪用企业资产，牟取不当利益；②在财务会计报告和信息披露等方面存在的虚假记载、误导性陈述或者重大遗漏等；③董事、监事、经理及其他高级管理人员滥用职权；④相关机构或人员串通舞弊。

(6)企业应当建立举报投诉制度和举报人保护制度，设置举报专线，明确举报投诉处理程序、办理时限和办结要求，确保举报、投诉成为企业有效掌握信息的重要途径。举报投诉制度和举报人保护制度应当及时传达至全体员工。

5)监控。

我国《企业内部控制基本规范》关于内部监督要素的要求：

(1)企业应当根据本规范及其配套办法，制定内部控制监督制度，明确内部审计机构(或经授权的其他监督机构)和其他内部机构在内部监督中的职责权限，规范内部监督的程序、方法和要求。内部监督分为日常监督和专项监督。日常监督是指企业对建立与实施内部控制的情况进行常规、持续的监督检查；专项监督是指在企业发展战略、组织结构、经营活动、业务流程、关键岗位员工等发生较大调整或变化的情况下，对内部控制的某一或者某些方面进行有针对性的监督检查。专项监督的范围和频率应当根据风险评估结果以及日常监督的有效性等予以确定。

(2)企业应当制定内部控制缺陷认定标准，对监督过程中发现的内部控制缺陷，应当分析缺陷的性质和产生的原因，提出整改方案，采取适当的形式，及时向董事会、监事会或者经理层报告。内部控制缺陷包括设计缺陷和运行缺陷。企业应当跟踪内部控制缺陷整改情况，并就内部监督中发现的重大缺陷，追究相关责任单位或者责任人的责任。

(3)企业应当结合内部监督情况，定期对内部控制的有效性进行自我评价，出具内部控制自我评价报告。内部控制自我评价的方式、范围、程序和频率，由企业根据经营业务调整、经营环境变化、业务发展状况、实际风险水平等自行确定。

(4)企业应当以书面或者其他适当的形式，妥善保存内部控制建立与实施过程中的相关记录或者资料，确保内部控制建立与实施过程的可验证性。

【例题 12 · 单选题】 ☆正大公司近年来不断加强企业内部控制体系建设，在董事会下设立了审计委员会。审计委员会负责审查企业内部控制，监督内部控制的有效实施和内部控制自我评价情况，协调内部控制审计及其他相关事宜。根据 COSO《内部控制框架》，正大公司的上述做法属于内部控制要素中的(　)。

A. 控制环境　　B. 监控

C. 风险评估　　D. 控制活动

解析 我国《企业内部控制基本规范》关于内部环境要素的要求之一：企业应当在董事会下设立审计委员会。审计委员会负责审查企业内部控制，监督内部控制的有效实施和内部控制自我评价情况，协调内部控制审计及其他相关事宜等。审计委员会负责人应当具备相应的独立性、良好的职业操守和专业胜任能力。

答案 A

五、风险管理技术与方法★★★

老杭贴心话

『考试频率』★★★

『重要程度』一般重要

『考试题型』选择题

『复习建议』理解+熟悉原文，注意教材例子

主要考法有两种。第一种是案例分析选择题，题干信息描述一家公司如何做，要求判断是哪种风险管理技术或方法。第二种是考核某种方法的优缺点，题干信息首先描述一家公司如何做，要求判断该公司使用的这种风险管理技术和方法优点或缺点。做这种题目时，首先需要根据案例材料判断出是哪种方法，然后再判断相应的优点或缺点。

定性分析：头脑风暴法；德尔菲法；流程图分析法；风险评估系图法。

定量分析：马尔科夫分析法；敏感性分析法；决策树法。

定性和定量分析：失效模式、影响和危害度分析法；情景分析法；事件树分析法。

各种风险分析预测：统计推论法。

风险管理技术与方法的四部分内容如图 6-4 所示。

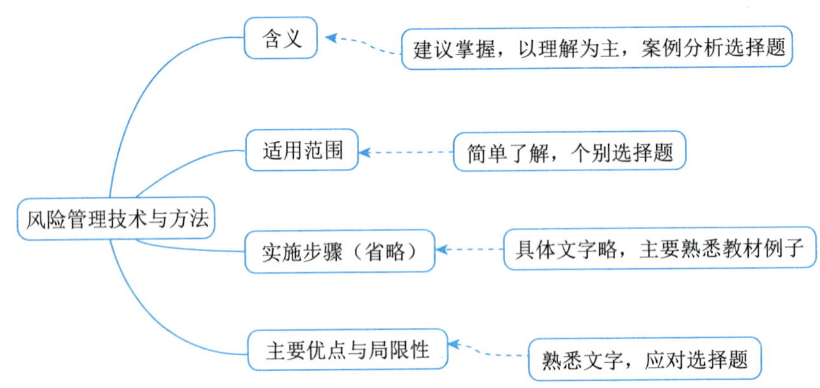

图 6-4　风险管理技术与方法的四部分内容

（一）头脑风暴法（见表 6-17）

表 6-17　头脑风暴法

项目	内容
含义	头脑风暴法又称智力激励法、BS 法、自由思考法。它是指刺激并鼓励一群知识渊博、知悉风险情况的人员畅所欲言，开展集体讨论的方法
适用范围	用于在风险识别阶段充分发挥专家意见，对风险进行定性分析
优点	（1）激发了专家想象力，有助于发现新的风险和全新的解决方案。 （2）主要的利益相关者参与其中，有助于进行全面沟通。 （3）速度较快并易于开展
局限性	（1）参与者可能缺乏必要的技术或知识，无法提出有效的建议。 （2）头脑风暴法的实施过程和参与者提出的意见容易分散，较难保证全面性。 （3）集体讨论时可能出现特殊情况，导致某些有重要观点的人保持沉默而其他人成为讨论的主角。 （4）实施成本和对参与者的素质要求较高

（二）德尔菲法（见表 6-18）

表 6-18　德尔菲法

项目	内容
含义	德尔菲法又名专家意见法，是在一组专家中取得可靠共识的程序，其基本特征是专家单独、匿名表达各自的观点，同时随着过程的进展，他们有机会了解其他专家的观点
适用范围	适用于在风险识别阶段专家取得一致性意见基础上，对风险进行定性分析
优点	（1）由于观点是匿名的，因而专家更有可能表达出那些不受欢迎的看法。 （2）所有观点有相同的权重，避免重要人物的观点占主导地位。 （3）专家不必一次聚集在某个地方，实施比较方便。 （4）专家最终形成的意见具有广泛的代表性
局限性	（1）权威人士的意见难免影响他人的意见。 （2）有些专家可能碍于情面，不愿意发表与其他人不同的意见。 （3）有的专家可能出于自尊心而不愿意修改自己原来的意见。 （4）过程比较复杂，花费时间较长，这是德尔菲法的主要缺点

（三）失效模式、影响和危害度分析法（见表 6-19）

表 6-19　失效模式、影响和危害度分析法

项目	内容
含义	按一定规则记录系统中所有可能影响的因素，分析每种因素对系统工作及状态的影响，将每种影响因素按其影响程度及发生概率的大小排序，从而发现系统中可能存在的薄弱环节，提出预防改进措施，以尽可能消除或降低风险发生的可能性，保证系统的可靠性
适用范围	适用于对失效模式、影响及危害进行定性或定量分析，还可以对其他风险识别方法提供数据支持，广泛应用于产品的设计与开发、生产和使用等阶段的风险管理

续表

项目	内容
优点	(1)广泛适用于人力、设备和系统，以及硬件、软件和程序失效模式的分析。 (2)识别组件失效模式及其原因和对系统的影响，同时用可读性较强的形式表现出来。 (3)能够在设计初期发现问题，避免了开支较大的设备改造。 (4)识别单个失效模式以适合系统安全的需要
局限性	(1)只能识别单个失效模式，无法同时识别多个失效模式 (2)除非得到充分控制并集中精力，否则采用此法较耗时且开支较大

(四)流程图分析法(见表6-20)

表6-20 流程图分析法

项目	内容
含义	流程图分析法是对流程的每一阶段、每一环节逐一进行调查分析，从中发现潜在风险，找出导致风险发生的因素，分析风险产生后可能造成的损失以及对整个组织可能造成的不利影响
适用范围	适用于对企业生产或经营中的风险及其成因进行定性分析
优点	流程图分析法是识别风险最常用的方法之一。它清晰明了，易于操作，且组织规模越大，流程越复杂，流程图分析法就越能体现出优越性
局限性	该方法的使用效果依赖于专业人员的水平

【例子】财务费用报销流程风险分析，见表6-21。

表6-21 财务费用报销流程风险分析

流程图	风险审核点	权责部门
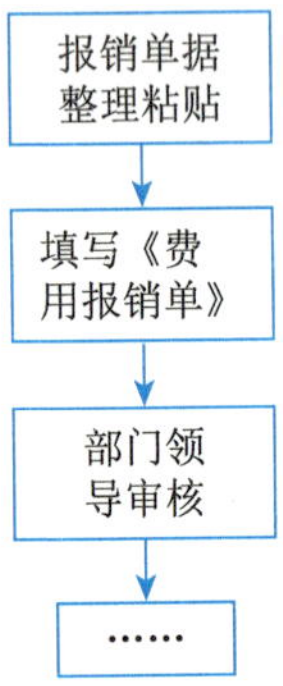 报销单据整理粘贴 ↓ 填写《费用报销单》 ↓ 部门领导审核 ↓ ……	报销人员根据公司费用报销制度要求，整理好需要报销的发票或单据，并进行整齐粘贴。根据报销内容填写《费用报销单》	报销人员
	报销单填写要求不得涂改，不得用铅笔或红色的笔填写，并附上相关的报销发票或单据。若属于出差的费用报销，必须附上经过批准签字的《差旅费报销单》。采购物品报销需附上总经理签字确认的《采购申请表》	报销人员
	《费用报销单》及相关单据准备完成后，报销人员提交给直接主管审核签字，直接主管须对以下方面进行审核： ①费用产生开支的原因及真实性。 ②费用的标准及合理性。 ③费用的控制等。 若发现不符合要求，立即退还给相关报销人员重新整理提报	相关部门领导

(五)马尔科夫分析法(见表6-22)

表6-22 马尔科夫分析法

项目	内容
含义	马尔科夫分析方法主要围绕“状态”这个概念展开。如果系统未来的状态仅取决于其现在的状态，那么就可以使用马尔科夫分析法。这种方法通常用于对那些存在多种状态(包括各种降级使用状态)的可维修复杂系统进行分析

续表

项目	内容
适用范围	适用于对复杂系统中不确定性事件及其状态改变的定量分析
优点	能够计算出具有维修能力和多重降级状态的系统的概率
局限性	(1)无论是故障还是维修，都假设状态变化的概率是固定不变的。 (2)所有事项在统计上具有独立性，因此未来的状态独立于一切过去的状态，除非两个状态紧密相接。 (3)需要了解状态发生变化的各种概率。 (4)有关矩阵运算的知识比较复杂，非专业人士很难看懂

(六)风险评估系图法(见表 6-23)

表 6-23 风险评估系图法

<table>
<tr><th>项目</th><th>内容</th></tr>
<tr><td>含义</td><td>用以评估风险影响的常见的定性方法之一是制作风险评估系图，又称风险矩阵、风险坐标图。通过风险评估系图可以识别某一风险是否会对企业产生重大影响，并将此结论与风险发生的可能性联系起来，为确定企业风险的优先次序提供框架</td></tr>
<tr><td>适用范围</td><td>适用于对风险进行初步的定性分析</td></tr>
<tr><td>优点</td><td>作为一种简单的定性方法，为企业确定各项风险重要性等级提供了可视化的工具，直观明了</td></tr>
<tr><td>局限性</td><td>(1)需要对风险重要性等级标准、风险发生的可能性、后果严重程度等做出主观判断，可能影响使用的准确性。
(2)所确定的风险重要性等级是通过相互比较确定的，因而无法将列示的个别风险重要性等级通过数学运算得到总体风险的重要性等级。
(3)如需要进一步探求风险原因，则采用该方法过于简单，缺乏经验证明和数据支持</td></tr>
<tr><td>例子</td><td>
<table>
<tr><th>可能性 \ 影响程度</th><th>极低</th><th>低</th><th>中等</th><th>高</th><th>极高</th></tr>
<tr><td>极高</td><td></td><td></td><td></td><td>6</td><td></td></tr>
<tr><td>高</td><td></td><td>8</td><td></td><td>A</td><td></td></tr>
<tr><td>中等</td><td></td><td>2</td><td>B</td><td>3</td><td>5</td></tr>
<tr><td>低</td><td>1</td><td>C</td><td>4</td><td></td><td>7</td></tr>
<tr><td>极低</td><td></td><td></td><td></td><td>9</td><td></td></tr>
</table>
• 确保规避和转移A区域中的各项风险且优先安排实施各项防范措施
• 严格控制B区域中的各项风险且专门补充制定各项控制措施
• 承担C区域中的各项风险且不再增加控制措施
本例中，数字 1-9 分别代表人力资源风险、财务风险、竞争风险、产品开发风险、客户信用风险、市场风险、外汇风险、战略风险、政治风险</td></tr>
</table>

(七)情景分析法(见表 6-24)

表 6-24 情景分析法

项目	内容
含义	情景分析法可用来预测威胁和机会发生的方式。在时间周期较短及数据充分的情况下，可以从现有情景中推断出未来可能出现的情景。在时间周期较长或数据不充分的情况下，情景分析法的有效性主要依赖于合乎情理的想象力。在识别和分析反映多种情景(例如最佳情景、最差情景及期望情景)时，可用来识别在特定环境下可能发生的事件及其后果，以及每种情景出现的可能性

续表

项目	内容
适用范围	适用于对企业面临的风险进行定性和定量分析
优点	对于未来变化不大的情况能够给出比较精确的模拟结果
局限性	(1)在存在较大不确定性的情况下，模拟有些情景可能不够现实。 (2)对数据的有效性以及分析师和决策者开发现实情境的能力有很高的要求。 (3)将情景分析法作为一种决策工具，所用情景可能缺乏充分的基础，数据可能具有随机性

【例子】一家企业在评估一项投资项目的风险时所进行的情景分析，见表6-25。

表6-25　某投资项目未来情景分析

项目	因素	最佳情景	基准情景	最差情景
影响因素	市场需求	不断提升	不变	下降
	经济增长	增长5%~10%	增长<5%	负增长
发生概率		20%	45%	35%
结果		投资项目可在5年达到收支平衡	投资项目可在10~15年达到收支平衡	不确定

(八)敏感性分析法(见表6-26)

表6-26　敏感性分析法

项目	内容
含义	敏感性分析法是针对潜在的风险性，研究项目的各种不确定因素变化至一定幅度时，计算其主要经济指标变化率及敏感程度的一种方法。 敏感性分析法最常用的显示方式是龙卷风图。龙卷风图有助于比较具有较高不确定性的变量与相对稳定的变量之间的相对重要程度
适用范围	适用于对项目不确定性对结果产生的影响进行的定量分析
优点	为决策者提供有价值的参考信息；清晰地为风险分析指明方向；帮助企业制定紧急预案
局限性	所需要的数据经常缺乏，无法提供可靠的参数变化；分析时借助公式计算，没有考虑各种不确定因素在未来发生变动的概率，因此其分析结果可能和实际相反
例子	某企业打算在A市兴建一座大桥，但这个项目的不确定因素很多，如项目总投资、银行贷款利率、过桥费收入。这些因素变化的可能性较大：工程设计变更、不可抗力、材料价格上涨，从而导致项目的投资增加；银行贷款利率也会在一定范围内变化，因而会较大地影响本工程贷款金额；能否取得优惠贷款，这对资金成本影响很大，进而对工程经济指标也产生影响；根据A市物价局的规定，本大桥开始收费后每三年需要重新报批收费标准，并且过桥车辆数量会发生增减变化。这些都会导致过桥费收入的变化。这项新建项目总投资、银行贷款利率、过桥费收入都不是投资方所能控制的，因此敏感性分析法将这三个因素作为分析对象，分析每一个因素的变化对本大桥内部收益率的影响。 【分析】以下因素变化的可能性较大： ①工程设计变更、不可抗力、材料价格上涨，从而导致项目的投资增加。 ②银行贷款利率也会在一定范围内变化，因而会较大地影响本工程贷款金额；能否取得优惠贷款，这对资金成本影响很大，进而对工程经济指标也产生影响。 ③根据A市物价局的规定，本大桥开始收费后每三年需要重新报批收费标准，并且过桥车辆数量会发生增减变化，这些都会导致过桥费收入的变化

续表

项目	内容
例子	【敏感性分析图】 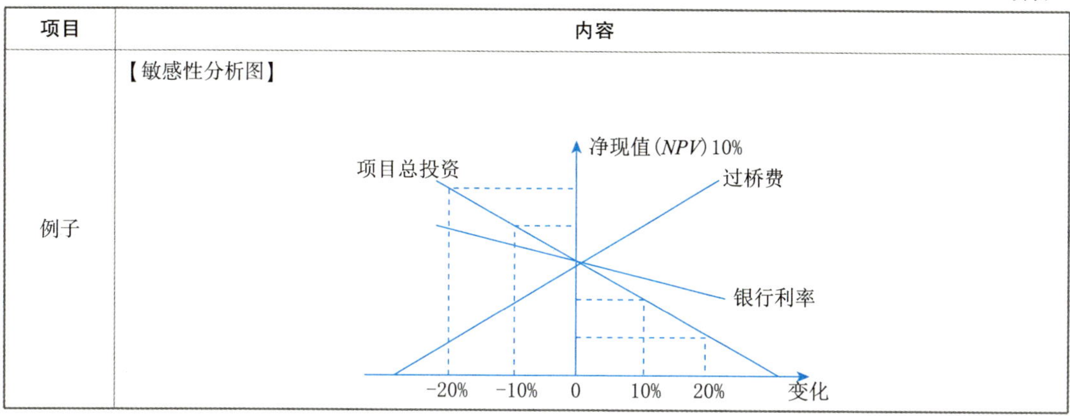

(九)事件树分析法(见表 6-27)

表 6-27 事件树分析法

项目	内容
含义	是一种表示初始事件发生之后互斥性后果的图解技术。它按事件发展的时间顺序由初始事件开始推论可能的后果，从而进行危险源的辨识
适用范围	适用于具有多种环节的故障发生以后，对各种可能后果进行定性和定量分析
优点	(1)ETA 通过清晰的图形显示了经过分析的初始事项之后的潜在情景，以及应对系统或功能成功与否产生的影响。 (2)它能说明时机、依赖性，以及很烦琐的多米诺效应。 (3)它能够生动体现事件发生的先后顺序，而使用故障树是不可能表现出来的
局限性	(1)为了将 ETA 作为综合评估的组成部分，需要识别出一切潜在的初始事件，这可能需要使用其他分析方法(如危害及可操作研究法)，但无法保证百分之百成功，总有可能错过个别重要初始事件。 (2)事件树只分析了某个系统的成功及故障状况，并未考虑延迟成功或恢复事件。 (3)事件树上的任何路径都取决于每一条路径上以前分支点处所发生的事件。因此，需要分析每一条可能路径上数量众多的从属因素。但是，人们容易忽视某些从属因素，如常见组件、应用系统以及操作员等。如果不认真对待这些从属因素，可能导致风险评估的结果过于乐观
例子	初始事件 发生火灾 洒水系统工作 火警激活 结果 频率（每年） 爆炸 10^{-2}每年 是 0.8 是 0.99 是 0.999 有报警的可控火灾 7.9×10^{-3} 否 0.001 无报警的可控火灾 7.9×10^{-6} 否 0.01 是 0.999 有报警的未控制火灾 8.0×10^{-5} 否 0.001 无报警的未控制火灾 8.0×10^{-8} 否 0.2 无火灾 2.0×10^{-3}

（十）决策树法（见表 6-28）

表 6-28 决策树法

项目	内容
含义	是在不确定性情况下，以序列方式表示决策选择和结果的一种方法
适用范围	适用于对不确定性投资方案期望收益的定量分析
优点	(1)对于决策问题的细节提供了一种清楚的图解说明。 (2)能够计算到达一种情形的最优路径
局限性	(1)大的决策树可能过于复杂，不容易与其他人交流。 (2)为了能够用树形图表示，可能有过于简化环境的倾向
例子	如下图所示，A1、A2 两方案投资分别是 450 万元和 240 万元，经营年限为 5 年，销路好的概率为 0.8，销路差的概率为 0.2。A1 方案销路好、销路差年的损益值分别为 300 万元和-60 万元；A2 方案分别为 120 万元和 30 万元 据此绘制决策树，如下图所示。 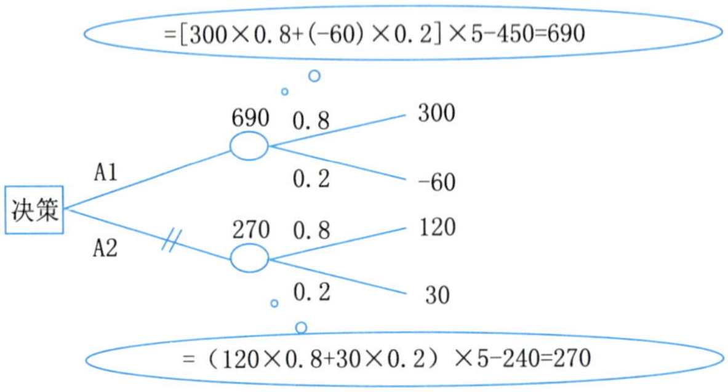 =[300×0.8+(-60)×0.2]×5-450=690 690 0.8 300 A1 0.2 -60 决策 A2 270 0.8 120 0.2 30 =（120×0.8+30×0.2）×5-240=270 A1 的净收益值=[300×0.8+(-60)×0.2]×5-450=690(万元) A2 的净收益值=(120×0.8+30×0.2)×5-240=270(万元) 选择：因为 A1 大于 A2，所以选择 A1 方案。 剪枝：在 A2 方案枝上打杠，表明舍弃

（十一）统计推论法（见表 6-29）

表 6-29 统计推论法

项目	内容
类型	分为前推、后推和旁推三种类型。 ·前推就是根据历史的经验和数据向前推断出未来事件发生的概率及其后果，在时间序列上表现为由后向前推算。 ·后推是在手头没有历史数据可供使用时所采用的一种方法，是把未知的想象的事件及后果与一已知事件与后果联系起来，把未来风险事件归结到有数据可查的造成这一风险事件的初始事件上，从而对风险做出评估和分析，在时间序列上表现为由前向后推算。 ·旁推就是利用类似项目的数据进行外推，用某一项目的历史记录对新的类似建设项目可能遇到的风险进行评估和分析
适用范围	适合于各种风险分析预测

续表

项目	内容
优点	(1)在数据充足可靠的情况下简单易行。 (2)应用领域广泛
局限性	(1)由于历史事件的条件和环境已发生了变化，不一定适用于今天或未来。 (2)没有考虑事件的因果关系，可能使推理结果产生较大偏差。为了修正这些偏差，在对历史数据的处理中有时需要加入专家或集体的经验进行修正

【例题13 · 单选题】☆富维公司在实施风险管理过程中，对由人为操作和自然因素引起的各种风险对企业影响的大小和发生的可能性进行分析，为确定企业风险的优先次序提供分析框架。该公司采取的上述风险管理方法属于(　)。

A. 决策树法

B. 马尔科夫分析法

C. 风险评估系图法

D. 流程图分析法

解析 风险评估系图可以识别某一风险是否会对企业产生重大影响，并将此结论与风险发生的可能性联系起来，为确定企业风险的优先次序提供框架。本题中，对由人为操作和自然因素引起的各种风险对企业影响的大小和发生的可能性进行分析，为确定企业风险的优先顺序提供分析框架，属于风险评估系图法。

答案 C

【例题14 · 单选题】☆北创公司是一家白酒生产企业。为了进一步提高产品质量，北创公司通过图表形式将白酒生产按顺序划分为多个模块，并对各个模块逐一进行详细调查，识别出每个模块各种潜在的风险因素或风险事件，从而使公司决策者获得清晰直观的印象。根据上述信息，下列各项中，对北创公司采取的风险管理办法的描述错误的是(　)。

A. 该方法的优点是简单明了易于操作

B. 该方法的使用效果依赖于专业人员的水平

C. 该方法适用于组织规模较小、流程较简单的业务风险分析

D. 该方法可以对企业生产或经营中的风险及其成因进行定性分析

解析 北创公司通过图表形式将白酒生产按顺序划分为多个模块，并对各个模块逐一进行详细调查，识别出每个模块儿各种潜在的风险因素或风险事件，从而使公司决策者获得清晰直观的印象，属于流程图分析法。组织规模越大，流程越复杂，流程图分析法就越能体现出优越性。选项C错误。

答案 C

扫我做试题

一、单项选择题

1. ☆有关研究机构证实，从事中成药生产的上市公司天成公司的主打产品含有对人体健康有害的成分。该研究结果被媒体披露后，天成公司的股价大跌，购买其产品的部分消费者和经销商纷纷要求退货，致使其经营陷入危机。上述案例中，天成公司面临的风险属于(　)。

A. 市场风险

B. 运营风险

C. 财务风险

D. 股票价格指数风险

2. 甲公司以公开招标方式采购一批设备，乙公司以最低价中标。在签订采购合同之后，乙公司未在合同规定日期及时向甲公司提供设备。在上述案例中，甲公司面临的风险是(　)。

A. 市场风险　　B. 运营风险

C. 财务风险　　D. 战略风险

3. ☆随着云计算技术的崛起，传统数据技术受到严峻挑战。此前引领世界数据库软件市场的J公司对环境变化反应迟钝，没有及时研究云计算技术。当公司意识到云技术是未来方向时，转型为时已晚。2018年，J公司营业收入基本零增长，净利润比前一年暴跌59%。J公司面对的主要风险是(　)。

A. 法律风险　　B. 运营风险

C. 财务风险　　D. 社会文化风险

4. ☆亚洲R国H公司推出了一个名为“东大机器人”的项目，该项目的目标是通过R国顶级学府J大学的入学考试。2013年以来，“东大机器人”每年都参加J大学的入学考试，但连续3年的得分均低于J大学的录取分数线，H公司于2016年11月正式宣布因项目过于复杂而最终放弃该项目。根据上述描述，H公司研发“东大机器人”项目面临的风险是(　)。

A. 战略风险　　B. 技术风险

C. 市场风险　　D. 运营风险

5. ☆我国某纺织生产企业甲公司向欧洲H国出口双羊牌高档羊绒被，其英文名为“Goats”，该产品质量上乘，但在H国一直销路不佳。甲公司进行详细调查后发现，在H国，“Goats”除了有山羊的意思以外，还有其他的贬义，一些消费者因此产生不好的联想，影响了产品的销售。这个案例表明，企业跨国营销可能面临(　)。

A. 市场风险　　B. 环境风险

C. 品牌风险　　D. 文化风险

6. ☆科能公司开发出一种用于少儿英语学习的智能机器人，该产品投放市场不久，便被其他公司仿制。从技术活动过程所处的不同阶段考察，科能公司面临的技术风险属于(　)。

A. 技术选择风险

B. 技术设计风险

C. 技术应用风险

D. 技术研发风险

7. 天龙公司是一家汽车厂商，最近有消费者投诉其产品存在巨大隐患，该公司对此并未在意。随着投诉增多，政府部门开始介入，开出巨额罚单。此事引发该公司市场份额急剧下滑。根据以上信息可以判断，由于该公司未能有效地控制产品投诉而产生的风险是(　)。

A. 环境风险　　B. 声誉风险

C. 市场风险　　D. 运营风险

8. 北京鸿泰科技拟通过收购境外游戏运营平台公司King公司全部股权开拓国际市场。King公司在中国香港注册，主要从事网页游戏和移动游戏充值服务及游戏虚拟道具等交易的平台运营业务，主要客户在德国等欧洲国家，日常经营主要采用欧元进行结算。根据以上信息，该企业可能面临的市场风险是(　)。

A. 潜在进入者的风险

B. 信用风险

C. 流动性风险

D. 汇率风险

9. 智能手机市场竞争日趋激烈。A公司是一家历史悠久的手机生产企业，由于公司在长期经营中，缺乏灵活的技术开发组织形式，在研发方面远远落后于竞争对手，造成A公司大量市场的流失。根据以上信息可以判断该公司可能面临的风险为(　)。

A. 技术设计风险

B. 技术研发风险

C. 技术应用风险

D. 技术转化风险

10. 甲公司是一家上市公司，在应监管部门要求进行自查的过程中，发现公司财务部经理李某自2017年11月起，未经董事会批准，私自将2.85亿元以存单质押的方式为A公司及其关联公司提供全额银行承兑保证。该项业务于2018年6月到期，A及其关联公司表示不能如期归还，公司存款2.85亿元将被银行扣除。根据以上信息可以判断，甲公司面临的风险属于(　)。

A. 财务风险　　B. 信用风险

C. 流动性风险　　D. 运营风险

11. 依据《企业内部控制应用指引第6号——资金活动》，以下需关注的主要风险是(　)。

A. 存货积压，导致流动资金占用过多

B. 筹资决策不当，引发资本结构不合理

C. 固定资产更新改造不够，资产价值贬值

D. 无形资产缺乏核心技术，缺乏可持续发展能力

12. ☆甲公司是一家餐饮公司。2010年，一场传染病的流行使餐饮业进入寒冬。该公司在进行风险评估后认为，这场传染病的流行将使消费者的健康饮食意识大大增强，于是组织员工迅速开发并推出系列健康菜品，使公司营业额逆势上升。甲公司的上述做法体现的风险管理特征是(　)。

A. 专业性　　B. 战略性

C. 系统性　　D. 二重性

13. 下列各项关于企业全面风险管理的说法，错误的是(　)。

A. 全面风险管理既管理纯粹风险也管理机会风险

B. 全面风险管理主要由财务会计和内部审计等部门负责

C. 全面风险管理的焦点在所有利益相关者的共同利益最大化上

D. 全面风险管理主动将风险管理作为价值中心

14. 甲公司曾是一家世界著名的照相机生产企业。近年来，面对各类新型照相设备的兴起，该公司业务转型迟缓，目前出现巨额亏损，濒临破产。下列各项中，不属于甲公司分析企业所面对风险应收集的信息是(　)。

A. 主要客户、供应商及竞争对手的有关情况

B. 市场对企业产品或服务的需求

C. 科技进步、技术创新的有关内容

D. 企业组织效能和管理现状

15. 英达公司董事会对待风险的态度属于风险厌恶。为有效管理公司的信用风险，董事会决定自2018年起所有销售均采用现金结算，不再提供赊销业务。英达公司应对此项信用风险的策略属于(　)。

A. 风险降低　　B. 风险转移

C. 风险保留　　D. 风险规避

16. ☆桐城钢铁公司需要的铁矿石购自U国的山谷矿山公司，后者曾多次在前者急需大量铁矿石时大幅提高产品价格，使前者遭受很大损失。后来桐城钢铁公司买下山谷矿山公司51%的股权并获得定价权。下列各项中，属于桐城钢铁公司采用的风险管理策略的是(　)。

A. 风险规避　　B. 风险转移

C. 风险控制　　D. 风险补偿

17. ☆中科公司是国内一家著名的印刷机制造商。面对G国先进印刷机在C国的市场占有率迅速提高，中科公司将业务转型为给G国印刷机的用户提供零配件和维修保养服务，取得比业务转型前更高的收益率。从风险管理策略角度看，中科公司采取的策略是(　)。

A. 风险规避　　B. 风险转换

C. 风险转移　　D. 风险补偿

18. ☆R国W公司于2002年发行了名为Pioneer的巨灾债券。该债券能够同时为北美飓风、欧洲风暴以及美国加利福尼亚

和日本地震提供救灾资金保障。这种具有金融衍生品特性的债券，属于风险管理策略工具中的(　)。

A. 风险补偿　　B. 风险转化

C. 风险转移　　D. 风险对冲

19. ☆甲公司是一家生产遮阳用品的企业。2013 年，公司在保留原有业务的同时，进入雨具生产业务领域。从风险管理策略的角度看，甲公司采取的策略是(　)。

A. 风险承担　　B. 风险规避

C. 风险转换　　D. 风险对冲

20. 中华集团下列四项等额的投资或支出中，如果各项目在预计盈亏区间内发生的概率为均衡分布，那么在进行风险应对时应该采取风险控制策略的是(　)。

A. 甲项目，建设办公用房，预计的损益为 0

B. 乙项目，增加产品生产线，预计的损益区间为 0~600 万元

C. 丙项目，短期股票投资，预计的损益区间为-1 600 万~1 400 万元

D. 丁项目，作为战略投资者取得某公司股权，预计的损益区间为-500 万~600 万元

21. 星峰集团是一家基础建设公司，计划前往非洲某国投资水坝，了解到该国经常发生地震。一旦发生，将会给投资项目造成损失。经过多方面分析，星峰集团对所面临的风险采取接受的态度，从而承担风险带来的后果，其可能的原因不包括(　)。

A. 从成本效益考虑，这一方案是最适宜的

B. 企业未能辨识出风险

C. 企业缺乏能力进行主动的风险管理

D. 企业没有其他备选方案

22. 天华公司是一家大型家电企业。2018 年年初，公司领导召开会议，集体通过以下决定：①将手中多余资金 1.5 亿元投资于国家发行的五年期国债、某汽车集团发行的五年期重点企业债券，以及业绩优良的公司股票。②预提一部分准备金用于可能发生的异地员工劳动争议。③在厂区内全面禁止吸烟。④针对公司存货加强投保，防止出现意外损失。根据以上信息可以判断，该公司以上决策中属于风险补偿策略的是(　)。

A. ①　　B. ②

C. ③　　D. ④

23. 某集团管理层做出了风险应对措施决策。下列各项中，属于风险转换的是(　)。

A. 提高信用标准防止坏账损失的扩大

B. 在本国和其他国家或地区进行投资，以便缓解和分散集中投资的风险

C. 为了获得质量更高的信息技术资源，将集团全部信息技术业务外包

D. 基于成本效益考虑，管理层认为不利事件发生的可能性低而且即使发生对企业影响也很小，决定接受风险

24. 下列关于风险管理策略的描述中，不正确的是(　)。

A. 风险管理策略在整个风险管理体系中起着统领全局的作用

B. 风险管理策略重点在于企业的整体经营战略

C. 风险偏好和风险承受度是风险管理策略内容之一

D. 制定与企业战略相一致的风险管理策略减少了企业战略错误的可能性

25. ☆甲基金公司在对基金管理、受托资产管理、基金销售和咨询等业务活动进行风险度量时，首先对所有事件中每一事件发生的概率乘以该事件的影响，然后将这些乘积相加得到风险数值。甲基金公司采用的风险度量方法是(　)。

A. 最大可能损失　B. 概率值

C. 期望值　　D. 在险值

26. ☆企业在无法判断发生概率或无须判断概率的时候，度量风险一般使用(　)。

A. 在险值　　B. 统计期望值

C. 效用期望值　D. 最大可能损失

27. 中化公司是一家集团企业，拥有众多子公司。在建立集团全面风险管理体系的过程中，发现企业情况很复杂，致使建立的风险度量不能够准确反映企业的实际情况。这表明存在于该公司的风险量化困难是(　)。

A. 方法误差　B. 数据

C. 信息系统　D. 整合管理

28. ☆下列各项中，属于风险管理委员会职责的是(　)。

A. 组织协调全面风险管理日常工作

B. 督导企业风险管理文化的培育

C. 审议风险管理策略和重大风险管理解决方案

D. 批准重大决策的风险评估报告

29. 甲公司董事会有成员七名，杭某任董事长兼首席执行官，三名独立董事分别为王某、李某、朱某。董事陈某兼副总经理，董事任某兼财务总监。其中可以作为该公司风险管理委员会召集人的是(　)。

A. 杭某　B. 王某

C. 陈某　D. 任某

30. 红凯公司每年最低运营资本是 1 000 万元，但是有 5%的可能性需要 1 500 万元才能维持运营。如果该公司风险资本为 510 万元，该公司生存的概率是(　)。

A. 5%　B. 95%

C. 小于 5%　D. 大于 95%

31. ☆甲公司每年最低运营资本是 5 000 万元，有 10%的可能性维持运营需要 5 800 万元；有 5%的可能性维持运营需要 6 200 万元。若甲公司风险资本为 1 000 万元，则该公司的生存概率为(　)。

A. 10%　B. 90%

C. 90%～95%　D. 95%以上

32. ☆宏远海运公司为加强对风险损失事件的管理，与甲银行签订协议，规定在一定期间内，如果宏远海运公司由于台风等自然灾害遭受重大损失，可从甲银行取得贷款，并为此按约定的期间向甲银行缴纳费用。宏远海运公司管理损失事件的方法称为(　)。

A. 损失融资　B. 专业自保

C. 应急资本　D. 风险补偿合约

33. 梅钢公司按照《中央企业全面风险管理指引》的要求强化企业全面风险管理。下列关于该公司针对风险管理的认识中，描述错误的是(　)。

A. 重大风险的风险偏好是企业的重大决策，应由董事会决定

B. 风险理财只能针对可控的风险

C. 风险管理策略要随着外部环境风险的变化而调整

D. 应急资本是一个在一定条件下的融资选择权，公司可以不使用这个权利

34. 安泰公司主要业务为财产保险，其客户以煤矿居多。安泰公司按照所需融资数额的一定比例，向投资者支付一笔费用来购买一种特定权利。安泰公司与投资人约定，一旦在约定时期内发生煤矿事故灾害，且煤矿企业和保险公司由此遭受的煤矿事故损失达到约定规模后，保险公司将立即向投资者发行资本票据，筹集现金或其他流动资产，用于处理煤矿事故灾害风险的赔款。根据以上信息可以判断，安泰公司的这一做法属于(　)。

A. 损失融资　B. 风险资本

C. 应急资本　D. 套期保值

35. ☆甲企业是一家大型纺织企业，主要生产原材料为棉花。甲企业预计未来棉花价格将持续上涨。为了降低已经承接的纺织品订单的生产成本上涨风险，甲企业决定以套期保值的方式规避棉花现货风险。下列选项中，不符合套期保值特征的是(　)。

A. 甲企业从事棉花套期保值的目的是通过降低棉花价格变动风险而获利

B. 甲企业为套期保值所持有的棉花期货合约可以在到期日之前卖出平仓或者到期交割

C. 甲企业棉花期货合约开仓时的价格反映了市场参与者对棉花的远期预期价格

D. 甲企业持有的棉花期货合约对应的"基差"反映了棉花现货和棉花期货的价格差异，该差异在期货合约到期日之前，既可以为正，也可以为负

36. 甲公司是一家食品加工企业，需要在3个月后采购一批大豆。目前大豆的市场价格是4 000元/吨。甲公司管理层预计3个月后大豆的市场价格将超过4 600元/吨，但因目前甲公司的仓储能力有限，现在购入大豆将不能正常存储。甲公司计划通过衍生工具交易抵消大豆市场价格上涨的风险。下列方案中，甲公司可以采取的是（　）。

A. 卖出3个月后到期的执行价格为4 500元/吨的看涨期权

B. 卖出3个月后到期的执行价格为4 500元/吨的看跌期权

C. 买入3个月后到期的执行价格为4 500元/吨的看涨期权

D. 买入3个月后到期的执行价格为4 500元/吨的看跌期权

37. 金光集团是一家造纸企业，主要生产新闻纸，其原料80%从美国进口，所产新闻纸内销和出口各占50%，经营所需流动资金50%需要贷款解决，月平均贷款余额约为20亿元（等值人民币）。2010年年初市场预测，当年人民币对美元将均衡升值3%，中国人民银行将从7月开始每季度加息25个基点，人民币和美元存贷款利率相同且将同步调整。假定该企业管理层属于风险厌恶型。下列各项关于该企业2010年度预算的筹资方案中，四种方式对比来看，最符合管理层要求的是（　）。

A. 借入1年期人民币借款20亿元

B. 借入1年期美元借款（等值20亿元人民币）

C. 借入1年期美元借款（等值20亿元人民币），并对利率进行套期保值

D. 借入1年期美元借款（等值20亿元人民币），同时买入等额1年到期远期合约

38. 根据2008年我国颁布的《企业内部控制基本规范》，反舞弊机制属于内部控制要素中的（　）。

A. 风险评估　　B. 控制活动

C. 内部监督　　D. 信息与沟通

39. ☆甲公司在实施全面风险管理过程中，注重加强法制教育，增强董事、监事、经理及其他高级管理人员和员工的法制观念，严格依法决策、依法办事、依法监督。甲公司的上述作法所涉及的内部控制要素是（　）。

A. 控制环境　　B. 风险评估

C. 控制活动　　D. 监控

40. 巴伦银行衍生品部交易员在未向主管领导报告的情况下进行金融衍生品投资，结果造成巨额损失，这种情况违反了控制活动中的（　）。

A. 授权审批控制

B. 人员控制

C. 监督及管理控制

D. 计算和会计

41. 甲公司是一家商业银行，近期针对频发的信贷风险，公司管理层决定加强日常工作中对信贷风险的评估。下列选项中，甲公司可以用以评估风险影响的定性方法是（　）。

A. 风险评估系图法

B. 马尔科夫分析法

C. 现金流量法

D. 资源和能力分析

42. ☆科环公司计划在某市兴建一座垃圾处理场，并对占用土地的价格、垃圾处理收入和建设周期等不可控因素的变化对该垃圾处理场内部收益率的影响进行了

分析。科环公司采取的风险管理方法是(　)。

A. 失效模式、影响和危害度分析法

B. 马尔科夫分析法

C. 情景分析法

D. 敏感性分析法

43. 甲公司计划向市场推出一款新产品，公司历史上从未销售过类似产品。为降低产品上市失败的可能性，公司收集了一些其他公司类似产品上市后的销售数据进行分析。根据以上信息可以判断，甲公司采用的这一方法是(　)。

A. 旁推法　　B. 后推法

C. 前推法　　D. 正推法

44. ☆面对未来国外经济形势不确定因素增加的局面，鑫华基金公司按照较好、一般、较差三种假设条件，对公司未来可能遇到的不确定因素及其对公司收入和利润的影响作出定性和定量分析。鑫华基金公司使用的风险管理技术与方法是(　)。

A. 情景分析法　　B. 敏感性分析法

C. 统计推论法　　D. 马尔科夫分析法

45. ☆甲公司是一家计划向移动互联网领域转型的大型传统媒体企业。为了更好地了解企业转型中存在的风险因素，甲公司聘请了20位相关领域的专家，根据甲公司面临的内外部环境，针对六个方面的风险因素，反复征询每个专家的意见，直到每一个专家不再改变自己的意见，达成共识为止。该种风险管理方法是(　)。

A. 德尔菲法　　B. 情景分析法

C. 头脑风暴法　　D. 因素分析法

46. ☆甲公司是一家化工企业，每年都对设备进行检修。甲公司在对设备故障风险进行分析时，先将设备运行情况划分为几种情景状态，然后用随机转移矩阵描述这几种状态之间的转移，最后用计算机程序计算出每种状态发生的概率。甲公司采用的这种风险管理方法是(　)。

A. 事件树分析法

B. 马尔科夫分析法

C. 失效模式、影响和危害度分析法

D. 情景分析法

47. ☆乙公司是一家国内知名的互联网企业。乙公司去年以来推出了多款新的互联网金融产品。为了消除部分客户对其产品风险的质疑，乙公司组织了来自学术界、企业界以及政府相关职能部门的专家，通过电子信箱发送问卷的调查方式征询专家对公司产品风险的意见。下列各项对乙公司采用的风险管理技术与方法优点的表述中，正确的是(　)。

A. 这种方法速度较快，容易开展

B. 这种方法通过专家群体决策，产生尽可能多的设想

C. 这种方法更有可能表达出那些不受欢迎的看法

D. 这种方法能够激发专家们的想象力

48. ☆乙公司为一家专营空中物流货运的航空公司，现正为可能开发的中东航线进行风险评估。以下是所制定的风险评估系图。

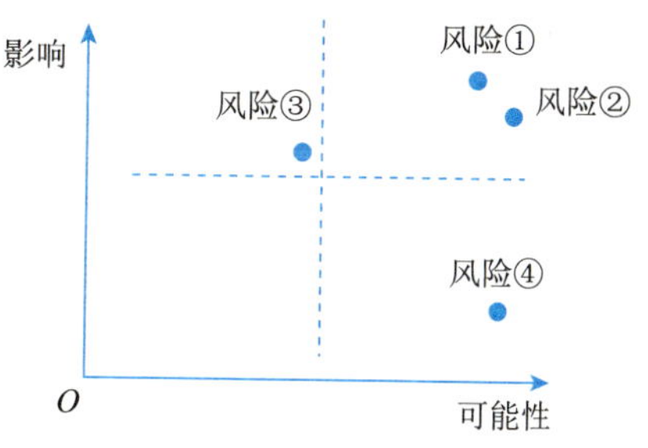

在风险管理的基本原则下，乙公司应将注意力集中应对所面临的风险是(　)。

A. 风险①和风险②

B. 风险①、风险②和风险③

C. 风险①、风险②和风险④

D. 风险①、风险②、风险③和风险④

二、多项选择题

1. ☆关于现代市场经济中人们对风险观念的

理解，下列表述中正确的有(　)。

A. 可以由人的主观判断来决定选择不同的风险

B. 风险是一系列可能发生的结果而不是最有可能的结果

C. 风险往往与机遇并存

D. 风险是可预测、可度量的负面因素

2. 甲公司是一家环保设备制造商。2010年，甲公司把以投资建设环保项目为由从银行取得的贷款转而投入了房地产开发。几年后，由于政府宏观调控政策出台和房地产业的收缩，甲公司投入房地产开发的大部分资金无法收回，经营陷入危机。上述案例所涉及的风险有(　)。

A. 法律和合规风险

B. 市场风险

C. 运营风险

D. 政治风险

3. 甲公司是国内一家生物制药公司，计划收购一家在美国注册，从事心血管疾病单一原料药研发、生产和销售的A公司。A公司业务遍布美国、欧盟等多个国家或地区，结算货币主要为美元及欧元币种。甲公司收购A公司可能面临的风险有(　)。

A. 运营风险　　B. 市场风险

C. 政治风险　　D. 社会文化风险

4. 下列各项，不能体现出财务部控制财务风险的情况有(　)。

A. 如果借贷成本上升0.5%，评估公司的利润如何受到影响

B. 审查公司的所有客户，以确定哪些是存在财务困难不可信任的客户

C. 派人前往目标投资国考察，与政府官员、商业人士和当地有影响力的人会面，获得对该国的第一手资料

D. 如果本国货币走强，使得该产品比美国竞争对手的产品价格更高，分析预测该产品在美国市场销售量下降的程度

5. 近年来，受出口番茄酱价格持续上涨影响，某省原有的番茄酱加工企业纷纷增加生产线，导致产能过剩，甲番茄酱厂于2013年新建了2条生产线，投产以来一直面临着原料紧缺的问题。在番茄种植季节，甲番茄酱厂与农民签订了收购合同。但到了收购季节，随着番茄收购价格的一再上涨，部分农民拒绝供货，转而将番茄卖给了出价更高的企业，番茄酱厂此时面临的风险包括(　)。

A. 技术风险　　B. 市场风险

C. 运营风险　　D. 信用风险

6. 北方公司是C国仅有的几家国产机床生产企业。下列选项中，属于北方公司可能面对的运营风险有(　)。

A. 北方公司主要以普通机床为主，导致企业在低附加值的普通机床市场的利润越来越少，在高利润的高端数控机床市场却没有竞争力

B. 北方公司在营销模式上模式较为单一，没有形成更为突出的盈利模式，企业收入和利润有限

C. 竞争对手通过以高技术水平设施的投资能力，使得北方公司在传统自主品牌中的低成本优势地位受到巨大挑战

D. 北方公司业务流程和信息系统操作运行不顺，难以开展集约化管理，致使下属若干分厂的产品重复，内部资源不能有效利用

7. ☆甲公司是我国一家长期向X国出口摩托车的企业。2013年，X国对我国出口的摩托车大幅提高了关税。面对这种情况，甲公司在X国与当地企业组建了一家合资公司，生产销售摩托车。甲公司在X国组建合资公司规避的风险有(　)。

A. 运营风险　　B. 市场风险

C. 政治风险　　D. 宏观经济风险

8. ☆甲公司是一家从事手机研发和制造的高科技企业。2015年，甲公司将手机的制造外包给乙公司。此后，市场上发生多起甲公司的手机电池爆炸，给用户造成人身和财产损失的事故。甲公司详细调查后发

现，乙公司提供的手机电池质量不合格，存在很大的安全隐患，甲公司将手机的制造外包给乙公司后面临的风险有(　)。

A. 法律风险　　B. 运营风险

C. 市场风险　　D. 技术风险

9. ☆平昌制冷设备公司在对某客户提供个性化定制产品服务时，因缺乏设计、制造经验、产品质量未达到客户特殊要求，遭到该客户的索赔。根据上述信息，平昌制冷设备公司遇到的风险类型有(　)。

A. 财务风险　　B. 技术风险

C. 市场风险　　D. 运营风险

10. ☆甲公司是一家钢铁生产企业。2015 年上半年，甲公司把通过银行贷款取得的大部分技改项目基金投入股市。后来，由于政府宏观管理措施的出台和股市的暴跌，甲公司投入股市的资金无法收回。在上述案例中，甲公司面临的风险有(　)。

A. 技术风险

B. 战略风险

C. 法律和合规风险

D. 政治风险

11. ☆根据《企业内部控制应用指引第 4 号——社会责任》，企业在履行社会责任方面需要关注的主要风险有(　)。

A. 缺乏诚实守信的经营理念，可能导致舞弊事件的发生

B. 安全生产措施不到位，责任不落实，可能导致安全事故的发生

C. 产品质量低劣，侵害消费者利益，可能导致企业巨额赔偿、形象受损

D. 促进就业和员工权益保护不够，可能导致员工积极性受挫

12. 根据《企业内部控制应用指引第 9 号——销售业务》。下列选项中，属于销售业务内控不严格导致的风险有(　)。

A. 市场预测失误，导致存货增加

B. 销售业务员挪用货款

C. 销售业务员与客户勾结，提高价格以获取回扣

D. 销售合同内容存在重大疏漏和欺诈

13. 根据《企业内部控制应用指引第 11 号——工程项目》，下列选项中，属于工程项目需关注的主要风险有(　)。

A. 立项缺乏可行性研究或者可行性研究流于形式，决策不当，盲目上马，可能导致难以实现预期效益或项目失败

B. 项目招标暗箱操作，存在商业贿赂，可能导致中标人实质上难以承担工程项目、中标价格失实及相关人员涉案

C. 工程造价信息不对称，技术方案不落实，预算脱离实际，可能导致项目投资失控

D. 竣工验收不规范，最终把关不严，可能导致工程交付使用后存在重大隐患

14. 根据《企业内部控制应用指引第 14 号——财务报告》，下列选项中，与企业财务报告控制活动有关的风险有(　)。

A. 财务报告的编制违反会计准则

B. 提供虚假财务报告

C. 对财务报告的利用效率不高，没有及时发现问题

D. 财务报告编制不规范

15. ☆下列关于企业全面风险管理特征的表述中，正确的有(　)。

A. 主要运用于企业的日常风险管理层面

B. 对企业所有风险进行管理

C. 由风险管理专业人才实施风险专业化管理

D. 使用系统的规范化的方法，以确保所有的风险都得到识别

16. ☆宝胜公司是一家全球性的手机生产企业。近年来公司在高速发展的同时，面临的风险也与日俱增。为了更好地分析面临的市场风险，宝胜公司应该至少收集的与该公司相关的重要信息有(　)。

A. 全球汇率变动状况

B. 全球手机价值链生产供应状况

C. 各国对手机及其零部件进出口的政策

导向

D. 各国手机的价格及供需变化

17. 某公司设置了内部审计部、风险管理部和审计委员会，制定了本企业的风险管理监督与改进措施。下列选项中，符合《中央企业全面风险管理指引》要求的有(　)。

A. 各有关部门定期对风险管理工作进行自查和检验，及时发现缺陷并改进，将风险管理报告报送企业总经理

B. 内部审计部门每年至少一次对风险管理部和各业务部门的风险管理工作及效果进行监督评价，评价报告直接报送审计委员会

C. 外聘风险管理中介机构进行风险管理评价并出具报告

D. 风险管理部对跨部门和业务单位的风险管理解决方案进行评价，提出建议和出具报告，报送公司决策层

18. 某矿业集团近期收购了厄瓜多尔铜矿，集团风险管理部派李辉驻该铜矿担任中方管理人员，并负责该铜矿的风险管理工作。根据该国现有情况，李辉建议集团采取以下措施：向国际保险公司对该项目政治风险投保，在原料、零配件的采购上适当以当地企业优先。李辉用以应对该铜矿风险的措施有(　)。

A. 风险控制　　B. 风险规避

C. 风险转移　　D. 风险保留

19. ☆星云公司制造手机所需要的部分零部件由奇象公司提供。星云公司为了防范和应对采购过程中可能出现的风险，与奇象公司签订了严格而规范的合同，其中一项规定是：如果由于外界不可抗力因素造成奇象公司不能按时供货并给星云公司带来损失，只要损失额超过一定数量，那么超过的部分由奇象公司予以赔偿。在上述案例中，星云公司采取的风险管理工具有(　)。

A. 风险规避　　B. 风险转移

C. 风险补偿　　D. 风险承担

20. 甲公司是一家稀有矿产开发企业，在M国拥有一座矿山进行开采。M国政府曾迅速取得对外国资产的控制权或者开征额外税赋，从而确保政府能获取最大的收益。下列各项甲公司应对风险的措施中，属于风险转移的有(　)。

A. 邀请该国政府成为投资企业的共有人

B. 将该矿山出售

C. 全面退出该国

D. 为资产投保

21. 甲公司是一家P2P公司，公司采取的风控措施主要包括：①加强对借款人的信用评估；②在手续费中按一定比例提取风险准备金；③坚持“小额分散”的原则，即借款的客户分散在不同的地域、行业、年龄和学历，单个借款人最高借款额为15万元。根据以上信息判断，甲公司使用的风险管理工具包括(　)。

A. 风险对冲　　B. 风险补偿

C. 风险转移　　D. 风险控制

22. 企业要有效地选择最佳和可行的风险管理策略。下列选项中，针对企业风险管理策略描述错误的有(　)。

A. 风险转移可以在低成本或者无成本的情况下达到目的

B. 各方面相似的企业即使处于不同行业，其风险偏好也是相似的

C. 重大风险的风险偏好是企业的重大决策，应由总经理决定

D. 风险偏好和风险承受度应定量

23. ☆下列风险度量方法中，建立在概率基础上的方法有(　)。

A. 期望值法　　B. 在险值法

C. 层次分析法　　D. 最大可能损失法

24. 甲公司是一家餐饮连锁企业。为了防范企业运营中可能存在的风险，公司正在逐步建立风险管理体系。按照资源优化配置的原则，甲公司需要确定风险管理的优先顺序。下列选项中，属于甲公司

在确定风险管理优先顺序时应考虑的因素有(　)。

A. 风险管理的难度

B. 合规的需要

C. 有效性标准

D. 利益相关者的要求

25. 甲公司出资70%，乙公司出资30%共同设立有限责任公司丙。丙公司董事会共有9名董事，于2017年召开董事会临时会议并作出如下决议。其中，不属于董事会职责的有(　)。

A. 审议内审部门提交的风险管理监督评价审计报告并报股东会批准

B. 批准设立公司风险管理部

C. 批准企业全面风险管理年度工作报告

D. 对并购六三公司的重大决策的风险评估报告进行审议

26. 下列关于损失事件管理的表述中，错误的有(　)。

A. 损失融资是从风险理财的角度进行损失事件的事后管理

B. 损失事件融资可分为预期损失融资和非预期损失融资

C. 预期损失融资一般属于风险资本的范畴

D. 应急资本的提供方需要承担特定事件发生的风险

27. ☆某商品经销商在期货市场上做与现货市场商品相同或者相近但交易部位相反的买卖行为，以便将现货市场价格波动的风险在期货市场上抵消。下列各项中，对该经销商采用的风险管理方法表述正确的有(　)。

A. 该经销商采用的风险管理方法是风险对冲

B. 该经销商采用的风险管理方法主要是为了盈利

C. 该经销商采用的风险管理方法回避了价格风险

D. 该经销商采用的风险管理方法主要是为了管理财务风险

28. ☆乙公司近年来实施全面风险管理，运用衍生产品等风险理财工具防范风险。下列对乙公司风险理财的表述中，正确的有(　)。

A. 乙公司运用风险理财工具不需要判断风险定价

B. 乙公司运用风险理财工具的主要目的是降低风险

C. 乙公司运用风险理财工具注重风险因素对现金流的影响

D. 乙公司运用风险理财工具既可以针对不可控风险也可以针对可控风险

29. ☆为了对可能给企业造成重大损失的风险事件进行有效管理，南方石油公司成立了自己的专属保险公司，为母公司提供保险，并由母公司筹集总计10亿元的保险费，建立损失储备金。下列各项中，不属于南方石油公司采用的上述损失事件管理办法的优点的有(　)。

A. 提高内部管理成本

B. 损失储备金充足

C. 改善公司现金流

D. 增加了其他保险的可得性

30. 甲公司是一家非上市大型企业，为了提前实施《企业内部控制基本规范》，正在考虑设立审计委员会。下列各项关于甲公司设立审计委员会的具体方案内容中，正确的有(　)。

A. 在董事会下设立审计委员会

B. 审计委员会的主要活动之一是核查对外报告合规的情况

C. 确保充分有效的内部控制是审计委员会的义务，其中包括负责监督内部审计部门的工作

D. 审计委员会应当每两年对其权限及其有效性进行复核，并就必要的人员变更向董事会报告

31. ☆甲公司在加强风险管理过程中采取了下列做法，其中符合我国《企业内部控制

基本规范》关于信息与沟通要素要求的有(　)。

A. 加强法制教育，建立健全法律顾问制度和重大法律纠纷案件备案制度

B. 建立反舞弊机制，坚持惩防并举、重在预防的原则

C. 建立举报投诉制度和举报人保护制度

D. 建立重大风险预警机制和突发事件应急处理机制

32. ☆甲信托投资公司自成立以来，结合业务特点和内部控制要求设置内部机构，明确职责权限，将权利和责任落实到责任单位，同时综合运用风险规避、风险降低、风险分担和风险承受等风险应对策略，实现对风险的有效控制。根据我国《企业内部控制基本规范》，该公司的上述做法涉及的内部控制要素有(　)。

A. 风险评估　　B. 控制环境

C. 信息与沟通　　D. 控制活动

33. ☆下列各项中，属于《企业内部控制基本规范》对内部环境要素要求的有(　)。

A. 企业应当建立举报投诉制度和举报人保护制度

B. 企业应当建立重大风险预警机制和突发事件应急处理机制

C. 企业应当制定和实施有利于企业可持续发展的人力资源政策

D. 企业应当加强内部审计工作

34. 甲公司是一家大型 IT 企业，主要的优势体现在两个方面，一是研发，二是销售。该公司每年申请大量专利。为保护这些专利，公司专门配备了保险箱，并在研发大楼内设立了门禁和保安。针对销售业务，规定每个零售店每日营业结束后，由未参与销售的雇员对收款机中的现金进行清点，并与收款机中存有的现金总额进行核对。如有不同，应进行调查。根据以上信息可以判断，甲公司采取的控制活动包括(　)。

A. 财产保护控制

B. 不相容职务分离控制

C. 信息与沟通

D. 预算控制

35. 某上市公司根据《企业内部控制基本规范》建立了反舞弊机制，关注的反舞弊风险重点应当包括(　)。

A. 编制虚假财务报告

B. 管理层侵占资产

C. 治理层、管理层和监事可能凌驾于控制之上或者对财务报告过程实施不当影响

D. 相关机构和人员串通舞弊

36. 甲公司为澳大利亚的一家电子公司，正在考虑是否把生产总部迁往我国的大连市，然后上市筹资。甲公司管理层希望在投资前了解此项计划获得我国政府批准的可能性及其对公司未来现金流量的影响。甲公司管理层同时也考虑了将生产总部迁往其他国家如韩国的可能性，以及与大连方案相比的风险和回报。在整个分析中，甲公司管理层可用的风险管理分析工具有(　)。

A. 波士顿矩阵　　B. 决策树

C. 情景分析法　　D. 平衡计分卡

37. ☆甲林场为了加强对火灾风险的防控工作，组织有关人员深入分析了由于自然或人为因素引发火灾、场内消防系统工作、火警和灭火直升机出动等不确定事件下产生各种后果的频率。下列各项中，属于该林场采用的风险管理方法优点的有(　)。

A. 生动地体现事件的顺序

B. 不会遗漏重要的初始事项

C. 能够将延迟成功或恢复事件纳入其中

D. 能说明时机、依赖性和多米诺效应

三、简答题

1. ☆“达达出行”创建于 2012 年。经过几年的发展，“达达出行”从一个出租车打车软件平台，成长为涵盖出租车、专车、快

车、顺风车、代驾及大巴等多项业务的一站式出行平台。

“达达出行”的顺风车业务定位于“共享出行”，旨在进一步释放闲置车辆的利用效率。为了调动广大车主和乘客参与的积极性，“达达出行”有意突出了其社交属性，“像咖啡馆、酒吧一样，私家车也能成为一个半公开、半私密的社交空间”。然而，这一思路给达达顺风车业务带来了灾难性的后果。

2018 年 5 月和 8 月，达达顺风车连续两次发生了女乘客被车主杀害事件，引发社会舆论轩然大波。有关政府部门在第一时间约谈“达达出行”，责令全面整改。在“达达出行”承诺给予被害者巨额赔偿后，国内一家主流报刊发文评论，“生命安全是人类最基本的需求，网络平台不能把资本思维凌驾于公共利益之上”。随后“达达出行”发布公告，自 8 月 27 日起下线全国顺风车业务，进行内部整改。之后，达达顺风车开展了多项整改措施。

(1)调整产品定位和属性。坚决摒弃社交思路，回归顺风车“顺路”属性。达达顺风车永久下线用户真实头像、性别等个人信息展示；限制车主接单次数，确保无法挑单；去掉非行程相关的评价标签，防止隐私泄露等。

(2)完善安全管理控制体系。达达顺风车安全管理优化了 226 项功能，聚焦真正顺路、真实身份核实以及全程的安全防护。

(3)改善激励机制与约束机制，打造友善出行环境。达达顺风车将原有的“信任值”升级为“行为分”，更有效地引导车主和乘客双方在平台上的“好行为”。同时，达达顺风车为用户每次行程免费提供最高 120 万元/人保额的驾乘人员意外险。

下线整改一年多后，2019 年 11 月 20 日上午 9：00 起，达达顺风车终于开启试运营。

要求：

(1)简要分析“达达出行”在 2018 年所面临的法律与合规风险。

(2)简要分析“达达出行”实施收缩战略的原因和方式。

2. ☆四水集团是一家专门从事基础设施研发与建造、房地产开发及进出口业务的公司，1996 年 11 月 21 日在证券交易所正式挂牌上市。2014 年 8 月 8 日，四水集团收到证监局《行政监管措施决定书》，四水集团一系列违规问题被披露出来。

(1)未按规定披露重大关联交易。四水集团监事刘某同时担任 F 公司的董事长、法定代表人；刘某的配偶李某担任 H 贸易公司的董事、总经理、法定代表人。2012 年度，四水集团与 F 公司关联交易总金额 6 712 万元，与 H 贸易公司的关联交易总金额 87 306 万元；2013 年度，四水集团与 H 贸易公司的关联交易总金额为 215 395 万元。这些关联交易均超过 3 000 万元且超过四水集团最近一期经审计净资产的 5%。根据证监会的规定，这些交易属于应当在年报中披露的重大关联交易。但是，四水集团均未在这两年的年度报告中披露上述重大关联交易。

(2)违规在关联公司间进行频繁的资金拆借，非法占用上市公司资金。四水集团无视证监会关于禁止上市公司之间资金相互拆借的有关规定，2012 年 4 月至 2014 年 8 月，向关联公司 H 贸易公司、F 公司拆借和垫付资金 6 笔，共 27 250 万元。

(3)通过派发高额工资等方式变相占用上市公司非经营性资金。四水集团近年来效益很不佳，连续多年没有分红，公司股价也一直处于低迷状态。然而，2011 ~ 2013 年，包括董事长在内的公司高管人数分别为 17 名、19 名和 16 名，合计从公司领走 1 317 万元、1 436 万元和 1 447 万元薪酬，均超过同期四水集团归属于母公司股东的净利润水平。

(4)连续多年向公司董事、监事和高级管

理人员提供购房借款。截至2013年12月31日，四水集团向公司董事、监事和高级管理人员提供购房借款金额达到610万元。上述行为违反了《公司法》关于“公司不得直接或通过子公司向董事、监事、高级管理人员提供借款”的相关规定。

(5)利用上市公司信用为关联公司进行大量违规担保。四水集团2011~2014年为公司高管所属的公司提供担保的金额分别为0.91亿元、5.2亿元、5.6亿元、7.7亿元。公司管理层将四水集团当作融资工具，为自己所属公司解决资金需求。一旦这些巨额贷款到期无法偿还，四水集团就必须承担起还款的责任。

四水集团管理层频繁的违规行为，导致四水集团的发展陷入举步维艰的地步。公司2011~2014年的经营状况不佳，扣除非经常性损益后的净利润出现连续大额亏损的状况。公司连续多年资产负债率高达70%以上，且流动资产和流动负债相差无几，财务风险很大。四水集团的每股收益连续多年走低，远低于上市公司平均水平，反映四水集团股东的获利水平很低。

要求：

(1)依据“三大公司治理问题”，简要分析四水集团存在的公司治理问题的类型与主要表现。

(2)依据《企业内部控制应用指引第6号——资金活动》，简要分析四水集团资金活动存在的主要风险。

3. ☆资料一

C国青亚公司成立于1986年，主营业务是向国内外主要知名钢琴厂家提供钢琴的各种零部件。钢琴的核心部件是码克，做工要求极为精细。2002年青亚公司开始自行研发码克，公司创始人投入多年积蓄，并向亲朋好友借款，累计筹资4 000万元，引进了世界最先进的五轴联动CMC加工技术，同时开发了全套数控系统。由于大量的资金和人员投入，青亚公司实现了码克的自主生产。在2003年举办的国际乐器展销会上，青亚公司的码克以优良的性能和低于欧洲同类产品三分之二的价格受到世界顶尖钢琴企业的关注。欧洲著名钢琴制造商A公司因此向青亚公司购买了大批码克，并提出采用OEM方式生产钢琴整琴的合作意向。青亚公司承接订单后，将码克及配件、A公司的生产要求交给国内一家钢琴生产企业万顺公司生产钢琴整琴。但万顺公司钢琴整琴质量达不到A公司的要求，于是青亚公司决定自己生产钢琴整琴。

在钢琴整琴生产之初，青亚公司确定了“高技术、高质量、高起点”的经营原则，直接与世界领先的设计和工艺接轨。2005年开始，青亚公司先后投资8 500多万元，从发达国家引进钢琴专用数控加工设备16台，组建了现代化的钢琴生产线，采用标准化、系列化、正规化管理，最大限度地应用现代高新科技成果设计和制造钢琴，并注重继承和发展钢琴的传统音乐特性。至此，青亚公司钢琴整琴开始面世，实现了从钢琴配套厂到钢琴整琴生产商的转型。

为了进一步提高钢琴的设计和制造水平，青亚公司聘请了世界顶级钢琴设计、制作、调音、整理检验等专家担任研发团队的高级顾问。青亚公司每年研发费用占销售收入5%以上。青亚公司已拥有31项专利技术，并形成了专业技术人才梯队。

由于钢琴整琴产量和质量不断提升，青亚公司向A公司提出使用联合品牌的要求。经协商，至2007年年底，青亚公司的钢琴开始在欧洲市场以“A—青亚”品牌销售。在欧洲这个钢琴普及率相对较高的市场上，“A”代表质量保证，“青亚”代表价格优势，二者的结合使得青亚公司的钢琴在欧洲市场的占有率不断提高。青亚公司的“A—青亚”牌钢琴随即打入北美市场。短短数年时间，青亚公司知名度和美誉度快速提升，跻身C国三大名牌钢琴生产企业。

资料二

2007年青亚公司以产品创新和品质保障为基点，确定了公司发展的“三步走”战略：即系列钢琴、精品钢琴、智能钢琴三个发展阶段，计划用10年至15年完成。第一步研发生产青亚系列化钢琴，力求建成C国品种最全、销量最大的钢琴生产线；第二步研发生产青亚精品钢琴，确保产品品质达到C国各类品牌钢琴的最高水平；第三步，在精品钢琴的基础上，进一步着手开展智能钢琴研发的准备工作。

青亚公司制定的“三步走”战略和具体实施方案取得了良好的效果。至2011年，青亚公司出厂了20余个品种、几十个款式的系列钢琴；立式精品钢琴也开始投放市场，并取得良好的销售业绩。目前青亚公司正在进行三角精品钢琴的研发工作，并着手开展智能钢琴的研发准备工作。青亚公司始终坚持质量至上的理念，在产品设计、生产、销售、服务的全过程中加强质量控制。青亚公司销售政策规定，如客户发现钢琴存在质量问题，一切退、换及维修费用均由青亚公司承担；对于提出青亚钢琴存在设计缺陷的客户，青亚公司给予一定的奖励。

经过多年跨越式发展，青亚公司的实际产量已经超出原有的设计生产能力，产能瓶颈的限制非常明显。为了满足不断增长的订单需求，青亚公司决定改变过去的融资方式，以进一步扩大生产规模。

青亚公司通过公司股份制改组，进一步明晰了产权，健全了管理制度；同时，引进外部创投机构，增加了公司透明度，为公司上市奠定了基础。2012年青亚股份有限公司在创业板上市，募集了所需资金，开始启动新的精品钢琴及智能钢琴生产线的建设，进一步扩大了生产规模。

资料三

上市后青亚公司面临诸多新的挑战。

第一，随着C国逐渐成为全球钢琴生产中心，C国具有一定规模的钢琴企业增至30多家，普通钢琴市场竞争日趋激烈。青亚公司部分技术人员被新建企业挖走，个别技术人员甚至在离职时带走了一些设计图纸，一些研发项目被迫中断。

第二，金融危机之后，钢琴生产所需部分原材料价格随市场波动上升，C国劳动力成本也持续上升。此外，汇率变化也使青亚公司产品的国际竞争力下降。

第三，国际一流品牌大量进入C国，带来了新技术新观念。顾客对钢琴产品的品质、外观、款式的要求也在不断提高，加大了企业技术创新压力。

面对新的挑战，青亚公司提出未来三年发展目标为：完善产品生产线；扩建钢琴制造工程技术中心，提高研发能力；拓展优化市场渠道。

要求：

(1)简要分析青亚公司与A公司结成战略联盟的类型与双方主要动因。

(2)简述安索夫矩阵包括的发展战略的基本类型；依据研发的战略作用，简要分析青亚公司如何通过研发实现这些战略类型。

(3)简要分析青亚公司上市后所面临的主要市场风险。

4. ☆资料一

建安公司是D省一家食品进出口集团公司旗下的子公司，主营业务是生产和出口A地区生猪。A地区生猪市场有如下特点：

(1)市场需求量大、市场容量比较稳定。猪肉是居民肉类消费的最主要来源，占日常肉类消费的60%以上。由于A地区传统消费习惯的长期存在，其他肉类对猪肉的替代性不大。A地区的农副产品不能自给自足，市场需求基本由大陆地区供给。

(2)国家对内地出口A地区生猪实行配额管理及审批制度。现通过审批的企业近

400家。但是目前看来，配额管理政策有全面放开的趋势。

(3)产品价格高于内地市场价，但质量要求也较高。由于供A地区生猪业务不仅是经济行为，还是一项政治任务，因此，当大陆生猪供应量减少、内地猪肉价格急剧上升时，A地区生猪供应量和价格不会迅速做出相应的调整。但是在市场力量的作用下，随着时间的推移，A地区的生猪价格将缓慢升至合理价位。

(4)市场竞争激烈。由于A地区市场具有很大的特殊性，进入障碍很高，退出却非常容易，因此，各出口企业始终把质量和安全作为核心竞争力，努力把政策性的盈利模式变为市场性的盈利模式，从而在市场中立足。此外，近年来，一些国际金融巨头在中国大肆收购专业养猪场，因而潜在进入者的威胁也不容忽视。

(5)原材料市场还处于买方市场。供A地区生猪企业主要原材料包括饲料、兽药、种猪。从目前国内情况来看，主要原材料产业均是竞争比较激烈的产业，供应商数量较多。

资料二

建安公司资源和能力状况如下：

主要优势：

(1)有50多年的供A地区生猪生产与出口的历史和经验；

(2)掌握向A地区出口配额许可权，有在国家商务部注册的供A地区生猪的两个定点猪场；

(3)供A地区生猪的品质长期得到肯定；

(4)有良好的企业信誉和知名度。

主要劣势：

(1)生猪养殖规模较小；

(2)在整个供A地区生猪产业链中创造价值点单一；

(3)技术水平、管理水平较低。

建安公司在其“十二五”规划中的战略定位为：扩大生猪养殖和出口规模，形成规模化养殖，并积极打造生猪产业链，力保并扩大公司出口A地区业务市场份额，全面整合原材料供给、生猪养殖、出口销售产业链，扩展业务空间，全面提升企业竞争力。建安公司的目标是：扩大生猪出口规模，至2015年实现出口生猪规模50万头(原有规模10万头的5倍)。

在发展途径的选择上，建安公司做了认真的分析。如果采用内部发展方式，需要开发、应用先进技术，迅速扩大生产规模，进入饲料、兽药、种猪等产业，根据建安公司的资源能力状况，一时难以解决发展瓶颈问题。而通过并购方式，需要选择合适的并购对象，还要考虑如何进行价值评估才不会支付过高的收购价格。更重要的是，并购方与被并购方需要很长时间的整合和协调，这些条件在短期内难以达到。因此，建安公司管理层决定采用战略联盟的方式。

资料三

宏达公司是D省一家大型畜牧业企业集团，是中国目前最大的种猪育种和肉猪生产基地。该公司生产规模大，具有生猪经营“原材料供给、生猪养殖、销售”完整的产业链，技术力量雄厚，创新能力较强。但是，该公司没有获得向A地区出口配额许可权，其猪场也不是在商务部注册的供A地区生猪定点猪场，而A地区市场的开发对宏达公司的发展至关重要。

在这样的背景下，建安公司和宏达公司结成战略联盟成为双方共同的意愿。双方管理层就战略联盟事宜进行了协商和谈判。首先确定了战略联盟的类型。根据双方的具体情况，决定采用契约式战略联盟，具体方案是建立产销合作联盟：双方签订收益共享合同，宏达公司给建安公司一个较低的生猪价格，而建安公司给宏达公司一定的收益分成，双方风险共担、收益共享。此外，协商和谈判中对生猪产品的质量标准、双方利益分配、交货、运输及费用的承担问题，以及双方的违约责任和联盟解体等问题都进行了商定。

建安公司对于实施战略联盟方案可能面临的风险也进行了分析，认为战略联盟方案实施过程中可能存在两类风险：一类风险主要体现在由于双方利益分配不均、管理协调不畅导致双方战略意图无法实现；另一类风险主要体现在生猪价格波动、生猪疾病疫情、生猪出口配额管理体系变化导致的风险。建安公司管理层认识到，必须建立风险预控机制，成立专门的风险管理委员会，以便对风险进行预测、识别和应对。

要求：

(1)简述产业 5 种竞争力的基本概念，并对 A 地区生猪市场进行 5 种竞争力分析。

(2)简述企业发展战略可采用的内部发展、外部发展、战略联盟 3 种途径的主要内涵，结合建安公司战略定位和目标、建安公司的资源能力状况，具体分析建安公司没有选择内部发展途径的原因。

(3)简述企业战略联盟形成的动因，分析建安公司与宏达公司结成战略联盟的主要动因。

(4)依据《中央企业全面风险管理指引》，简述分析市场风险可以考虑的几个方面；根据案例中建安公司提出的战略联盟方案实施过程中可能存在的内部与外部两类风险，分析其应该考虑的市场风险。

5. ☆建辉公司是一家民营科技型小企业，由张伟和李杰于 2007 年成立。由于张伟和李杰多年在电力行业工作，对农作物秸秆等生物质能源转化和利用领域比较熟悉，又用了一年时间做调研，最终决定进入这一领域。原因如下：

(1)这是一个朝阳产业，进入这个领域的企业不多，规模很小，竞争不太激烈。

(2)这一产业正处于高速发展时期，受到政府政策的大力支持。

(3)两人都在传统能源行业工作过，对这一领域相对比较熟悉。

(4)这是创业者想成就一番事业的舞台，要去大潮中经受磨炼。

(5)用秸秆作为再生能源的技术在国内已经开始采用。如果要进入农作物秸秆等生物质能源转化和利用领域，就必须开发适应国情的新技术和新设备。

建辉公司创业方向确定之后，首先是制订研究开发计划。

(1)明确研究开发方向。确定了就地固化加工生物质，研究小型、可移动、粉碎、成型一体机的技术思路。虽然还存在很多不完善之处，但方向是正确的。

(2)为研发业务寻求财力支持。研究开发新产品，投入大，周期长，眼前挣不到钱。所以公司还必须有一个挣钱的业务，以支持新能源业务的开发。

(3)获得政府支持。作为创业的中小企业应该寻求政府政策与资金的支持。建辉公司在研发过程中获得过至少 3 项政府项目基金的支持。

(4)落实示范基地。企业创业应该有根据地。根据专家建议，建辉公司将示范基地建在首都的一个生态涵养区。

(5)集中招聘人员的重点是研发人员和销售人员。

(6)坚持“先员工、先外部、先发展”的理念和价值观，营造能够产生创新构思的环境。对于在研发中具有创新思想、做出重要贡献的员工给予重奖，鼓励员工积极参与开发项目并为项目做出贡献。

建辉公司研发团队设定研究目标，并分阶段付诸实施。研发团队坚持在试验现场进行科研攻关，终于成功研制出创新性的生物质粉碎成型一体机，获得发明专利授权，并被认定为国内自主创新产品，建辉公司也被认定为国家级高新技术企业。

建辉公司面临着商业模式的选择：是成为小型秸秆固化压缩成型设备供应商，还是成为秸秆固化压缩颗粒的再生新能源供应商。公司处于两难境地。

如果成为秸秆固化压缩成型设备供应商，因为是自主开发的新技术，还需要不断改进产品，很难保证产品上市后一定有销路。而且，作为一个小企业，一旦产品被仿制，公司没有资金和精力去打官司。建辉公司也知悉一些同行业企业为了尽早盈利，在产品不成熟的情况下，向农户推销家庭式秸秆固化成型机。农民使用效果很不理想，因而可能对建辉公司的产品也很不信任。

如果成为秸秆固化压缩颗粒的再生新能源供应商，公司又可能面临农民提高秸秆价格的可能性。国内一些秸秆发电厂都有这样的经历，在秸秆没有人要时，农民把它当成废物扔掉；当发电厂要收购秸秆，农民就开始讨价还价；当发电厂急需时，秸秆就涨价，甚至被囤积不卖。如果遇到这种情况，建辉公司很难继续生存和发展。另外，建辉公司也担心如果遭遇客户拖欠货款或拒绝付款，作为一家缺乏资金的新公司，将无法运营下去。

如何解决这些问题，建辉公司正在进行新的探索和尝试。

要求：

(1)简要分析建辉公司进入的农作物秸秆等生物质能源转化与利用领域在生命周期中所处的阶段及其特征。

(2)列举发展战略的3种实现途径，分析建辉公司所选择的类型及选择的动因。

(3)战略实施中的研发战略要求管理层制定鼓励创新型构思的政策，分析建辉公司研发过程中是如何体现这些政策的。

(4)根据题中资料，指出建辉公司面对的风险类型。

6. 强盛公司是一家体育用品公司，通过其在国内的530家店铺销售多种高质量的运动服和运动鞋。强盛公司所有商品都由各店铺提供详细的产品要求，然后由总部集中订购。订单通过邮寄方式发给供应商，并用美元结算。

强盛公司采用直线职能制进行管理。公司总部按经营需要设置有相应职能部门。然后再按照地区(例如东北区、华北区、华南区等)，设置区域职能部门负责人，每名区域负责人负责领导该区域内各省市相应职能团队的建设和运行。汇报工作也按照每条职能线汇报到公司总部的职能部门。以营销部门为例，由总部的营销部直接管理，在各地区设立相应的营销大区经理，再由该营销大区经理领导运营各个省市的营销团队和一些共享服务团队。各个营销团队负责当地营销网络的建设、维护，营销计划与执行，定期向营销大区经理汇报工作，再由营销大区经理反馈给公司总部营销部。在各地区所属省份，同时设置了省级营销经理，但是省级营销经理大多数负责协调省市级的营销团队运转和制定省市级的营销计划，他们可以对省市级的营销职能部门提出工作要求，却对具体实施解决方案的省市级的营销职能部门没有直接的管理权。

华北区域新任营销大区经理熊大到任一个月就对H省省级营销经理王强提出了很多想法，其中包括对H省的营销网络建设及提升的意见。王强对此并不认同，认为熊大刚刚上任，对具体情况并不了解。所提意见与H省营销网络的现状并不相符，也未充分考虑H省市场竞争情况。但熊大态度很强硬，因为华北区的营销事务都由熊大管理，由熊大向总部汇报，王强没有直接的管理权力。由于王强的不配合，熊大在H省的计划无法贯彻实施。而熊大也不甘示弱，当王强安排H省的营销团队给当地某大客户提供特定服务时，熊大表示坚决反对，说该服务项目没有通过总部的审核，不符合公司营销计划统一的要求，不可以在一个省内单独实施这样的营销特定服务。

这样的情况在华北区其他省份也时有发

生，B 省省级营销经理李天也对熊大的管理方式表示不满，认为影响了他在当地的战略部署和实施。于是王强和李天将这样的事件汇报给公司总部，希望能够有一套新的组织架构来解决营销团队的问题。

最近有新闻报道称，强盛公司在国内独家代理的某防辐射服装，因其生产中使用的一种化学药品，在阳光下暴晒时间过长会释放毒烟。公司管理层正对此事进行调查。

2008 年，中国承办了奥运会，引发体育消费热情。强盛公司借助全民参与奥运的运动热情，通过向银行借款等方式筹集大笔资金，借助一系列的商业赞助和营销，实现高速增长，店铺数量激增至 1 500 家。扩张速度加快，管理水平却没有得到相应提高，同时赶上消费人群骤降带来的行业低谷，抗风险能力明显下降。库存居高不下，银行还款压力剧增，不得不进行清仓甩卖，大规模关店。

要求：

(1)简要分析强盛公司可能面临的风险类型，并列举可以采取的风险应对策略。

(2)依据《企业内部控制应用指引第 1 号——组织架构》，简要分析强盛公司营销团队需要关注的组织架构风险。

7. 2009 年以来，网页游戏产业快速发展，吸引众多公司纷纷进入这个领域，致使网页游戏产品更新换代频繁，市场竞争激烈。鸿泰科技董事会认识到公司的内部经营管理水平和风险防范能力对企业稳健发展的重要性，对公司内部控制进行了梳理和规范，拟实施的完善措施摘要如下：

(1)根据《公司章程》及相关法律法规的要求，建立股东大会、董事会、监事会等规范的公司治理结构，制定相关议事规则，并明确由公司的内部审计部门负责内部控制的建立健全和有效实施。

(2)公司定期对网络数据备份程序、用户认证程序以及系统安全防护等各项内部控制的有效性进行自我评价，编制内部控制自我评价报告。

(3)建立有效的沟通机制，明确活跃用户及平均在线人数等相关信息的收集、处理和传递程序，能够实时了解战略目标的实施情况并及时沟通反馈。

(4)完善财务会计系统，规范会计凭证、会计账簿和财务会计报告的处理程序，明确会计记录人员负有保管实物资产的职责，确保账实相符、会计资料真实和完整。

(5)明确授权批准的范围、权限、程序、责任等相关内容，各级人员必须在授权范围内行使相应职权，重大的交易业务必须交由董事长审批决策。

(6)建立有效机制以及时发现和识别与实现控制目标相关的内部风险和外部风险，并确定风险应对策略。

2010 年，财政部发布实施企业内部控制规范体系。根据《企业内部控制基本规范》和《企业内部控制配套指引》等，鸿泰科技识别并纠正了上述内部控制中的不当之处。

要求：

(1)指出鸿泰科技拟实施的 6 项完善企业内部控制措施分别属于内部控制五大要素中的哪个要素。

(2)根据我国《企业内部控制基本规范》逐项分析上述各项措施是否恰当，如果存在不当之处，简要说明理由。

8. 甲公司是一家大型综合性企业集团，主要业务包括国际货运代理业务、报关报检业务和新型物流业务，下设 B 责任中心。

国际货运代理业务是本公司的主营业务，所占市场份额比较大，发展速度处于稳定的低速增长，是公司业务中利润贡献最大的业务之一，能为企业提供大量的资金。公司在进入报关报检行业初期就出现了市场竞争非常激烈的情况，此时市场已经趋于饱和，该公司不占有任何优势，市场占有率极低。新型物流业务增长势头迅猛，同业竞争者比较少，很多公司没有能力开展此项综合物流业务，本公司在市场中占据较大的市场份额。

为了进一步增加企业的市场占有率，公司利用客户热线开展市场调查活动，有的放矢地进行广告宣传，提高广告效率。同时，公司引进了作业成本法，进行作业改进，以寻求成本最低的价值创造方式。

根据财政部等五部委联合发布的《企业内部控制基本规范》及其配套指引，结合自身经营管理实际，制定并实施企业内部控制。审计委员会负责内部控制的建立健全、有效实施和内部控制的自我评价；监事会对董事会建立与实施内部控制进行监督；经理层负责组织领导企业内部控制的日常运行。

为了检查公司内部控制的实施效果，甲公司成立了内部控制评价工作组，对内部控制设计与运行情况进行检查评价。内部控制评价工作组接受审计委员会的直接领导，组长由董事会指定，组员由公司各职能部门业务骨干组成。2017 年 5 月，甲公司审计委员会召集公司内部相关部门对检查情况进行讨论，要点如下：

(1)关于内部环境。内部控制评价工作组在对内部环境要素进行测试时，发现对于关键岗位，公司并没有制定相应关键岗位员工强制休假制度。建议确认为内部控制缺陷并加以整改。人事部门负责人表示，关键岗位员工与其他岗位员工一样，已经按照国家、地方及企业规定享受了正常休假，没有必要安排强制休假制度。

(2)关于风险评估。甲公司于 2017 年年初投资了一个新项目。内部控制评价工作组在对公司风险评估机制进行评价时，发现上述投资项目在进行风险识别时，只考虑了该项目相关的外部风险，建议予以整改。风险管理部门负责人表示，投资项目的风险识别主要是识别外部的风险，企业自身的情况已经很清楚了，无需考虑。

(3)关于信息与沟通。内部控制评价工作组检查发现，所有风险信息均由总经理向董事会报告。建议确认为内部控制缺陷并加以整改。风险管理部门负责人表示，风险管理部门对总经理负责，符合公司组织结构、岗位职责与授权分工的规定，不应认定为内部控制缺陷。

(4)关于内部监督。内部控制评价工作组对企业的内部监督进行检查时，发现公司制定了内部控制缺陷认定标准，规定对监督过程中发现的内部控制缺陷都应当追究相关责任单位或者责任人的责任。内部控制评价工作组负责人建议整改。内部审计部门负责人表示，发现内部控制缺陷就应该追究责任，落实责任追究机制。

假定不考虑其他因素。

要求：

(1)根据波士顿矩阵理论，分析甲公司国际货运代理业务、报关报检业务和新型物流业务分别属于哪种业务类型，并说明理由。

(2)依据企业价值链分析理论，判断公司利用客户热线开展市场调查活动，有的放矢地进行广告宣传，属于哪种价值活动，并说明理由。

(3)根据资料(1)(2)(3)(4)，针对内部环境、风险评估、信息与沟通、内部监督要素评价过程中的各种意见分歧，假如你是公司审计委员会主席，逐项说明是否赞同内部控制评价工作组的意见，并逐项说明理由。

四、综合题

甲公司属于建筑防水材料行业，是一家集研发、生产、销售、技术咨询和施工服务为一体的专业化建筑防水系统供应商。

建筑防水材料是建筑功能材料的重要组成部分，随着国家基础设施建设力度的加大和城镇化速度的加快，其应用领域和市场容量将持续扩大。产业政策方面，国家将逐步完善产品标准，规范防水市场，扶持优势企业，淘汰落后产品及产能。受此影响，能够给产品带来优异性能并有利于环保节能的新型建筑防水材料生产技术得以更广泛地应用，2007 年以来新型建筑防水材料生产技术的应用比例已达到 70%，跃居市场主导地位。公司的市场发展环境将得到持续优化，主营产品新型建筑防水材料的市场份额将持续增长。

我国建筑防水行业是一个充分竞争性行业，由于行业分散、市场规模大，尽管经过了多年的竞争淘汰，行业集中度仍然很低。未来我国建筑防水材料行业竞争格局呈现如下趋势：一是在国家产业政策的引导下，防水市场逐步规范，使部分有实力的企业取得了一定的竞争优势和高于行业平均的增长速度，市场集中度逐渐提升，引领着行业的健康发展；二是国家对环境保护的日益重视和相关产业结构调整政策的实施，促使行业内相当一部分环保不达标、生产成本过高的企业退出市场竞争，落后的产品、生产技术及产能将面临淘汰，市场资源逐渐向优势企业集中。

目前在国内市场上与该公司竞争的企业主要包括三类：一是一些老牌的国有防水企业。这些企业在业内拥有较高的知名度，但技术落后；二是近几年快速发展起来的民营防水企业，这些企业以低廉的价格在争夺客户；三是少数拥有品牌和技术优势的外资企业也准备开始进入国内市场。

甲公司在成立之初就重视研发的投入，虽然有一部分投入并没有转化为现实的技术或产品，但经过十余年的发展，该公司积累的技术和研发优势已经形成较为明显的竞争优势，竞争对手在短期内无法超越，形成强大的内生性发展动力，并且企业会更进一步加大研发力度。2010 年公司品牌知名度和美誉度进一步提高，市场版图得到了大力扩张。

(1)公司产品由局部市场走向全国市场的机遇。公司“渗透全国”的市场开发战略成效显著，市场领域已从局部市场走向全国市场，市场辐射能力大幅度提高。但随着公司大规模扩张计划的实施，公司现有的人员已无法满足迅速增长的人才需求，而新增员工可能短期内难以融合现有的企业文化，进而影响公司战略和经营目标的实现。

(2)新产品和应用技术研发能力的提高，使公司产品线不断拓宽，系统集成优势更加明显，应用领域和市场空间不断得到拓展。作为行业内技术领先、产品结构完善的龙头企业，公司将享有更高的市场份额。

(3)行业内的并购重组机遇。随着我国建筑防水行业产品结构调整政策的实施及广大消费者质量意识的逐步提高，市场资源将越来越向注重产品和服务质量、管理能力强、品牌形象良好的优势企业集中，行业将面临重大的整合机会。

(4)加快国际化进程的机遇。国内企业依托成本领先的优势，加大了防水材料出口的力度，防水行业国际化进程逐渐加快。该公司目前也存在一定的产品出口。

基础设施建设项目专业承包商与重点房地产开发商是公司的主要客户。这些建筑和工程项目客户往往要求供应商提供一定额度的垫资，且货款结算周期相对较长。由于公司业务增长较快，同时在当前的招标模式下，客户将支付方式作为选择供应商的重要条款，导致公司应收账款余额增长过快，如果回款不及时将影响公司的资金使用效率和资产的安全，进而影响公司的经营业绩。

公司主要原材料供应商比较稳定，近年来随着原材料采购量及产品种类的逐步增加，公司也相应增加了供应商数量，不存在单一供应商或客户占公司采购、销售比例超过 30%或严重依赖少数供应商及客户的情况。但供应商数量的增多也带来了管理上的难题，有一部分供应商在履行合同方面存在拖期、以次充好等问题，给公司验收工作带来了压力。

公司主要原材料均属于石油化工产品，受国际原油市场的影响较大，因此，如果上述原材料市场价格出现较大幅度波动，将对该公司的盈利水平产生一定影响。

要求：

(1)请使用 SWOT 分析法对该公司的环境进行分析。

(2)该公司在建筑材料行业采用的竞争战略类型是什么？简要分析实施该种竞争战略的风险。

(3)简要分析该公司可能遇到的风险类型，并针对每种可能的风险提出应对策略。

(4)考虑到面临较多风险，公司决定完善风险管理的组织体系，并在董事会下设立风险管理委员会，加强风险管理。简要分析该公司风险管理组织体系应包含的主要组成部分，以及风险管理委员会在风险管理工作中的职责。

(5)结合案例材料判断甲公司采取的货源策略，并简要分析该货源策略的优点。

(6)针对该公司主要原材料均属于石油化工产品，受国际原油市场的影响较大的情况，指出该公司应如何采用金融衍生工具进行应对(假设该公司未来需要买入一批石油产品)。

同步训练答案及解析

一、单项选择题

1. B 【解析】本题考核知识点“企业面对的风险种类”，属于案例分析的典型考法。天成公司的产品含有对人体健康有害的成分，被媒体披露后，公司面临消费者和经销商退货，致使经营出现危机。体现的是天成公司在质量、安全、环保、信息安全等管理中发生失误导致的风险，属于运营风险。

2. A 【解析】乙公司作为供应商没有在合同规定日期及时向甲公司提供设备，表明存在供应商的信用风险。所以选项 A 正确。

3. B 【解析】“J 公司对环境变化反应迟钝，没有及时研究云计算技术。当公司意识到云技术是未来方向时，转型为时已晚”体现的是运营风险中的“企业组织效能、管理现状、企业文化、高、中层管理人员和重要业务流程中专业人员的知识结构、专业经验等方面可能引发的风险”。

4. B 【解析】“东大机器人”项目因过于复杂而最终放弃面临的是技术研发风险。技术研发风险是指在技术研究或开发阶段，外界环境变化的不确定性、技术研发项目本身的难度和复杂性、技术研发人员自身知识和能力的有限性都可能导致技术的研发面临着失败的危险。

5. D 【解析】本题考核知识点“企业面对的风险种类”。题中甲公司没有了解到“Goats”在 H 国的贬义，这是由文化差异造成的，所以是文化风险。

6. C 【解析】从技术活动过程所处的不同阶段考察，技术风险可以划分为技术设计风险、技术研发风险和技术应用风险。该公司将产品投放市场以后被其他公司仿制属于技术应用风险。技术应用风险是指技术成果在产品化、产业化的过程中由一系列不确定性所带来的负面影响或效应。

7. D 【解析】消费者投诉其产品存在巨大隐患，但该公司对此并未在意，表明该公司的质量管理存在问题，同时组织效能也存在问题，因此属于运营风险。

【思路点拨】运营风险的内容较多，记忆有困难，一定要克服困难准确记忆。同时，理解运营风险属于企业内部风险，是企业自身工作出现失误引发的风险。

8. D 【解析】King 公司日常经营主要采用欧元结算，如果欧元汇率发生较大波动，将会对 King 公司财务状况产生一定的影响，因此涉及的市场风险表现为汇率风险。

9. B 【解析】从技术活动过程所处的不同阶段考察，技术风险可以划分为技术设计风险、技术研发风险和技术应用风险。技术研发风险是指在技术研究或开发阶段，由于外界环境变化的不确定性、技术研发项目本身的难度和复杂性、技术研发人员自身知识和能力的有限性都可能导致技术的研发面临着失败的危险。例如，外部环境不具备一个协调规范的产权制度、市场结构、投资管理、政策组成的社会技术创新体系，没有形成一个由社会流动资本、专业技术人员、风险投资者/风险投资公司、筹资/退资渠道组成的高效便利的风险投资体系，或者从微观组织结构看，缺乏灵活的技术开发组织形式，缺乏创新观念和创业理念的企业家精神等，都会由于低水平管理、低效率运行等可能使企业的技术研发活动陷入困境难以实现预期目标。A 公司缺乏灵活的技术开发组织形式，在研发方面远远落后于竞争对手，由此可知属于技术研发风险。

10. D 【解析】运营风险至少要考虑以下几个方面：①企业产品结构、新产品研发可能引发的风险；②企业新市场开发、市场营销策略（包括产品或服务定价与销售渠道、市场营销环境等）可能引发的风险；③企业组织效能、管理现状、企业文化，高层、中层管理人员和重要业务流程中专业人员的知识结构、专业经验等方面可能引发的风险；④期货等衍生产品业务中发生失误带来的风险；⑤质量、安全、环保、信息安全等管理中发生失误导致的风险；⑥因企业内外部人员的道德风险或业务控制系统失灵导致的风险；⑦给企业造成损失的自然灾害风险；⑧企业现有业务流程和信息系统操作运行情况的监管、运行评价及持续改进能力方面引发的风险。本题案例信息主要表现的是财务部经理舞弊，业务控制系统失灵，因此属于运营风险。

11. B 【解析】资金活动需关注的主要风险包括：①筹资决策不当，引发资本结构不合理或无效融资，可能导致企业筹资成本过高或债务危机；②投资决策不当，引发盲目扩张或丧失发展机遇，可能导致资金链断裂或资金使用效益低下；③资金调度不合理、营运不畅，可能导致企业陷入财务困境或资金冗余；④资金活动管控不严，可能导致资金被挪用、侵占、抽逃或遭受欺诈。

12. D 【解析】传染病的流行是甲公司的风险，而甲公司将风险转化为增进企业价值的机会，迅速开发健康菜品，体现了风险管理特征的二重性。

13. B 【解析】传统风险管理，主要由财务会计主管和内部审计等部门负责；全面风险管理，在高层的参与下，每个成员都承担与自己行为相关的风险管理责任。所以选项 B 错误。

14. D 【解析】本题考核知识点“风险管理基本流程——收集风险管理初始信息”。甲公司面对各类新型照相设备的兴起，业务转型迟缓，导致出现巨额亏损，濒临破产。说明甲公司在战略管理的过程中缺乏对环境的认知和适应能力，导致丧失发展的机遇，从而失去竞争优势。属于战略风险。分析战略风险，企业应广泛收集国内外企业战略风险失控导致企业蒙受损失的案例，并至少收集与本企业相关的以下重要信息：①国内外宏观经济政策以及经济运行情况、企业所在产业的状况、国家产业政策；②科技进步、技术创新的有关内容；③市场对该企业产品或服务的需求；④与企业战略合作伙伴的关系，未来寻求战略合作伙伴的可能性；⑤该企业主要客户、供应商及竞争对手的有关情况；⑥与主要竞争对手相比，该企业实力与差距；⑦本企业发展战略和规划、投融资计划、年度经营目标、经营战略，以及编制这些战略、规划、计划、目标的有关依据；⑧该企业对外投融资过程中曾发生或易发生错误的业务流程或环节。选项D属于分析企业运营风险时应收集的信息。

15. D 【解析】风险规避是指企业回避、停止或退出蕴含某一风险的商业活动或商业环境，避免成为风险的所有人。所有销售均采用现金结算，可以回避赊销带来的销售收入无法及时收回的风险。

16. C 【解析】“桐城钢铁公司买下山谷矿山公司51%的股权并获得定价权”无法完全规避铁矿石市场价格波动的风险，也无法降低铁矿石市场价格波动的概率。但可以在铁矿石价格发生波动时，通过拥有山谷矿山公司定价权而降低损失，因此属于风险控制。

17. A 【解析】面对G国先进印刷机在C国的市场占有率迅速提高，中科公司将业务转型为给G国印刷机的用户提供零配件和维修保养服务，取得比业务转型前更高的收益率。说明中科公司退出了印刷机制造市场以避免激烈竞争，属于风险规避。

18. C 【解析】本题考核知识点“风险管理策略的工具”。Pioneer巨灾债券，同时为北美飓风、欧洲风暴和美国加利福尼亚和日本地震提供保障。该种债券属于保险风险证券化的一种，保险风险证券化是将风险事件作为保险标的，通过构造和在资本市场上发行保险连接型证券，使保险市场上的风险得以分散。这种证券的利息支付和本金偿还取决于某个风险事件的发生或严重程度。简单的理解即通过该种债券将风险转移到资本市场上，所以选项C正确。

19. D 【解析】本题考核知识点“风险管理策略——风险管理工具”，属于典型的案例分析题。案例线索“公司在保留原有业务的同时，进入雨具生产业务领域”表明该公司属于战略上的多种经营，是风险对冲里常见的例子之一。

20. C 【解析】风险控制是指通过控制风险事件发生的动因、环境、条件等，来达到减轻风险事件发生时的损失或降低风险事件发生的概率的目的。从四个项目来看，概率相同，因此主要是减轻发生时的损失，丙项目偏差最大，因此应采取风险控制策略。

【思路点拨】风险两大指标一定要记牢：概率和影响程度。重大风险就是发生概率和影响程度都很大的风险。

21. B 【解析】星峰集团了解到该国经常发生地震。一旦发生，将会给投资项目造成损失。表明已经辨识出该种风险，选项B不是可能的原因。风险承担亦称风险保留、风险自留。是指企业对所面临的风险采取接受的态度，从而承担风险带来的后果。对未能辨识出的风险，企业只能采用风险承担。对于辨识出的风险，企业也可能由于以下几种原因采用风险承担：①缺乏能力进行主动管理；②没有其他备选方案；③从成本效益考虑，风险承担是最适宜的方案。

22. B 【解析】风险补偿指企业对风险可能造成的损失采取适当的措施进行补偿。①涉及进行分散投资，属于风险对冲；②预提准备金，属于风险补偿；③通过禁止吸烟，可以降低发生火灾的概率，属于风险控制；④涉及投保，属于风险转移。

23. A 【解析】选项 B 属于风险对冲，选项 C 属于风险转移，选项 D 属于风险承担。

24. B 【解析】风险管理策略的总体定位：①风险管理策略是根据企业经营战略制定的全面风险管理的总体策略；②风险管理策略在整个风险管理体系中起着统领全局的作用；③风险管理策略在企业战略管理的过程中起着承上启下的作用，制定与企业战略相一致的风险管理策略减少了企业战略错误的可能性。所以选项 B“风险管理策略重点在于企业的整体经营战略”的说法错误。

25. C 【解析】期望值通常指的是数学期望，即概率加权平均值：所有事件中，每一事件发生的概率乘以该事件的影响得到乘积，然后将这些乘积相加得到和。本题中，甲基金公司“对所有事件中每一事件发生的概率乘以该事件的影响，然后将这些乘积相加得到风险数值”，采用的是期望值，选项 C 正确。

26. D 【解析】企业一般在无法判断发生概率或无须判断概率的时候，使用最大可能损失作为风险的衡量。风险度量方法包括：①最大可能损失；②概率值；③期望值；④波动性；⑤在险值和直观方法。

27. A 【解析】风险量化的困难包括：①方法误差。企业情况很复杂，致使采用的风险度量不能够准确反映企业的实际情况。所以选项 A 正确。②数据。很多情况下，企业的有关风险数据不足，质量不好。③信息系统。企业的信息传递不够理想，导致需要的信息未能及时到达。④整合管理。数据和管理水平，不能与现存的管理连接。

28. C 【解析】风险管理委员会对董事会负责，主要履行以下职责：①提交全面风险管理年度报告；②审议风险管理策略和重大风险管理解决方案；③审议重大决策、重大风险、重大事件和重要业务流程的判断标准或判断机制，以及重大决策的风险评估报告；④审议内部审计部门提交的风险管理监督评价审计综合报告；⑤审议风险管理组织机构设置及其职责方案；⑥办理董事会授权的有关全面风险管理的其他事项。选项 A 属于风险管理职能部门的职责；选项 B、D 属于董事会的职责。

29. B 【解析】具备条件的企业，董事会可下设风险管理委员会。该委员会的召集人应由不兼任总经理的董事长担任；董事长兼任总经理的，召集人应由外部董事或独立董事担任。该委员会成员中需有熟悉企业重要管理及业务流程的董事，以及具备风险管理监管知识或经验、具有一定法律知识的董事。

30. D 【解析】红凯公司每年最低运营资本是 1 000 万元，有 5% 的可能性需要 1 500 万元才能维持运营，表明该公司 5%破产概率对应的风险资本为 500 万元（1 500－1 000），此时红凯公司的生存概率为 95%（100%－5%＝95%）。如果该公司的风险资本为 510 万元，大于生存概率为 95% 时对应的风险资本 500 万元，因此该公司的生存概率大于 95%。

31. C 【解析】甲公司每年最低运营资本是 5 000 万元，有 10% 的可能性需要 5 800 万元才能维持运营，表明该公司 10%破产概率对应的风险资本为 800 万元（5 800－5 000），此时甲公司的生存概率为 90%（100%－10%＝90%）。有 5%的可能性维持运营需要 6 200 万元才能维持运营，表明该公司 5%破产概率对应的风险资本为 1 200 万元（6 200－5 000），此时甲公司的生存概率为 95%（100%－5%＝95%）。如果该公司的风险资本为 1 000 万元，大于生存概率为 90%时对应的风险资本 800 万元，小于生存概率为 95%时对应的风险资本 1 200 万元，因此该公司的生存概率介于二者之间，选项C正确。

32. C 【解析】本题考核风险理财措施中的损失事件管理。应急资本是一个金融合约，规定在某一时间段内、某个特定事件发生的情况下公司有权从应急资本提供方处募集股本或贷款(或资产负债表上的其他实收资本项目)，并为此按时间向资本提供方缴纳费用，这里特定事件称为触发事件。

33. B 【解析】风险理财可以针对不可控的风险，选项B错误。

34. C 【解析】应急资本是一个金融合约，规定在某一个时间段内、某个特定事件发生的情况下公司有权从应急资本提供方处募集股本或贷款(或资产负债表上的其他实收资本项目)，并为此按时间向资本提供方缴纳费用，这里特定事件称为触发事件。

35. A 【解析】套期保值的目的是降低风险，而投机行为的目的是承担额外的风险以盈利。甲企业从事棉花套期保值的目的是降低棉花价格变动的风险，而不是为了获利，选项A错误。

36. C 【解析】企业需要在3个月后采购一批大豆，并且由于价格要上涨，应买入看涨期权。

37. D 【解析】人民币对美元将均衡升值，美元贬值，直接用美元借款相对于直接用人民币借款偿还的人民币金额要少。所以应该借入美元同时买入等额1年到期远期合约，与负债对冲，降低汇率风险。

38. D 【解析】反舞弊机制属于信息与沟通。具体规定如下：企业应当建立反舞弊机制，坚持惩防并举、重在预防的原则，明确反舞弊工作的重点领域、关键环节和有关机构在反舞弊工作中的职责权限，规范舞弊案件的举报、调查、处理、报告和补救程序。企业至少应当将下列情形作为反舞弊工作的重点：①未经授权或者采取其他不法方式侵占、挪用企业资产，牟取不当利益；②在财务会计报告和信息披露等方面存在的虚假记载、误导性陈述或者重大遗漏等；③董事、监事、经理及其他高级管理人员滥用职权；④相关机构或人员串通舞弊。

39. A 【解析】我国《企业内部控制基本规范》关于内部环境要素的要求，企业应当加强法制教育，增强董事、监事、经理及其他高级管理人员和员工的法制观念，严格依法决策、依法办事、依法监督，建立健全法律顾问制度和重大法律纠纷案件备案制度。

40. A 【解析】授权审批控制要求企业根据常规授权和特别授权的规定，明确各岗位办理业务和事项的权限范围、审批程序和相应责任。企业应当编制常规授权的权限指引，规范特别授权的范围、权限、程序和责任，严格控制特别授权。

41. A 【解析】评估风险影响的常见的定性方法是制作风险评估系图。选项B是定量分析法。选项C和选项D属于干扰项。

42. D 【解析】敏感性分析是针对潜在的风险性，研究项目的各种不确定因素变化至一定幅度时，计算其主要经济指标变化率及敏感程度的一种方法。科环公司“对占用土地的价格、垃圾处理收入和建设周期等不可控因素的变化对该垃圾处理厂内部收益率的影响进行了分析”表明采取的是敏感性分析法，选项D正确。

43. A 【解析】旁推法就是利用类似项目的数据进行统计推论，用某一项目的历史记录对新的类似项目可能遇到的风险进行评估和分析。

44. A 【解析】情景分析法适用于对企业面临的风险进行定性和定量分析。鑫华基金公司按照较好、一般、较差三种假设条件，对公司未来可能遇到的不确定因素及其对公司收入和利润的影响作出定性和定量分析，从这里可以判断出鑫华基金公司使用的风险管理技术与方法是情景分析法。

45. A 【解析】本题考核“德尔菲法”的知识点。德尔菲法又名专家意见法，是在一组专家中取得可靠共识的程序，其基本特征是专家单独、匿名表达各自的观点，同时随着过程的进展，他们有机会了解其他专家的观点。德尔菲法采用背对背的通信方式征询专家小组成员的意见，专家之间不得互相讨论，不发生横向联系，只能与调查人员发生关系。通过反复填写问卷，搜集各方意见，以形成专家之间的共识。

46. B 【解析】马尔科夫分析法通常用于对那些存在多种状态(包括各种降级使用状态)的可维修复杂系统进行分析。该方法主要围绕“状态”这个概念展开，而随机转移概率矩阵可用来描述状态间的转移，以便计算各种输出结果。

47. C 【解析】德尔菲法又名专家意见法，是在一组专家中取得可靠共识的程序，其基本特征是专家单独、匿名表达各自的观点，同时随着过程的进展，他们有机会了解其他专家的观点。德尔菲法采用背对背的通信方式征询专家小组成员的意见，专家之间不得互相讨论，不发生横向联系，只能与调查人员发生关系。通过反复填写问卷，搜集各方意见，以形成专家之间的共识。主要优点：①由于观点是匿名的，因此专家更有可能表达出那些不受欢迎的看法；②所有观点有相同的权重，避免重要人物的观点占主导地位的问题；③专家不必一次聚集在某个地方，比较方便；④专家最终形成的意见具有广泛的代表性。局限性：①权威人士的意见难免影响他人的意见；②有些专家可能碍于情面，不愿意发表与其他人不同的意见；③出于自尊心而不愿意修改自己原来的意见；④德尔菲法的主要缺点是过程比较复杂，花费时间较长。选项 A、B、D 属于头脑风暴法的特点。

48. A 【解析】风险评估系图的横坐标是可能性，纵坐标是影响。与影响较小且发生的可能性较低的风险相比，具有重大影响且发生的可能性较高的风险更加亟待关注。所以本题中应将注意力集中应对所面临的风险是风险①和风险②。

二、多项选择题

1. ABC 【解析】本题考核知识点“风险的概念”，针对原文考核，不属于考试主要点。企业风险是指未来的不确定性对企业实现其经营目标的影响。理解这个定义需要把握以下几个方面：①企业风险与企业战略相关。②风险是一系列可能发生的结果，不能简单理解为最有可能的结果。③风险既具有客观性，又具有主观性。风险是事件本身的不确定性，但却是在一定具体情况下的风险，可以由人的主观判断来决定选择不同的风险。④风险往往与机遇并存。风险不一定是坏事，在许多情况下，风险孕育着机会，有风险是机会存在的基础，所以选项 D 错误。

2. AD 【解析】本题考核知识点“企业面对的风险种类”，以案例形式进行考核，属于典型考法。“政府宏观调控政策出台”表明存在政治风险，政治风险是指完全或部分由政府官员行使权力和政府组织的行为而产生的不确定性。“把以投资建设环保项目为由从银行取得的贷款转而投入了房地产开发”表明存在法律和合规风险。

3. ABD 【解析】A 公司在美国注册，甲公司收购 A 公司会遇到社会文化风险。A 公司从事心血管疾病单一原料药的研发、生产和销售，产品结构不合理，会遇到运营风险。A 公司结算货币主要为美元及欧元币种，会遇到汇率风险(市场风险)。

4. BCD 【解析】选项 B 属于应对市场风险

(主要客户的信用风险)的情况。选项 C 属于应对政治风险的情况。选项 D 属于应对市场风险(汇率风险)的情况。

5. BD 【解析】原材料价格上涨属于市场风险。部分农民拒绝供货属于市场风险中的主要供应商的信用风险。

6. ABD 【解析】选项 A 属于企业产品结构、新产品研发可能引发的风险。选项 B 属于企业新市场开发情况，市场营销策略可能引发的风险。选项 D 属于企业现有业务流程和信息系统操作运行情况的监管、运行评价及持续改进能力方面引发的风险。选项 C 属于市场风险(潜在进入者、竞争者、与替代品的竞争带来的风险)。

7. BC 【解析】本题考核知识点“企业面对的风险种类”。税收风险指由于税收政策变化使企业税后利润发生变化产生的风险，X 国对我国出口的摩托车大幅提高了关税，组建合资公司可以有效规避高关税引发的利润变化风险，所以选项 B 正确。同时，关税也是政治风险的一个组成因素，组建合资公司同样可以规避政治风险，所以选项 C 正确。

8. AB 【解析】本题考核“企业面对的风险种类”的知识点。市场上发生多起甲公司的手机电池爆炸，给用户造成人身和财产损失的事故，可能引发一些法律风险，如法律诉讼等；甲公司详细调查后发现，乙公司提供的手机电池质量不合格，存在很大的安全隐患，属于运营风险中的质量、安全、环保、信息安全等管理中发生失误导致的风险。所以选项 A、B 正确。

9. BD 【解析】提供个性化定制产品服务时缺乏设计制造经验，表明存在技术风险。产品质量未达到客户特殊要求，表明存在运营风险。

10. BCD 【解析】甲公司把通过银行贷款取得的大部分技改项目基金投入股市将面临违反法律或监管要求而受到制裁的风险，属于法律和合规风险。由于政府宏观管理措施的出台和股市的暴跌，说明甲公司面临政治风险。甲公司投入股市的资金无法收回，说明甲公司面临战略目标无法实现的风险。选项 BCD 正确。

11. BCD 【解析】本题考核“企业内部控制应用指引第 4 号——社会责任”的知识点。选项 A 属于企业文化需关注的主要风险。

12. ABC 【解析】销售业务需关注的主要风险包括：①销售政策和策略不当，市场预测不准确，销售渠道管理不当等，可能导致销售不畅、库存积压、经营难以为继；②客户信用管理不到位，结算方式选择不当，账款回收不力等，可能导致销售款项不能收回或遭受欺诈；③销售过程存在舞弊行为，可能导致企业利益受损。选项 D 属于合同管理的风险。

13. ABCD 【解析】工程项目需关注的主要风险：①立项缺乏可行性研究或者可行性研究流于形式，决策不当，盲目上马，可能导致难以实现预期效益或项目失败。②项目招标暗箱操作，存在商业贿赂，可能导致中标人实质上难以承担工程项目、中标价格失实及相关人员涉案。③工程造价信息不对称，技术方案不落实，预算脱离实际，可能导致项目投资失控。④工程物资质次价高，工程监理不到位，项目资金不落实，可能导致工程质量低劣，进度延迟或中断。⑤竣工验收不规范，最终把关不严，可能导致工程交付使用后存在重大隐患。

14. ABC 【解析】与企业财务报告控制活动有关的风险包括：①编制财务报告违反会计法律法规和国家统一的会计准则制度，可能导致企业承担法律责任和声誉受损；②企业提供虚假财务报告，误导财务报告使用者，造成决策失误，干扰市场秩序；③企业不能有效利用财务报告，难以及时发现企业经营管理中的问题，可能导致企业财务和经营风险失控。

15. BCD 【解析】风险管理主要运用于企业战略管理层面，选项 A 错误。

16. ABD 【解析】分析市场风险至少收集与本企业相关的以下重要信息：①产品或服务的价格及供需变化；（选项 D 正确）②能源、原材料、配件等物资供应的充足性、稳定性和价格变化；（选项 B 正确）③主要客户、主要供应商的信用情况；④税收政策和利率、汇率、股票价格指数的变化；（选项 A 正确）⑤潜在竞争者、竞争者及其主要产品、替代品情况。

17. BCD 【解析】本题考核知识点“风险管理基本流程——风险管理的监督与改进”，是对理论知识原文的考核。企业内部审计部门应至少每年一次对包括风险管理职能部门在内的各有关部门和业务单位能否按照有关规定开展风险管理工作及其工作效果进行监督评价，监督评价报告应直接报送董事会或董事会下设的风险管理委员会和审计委员会。企业风险管理职能部门应定期对各部门和业务单位风险管理工作实施情况和有效性进行检查和检验，要根据在制定风险策略时提出的有效性标准的要求对风险管理策略进行评估，对跨部门和业务单位的风险管理解决方案进行评价，提出调整或改进建议，出具评价和建议报告，及时报送企业总经理或其委托分管风险管理工作的高级管理人员。企业各有关部门定期对风险管理工作进行自查和检验，及时发现缺陷并改进，风险管理报告应该及时报送风险管理职能部门，而不是总经理，所以选项 A 错误。

18. AC 【解析】向国际保险公司对该项目政治风险投保属于风险转移，在原料、零配件的采购上适当以当地企业优先属于风险控制（控制风险发生的概率）。

19. BD 【解析】从资料中可以分析出损失额在一定数量内的，由星云公司独自承担。当损失额超过一定数量时，超过部分由奇象公司赔偿，即将超过部分的风险转移给了对方。所以星云公司采取的风险管理工具包括风险承担和风险转移。

20. BD 【解析】风险转移指企业通过合同将风险转移到第三方，企业对转移后的风险不再拥有所有权。例如：①保险。②非保险型的风险转移。例如，服务保证书等。③风险证券化。选项 A 属于风险控制。选项 C 属于风险规避。

21. ABD 【解析】加强对借款人的信用评估；单个借款人最高借款额为 15 万元。这两种措施属于风险控制，可以降低风险发生的概率，以及风险发生后造成的影响。坚持“小额分散”的原则，即借款的客户分散在不同的地域、行业、年龄和学历，属于风险对冲。在手续费中按一定比例提取风险准备金，属于风险补偿。

22. ABCD 【解析】风险转换可以在低成本或者无成本的情况下达到目的，选项 A 错误。同一风险在不同行业的风险偏好不同，各方面相似的企业说明面临的风险类似，处于不同行业，其风险偏好也不同，选项 B 错误。重大风险的风险偏好是企业的重大决策，应由董事会决定，选项 C 错误。风险偏好可以定性，但风险承受度一定要定量，选项 D 错误。

23. AB 【解析】本题考核知识点“风险管理策略——风险度量”。期望值即概率加权平均值，是建立在概率基础上的，所以选项 A 正确。在险值对数据要求非常严格，同样是建立在概率统计基础之上的，所以选项 B 正确。

24. ABD 【解析】根据风险与收益平衡原则，确定风险管理的优先顺序可以考虑以下几个因素：(1)风险事件发生的可能性和影响；(2)风险管理的难度；(3)风险的价值或管理风险可能带来的收益；

(4)合规的需要；(5)对企业技术、设备、人力、资金的需求；(6)利益相关者的要求。

25. ACD 【解析】内审部门提交的风险管理监督评价审计报告由董事会批准，风险管理委员会审议，选项A是答案。企业全面风险管理年度工作报告由董事会审议并提交股东大会，选项C是答案。并购六三公司属于重大决策，其风险评估报告由风险管理委员会审议，董事会批准，选项D是答案。

『提示』结合本题巩固董事会、风险管理委员会、风险管理职能部门、企业其他职能部门及各业务单位、审计委员会(内部审计部门)在风险管理工作中各自的职责。

董事会就全面风险管理工作的有效性对股东(大)会负责，风险管理委员会对董事会负责，风险管理职能部门对总经理或其委托的高级管理人员负责，企业内部审计部门对审计委员会负责，企业其他职能部门及各业务单位应接受风险管理职能部门和内部审计部门的组织、协调、指导和监督。

26. CD 【解析】预期损失融资一般作为运营资本的一部分，而非预期损失融资则属于风险资本的范畴，选项C错误。应急资本的提供方并不承担特定事件发生的风险，选项D错误。

27. AC 【解析】该经销商采用期货套期保值，采取的风险管理方法是风险对冲。套期保值可以将现货市场价格波动的风险对冲，回避了价格风险。

28. CD 【解析】风险理财需要判断风险的定价，所以选项A错误。传统的风险理财是损失理财，目的是降低公司承担的风险，而现代风险理财是可以创造价值的，是对机会的利用，所以选项B错误。

29. ABD 【解析】“南方石油公司成立了自己的专属保险公司，为母公司提供保险，并由母公司筹集总计10亿元的保险费，建立损失储备金”可以判断南方石油公司采用的是损失事件管理中的专业自保。专业自保公司的优点包括：降低运营成本；改善公司现金流；保障项目更多；公平的费率等级；保障的稳定性；直接进行再保险；提高服务水平；减少规章的限制；国外课税扣除和流通转移。

30. ABC 【解析】审计委员会应每年对其权限及其有效性进行复核，而不是每两年，选项D错误。

31. BC 【解析】选项A属于内部环境；选项D属于控制活动。

32. AB 【解析】综合运用风险规避、风险降低、风险分担和风险承受等风险应对策略，实现对风险的有效控制，属于风险评估，选项A正确。结合业务特点和内部控制要求设置内部机构，明确职责权限，将权利和责任落实到各责任单位，属于控制环境，选项B正确。

33. CD 【解析】本题考核“内部控制的要素——内部环境”的知识点。选项A属于信息与沟通要素的内容，选项B属于控制活动要素的内容。

34. AB 【解析】为保护这些专利，公司专门配备了保险箱，并在研发大楼内设立了门禁和保安属于财产保护控制，选项A正确。由未参与销售的雇员对收款机中的现金进行清点属于不相容职务分离控制，选项B正确。

35. ABCD 【解析】企业应当关注的反舞弊工作重点有：①未经授权或采取其他不法方式侵占、挪用企业资产，牟取不当利益；②在财务会计报告和信息披露等方面存在的虚假记载、误导性陈述或者重大漏报等；③董事、监事、经理及其他高级管理人员滥用职权；④相关机构或人员串通舞弊等。选项A、B、C、D均正确。

36. BC 【解析】风险管理技术与方法包括

头脑风暴法、德尔菲法、失效模式、影响和危害度分析法、流程图分析法、马尔科夫分析法、风险评估系图法、情景分析法、敏感性分析法、事件树分析法、决策树法、统计推论法。

37. AD 【解析】根据题目信息可以判断甲林场使用的方法是事件树分析法。事件树分析法适用于具有多种环节的故障发生以后，在各种减轻事件严重性的影响下，对多种可能后果的定性和定量分析，甲林场所选择的风险管理方法是事件树分析法。主要优点为：①ETA 以清晰的图形显示了经过分析的初始事项之后的潜在情景，以及缓解系统或功能成败产生的影响；②它能说明时机、依赖性，以及很烦琐的多米诺效应；③它生动地体现事件的顺序。选项 A、D 正确。

三、简答题

1.【答案】

(1)合规风险侧重于行政责任和道德责任的承担。“达达出行”在 2018 年所面对的合规风险为“达达顺风车连续两次发生了女乘客被车主杀害事件，引发社会舆论轩然大波”“有关政府部门在第一时间约谈‘达达出行’，责令全面整改”“国内一家主流报刊发文评论，‘生命安全是人类最基本的需求，网络平台不能把资本思维凌驾于公共利益之上’”。

法律风险则侧重于民事责任的承担。“达达出行”在 2018 年所面对的法律风险为“达达出行’承诺给予被害者巨额赔偿”。

(2)①“达达出行”实施收缩战略的原因是被动原因(内部环境原因)。由于企业内部经营机制不顺、决策失误、管理不善等原因，企业(或企业某业务)经营陷入困境，不得不采用收缩措施。“这一思路给达达顺风车业务带来灾难性的后果，……，2018 年 5 月和 8 月，达达顺风车连续两次发生了女乘客被车主杀害事件，引发社会舆论轩然大波，‘达达出行’发布公告，自 8 月 27 日起下线全国顺风车业务，进行内部整改”。

②“达达出行”实施收缩战略的方式包括：

A. 紧缩与集中战略中的机制变革。包括：

a. 重新制定新的政策和建立新的管理控制系统。“完善安全管理控制体系。……”。

b. 改善激励机制与约束机制。“改善激励机制与约束机制，打造友善出行环境。……”。

B. 转向战略。

a. 重新定位或调整现有的产品和服务。“调整产品定位和属性。坚决摒弃社交思路，回归顺风车‘顺路’属性，……”。’

b. 调整营销策略。“达达顺风车为用户每次行程免费提供最高 120 万元/人保额的驾乘人员意外险”。

2.【答案】

(1)四水集团存在的公司治理问题的类型是经理人对于股东的“内部人控制”问题。主要表现有：

①信息披露不规范、不及时。“未按规定披露重大关联交易……根据证监会的规定，这些交易属于应当在年报中披露的重大关联交易。但是，四水集团均未在这两年的年度报告中披露上述重大关联交易”。

②工资、奖金等收入增长过快，侵占利润。“通过派发高额工资等方式变相占用上市公司非经营性资金。四水集团近年来效益很不佳，连续多年没有分红，公司股价也一直处于低迷状态。然而，2011～2013 年，包括董事长在内的公司高管人数分别为 17 名、19 名和 16 名，合计从公司领走 1 317 万元、1 436 万元和 1 447 万元薪酬，均超过同期四水集团归属于母公司股东的净利润水平”。

③侵占资产，转移资产。“违规在关联公司间进行频繁的资金拆借，非法占用上市公司资金”“连续多年向公司董事、监事和高级管理人员提供购房借款”。

(2)本案例中，四水集团资金活动存在的主要风险有两个：

①资金活动管控不严，可能导致资金被挪用、侵占、抽逃或遭受欺诈。“违规在关联公司间进行频繁的资金拆借，非法占用上市公司资金”“连续多年向公司董事、监事和高级管理人员提供购房借款”“利用上市公司信用为关联公司进行大量违规担保……一旦这些巨额贷款到期无法偿还，四水集团就必须承担起还款的责任”。

②资金调度不合理、营运不畅，可能导致企业陷入财务困境。一方面，“在关联公司间进行频繁的资金拆借，2012 年 4 月至 2014 年 8 月，向关联公司 H 贸易公司、F 公司拆借和垫付资金 6 笔，共 27 250 万元”；另一方面“公司连续多年资产负债率高达 70%以上，且流动资产和流动负债相差无几，财务风险很大”；导致“2011 ~ 2014 年的经营状况不佳，扣除非经常性损益后的净利润出现连续多年大额亏损的状况”。

3.【答案】

(1)青亚公司与 A 公司结成战略联盟的类型是功能性协议(或契约式联盟)。“A 公司因此向青亚公司购买了大批码克，并提出采用 OEM 方式生产钢琴整琴的合作意向。”

双方主要动因：

①促进技术创新。“在钢琴整琴生产之初，青亚公司就确定了‘高技术、高质量、高起点’的经营原则，直接与世界领先的设计和工艺接轨。”

②避免经营风险。“青亚公司的码克以优良的性能和低于欧洲同类产品三分之二的价格受到世界顶尖钢琴企业的关注。欧洲著名钢琴制造商 A 公司因此向青亚公司购买了大批码克，并提出采用 OEM 方式生产钢琴整琴的合作意向。”

③避免或减少竞争。“二者的结合使得青亚公司的钢琴在欧洲市场的占有率不断提高。”

④实现资源互补。“‘A’代表质量保证，‘青亚’代表价格优势。”

⑤开拓新的市场。“青亚公司的钢琴在欧洲市场的占有率不断提高。青亚公司的‘A—青亚’牌钢琴随即打入北美市场。”

(2)安索夫矩阵包括的发展战略的基本类型有：

①市场渗透——现有产品和现有市场；

②市场开发——现有产品和新市场；

③产品开发——新产品和现有市场；

④多元化——新产品和新市场。

依据研发的战略作用，研发支持上述 4 种发展战略。

①可以通过产品求精实现市场渗透和市场开发战略。“青亚公司的码克以优良的性能和低于欧洲同类产品三分之二的价格受到世界顶尖钢琴企业的关注。”“青亚公司的钢琴在欧洲市场的占有率不断提高，青亚公司的‘A—青亚’牌钢琴随即打入北美市场。”

②产品开发和产品多元化需要更显著的产品创新。“由于大量的资金和人员投入，青亚公司实现了码克的自主生产。”“为了进一步提高钢琴的设计和制造水平，青亚公司聘请了世界顶级钢琴设计、制作、调音、整理检验等专家担任研发团队的高级顾问。青亚公司每年研发费用占销售收入 5%以上。青亚公司已拥有 31 项专利技术，并形成了专业技术人才梯队。”“青亚公司实现了从钢琴配套厂到钢琴整琴生产商的转型。”“青亚公司以产品创新和品质保障为基点，确定了公司发展的‘三步走’规划：即系列钢琴、精品钢琴、智能钢琴三个发展阶段。”

(3)青亚公司上市后所面临的主要市场风险：

①产品或服务的价格及供需关系变化带来的风险。“具有一定规模的钢琴企业增至 30 多家，普通钢琴市场竞争日趋激烈”

“国际一流品牌大量进入C国，带来了新技术新观念。顾客对钢琴产品的品质、外观、款式的要求也在不断提高。”这都会使原有的供需关系发生变化。

②从供应者角度考虑产品或服务的价格及供需关系变化带来的风险。“钢琴生产所需部分原材料价格随市场波动上升，C国劳动力成本也持续上升。”

③汇率、股票价格指数的变化带来的风险。“汇率变化也使青亚公司产品的国际竞争力下降”“青亚股份有限公司在创业板上市”，将面临股票价格指数的变化带来的风险。

④潜在进入者、竞争者的竞争带来的风险。“具有一定规模的钢琴企业增至30多家，市场竞争日趋激烈”“国际一流品牌大量进入C国，带来了新技术新观念。”

4.【答案】

(1)在每一个产业中都存在5种基本竞争力量，即潜在进入者进入威胁、替代品的替代威胁、供应者讨价还价能力、购买者讨价还价能力、产业内现有企业的竞争。在一个产业中，这5种力量共同决定产业竞争的强度以及产业利润率，最强的一种或几种力量占据着统治地位并且从战略形成角度来看起着关键性作用。

A地区生猪市场5种竞争力分析：

①潜在进入者进入威胁。“国家对内地出口A地区生猪实行配额管理及审批制度”“进入障碍很高”，说明目前潜在进入者进入威胁不大，但随着配额管理政策的放开，“潜在进入者的威胁也不容忽视”。

②替代品的替代威胁。“由于A地区传统消费习惯的长期存在，其他肉类对猪肉的替代性不大”。替代品的威胁不大。

③供应者讨价还价能力。“原材料市场还处于买方市场……从目前国内情况来看，主要原材料产业均是竞争比较激烈的产业，供应商数量较多”。供应者讨价还价能力不大。

④购买者讨价还价能力。“产品价格高于内地市场价，但质量要求也较高。由于供A地区生猪业务不仅是经济行为，还是一项政治任务，因此，当大陆生猪供应量减少、内地猪肉价格急剧上升时，A地区生猪供应量和价格不会迅速做出相应的调整”。说明购买者讨价还价能力较强。

⑤产业内现有企业的竞争。“市场竞争激烈”“各出口企业始终把质量和安全作为核心竞争力，努力把政策性的盈利模式变为市场性的盈利模式，从而在市场中立足”。说明产业竞争激烈，竞争对手实力较强。

(2)①外部发展是指企业通过取得外部经营资源谋求发展的战略。外部发展的狭义内涵是并购，并购包括收购与合并，收购指一个企业(收购者)收购和吸纳了另一个企业(被收购者)的业务。合并指同等企业之间的重新组合。

②内部发展指企业利用自身内部资源谋求发展的战略，内部发展的狭义内涵是新建，即建立一个新的企业。

③战略联盟是指两个或两个以上经营实体之间为了达到某种战略目的而建立的一种合作关系。合并或兼并意味着战略联盟的结束。

建安公司的战略定位和目标为：一要“扩大生猪养殖和出口规模，形成规模化养殖”“至2015年实现出口生猪规模50万头(原有规模10万头的5倍)”。二要“积极打造生猪产业链……全面整合原材料供给、生猪养殖、出口销售产业链，扩展业务空间”。而其资源能力的主要劣势又是“生猪养殖规模较小”“在整个供A地区生猪产业链中创造价值点单一”。因此公司的发展定位、目标与其资源能力存在很大差距，如果采用内部发展途径，一时难以解决发展瓶颈问题。

(3)促使战略联盟形成的主要动因可以归结为以下6个方面：①促进技术创新；②避免经营风险；③避免或减少竞争；

④实现资源互补；⑤开拓新的市场；⑥降低协调成本。

建安公司与宏达公司结成战略联盟的主要动因主要体现在①④⑤⑥。

①促进技术创新。建安公司“技术水平、管理水平较低”，而宏达公司“技术力量雄厚，创新能力较强”。建安公司通过战略联盟方案实施，促进技术创新。

④实现资源互补。建安公司“有50多年的供A地区生猪生产与出口的历史和经验”“掌握向A地区出口配额许可权，有在国家商务部注册的供A地区生猪的两个定点猪场”，但是，“生猪养殖规模较小”“在整个供A地区生猪产业链中创造价值点单一”“技术水平、管理水平较低”；宏达公司“生产规模大，具有生猪经营……完整的产业链，技术力量雄厚……但是，该公司没有获得向A地区出口配额许可权，其猪场也不是在商务部注册的供A地区生猪定点猪场”。双方实现资源互补动机明显。

⑤开拓新的市场。一方面，建安公司战略定位要“扩大公司出口A地区业务市场份额”，另一方面，“A地区市场的开发对宏达公司的发展至关重要”，所以双方通过战略联盟开拓新的市场战略动机明显。

⑥降低协调成本。与并购方式相比，战略联盟的方式不需要进行企业的整合，可以降低协调成本。本案例中，建安公司认为，如果采用并购方式“并购方与被并购方需要很长时间的整合和协调”，所以建安公司决定采用战略联盟方式降低协调成本动机明显。

(4)依据《中央企业全面风险管理指引》，分析市场风险可以考虑以下几个方面：

①产品或服务价格及供需变化带来的风险。

②能源、原材料、配件等物资供应的充足性、稳定性和价格的变化带来的风险。

③主要客户、主要供应商的信用风险。

④税收政策和利率、汇率、股票价格指数的变化带来的风险。

⑤潜在进入者、竞争者与替代品的竞争带来的风险。

根据案例中建安公司提出的战略联盟方案实施过程中可能存在的内部与外部两类风险，其应该考虑的市场风险主要体现在①③⑤。

①产品或服务价格及供需变化带来的风险。“生猪价格波动、生猪疾病疫情”，都可能带来这一风险。

③主要供应商的信用风险。“由于双方利益分配不均、管理协调不畅导致双方战略意图无法实现”可能对建安公司带来其主要供应商宏达公司的信用风险。

⑤潜在进入者带来的风险。“生猪出口配额管理体系变化”可能带来潜在进入者进入的风险。

5.【答案】

(1)根据产品生命周期不同阶段的特征分析，本案例中建辉公司准备进入的农作物秸秆生物质能源转化与利用领域正处于产品生命周期的导入期。

第一，建辉公司调研发现该行业进入企业不多，且规模都比较小，建辉公司自身也是一家刚开始创业的小企业，导入期具有“企业规模可能非常小”的特征。

第二，用秸秆作为再生能源的技术在国内已经开始采用，建辉公司要“开发适应国情的新技术和新设备”，但“还存在很多不完善之处”，产品还在不断改进，导入期具有“产品类型、特点、性能和目标市场方面尚在不断发展变化当中”的特征。

第三，建辉公司开发新的产品，“眼前挣不到钱”，在导入期“销量小，产能过剩，生产成本高，使得净利润较低”。

所以，建辉公司准备进入的农作物秸秆等生物质能源转化与利用领域符合行业生命周期导入期的各种特征，可以判断该行业正处于导入期。

(2)企业发展战略的实现途径分为3种类

型：并购、内部发展和战略联盟。

建辉公司所采用的是内部发展战略。内部发展，也称内生增长，是指企业在不收购其他企业的情况下利用自身的规模、利润、活动等内部资源来实现扩张。

建辉公司采取内部发展战略有以下动因：第一，两位年轻人认识到，“必须开发适应国情的新技术和新设备”。建辉公司要通过内部开发使产品更接近市场需求。第二，建辉公司调研发现，这是一个朝阳产业，这个领域进入者还不多，企业规模也很小；且建辉公司要开发的技术在国内尚属首创(公司后来开发的产品获得发明专利)。这种情况下，不存在合适的收购对象。第三，“这是创业者想成就一番事业的舞台，要去大潮中经受磨炼”。通过内部发展管理者更能够得到职业发展机会。第四，由于建辉公司所要开发的技术在国内尚属首创(公司后来开发的产品获得发明专利)，所以内部发展应该是唯一合理的实现真正技术创新的方法。第五，可以有计划地获得内部财务支持。建辉公司为了维持产品开发，需要有一个挣钱的业务给予新能源业务财务支持。如果并购其他企业，就不可能如此有计划地获得财务上的支持。第六，风险较低是内部发展方式共同的优点，不必承担被收购企业的各种包袱，也不必承担两个企业整合的风险。建辉公司采用内部发展方式同样具备这一优点。

(3)第一，对创新给予财务支持。建辉公司为了维持产品开发，正在寻找一个挣钱的业务给予新能源业务财务支持，并努力争取获得政府项目基金的支持。

第二，使员工有机会在一个能够产生创新构思的环境中工作。建辉公司研发团队坚持在试验现场进行科研公关，并且坚持“先员工、先外部、先发展”的理念和价值观，营造了能够产生创新构思的环境。

第三，管理层积极鼓励员工和客户提出新构思。建辉公司对于在研发中具有创新思想、做出重要贡献的员工给予重奖，鼓励员工积极参与开发项目并为项目做出贡献。

第四，集中招聘具有创新技能的员工。建辉公司创业初期集中招聘人员的重点是研发人员和销售人员。

第五，战略计划应有助于创新目标的达成，对成功实现目标的员工给予奖励。建辉公司研发团队设定目标，分阶段实施；且对于在研发中具有创新思想、做出重要贡献的员工给予重奖，这些举措有助于创新目标的达成。

(4)建辉公司可能面对的风险主要包括：

第一，内部风险。

①运营风险。建辉公司自主开发新技术，还需要不断改进产品，很难保证产品上市后一定有销路。

②财务风险。建辉公司如果遭遇客户拖欠货款或拒绝付款，可能造成资金链断裂，陷入财务困境甚至破产，客户的信用风险进一步转化为资金回收风险。

③战略风险。如果成为秸秆固化压缩成型设备供应商，面临被仿制和农民不信任的危险，导致无法实现战略目标。如果成为秸秆固化压缩颗粒的再生新能源供应商，面临农民涨价，甚至囤积不卖的危险，建辉公司很难继续生存和发展。

第二，外部风险。

①市场风险。农民可能提高秸秆价格，导致市场风险。建辉公司如果遭遇客户拖欠货款或拒绝付款，将无法运营下去，属于信用风险的范畴。

②技术风险。建辉公司如果成为秸秆固化压缩成型设备供应商，因为是自主开发的新技术，还需要不断改进产品，很难保证产品上市后一定有销路。建辉公司也知悉一些同行业企业为了尽早盈利，在产品不成熟的情况下，向农户推销家庭式秸秆固化成型机。农民使用效果很不理想，因而

可能对建辉公司的产品也很不信任。这将会导致技术应用风险。

6.【答案】

(1)根据上述信息，强盛公司面临的风险包括：

①市场风险中的汇率风险。公司因用美元进行采购而面临外汇风险。

②运营风险。公司在国内独家代理的某防辐射服装存在的安全问题，可能损害公司声誉，影响其产品的销售。扩张速度加快，管理水平却没有得到相应提高，同时赶上消费人群骤降带来的行业低谷，抗风险能力明显下降。库存居高不下，银行还款压力剧增，不得不进行清仓甩卖，大规模关店。

③战略风险。2008 年，借助全民参与奥运的运动热情，通过一系列的商业赞助和营销，实现高速增长，店铺数量激增至 1 500 家，没有明确的发展战略规划。

④财务风险。向银行借入大笔资金，还款压力剧增。

一般情况下，对战略、财务、运营风险，可采取风险承担、风险规避、风险转换、风险控制等方法。对能够通过保险、期货、对冲等金融手段进行理财的风险，可以采用风险转移、风险对冲、风险补偿等方法。

(2)依据《企业内部控制应用指引第 1 号——组织架构》，强盛公司营销团队所需关注的组织架构的主要风险是：内部机构设计不科学，权责分配不合理，可能导致机构重叠、职能交叉或缺失、推诿扯皮，运行效率低下。“省级营销经理大多数负责协调省市级的营销团队运转和制定省市级的营销计划，他们可以对省市级的营销职能部门提出工作要求，却对具体实施解决方案的省市级的营销职能部门没有直接的管理权”“华北区域新任营销大区经理熊大到任一个月就对 H 省省级营销经理王强提出了很多想法，其中包括对 H 省的营销网络建设及提升的意见。王强对此并不认同，认为熊大刚刚上任，对具体情况并不了解”“当王强安排 H 省的营销团队给当地某大客户提供特定服务时，熊大表示坚决反对”“这样的情况在华北区其他省份也时有发生”因此，强盛公司需要从设计与运行两个方面对组织架构进行改进。

7.【答案】

(1)内部控制要素的判断：

第 1 项属于控制环境(或内部环境)。

第 2 项属于监控(或内部监督)。

第 3 项属于信息与沟通。

第 4 项属于控制活动。

第 5 项属于控制活动。

第 6 项属于风险评估。

(2)内部控制合规性的判断：

第 1 项：责任主体不当。

理由：董事会负责内部控制的建立健全和有效实施，而不是内部审计部门。

第 2 项合理。

第 3 项合理。

第 4 项不相容职务分离不当。

理由：会计记录人员与资产管理人员属于不相容职务，必须由不同的人员担任。

第 5 项决策机制不当。

理由：公司对于重大业务和事项，应当实行集体决策审批或者联签制度，任何个人不得单独进行决策或者擅自改变集体决策。

第 6 项合理。

8.【答案】

(1)国际货运代理业务属于现金牛业务。

理由：该业务所占市场份额比较大，处于稳定的低速增长，能为企业提供大量的资金。

报关报检业务属于瘦狗业务。

理由：市场趋于饱和，市场增长率偏低，公司占有率极低。

新型物流业务属于明星业务。

理由：增长势头迅猛，占据较大的市场份额。

(2)属于市场营销活动。

理由：市场营销是与提供一种买方购买产品的方式和引导它们进行购买有关的各种活动。利用客户热线开展市场调查活动，有的放矢地进行广告宣传，属于引导消费有关的活动，即属于市场营销活动。

(3)①赞同将“没有制定相应关键岗位员工强制休假制度”确认为内部控制缺陷并加以整改。

理由：企业应当制定和实施有利于企业可持续发展的人力资源政策。人力资源政策应当包括关键岗位员工的强制休假制度和定期岗位轮换制度。

②赞同内部控制评价工作组对公司风险评估机制存在缺陷的认定。

理由：企业要识别与控制目标相关的各类内部风险和外部风险。

③赞同内部控制评价工作组将“所有风险信息均由总经理向董事会报告”认定为内部控制缺陷。

理由：对于不适合向总经理直接报告的风险信息，应该及时向董事会及其审计委员会、监事会报告。重要信息须及时传递给董事会、监事会和经理层。

④赞同内部控制评价工作组将“对监督过程中发现的内部控制缺陷都应当追究相关责任单位或者责任人的责任”认定为内部控制缺陷。

理由：企业应当跟踪内部控制缺陷整改情况，并就内部监督中发现的重大缺陷，追究相关责任单位或者责任人的责任。

四、综合题

【答案】

(1)S(优势)：

集研发、生产、销售、技术咨询和施工服务为一体的专业化建筑防水系统供应商；新产品和应用技术研发能力的提高；公司“渗透全国”的市场开发战略成效显著，市场领域已从局部市场走向全国市场，市场辐射能力大幅度提高；主要原材料供应商比较稳定。

W(劣势)：

随着公司大规模扩张计划的实施，公司现有的人员已无法满足迅速增长的人才需求，而新增员工可能短期内难以融合现有的企业文化，进而影响公司战略和经营目标的实现；公司应收账款余额增长过快，如果回款不及时将影响公司的资金使用效率和资产的安全，进而影响公司的经营业绩；部分供应商存在供应问题。

O(机会)：

市场前景看好。第一，建筑防水材料是建筑功能材料的重要组成部分，随着国家基础设施建设力度的加大和城镇化速度的加快，其应用领域和市场容量将持续扩大。第二，产业政策的调整使新型建筑防水材料生产技术得以更广泛地应用。公司的市场发展环境将得到持续优化，主营产品新型建筑防水材料的市场份额将持续增长。

行业内的并购重组机遇。随着我国建筑防水行业产品结构调整政策的实施及广大消费者质量意识的逐步提高，市场资源将越来越向注重产品和服务质量、管理能力强、品牌形象良好的优势企业集中，行业将面临重大的整合机会。

国际化进程的机遇。由于中国经济的持续、稳定增长，国外建筑防水企业陆续进入我国建筑防水市场，国内企业依托成本领先的优势，也加大了防水材料出口的力度，防水行业国际化进程逐渐加快。

T(威胁)：

行业集中度低。我国建筑防水行业是一个充分竞争性行业，由于行业分散、市场规模大，尽管经过了多年的竞争淘汰，行业集中度仍然很低。

竞争压力大。目前在国内市场上与该公司竞争的企业主要包括三类：一是一些老牌的国有防水企业，这些企业在业内拥有较高的知名度，但技术落后；二是近几年快速发展起来的民营防水企业，这些企业以低廉的价格在争夺客户；三是少数拥有品牌和技术优势的外资企业也准备开始进入国内市场。

汇率波动。国际化进程中不同币种之间结算汇率波动。

(2)该公司采用的竞争战略类型是集中差异化战略。甲公司属于建筑防水材料行业，是一家集研发、生产、销售、技术咨询和施工服务为一体的专业化建筑防水系统供应商。由此判断属于集中化战略。同时经过十余年的发展，该公司积累的技术和研发优势已经形成较为明显的竞争优势，竞争对手在短期内无法超越，形成强大的内生性发展动力，并且企业会更进一步加大研发力度。因此属于集中差异化战略。

实施该战略的风险主要表现在以下三点：

①目标市场狭小导致的风险。

②购买者群体之间需求差异变小。

③竞争对手的进入与竞争。

(3)根据案例材料可知，该企业面临的风险主要包括以下几种：

①市场风险。包括：A. 能源、原材料、配件等物资供应的充足性、稳定性和价格的变化带来的风险。公司产品成本中原材料成本所占比重较大，而公司主要原材料均属于石油化工产品，受国际原油市场的影响较大，因此，如果上述原材料市场价格出现较大幅度波动，将对该公司的盈利水平产生一定影响。B. 汇率风险。该公司存在一定的产品出口，容易遭受汇率变动带来的影响。C. 主要客户、主要供应商信用风险。公司的主要客户为建筑承包商、建设项目业主和工程项目开发商，这些客户往往要求供应商提供一定额度的垫资，且货款结算周期相对较长。由于公司业务增长较快，同时在当前的招标模式下，客户将支付方式作为选择供应商的重要条款，导致公司应收账款余额增长过快，如果回款不及时将影响公司的资金使用效率和资产的安全，进而影响公司的经营业绩。同时，有一部分供应商在履行合同方面存在拖期、以次充好等问题，也属于信用风险。

针对市场风险可以采用风险对冲策略，利用金融衍生产品针对原材料价格风险和汇率风险进行套期保值。针对主要客户、主要供应商信用风险，公司可以采用风险规避或风险控制策略。采用风险规避主要是拒绝与信用不好的客户或供应商交易，采用风险控制策略，主要是加强客户或供应商的信用评估和动态管理，降低信用风险发生的概率。

②运营风险。公司重视研发的投入，但有一部分投入并没有转化为现实的技术或产品，表明存在运营风险。

针对此类运营风险，公司可以采用风险转移的策略，例如与其他企业签订合同共同进行研发。

该公司产品线不断拓宽，但在新产品研发方面存在失败风险，因此面临运营风险。

针对此类运营风险，公司可以采用风险补偿策略，例如提取风险准备金，以补偿产品失败带来的损失。

(4)企业风险管理组织体系，主要包括规范的公司法人治理结构，风险管理委员会、风险管理职能部门、审计委员会、企业其他职能部门及各业务单位。

风险管理委员会对董事会负责，主要履行以下职责：①提交全面风险管理年度报告；②审议风险管理策略和重大风险管理解决方案；③审议重大决策、重大风险、重大事件和重要业务流程的判断标准或判断机制，以及重大决策的风险评估报告；④审议内部审计部门提交的风险管理监督评价审计综合报告；⑤审议风险管理组织机构设置及其职责方案；⑥办理董事会授权的有关全面风险管理的其他事项。

(5)甲公司采用的货源策略属于多货源少

批量策略，根据案例材料可知，近年来随着原材料采购量及产品种类的逐步增加，公司也相应增加了供应商数量，不存在单一供应商占公司采购比例超过 30%或严重依赖少数供应商的情况，因此属于多货源少批量策略。

多货源少批量策略的优点体现在：①企业可以与较多的供应商建立和保持联系，以保证稳定的供应；②有利于与多个供应商合作从而获得更多的知识和技术；③供应商之间的竞争使企业的议价能力增强。

(6)该公司未来需要买入一批石油产品，可以采用原油期货进行套期保值。具体做法是现在在期货市场上建立原油期货的多头，未来买入石油现货产品时，在期货市场上进行平仓对冲即可。

综合题演练

1. ☆资料一

2005年，王浩在大学就读时将自己毕业论文的题目定为“直升机自主悬停技术”，终于在2006年1月成功做出了第一台样品，并在航拍爱好者中广受好评。

王浩开始了自主创业，他同两位一起做实验课题的伙伴，共同创立了天志公司，主营业务围绕航模飞控，致力于为航模飞行器提供精确的姿态感知和控制系统。经过不懈的努力，2008年，第一个较为成熟的直升机飞行系统XP3.1在天志公司问世，中国的直升机自主悬停技术在天志公司取得突破性的进展。

由于直升机自主悬停技术在民用市场十分稀缺，天志公司的技术很快就获得了业界认可，一个单品在当时卖到了20万元的售价。但是潜在的危机也随之而来。航拍爱好者购买了天志直升机后，相机还要另外购买，使用比较麻烦，而且产品价格过高，天志公司的新技术很难迅速推广。

天志公司开始了相机飞机一体化的研发设计，终于在2012年，天志精灵PH1横空出世，高度的集成一体化很快就获得了第一批消费者的认可，引爆了整个无人机领域的使用需求。随着生产技术的不断成熟，产品价格日趋下降，天志公司从此走上无人机领域的巅峰。截至2018年底，天志公司在全球无人机领域占据了74%的份额，牢牢锁定无人机市场的霸主地位。

资料二

天志公司的无人机产品和技术使得更多的人获得了认识世界的全新视角，让人们从地面的二维平面上升到三维空间去观察思考，其产品和技术也因此点燃了更多领域的创新。

影视航拍、农业、能源、电力、测绘、安防等产业与无人机产业深度融合，天志公司的无人机技术成为这些产业创新所依赖的“基础设施”。在这一过程中，天志公司与各产业中的专业人员密切合作，优势互补，开辟了一个又一个新的发展空间。例如，天志公司推出第一代精灵无人机时，电网的工程师、第三方开发者和天志公司的研发人员一起，解决了许多技术问题，在2017年推出了能够执行电力巡逻任务的经纬M200系列无人机平台。又如，在农业植保领域，天志公司研发制造出用来进行农业植保作业的无人机。结合软件、地面站、RTK差分定位和人工智能，来实现自动化的精准喷洒。再如，天志公司与U国一家航空公司合作，使用便携式无人机进行民航客机的检修。

在全球范围内，已有越来越多的用户使用天志公司的产品和解决方案。全球有约10万名无人机技术开发者通过天志公司的平台完成各种各样的开发项目，有些项目远远超出了人们想象，伴随而至的是对天志公司技术深化及制造管理提出新的任务和要求。由于天志公司技术和管理的不断深化和创新，竞争对手不易模仿，更难以超越。

资料三

然而，天志公司这只迅猛成长的无人机独角兽，近年来却不得不面对内部暴露出的诸多问题。

天志公司2019年1月18日的内部反腐公告称，在2018年由于公司供应链贪腐造成平均采购价格超过合理水平20%以上，保守估计造成超过10亿元人民币损失。在公司运作的各个领域(采购、财务、研发设计、工厂制造、行政管理以及销售)均出现了舞弊行为，可见这次串通勾结行为范围极广，危害程度极大。该公告披露涉贪采购人员和研发人员采用的主要手法有：

(1)让供应商报底价，然后伙同供应商往上加价，加价部分双方按比例分成；

(2)利用手中权力，以技术规格要求为由指定供应商或故意以技术不达标把正常供应商踢出局，让可以给回扣的供应商进短名单，长期拿回扣；

(3)以降价为借口，淘汰正常供应商，让可以给回扣的供应商进短名单并做成独家垄断，然后涨价，双方分成；

(4)利用内部信息和手中权力与供应商串通收买验货人员，对品质不合格的物料不进行验证，导致质次价高的物料长期独家供应；

(5)内外勾结，搞皮包公司，利用手中权力以皮包公司接单，转手把单分给工厂，中间差价分成。

不仅如此，2017年一名安全研究员在天志公司的网络安全方面发现了一个非常严重的漏洞。这个漏洞会导致天志公司的所有旧密钥毫无用处，从而可能造成天志公司服务器上的用户信息、飞行日志等私密信息能够被下载。尽管天志公司之后采取了合理的保密措施，但该次事件依然给天志公司造成116.4万元的经济损失。

业内人士分析，天志公司内部接连出现如此严重的问题，是由于以下几个原因。

(1)公司治理结构相对混乱。天志公司领导层面对业务的迅速扩张，将注意力集中在极力扩大经营规模、追求足够的市场份额和企业利润，而忽略组织内部治理，致使腐败、泄密等问题频繁产生。

(2)缺乏内部信息的披露。作为一家非上市的民营企业，天志公司没有对外披露重大事项的要求和压力，导致公司内部治理缺乏良性运行和监督机制，在信息不对称的情况下，舞弊、泄密等问题极易产生。

(3)“重结果，轻人才”的管理模式。公司创始人兼CEO王浩搞技术出身，对产品至上有着独特情怀，赛马机制一直是团队竞争发展的管理模式。产品在开发时由两个团队分头去做，谁的产品好就用谁的，产品未被选用的团队会被公司淘汰。这一管理模式带来诸多问题，如研发过程中两个团队恶性竞争、人才流失严重、被选用的团队为防以后被淘汰而滋生腐败动机等。“重结果，轻人才”的文化氛围大大地降低了员工的归属感，难以形成凝聚力、向心力，离职员工对天志公司负面评价很多。

天志公司管理层已经认识解决公司内部问题的重要性和紧迫性，强化公司内部治理、打击职务腐败正在天志公司全面展开。

要求：

(1)简要分析天志公司创新的类型，创新所借助的基础产品和家庭产品、创新的新颖程度。

(2)简要分析天志公司所创建的无人机新兴产业内部结构的共同特征，以及天志公司在无人机新兴产业中的战略选择。

(3)运用识别企业核心能力3个关键性测试，简要分析天志公司在无人机产业是否具备核心能力。

(4)简要分析天志公司研发的类型、动力来源、研究定位，并从安索夫矩阵角度，分析天志公司研发的战略作用。

(5)依据蓝海战略重建市场边界的基本法则(开创蓝海战略的途径)，简要分析天志公司如何开辟一个又一个新的发展空间。

(6)简要分析天志公司存在的运营风险。

(7)依据《企业内部控制应用指引第1号——组织架构》，简要分析天志公司需关注的组织架构的主要风险。

(8)依据《企业内部控制应用指引第3号——人力资源》，简要分析天志公司需关注的人力资源的主要风险。

(9)依据《企业内部控制应用指引第7号——采购业务》，简要分析天志公司需关注的采购业务的主要风险。

2. **☆资料一**

1984 年，国内最大的汽车零部件供应商万欣公司与 U 国 L 公司签订了每年贴牌生产 20 万套万向节的合作协议，开展代工生产 OEM 业务。1994 年，万欣 U 国公司在 U 国注册成立，万欣公司正式进入 U 国汽车零部件市场。

虽然有为 U 国客户代工生产的经历，但是作为中国第一个走进 U 国的汽车零部件企业，万欣 U 国公司来自新兴市场的低端形象很难得到 U 国企业和消费者的认同。万欣 U 国公司在注册时就被当地同行奚落“你们还不如养马有前途”；公司向 U 国企业出售经检验没问题的油脂时却以质量不合格为由屡遭退货；公司向客户提供自己擅长的低价供货方案，客户根本不买账；公司尝试向 U 国 K 公司推销产品时，业务员连门都进不去，只能在传达室谈业务；公司初次收购 U 国当地企业并调整员工假期遭到工会强烈反对，工会声称“即使倒闭也不会让中国企业兼并”。接踵而来的歧视和挫败让万欣 U 国公司意识到自己不能凭借母公司在国内资源能力的优势获得认可，要在 U 国生存必须适应 U 国规则，并彻底融入 U 国的经济和社会文化体系。

万欣 U 国公司将“瞄着 U 国主流社会”的本地化改造作为首要任务，不再沿用母国总部的管理理念和方法。万欣 U 国公司聘请 U 国人为首席运营官和首席财务官，在内部建立起一套符合 U 国国情的运营体系，重新设计了一整套规范的工作程序。在用人方面，万欣 U 国公司打破从国内大量派人的老框框，从当地招聘人才，按当地标准付薪。这一系列本地化举措使万欣 U 国公司弱化了中国企业的形象，满足了 U 国市场对一家普通汽车零部件企业的基本期望。此外，万欣 U 国公司在与客户交往中的表现也一步步获得认可，例如在市场出现波动时，一家积压了大量库存的客户向万欣 U 国公司求助，尽管当时公司自身经营也有困难，但还是立即收回了库存并换新货给客户。后来这家客户主动搭桥，使一家知名企业成为万欣 U 国公司的大客户。

万欣 U 国公司在 U 国逐步立稳脚跟后，开始收购一些品牌价值高但经营不善的公司。1999 年万欣 U 国公司收购 L 公司，这笔收购使它取代 L 公司成为世界上拥有最多万向节专利的公司。2000 年万欣 U 国公司收购 T 公司，从而成为 U 国最大的汽车轮毂加工装配基地和供应商。2001 年万欣 U 国公司又收购 U 国零售商 A 公司，获得了 A 公司的汽车制动器技术与品牌、U 国连锁维修店和采购渠道。万欣 U 国公司非常注重规避跨国并购可能带来的风险，例如，在收购 L 公司时，为了绕开工会的制约，万欣 U 国公司联手当地企业一起收购；在收购 T 公司时，万欣 U 国公司不仅没有解雇富余员工，还扩建厂房并招收新员工，帮助 T 公司渡过难关。

万欣 U 国公司在与当地客户的积极互动中彰显自己的信誉和能力，让外界逐渐了解并默许这家零部件企业的发展壮大。

资料二

2003 年万欣 U 国公司正式成为主机厂的一级供应商，同年收购 K 公司，该公司是翼型万向节传动轴的发明者和全球最大的一级供应商；2005 年万欣 U 国公司收购 U 国 F 汽车公司的一级供应商 S 公司和轴承企业 G 公司。一系列成功的收购进一步为万欣 U 国公司的信誉和形象加码。

2008 年全球金融危机爆发，汽车产业是受影响最大的产业之一，U 国三大汽车公司都陷入困境。原本现金流耐受力就较差的 U 国企业在危机冲击下纷纷倒下，众多供应商走向破产。而谨慎的资金管控措施让万欣 U 国公司在金融危机中保持良好的经营状况。此前万欣 U 国公司成功地帮助一些危机企业扭转局面在业内积累了不错的声誉，危机爆发后很多企业主动找到万欣U国公司希望能够被其收购。万欣U国公司曾经在竞购H公司时败于一家私募基金公司，而在金融危机的冲击下这家基金公司被迫清盘，H公司的管理层主动沟通希望被万欣U国公司收购。

金融危机中万欣U国公司找到了进一步发展的突破口。万欣U国公司意识到金融危机前公司要尽可能适应和服从外部环境的要求，危机后公司则应当发挥自身优势，朝更有利的方向施加影响。

万欣U国公司运用自身和总部独有的优势整合内外部资源，帮助很多危机中的U国企业渡过难关，并做出“即使公司有困难，仍然保证一不裁员、二不减薪、三不减福利”的承诺。

DR公司是一家汽车电子感应器公司，在金融危机中不得不出售。出售前公司所有者联系了万欣U国公司收购过的公司，了解到这些公司被收购后得到万欣U国公司及其总部很好的资源整合，因此拒绝另外4家竞标收购者而决定出售给万欣U国公司。2007年U国AI公司被万欣U国公司并购后其大股东评价“万欣的并购会让现代化的U国汽车工业企业变得更加赚钱”。2008年U国F汽车公司旗下的M工厂因严重亏损被迫剥离。万欣U国公司收购M工厂后对其生产经营方式进行全面改造。在并购H公司后停掉了该公司的一些生产线，将设备运到万欣公司中国公司进行生产，H公司主要负责组装、技术开发、测试、售后服务和物流，以发挥各自优势。在收购U国T-D公司后，万欣U国公司通过对T-D公司和中国总部整合国内零部件生产资源能力的优势相对接，把等速驱动轴打造为继万向节之后又一个世界老大产品。2009年万欣U国公司收购U国DS汽车转向轴业务后，为十分不景气的U国汽车业挽救约150个工作岗位。一系列的并购及其之后的资源整合，不仅拯救了被并购公司，也让他们认识到万欣公司的强大实力与中国国内完备的产业配套能力。

同时，万欣U国公司收购一级供应商，通过财务支持帮助它们渡过难关，为3 500位U国人保住了工作，也让万欣U国公司生产的零部件得以在U国三分之一的汽车上使用。

资料三

新能源汽车的问世对传统汽车制造业带来严峻的挑战。在全球环境保护的压力下，万欣公司也开始向新能源汽车领域挺进。但是由于起步晚、缺少高端技术研发人员和营销人员，万欣公司的电动车零部件核心技术远远落后于国内外的领先企业，也缺少整合供应链的资源和能力，更没有早期进入者所具有的经验曲线等成本优势。为了克服公司进入新能源汽车领域的诸多障碍，2012年底，万欣U国公司协助集团总部参与竞购深陷破产危机的U国AB公司。

AB公司是U国一家研制和生产锂离子能量存储设备的厂商，曾被U国政府和市场寄予厚望。竞购期间U国诸多政府官员与行业专家强烈反对将AB公司卖给万欣公司，他们认为AB公司是U国重点企业且部分业务和军方有直接关联，被万欣公司收购会威胁U国国家安全。为了减少万欣公司在U国受到的政治压力，万欣公司向国内备案以获得国家的背书，增加谈判筹码；万欣公司始终承诺整体收购，并维持其2 000多名员工的工作岗位，这与其他8个竞标者只对AB公司的部分业务感兴趣不同；更关键的是，万欣公司只收购AB公司的民用业务，绝对避开涉及军方的业务。万欣公司的收购方案展现了愿意承担社会责任的企业形象，得到了AB公司首席执行官的高度认可，妥善化解了来自外界的压力。

对AB公司的收购完成之后，万欣U国公司代替总部开始直接接管万欣公司在U国的新能源汽车业务。2013年公司聘请U国人R先生管理AB公司，要求他在不影响研发的前提下不断削减开支。R先生削减医疗福利，取消了免费食物和卡布奇诺咖啡机等待遇。在甩债务、拓业务、削福利这三板斧之后，AB公司终于扭转了亏损，开始步入正轨。之后，万欣公司继续向AB公司提供培养核心业务必要的财务支持，推动AB公司进入汽车电动化、电网储能及其他全球性市场，包括进入中国市场。

2013年10月万欣公司将其所有的电池制造业务交给AB公司承担，这成为双方建立互信的重要里程碑。万欣公司还开放了AB公司的实验室并建立“AB创业技术项目”，与20多家电池公司开展联合研发。万欣公司通过收购AB公司获得了世界顶尖的电池技术，与全球主流客户建立了业务联系，在新能源电池领域也更具号召力。

2014年初，经过多轮角逐，U国批准了万欣U国公司对FS电动汽车公司的收购，标志着万欣公司全面进入新能源汽车整车制造产业。在收购FS公司期间，万欣U国公司同样遭到非议，被指责“偷窃U国技术”。然而FS公司所在州州长和议员对万欣U国公司表示支持：“万欣U国公司在U国20多年，形象一直比较靠谱”。并购后，万欣U国公司履行承诺，将FS公司的工厂从欧洲F国搬回U国，复产后创造了300多个工作岗位。

2015年11月，FS公司宣布与D国BM公司结成重要合作伙伴关系，万欣U国公司认为这一合作不仅将技术和资本绑在一起，而且将名誉与品牌绑在一起。万欣U国公司又一次向U国新能源市场展现自身实力，也让评价者认可其在新业务中的行为和战略。

要求：

(1)简要分析万欣U国公司成立之初所面对的社会文化风险。

(2)简要分析万欣公司国际化经营进入U国市场的主要动因。

(3)简要分析万欣U国公司在U国实施发展战略的主要途径。

(4)简要分析万欣U国公司在U国采用并购战略的动机与所规避的主要风险。

(5)简要分析万欣公司在全球价值链分工中角色的转变与企业升级类型的变化。

(6)依据新兴市场的企业战略，简要分析万欣U国公司协同总部是如何在U国实施“抗衡者”战略的。

(7)依据企业资源能力的价值链分析理论，简要分析金融危机后，万欣U国公司协同总部是如何整合资源能力，重新构筑被并购企业的竞争优势的。

(8)简要分析万欣公司进入新能源汽车新兴产业所面对的早期进入障碍。

(9)依据《企业内部控制应用指引第4号——社会责任》，简要分析万欣公司与万欣U国公司进入新能源汽车领域是如何规避履行社会责任风险的。

3. ☆资料一

2010年4月，由6名工程师、2名设计师组成的联合团队创建的科通科技公司正式成立。公司成立之初，公司CEO刘毅与股东们就有一个想法：要做一款设计好、品质高、价格便宜的智能手机。

2010年的手机市场，还是国际品牌的天下，功能机仍是主体，智能手机的价格至少在3 000~4 000元。虽然也有一些国产品牌手机，但大多数是低质低价的山寨机。

为了开发物美价廉的智能手机，科通公司首先运用互联网工具，让用户参与到手机硬件的设计、研发之中，通过用户的反馈意见，了解市场的最新需求。而此前其他公司的研发模式都是封闭的，动辄一两年，开发者以为做到了最好，但其实未必是用户喜欢的，而且一两年时间过去，市场很可能已经变化。其次，坚持做顶级配置，真材实料，高性能，高体验，强调超用户预期的最强性价比。第三，以品牌和口碑积累粉丝，靠口口相传，节省大量广告费用。第四，开创了官网直销预订购买的发售方式，不必通过中间商，产品可以直接送到消费者手上，省去了实体店铺的各种费用和中间的渠道费用。

2011 年 8 月 16 日，科通公司发布了第一款“为发烧而生”的科通手机。这款号称顶级配置的手机定价只有 1 999 元，几乎是同配置手机价格的一半。科通手机 2012 年实现销售量 719 万部。2014 年二季度，科通手机占据国内智能手机市场的第一名，科通公司在全球也成为第三大手机厂商。

短短 5 年时间，科通公司的估值增长 180 倍，高达 460 亿美元。科通成为国内乃至全球成长最迅猛的企业，一度是全球估值最高的初创企业。刘毅总结科通公司成功的秘诀是“用互联网思维做消费电子，这是科通在过去 5 年取得成绩的理论基础”。在刘毅看来，“互联网思维”体现在两个关键点上：一是用户体验，利用互联网接近用户，了解他们的感受和需求；二是效率，利用互联网技术提高企业的运行效率，使优质的产品以高性价比的形式出现，做到“感动人心、价格厚道”。

科通的成功模式成为各行各业观摩学习的范本，大量企业开始对标科通，声称要用科通模式颠覆自己所在行业。“做 XX 行业的科通”，成为众多企业的口号。

资料二

然而，在 2015 年，迅猛增长的科通遇到了前所未有的危机。一方面，销量越来越大就意味着要与数百个零部件供应商建立良好高效的合作协同关系，不能有丝毫闪失。而科通的供货不足、发货缓慢被指为“饥饿营销”，开始颇受质疑。另一方面，竞争对手越来越多、越来越强大。H 公司推出的互联网手机品牌 R 手机成为科通手机强劲的对手，O 公司和 V 公司也借助强大的线下渠道开始崛起。芯片供应商 G 公司的一脚急刹车成为导火线。在经历了 5 年的超高速增长后，2015 年下半年，科通公司放缓了飞速前进的脚步。由于市场日趋饱和，整个智能手机行业的增速下滑，虽然科通手机 2015 年 7 000 万部的销量依然是国内出货量最高的手机，但刘毅在年初喊出的 8 000 万部销量的目标没能实现。

科通手机销量下滑的趋势并没有止住。2016 年，科通手机首次跌出全球出货量前五；在国内市场，科通手机也从第一跌到了第五，季度出货量跌幅一度超过 40%，全年出货量暴跌 36%。而这一年，以线下渠道为主的 O 公司和 V 公司成为手机行业的新星，其手机出货量不仅增幅超过 100%，而且双双超过科通公司进入全球前五、国内前三。

因为增速放缓，一直被顶礼膜拜的科通模式在这一年开始遭遇前所未有的质疑。科通公司似乎自己也乱了节奏，在渠道、品牌和产品等方面都出现了不少问题。

科通公司认识到过于迅猛的发展背后还有很多基础没有夯实，亟待主动减速、积极补课。2016 年，科通公司内部开始进行架构和模式多维调整。

（1）刘毅亲自负责科通手机供应链管理。前供应链负责人转任首席科学家，负责手机前沿技术研究。这意味着科通公司从组织架构上加大对供应链的管理力度。

（2）开启“新零售”战略。所谓新零售就是指通过线上线下互动融合的运营方式，将电商的经验和优势发挥到实体零售中。让消费者既能享用线下看得见摸得着的良好体验，又能获取电商一样的低价格。截至 2018 年 3 月 10 日，全国范围内已有 330 个实体店“科通之家”，覆盖 186 座城市。

(3)早年一直坚持口碑营销从未请过代言人的科通公司在2016年开始改变策略，先后邀请几位明星作为代言人，赢得不少新老客户。

2017年科通公司开始重新恢复高速增长。2017年第二季度，科通手机的出货量环比增长70%，达2 316万部，开创了科通手机季度出货量的新纪录。2017年第四季度，在其他全球前五名的智能手机厂商出货量全部负增长的情况下，科通手机出货量增长96.9%。

资料三

2014年，刘毅开始意识到“智能硬件”和“万物互联(Internet of Things，IoT)”可能是比智能手机更大的发展机遇。于是，科通公司开启了科通生态链计划，运用科通公司已经积累的大量资金，准备在5年内投资100家创业公司，在这些公司复制科通模式。

科通公司抽出20名工程师，让他们从产品的角度看待拟投资的创业公司，通过与创业公司团队的沟通，了解这家公司的未来走向。科通生态链团队不仅做投资，而且是一个孵化器，从ID、外观、结构、硬件、软件、云服务、供应链、采购、品牌等诸多方面给予创业公司全方位的支持。这些创业公司有一大半是科通生态链团队从零开始孵化的。但是，科通公司并没有控股任何一家科通生态链公司，所有的公司都是独立的。这样有利于在统一的价值观和目标下，生态链企业各自发挥技术创新优势，同时降低科通公司整体内部协调成本，规避经营风险。

科通生态链的投资主要围绕以下5大方向：①手机周边，如手机的耳机、移动电源、蓝牙音箱；②智能可穿戴设备，如科通手环、智能手表；③传统白电的智能化，如净水器、净化器；④极客酷玩类产品，如平衡车、3D打印机；⑤生活方式类，如科通插线板。

2016年，科通生态链宣布使用全新的麦家品牌，除了手机、电视、路由器等继续使用科通品牌，科通生态链的其他产品都将成为“麦家”成员。2016年，科通生态链企业的总营业收入超过了150亿元。至2018年5月，科通已经投资了90多家生态链企业，涉足上百个行业。在移动电源、空气净化器、可穿戴设备、平衡车等许多新兴产品领域，麦家的多个产品已经做到全球数量第一。科通生态链公司也出现多个独角兽(指那些估值达到10亿美元以上的初创企业)。

由于科通品牌给人们高性价比的印象已经根深蒂固，不少人认为科通生态链企业的产品无法赢利。但实际上，科通生态链企业已经有多家实现盈利。这是因为科通公司利用其规模经济带来的全球资源优势帮助这些生态链企业提高效率。科通公司运用其全球供应链优势能够让生态链上的小公司瞬间拥有几百亿供应链提供的能力。

科通公司还建成了全球最大消费类IoT平台，连接超过1亿台智能设备。通过这种独特的战略联盟模式，科通公司投资和带动了更多志同道合的创业者，围绕手机业务构建起手机配件、智能、生活消费产品三层产品矩阵；科通公司也从一家手机公司过渡到一个涵盖众多消费电子产品、软硬件和内容全覆盖的互联网企业。

2018年4月，科通公司成功上市。

要求：

(1)简要分析科通公司从初创时期到上市之前公司宗旨的变化。

(2)依据“战略钟”理论，简要分析科通智能手机与科通生态链产品所采用的竞争战略类型。

(3)针对“科通的成功模式成为各行各业观摩学习的范本”，依据核心能力评价理论，简要分析本案例中向科通公司学习的企业进行基准分析的基准类型。

(4)简要分析科通公司在2015年面临的市

场风险。

(5)简要分析科通公司2016年所采用的收缩战略(撤退战略)的主要方式。

(6)简要分析科通生态链所采用的发展战略的类型及其优点、途径及该途径的动因。

(7)简要分析科通公司的企业能力。

4. ☆资料一

20世纪90年代，亚洲H国有近百家自行车企业转移到亚洲C国。留在H国的自行车企业采用多种路径实现了整体产业升级。这些路径主要有：

(1)产业重新定位。形成产业分工模式。H国排名前三位的自行车厂商均在C国设厂。基于对自行车商品在"后工业社会""休闲社会"大背景下的功能、特性以及消费特点的重新认识和深刻理解，H国自行车企业将留在本国的企业定位于生产中高价位的多品种车型，致力于自动化生产与研发；将设在C国的企业定位于生产中低价位、以交通工具为主的少品种车型，以充分利用C国劳动力成本低、生产效率高、规模经济显著、生产能力利用程度高等优势，明确的分工使H国自行车企业摆脱了与C国自行车企业的低价竞争，奠定了其在全球高级自行车供应领域的领先地位。

(2)研发新材料与新工艺，实现产品与技术的跨越升级。面对日益挑剔和多样化的国内外消费者对自行车产品的需求，H国自行车企业集中力量在新材料和新工艺上实现了技术跨越，积极研发设计和生产关键零部件，引进了美国模块化技术与日本供应链模式。1983年至今，H国自行车材料从钢管发展到钛合金、镁合金，甚至碳纤合金，重量由原来的30千克降至7千克；制造技术从铜焊发展到氩焊，从一体成型发展到无氧化电弧焊接，实现了产品轻量化，同时保持了高标准的刚性、韧性和强度。

(3)在发展自有品牌的同时注重品牌并购，获取新市场机会与新技术，H国第二大自行车企业"星友"通过并购发达国家U国自行车品牌SP和D国品牌CE，以较低的成本和较短的时间获得了发达国家的许多市场机会和先进技术，其订单掌握度、生产安排效率及在欧美高档车市场占有率大幅提高。

(4)从OEM到ODM再到OBM，沿着价值链升级。原始设备制造商(original equipment manufacturer)是指品牌企业提供设计图纸，制造企业按单生产；原始设计制造商(original design manufacturer)是指品牌企业看中生产企业设计制造的某一产品，生产企业按品牌企业的要求生产该产品；原始品牌制造商(original brand manufacturer)则是指制造企业做自有品牌。H国自行车企业普遍实现了从模仿到创新性改进，再到领先的产品设计与创新的过程。通过这一过程，H国自行车企业将研究开发、生产制造、市场营销三个主要环节在企业发展不同阶段采用不同模式进行资源配置与整合。例如，H国第一大自行车企业"天空机械"原来以OEM为主，发挥其生产制造的优势。进而为发达国家U国CH公司做ODM，打造自身设计能力。之后，"天空机械"开始创建自有品牌，在不断提高自身设计与营销能力的同时，将其具有自有品牌和研发优势的一部分零部件和整车的生产制造以OEM方式向C国企业转移。现在"天空机械"自有品牌销售收入占其总收入的比重为70%。其ODM客户均为全球知名品牌。

(5)组织创新，建立新的网络型战略联盟。H国自行车企业实现从OEM到ODM再到OBM的升级，网络型战略联盟发挥了重要作用。2003年，H国自行车第一大企业"天空机械"联合其主要竞争对手"星友"及11家零部件生产企业组成行业战略联盟"ATC"。"ATC"具有如下功能：第一，形成大企业带动小企业、中心厂带动卫星厂的“中心卫星体系”。这一体系内的两大企业“天空机械”和“星友”以“ATC”为载体，与零部件生产企业形成中心卫星体系，卫星企业订单稳定，完全致力于专业性生产，同时借助中心企业并按照合约要求提高生产力。而中心企业集中力量开展生产调研与拓展、研发、检验与装配等工作。相互的整合活动，带动了整个产业向高技术、高附加值升级和发展。第二，高度的互动学习机制。“ATC”打破了竞争对手不该彼此交换信息的旧模式，降低了企业在产业内的交易成本和信息不对称的程度。通过高度的互动学习机制，横向促进成员紧密交流，纵向共建产业链并加强合作，确保各方优先共享先进经验和提高信任程度。联盟内频繁的活动及由此产生的组织学习，使零部件企业在产品开发初期就能参与研发活动；各个企业的研发力量集合起来，同步工程缩短产品上市时间，联盟内部知识的消化能力变得更为强大。第三，协同发展。“ATC”规定优先供应成员间具有竞争力的产品，协助改善作业流程，提供辅导与培训，鼓励成员创新设计和参与特殊车种的合作开发，参与各种自行车会展，并与科研院所合作建设信息平台。“ATC”为成员企业提供了良好的技术开发和服务环境，实现了整车企业与零部件企业的协同发展。

2003 年成立的“ATC”仅有 22 家成员企业，在 H 国 343 家自行车企业中只是少数，但其销售收入占比却达六成至七成，这表明“ATC”企业的绩效明显优于非“ATC”企业，例如，“ATC”企业在 2006 年出口自行车平均单价为 350 美元，大大高于行业平均单价 206.6 美元。另外，“ATC”成员中有 95.2%是以自有品牌销售，而行业平均水平是 55.46%。这说明“ATC”有效推动了产业整体升级。

资料二

H 国自行车产业经过重大调整与转型，实现了整体升级，目前已在全球占据高端、高附加值市场。H 国第一大自行车企业“天空机械”的自有品牌已成为欧洲市场上的三大品牌之一，全球销售网络分布在 50 多个国家和地区，拥有 10 000 多个经销服务点，是全球企业组织网分布最广、最绵密的公司之一。H 国第三大自行车品牌“神飞”，2003 年以自有品牌扩展到美国与亚洲的市场。

C 国和 H 国均是全球自行车的主要产销地。1991 年 C 国自行车外销数量首度超过 H 国，2000 年起外销量与出口值双双超越 H 国，近年来 C 国自行车出口量占全球 1/2，但年均出口总值已达到 C 国的一半。近年来，C 国自行车产业也面临升级的压力。一方面，人们生活观念的变化以及收入水平的提高，使自行车不再是单纯的交通工具，而是演化为集健身用品、休闲用具、玩具、高档消费品于一体的商品。由此，出现了对自行车新的需求，形成了多个新的细分市场。C 国用途单一的低端自行车生产线的优势在国际市场上受到极大挑战。另一方面，由于 C 国劳动力成本大幅上升，自行车产业的低端产品开始向劳动力成本更低的东南亚转移。业内人士指出，C 国自行车产业转型升级势在必行。

要求：

(1)说明 H 国与 C 国的自行车企业所实施的竞争战略的类型，并从资源和能力角度简要分析 H 国与 C 国自行车企业实施该种竞争战略的条件，以及 C 国自行车企业实施的竞争战略面临的风险。

(2)运用价值链分析方法，简要分析 H 国自行车企业是如何实现“从 OEM 到 ODM 再到 OBM，沿着价值链升级”的。

(3)简要分析 H 国自行车第一大企业“天空机械”联合其主要竞争对手“星友”及 11 家零部件企业组成的行业战略联盟群体

"ATC"的类型与动因。

(4)依据钻石模型，简要分析H国自行车产业的竞争优势。

(5)简要分析H国自行车企业进入欧美市场的动机。

(6)依据企业发展战略可采用的3种途径，简要分析H国自行车企业进入欧美市场所采用的发展战略的途径。

(7)简要分析H国自行车企业在参与全球价值链分工中所实现的企业升级。

综合题演练参考答案

1.【答案】

(1)从创新类型考察，天志公司战略创新的类型表现为产品创新、定位创新和范式创新。

①产品创新。“2006 年 1 月，他终于成功制作出了第一台样品，并在航拍爱好者中广受好评”“2008 年，第一个较为成熟的直升机飞行系统 XP3.1 在天志公司问世”“2012 年，天志精灵 PH1 横空出世，高度的集成一体化很快就获得了第一批消费者的认可”。

②定位创新和范式创新。“天志公司的无人机产品和技术使得更多的人获得了认识世界的全新视角，让人们从地面的二维平面上升到三维空间去观察思考，其产品和技术也因此点燃了更多领域的创新。影视航拍、农业、能源、电力、测绘、安防等产业与无人机产业深度融合，天志公司的无人机技术正在成为这些产业创新所依赖的‘基础设施’”。这既是定位创新，也是范式创新。

从创新的基础产品和产品家族考察，中天志公司借助其无人机产品和技术作为基础产品和产品家族，使持续的创新达到理想的效果。“天志公司的无人机技术正在成为这些产业创新所依赖的‘基础设施’。在这一过程中，天志公司与各产业中的专业人员密切合作，优势互补，开辟了一个又一个新的发展空间”“全球有 10 万名无人机技术开发者通过天志公司的平台实现各种各样的开发项目，有些项目远远超出了人们的想象，伴随而至的是对天志公司技术深化及制造管理提出新的任务和要求”。

从创新的新颖程度——渐近式还是突破式考察，天志公司的无人机产品和技术经历了渐近式到突破式创新的发展和跨越。“2006 年 1 月，他终于成功制作出了第一台样品，并在航拍爱好者中广受好评”“2008 年，第一个较为成熟的直升机飞行系统 XP3.1 在天志公司问世”“2012 年，天志精灵 PH1 横空出世，高度的集成一体化很快就获得了第一批消费者的认可”“天志公司的无人机产品和技术使得更多的人获得了认识世界的全新视角，让人们从地面的二维平面上升到三维空间去观察思考，其产品和技术也因此点燃了更多领域的创新”“全球有 10 万名无人机技术开发者通过天志公司的平台实现各种各样的开发项目，有些项目远远超出了人们的想象……由于天志公司技术的不断深化和创新，竞争对手不易模仿，更难以超越”。

(2)无人机新兴产业内部结构的共同特征：

①技术的不确定性。“终于在 2006 年 1 月成功做出了第一台样品，并在航拍爱好者中广受好评”“航拍爱好者购买了天志直升机后，相机还要另外购买，使用比较麻烦，而且产品价格过高，天志公司的新技术很难迅速推广”“天志公司的无人机产品和技术使得更多的人获得了认识世界的全新视角……开辟了一个又一个新的发展空间”。

②战略的不确定性。“天志公司的无人机产品和技术使得更多的人获得了认识世界的全新视角，让人们从地面的二维平面上升到三维空间去观察思考，其产品和技术也因此点燃了更多领域的创新。影视航拍、农业、能源、电力、测绘、安防等产业与无人机产业深度融合，天志公司的无人机技术成为这些产业创新所依赖的‘基础设施’”。

③成本的迅速变化。“天志公司的技术很快就获得了业界认可，一个单品在当时卖

到了20万元的售价……而且产品价格过高，天志公司的新技术很难迅速推广”“随着生产技术的不断成熟，产品价格日趋下降”。

④萌芽企业和另立门户。“王浩开始了自主创业，他同两位一起做实验课题的伙伴，共同创立了天志公司”

⑤首次购买者。新兴产业中许多顾客都是第一次购买。在这种情况下，市场营销的中心活动是选择顾客对象并诱导初始购买行为。“终于在2012年，天志精灵PH1横空出世，高度的集成一体化很快就获得了第一批消费者的认可”。

天志公司在无人机新兴产业中的战略选择：

①塑造产业结构。在新兴产业中占压倒地位的战略问题是考虑企业是否有能力促进产业结构趋于稳定而且成型。这种战略选择使企业能够在产品策略、营销方法以及价格策略等领域建立一套有利于自身发展的竞争原则，从而有利于企业建立长远的产业地位。“天志公司开始了相机飞机一体化的研发设计，终于在2012年，天志精灵PH1横空出世”“天志公司的无人机技术成为这些产业创新所依赖的‘基础设施’”“产品价格日趋下降”“牢牢锁定无人机市场的霸主地位”。

②正确对待产业发展的外在性。在一个新兴产业中，一个重要的战略问题是在对产业倡导和追求自身狭窄利益的努力之间作出平衡。产业的整体形象、信誉、与其他产业的关系、产业吸引力、顾客对产业的认知程度、产业与政府及金融界的关系等都与企业的生产经营状况息息相关。产业内企业的发展，离不开与其他同类企业的协调以及整个产业的发展。“天志公司的无人机技术成为这些产业创新所依赖的‘基础设施’。在这一过程中，天志公司与各产业中的专业人员密切合作，优势互补，开辟了一个又一个新的发展空间”“全球有约10万名无人机技术开发者通过天志公司的平台完成各种各样的开发项目，有些项目远远超出了人们想象，伴随而至的是对天志公司技术和管理深化及制造管理提出新的任务和要求”。

③注意产业机会与障碍的转变，在产业发展变化中占据主动地位。“中国的直升机自主悬停技术在天志公司取得突破性的进展”“天志公司的无人机产品和技术使得更多的人获得了认识世界的全新视角，让人们从地面的二维平面上升到三维空间去观察思考，其产品和技术也因此点燃了史多领域的创新。影视航拍、农业、能源、电力、测绘、安防等产业与无人机产业深度融合，天志公司的无人机技术成为这些产业创新所依赖的‘基础设施’。在这一过程中，天志公司与各产业中的专业人员密切合作，优势互补，开辟了一个又一个新的发展空间”。

④选择适当的进入时机与领域。选择适当的进入时机在新兴产业中尤为重要。早期进入涉及高风险，但可以在关键市场取得“局内人的位置”，获得市场支配地位。“2008年，第一个较为成熟的直升机飞行系统XP3.1在天志公司问世，中国的直升机自主悬停技术在天志公司取得突破性的进展……牢牢锁定无人机市场的霸主地位”。

(3)①它对顾客是否有价值？“高度的集成一体化很快就获得了第一批消费者的认可，引爆了整个无人机领域的使用需求”“天志公司的无人机产品和技术使得更多的人获得了认识世界的全新视角，让人们从地面的二维平面上升到三维空间去观察思考，其产品和技术也因此点燃了更多领域的创新”。

②它与企业竞争对手相比是否有优势？“天志公司从此走上无人机领域的巅峰”“牢牢锁定无人机市场的霸主地位”。

③它是否很难被模仿或复制？“由于天志

公司技术和管理的不断深化和创新，竞争对手不易模仿，更难以超越”。

天志公司在无人机产业同时满足3个关键测试，具备核心能力。

(4)①研发类型属于产品研究——新产品开发。“中国的直升机自主悬停技术在天志公司取得突破性的进展”。

②研发的动力来源既属于“技术推动”，即创新来自发明的应用。“中国的直升机自主悬停技术在天志公司取将突破性的进展”。又属于“需求拉动”，即市场的新需求拉动创新以满足需求。“天志公司的无人机产品和技术使得更多的人获得了认识世界的全新视角，让人们从地面的二维平面上升到三维空间去观察思考，其产品和技术也因此点燃了更多领域的创新。影视航拍、农业、能源、电力、测绘、安防等产业与无人机产业深度融合，天志公司的无人机技术成为这些产业创新所依赖的‘基础设施’”。

③研究定位属于成为向市场推出新技术产品的企业。“中国的直升机自主悬停技术在天志公司取得突破性的进展”“天志公司从此走上无人机领域的巅峰”“牢牢锁定无人机市场的霸主地位”。

④从安索夫矩阵角度，分析天志公司研发的战略作用。研发支持四个战略象限：

可以通过产品求精来实现市场渗透战略和市场开发战略。“天志公司从此走上无人机领域的巅峰”“在全球范围内，已有越来越多的用户使用天志公司的产品和解决方案”。

产品开发和产品多元化需要更显著的产品创新。“天志公司的无人机产品和技术使得更多的人获得了认识世界的全新视角，让人们从地面的二维平面上升到三维空间去观察思考，其产品和技术也因此点燃了更多领域的创新。影视航拍、农业、能源、电力、测绘、安防等产业与无人机产业深度融合，天志公司的无人机技术成为这些产业创新所依赖的‘基础设施’。在这一过程中，天志公司与各产业中的专业人员密切合作，优势互补，开辟了一个又一个新的发展空间”。

(5)①重新界定产业的买方群体。“天志公司的无人机技术成为这些产业创新所依赖的‘基础设施’”。

②放眼互补性产品或服务。“影视航拍、农业、能源、电力、测绘、安防等产业与无人机产业深度融合”“在2017年推出了能够执行电力巡逻任务的经纬M200系列无人机平台”“研发制造出用来进行农业植保作业的无人机”“使用便携式无人机进行民航客机的检修”。

③重设客户的功能性或情感性诉求。“航拍爱好者购买了天志直升机后，相机还要另外购买，使用比较麻烦，而且产品价格过高，天志公司的新技术很难迅速推广。天志公司开始了相机飞机一体化的研发设计，终于在2012年，天志精灵PH1横空出世，高度的集成一体化很快就获得了第一批消费者的认可，引爆了整个无人机领域的使用需求”。

④跨跃时间参与塑造外部潮流。“天志公司的无人机产品和技术使得更多的人获得了认识世界的全新视角，让人们从地面的二维平面上升到三维空间去观察思考，其产品和技术也因此点燃了更多领域的创新”。

(6)①企业组织效能、管理现状、企业文化，高、中层管理人员和重要业务流程中专业人员的知识结构、专业经验等方面可能引发的风险。“公司治理结构相对混乱”“‘重结果，轻人才’的管理模式”。

②质量、安全、环保、信息安全等管理中发生失误导致的风险。“2017年一名安全研究员在天志公司的网络安全方面发现了一个非常严重的漏洞。这个漏洞会导致天志公司的所有旧密钥毫无用处，从而可能造成天志公司服务器上的用户信息、飞行

日志等私密信息能够被下载”。

③因企业内、外部人员的道德风险或业务控制系统失灵导致的风险。“在公司运作的各个领域(采购、研发设计、工厂制造、行政管理以及销售)均出现了舞弊行为，可见这次串通勾结行为范围极广，危害程度极大”。

④企业现有业务流程和信息系统操作运行情况的监管、运行评价及持续改进能力方面引发的风险。“缺乏内部信息的披露。作为一家非上市的民营企业，天志公司没有对外披露重大事项的要求和压力，导致公司内部治理缺乏良性运行和监督机制，在信息不对称的情况下，舞弊、泄密等问题极易产生”。

(7)①治理结构形同虚设，缺乏科学决策、良性运行机制和执行力，可能导致企业经营失败，难以实现发展战略。“天志公司领导层面对业务的迅速扩张，将注意力集中在极力扩大经营规模、追求足够的市场份额和企业利润，而忽略组织内部治理，致使腐败、泄密等问题频繁产生”。

②内部机构设计不科学，权责分配不合理，可能导致机构重叠、职能交叉或缺失、推诿扯皮，运行效率低下。“产品在开发时由两个团队分头去做，谁的产品好就用谁的，产品未被选用的团队会被公司淘汰。这一管理模式带来诸多问题，如研发过程中两个团队恶性竞争、人才流失严重、被选用的团队为防以后被淘汰而滋生腐败动机等”。

(8)①人力资源缺乏或过剩、结构不合理、开发机制不健全，可能导致企业发展战略难以实现。“赛马机制一直是团队竞争发展的管理模式……‘重结果，轻人才’的文化氛围大大地降低了员工的归属感，难以形成凝聚力、向心力”。

②人力资源激励约束制度不合理、关键岗位人员管理不完善，可能导致人才流失、经营效率低下或关键技术、商业秘密和国家机密泄露。“产品在开发时由两个团队分头去做，谁的产品好就用谁的，产品未被选用的团队会被公司淘汰。这一管理模式带来诸多问题，如研发过程中两个团队恶性竞争、人才流失严重、被选用的团队为防以后被淘汰而滋生腐败动机等”。

③人力资源退出机制不当，可能导致法律诉讼或企业声誉受损。“产品未被选用的团队会被公司淘汰。这一管理模式带来诸多问题，如研发过程中两个团队恶性竞争、人才流失严重、被选用的团队为防以后被淘汰而滋生腐败动机等，离职员工对天志公司负面评价很多”。

(9)①供应商选择不当，采购方式不合理，招投标或定价机制不科学，授权审批不规范，可能导致采购物资质次价高，出现舞弊或遭受欺诈。“让供应商报底价，然后伙同供应商往上加价，加价部分双方按比例分成”“利用手中权力，以技术规格要求为由指定供应商或故意以技术不达标把正常供应商踢出局，让可以给回扣的供应商进短名单，长期拿回扣”“以降价为借口，淘汰正常供应商，让可以给回扣的供应商进短名单并做成独家垄断，然后涨价，双方分成”“利用内部信息和手中权力与供应商串通收买验货人员，对品质不合格的物料不进行验证，导致质次价高的物料长期独家供应”“内外勾结，搞皮包公司，利用手中权力以皮包公司接单，转手把单分给工厂，中间差价分成”。

②采购验收不规范，付款审核不严，可能导致采购物资、资金损失或信用受损。“在2018年由于公司供应链贪腐造成平均采购价格超过合理水平20%以上，保守估计造成超过10亿元人民币损失。在公司运作的各个领域(采购、财务、研发设计、工厂制造、行政管理以及销售)均出现了舞弊行为，可见这次串通勾结行为范围极广，危害程度极大”。

2.【答案】

(1)①跨国经营活动引发的文化风险。“万欣U国公司来自新兴市场的低端形象很难得到U国企业和消费者的认同。万欣U国公司在注册时就被当地同行奚落‘你们还不如养马有前途’；公司向U国企业出售经检验没问题的油脂时却以质量不合格为由屡遭退货；公司向客户提供自己擅长的低价供货方案，客户根本不买账……公司尝试向U国K公司推销产品时，业务员连门都进不去，只能在传达室谈业务”。

②企业并购活动引发的文化风险。“公司初次收购当地企业并调整员工假期遭到工会强烈反对，工会声称‘即使倒闭也不会让中国企业兼并’”“万欣U国公司非常注重规避跨国并购可能带来的风险，例如在收购L公司时，为了绕开工会的制约，万欣U国公司联手当地企业一起收购；在收购T公司时，万欣U国公司不仅没有解雇富余员工还扩建厂房并招收新员工”。

③组织内部因素引发的文化风险。“万欣U国公司初次收购当地企业并调整员工假期遭到工会强烈反对，工会声称‘即使倒闭也不会让你们国家企业兼并’”。

(2)①寻求市场。“2003年万欣U国公司正式成为主机厂的一级供应商”“也让万欣U国公司生产的零部件得以在U国三分之一的汽车上使用”。

②寻求现成资产。“1999年万欣U国公司收购了L公司，这笔收购使它取代L公司成为世界上拥有最多万向节专利的公司。2000年万欣U国公司收购了T公司，从而成为U国最大的汽车轮毂加工装配基地和供应商。2001年万欣U国公司又收购了U国零售商A公司，获得了A公司汽车制动器技术与品牌、U国连锁维修店和采购集团等渠道”“万欣U国公司在2003年收购了K公司，该公司是翼型万向节传动轴的发明者和全球最大的一级供应商”“万欣公司收购AB公司不仅获得了世界顶尖的电池技术，与全球主流客户建立了业务联系，在新能源电池领域也更具号召力”“万欣U国公司对FS电动汽车公司的收购，标志着万欣公司全面进入新能源汽车整车制造产业”。

(3)①外部发展(并购)。“1999年万欣U国公司收购了L公司”“2000年万欣U国公司收购了T公司”“2001年万欣U国公司又收购了U国零售商A公司”“万欣U国公司在2003年收购了K公司”“2005年万欣U国公司收购了U国F汽车公司的一级供应商S公司和轴承企业G公司”“DR公司拒绝了另外4家竞标收购者而决定出售给万欣U国公司”“2007年U国AI公司被万欣U国公司并购”“2008年U国F汽车公司旗下的工厂因严重亏损被迫剥离，万欣U国公司收购工厂后对其生产经营方式进行全面改造”“收购U国T-D公司”“2009年万欣U国公司收购U国DS汽车转向轴业务”“对AB公司的收购完成”“2014年万欣U国公司对FS电动汽车公司的收购”。

②内部发展(新建)。“1994年，万欣U国公司在U国注册成立，万欣公司正式进入U国汽车零部件市场”“万欣U国公司将瞄准U国主流社会’的本地化改造作为首要任务，不再沿用母国集团的管理理念和方法。万欣U国公司聘请U国人为首席运营官和首席财务官，在内部建立起一套符合U国国情的运营体系，重新设计了一整套规范的工作程序”。

③战略联盟。“2015年11月，FS公司宣布与D国BM公司达成重要合作伙伴关系，万欣U国公司认为这一合作不仅是技术和资本捆在一起，而且是名誉与品牌捆在了一起”。

(4)万欣U国公司在U国采用并购战略的动机有：

①避开进入壁垒，迅速进入，争取市场机会，规避各种风险。“为了克服公司进入新能源汽车领域的诸多障碍，2012年底，

万欣U国公司协助集团总部参与竞购深陷破产危机的U国AB公司”。

②获得协同效应。“在这一阶段万欣U国公司收购的企业多是一级供应商，万欣U国公司通过帮助它们为3 500位U国人保住了工作，也让万欣U国公司生产的零部件得以在U国三分之一的汽车上使用”“AB公司终于告别了亏损，开始步入正轨。之后，万欣公司继续向AB公司提供培养核心业务必要的财务支持，推动AB公司进入汽车电动化、电网储能及其他全球性市场，包括进入中国市场。……万欣公司收购AB公司不仅获得了世界顶尖的电池技术，与全球主流客户建立了业务联系，在新能源电池领域也更具号召力”“万欣U国公司对FS电动汽车公司的收购，标志着万欣公司全面进入新能源汽车整车制造产业。……万欣U国公司履行承诺，将FS公司的工厂从欧洲F国搬回U国，复产后创造了300多个工作岗位”。

③克服企业负外部性，减少竞争，增强对市场的控制力。“万欣公司收购AB公司不仅获得了世界顶尖的电池技术，与全球主流客户建立了业务联系，在新能源电池领域也更具号召力”“在这一阶段万欣U国公司收购的企业多是一级供应商，万欣U国公司通过帮助它们为3 500位U国人保住了工作也让万欣公司生产的零部件得以在U国三分之一的汽车上使用”。

所规避的主要风险：

①并购后不能很好地进行企业整合。“万欣U国公司非常注重规避跨国并购可能带来的风险，例如在收购L公司时，为了绕开工会的制约，万欣U国公司联手当地企业一起收购；在收购T公司时，万欣U国公司不仅没有解雇富余员工还扩建厂房并招收新员工，帮助T公司渡过了难关”“DR公司是一家汽车电子感应器公司，危机中公司不得不出售。公司所有者联系了万欣U国公司收购过的公司，了解到这些公司被收购后得到万欣U国公司及其总部很好的资源整合，因此拒绝了另外4家竞标收购者”“一系列的收购及其之后的资源整合，不仅拯救了被并购公司，也让他们认识到万欣公司的强大实力与中国国内完备的产业配套能力”。

②跨国并购面临政治风险。“竞购AB公司期间U国诸多政府官员与行业专家强烈反对将AB公司卖给万欣公司，他们认为AB公司是U国重点企业且部分业务和军方有直接关联，被国内企业万欣公司收购会威胁U国国家安全。为了减少万欣公司在U国受到的政治压力，万欣公司向国内备案以获得国家的背书，增加谈判筹码；万欣公司始终承诺整体收购，并维持其2 000多名员工的工作岗位，这与其他8个竞标者只对AB公司的部分业务感兴趣不同；更关键的是，万欣公司只收购AB公司的民用业务，绝对避开涉及军方的业务。万欣公司的收购方案展现了愿意承担社会责任的企业形象，得到了AB公司首席执行官的高度认可，妥善化解了来自外界的危机和压力”“在收购FS公司期间，万欣U国公司同样遇上了非议，被指责‘偷窃U国技术’。然而FS公司所在州州长和议员对万欣公司表示支持，‘万欣公司在U国20多年，形象一直比较靠谱’。并购后，万欣公司履行承诺，将FS公司的工厂从欧洲F国搬回U国，复产后创造了300多个工作岗位”。

(5)从全球价值链中企业的角色定位考察，万欣公司早期是其他层级供应商。“1984年，国内最大的汽车零部件供应商万欣公司与U国L公司签订了每年贴牌生产20万套万向节的合作协议，开展OEM业务”。2003年以后，万欣公司成为一级供应商。

“2003年万欣U国公司正式成为主机厂的一级供应商”“在这一阶段，万欣U国公司收购的企业多是一级供应商”“在收购U国

T-D 公司后，万欣 U 国公司通过对 T-D 公司和中国总部整合国内零部件生产资源能力的优势相对接(体现一级供应商‘起到在领先企业和本地供应商之间的桥梁作用’)”。

从在全球价值链中企业升级类型考察，万欣公司最终实现了向价值链升级的跨越。“1984 年，国内最大的汽车零部件供应商万欣公司与 U 国 L 公司签订了每年贴牌生产 20 万套万向节的合作协议，开展 OEM 业务”“2014 年初……U 国批准了万欣 U 国公司对 FS 电动汽车公司的收购，标志着万欣公司全面进入新能源整车制造产业”。

(6)①不要拘泥于成本上竞争，而应该比照行业中的领先公司来衡量自己的实力。“公司向客户提供自己擅长的低价供货方案，客户根本不买账”“万欣 U 国公司将瞄准 U 国主流社会的本地化改造作为首要任务”。

②找到一个定位明确又易于防守的市场。“这一系列本地化举措使万欣 U 国公司弱化了中国企业的形象，满足了 U 国市场对一家普通汽车零部件企业的基本期望”“2003 年万欣 U 国公司正式成为主机厂的一级供应商”。

③在一个全球化的产业中找到一个合适的突破口。“金融危机中万欣 U 国公司找到了进一步发展的突破口。万欣 U 国公司意识到金融危机前公司要尽可能适应和服从外部环境的要求；危机后公司则应当发挥自身优势，朝更有利的方向施加影响”。

④学习从发达国家获取资源，以克服自身技能不足和资本的匮乏。“1999 年万欣 U 国公司收购了 L 公司，这笔收购使它取代 L 公司成为世界上拥有最多万向节专利的公司。2000 年万欣 U 国公司收购了 T 公司，从而成为 U 国最大的汽车轮毂加工装配基地和供应商。2001 年万欣 U 国公司又收购了 U 国零售商 A 公司，获得了 A 公司汽车制动器技术与品牌、U 国连锁维修店和采购集团等渠道”“万欣 U 国公司在 2003 年收购了 K 公司，该公司是翼型万向节传动轴的发明者和全球最大的一级供应商；2005 年万欣 U 国公司收购了 U 国 F 汽车公司的一级供应商 S 公司和轴承企业 G 公司”“万欣公司收购 AB 公司不仅获得了世界顶尖的电池技术，与全球主流客户建立了业务联系，在新能源电池领域也更具号召力”“万欣 U 国公司对 FS 电动汽车公司的收购，标志着万欣公司全面进入新能源汽车整车制造产业。……万欣 U 国公司认为这一合作不仅是技术和资本绑在一起，而且是名誉与品牌都绑在了一起”。

(7)①确认那些支持企业竞争优势的关键性活动。“万欣 U 国公司收购 M 工厂后对其生产经营方式进行全面改造。在并购 H 公司后也停掉了公司的一些生产线，把它们搬到万欣公司中国公司来做，H 公司主要负责组装、技术开发、测试、售后服务和物流，以发挥各自优势”(在 U 国公司和中国国内公司各自强化自身优势活动)。

②明确价值链内各种活动之间的联系。“这些公司被收购后得到万欣 U 国公司及其总部很好的资源整合”“万欣 U 国公司收购 M 工厂后对其生产经营方式进行全面改造”“万欣 U 国公司通过对 T-D 公司和国内总部整合国内零部件生产资源能力的优势相对接，把等速驱动轴打造为继万向节之后又一个世界老大产品”。

③明确价值系统内各项价值活动之间的联系。“一系列的收购及其之后的资源整合，不仅拯救了被并购公司，也让他们认识到万欣公司的强大实力与中国国内完备的产业配套能力”(中国国内完备的产业配套能力包括整个价值系统的配套能力)。

(8)①专有技术选择、获取与应用的困难。“由于起步晚、缺少高端技术研发人员和营销人员等因素，万欣公司的电动车零部件核心技术远远落后于国内外的先锋企业”。

②原材料、零部件、资金与其他供给的不足。“也缺少整合供应链的资源和能力”。

③缺少承担风险的胆略和能力。“为了克服公司进入新能源汽车领域的诸多障碍，2012 年底，万欣 U 国公司协助总部参与竞购深陷破产危机的 U 国 AB 公司”。

(9)依据《企业内部控制应用指引第 4 号——社会责任》，万欣公司与万欣 U 国公司进入新能源汽车领域所规避履行社会责任风险有：

①环境保护投入不足，资源耗费大，造成环境污染或资源枯竭，可能导致企业巨额赔偿、缺乏发展后劲，甚至停业。“在全球环境保护的压力下，万欣公司也开始向新能源汽车领域挺进”。

②促进就业和员工权益保护不够，可能导致员工积极性受挫，影响企业发展和社会稳定。“万欣公司始终承诺整体收购，并维持其 2 000 多名员工的工作岗位”“并购后，万欣 U 国公司履行承诺，将 FS 公司的工厂从欧洲 F 国搬回 U 国，复产后创造了 300 多个工作岗位”。

3.【答案】

(1)公司宗旨旨在阐述公司长期的战略意向，其具体内容主要说明公司目前和未来所要从事的经营业务范围。科通公司初创时期的业务定位是做手机业务，“要做一款设计好、品质好而价格又便宜的智能手机”；而历经 8 年的发展，到 2018 年科通公司上市之前，公司的业务定位是“涵盖众多消费电子产品、软硬件和内容全覆盖的互联网企业”。

(2)依据“战略钟”理论，科通智能手机与生态链产品所采用的竞争战略类型是混合战略，即在为顾客提供更高的认可价值的同时，获得成本优势。亦即差异化与成本领先兼顾的战略。“科通坚持做顶级配置，真材实料，高性能，高体验，强调超用户预期的最强性价比”“这款号称顶级配置手机定价只有 1 999 元，几乎是同配置手机价格的一半”“由于科通品牌给人们高性价比的印象已经根深蒂固，不少人认为科通生态链企业的产品无法赢利。但实际上，科通生态链企业已经有多家实现盈利”“感动人心、价格厚道”。

(3)“科通的成功模式成为各行各业观摩学习的范本”，依据核心能力评价理论，向科通公司学习的企业基准分析的基准类型是过程或活动基准，即以具有类似核心经营的企业为基准进行比较，但是二者之间的产品和服务不存在直接竞争关系。这类基准分析的目的在于找出企业做得最突出的方面。“大量企业开始对标科通，声称要用科通模式颠覆自己所在行业，‘做 XX 行业的科通’，成为众多企业的口号”，说明不是同一行业企业，当然也不存在直接竞争关系。

(4)科通公司在 2015 年所面临的市场风险主要表现在两个方面：

①能源、原材料、配件等物资供应的充足性、稳定性和价格的变化带来的风险。“销量越来越大就意味着要与数百个零部件供应商建立良好高效的合作协同关系，不能有丝毫闪失。而科通的供货不足、发货缓慢被指为‘饥饿营销’，开始颇受质疑”“芯片供应商 G 公司的一脚急刹车成为导火线”。

②潜在进入者、竞争者、与替代品的竞争带来的风险。“竞争对手越来越多、越来越强大。H 公司推出的互联网手机品牌 R 手机成为科通手机强劲的对手，O 公司和 V 公司也借助强大的线下渠道开始崛起”“以线下渠道为主的 O 公司和 V 公司成为手机行业的新星，其手机出货量不仅增幅超过 100%，而且双双超过科通公司进入全球前五、国内前三”。

(5)科通公司 2016 年所采用的收缩战略(撤退战略)的主要方式有：

①紧缩与集中战略中的机制变革，主要做

法是调整管理层领导机构。“刘毅亲自负责科通手机供应链管理。前供应链负责人转任首席科学家，负责手机前沿技术研究。这意味着科通公司从组织架构上加大对供应链的管理力度”。

②转向战略中的调整营销策略，在价格、促销、渠道等环节推出新的举措。“开启‘新零售’战略……通过线上线下互动融合的运营方式，将电商的经验和优势发挥到实体零售中。让消费者既能享用线下看得见摸得着的良好体验，又能获取电商一样的低价格”“早年一直坚持口碑营销从未请过代言人的科通公司在2016年开始改变策略，先后请来几位明星作为代言人，赢得了不少新老客户”。

(6)科通生态链所采用的发展战略的类型属于相关多元化(同心多元化)。“科通生态链的投资主要围绕以下5大方向：①手机周边，如手机的耳机、移动电源、蓝牙音箱；②智能可穿戴设备，如科通手环、智能手表；③传统白电的智能化，如净水器、净化器；④极客酷玩类产品，如平衡车、3D打印机；⑤生活方式类，如科通插线板”“围绕手机业务构建起手机配件、智能、生活消费产品三层产品矩阵”。

科通公司采用这一战略的优点：

①有利于企业利用原有产业的产品知识、制造能力、营销渠道、营销技能等优势来获取融合优势，即两种业务或两个市场同时经营的盈利能力大于各自经营时的盈利能力之和。“科通生态链团队从ID、外观、结构、硬件、软件、云服务、供应链、采购、品牌等诸多方面给予创业公司全方位的支持”“麦家的多个产品已经做到了全球数量第一，科通生态链公司也出现多个独角兽(指那些估值达到10亿美元以上的初创企业)”“科通公司也从一家手机公司过渡到一个涵盖众多消费电子产品、软硬件和内容全覆盖的互联网企业”。

②利用未被充分利用的资源。“科通公司抽出20名工程师，让他们从产品的角度看待拟投资的创业公司，通过与创业公司团队的沟通，了解这家公司的未来走向”。

③运用盈余资金。“运用科通公司已经积累的大量资金”。

④运用企业在某个产业或某个市场中的形象和声誉来进入另一个产业或市场，而在另一个产业或市场中要取得成功，企业形象和声誉是至关重要的。“科通生态链团队从ID、外观……品牌等诸多方面给予创业公司全方位的支持”。

科通生态链所采用的实施发展战略的途径是战略联盟。“科通生态链团队不仅做投资，而且是一个孵化器……但是，科通公司并没有控股任何一家科通生态链公司，所有的公司都是独立的”“通过这种独特的战略联盟模式，科通投资、带动了更多志同道合的创业者，围绕手机业务构建起手机配件、智能、生活消费产品三层产品矩阵”。

科通公司采用这种方式的动因：

①促进技术创新。“生态链企业各自发挥技术创新优势”“许多新兴产品领域，麦家的多个产品已经做到了全球数量第一，科通生态链公司也出现多个独角兽”。

②避免经营风险。“同时……规避经营风险”。

③实现资源互补。“从ID、外观、结构、硬件、软件、云服务、供应链、采购、品牌等诸多方面给予创业公司全方位的支持”“科通公司利用其规模经济所带来的全球资源优势帮助这些生态链企业提高效率，科通公司运用其全球供应链优势能够让生态链上的小公司瞬间拥有几百亿的供应链能力”。

④开拓新的市场。“科通已经投资了90多家生态链企业，涉足上百个行业”。

⑤降低协调成本。“同时降低科通公司整体的内部协调成本”。

(7)①研发能力。“科通公司首先是运用互联网工具，让用户参与到手机硬件的设计、研发之中，通过用户的反馈意见，了解市场的最新需求。而此前其他公司的研发模式都是封闭的，动辄一两年，开发者以为做到了最好，但其实未必是用户喜欢的，而且一两年时间过去，市场很可能已经变化。其次，科通坚持做顶级配置，真材实料，高性能，高体验，强调超用户预期的最强性价比”“从 ID、外观、结构、硬件、软件、云服务、供应链、采购、品牌等诸多方面给予创业公司全方位的支持”“许多新兴产品领域，麦家的多个产品已经做到了全球数量第一”。

②生产管理能力。“利用互联网技术提高企业的运行效率，使优质的产品能够以高价比的形式出现”“科通公司利用其规模经济所带来的全球资源优势帮助这些生态链企业提高效率，科通公司运用其全球供应链优势能够让生态链上的小公司瞬间拥有几百亿供应链提供的能力”。

③营销能力。

a. 产品竞争能力。“这款号称顶级配置的手机定价只有 1 999 元，几乎是同配置手机价格的一半，科通手机 2012 年实现销售量 719 万部。2014 年二季度，科通手机成为国内智能手机市场的第一名，科通公司在全球也成为第三大手机厂商”“麦家的多个产品已经做到了全球数量第一，科通生态链公司也出现多个独角兽”。

b. 销售活动能力。“以品牌和口碑积累粉丝，靠口口相传，节省大量广告费用”“开创了官网直销预订购买的发售方式，不必通过中间商，产品可以直接送到消费者手上，省去了实体店铺的各种费用和中间的渠道费用”“开启‘新零售’战略，通过线上线下互动融合的运营方式，将电商的经验和优势发挥到实体零售中”“早年一直坚持口碑营销从未请过代言人的科通公司在 2016 年开始改变策略，先后请来几位明星作为代言人，赢得了不少新老客户”。

c. 市场决策能力。“公司成立之初，时任 CEO 的刘毅与他的合伙人们就有一个想法：要做一款设计好、品质好而价格又便宜的智能手机。2010 年的手机市场，还是国际品牌的天下，功能机仍是主体，智能手机的价格至少也要在 3 000 ~ 4 000 元。虽然也有一些国产品牌手机，但大多数是低质低价的山寨机”“2014 年，刘毅开始意识到‘智能硬件’和‘万物互联’可能是比智能手机还要大的发展机遇。于是，科通公司开启了科通生态链计划”。

④财务能力。“科通公司开启了科通生态链计划，运用科通公司已经积累的大量资金”“2018 年 7 月，科通公司成功上市”“不少人认为科通生态链企业的产品无法实现利润，但实际上，科通生态链企业已经有多家实现盈利。这是因为科通公司利用其规模经济所带来的全球资源优势帮助这些生态链提高效率”。

⑤组织管理能力。“科通公司内部开始进行架构和模式多维调整。刘毅亲自负责科通手机供应链管理，前供应链负责人转任首席科学家，负责手机前沿技术研究，这意味着科通公司从组织架构上加大对供应链的管理力度”“科通公司抽出 20 名工程师，让他们从产品的角度看待拟投资的创业公司，通过与公司团队的沟通，了解这家公司的未来走向”“科通公司并没有控股任何一家科通生态链公司，所有的公司都是独立的。这样有利于在统一的价值观和目标下，生态链企业各自发挥技术创新优势，同时降低科通公司整体内部协调成本，规避经营风险”。

4. **【答案】**

(1) H 国自行车企业所实施的竞争战略是差异化战略。

实施差异化战略需要具备的资源和能力包括：

①有强大的研发能力和产品设计能力，具有很强的研究开发管理人员。“面对日益

挑剔和多样化的国内外消费者对自行车产品的需求，H 国自行车企业集中力量在新材料和新工艺上实现了技术跨越，积极研发设计和生产关键零部件，引进了美国模块化技术与日本供应链模式。1983 年至今，H 国自行车材料从钢管发展到钛合金、镁合金，甚至碳纤合金，重量由原来的 30 千克降至 7 千克；制造技术从铜焊发展到氩焊，从一体成型发展到无氧化电弧焊接，实现了产品轻量化，同时保持了高标准的刚性、韧性和强度”。

②具有很强的市场营销能力，具有很强的市场营销能力的管理人员。“通过这一过程，H 国自行车企业将研发开发、生产制造、市场营销三个主要环节在企业发展不同阶段采用不同模式进行资源配置与整合”“H 国第一大自行车企业‘天空机械’，原来以 OEM 为主……在不断提高自身设计与营销能力的同时，将其具有自主品牌和研发优势的一部分零部件和整车的生产制造以 OEM 方式向 C 国企业转移。现在‘天空机械’自有品牌销售收入占其总收入的比重为 70%”。

③有能够确保激励员工创造性的激励体制、管理体制和良好的创造性文化。“组织创新，建立新的网络型战略联盟”“形成大企业带动小企业、中心厂带动卫星厂的‘中心卫星体系’”“高度的互动学习机制”“协同发展”。

④具有从总体上提高某项经营业务的质量、树立产品形象、保持先进技术和建立完善分销渠道的能力。“H 国自行车产业经过重大调整与转型，实现了整体升级”。

C 国自行车企业所实施的竞争战略是成本领先战略。

实现成本领先战略需要具备的资源和能力包括：

①能够实现规模经济。“充分利用 C 国……规模经济显著……优势”“1991 年 C 国自行车外销数量首度超过 H 国，2000 年起外销量与出口值双双超越 H 国，近年来 C 国自行车出口量占全球 1/2”。

②降低各种要素成本。“充分利用 C 国劳动力成本低……优势”。

③提高生产率。“充分利用 C 国……生产效率高……优势”。

④提高生产能力利用程度。“充分利用 C 国……生产能力利用程度高等优势”。

⑤选择适宜的交易组织形式。“H 国排名前三位的自行车厂商均在 C 国设厂”“将设在 C 国的企业定位于生产中低价位、以交通工具为主的少品种车型”。

⑥重点集聚。“将设在 C 国的企业定位于生产中低价位、以交通工具为主的少品种车型”。

采取成本领先战略的风险包括：

①技术的变化可能使过去用于降低成本的投资(如扩大规模、工艺革新等)与积累的经验一笔勾销。“出现了对自行车产品的新的需求，形成了多个新的细分消费市场，C 国用途单一的低端自行车生产线的优势在国际市场上受到极大挑战”。

②产业的新加入者或追随者通过模仿或者以高技术水平设施的投资能力，达到同样的甚至更低的成本。“自行车产业的低端产品开始向劳动力成本更低的东南亚转移”。

③市场需求从注重价格转向注重产品的品牌形象，使得企业原有的优势变为劣势。“人们生活观念的变化以及收入水平的提高，使自行车不再是单纯的交通工具，而是演化为集健身用品、休闲用具、玩具、高档消费品于一体的商品……出现了对自行车新的需求，形成了多个新的细分市场”。

(2)确认那些支持企业竞争优势的关键性活动。“H 国第一大自行车企业‘天空机械’，原来以 OEM 为主，发挥其生产制造的优势”(这一阶段，确认生产制造是关键性活动)；“进而为发达国家 U 国……做

ODM，打造自身设计能力”(这一阶段，生产制造、研发设计是关键性活动)；“之后，‘天空机械’开始创建自有品牌，在不断提高自身设计与营销能力的同时，将其具有自有品牌和研发优势的一部分零部件和整车的生产制造以 OEM 方式向 C 国企业转移”(这一阶段，研发设计、市场营销是关键性活动)。

明确价值链内各种活动之间的联系。“H 国第一大自行车企业‘天空机械’，原来以 OEM 为主，发挥其生产制造的优势”“进而为发达国家 U 国……做 ODM，打造自身设计能力”“之后，‘天空机械’开始创建自有品牌，在不断提高自身设计与营销能力的同时，将其具有自有品牌和研发优势的一部分零部件和整车的生产制造以 OEM 方式向 C 国企业转移”。

明确价值系统内各项价值活动之间的联系。包括供应商、分销商和客户在内的各项价值活动之间的许多联系。“H 国自行车企业实现从 OEM 到 ODM 再到 OBM 的升级，网络型战略联盟发挥了重要作用”“形成大企业带动小企业、中心厂带动卫星厂的‘中心卫星体系’”“高度的互动学习机制”“协同发展”战略。

(3)H 国自行车第一大企业“天空机械”联合其主要竞争对手“星友”及 11 家零部件生产企业组成行业战略联盟“ATC”，形成大企业带动小企业、中心厂带动卫星厂的“中心卫星体系”。这一体系内的两大企业“天空机械”和“星友”以“ATC”为载体，与零部件生产企业形成中心卫星体系，微型企业订单稳定，完全致力于专业性生产，同时借助中心企业并按照合约要求提高生产力。而中心企业集中力量开展生产调研与拓展、研发、检验与装配等工作。因此，“ATC”战略联盟的类型为功能性协议(或称契约式战略联盟)。

动因：

①促进技术创新。“高度的互动学习机制……确保各方优先共享先进经验和提高信任程度。联盟内频繁的活动及由此产生的组织学习，使零部件企业在产品开发初期就能参与研发活动；各个企业的研发力量集合起来，同步工程缩短产品上市时间，联盟内部知识的消化能力变得更为强大”“协同发展。‘ATC’规定优先供应成员间具有竞争力的产品……鼓励成员创新设计和参与特殊车种的合作开发，参与各种自行车会展，并与科研院所合作建设信息平台。‘ATC’为成员企业提供了良好的技术开发和服务环境”。

②避免经营风险。“卫星企业订单稳定，完全致力于专业性生产”“‘ATC’打破了竞争对手不该彼此交换信息的旧模式，降低了企业在产业内的交易成本和信息不对称的程度”。

③避免或减少竞争。“‘ATC’打破了竞争对手不该彼此交换信息的旧模式，降低了企业在产业内的交易成本和信息不对称的程度”。

④实现资源互补。“形成大企业带动小企业、中心厂带动卫星厂的‘中心卫星体系’”“高度的互动学习机制”“协同发展”。

⑤开拓新的市场。“2003 年成立的‘ATC’仅有 22 家成员企业，在 H 国 343 家自行车企业中只是少数，但其销售收入占比却达六至七成……‘ATC’企业在 2006 年出口自行车平均单价为 350 美元，大大高于行业平均单价 206.6 美元。另外，‘ATC’成员中有 95.2%是以自有品牌销售，而行业平均水平是 55.46%”。

(4)H 国自行车产业的竞争优势：

①生产要素。“研发新材料与新工艺，实现产品与技术的跨越升级。面对日益挑剔和多样化的国内外消费者对自行车产品的需求，H 国自行车企业集中力量在新材料和新工艺上实现了技术跨越，积极研发设计和生产关键零部件，引进了美国模块化技术与日本供应链模式。1983 年至今，H

国自行车材料从钢管发展到钛合金、镁合金，甚至碳纤合金，重量由原来的 30 千克降至 7 千克；制造技术从铜焊发展到氩焊，从一体成型发展到无氧化电弧焊接，实现了产品轻量化，同时保持了高标准的刚性、韧性和强度”“通过高度的互动学习机制……确保各方优先共享先进经验和提高信任程度”“协同发展……鼓励成员创新设计和参与特殊车种的合作开发……并与科研院所合作建设信息平台。‘ATC’为成员企业提供了良好的技术开发和服务环境”。

②需求条件。“面对日益挑剔和多样化的国内外消费者对自行车产品的需求”。

③相关与支持性产业。“形成大企业带动小企业、中心厂带动卫星厂的‘中心卫星体系’。这一体系内的两大企业‘天空机械’和‘星友’以‘ATC’为载体，与零部件生产企业形成中心卫星体系”“高度的互动学习机制……纵向共建产业链并加强合作，确保各方优先共享先进经验和提高信任程度。联盟内频繁的活动及由此产生的组织学习，使零部件企业在产品开发初期就能参与研发活动；各个企业的研发力量集合起来，同步工程缩短产品上市时间，联盟内部知识的消化能力变得更为强大”“协同发展。‘ATC’规定优先供应成员间具有竞争力的产品……实现了整车企业与零部件企业的协同发展”。

④企业战略、企业结构和同业竞争。“H 国自行车第一大企业‘天空机械’联合其主要竞争对手‘星友’及 11 家零部件生产企业组成行业战略联盟‘ATC’”(在 H 国存在强有力的竞争对手之间竞争与合作关系)。

(5)寻求市场。“H 国第一大自行车企业‘天空机械’的自有品牌已成为欧洲市场上的三大品牌之一”“H 国第二大自行车企业‘星友’通过并购发达国家 U 国自行车品牌 SP 和 D 国品牌 CE，以较低的成本和较短的时间就获得发达国家的许多市场机会和先进技术”“H 国第三大自行车品牌‘神飞’，2003 年以自有品牌扩展到美国与亚洲的市场”。

寻求现成资产。“H 国第二大自行车企业‘星友’通过并购发达国家 U 国自行车品牌 SP 和 D 国品牌 CE，以较低的成本和较短的时间就获得发达国家的许多市场机会和先进技术”。

(6)外部发展(并购)。“H 国第二大自行车企业‘星友’通过并购发达国家 U 国自行车品牌 SP 和 D 国品牌 CE……”。

内部发展(新建)。“H 国第一大自行车企业‘天空机械’的自有品牌已成为在欧洲市场的三大品牌之一”“H 国第三大自行车品牌‘神飞’，2003 年以自有品牌扩展到美国与亚洲的市场”。

战略联盟。“H 国第一大自行车厂商‘天空机械’……为发达国家 U 国……做 ODM”。

(7)H 国自行车企业实现了从工艺升级到价值链升级的跨越。“H 国自行车企业普遍实现了从模仿到更有创新性的改进，再到领先的产品设计与创新的过程。通过这一过程，H 国自行车企业将研究开发、生产制造、市场营销三个主要环节在企业发展不同阶段采用不同模式进行资源配置与整合。例如，H 国第一大自行车厂商‘天空机械’，原本以 OEM 为主，发挥其生产制造的优势，进而为发达国家 U 国 CH 公司做 ODM，打造自身设计能力。之后，‘天空机械’开始创建自有品牌，在不断完善自身设计与营销能力的同时，将其具有自主品牌和研发优势的一部分零部件和整车的生产制造以 OEM 方式向 C 国企业转移。现在‘天空机械’自有品牌销售收入占其总收入的比重为 70%，其 ODM 客户均为全球知名品牌”。

第三部分

脉络梳理

梦想成真辅导丛书

公司战略与风险管理脉络梳理

第一章　战略与战略管理

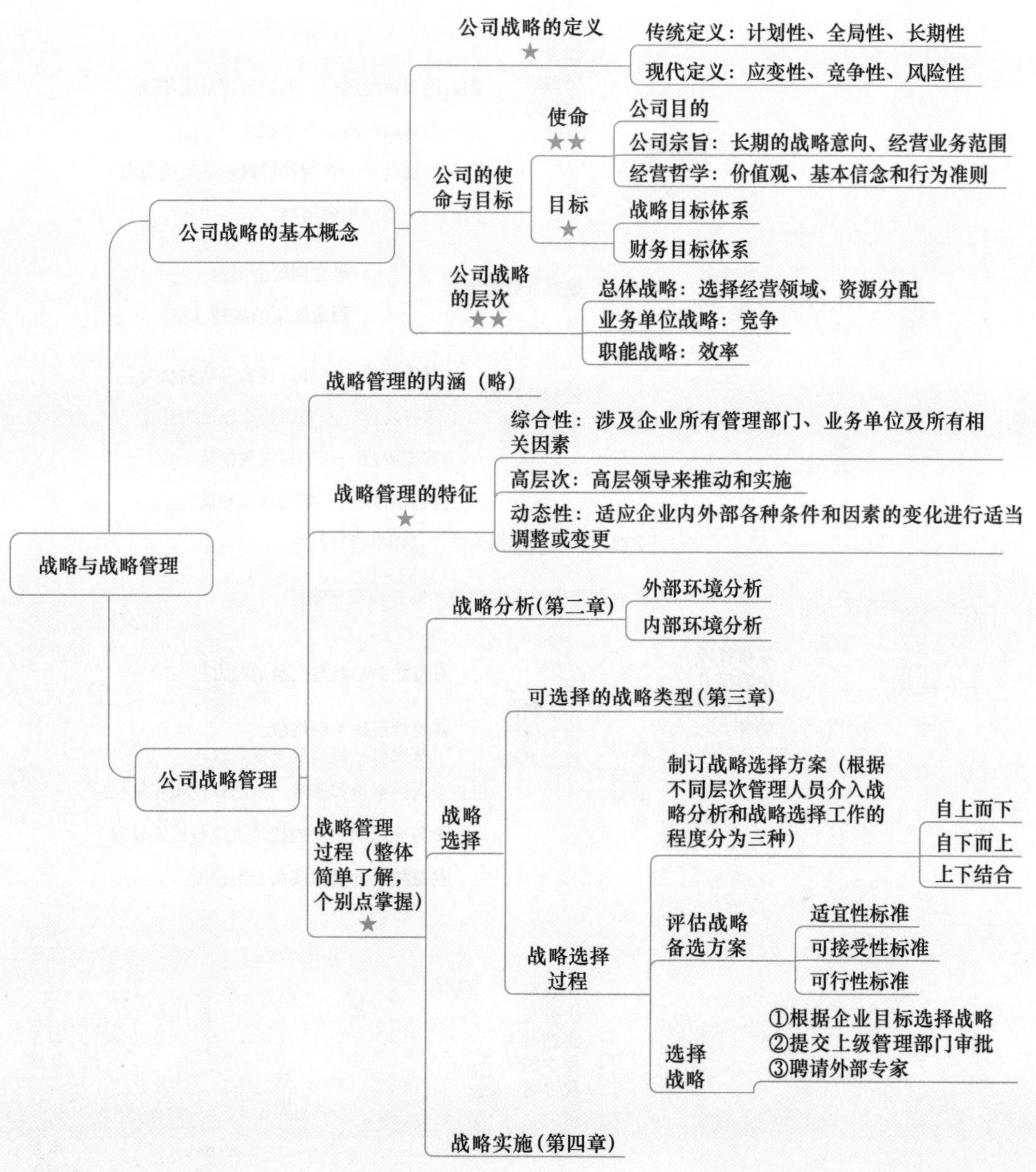

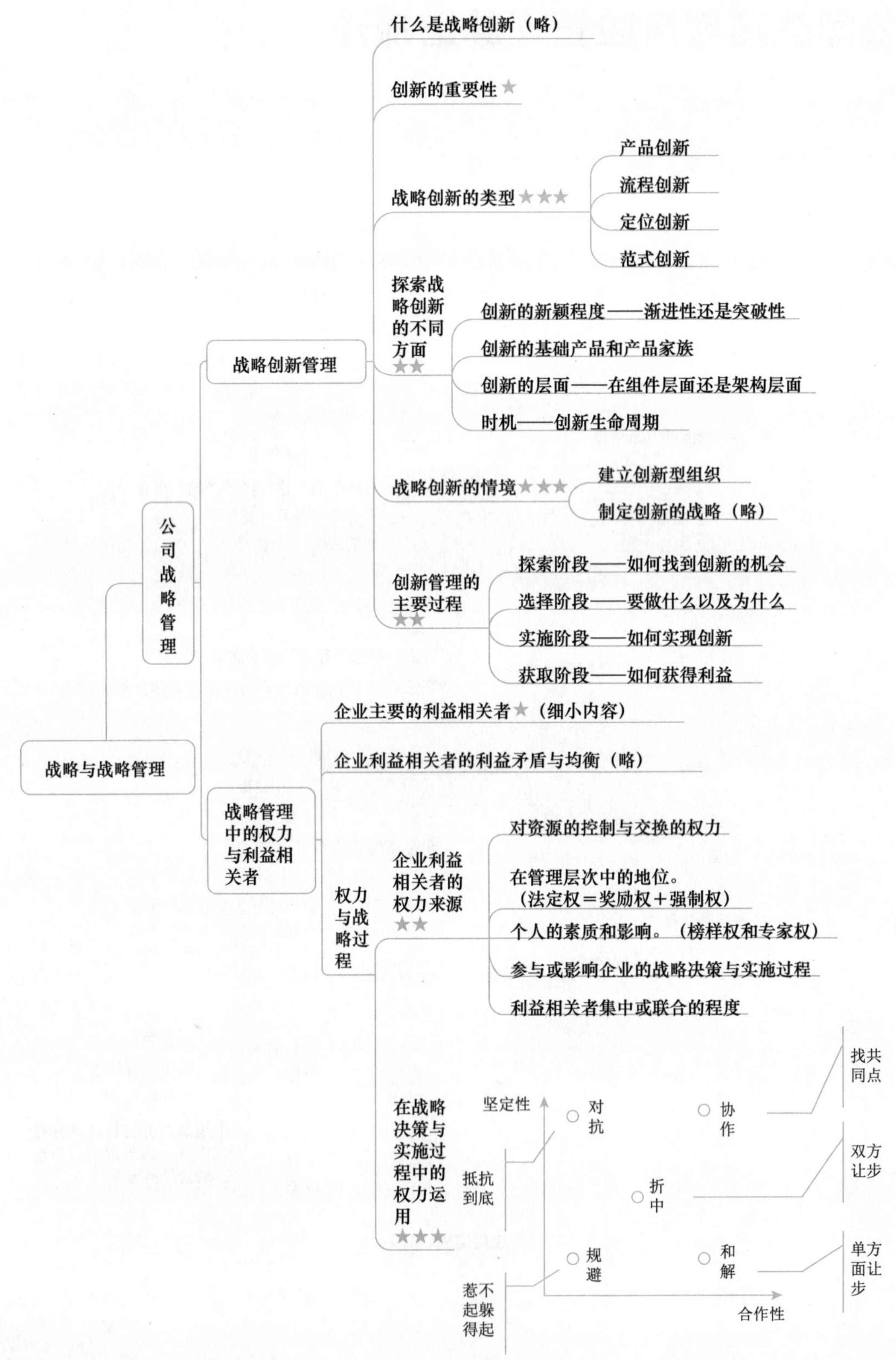
战略与战略管理
公司战略管理
战略创新管理
什么是战略创新（略）
创新的重要性★
战略创新的类型★★★
产品创新
流程创新
定位创新
范式创新
探索战略创新的不同方面★★
创新的新颖程度——渐进性还是突破性
创新的基础产品和产品家族
创新的层面——在组件层面还是架构层面
时机——创新生命周期
战略创新的情境★★★
建立创新型组织
制定创新的战略（略）
创新管理的主要过程★★
探索阶段——如何找到创新的机会
选择阶段——要做什么以及为什么
实施阶段——如何实现创新
获取阶段——如何获得利益
战略管理中的权力与利益相关者
企业主要的利益相关者★（细小内容）
企业利益相关者的利益矛盾与均衡（略）
权力与战略过程
企业利益相关者的权力来源★★
对资源的控制与交换的权力
在管理层次中的地位。
（法定权＝奖励权＋强制权）
个人的素质和影响。（榜样权和专家权）
参与或影响企业的战略决策与实施过程
利益相关者集中或联合的程度
在战略决策与实施过程中的权力运用★★★
坚定性
合作性
对抗
协作
折中
规避
和解
抵抗到底
惹不起躲得起
找共同点
双方让步
单方面让步

第二章 战略分析

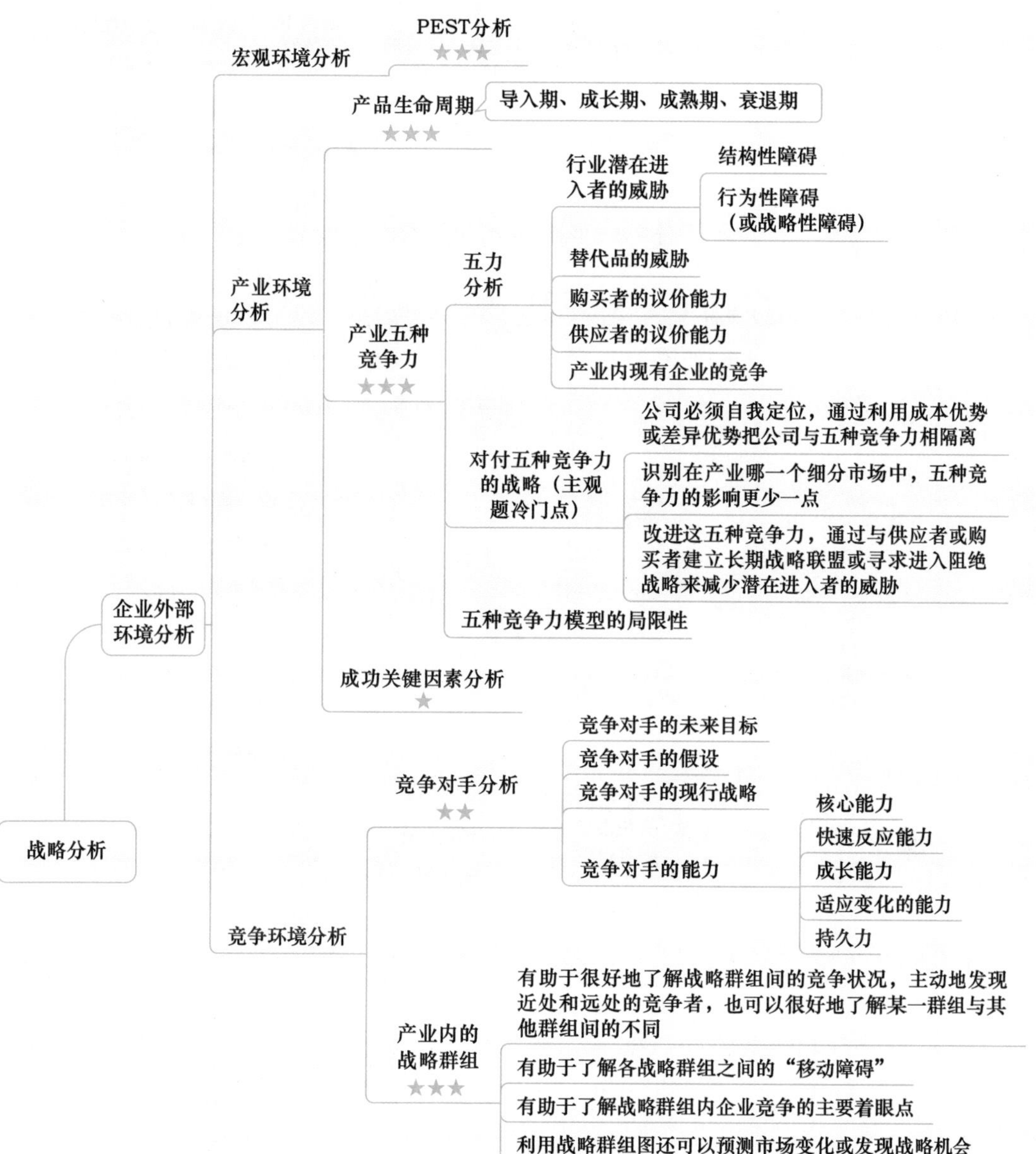
战略分析
企业外部环境分析
宏观环境分析
PEST分析
★★★
产业环境分析
产品生命周期
★★★
导入期、成长期、成熟期、衰退期
产业五种竞争力
★★★
五力分析
行业潜在进入者的威胁
结构性障碍
行为性障碍（或战略性障碍）
替代品的威胁
购买者的议价能力
供应者的议价能力
产业内现有企业的竞争
对付五种竞争力的战略（主观题冷门点）
公司必须自我定位，通过利用成本优势或差异优势把公司与五种竞争力相隔离
识别在产业哪一个细分市场中，五种竞争力的影响更少一点
改进这五种竞争力，通过与供应者或购买者建立长期战略联盟或寻求进入阻绝战略来减少潜在进入者的威胁
五种竞争力模型的局限性
成功关键因素分析
★
竞争环境分析
竞争对手分析
★★
竞争对手的未来目标
竞争对手的假设
竞争对手的现行战略
竞争对手的能力
核心能力
快速反应能力
成长能力
适应变化的能力
持久力
产业内的战略群组
★★★
有助于很好地了解战略群组间的竞争状况，主动地发现近处和远处的竞争者，也可以很好地了解某一群组与其他群组间的不同
有助于了解各战略群组之间的“移动障碍”
有助于了解战略群组内企业竞争的主要着眼点
利用战略群组图还可以预测市场变化或发现战略机会

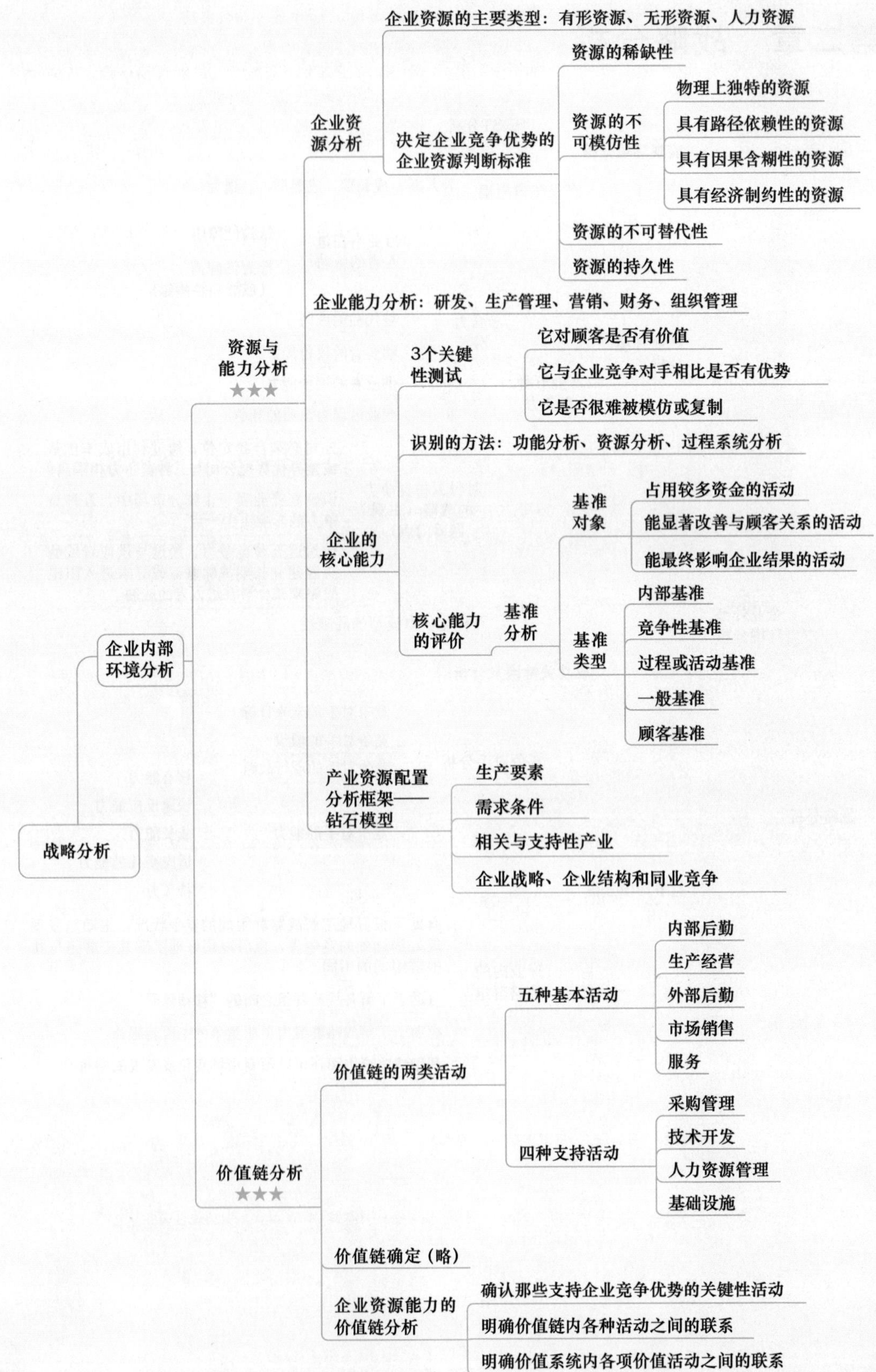
战略分析
企业内部环境分析
资源与能力分析
★★★
企业资源分析
企业资源的主要类型：有形资源、无形资源、人力资源
决定企业竞争优势的企业资源判断标准
资源的稀缺性
资源的不可模仿性
物理上独特的资源
具有路径依赖性的资源
具有因果含糊性的资源
具有经济制约性的资源
资源的不可替代性
资源的持久性
企业能力分析：研发、生产管理、营销、财务、组织管理
企业的核心能力
3个关键性测试
它对顾客是否有价值
它与企业竞争对手相比是否有优势
它是否很难被模仿或复制
识别的方法：功能分析、资源分析、过程系统分析
核心能力的评价
基准分析
基准对象
占用较多资金的活动
能显著改善与顾客关系的活动
能最终影响企业结果的活动
基准类型
内部基准
竞争性基准
过程或活动基准
一般基准
顾客基准
产业资源配置分析框架——钻石模型
生产要素
需求条件
相关与支持性产业
企业战略、企业结构和同业竞争
价值链分析
★★★
价值链的两类活动
五种基本活动
内部后勤
生产经营
外部后勤
市场销售
服务
四种支持活动
采购管理
技术开发
人力资源管理
基础设施
价值链确定（略）
企业资源能力的价值链分析
确认那些支持企业竞争优势的关键性活动
明确价值链内各种活动之间的联系
明确价值系统内各项价值活动之间的联系

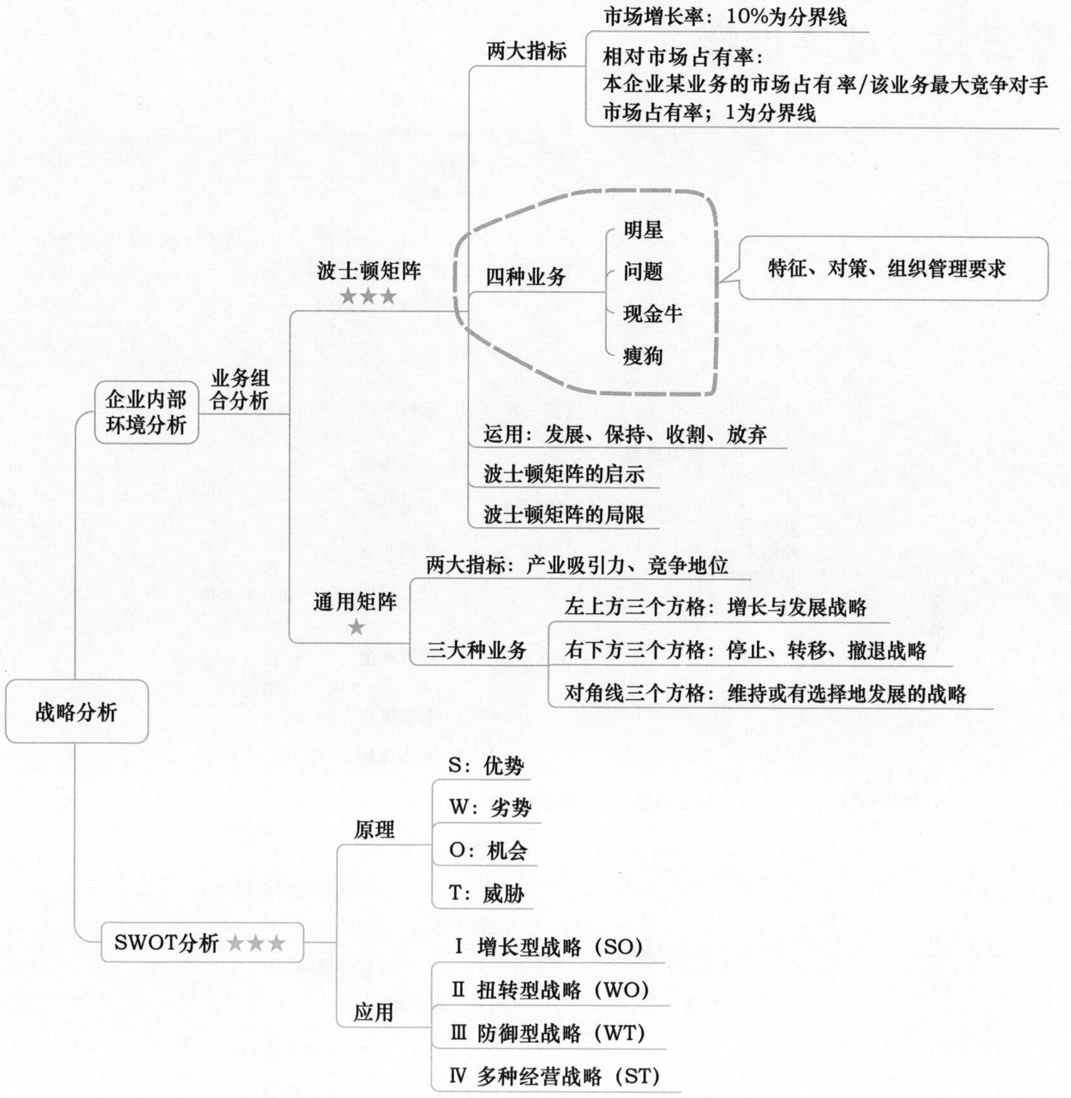
战略分析
企业内部环境分析
业务组合分析
波士顿矩阵★★★
两大指标
市场增长率：10%为分界线
相对市场占有率：
本企业某业务的市场占有率/该业务最大竞争对手市场占有率；1为分界线
四种业务
明星
问题
现金牛
瘦狗
特征、对策、组织管理要求
运用：发展、保持、收割、放弃
波士顿矩阵的启示
波士顿矩阵的局限
通用矩阵★
两大指标：产业吸引力、竞争地位
三大种业务
左上方三个方格：增长与发展战略
右下方三个方格：停止、转移、撤退战略
对角线三个方格：维持或有选择地发展的战略
SWOT分析★★★
原理
S：优势
W：劣势
O：机会
T：威胁
应用
Ⅰ 增长型战略（SO）
Ⅱ 扭转型战略（WO）
Ⅲ 防御型战略（WT）
Ⅳ 多种经营战略（ST）

第三章 战略选择

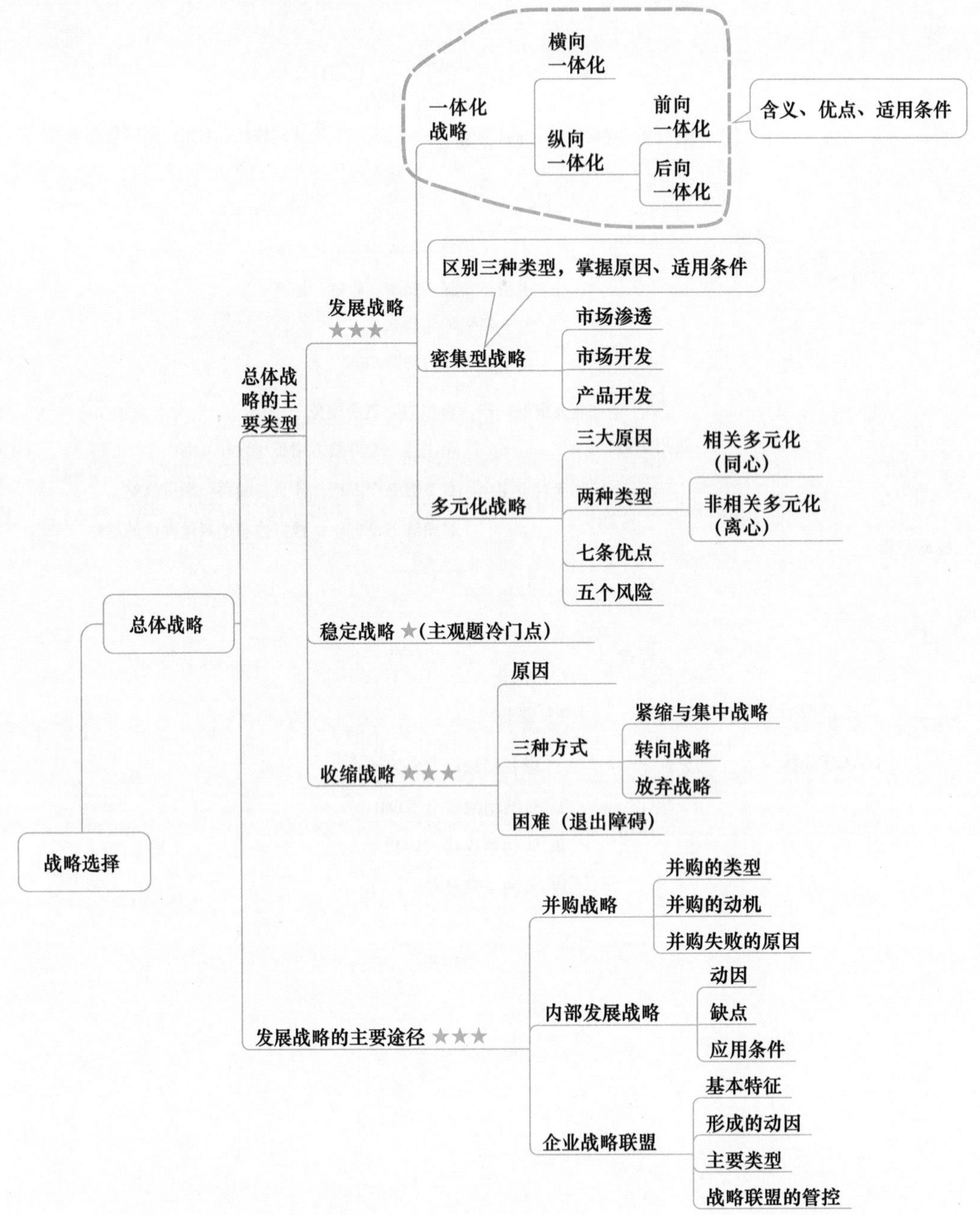
战略选择
总体战略
总体战略的主要类型
发展战略 ★★★
一体化战略
横向一体化
纵向一体化
前向一体化
后向一体化
含义、优点、适用条件
区别三种类型，掌握原因、适用条件
密集型战略
市场渗透
市场开发
产品开发
多元化战略
三大原因
两种类型
相关多元化（同心）
非相关多元化（离心）
七条优点
五个风险
稳定战略 ★（主观题冷门点）
收缩战略 ★★★
原因
三种方式
紧缩与集中战略
转向战略
放弃战略
困难（退出障碍）
发展战略的主要途径 ★★★
并购战略
并购的类型
并购的动机
并购失败的原因
内部发展战略
动因
缺点
应用条件
企业战略联盟
基本特征
形成的动因
主要类型
战略联盟的管控

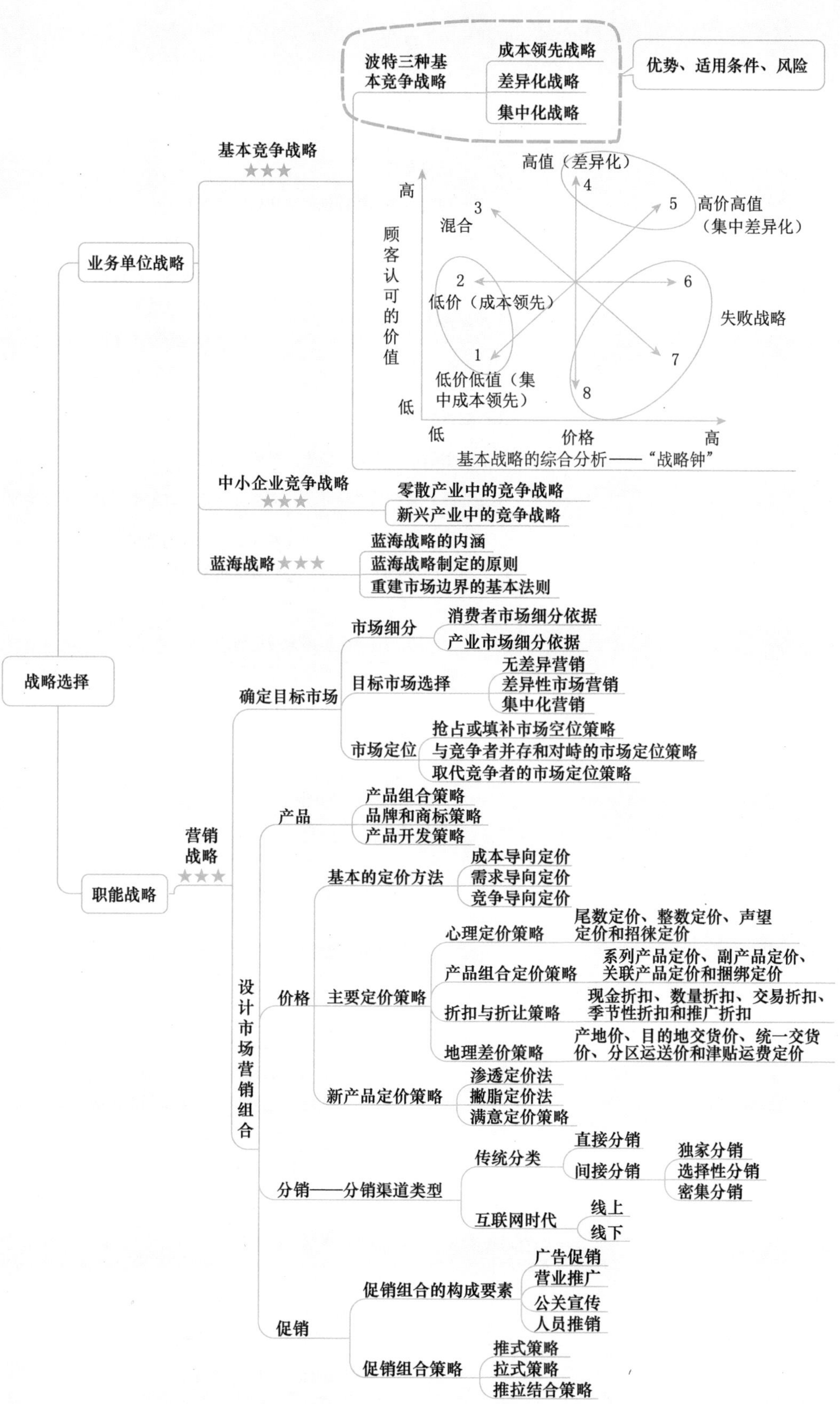

战略选择
业务单位战略
基本竞争战略★★★
波特三种基本竞争战略
成本领先战略
差异化战略
集中化战略
优势、适用条件、风险
高值（差异化）
4
5 高价高值（集中差异化）
3 混合
2 低价（成本领先）
6
失败战略
1 低价低值（集中成本领先）
7
8
高
顾客认可的价值
低
低
价格
高
基本战略的综合分析——“战略钟”
中小企业竞争战略★★★
零散产业中的竞争战略
新兴产业中的竞争战略
蓝海战略★★★
蓝海战略的内涵
蓝海战略制定的原则
重建市场边界的基本法则
职能战略
营销战略★★★
确定目标市场
市场细分
消费者市场细分依据
产业市场细分依据
目标市场选择
无差异营销
差异性市场营销
集中化营销
市场定位
抢占或填补市场空位策略
与竞争者并存和对峙的市场定位策略
取代竞争者的市场定位策略
设计市场营销组合
产品
产品组合策略
品牌和商标策略
产品开发策略
价格
基本的定价方法
成本导向定价
需求导向定价
竞争导向定价
主要定价策略
心理定价策略
尾数定价、整数定价、声望定价和招徕定价
产品组合定价策略
系列产品定价、副产品定价、关联产品定价和捆绑定价
折扣与折让策略
现金折扣、数量折扣、交易折扣、季节性折扣和推广折扣
地理差价策略
产地价、目的地交货价、统一交货价、分区运送价和津贴运费定价
新产品定价策略
渗透定价法
撇脂定价法
满意定价策略
分销——分销渠道类型
传统分类
直接分销
间接分销
独家分销
选择性分销
密集分销
互联网时代
线上
线下
促销
促销组合的构成要素
广告促销
营业推广
公关宣传
人员推销
促销组合策略
推式策略
拉式策略
推拉结合策略

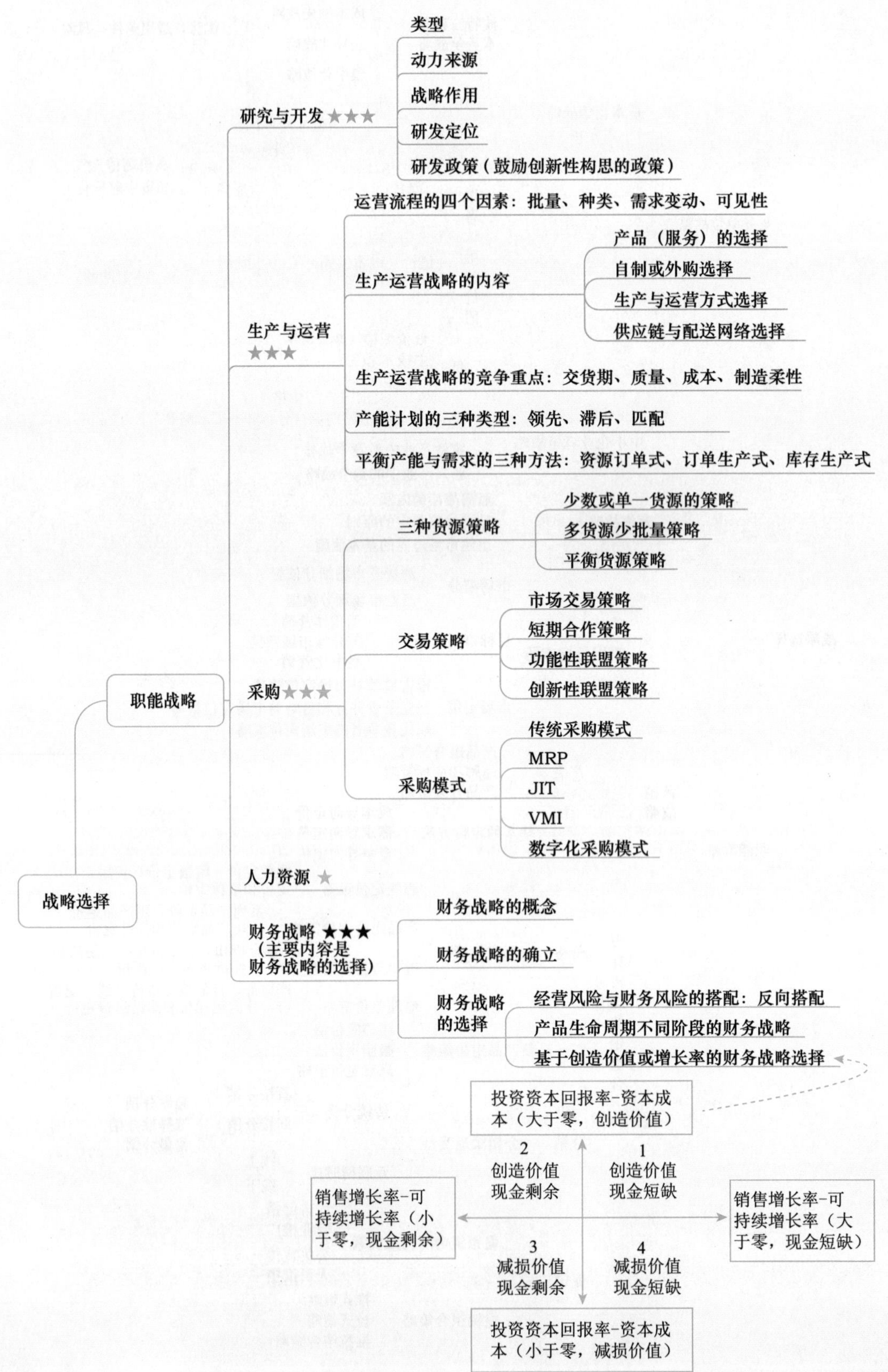
战略选择
职能战略
研究与开发★★★
类型
动力来源
战略作用
研发定位
研发政策（鼓励创新性构思的政策）
生产与运营★★★
运营流程的四个因素：批量、种类、需求变动、可见性
生产运营战略的内容
产品（服务）的选择
自制或外购选择
生产与运营方式选择
供应链与配送网络选择
生产运营战略的竞争重点：交货期、质量、成本、制造柔性
产能计划的三种类型：领先、滞后、匹配
平衡产能与需求的三种方法：资源订单式、订单生产式、库存生产式
采购★★★
三种货源策略
少数或单一货源的策略
多货源少批量策略
平衡货源策略
交易策略
市场交易策略
短期合作策略
功能性联盟策略
创新性联盟策略
采购模式
传统采购模式
MRP
JIT
VMI
数字化采购模式
人力资源★
财务战略★★★（主要内容是财务战略的选择）
财务战略的概念
财务战略的确立
财务战略的选择
经营风险与财务风险的搭配：反向搭配
产品生命周期不同阶段的财务战略
基于创造价值或增长率的财务战略选择
投资资本回报率-资本成本（大于零，创造价值）
2
创造价值
现金剩余
1
创造价值
现金短缺
销售增长率-可持续增长率（小于零，现金剩余）
销售增长率-可持续增长率（大于零，现金短缺）
3
减损价值
现金剩余
4
减损价值
现金短缺
投资资本回报率-资本成本（小于零，减损价值）

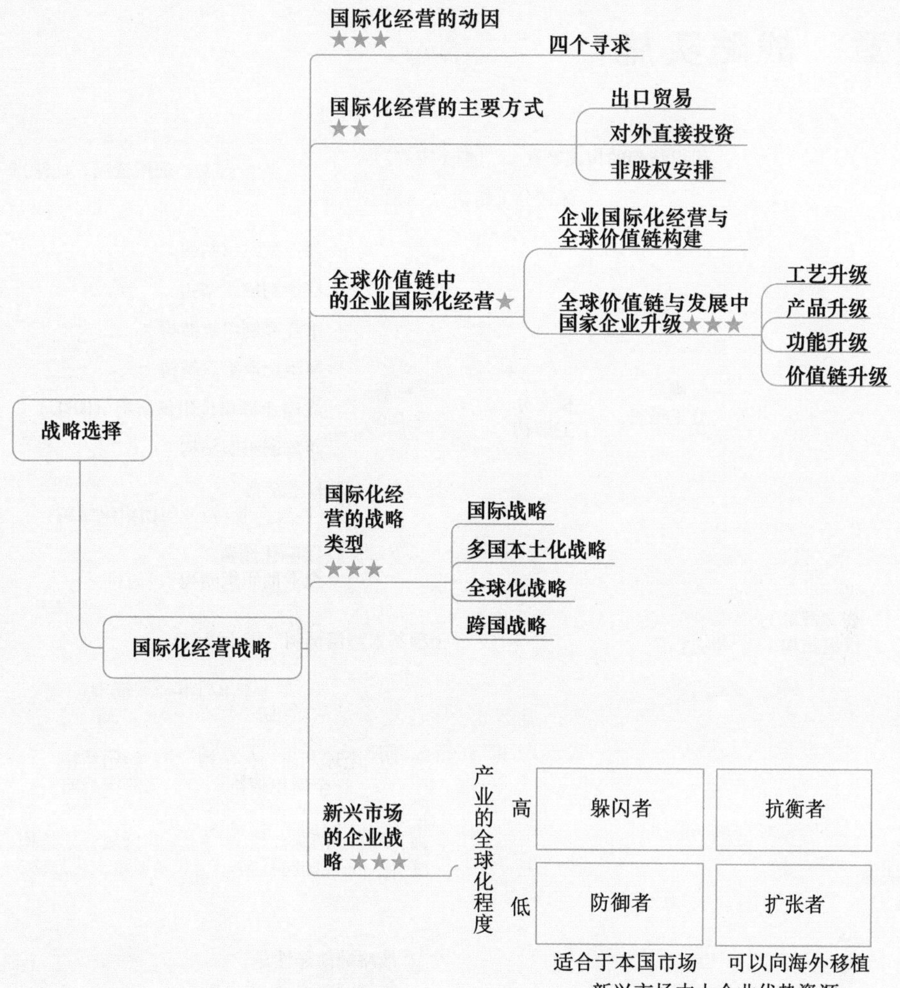

战略选择
国际化经营战略
国际化经营的动因★★★
四个寻求
国际化经营的主要方式★★
出口贸易
对外直接投资
非股权安排
全球价值链中的企业国际化经营★
企业国际化经营与全球价值链构建
全球价值链与发展中国家企业升级★★★
工艺升级
产品升级
功能升级
价值链升级
国际化经营的战略类型★★★
国际战略
多国本土化战略
全球化战略
跨国战略
新兴市场的企业战略★★★
产业的全球化程度
高
低
躲闪者
抗衡者
防御者
扩张者
适合于本国市场
可以向海外移植
新兴市场本土企业优势资源

第四章 战略实施

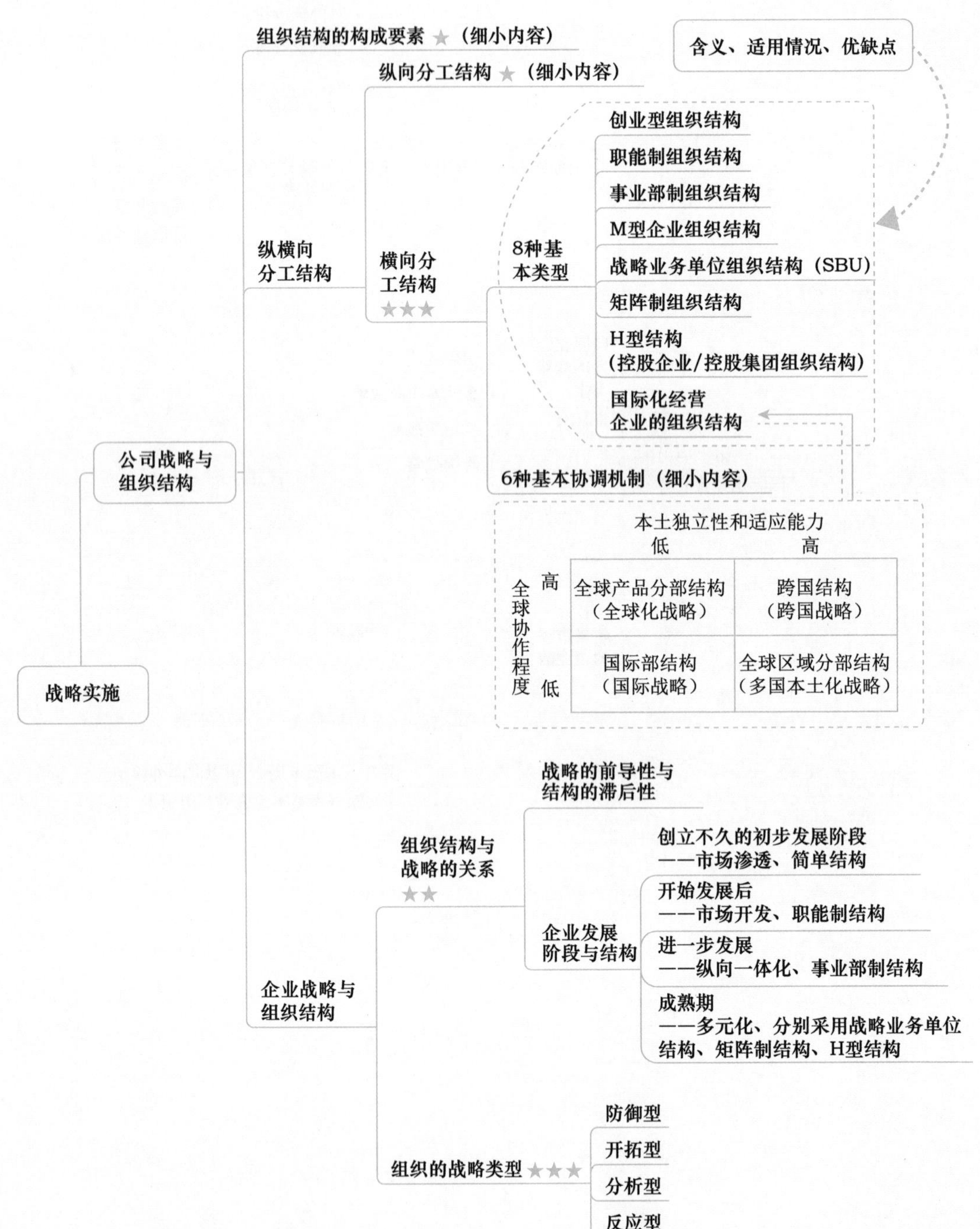
战略实施
公司战略与组织结构
组织结构的构成要素 ★（细小内容）
纵横向分工结构
纵向分工结构 ★（细小内容）
横向分工结构 ★★★
8种基本类型
创业型组织结构
职能制组织结构
事业部制组织结构
M型企业组织结构
战略业务单位组织结构（SBU）
矩阵制组织结构
H型结构（控股企业/控股集团组织结构）
国际化经营企业的组织结构
含义、适用情况、优缺点
6种基本协调机制（细小内容）
本土独立性和适应能力
低
高
全球协作程度
高
低
全球产品分部结构（全球化战略）
跨国结构（跨国战略）
国际部结构（国际战略）
全球区域分部结构（多国本土化战略）
企业战略与组织结构
组织结构与战略的关系 ★★
战略的前导性与结构的滞后性
企业发展阶段与结构
创立不久的初步发展阶段——市场渗透、简单结构
开始发展后——市场开发、职能制结构
进一步发展——纵向一体化、事业部制结构
成熟期——多元化、分别采用战略业务单位结构、矩阵制结构、H型结构
组织的战略类型 ★★★
防御型
开拓型
分析型
反应型

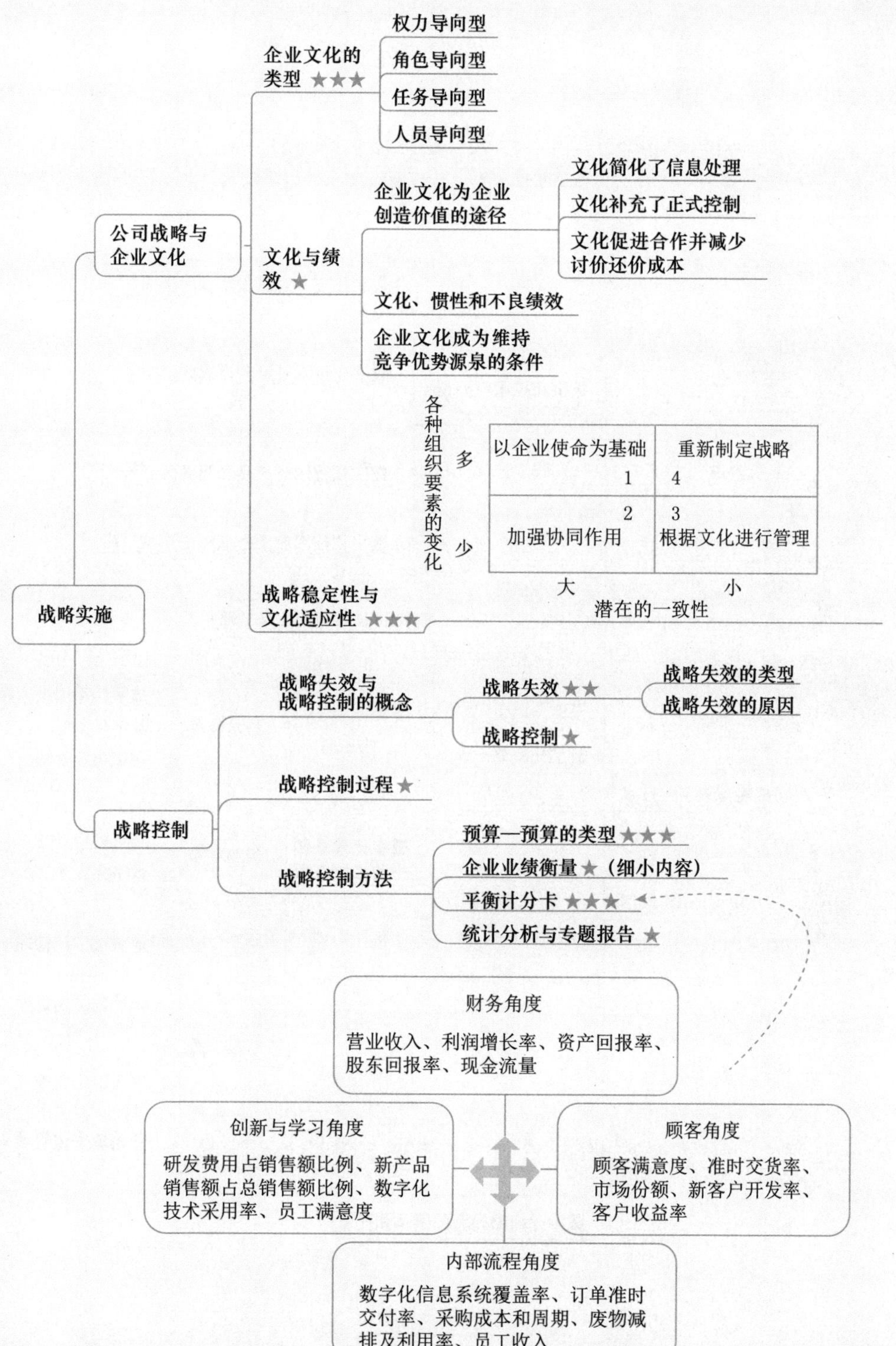
战略实施
公司战略与企业文化
企业文化的类型 ★★★
权力导向型
角色导向型
任务导向型
人员导向型
文化与绩效 ★
企业文化为企业创造价值的途径
文化简化了信息处理
文化补充了正式控制
文化促进合作并减少讨价还价成本
文化、惯性和不良绩效
企业文化成为维持竞争优势源泉的条件
战略稳定性与文化适应性 ★★★
各种组织要素的变化
多
少
以企业使命为基础 1
重新制定战略 4
加强协同作用 2
根据文化进行管理 3
大
小
潜在的一致性
战略控制
战略失效与战略控制的概念
战略失效 ★★
战略失效的类型
战略失效的原因
战略控制 ★
战略控制过程 ★
战略控制方法
预算—预算的类型 ★★★
企业业绩衡量 ★（细小内容）
平衡计分卡 ★★★
统计分析与专题报告 ★
财务角度
营业收入、利润增长率、资产回报率、股东回报率、现金流量
创新与学习角度
研发费用占销售额比例、新产品销售额占总销售额比例、数字化技术采用率、员工满意度
顾客角度
顾客满意度、准时交货率、市场份额、新客户开发率、客户收益率
内部流程角度
数字化信息系统覆盖率、订单准时交付率、采购成本和周期、废物减排及利用率、员工收入

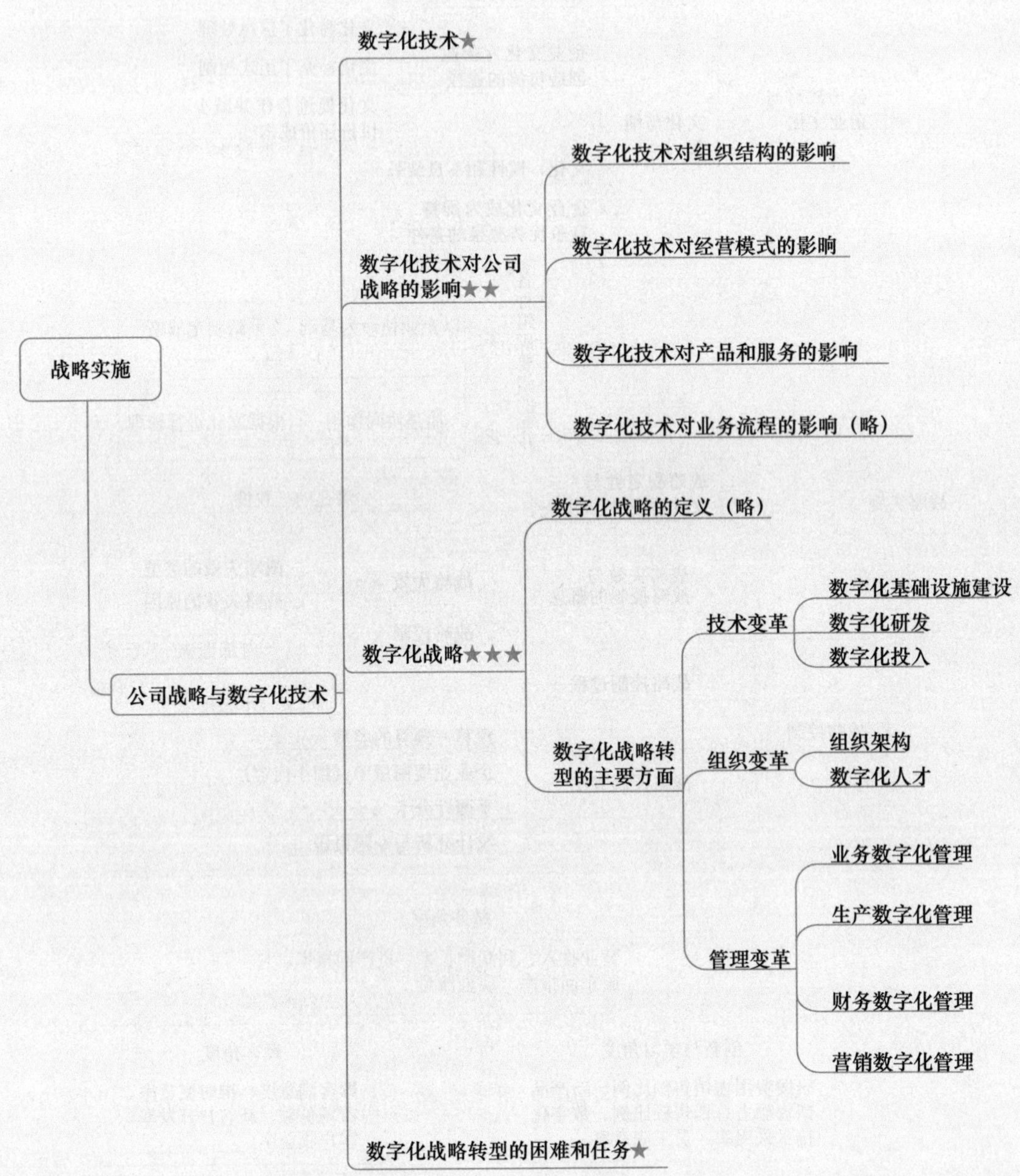
战略实施
公司战略与数字化技术
数字化技术★
数字化技术对公司战略的影响★★
数字化技术对组织结构的影响
数字化技术对经营模式的影响
数字化技术对产品和服务的影响
数字化技术对业务流程的影响（略）
数字化战略★★★
数字化战略的定义（略）
数字化战略转型的主要方面
技术变革
数字化基础设施建设
数字化研发
数字化投入
组织变革
组织架构
数字化人才
管理变革
业务数字化管理
生产数字化管理
财务数字化管理
营销数字化管理
数字化战略转型的困难和任务★

第五章 公司治理

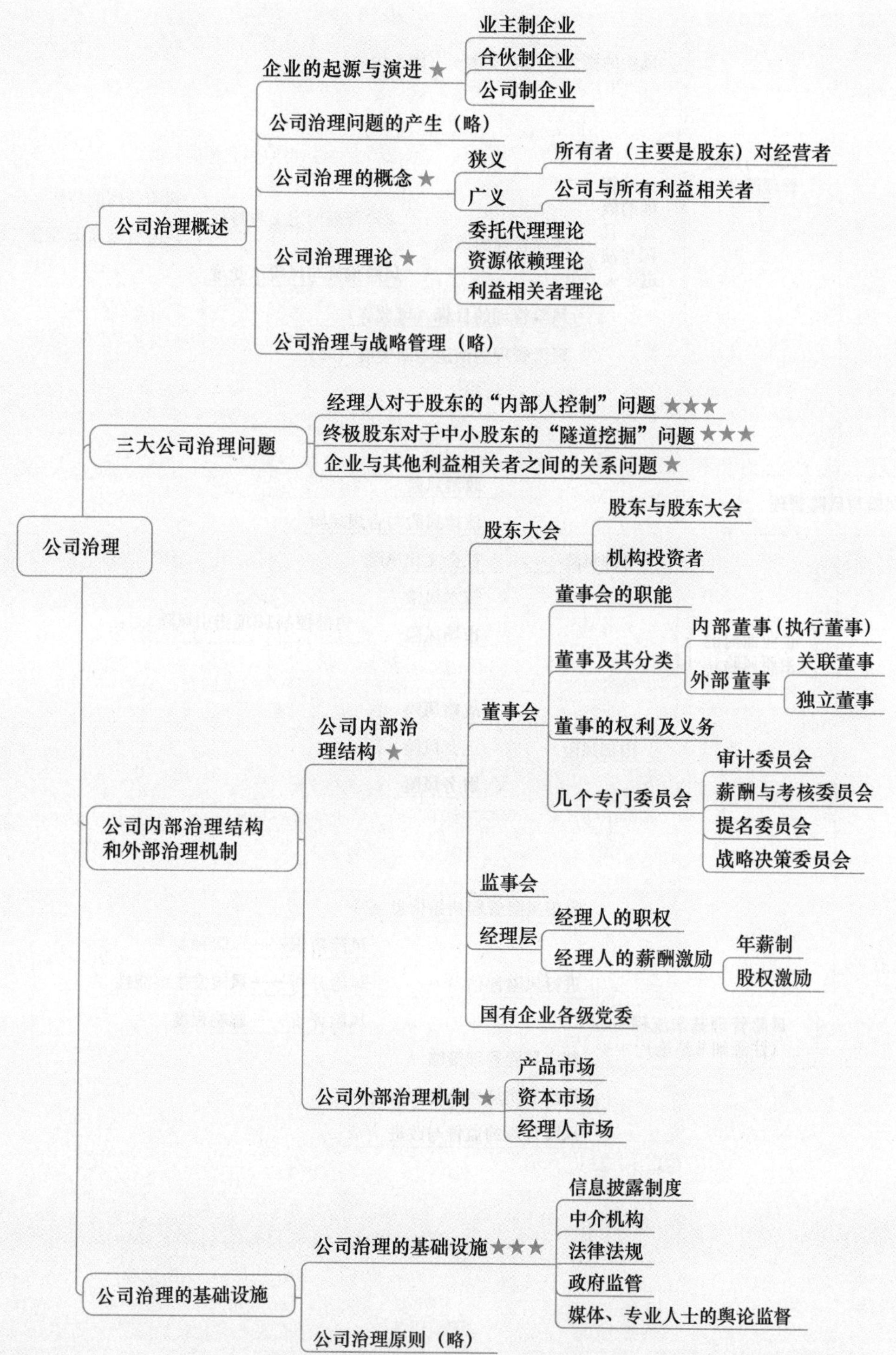
公司治理
公司治理概述
企业的起源与演进 ★
业主制企业
合伙制企业
公司制企业
公司治理问题的产生（略）
公司治理的概念 ★
狭义
所有者（主要是股东）对经营者
广义
公司与所有利益相关者
公司治理理论 ★
委托代理理论
资源依赖理论
利益相关者理论
公司治理与战略管理（略）
三大公司治理问题
经理人对于股东的"内部人控制"问题 ★★★
终极股东对于中小股东的"隧道挖掘"问题 ★★★
企业与其他利益相关者之间的关系问题 ★
公司内部治理结构和外部治理机制
公司内部治理结构 ★
股东大会
股东与股东大会
机构投资者
董事会
董事会的职能
董事及其分类
内部董事（执行董事）
外部董事
关联董事
独立董事
董事的权利及义务
几个专门委员会
审计委员会
薪酬与考核委员会
提名委员会
战略决策委员会
监事会
经理层
经理人的职权
经理人的薪酬激励
年薪制
股权激励
国有企业各级党委
公司外部治理机制 ★
产品市场
资本市场
经理人市场
公司治理的基础设施
公司治理的基础设施★★★
信息披露制度
中介机构
法律法规
政府监管
媒体、专业人士的舆论监督
公司治理原则（略）

第六章 风险与风险管理

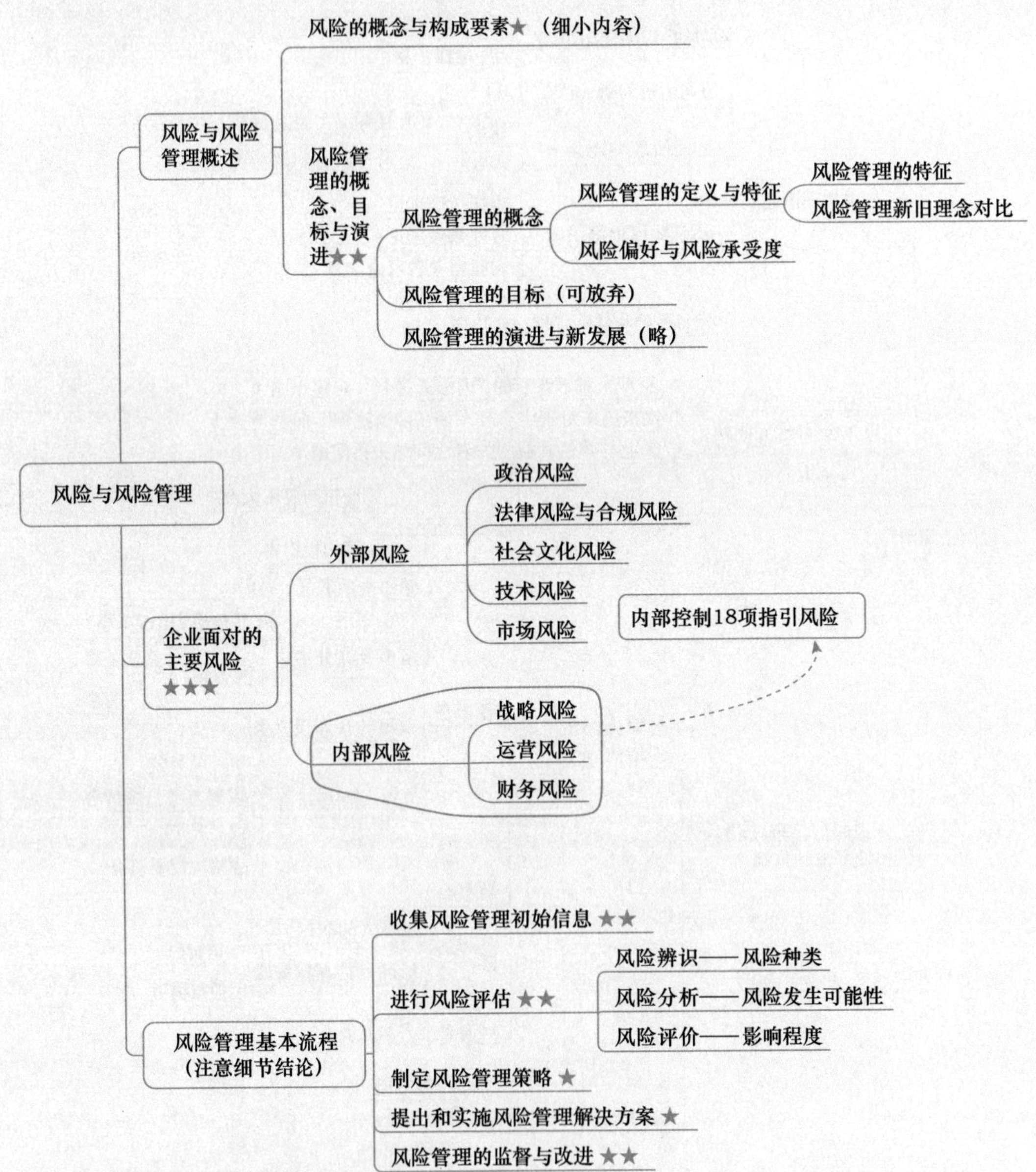
风险与风险管理
风险与风险管理概述
风险的概念与构成要素★（细小内容）
风险管理的概念、目标与演进★★
风险管理的概念
风险管理的定义与特征
风险管理的特征
风险管理新旧理念对比
风险偏好与风险承受度
风险管理的目标（可放弃）
风险管理的演进与新发展（略）
企业面对的主要风险★★★
外部风险
政治风险
法律风险与合规风险
社会文化风险
技术风险
市场风险
内部风险
战略风险
运营风险
财务风险
内部控制18项指引风险
风险管理基本流程（注意细节结论）
收集风险管理初始信息★★
进行风险评估★★
风险辨识——风险种类
风险分析——风险发生可能性
风险评价——影响程度
制定风险管理策略★
提出和实施风险管理解决方案★
风险管理的监督与改进★★

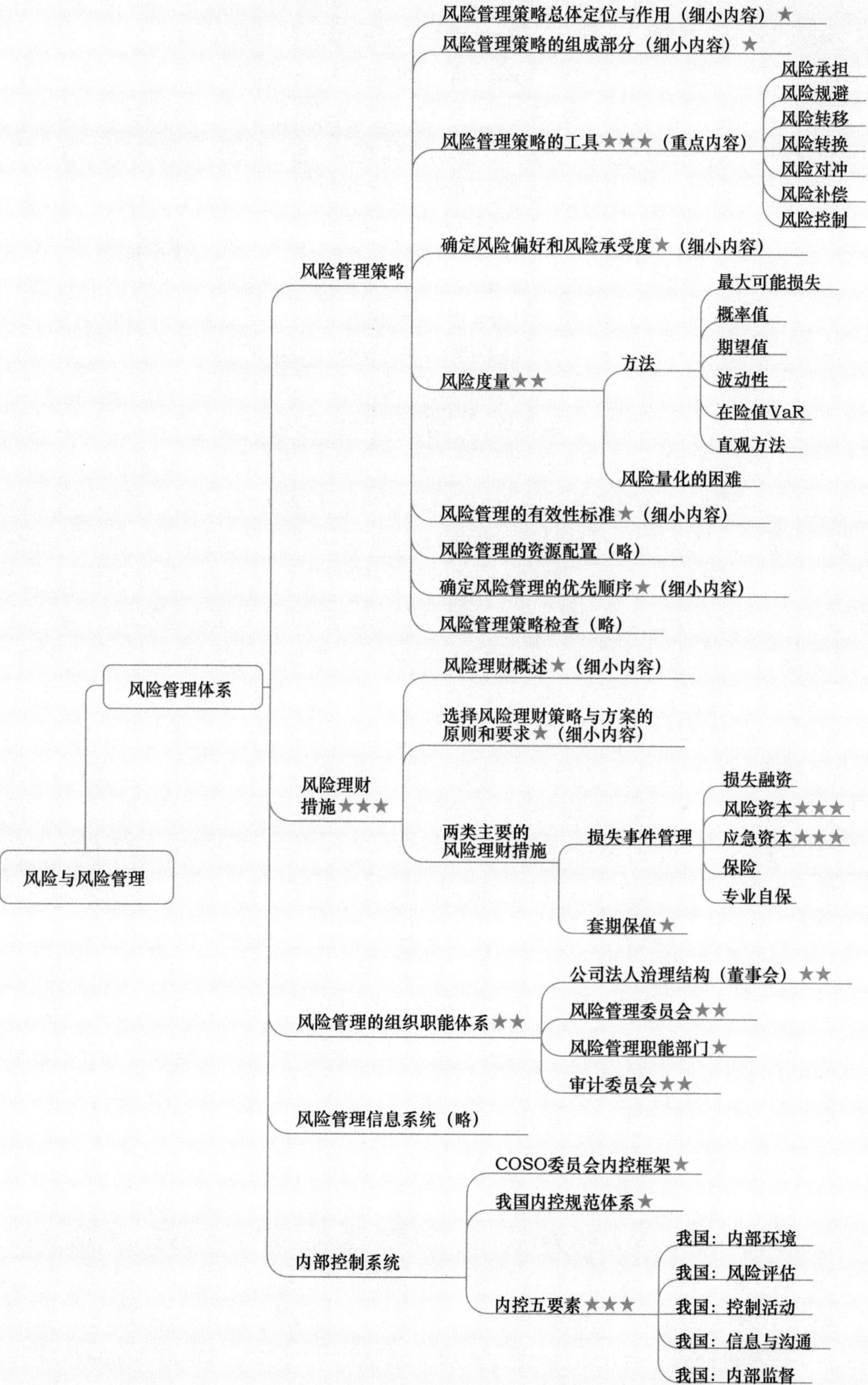
风险与风险管理
风险管理体系
风险管理策略
风险管理策略总体定位与作用（细小内容）★
风险管理策略的组成部分（细小内容）★
风险管理策略的工具★★★（重点内容）
风险承担
风险规避
风险转移
风险转换
风险对冲
风险补偿
风险控制
确定风险偏好和风险承受度★（细小内容）
风险度量★★
方法
最大可能损失
概率值
期望值
波动性
在险值VaR
直观方法
风险量化的困难
风险管理的有效性标准★（细小内容）
风险管理的资源配置（略）
确定风险管理的优先顺序★（细小内容）
风险管理策略检查（略）
风险理财措施★★★
风险理财概述★（细小内容）
选择风险理财策略与方案的原则和要求★（细小内容）
两类主要的风险理财措施
损失事件管理
损失融资
风险资本★★★
应急资本★★★
保险
专业自保
套期保值★
风险管理的组织职能体系★★
公司法人治理结构（董事会）★★
风险管理委员会★★
风险管理职能部门★
审计委员会★★
风险管理信息系统（略）
内部控制系统
COSO委员会内控框架★
我国内控规范体系★
内控五要素★★★
我国：内部环境
我国：风险评估
我国：控制活动
我国：信息与沟通
我国：内部监督

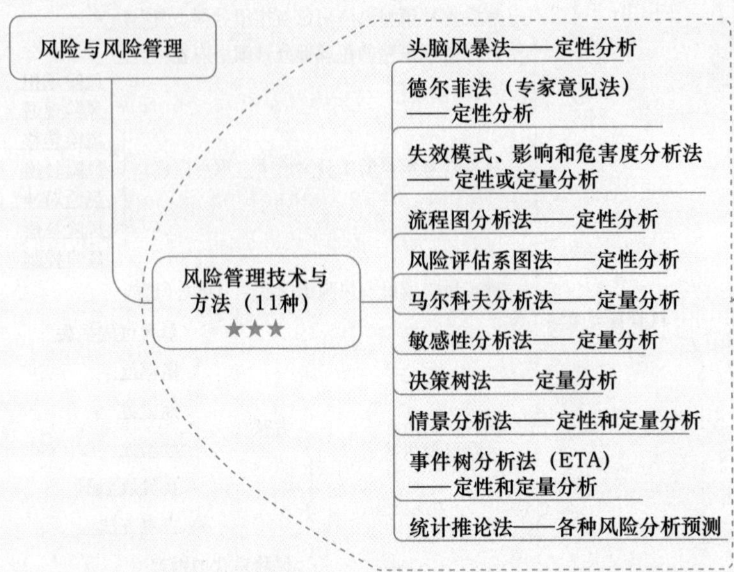
风险与风险管理
风险管理技术与方法（11种）★★★
头脑风暴法——定性分析
德尔菲法（专家意见法）——定性分析
失效模式、影响和危害度分析法——定性或定量分析
流程图分析法——定性分析
风险评估系图法——定性分析
马尔科夫分析法——定量分析
敏感性分析法——定量分析
决策树法——定量分析
情景分析法——定性和定量分析
事件树分析法（ETA）——定性和定量分析
统计推论法——各种风险分析预测
理解含义、适用范围、熟悉优缺点原文

第四部分

考前模拟

梦想成真辅导丛书

考前模拟2套卷

模拟试卷（一）

扫我做试题

一、单项选择题（本题型共26小题，每小题1分，共26分。每小题只有一个正确答案，请从每小题的备选答案中选出一个你认为正确的答案）

1. 兴科公司是某手机厂商的配套企业，负责为该厂商提供组装服务。该手机厂商将新型手机组装要求下达给兴科公司后，由兴科公司自主决定具体组装厂。此案例中采用的组织协调机制是（　）。

   A. 共同价值观

   B. 相互适应，自行调整

   C. 工作成果标准化

   D. 技艺（知识）标准化

2. 邮科公司是一家科技类上市公司，该公司可以从用户访问的各种网站判断其最近关心的东西是否与企业相关。从用户在社会化媒体上所发布的各类内容及与他人互动的内容中，可以找出千丝万缕的信息，利用某种规则关联并综合起来，就可以帮助企业筛选重点的目标用户。根据以上信息可以判断，该公司的这种做法反映的是数字化战略转型的（　）方面。

   A. 技术变革　　B. 管理变革

   C. 生产变革　　D. 组织变革

3. 汇天公司是一家线上教育公司，主攻K12教育市场，通过多轮“价格战”，已经成为K12市场占有率第一的企业。进入2020年，市场上出现多家欲通过转型进入K12市场的教育企业。汇天公司再次举起“价格战”大旗，捍卫自己的市场地位。从波特的五力模型分析，汇天公司举起“价格战”大旗属于（　）。

   A. 提高结构性障碍

   B. 增强同业竞争能力

   C. 设置行为性障碍

   D. 降低购买者的议价能力

4. 亚洲C国是全球自行车市场的重要产销地，由于劳动力成本较低，近年来有近百家自行车生产企业转移至C国，导致竞争日益激烈。伴随着经济发展，C国人们生活观念发生变化，自行车已不再是单纯普通的交通工具，而是演化为集健身用品、休闲用具、玩具、高档消费品于一体的商品。为此，C国自行车企业集中力量在新材料和新工艺上实现了技术跨越。根据钻石模型，以上信息中不包括（　）。

   A. 需求条件

   B. 相关与支持性产业

   C. 生产要素

   D. 企业战略、企业结构和同业竞争

5. 作为世界上最繁忙的地铁网线之一，H地区地铁公司开通运营30多年，在地铁运营、维修管理方面有着丰富且成熟的经验，安全、高效、环保及各项服务指标均达到了世界先进水平。C国B市地铁公司派人专门前往H地区学习该地铁公司先进运营经验。从基准分析的基准类型角度看，这种模仿借鉴属于（　）。

   A. 内部基准　　B. 竞争性基准

   C. 一般基准　　D. 顾客基准

6. TX公司是一家研发、制造和销售手机设备的上市公司。由于没有掌握核心技术，TX公司只能长期从外部购买手机芯片。由于手机市场需求变化较大，芯片又属于技术性非常强且变化很快的零部件，TX公司以定向集中方式而非招标方式进行采购，导致对市场变化适应性不强、采购物资质次价高、存货积压或短缺、存货价值贬损等问题，甚至出现内外勾结的舞弊现象。依据《企业内部控制应用指引第8号——资产管理》，TX公司在采购业务所需关注的主要风险是(　)。

A. 采购计划安排不合理，造成库存短缺或积压

B. 固定资产更新改造不够、产能过剩，可能导致企业缺乏竞争力、资源浪费

C. 无形资产缺乏核心技术，可能导致企业缺乏可持续发展能力

D. 采购方式不合理，招投标或定价机制不科学，可能导致采购物资质次价高，出现舞弊或遭受欺诈

7. 2016年，C国在公立医疗机构药品采购中推行“两票制”，要求医药产品从生产厂家销售给流通企业以及流通企业销售给医院仅开两次发票，以缩短中间环节降低医药成本。其本国制造商G公司分析认为竞争对手S公司根据自身自由现金储备、厂房设备的余力以及定型但尚未推出的新产品等因素，会迅速跟进，积极进行经销商的整合，对具备较强市场开拓能力、较好经营业绩的二级经销商逐步升级为一级经销商。本案例中，G公司对S公司的上述分析属于(　)。

A. 财务能力分析

B. 成长能力分析

C. 适应变化能力分析

D. 快速反应能力分析

8. 2017年，C国一家合伙企业ZT公司对上市公司ST公司发出收购7 492万股股票的要约。如果收购完成，ZT公司将成为第一大股东，从而实际控制该上市公司。ST公司为避免公司控制权落入ZT公司手中，其第一大股东振兴集团联合其他几家股东与航运集团协商，将手中股权转让给航运集团。在转让完成后，航运集团可以控制的表决权比例达到22.61%，在ZT公司收购完成前成为ST公司第一大股东，最终成功避免ST公司控制权落入ZT公司手中。振兴集团在战略决策与实施过程中的行为模式属于(　)。

A. 对抗　　B. 折中

C. 和解　　D. 规避

9. 随着实体经济的持续低迷，C国乘用车市场持续低迷。三维有限公司是C国一家小型乘用车制造商，该公司通过引进国外专利技术和成熟生产线，不断推出差异化的产品，而且质量上乘，销量反而呈现出逆市上扬的态势。根据SWOT分析，该公司应采取的战略是(　)。

A. 增长型战略　　B. 扭转型战略

C. 防御型战略　　D. 多种经营战略

10. 怀特公司CEO经常告诫公司的管理团队，如果现有经理人员不努力，企业的业绩就可能下降，企业的股票价格就会下跌。若有人通过资本市场上的收购，控制自身这家公司的控制权，经营无方的管理者将被替代。根据以上信息可以判断，怀特公司CEO提到的治理机制属于公司外部治理机制中的(　)。

A. 产品市场　　B. 资本市场

C. 人力资源市场　　D. 经理人市场

11. 兴发旅游度假村处于C国B市，占地面积3 300亩，业务以承办旅游会议以及周末休闲游为主。该度假村为拓展业务，改变传统经营模式，以让客人享受清新自然、远离污染的高品质生活为经营宗旨，以生态农业为轴心，将种植业、养殖业、水产业、有机农业、餐饮住宿、旅游会议等餐饮住宿、旅游会议等产业构建成为相互依存、相互转化、互为资

源的完善的循环经济产业系统，成为一个环保、高效、和谐的经济生态园区。本案例中，依据全球价值链与发展中国家企业升级相关理论，兴发旅游度假村实现的企业升级类型属于(　)。

A. 工艺升级　　B. 功能升级

C. 产品升级　　D. 价值链升级

12. 森旺股份有限公司(以下简称森旺或公司)成立于 2000 年，是一家在我国南方地区从事水果零售的连锁企业。森旺旗下经营“优旺”和“捷旺”两个品牌系列。其中“优旺”主要面向中高端消费群，除销售精品水果外，还提供诸如制作商务宴会果盘、3 千米内 1 小时送达等特色商品和服务。根据“战略钟”分析体系，“优旺”品牌对应的途径是(　)。

A. 混合战略　　B. 高价高值战略

C. 高值战略　　D. 低价战略

13. 华科公司是一家中型规模的管理咨询公司，主要为客户提供财务、生产、工程、管理方面的咨询，咨询方案的质量需要由项目经理和职能经理共同控制。根据以上信息可以判断，该公司可能的企业文化类型是(　)。

A. 权力导向型　　B. 角色导向型

C. 任务导向型　　D. 人员导向型

14. 中天农场针对农场日常经营中不同流程的每一阶段、每一环节逐一进行调查分析，从中发现潜在风险，找出导致风险发生的因素，分析风险产生后可能造成的损失以及对整个组织可能造成的不利影响。下列关于该种方法的描述中，错误的是(　)。

A. 主要优点是清晰明了，易于操作

B. 通过业务流程分析，可以更好地发现风险点

C. 使用效果依赖于专业人员的水平

D. 如需要进一步探求风险原因，则显得过于简单

15. 晶科公司是一家从事心血管疾病原料药研发、生产和销售的企业，专有的原料药提取和纯化技术、质量保证和质量控制操作规程都是公司保持在行业内竞争力的关键。受经济危机的影响，公司业绩下降明显，为此决定进行大范围降薪。而掌握原料药提取和纯化技术的核心技术人员薪酬则不受任何影响。本案例中核心技术人员的权力来源于(　)。

A. 个人的素质和影响

B. 对资源的控制与交换的权力

C. 利益相关者集中或联合的程度

D. 参与或影响企业战略决策与实施过程

16. 中天公司是一家主营钢铁业务的央企，按照《中央企业全面风险管理指引》的要求，设置了风险管理委员会。下列选项中，属于中天公司风险管理委员会职责的是(　)。

A. 组织协调全面风险管理日常工作

B. 批准重大决策的风险评估报告

C. 审议风险管理策略和重大风险管理解决方案

D. 督导企业风险管理文化的培育

17. 三一公司作为一家上市公司，按照财政部等有关部门联合颁布的《企业内部控制基本规范》和《企业内部控制应用指引》，建立并完善了企业内部控制系统。在该公司下列日常管理的控制活动中，属于授权审批控制活动的是(　)。

A. 企业制定相关的规章制度，以倡导文明文化

B. 财务部门主管负责审核会计编制的会计凭证

C. 相关费用的报销需要所在部门主管和财务部门主管签字

D. 出纳登记现金与银行日记账

18. 迈锐医疗是一家医疗器械公司，产品主要依靠进口。为应对汇率等因素变动给企业经营带来的冲击，公司财务部开会讨论风险理财相关事宜。下列与会人员关于金融衍生工具的表述中，不正确的

是(　)。

A. 财务小张认为：期权赋予持有者做某事的权利，但持有者无须一定行使这份权利

B. CFO李娜认为：绝大多数期货合约不会在到期日用标的物兑现

C. 财务小李认为：在欧洲，期权期限内的任何时间都可行使期权

D. 财务小吕认为：如果要在未来某时买入某种资产，则可采用持有该资产期货合约的多头来对冲风险

19. 2018年，F汽车公司在欧洲的业务税前亏损3.98亿美元。为控制成本，F公司决定关闭在R国的两家组装工厂以及一家发动机工厂，由当地合资伙伴Sollers接管，正式退出R国乘用车市场。同时，将支出0.5亿美元维持必要的汽车备品配件，以保证R国现有顾客可以继续使用公司产品。消息一传出，立即引发了职工的抗议。当地政府则威胁针对F公司进行巨额罚款。根据以上信息可以判断，F公司碰到的退出障碍不包括(　)。

A. 固定资产的专用性程度

B. 退出成本

C. 感情障碍

D. 政府和社会约束

20. 丁公司需要确定未来的股利政策，希望采取的股利政策能为投资者提供可预测的现金流量，减少管理层将资金转移到盈利能力差的活动的机会，并为企业提供稳定的现金流。根据以上信息可以判断，适合该公司选择的股利分配政策是(　)。

A. 固定股利政策

B. 固定股利支付率政策

C. 零股利政策

D. 剩余股利政策

21. 天益公司是一家基金公司。按照国家法律要求，公司从基金管理费中按3%的比例计提一笔资金，用于赔偿因违法违规、违反基金合同等原因给基金财产或基金份额持有人合法权益造成的损失。天益公司采取的策略属于(　)。

A. 风险对冲　　B. 风险补偿

C. 风险控制　　D. 风险承担

22. 通电集团是一家历史悠久的G国奶制品公司，业务遍布欧洲、亚洲和美洲，其规模在G国同行业排行第二。下列关于通电集团比较适合采用的组织结构特点的表述中，正确的是(　)。

A. 在企业与其客户的联系上能实现更好更快的地区决策

B. 便于处理跨区域的大客户的事务

C. 节约管理成本

D. 不利于应对各种环境变化

23. 2017年，随着传统业务的业绩下滑，作为C国数控系统的领先品牌华翔数控，开始积极谋求企业转型，公司逐渐剥离传统产品，将资源向高端智能制造集中。为适应转型需要，公司也对经营体系进行了“外科手术”般的调整。由于准备工作做得比较充分，转型得到企业员工齐心支持。根据战略稳定性和文化适应性矩阵要求，该公司在实施上述新战略时应(　)。

A. 以企业使命为基础

B. 加强协调作用

C. 重新制定战略

D. 根据文化进行管理

24. 良筑公司是一家经济型连锁酒店，旗下拥有几百家分店。随着社会消费水平的提高与消费观念的转变，良筑公司意识到经济型酒店未来发展之路将会受到诸多竞争限制，尤其是在一二线城市。2018年7月，良筑公司宣布开始专注于三四线城市经济连锁酒店经营。根据以上信息可以判断，良筑公司目标市场选择策略开始转向(　)。

A. 集中化营销　　B. 无差异营销

C. 差异性营销　　D. 向下延伸营销

25. 建平公司是一家致力于人工智能的高科技企业，该公司薪酬结构由基本工资、业绩奖金和各种福利构成，其薪酬水平处于国内同行业企业的平均水平。建平公司采用的薪酬水平策略是(　)。

A. 领先型策略　B. 滞后型策略

C. 匹配型策略　D. 混合型策略

26. 甲公司签订合同承诺10月份向客户出售20吨白糖并以5 600元人民币/吨的价格购入现货白糖20吨，同时在期货交易所以5 700元/吨的价格卖出10月份到期的白糖期货20吨。10月份合同到期时，白糖现货和当月期货市场价格均为5 500元人民币/吨，甲公司以该价格向客户售出白糖20吨，并买入当月期货20吨。甲公司的上述风险理财策略是(　)。

A. 期货多头套期保值

B. 期货空头套期保值

C. 买方期权套期保值

D. 卖方期权套期保值

二、多项选择题(本题型共16小题，每小题1.5分，共24分。每小题均有多个正确答案，请从每小题的备选答案中选出你认为正确的答案，用鼠标点击相应的选项。每小题所有答案选择正确的得分，不答、错答、漏答均不得分。)

1. 达华新型材料有限公司主要产品是热镀锌铝板和彩色涂层板，主要应用于建筑、家电、汽车等领域。下列选项中，不适合作为该公司使命的有(　)。

A. 在3年内将销售收入提高15%

B. 未来一年内不断提高产品质量

C. 普及文明，引领时尚，为中国精神文明建设作出应有的贡献

D. 努力提高各项财务指标，争取进入中国500强企业

2. 庆仁公司借助互联网手段，专注于为4~12岁少年儿童提供“一对一”的在线英语教育服务，采用与纯北美外教老师进行渗透式学习交流方式，在教学设计上摒弃了传统教学模式，迎合儿童特点，将英语教学与影视、娱乐相结合，寓教于乐，激发小学员们的兴趣。平台帮助小学员从几万名老师中匹配、推荐、自主选择老师。同时，根据儿童教育规律，让孩子与五名左右的老师学习和交流，以达到提升认知度和理解力的最好效果。根据以上信息可以判断，庆仁公司采用的战略创新类型包括(　)。

A. 产品创新　B. 流程创新

C. 定位创新　D. 范式创新

3. 世伟公司在对自身所处行业进行分析时，发现本行业2019年销售额没有发生明显的变化，基本保持在年10亿元的水平，行业集中度开始增大，市场基本饱和。针对此种情况，下列选项中，世伟公司可以选择的对策包括(　)。

A. 提高效率　B. 降低成本

C. 新产品开发　D. 加强营销

4. 国盛生物制药有限公司主要产品包括生物素、叶酸、胆碱和生物保鲜剂。2018年，公司拟上市，经上市辅导机构测试，四种产品所在行业的吸引力分别为高、中、低、高。四种产品在各自行业的竞争地位分别为强、强、中、弱。根据通用矩阵理论，四种产品中适合采取增长与发展战略，企业应优先分配资源的有(　)。

A. 生物素　B. 叶酸

C. 胆碱　D. 生物保鲜剂

5. 甲是美洲M国的一家汽车制造公司，乙是亚洲J国的一家汽车制造公司，2015年，甲、乙签订协议，甲持有乙5.6%的股份，乙持有甲4.3%的股份，达成战略合作关系，战略合作体现在双方技术研发的合作上，同时，甲利用乙在亚洲市场的渠道系统进入亚洲市场。则该合作形式的特点有(　)。

A. 有利于扩大资金实力

B. 联盟成员之间沟通不充分

C. 双方有信任感和责任感

D. 企业对联盟控制力差

6. 颖杰是一家家具制造企业，该企业以低价和产品的完美设计及实用功能为目标，以年轻消费者为目标市场，并制定以下经营策略：①追求用合理且经济的方式，开发并制造产品，从而降低物料的浪费；②在全球范围内进行制造外包，大量采购，以最大限度地降低制造成本；③采用“平板包装”的方式运输商品，节省仓储及运输费用，或要求顾客自行运输购买的物品。根据以上信息可以判断该企业采用的策略包括(　)。

A. 成本领先战略

B. 集中化战略

C. 集中成本领先战略

D. 差异化战略

7. 华大银行信用卡中心在某超市门口促销信用卡，每一位客户来办理信用卡时，都会赠送一个工具箱，并且非常热情地帮助客户填写申请表。通过资料可以看出，主要涉及的促销组合要素包括(　)。

A. 广告促销　　B. 营业推广

C. 公关宣传　　D. 人员推销

8. 甲公司成立五年来，利用创业者的人脉关系，企业规模得到迅速发展。但该创业者也愈发感觉到面临竞争时企业有些力不从心。通过向咨询公司请教，得出的结论是该企业缺乏核心竞争力。对于该企业而言，能够帮助创业者识别自身核心竞争力的方法包括(　)。

A. 功能分析　　B. 资源分析

C. 情景分析　　D. 过程系统分析

9. 诺和集团要求旗下子公司使用实际业绩作为基础，增加相应的内容来编制新的预算。2019年，诺和集团收购从事在线教育的泉美公司，经过大规模重组后进军财经培训教育市场。泉美公司制定2020年预算时使用的预算方法的不利之处有(　)。

A. 预算编制比较复杂，工作量大

B. 与部门和员工的业绩没有联系，没有提供降低成本的动力

C. 没有考虑经营条件和经营情况的变化

D. 容易导致追求短期利益而忽视长期利益

10. 甲公司是一家手机生产企业，该企业将所有手机的电池生产授权给一个供应商，由该供应商负责甲公司手机电池的配置，甲公司采取的这种货源策略的优点有(　)。

A. 企业不容易遭受供应中断的风险

B. 产生规模经济并使企业享受价格优惠

C. 供应商之间的竞争使企业的议价能力增强

D. 随着与供应商关系的加深，企业可能获得高质量的供应品

11. 星云公司基于5G发展，提出了物联网时代新的战略规划：打造一个数字世界与物理世界完整融合的生活平台。为监督战略实施进程，及时纠正偏差，确保战略有效实施，该公司采取了若干措施。下列有关说法中，正确的有(　)。

A. 战略控制采用定性的方法，而预算控制采用定量的方法

B. 战略控制重点是对外部环境的评估，而预算控制重点是对内部经营的评估

C. 战略控制期间比较长，而预算控制期间通常在一年以下

D. 战略控制是不断纠正行为，而预算控制通常是在预算期之后纠正行为

12. 近两年，伴随着5G技术的发展，手机厂商开始推出5G手机，由于产品用户较少，销量小使得净利润较低。整体销售规模非常小，只有很少的竞争对手。从市场角度看，现阶段5G手机的成功关键因素有(　)。

A. 广告宣传，争取了解

B. 开拓新销售渠道

C. 建立商标信誉

D. 开辟销售渠道

13. C国IT数据中心运维服务及管理市场容

量巨大，市场参与者较多，单个市场参与者在市场中所占份额较低。信据是其中一家 IT 系统软件服务商，高度依赖 IT 运维工程师和技术专家团队。根据上述材料，该公司可能面临的风险包括（ ）。

A. 政治风险　B. 市场风险

C. 运营风险　D. 财务风险

14. 信达公司在实施风险管理过程中，对由人为操作和自然因素引起的各种风险对企业影响的大小和发生的可能性进行分析，为确定企业风险的优先次序提供分析框架。下列有关信达公司使用的风险管理技术的说法中，正确的有（ ）。

A. 该方法属于评估风险影响的常见定性方法

B. 适用于对风险初步的定性分析

C. 主要优点是直观明了

D. 局限性是过于简单

15. 卓伟公司按照上市要求建立了比较完善的内部控制系统，根据我国《企业内部控制基本规范》关于内部环境要素的要求，下列各项属于该公司内部环境要素的有（ ）。

A. 倡导员工诚实守信、爱岗敬业、开拓创新和团队协作精神

B. 建立健全法律顾问制度和重大法律纠纷案件备案制度

C. 董事会对内部控制的制定及其绩效施以监控

D. 将职业道德修养和专业胜任能力作为选拔和聘用员工的重要标准

16. C 国宝胜钢铁公司寻求与武大钢铁公司进行合并。通过本次合并，宝胜钢铁公司实现了规模快速扩张，市场占有率大增，生产成本也降低到行业最低水平。下列关于宝胜钢铁公司五力分析的说法中，正确的有（ ）。

A. 增加宝胜钢铁公司对购买者的讨价还价能力

B. 增加宝胜钢铁公司对供应者的讨价还价能力

C. 增加宝胜钢铁公司抵御潜在进入者的能力

D. 增加宝胜钢铁公司对竞争对手的竞争力

三、简答题（本题型共 4 小题 26 分。其中一道小题可以选用中文或英文解答，请仔细阅读答题要求。如使用英文解答，须全部使用英文，答题正确的，增加 5 分。本题型最高得分为 31 分。）

1. （本小题 5 分，可以选用中文或英文解答，如使用英文解答，须全部使用英文，答题正确的，增加 5 分，最高得分为 10 分。）

C 国汽车行业的发展已经到了成熟阶段，国产、合资、外资的汽车企业都发展迅速，竞争也非常激烈。A 公司和 B 公司都是知名的国际品牌企业，生产的产品属于豪华车型，主要面对的是具备一定经济实力的消费者，价格昂贵，系列产品的数量有限，产品的性能非常好，拥有很多汽车品牌或车型，在多个国家开设装配厂，采取多样化的经营，产品不仅涉及汽车行业，还有金融、配件与服务、电子、各种机械产品等领域。此外，江汉、夏凯、芜天、宝金等本土企业客户群体主要是国内普通消费者，科学技术水平相对落后，服务和管理经验不足，价格比较低廉，主要依靠低成本经营。

近年来，伴随着原材料成本的不断攀升，以及恶性竞争带来的大量广告费用支出，国内汽车公司利润率逐年下降。由于知名品牌的产品研发成本很高，固定资产投入大，退出成本高，要与这些企业竞争难度比较大。国内汽车企业开始从不同消费者的需求及特点方面寻找出路。例如，江汉汽车立足于其生产制造的优势，通过为发达国家 U 国 W 公司做 ODM，打造自身设计能力，专门针对年轻人设计一种价格相对比较低，同时外观非常时尚的车型，既能满足这类人群追求潮流的心理，也能满

足他们的价格承受能力。之后，为进一步控制成本，江汉公司联合其 15 家零部件生产企业组成行业战略联盟，与零部件生产企业形成紧密协作体系。各企业零部件生产企业从江汉公司获取稳定订单，完全致力于专业性生产，同时借助江汉公司的协助并按照合约要求提高生产力。而江汉公司则可集中力量开展市场调研与拓展、研发、检验、装配等工作。

要求：

(1) 运用“产品范围”(分为高端和中低端)“地域范围”(分为国际和国内)两个战略特征，将案例中所提及的汽车企业进行战略群组划分。

(2) 根据战略群组分析的作用，分析国内汽车企业开始从不同消费者的需求及特点方面寻找出路的依据。

(3) 依据企业资源能力的价值链分析理论，简要分析江汉公司从不同消费者的需求及特点方面寻找出路获得成功的依据。

2. (本小题 7 分。) H 集团是欧洲一个大型工业集团，旗下业务包括机械设备制造、精密测量仪器、新材料等。虽然 H 集团的通用机械业务板块通过有效的成本控制措施，在价格上具有明显竞争优势，市场份额较高，但仍处于亏损状态。H 集团管理层认为导致亏损的原因是通用机械属于标准型产品，要识别不同品牌中产品的差异较困难，因此通用机械的购买者对价格的敏感度相当高。此外，由于 C 国机械生产商在人工及其他运营成本中拥有优势，H 集团以及其他欧洲公司正面对来自 C 国机械生产商进入该产业市场的威胁，导致市场的竞争愈来愈激烈。

H 集团管理层经过分析，把眼光盯向了中高端通用机械市场。虽然目前该细分市场已经处于成长阶段的后期，整体规模有限，且 C 国机械生产商已经注意到这一市场。但 H 集团管理层认为随着以 C 国为代表的新兴市场国家大力开展基础设施建设和提升本国制造业水平，中高端通用机械市场仍有突破的空间，决定以此作为通用机械业务板块努力的方向。2016 年，H 集团以委托研发（又称研发外包，Outsourcing）的方式与欧洲通健公司进行合作，通健公司的优势在于新型高端机械的研发。H 集团希望通过双方的合作，助力自身在中高端市场树立独特的品质形象。同时，为帮助客户区别集团以往的中低端机械产品，H 集团为中高端的机械产品确定了新的品牌名称。并与以往中低端机械产品采取代理模式不同，中高端的机械产品采用独立经销商的方式来经营，这些独立经销商都是在当地有一定历史的企业，已经深深融入当地社会，对当地客户的熟识程度和因此而建立起来的密切关系都值得 H 集团投资。在定价时，对于小型中高端机械产品采用与竞争对手一致的定价策略，对于中大型的中高端机械产品则采取撇脂定价，寻求更高的利润。以广告、让利、零件赠送、举办产品实物展示会以及小型座谈会、参加大型展会为主要市场推广手段。

在以往与零部件供应商合作过程中，供应商经常由于各种原因推迟供应，或者供应的零部件存在一定瑕疵，导致 H 集团的机械产品故障率相对较高，引发客户抱怨。为确保集团中高端机械产品的成功，H 集团决定放弃以往的零部件供应商，依托集团自身的专业人员，以及以往积累下的资金和经验优势，投资设立零部件生产厂，一方面可以满足自身生产需要，另一方面还可以弥补由于中高端机械产品零部件供应商数量较少而导致的成本压力。

要求：

(1) 分析 H 集团通用机械业务板块 2016 年前和 2016 年后所采用的基本竞争战略类型，简要说明理由，并指出其适用条件和风险。依据“战略钟”理论，指出上述两种基本竞争战略分别属于“战略钟”分析体系中的哪种途径。

(2)简要分析H集团中高端通用机械业务营销组合策略。

(3)简要分析H集团中高端通用机械业务所属发展战略的类型，适用条件，风险以及实现途径。

3. (本小题7分。)凯峰药业所处行业为医药制造业，主要从事医药制造、研发、批发与零售业务。2005年通过资产置换接盘上市公司H公司，2006年成功借壳上市。

2019年12月，上交所发布公告，认定凯峰药业及其相关企业和相关管理层存在违规担保、信披违规等多项问题。

(1)控股股东及其关联方非经营性占用公司巨额资金。公司2019年半年度报告显示，公司向控股股东凯峰集团、间接控股股东凯峰科技及凯峰集团下属公司A股份、A实业等关联方提供借款余额16.36亿元。相关关联债权债务为临时借款，并无实际业务背景，构成非经营性资金占用，占公司2018年度经审计净资产的30.29%。控股股东及其关联方违规占用上市公司资金，金额巨大，严重侵害上市公司利益。

(2)公司为控股股东及其关联方违规提供担保，信息披露不真实、不及时。比如，2018年1月至6月公司为控股股东凯峰集团及其下属企业A股份、A实业提供4笔担保，金额累计达1.4亿元，占公司2017年度经审计净资产的3.04%，担保余额6 202万元，已全部逾期。公司均未按规定对上述关联担保履行董事会、股东大会审议程序，且未及时披露。

(3)存在公司向关联方预付款项金额超过合同约定的情形。经查，凯峰药业子公司深圳凯峰生物医学工程有限公司与公司关联方深圳凯峰智造科技有限公司签订采购合同，合同金额为1.28亿元，合同约定付款方式为“100%预付”，但实际在合同签订后凯峰药业支付了1.59亿元。

(4)公司未及时披露多起重大诉讼。公司2019年半年度报告显示，公司存在14起诉讼，涉诉金额累计7.44亿元，占公司2018年度经审计净资产的13.78%。但公司2019年半年度报告中披露相关诉讼情况，涉诉事项信息披露不及时。

(5)2018年春节前，时任凯峰药业董事长的贾某与总经理华某、副董事长裴某利用职务之便，商议以借款的名义从凯峰药业财务账上支出350万元用于私发年终奖金，采用从他人处虚开票据的方式做平账处理，并商定了参与私分的人员范围和金额。后总经理华某安排财务总监彭某以其个人名义从凯峰药业财务借款，并使用虚开的票据进行平账，上述四名上市公司高管非法获利40万至60万余元不等。

(6)凯峰药业曾为董事长贾某与总经理华某在内的17位高管购买了3 500万的养老保险，使得贾某一个月可领9万元养老金。

(7)2014年10月到11月，凯峰药业控股的浙江凯峰恩普有限公司(以下简称“凯峰恩普”)总裁江某与凯峰药业董事长贾某商谈。贾某表示可由凯峰药业收购凯峰恩普管理团队持有的凯峰恩普股权。2015年6月凯峰药业公告拟以发行股份及支付现金的方式，购买凯峰恩普部分股权，作价5.51亿元，占公司2014年12月31日经审计净资产的32.72%，同时非公开发行募集配套资金不超过2亿元。薛某与江某为大学同学。2015年1月17日(周六)，薛某与江某联络后，操作本人中原证券账户合计买入“凯峰药业”股票316.83万股，成交金额2 643.99万元。该部分股票已经全部卖出，盈利金额671.73万元。

(8)2019年12月凯峰药业公告称，拟以自有资金方式收购控股股东凯峰集团持有的凯峰汽车金融91.43%股权，根据资产评估机构评估结果，凯峰汽车金融的股东全部权益评估价值为46.17亿元，凯峰集团持有凯峰汽车金融91.43%股权对应的评估价值为42.21亿元，双方拟定交易金额为人民币39.80亿元。根据公告，本次交易选取市场法评估结果作为定价依据。经市场法评估，凯峰汽车金融有限公司股东全部权益评估价值为46.17亿元，较账面价值比较，评估增值17.08亿元，增值率为58.69%。而资产基础法评估后的股东全部权益价值为29.11亿元，两者相差17.06亿元，差异率为58.61%。凯峰汽车金融2018年净利润下滑，截至2019年10月末，其账面总资产97.50亿元，其中应收账款竟高达91.39亿元，占比超九成，而资产减值损失分别为-6 798.85万元、-4 275.35万元，连续两年均为负数。

(9)2019年12月凯峰药业称，根据评估和测试结果，公司部分资产存在减值的情形，减值金额合计13.17亿元。13亿资产减值中，需计提在建工程、固定资产减值准备9.45亿元。其中在建工程减值8亿元，而原值为12.55亿元，减值率64.17%。根据由某资产评估事务所出具的资产评估报告细则发现，凯峰药业“在建工程”土建工程部分原值(亦为账面价值)合计4.76亿元，全部22项工程早已完工，但始终未按会计准则规定，结转至固定资产核算(简称：转固)。最早完工的一项工程，甚至于2010年1月即已建成，至该项资产报告发布长达近十年之久，却一直未转固。

要求：

(1)依据“三大公司治理问题”，简要分析凯峰药业存在的公司治理问题的类型与主要表现。

(2)依据《企业内部控制应用指引第1号——组织架构》，简要分析凯峰药业组织架构设计与运行中需关注的主要风险。

4. (本小题7分。)2006年6月30日，四川北农农业股份有限公司决定设立北农乳业控股有限公司。2016年11月26日，北农乳业控股有限公司召开董事会并形成决议，同意将北农乳业控股有限公司整体变更为股份有限公司。

北农乳业在业内率先推出“鲜战略”品牌纲领，着重发展低温乳制品。通过重点布局、辐射周边的发展方式，已经发展成为集奶牛养殖、乳制品研发、加工、销售为一体，植根西南，面向全国的乳制品生产企业，获得了业内的普遍认可。

作为区域性龙头乳制品企业，公司坚持自有及可控奶源的经营战略，通过自有牧场、合作大型奶源基地或规模化养殖合作社等形式将西南主要优质奶源控制在自己手中，有效保证了原料奶供应，坐拥原材料成本和质量优势。公司目前在成都、上海、京津冀地区建立了产品研发中心，上述研发中心均包含完整的配套设备及专业的研发检测人员，建立健全了行业内先进成熟的产品质量控制体系，坚持从牧场原奶端开始到消费终端的全程质量监控，并配有先进、齐全的检验检测设备，拥有一批经验丰富的质检人员，充分保证了产品的优质质量。经过多年持续努力经营，公司已经拥有一套完善的冷链运输和储存体系，成熟、稳定的全面立体分销网络，包括商超、连锁、终端店、经销商等多种渠道，在西南主要城市占据了明显优势。通过“鲜战略”的持续实施，进一步巩固了其“奶源——生产——冷链物流——市场”的产业链优势。

多年努力换来的是靓丽的财报数字，北农乳业历年年报显示：公司营收持续多年增速在70%以上，净利润增速在100%以上，净利润增长幅度超过营收增长幅度。

2018年下半年，公司开始启动国际化部署。为深入把握欧洲M国市场的产品需求，强化市场地位，在无法找到合适收购对象时，公司依托国内低温奶制品经营的成功经验，在M国相继建立研发中心，生产厂，以及销售中心，针对M国消费者的偏好研发产品。通过 M 国相应质量检测要求后与 M 国第一大连锁超市 W 公司达成合作协议，在短短一年内就占据了 M 国较大的市场份额。2019 年 6 月，公司又与欧洲 L 国某农场建立奶源地型合作关系，以此辐射 L 国市场。

2020 年 1 月，公司宣布收购位于欧洲 N 国的 Sy-Milk 公司。此次并购以自有资金支付全部并购对价款，不需要从外部融资。该公司位于 N 国乳制品业最发达的地区，主营高端婴幼儿奶粉，拥有知名度很高的奶粉品牌，发展一直比较迅速，是 N 国五大乳制品加工商之一，具备比较高的国家经济地位及行业地位。

N 国优良的自然环境使得该国的奶源质量上乘，原料奶和奶粉品质十分优异，而且成本优势明显。由于国内消费者对婴幼儿配方奶粉，尤其是高档婴幼儿配方奶粉的需求一直呈上涨趋势，若完成此项并购，便可获取 Sy-Milk 质优价廉的原料奶、品牌、先进生产技术等。利用 N 国优质奶源，采用 Sy-Milk 婴幼儿奶粉的先进生产技术在人工成本相对较低的国内组织生产，为巩固自身在婴幼儿奶粉市场上的地位创造条件。

畜牧业是 N 国的支柱产业，是推动国家经济发展的重要力量，关系到国家的经济命脉。海外投资如果涉及到这些支柱产业，政府及社会公众就会重点关注这些外来资本。随着外商在 N 国的投资力度持续增大，N 国与投资有关的法律法规也更加严格。此外，N 国其他几家乳制品企业也都在开足马力加强本国及周边国家市场的开发。2016 年起人民币兑欧元处于贬值的通道中。

2017 年，N 国发生了经济危机，许多行业都受到了经济危机的影响。乳制品行业在这场危机中同样遭受到重创，该行业未来的走势在当时的环境下并不明朗。受奶制品价格下降以及市场需求量减少的影响，Sy-Milk 的营业收入在 2018 年及 2019 年出现了连续下降，利润空间急剧缩减，财务状况堪忧，生产经营缺乏活力。在并购 Sy-Milk 过程中，北农乳业也了解到，按部就班是 N 国员工日常工作的特点之一，管理层在作经营决策时，十分注重流程章法，对每一项预算都会有条不紊地执行，而对计划、预算等的临时调整更容易产生抵触感。然而，由于我国激烈市场环境的特殊性，北农乳业的管理层在推进战略目标时，十分看重推进速度，而且随时根据市场形势调整战术。

经过双方协商，同意就收购事宜继续进行磋商。

要求：

(1) 从企业资源角度，简要分析北农乳业所展示的竞争优势，以及北农乳业资源“不可模仿性”的主要形式。简要分析北农乳业企业能力。

(2) 简要分析北农乳业采取的国际化经营战略类型，并说明理由，以及进军欧洲市场采取的国际化经营方式、动机。

(3) 简要分析北农乳业收购 Sy-Milk 公司可能面临的风险种类，并简要分析风险的内容。

四、综合题（本题共 24 分。）

谢春公司是 C 国第一家化妆品企业。传统产品鸭蛋粉、冰麝油及香件（誉称东方固体香水），通称谢春“三绝”。进入二十一世纪后，C 国化妆品市场本土企业正面临着强大的外资企业的残酷挤压。国际巨头们运用其规模经济、资金、品牌、技术、渠道和服务等竞争优势，在 C 国化妆品行业高端市场占据了大部分的市场，树立起绝对的优势地位。

本土的化妆品企业由于普遍存在产品特色不突出，品牌记忆度弱的问题，加上自身实力的不足，多是在区域市场的中低端档次生存。好在 C 国的人口基数大，消费者需求层次差异较大，集中于中低端市场的一些本土企业得以生存下来。但是，随着互联网数字化程度的不断提升和物流等硬件设施的不断完善，市场细分的条件被进一步弱化，同时，20 世纪 90 年代进军 C 国占领着高端市场的国际巨头们也开始将目光投向市场份额更大的中低端层次，本土企业生存发展受到多方面的严峻挑战。

在这种背景下，谢春公司并没有向国际巨头低头，而是走出自我发展壮大之路。经过多年发展，谢春公司逐渐打造出一支实力较强的研发与销售团队。谢春公司首先根据自身传统产品的积淀，研发出具有典型 C 国传统文化因素，更适合现代白领女性携带和使用的“肽水粉”。2010 年，通过市场调研，谢春公司发现 C 国消费者对化妆品的需求与欧美国家存在明显差异，对于美白的要求更高。在此基础上，根据 C 国消费者的生理特征和审美要求，独立研发具有本土优势的专利产品“肽美白”系列化妆品。在跨国巨头挤压之下，开辟了自己的根据地。

谢春公司的发明专利产品“肽美白”系列化妆品是公司颇具优势的产品，该产品主要针对对祛斑美白有特定需求的消费人群。产品本身所具备的消斑有效成分直奔黑素细胞和有黑素沉积的细胞，发挥消斑作用；与黑素细胞内的酪氨酸酶竞争底物，抑制黑素的形成；迅速溶解黑素，并促进黑素排出；使色斑淡化消失，肌肤白皙、嫩滑，有弹性。经过初期的动物试验证明此产品安全有效。谢春公司 2012 年建立了生产工厂，通过进一步的产业化，将“肽美白”系列化妆品正式推向市场。

谢春公司发展“肽美白”系列化妆品具有以下内外部有利条件：

(1) 从供应链角度考察。

在开发“肽美白”系列化妆品时，谢春公司充分考虑产品原材料的功能、稀缺性、价格等各方面因素。在保证相关指标不下降的情况下，坚持选用通用型原材料。这带来三点好处：其一，由于原材料均为国内厂家生产的通用材料，进货和运输仓储等方面的成本都比较低，降低了生产成本；其二，由于原材料的通用性，供应商的可替代程度高，企业原材料采购的转换成本低；其三，由于产品原材料大多是目前美白化妆品所采用的原材料，已被大量应用，材料的安全性早已得到证实，因此认可程度较高，便于下一步的注册工作。

(2) 从以往的经营基础考察。

谢春公司在以往经营过程中为“肽美白”系列化妆品的批量生产和销售奠定了基础。主要有：

①经过几十年的发展，谢春公司已经形成较为完善的采购、进货和发货后勤服务体系。

②谢春公司通过为客户提供最好的产品和精细化的服务，赢得客户的信任和口碑。目前公司已经建立专业服务团队，客服部均由经过培训的专业人员负责，服务网络较为完善。

不断开发产品的同时，谢春公司也加强了营销网络的建设。从原来的“前店后厂”经营方式，不断延伸新的渠道。比如在其 C 国国内上百家卖场上柜销售；在地级市以上城市开设自己的专卖店。此外，谢春公司还与国内著名电商平台 J 公司和 T 公司合作，开设了网上自营旗舰店。

百羚公司是 C 国 S 市一家老字号化妆品企业。该公司将中草药精髓“君臣佐使”组方理念融入祛斑解决方案，结合高纯度植物美白成分和酵母净肌修复成分的美白祛斑产品展现出令人惊讶的创新能力，赢得专家和市场的双重认可。但是，百羚公司以前主要专注在南方市场，没有在北方建立起自己的销售渠道。其生产基地和仓储基地也全部都集中在南方。而谢春公司目前在北方市场遇到了多个劲敌。尽管谢春公司在销售渠道、营销能力、品牌认知度等方面拥有优势，但是由于缺乏更具创新性的核心技术，公司的产品正在逐渐失去竞争力，公司上下为此焦虑不安。

鉴于双方的资源与能力具有显著的互补性，谢春公司与百羚公司都有进行合作的意愿。双方管理层就合作的相关事宜进行了协商和谈判。从降低协调成本考虑，最终双方决定建立产销合作联盟：百羚公司以较低的价格为谢春公司提供技术支持；谢春公司为百羚公司提供生产、仓储等服务，并以较低的价格让百羚公司的产品进驻谢春公司的线下门店。双方约定按照一定的比例共享收益，共担风险，并对双方的违约责任和联盟解体等问题都做出了具体的规定。

对于和百羚公司结成战略联盟的计划，谢春公司也对可能会面临的风险进行了分析。为了规避这些风险，公司领导层决定，一方面，努力巩固与完善与百羚公司业已建立的信任合作的联盟关系；另一方面，尽快建立风险预控机制，成立风险管理委员会。

谢春公司管理层扎根国内市场的同时，也意识到开拓国际市场的重要性，2014 年，公司启动了国际化战略，以开拓国际市场。谢春公司管理层考虑，先进入最为苛刻的发达国家消费市场，能够在消费者高标准的质量要求和激烈的市场竞争中获得相关市场经验和领先技术，尽快提升企业在世界市场的竞争优势。2015 年 4 月，谢春公司将“肽美白”系列化妆品出口至化妆品第一消费国发达国家 M 国，在通过 M 国相应质量检测要求后成功进入 M 国第一大连锁超市 W 公司进行销售。由于谢春公司自身产品过硬的质量和良好的美白效果，赢得 M 国大量消费者的喜爱。在短短一年内就占据了 M 国较大的市场份额。为深入把握 M 国市场的产品需求，继续强化市场地位，在无法找到合适收购对象时，谢春公司在保证企业财务能力承受范围内循序渐进地降低收购的投资压力，2017 年，谢春公司随后在 M 国又相继建立生产厂，以及销售中心和研发中心。

要求：

(1)依据新兴市场的本土企业的战略选择，简要分析谢春公司面对众多跨国公司的进入，在全球化程度相对较低产业的战略选择。

(2)运用价值链模型，简要分析谢春公司开发“肽美白”系列化妆品具备的优势条件。

(3)从技术活动过程所处的不同阶段考察，简要分析谢春公司开发“肽美白”系列化妆品所规避的技术风险。

(4)简要分析谢春公司与百羚公司结成战略联盟的类型与动因，以及谢春公司是如何实施对战略联盟的管控。

(5)简要分析谢春公司国际化经营选择目标市场区域路径的方式，以及谢春公司进入国际市场的主要方式。

(6)简要分析谢春公司在 M 国选择的发展战略类型及适用条件(该种战略类型如能细化，请进一步细化)。

(7)简要分析谢春公司在 M 国实现发展战略的途径及其动因、应用条件。

模拟试卷（二）

一、单项选择题（本题型共26小题，每小题1分，共26分。每小题只有一个正确答案，请从每小题的备选答案中选出一个你认为正确的答案）

1. 网络购物已成为时下很流行的购物方式，价格低、节省时间、送货上门成为网络购物的三大特点。国内几家大型家电销售实体店相继开展了网络商城业务，对只运营网络商城的天天易购造成较大冲击。天天易购严格把控商品质量，以“好生活，没那么贵”为口号，保证用户买到的商品是高性价比的优质生活商品。根据以上信息可以判断，天天易购采取的战略属于（　）。

   A. 运营战略　　B. 业务单位战略
   B. 职能战略　　D. 发展战略

2. 银山公司按照国家有关法律法规，以及公司章程的要求，决定进一步完善审计委员会，强化审计委员会在公司治理中的作用。下列关于审计委员会职责的说法中，不正确的是（　）。

   A. 检查公司会计政策、财务状况和财务报告程序
   B. 对内部审计人员及其工作进行考核
   C. 检查、监督公司存在或潜在的各种风险
   D. 分析董事会构成情况，明确对董事的要求

3. 东山公司目前年收入为20亿元，应收账款为5亿元，坏账损失率高达10%，为了降低坏账损失率，该公司决定提高客户信用标准，预计提高信用标准后，坏账损失率降低为2%，但同时销售收入会减少10%。这反映的风险管理工具是（　）。

   A. 风险规避　　B. 风险控制
   C. 风险转换　　D. 风险对冲

4. 甲公司是一家汽车企业，为避免投资扩张带来的风险，公司董事会对公司规模的扩张采取了极为谨慎的做法。2009年受相关政策影响，中国家用汽车市场出现了快速增长，该公司产能已无法满足市场需求，经常处于满负荷运转状态。造成生产效率下降，成本上升。公司管理层开始将提高产能提上日程。根据以上信息可以判断该公司的这种策略属于（　）。

   A. 领先策略　　B. 滞后策略
   C. 匹配策略　　D. 生产策略

5. C国有着悠久的餐饮文化历史，加之地域广阔，使得各地饮食口味存在明显差异。同时，由于餐饮业务不需要复杂的技术和大量的投资，因而餐饮企业数量众多。根据以上信息，造成餐饮行业零散的原因不包括（　）。

   A. 进入障碍低
   B. 存在退出障碍
   C. 市场需求多样导致高度产品差异化
   D. 消费地点分散

6. M国宝哥公司过去在M国以外的主要市场上都有工厂。这些工厂只生产由M国母公司开发出来的差异化产品，而且根据M国开发出来的信息从事市场营销。宝哥公司国际化经营的战略类型是（　）。

   A. 国际战略
   B. 多国本土化战略
   C. 全球化战略
   D. 跨国战略

7. 恒发公司是一家基建公司，采用平衡计分卡衡量企业业绩，并把工程进度完成率作为一项重要考核指标。该指标属于平衡计分卡的(　)。
   A. 财务角度　　B. 顾客角度
   C. 内部流程角度　　D. 创新与学习角度
8. 蔚田公司主营家用汽车，2019 年公司销售额达到前所未有的水平，市场上不同企业生产的汽车在技术和质量等方面的差异不明显。根据以上信息可以判断，下列各项中蔚田公司可以选择的财务战略是(　)。
   A. 采用低股利政策
   B. 通过债务筹资或内部盈余筹集企业发展所需要的资金
   C. 通过吸引风险资本筹集企业发展所需要的资金
   D. 通过不断进行债务重组增加资金安排的灵活性
9. 科迈公司是 C 国一家大型有色金属公司，主营业务为铝制品的生产。2011 年该公司出资收购了澳大利亚一家矿业公司 LT 在澳大利亚几个大型矿产的股权，从而可以将主要生产基地转移到国外，以保护国内有色金属矿石和国内环境。根据以上信息可以判断，科迈公司此次国际化经营的动因是(　)。
   A. 寻求资源　　B. 寻求市场
   C. 寻求效率　　D. 寻求现成资产
10. 北原公司是 B 市一家电器生产企业。近年 B 市电器市场竞争激烈，各厂家不断推陈出新。北原公司为强化其竞争优势，增强对市场的反应能力，采用了具有很大灵活性的行政管理，采取“有机”机制。包括由市场、研究开发方面的专家组成的高层管理，注重产出结果的粗放式计划、分散式控制以及横向和纵向的沟通。北原公司所采取的组织的战略类型属于(　)。
    A. 防御型战略组织
    B. 开拓型战略组织
    C. 反应型战略组织
    D. 分析型战略组织
11. 画风动力股份有限公司制定人力资源薪酬激励政策时，强调在企业内部相同或类似职位上的员工，薪酬应当与其能力、贡献成正比。本案例中，画风公司制定的人力资源薪酬激励政策所体现的公平性原则是(　)。
    A. 外部公平　　B. 内部公平
    C. 个体公平　　D. 群体公平
12. 天罡新材料科技有限公司主营聚乙烯，国内聚乙烯的价格波动受下游用户的需求影响较大。天罡公司在经营中一直将资产负债率控制在行业较低水平。该公司财务风险与经营风险的搭配属于(　)。
    A. 高经营风险与低财务风险
    B. 高经营风险与高财务风险
    C. 低经营风险与高财务风险
    D. 低经营风险与低财务风险
13. 太和公司主营塑料制品，根据相关测算，假设未来公司环境不发生明显变化，有 5%的可能性需要 8 亿元维持运营。该公司筹集了 10 亿元，将其生存概率提高到 99%。太和公司管理损失事件的方法是(　)。
    A. 风险资本　　B. 损失融资
    C. 保险　　D. 专业自保
14. 永悦公司专门针对 C 国“第五代人”打造全新车型。作为现今社会的新一代中坚分子，“第五代人”大多生于 20 世纪 70~80 年代、被称为真正跨世纪的一代。这一代人不受传统观念的束缚，兼顾时尚与实惠；他们一般有着一份高收入职业，有发展空间；社会经验丰富。根据以上信息可以判断，永悦公司使用的市场细分变量不包括(　)。
    A. 人口细分　　B. 地理细分
    C. 行为细分　　D. 心理细分
15. 西屋公司是 C 国一家以营造“世界顶级时尚博物馆”为愿景的百货商店，位于城市中心，地铁出口，交通便利，因而吸引了大量客流。西屋公司拥有的具有不可模仿性的资源属于(　)。

A. 物理上独特的资源

B. 具有因果含糊性的资源

C. 具有路径依赖性的资源

D. 具有经济制约性的资源

16. 2019年，C国美岱公司(旅游交易平台，主要通过C国市场的终端用户获得收入)完成与Y国NP公司的换股交易，根据该交易，美岱发行新股，以交换NP公司所持有的MTrip公司股票。交易之后，NP拥有美岱公司约5.6%已发行普通股，而美岱公司拥有MTrip的普通股和B类股份，占MTrip总投票权的约49.0%。作为Y国最大OTA(在线旅游平台)MTrip的市场占有率达63%，交易额在过去几年里实现了43%的复合增长率。美岱公司仅靠C国与Y国两地，就网罗了全球36%的人口数。根据以上信息可以判断，美岱公司采取的发展战略属于(　)。

A. 多元化战略　　B. 产品开发战略

C. 差异化战略　　D. 市场开发战略

17. 吉华公司是一家汽车生产企业，2018年与网络出行平台D公司达成合作，开始在吉华公司示范经销店面向网约车司机开展车辆租赁业务。双方也探索通过TransLog技术、运用吉华公司移动出行服务平台(MSPF)的数据分析能力为网约车司机提供多种汽车相关服务，包括可靠的汽车养护和安全驾驶指导。下列各项中，适合吉华公司选择相应战略的条件是(　)。

A. 企业所在行业竞争较为激烈

B. 现有的供应商供应成本较高或可靠性较差

C. 销售环节的利润率较高

D. 企业具有较强的研究和开发能力

18. 甲公司是一家国有全资电力公司，一直采用煤炭发电，主要为国内企事业单位和个人提供生产、生活用电。承担着保障社会稳定发展及民生的责任，为居民提供合理或较低价格水平的电力服务，政府对甲公司产生的亏损提供补贴。为鼓励甲公司提高营运效率，建立符合市场竞争需求的运行模式，政府于2010年决定将甲公司改制为股份有限公司，通过公开招股筹集资金并将其股票上市交易。根据以上信息可以判断，甲公司上市前选择的战略类型是(　)。

A. 扭转战略　　B. 发展战略

C. 密集型战略　　D. 稳定战略

19. HK上市公司琼全公司向其子公司B市水木公司提供42.82亿元短期贷款，以便B市水木公司应付临时营运资金的需要及还债。但是，这件事没有得到董事会批准，也没有签订协议，更没有对外披露。由于涉嫌违反HK上市规则中关于关联交易申报、股东批准及信息披露的条款，琼全公司自2018年4月3日起正式停牌。本案例中，公司治理的基础设施没有在琼全公司治理中表现出来的是(　)。

A. 信息披露制度

B. 中介机构

C. 法律法规

D. 政府监管

20. 奥瑞特科技公司在推出新型产品时，首先对新型产品可能遇到的所有市场状况进行预测，推算出各种市场状况发生的概率，以及相应销售结果。将发生的概率乘以相应销售结果并加总得到风险数值。奥瑞特科技公司采用的风险度量方法是(　)。

A. 概率值　　B. 最大可能损失

C. 期望值　　D. 在险值

21. 中茵生物科技公司是国内乃至全球极少数能够产业化生产抗性糊精产品的生产厂商。公司配备了国内领先的色谱分离设备，能够有效分离不同组成的产品并保证产品纯度。但是，随着终端消费者对食品健康、营养、安全、口感等方面要求的日益提高及行业政策的不断变化调整，公司将面临技术优势减弱或产品被替代的风险，从而对公司生产经营和产品竞争力产生负面影响。中茵生物科技公司面对的主要风险是(　)。

A. 运营风险　　B. 市场风险

C. 财务风险　　D. 社会文化风险

22. 天方公司是一家办公用品制造企业。为了减少库存，公司对生产过程实施订单管理。生产部门依据销售部门提供的客户订购的产品数量安排当期生产。天方公司的生产运营战略所涉及的主要因素是(　)。

A. 种类　　B. 批量

C. 需求变动　　D. 可见性

23. 甲公司是B市的一家连锁洗衣企业，为了拓展业务，甲公司收购J市乙洗衣企业，并很快进一步占领J市的洗衣市场。下列选项中，甲公司在拓展业务中需要谨防的战略陷阱不包括(　)。

A. 寻求支配地位

B. 过分集权化

C. 了解竞争者的战略目标与管理费用

D. 对新产品作出过度反应

24. 特拉公司是M国新能源汽车厂商，在C国出台鼓励新能源汽车消费政策后，公司管理层预计C国对新能源汽车的需求会在短期内呈现爆发式增长。特拉公司决定加大投资，一方面对现有生产线进行改造，以扩大产能；另一方面在C国开工建造新生产线，通过加大生产量以应对未来可能爆发的需求。根据以上信息可以判断，特拉公司平衡产能与需求的方法属于(　)。

A. 库存生产式生产

B. 资源订单式生产

C. 订单生产式生产

D. 订单库存式生产

25. 经过多年的发展，天邦公司成为一家从事金融、飞机发动机、清洁能源、医疗等多种业务的大型企业。从企业发展阶段与组织结构的关系看，该公司的组织结构类型应为(　)。

A. 职能结构

B. 战略业务单位结构

C. 事业部结构

D. 简单结构

26. 平山公司是一家智能设备设计、生产企业。为更好开发市场，近期该公司与专门从事智能设备生产的尚义公司、专门提供工业设计服务的联化公司建立企业联盟体，三方通过网络进行信息共享，平山公司与联化公司共同进行智能设备设计，并听取尚义公司关于生产环节的建议。设计完善后，交由尚义公司组织生产制造。通过此种合作，有效实现了资源共享、费用分担。从组织结构角度看，上述企业联盟体(　)。

A. 具有灵活性较差的局限性

B. 是组织扁平化在企业之间的形式

C. 是传统组织结构与新型组织结构的结合

D. 是以资金流管理为核心的组织形式

二、多项选择题(本题型共16小题，每小题1.5分，共24分。每小题均有多个正确答案，请从每小题的备选答案中选出你认为正确的答案，用鼠标点击相应的选项。每小题所有答案选择正确的得分，不答、错答、漏答均不得分。)

1. 百隆生物科技公司同时经营四种产品：甲、乙、丙、丁。四种产品相关数据如下：产品市场增长率分别为14%、8%、18%、1.4%，相对市场占有率分别为0.2、0.5、1.2、2.1。根据以上信息可以判断，该企业四种产品中适合采用事业部组织形式的有(　)。

A. 甲产品　　B. 乙产品

C. 丙产品　　D. 丁产品

2. 思达半导体有限公司主营半导体芯片和电

子元器件设计生产，所处行业是技术密集型行业。面对国际顶尖科技企业的竞争，只有持续保持产品技术先进性才能够不断提升盈利能力。下列关于思达公司技术资源的表述中错误的有(　)。

A. 技术资源一般都反映在企业的资产负债表中

B. 技术资源的战略价值可通过查阅企业资产负债表确定

C. 技术资源具有先进性、独创性和效益性

D. 技术资源涉及设备、专利、原材料等等

3. L集团是世界最大的跨国奢侈品综合企业。集团以约162亿美元的价格收购美国珠宝商D公司，从而顺利进入珠宝奢侈品市场。为了更好地分析面临的市场风险，L集团应该至少收集的与该公司相关的重要信息有(　)。

A. 全球汇率变动状况

B. 全球珠宝奢侈品供应链状况

C. 各国珠宝奢侈品的价格及供需变化

D. 各国对珠宝奢侈品进出口的政策导向

4. 科迈公司是Y国一家生产协助驾驶员在驾驶过程中保障乘客安全和减少交通事故的视觉系统的公司。C国新能源汽车厂商W汽车与科迈公司宣布深入合作。针对乘用车市场和智能出行服务领域，将在W汽车第二代平台上打造L4级别自动驾驶智能电动车型。科迈公司负责提供系统芯片以及相关的软件，W汽车负责进行整车级别的自动驾驶系统开发、集成和车型大规模量产。此外，W汽车将在自动驾驶量产车型基础上，为公司打造专门用于智能出行服务的特别版，科迈公司将批量采购该车型版本，实现其在智能出行服务领域的战略布局。根据以上信息可以判断，双方合作的动因包括(　)。

A. 开拓新的市场

B. 实现资源互补

C. 避免或减少竞争

D. 促进技术创新

5. 华荣公司对2020年的财务进行了预测，预测结果如下：销售增长率60%，可持续增长率45%，投资资本回报率25%，资本成本15%。下列财务政策中，华荣公司可以采用的有(　)。

A. 增加债务比例　B. 支付现金股利

C. 兼并成熟企业　D. 重组

6. 甲公司是一家内河航运公司，原主要经营水路客货运输业务。为抓住沿岸经济规模扩张和市场领域开放竞争的机遇，公司决定将水路客货运输业务上市筹集的资本金，主要投向已经涉及的物流、仓储、码头、旅游、宾馆、餐厅、航道工程、船舶修造、水难救生等多个业务领域。通过采取兼并收购、战略联盟和内部发展的方式，实现一体化和多元化战略，形成规模，建立品牌。为使公司发展战略得以协调实施，公司原有组织结构需要调整。下列选项中，不适合该公司采用的类型包括(　)。

A. 区域事业部结构

B. 产品/品牌事业部结构

C. 职能制结构

D. M型组织结构

7. 易德软件公司是目前国内领先的软件以及服务提供商。经过十多年的发展，依赖“国内+海外”的战略发展规划，已在全球56座城市设立近120个分公司或办事处，覆盖十多个业务领域和重要行业，市场遍及欧洲、亚洲、北美等区域和国家，服务于上千家国内和海外企业客户。相对于软件公司的传统业务，大数据相关产品还是一种较新的形式。公司分析研究了大量客户需求信息，发现大多数客户在依托数字化技术进行战略转型时存在较大困难。下列属于企业数字化战略转型面临的困难有(　)。

A. 网络安全与个人信息保护问题

B. 数据容量问题

C. “数据孤岛”问题

D. 核心数字技术问题

8. 新余能源在检查内部控制的有效性时，发现下列问题：①明令禁止吸烟，但是对某些高级雇员却睁只眼闭只眼；②财务部经理没有中级会计资格合格证，其专业胜任能力受到质疑；③接纳大学生实习；④企业管理层发现会计账簿上存货总额与盘点记录相差较大，于是成立小组进行调查，并把调查结果及加强内部控制的建议上报给最高领导。该资料中涉及的内部控制要素有(　)。

A. 内部环境　　B. 风险评估

C. 控制活动　　D. 内部监督

9. 随着人口红利终结，C国奶粉市场将进入残酷的存量竞争新周期，2020年行业洗牌和分化将加剧。国产大品牌在开始强势进攻3~5线市场，以争夺更大市场空间。同时，国产大品牌不愿错过任何增长的可能性，羊奶粉、A2概念和有机奶粉等细分品类新品迭出，让中小品牌难觅差异化发展的机会。根据以上信息可以判断，国产大品牌奶粉企业采用的发展战略类型包括(　)。

A. 市场开发战略　　B. 多元化战略

C. 市场渗透战略　　D. 产品开发战略

10. 南空公司是T市一家于2013年发行股票并上市的公司，主营水泥及水泥制品的生产和销售。2018年T市证监局经调查发现：2016年9月，南空公司未经股东大会批准与银行签署一笔担保合同，为大股东星科集团5 000万元的贷款提供担保，承担连带保证责任。南空公司从甲公司购进熟料等重要原材料，双方签订了长期供应合同，价格比市场价高40%。经查，甲公司为星科集团全资控制的子公司。南空公司存在的终极股东“隧道挖掘”的利益输送行为的主要表现(　)。

A. 直接占用资源

B. 关联性交易

C. 掠夺性融资

D. 内幕交易

11. 2010年，传统汽车生产企业康莱公司计划切入新能源汽车领域。经研究发现，新能源汽车的驱动原理与传统燃油汽车有着本质性的区别。消费者普遍认为新能源汽车技术尚不成熟，服务设施尚不完善。新能源汽车的运营模式、行业规范和服务体系等方面无法仿照传统燃油汽车，存在诸多不确定性。根据以上信息可以判断，作为新兴产业，新能源汽车行业内部结构的特征包括(　)。

A. 技术的不确定性

B. 成本的迅速变化

C. 战略的不确定性

D. 专有技术

12. 德才水泥公司利用自身位居长江附近的地理位置优势，积极推行其他水泥企业难以复制的“T型”战略布局：在拥有丰富石灰石资源的区域建立大规模生产的熟料基地，利用长江的低成本水运物流，在长江沿岸拥有大容量水泥消费的城市群建立粉磨厂。率先在国内新型干法水泥生产线低投资、国产化的研发方面取得突破性进展。强化对终端销售市场的开拓，推行中心城市一体化销售模式，在各区域市场建立贸易平台。根据以上信息可以判断，德才水泥公司拥有的能力包括(　)。

A. 研发能力　　B. 生产管理能力

C. 营销能力　　D. 组织管理能力

13. 联德公司是C国一家精密仪器生产企业。精密仪器产业全球分工程度高、跨国公司数量实力巨大、遍布全球、产业区域联系日益密切、产品趋于标准化。联德公司受自身资源限制，只能聚焦于本国市场。根据新兴市场的企业战略相关理论，最适合联德公司选择的战略有(　)。

A. 与跨国竞争对手建立合资、合作企业

B. 将企业出售给跨国竞争对手

C. 找到一个定位明确又易于防守的市场

D. 生产与跨国竞争对手产品互补的产品

14. 新亚公司是一家通信设备生产企业。最近，该公司拟转型数字产业。下列各项中，属于新亚公司进入新产业所面临的结构性障碍有（　）。

A. 现有数字化企业采取降价措施

B. 现有数字化企业的品牌优势

C. 政府颁布的数字化产业进入政策

D. 新亚公司业务转型付出的转换成本

15. 渔乐谷是一家主体乐园，游乐设施的安全性问题一直是该公司重点关注的方面。从风险管理基本流程来看，下列各项中，属于该公司为分析其可能面临的风险需要收集的重要初始信息有（　）。

A. 公司风险管理的现状与能力

B. 与主要竞争对手相比，该公司实力与差距

C. 替代品情况

D. 产品结构、新型游乐设施的研发情况

16. 雄健集团是C国提供水利电力工程及基础设施规划、勘测设计、咨询监理、建设管理、投资运营为一体的综合性建设集团，拥有3 000多名员工，设有基层员工、部门经理、总经理三个管理层级，各层级被充分授权。下列各项中，属于该公司组织结构类型优点的有（　）。

A. 有利于减少信息沟通障碍，提高企业反应能力

B. 危急情况下能够做出快速决策

C. 易于协调各职能间的决策

D. 有利于调动管理人员的积极性

三、简答题（本题型共4小题26分。其中一道小题可以选用中文或英文解答，请仔细阅读答题要求。如使用英文解答，须全部使用英文，答题正确的，增加5分。本题型最高得分为31分。）

1. （本小题5分，可以选用中文或英文解答，如使用英文解答，须全部使用英文，答题正确的，增加5分，最高得分为10分。）

甲集团股份有限公司（简称甲公司）创业于1920年。随着多年的改革发展，企业的规模和实力不断壮大。经营领域由单一的出租汽车业扩展到城市客运业、房地产业、汽车服务业和内外贸易业。公司成长为拥有60个成员企业、46亿元资产的综合型集团企业，于2002年在上海证券交易所上市。甲公司下属子公司A汽车租赁公司（简称A公司）成立于1990年。该公司对汽车租赁行业进行了调查，调查的部分内容如下：

（1）汽车租赁公司并不具备规模经营的竞争优势，但还是具有很大发展潜力。随着消费意识的改变，有越来越多的习惯于以租车方式出行，同时对汽车租赁服务的质量要求并不是很高。国民经济的稳步增长也保证了汽车租赁市场的快速发展。未来我国的经济将保持以年均7%～8%左右的速度增长，并且相应带来居民储蓄水平和消费能力的逐年提高，这些都为汽车租赁业带来了潜在的消费市场，进而为汽车租赁业的发展提供了一个向上拓展的空间。

（2）交通基础设施、网络不断完善及金融等服务业的发展为汽车租赁业发展提供支持保障。比如，高等级公路里程的迅猛增长，未来将形成的以高速公路为主的高等级干线公路网，以及民航客运业的快速发展，以信用卡消费、移动支付为特征的金融结算模式变革，这些都为汽车租赁业务的拓展和结算方式的便捷提供了支持。

（3）目前，国内的汽车发展环境使汽车租赁与个人拥有汽车相比，具有更大的优势。大中城市人口、交通和停车场地的限制，使政府对私人汽车消费采取限制性措施，导致居民的汽车需求和苛刻的消费环境之间的矛盾越来越突出，进而使汽车租赁的优势得到充分体现。

（4）我国居民素质为汽车租赁市场的高速增长创造了条件。目前我国的汽车保有量约为1 500万辆，而拥有驾驶执照的居民

已经超过 3 500 万人，超过 2 000 万人是有驾驶执照而无车可开，在目前的汽车消费环境下，汽车租赁将是其中绝大多数人的首选。加上我国正在逐步展开的公务用车制度改革和随着全方位的对外开放带来三资企业数量激增，均为我国汽车租赁业的高速增长提供了广阔的消费群体市场。但由于目前汽车租赁行业市场集中度不高，竞争混乱，因此下游企事业单位及个人客户进行消费时主要是被动接受汽车租赁企业的价格。

(5) 长期以来，缺乏统一的行业管理和行规，相关政策法规不配套一直是制约国内汽车租赁业发展的主要问题，而且至今并未能够得到更好地解决。由于国内尚未建立个人信用等级评估和鉴别体系，用户信用状态的不明，造成汽车租赁企业在汽车租赁业务中为避免风险，要求承租人需提供担保、巨额押金，并办理非常繁琐的手续，这与国外汽车租赁业形成鲜明的对照。对租赁对象的限制，人为阻碍了汽车租赁业务的进一步发展。

(6) 由于国内汽车租赁业规模较小，各汽车租赁企业采用的车型有很大差异，难以通过规模优势与汽车制造厂商建立紧密的合作关系，国内汽车价格的逐年下降和价格折让的混乱加大了汽车租赁企业的经营风险。

要求：

(1) 简要分析汽车租赁产业所处的生命周期阶段，并简述该阶段的主要战略路径。

(2) 依据 A 公司对汽车租赁行业进行的调查，运用 PEST 方法分析 A 公司面临的有利因素和不利因素。

(3) 从供应者、购买者的议价能力角度对 A 公司面临的产业环境进行分析。

2. (本小题 7 分。) 甲公司是一家化工企业，经过多年的经营发展已拥有一定规模。由于公司涉及的项目大多风险比较大，所以公司致力于建立规范的风险管理体系。公司董事长和总经理分别由李某和张某担任。董事会下设立了风险管理委员会，委员会召集人由熟悉企业重要管理及业务流程的执行董事王某担任，并由其对全面风险管理工作的有效性向董事会负责。并设立专职部门履行全面风险管理的职责，该部门需要对董事会负责。

2019 年底，公司风险管理委员会与相应职能部门召开年底工作会议。会议上，风险管理职能部门负责人针对公司情况，提出了如下观点：

(1) 按照全面风险管理的基本理念，公司应就单个风险个体实施风险管理，主要是可保风险和财务风险。

(2) 进一步强化风险管理基础信息工作，风险管理职能部门要持续不断收集公司风险管理的初始信息。

(3) 有关职能部门和业务单位实施风险评估工作，包括风险辨识、风险分析、风险评价三个步骤。

(4) 风险管理职能部门应定期对各部门和业务单位风险管理工作实施情况和有效性进行检查和检验。如果涉及跨部门和业务单位的风险管理解决方案，需由风险管理委员会统一组织实施评估。

(5) 从成本效益考虑，风险评估中能够清楚辨识出的风险不能采用风险承担。

(6) 风险偏好和风险承受度是针对公司的重大风险制定的，对企业的非重大风险的风险偏好和风险承受度不一定要十分明确，甚至可以先不提出。

此外，会议中，风险管理委员会也针对风险管理职能部门提出的报告，批准了公司以下几方面风险管理措施：

(1) 由于市场对新技术的接受程度不高，公司技术成果在产品化的过程中会遇到阻碍，导致无法按预定计划实现经济效益。公司决定通过广告等各种形式增强市场教育活动，促使客户形成良性态度。

(2) 生产所在地可能发生海啸事件造成损

失，导致资金紧张，公司与 A 银行签订 10 亿人民币的授信协议。

(3)公司产品一部分销往海外，受特定目的地国家加征额外关税影响，导致价格上升，公司计划开拓更多出口国家市场。

(4)强化产品质量检验，防止次品出厂，影响公司声誉。

(5)对客户信用进行动态管理，拒绝与信用不好的客户进行交易。

(6)在签订生产合同时，约定如下条款：合同有效期内如原材料价格上涨，合同价款应相应上调。

要求：

(1)根据资料指出甲公司风险组织职能体系建设中的不当之处。

(2)简要分析风险管理职能部门负责人针对公司情况所提出观点是否合理？如不合理，请简述理由。

(3)根据资料判断风险管理委员会批准的几项风险管理措施分别应对何种风险？具体采用的是何种风险管理策略？

3. (本小题 7 分。)S 省鸿大酒业主营红酒系列产品生产销售。2014 年经过分析，针对本国的女性人群推出一种新型红酒。为使产品打进市场，在对市场进行深入调查分析后，决定以白领女性顾客群体作为其目标市场。产品最初推向市场的时候，为使自己产品获得稳定的销路，给消费者留下美好的印象，该公司从红酒定价入手，确定了一个很低的市场价格，吸引了很多的顾客，几年之后逐步占领了市场。但不曾想到的事情是，好景不长，由于越来越多的女性消费者认识到红酒有一定的危害，红酒销售数量开始急剧下降，造成该公司的产品销售开始下滑。

针对这一情况，该公司改变策略，将其女士红酒推向女性饮酒者数量较多，市场发展势头良好的邻国。经过努力，该公司在邻国市场上取得不错的业绩，但整体市场占有率仍较低，有待进一步提高。公司管理层预测未来将会给企业带来更大的市场份额和盈利。

2018 年，鸿大酒业出资并组织团队创新开发出高附加值、高营养含量的山楂深加工产品“山楂干红”，与一众红酒不同的是，它的原材料与传统文化一脉相承。用山楂作为原材料酿酒，既是对中国传统文化的继承，又是对消费者需求新的发现和创造。将“药食同源”的理念恰到好处的引入到红酒中，不仅满足了消费者日常的饮用需求，更具有深层次精神层面的饮用体验满足。

鸿大酒业之所以推出“山楂干红”。首先，卓越的地域优势是基础。公司位于历史文化名城——S 省 Q 市，公司的原料和生产基地位于举世公认的“神奇黄金纬度带”——北纬 36.5°的国家 5A 级风景区内，景区内山清水秀，人杰地灵，为酿造高品质的清高干红提供了优质的原料。

其次，原料种植优势。公司拥有万亩有机山楂园，果园内山楂种植采用原生态式有机种植。目前，山楂和山楂酒均获得有机转换认证证书，通过了“双有机认证”。

第三，粒粒甄选优势。采摘回来的山楂果，生产前，经过工人多次筛选，以防虫眼和生果等影响清高干红品质。筛选过的山楂，依次进行清洗、打浆，压榨出的果汁采用专利工艺精心酿造。

第四，全汁深酵的优势。将整颗山楂果全汁发酵工艺区别于普通的果酒生产工艺，生产过程不添加酒精、色素和香精。经过国内首创专利技术“全汁深酵”干红工艺酿造的清高干红，其黄酮含量轻松达到 3 000mg/L，是一般葡萄酒的 3 倍~5 倍，对清除自由基、改善三高、调节内分泌、减肥美容甚至女性妇科疾病的调理都有显著的疗效。

第五，拥有两个地下酒窖的储存优势。发酵完成的清高干红原酒，需要放置在陈酿罐中进行后续的陈酿，而后储藏于地下酒窖之中。通过陈酿可以让酒体香气更加馥郁，口感更加柔和醇厚，整体更加协调丰腴。

要求：根据以上资料及有关理论，回答下列问题：

(1)简要分析鸿大酒业 2014 年在本国市场上推出新型红酒的战略失效类型，以及战略失效的原因。

(2)简要分析鸿大酒业在本国销售女士红酒时采用的定价策略。根据波士顿矩阵法，分析鸿大酒业女士红酒在邻国市场上所属产品类型及应采取的对策。

(3)从企业资源角度，简要分析鸿大酒业 2018 年推出山楂红酒的竞争优势；分析鸿大酒业资源“不可模仿性”的主要形式。

4. (本小题 7 分。)1994 年，惠发公司从 C 国某省 J 市出发，正式创立“惠发”火锅品牌。惠发公司的创始人深知，在需求多样、竞争激烈的餐饮业中，企业要生存和发展，就一定要做出特色，做出信誉和品牌。面对市场上口味不一、各具特色的餐饮企业，惠发公司始终将其产品聚集于川味火锅，并将源于麻辣烫店的浓郁的川蜀风味在其菜品中展现得淋漓尽致。

就传统的川味火锅而言，菜品本身提高差异化程度的潜力已经不大。在这种情况下，惠发公司奉行“服务至上，顾客至上”的理念，努力提高产品和服务的附加价值。例如，客人在等位的时候可以免费美甲、擦鞋，有求必应。服务员会给等候的顾客拿免费的水果零食，帮顾客剥虾、涮菜、表演捞面。听出顾客口音的话，还会请老乡服务员为顾客服务，甚至在洗手间还有专人开门，拧水，递擦手纸等等。正是因为惠发公司深谙顾客消费心理，以合理的价格为顾客提供好的产品、好的环境、安全的食品、优质的服务，惠发公司最终成功站稳 J 市，成为当地第一大火锅餐饮品牌。

伴随着知名度的不断提高，1999 年惠发公司开始向外扩张，在 X 市开设了第一家异地分店，随后连锁店的数量逐年增加。在进驻 X 市、Z 市、B 市、S 市等城市之后，2012 年首家海外门店——新加坡店正式营业。截至 2019 上半年，惠发在 C 国、S 国、M 国、H 国、J 国和 ML 国均设有门店。全球门店数为 593 家，其中 550 家位于 C 国大陆的 116 个城市。为了确保优质服务的品牌优势，惠发公司坚持自营，不接受任何加盟、联合经营模式。规模的日益增大又给企业带来了成本优势，无论设备供应还是原材料的供应，惠发公司都能采购到质优价低的产品。惠发公司又将这一成本优势转让给消费者。不少顾客反映，具有优质服务的惠发公司，其菜品的价格在同类餐饮企业中是最低的。

在餐饮门店之外，惠发集团旗下的蜀海供应链管理有限责任公司(以下简称“蜀海公司”)于 2007 年开始独立运作，为惠发提供整体供应链托管运营服务。除了惠发，蜀海公司还服务于其他餐饮品牌，如中餐品牌 JMJ 和 CB、烧烤类品牌 JBCW 等。在食材供应方面，惠发集团全资子公司——扎鲁特旗惠发食品有限公司为惠发提供羊肉；在门店打造方面，B 市蜀韵东方装饰工程有限公司为惠发提供装修材料及翻新服务和装修项目管理；B 市微海管理咨询有限公司为惠发提供人力资源管理及咨询服务。2013 年成立颐海国际控股有限公司，在 2017 年上市。颐海国际为惠发集团旗下复合调味料生产商，主要业务为火锅底料、火锅蘸料、鸡精和中式复合调味品的研发、制造、分销和销售，为惠发供应火锅底料等产品。

迄今为止，惠发的主营业务分为餐厅经营、外卖业务和调味料产品以及食材销售。2019 年中期报告显示，餐厅经营所带来的营收占总收入的 96.89%，外卖业务及调味料产品以及食材销售业务分别占 1.61%和 1.5%。在 2019 中期报告中，惠发表示上半年公司在C国大陆全市场及不同区域食材持续推出多种新菜品(187种),并开始销售惠发品牌的奶茶及其他饮品,在此前,惠发就曾在门店销售惠发品牌的啤酒、乳酸菌饮料。

值得注意的是,惠发的高速扩张影响了短期利润率,在近年出现了净利增长乏力的现象。惠发在一线城市中的门店密度已达到一定程度,新增门店客流量开始出现边际效益递减。而在门店客流量情况较好的三线及以下城市,因开业时间不长,门店尚处市场红利期,消费者的消费习惯能否维持高客流量仍有待观察。由于业务扩张,新店仍处于爬坡期,致员工成本及原材料和易耗品成本等占比上升。惠发的同店销售增速从2017年开始放缓。2015至2016年和2016至2017年的同店销售增速在14%左右,而到了2017至2018年,该数据为6.2%。其中,一线城市同店增长率仅为3.3%,二线城市为1.9%,三线及以下城市的增长率为12.5%。

要求:

(1)根据钱德勒企业发展阶段与组织结构理论,简要分析惠发公司发展过程中每个阶段的战略类型,适合选择的组织结构类型及原因。

(2)简要分析惠发公司在零散产业——餐饮业中如何选择和实施三种基本竞争战略。

(3)根据我国《企业内部控制应用指引第2号——发展战略》,简要分析惠发已经规避的风险,还要注意规避哪些风险。

四、综合题(本题共24分。)

华瑞集团有限责任公司(以下简称"华瑞集团")是C国一家传统家电生产企业。多年来一直以家用电子产品为发展方向,主要产品涉及彩电、冰箱、空调、微波炉等,并以此为依托,陆续开发了笔记本电脑、掌上电脑、数码相机等多个项目。近年来,由于家电行业及电子产品市场竞争激烈,且企业缺乏完善的分销渠道,利润在不断下降。为此,华瑞集团及时召开高层会议,对公司长期发展思路进行了详细梳理,形成了统一认识。并据此调整战略,提出"技术第一"的口号,加大技术研发投资力度,确定公司五大技术发展方向以及技术发展路线。开始积极向海外市场寻求发展,并向不同行业进军,以期实现可持续发展的战略目标。公司成立了海外事业部和战略投资部,统一负责公司海外市场扩张和新行业的选择。

2010年,华瑞集团的战略部提出,目前C国的广告增长速度在世界名列前茅,但是在欧美非常流行的楼宇大屏幕广告却比较少,其原因固然有观念的阻碍,但更主要的原因在于LED电子大屏幕技术的相对落后,或者产品质量缺乏必要的保证,或者产品价格过高,使得各写字楼不愿意引入LED电子大屏幕来做户外广告。华瑞集团管理层认为,虽然进入LED市场缺乏经验,对公司的经营能力提出了巨大挑战,但这是一个可供发展的好机会,可以充分利用以往在家电方面的技术经验及研发能力,并积极引进国外先进技术来转向LED电子大屏幕的研发和生产。2010年8月,华瑞集团和M国ABSN公司共同投资,设立了华恩高科有限责任公司,由华瑞集团控股并投入资金和厂房,ABSN公司投入技术、设备,共同研发生产LED电子大屏幕。

2013年,家电企业面对的压力更加凸显。日渐饱和的市场,更加高昂的制造成本使得华瑞管理层把视线投向了临近的Y国。从经济增长来看,Y国GDP增速多年保持6%~7%左右,2018年更高达7.08%,创下11年新高。近年来,伴随着Y国经济高速增长,家电产品市场需求亦在不断增长。Y国,及整个东盟地区人口众多,消费意识强,除日常用品外,普通居民花费较高的产品主要集中在摩托车、家电及消费类电子产品上。DZ、PA、SP、SA、L 等 J 国 H 国传统家电企业纷纷在 Y 国投资设厂。进入 21 世纪，T、MD、G、S 等 C 国企业跟随 J 国 H 国企业脚步，陆续在 Y 国投资设厂。Y 国家电市场竞争明显增强。但 C 国企业家电产品仍然更多地停留在中低端市场，高端市场基本被 J 国、H 国企业产品垄断。

Y 国人口年龄中位数仅 31 岁，35 岁以下人口约占总人口的 55.6%，劳动力平均月薪约为 C 国的 40%，但青年人受教育程度普遍较低。Y 国的基础设施还不完善，公路拥堵、港口混乱、土地成本高涨、政府放宽管制的速度较慢，断电、乱收费现象频发，越来越多的企业对此感到不满。单从港口的吞吐量来看，2017 年世界集装箱运输量 Y 国所占份额为 2.5%，C 国为 40%，两者差距很大。另外，2019 年上半年，Y 国多省工业用房地产租金同比增长率达到两位数，令企业的运营成本大大增加。Y 国并没有完整的产业链，很多材料、零部件等配套产品，可能还要从 C 国国内运过去。经过反复权衡，华瑞集团管理层最终放弃在 Y 国建厂的想法，决定以出口形式抢占 Y 国市场。

2014 年，华瑞集团以自有资金 90 亿元和一部分外部财团贷款，共计 292 亿元的价格收购了 G 国工业机器人巨头 K 公司 94.55% 的股份，成为最大控股股东。收购价格较 K 公司平均股价溢价 46%。K 公司占据了全球机器人市场 9% 的份额。另一方面，K 公司在工业机器人中的技术也不可小觑。根据 K 机器人公司公开的数据，其在全球拥有超过 4 000 项的相关专利技术，其中约有 150 项专利在 C 国、M 国、J 国、G 国、K 国五地通用。为顺利完成并购，华瑞集团做了大量的工作。为了尽可能减少并购 K 公司可能对 G 国政府带来的担忧，华瑞集团也在要约收购的同时作出了多项“承诺”：华瑞集团不会主动寻求 K 公司申请退市，尽力维持 K 公司上市地位，同时全力保持 K 公司的独立性。尊重 K 公司集团员工、员工委员会及工会的权利，承诺并明确表示不会促使现有全球员工人数改变、关闭基地或有任何搬迁行动的发生。针对 G 国政府对于企业机密技术外流的担心，华瑞集团和 K 公司签订《投资协议》，内容共 5 条，都没有涉及技术转让，反而强调尊重 K 公司品牌和知识产权。订立隔离防范协议，对 K 公司集团的商业机密和客户数据保密，以维持 K 公司与其客户、供应商的稳定关系。

华瑞集团收购 K 机器人公司，除了看好工业机器人市场，涉足高端制造业之外，华瑞集团子公司安康物流也将极大受益于 K 公司子公司瑞格领先的物流设备和系统解决方案，提升物流效率，拓展第三方物流业务。此外，与华瑞集团自身产业也有着很大的关系。作为国内的家电巨头，其自身的家电生产，此前属于劳动密集型产业。而近些年来，华瑞集团的各个车间已经开始大规模应用工业机器人。一份数据也可以看出来，在华瑞集团的空调事业部，随着营收的增长 200 亿元，工人的数量却减少了 2 万多人，这其实也就是得益于工业机器人的应用。

收购完成后，由于全球经济增长放缓的影响，以及受到 G 国汽车行业危机的冲击、在 C 国由于市场预估有误以及供货不足等因素的影响，K 公司的销售量开始下跌。2018 年 K 公司全年营收同比下降了 6.8%，税后净利润同比下跌了 81.2%。

2015 年，华瑞集团筹巨资收购 F 国第一大家电零售商莱斯特有限公司。在一开始遭遇 F 国政府以“反垄断调查”为借口的阻碍后，华瑞集团积极应对，最终成功实现收购。莱斯特有限公司拥有 F 国最大的家电分销网络，并且在东欧地区的分销网络也是独占鳌头，其无孔不入的分销策略一直是欧洲 MBA 教科书的经典案例。对于这次收购，F 国媒体称之为“C 国的血液流入了欧洲的毛细血管”。并购之后，华瑞利用莱斯特的销售网络，积极开拓 F 国以及东欧的市场，由于产品的质量高而价格相对低廉，因此初期比较顺利地打开了市场。但随后不久遇到了新的问题，由于产品的类型相对单一，技术性能上不够先进，不符合欧洲中产阶级家庭的需求，因此销售开始遇到阻碍。同时，F 国其他家电厂商以及零售商强力反击，利用价格手段展开竞争，对华瑞集团也造成了很大干扰。

2016 年，华瑞集团在保留传统家电业务的基础上（主要涉及彩电、冰箱、空调），开始把微波炉、笔记本电脑、掌上电脑、数码相机慢慢剥离。

2018 年，C 国和 M 国贸易开始产生争端。M 国通过多种方式限制对 C 国出口高科技产品，对 C 国科技产业影响最大的莫过于限制芯片出口，导致 C 国国内对国产芯片的需求急剧上升。2018 年，华瑞集团投入巨资进行半导体芯片的研发工作。芯片行业需要长期持续投入，才有可能出成果，想依靠短期一次性投入取得成功几乎就是不可能完成的任务。然而华瑞集团的管理层信心坚定，坚持加大研发的投入力度，力求成为新技术产品的领头羊。

要求：

（1）简要分析华瑞集团 2010 年后采取的总体战略类型及实现途径。（该种战略类型如能细化，请进一步细化。）

（2）简要分析华瑞集团投资设立华恩高科有限公司可能的风险。

（3）根据钻石模型，简要分析 Y 国家电产业的优势和劣势。

（4）根据并购理论，简要分析华瑞集团并购 K 公司的类型、并购的动因、并购中注意规避的风险及可能失败的原因。

（5）简要分析华瑞集团收购 F 国第一大家电零售商莱斯特有限公司所面临的市场风险、政治风险和运营风险。

（6）简要分析华瑞集团研发半导体芯片的类型、动力来源、定位。

考前模拟2套卷参考答案及解析

模拟试卷（一）参考答案及解析

一、单项选择题

1. C 【解析】本题考核知识点“横向分工结构的基本协调机制”。工作成果标准化是指组织通过预先制定的工作成果标准，实现组织中各种活动的协调。只规定最终目标，不限定达到目标的途径、方法、手段和过程。“该手机厂商将新型手机组装要求下达给兴科公司后，由兴科公司自主决定具体组装厂”体现了这一特点，选项C正确。
2. B 【解析】本题考核知识点“数字化战略转型的主要方面”。“利用数字化技术有效拓展客群范围，通过数字挖掘发现客户的行为模式和动态需求，发展潜在客户，服务低收入人群，实现客户多元化”，反映的是管理变革中营销数字化管理，选项B正确。
3. C 【解析】本题考核知识点“五种竞争力分析”。根据五力模型，“市场上出现多家欲通过转型进入K12市场的教育企业”属于潜在进入者。“汇天公司举起‘价格战’大旗”属于行为性障碍中的限制进入定价，选项C为正确答案。
4. B 【解析】本题考核知识点“钻石模型”。“劳动力成本较低”“C国自行车企业集中力量在新材料和新工艺上实现了技术跨越”体现的是生产要素。“竞争日益激烈”体现的是企业战略、结构和同业竞争。“C国人们生活观念发生变化，自行车已不再是单纯普通的交通工具，而是演化为集健身用品、休闲用具、玩具、高档消费品于一体的商品”体现的是需求条件。因此答案是选项B。
5. C 【解析】本题考核知识点“基准分析”。公司以处于同一行业但不在一个市场的公司为标杆。H地区地铁公司和C国B市地铁公司是同一行业企业，但不在同一市场，因此属于一般基准。
6. C 【解析】本题考核知识点“企业面对的风险的种类”。“由于没有掌握核心技术，TX公司只能长期从外部购买手机芯片”表明“无形资产缺乏核心技术，可能导致企业缺乏可持续发展能力”。选项C正确。选项A、D属于《企业内部控制应用指引第7号——采购业务》需关注的主要风险。
7. D 【解析】本题考核知识点“竞争对手分析”。快速反应能力是指企业对所处环境变化的敏感程度和迅速采取正确应对措施的能力。由下述因素决定：自由现金储备、留存借贷能力、厂房设备的余力、定型的但尚未推出的新产品。G公司判断竞争对手S公司在政府政策发生变化时，根据自身自由现金储备、厂房设备的余力以及定型但尚未推出的新产品等因素，会迅速跟进，积极进行经销商的整合，反映了竞争对手S公司对所处环境变化的敏感程度和迅速采取正确应对措施的能力，属于快速反应能力分析。
8. D 【解析】本题考核知识点“在战略决策与实施过程中的权力运用”。规避是不坚定行为与不合作行为的组合。以时机选择的早晚区分为两种情况：一种是当预期将要发生矛盾与冲突时，通过调整来躲避冲突；另一种情况是当矛盾与冲突实际发生时主动或被动撤出。“ZT 公司对上市公司 ST 公司发出收购 7 492 万股股票的要约”表明冲突已经发生。“ST 公司为避免公司控制权落入 ZT 公司手中，其第一大股东振兴集团联合其他几家股东与航运集团协商，将手中股权转让给航运集团”表明振兴集团选择了主动撤出。选项 D 正确。

9. D 【解析】本题考核知识点“SWOT 分析”。C 国乘用车市场持续低迷，表明企业外部面临着巨大的威胁。公司通过引进国外专利技术和成熟生产线，不断推出差异化的产品，而且质量上乘，表明内部存在明显优势。企业应采用多种经营战略。所以本题选项 D 正确。

10. B 【解析】本题考核知识点“外部治理机制”。资本市场也称控制权市场，是指当公司的现有经理人员经营不努力时，企业的业绩就可能下降，企业的股票价格就会下跌，股票的价值也会小于可能的最大价值。这时，会有人通过资本市场上的收购，控制这家公司的控制权，经营无方的管理者将被替代，以期待改进管理后实现增值。选项 B 正确。

11. C 【解析】本题考核知识点“企业升级的类型”。兴发旅游度假村从原有以承办旅游会议以及周末休闲游为主的业务，拓展为以让客人享受清新自然、远离污染的高品质生活为经营宗旨，以生态农业为轴心，将种植业、养殖业、水产业、有机农业、餐饮住宿、旅游会议等餐饮住宿、旅游会议等产业构建成为相互依存、相互转化、互为资源的完善的循环经济产业系统，成为一个环保、高效、和谐的经济生态园区，表明对自身的产品(业务)进行了升级。产品升级，即通过改进产品设计(甚至开发突破性的产品)提高产品的竞争力而实现的升级。例如，在旅游业价值链中，企业提供更高品质的酒店或增加诸如生态旅游和医疗旅游等高档次产品实现产品升级。

12. B 【解析】本题考核知识点“战略钟”。“主要面向中高端消费群，除销售精品水果外，还提供诸如制作商务宴会果盘、3 千米内 1 小时送达等特色商品和服务。”表明采取的是集中差异化战略。根据“战略钟”分析体系，属于高价高值战略。

13. C 【解析】本题考核知识点“企业文化的类型”。根据题目信息“咨询方案的质量需要由项目经理和职能经理共同控制”可以判断，公司采取的是矩阵制组织方式开展业务。在任务导向型文化中管理者关心的是不断地和成功地解决问题，对不同职能和活动的评估完全是依据它们对企业目标做出的贡献。这类企业采用的组织结构往往是矩阵式的，为了对付某一特定问题，企业可以从其他部门暂时抽调人力和其他资源，而一旦问题解决，人员将转向其他任务。所以选项 C 为正确答案。

14. D 【解析】本题考核知识点“风险管理技术与方法”。流程图分析法是对流程的每一阶段、每一环节逐一进行调查分析，从中发现潜在风险，找出导致风险发生的因素，分析风险产生后可能造成的损失以及对整个组织可能造成的不利影响。主要优点：流程图分析法是识别风险最常用的方法之一。其主要优点是清晰明了，易于操作，且组织规模越大，流程越复杂，流程图分析法就越能体现出优越性。局限性主要是该方法的使用效果依赖于专业人员的水平。选项 D 属于风险评估系图法的局限性。

15. B 【解析】本题考核知识点“权力与战略过程”。掌握原料药提取和纯化技术的核心技术人员掌握了公司保持在行业内竞争力的关键资源，因此可以获得稳定的薪酬，不受降薪影响，体现的是对资源的控制与交换的权力，选项 B 正确。

16. C 【解析】本题考核知识点“风险管理组织职能体系”。风险管理委员会对董事会负责，主要履行以下职责：①提交全面风险管理年度报告；②审议风险管理策略和重大风险管理解决方案；③审议重大决策、重大风险、重大事件和重要业务流程的判断标准或判断机制，以及重大决策的风险评估报告；④审议内部审计部门提交的风险管理监督评价审计综合报告；⑤审议风险管理组织机构设置及其职责方案；⑥办理董事会授权的有关全面风险管理的其他事项。选项 A 属于风险管理职能部门的职责。选项 B 和 D 属于董事会的职责。

17. C 【解析】本题考核知识点“内部控制五要素”。选项 C 体现的是授权审批，相关费用的报销需要所在部门主管和财务部门主管签字体现的是部门主管和财务部门主管的审批。选项 A 属于控制环境、选项 B、D 体现的是会计系统控制。

18. C 【解析】本题考核知识点“套期保值”。在欧洲，仅在到期日才可行使期权，而在美国，期权期限内的任何时间都可行使期权。选项 C 错误。

19. A 【解析】本题考核知识点“收缩战略”。支出 0.5 亿美元维持必要的汽车备品配件属于退出成本，职工抗议属于感情障碍，当地政府威胁针对 F 公司进行巨额罚款属于政府和社会约束。答案为选项 A。

20. A 【解析】本题考核知识点“财务战略”。固定股利政策，每年支付固定的或者稳定增长的股利，将为投资者提供可预测的现金流量，减少管理层将资金转移到盈利能力差的活动的机会，并为成熟的企业提供稳定的现金流。但是，盈余下降时也可能导致股利发放遇到一些困难。

21. B 【解析】本题考核知识点“风险管理工具”。风险补偿指企业对风险可能造成的损失采取适当的措施进行补偿。风险补偿的形式有财务补偿、人力补偿、物资补偿等。财务补偿是损失融资，包括企业自身的风险准备金或应急资本等。天益公司从基金管理费中按 3%的比例计提一笔资金属于风险准备金，选项 B 正确。

22. A 【解析】本题考核知识点“横向分工结构”。该集团适合采用的是区域事业部制组织结构。区域事业部制结构的优点：①在企业与其客户的联系上，区域事业部制能实现更好更快的地区决策；②建立地区工厂或办事处会削减成本费用；③有利于海外经营企业应对各种环境变化。区域事业部制结构的缺点：①管理成本的重复；②难以处理跨区域的大客户的事务。

23. A 【解析】本题考核知识点“战略稳定性和文化适应性”。“公司逐渐剥离传统产品，将资源向高端智能制造集中”“对经营体系进行了‘外科手术’般的调整”说明各种组织要素的变化大，“转型得到企业员工齐心支持”说明文化的潜在一致性大，该公司在实施上述新战略时应以企业使命为基础。选项 A 正确。

24. A 【解析】本题考核知识点“目标市场选择策略”。“宣布开始专注于三四线城市经济连锁酒店经营”表明公司针对三四线城市展开集中经营，因此属于集中化营销。

25. C 【解析】本题考核知识点“薪酬水平策略”。匹配型策略是指薪酬水平与市场平均水平保持一致。“其薪酬水平处于国内同行业企业的平均水平”体现出薪酬水平与市场平均水平保持一致，所以选项 C 正确。

26. B 【解析】本题考核知识点“期货套期保值”。期货空头套期保值是指如果某公司要在未来某时出售资产，可以通过持有该资产期货合约的空头来对冲风险。本题中，“甲公司签订合同承诺10月份向客户出售20吨白糖并以5 600元人民币/吨的价格购入现货白糖20吨，同时在期货交易所以5 700元/吨的价格卖出10月份到期的白糖期货20吨”“10月份……甲公司以该价格向客户售出白糖20吨，并买入当月期货20吨”，表明甲公司现货市场未来时点出售白糖，期货市场目前时点卖出期货、未来时点买入期货，即采取的是期货空头套期保值，因此，选项B正确。

二、多项选择题

1. ABD 【解析】本题考核知识点“公司的使命”。公司的使命首先是要阐明企业组织的根本性质与存在理由，一般包括公司目的、公司宗旨和经营哲学。使命展示公司的主要战略方向。选项A的表述过于具体，选项B的表述涉及具体职能，选项D的表述也属于比较具体，因此均不适合作为公司的使命。
2. AB 【解析】本题考核知识点“战略创新的类型”。“庆仁公司借助互联网手段，专注于为4~12岁少年儿童提供‘一对一’的在线英语教育服务，采用与纯北美外教老师进行渗透式学习交流方式，在教学设计上摒弃了传统教学模式，迎合儿童特点，将英语教学与影视、娱乐相结合，寓教于乐，激发小学员们的兴趣”属于产品创新，“平台帮助小学员从几万名老师中匹配、推荐、自主选择老师。同时，根据儿童教育规律，让孩子与五名左右的老师学习和交流，以达到提升认知度和理解力的最好效果”属于流程创新。选项AB正确。
3. AB 【解析】本题考核知识点“产品生命周期理论”。根据题意可以判断该行业处于成熟期。成熟期的主要战略路径是提高效率，降低成本。
4. AB 【解析】本题考核知识点“业务组合分析”。适合采取增长与发展战略，企业应优先分配资源的产品处于通用矩阵的左上方三个方格，这三个方格两大指标的组合分别是行业吸引力+竞争地位：高+强、中+强、高+中。根据案例材料，符合要求的是生物素(高+强)和叶酸(中+强)两种产品，选项AB正确。
5. AC 【解析】本题考核知识点“企业战略联盟”。甲乙互换股份，属于股权式战略联盟。选项A、C正确，选项B、D属于契约式战略联盟的特点。
6. BC 【解析】本题考核知识点“基本竞争战略”。该企业以年轻消费者为目标市场，说明采用的是集中化战略，选项B正确；在该市场上又采取各种措施降低成本，所以是集中成本领先战略，选项C正确。
7. BD 【解析】本题考核知识点“促销策略”。促销组合由四个要素组成：①广告促销，其涉及在媒体中投放广告，使潜在客户对企业产品和服务产生良好印象。②营业推广，其采用非媒体促销手段，比如试用品、折扣、礼品等方式都已经被许多企业所采用。选项B正确。③公关宣传，通常是指宣传企业形象，为企业及其产品建立良好的公众形象。④人员推销，采用人员推销时，企业的销售代表直接与预期客户进行接触。选项D正确。
8. ABD 【解析】本题考核知识点“五种竞争力分析”。识别核心能力的方法包括：功能分析、资源分析和过程系统分析。
9. AD 【解析】本题考核知识点“预算的类型”。根据案例材料可以判断，诺和集团要求旗下子公司使用实际业绩作为基础，增加相应的内容来编制新的预算，使用的是增量预算。2019年收购泉美公司，经过大规模重组，泉美公司情况发生较大变化，2020年不能使用增量预算，只能采用零基预算。零基预算的缺点在于：①预算编制比较复杂，工作量大，费用较高。②如果过度强调眼前预算项目的需要，容易导致追求短期利益而忽视长期利益。③预算规则和业务项目开支标准的改变可能引起部门之间的矛盾和冲突。

10. BD 【解析】本题考核知识点"采购战略"。"甲公司是一家手机生产企业，该企业将所有手机的电池生产授权给一个供应商"表明采用的货源策略是少数或单一货源的策略。少数或单一货源的策略的优点有：①使企业与供应商建立较为稳固的关系；②有利于企业信息的保密；③使企业增加进货的数量，从而产生规模经济并使企业享受价格优惠；④随着与供应商关系的加深，企业可能获得高质量的供应品。选项 A 属于少数或单一货源策略的缺点，选项 C 属于多货源少批量策略的优点。

11. CD 【解析】本题考核知识点"战略控制"。战略控制采用定性和定量的方法，所以选项 A 的说法错误；战略控制重点是对内部经营和外部环境的评估，所以选项 B 的说法错误。

12. AD 【解析】本题考核知识点"产业成功关键因素分析"。"由于产品用户较少，销量小使得净利润较低。整体销售规模非常小，只有很少的竞争对手。"可以判断出 5G 手机处于导入期(投入期)。从市场角度看，广告宣传，争取了解，开辟销售渠道是其成功关键因素。

13. BC 【解析】本题考核知识点"企业面对的风险种类"。"IT 数据中心运维服务及管理市场容量巨大，市场参与者较多，单个市场参与者在市场中所占份额较"表明竞争激烈，属于市场风险(潜在进入者、竞争者、与替代品的竞争带来的风险)；"高度依赖 IT 运维工程师和技术专家团队"表明公司会面对企业组织效能、管理现状、企业文化，高、中层管理人员和重要业务流程中专业人员的知识结构、专业经验等方面可能引发的风险，属于运营风险。因此，选项 B、C 正确。

14. ABCD 【解析】本题考核知识点"风险管理技术与方法"。根据题干信息可以判断，信达公司采用的是风险评估系图法。评估风险影响的常见定性方法是制作风险评估系图，选项 A 正确；风险评估系图适用于对风险进行初步的定性分析，选项 B 正确；风险评估系图法的主要优点是作为一种简单的定性方法，直观明了，选项 C 正确；风险评估系图法的局限性是如需要进一步探求风险原因，则显得过于简单，缺乏经验证明和数据支持，选项 D 正确。

15. ABD 【解析】本题考核知识点"控制环境"。根据我国《企业内部控制基本规范》关于内部环境要素的要求，企业应当加强文化建设，培育积极向上的价值观和社会责任感，倡导诚实守信、爱岗敬业、开拓创新和团队协作精神，树立现代管理理念，强化风险意识，选项 A 正确。企业应当加强法制教育，增强董事、监事、经理及其他高级管理人员和员工的法制观念，严格依法决策、依法办事、依法监督，建立健全法律顾问制度和重大法律纠纷案件备案制度，选项 B 正确。企业应当将职业道德修养和专业胜任能力作为选拔和聘用员工的重要标准，切实加强员工培训和继续教育，不断提升员工素质，选项 D 正确。董事会负责内部控制的建立健全和有效实施。监事会对董事会建立与实施内部控制进行监督。经理层负责组织领导企业内部控制的日常运行，选项 C 错误。

16. ABCD 【解析】本题考核知识点"五种竞争力分析"。"宝胜钢铁公司寻求与武大钢铁公司进行合并"减少了钢铁公司的数量，体现了供应者集中度变高，因此增加了宝胜钢铁公司对购买者的讨价还价能力，选项 A 正确；"通过本次合并，宝胜钢铁公司实现了规模快速扩张，市场占有率大增"体现了宝胜钢铁公司面对上游供应商时业务量变大，增加了宝胜钢铁公司对供应者的讨价还价能力。“通过本次合并，宝胜钢铁公司实现了规模快速扩张，市场占有率大增，生产成本也降低到行业最低水平”表明甲公司实现了规模经济，对潜在进入者设置了进入障碍，选项C正确；“通过本次合并，宝胜钢铁公司实现了规模快速扩张，市场占有率大增，生产成本也降低到行业最低水平”增加了竞争力，选项D正确。

三、简答题

1.【答案】

(1)可以分为2个战略群组：

①高端、面向国际市场的群组，包括A公司和B公司。

②中低端、面向国内市场的群组，包括江汉、夏凯、芜天、宝金等本土企业。

(2)战略群组分析有助于企业了解相对于其他企业本企业的战略地位以及公司战略变化可能引起的竞争性影响。

①有助于很好地了解战略群组间的竞争状况，主动地发现近处和远处的竞争者，也可以很好地了解某一群体与其他群组间的不同。“A公司和B公司都是知名的国际品牌企业，生产的产品属于豪华车型，主要面对的是具备一定经济实力的消费者，价格昂贵，系列产品的数量有限，产品的性能非常好，拥有很多汽车品牌或车型，在多个国家开设装配厂，采取多样化的经营，产品不仅涉及汽车行业，还有金融、配件与服务、电子、各种机械产品等领域。此外，江汉、夏凯、芜天、宝金等本土企业客户群体主要是国内普通消费者，科学技术水平相对落后，服务和管理经验不足，价格比较低廉，主要依靠低成本经营”。

②有助于了解各战略群组之间的“移动障碍”。“由于知名品牌的产品研发成本很高，固定资产投入大，退出成本高，要与这些企业竞争难度比较大”。

③有助于了解战略群组内企业竞争的主要着眼点。“A公司和B公司都是知名的国际品牌企业，生产的产品属于豪华车型，主要面对的是具备一定经济实力的消费者，价格昂贵，系列产品的数量有限，产品的性能非常好，拥有很多汽车品牌或车型，在多个国家开设装配厂，采取多样化的经营，产品不仅涉及汽车行业，还有金融、配件与服务、电子、各种机械产品等领域。此外，江汉、夏凯、芜天、宝金等本土企业客户群体主要是国内普通消费者，科学技术水平相对落后，服务和管理经验不足，价格比较低廉，主要依靠低成本经营”。

④可以预测市场变化或发现战略机会。“国内汽车企业开始从不同消费者的需求及特点方面寻找出路”。

(3)①确认那些支持企业竞争优势的关键性活动。“江汉汽车立足于其生产制造的优势”。

②明确价值链内各种活动之间的联系。“江汉汽车立足于其生产制造的优势，通过为发达国家U国W公司做ODM，打造自身设计能力”。

③明确价值系统内各项价值活动之间的联系。“江汉公司联合其15家零部件生产企业组成行业战略联盟，与零部件生产企业形成紧密协作体系。各企业零部件生产企业从江汉公司获取稳定订单，完全致力于专业性生产，同时借助江汉公司的协助并按照合约要求提高生产力。而江汉公司则可集中力量开展市场调研与拓展、研发、检验、装配等工作”。

【English Answers】

(1) It can be divided into two strategic groups:

① High end, international market oriented groups, including company A and company B.

② Middle and low-end groups facing the domestic market group, including Jianghan, xiakai, Wutian, Baojin and other local enterprises.

(2) Strategic group analysis is helpful for enterprises to understand their own strategic position relative to other enterprises and the possible competitive impact of strategic changes.

① It is helpful to understand the competition situation among strategic groups, actively find competitors near and far, and understand the differences between one group and other groups well. "Both company A and company B are well-known international brand enterprises. The products they produce are luxury models. They are mainly faced with consumers with certain economic strength. Their products have high prices, limited number of series products and excellent performance. They have many automobile brands or models. They have set up assembly plants in many countries and adopt diversified operation. Their products not only involve the automobile industry, but also finance, parts and services, electronics, various mechanical products and other fields. In addition, Jianghan, xiakai, Wutian, Baojin and other local enterprise customer groups are mainly domestic ordinary consumers. These local enterprises are relatively backward in science and technology, lack of the service and management experience, relatively in low price, mainly relying on low-cost operation".

②It helps to understand "mobility barriers" between strategic groups. "Due to the high cost of product R & D of well-known brands, large investment in fixed assets and high exit cost, it is difficult to compete with these enterprises."

③It is helpful to understand the main focus of enterprise competition in the strategic group. "Both company A and company B are well-known international brand enterprises. Their products are luxury models. They are mainly faced with consumers with certain economic strength. Their products have high prices, limited number of series products and excellent performance. They have many automobile brands or models. They have set up assembly plants in many countries and adopt diversified operation. Their products not only involve the automobile industry, but also finance, parts and services, electronics, various mechanical products and other fields. In addition, Jianghan, xiakai, Wutian, Baojin and other local enterprise customer groups are mainly domestic ordinary consumers. These local enterprises are relatively backward in science and technology, lack of the service and management experience, relatively in low price, mainly relying on low-cost operation".

④ Can predict market changes or find strategic opportunities. "Domestic automobile enterprises begin to seek a way out from the needs and characteristics of different consumers."

(3) ①Identify the key activities that support an enterprise's competitive advantage. Jianghan automobile is based on its manufacturing advantages.

②Identify the links between activities within the value chain. "Based on the advantages of its production and manufacturing, Jianghan automobile has built its own design capacity by making ODM for W company of U country in developed countries".

③Clarify the relationship between the value activities in the value system. "Jianghan company has formed an industrial strategic alliance with 15 component manufacturers and formed a close cooperation system with them. Each parts manufacturer obtains stable orders from jianghan company and is fully committed to professional production. At the same time, with the assistance of jianghan company, it improves productivity according to the contract requirements. Jianghan can concentrate on market research and development, research and development, inspection, assembly and other work.

2. **【答案】**

(1)2016 年前，H 集团通用机械业务板块采用的竞争战略类型是成本领先战略。

理由："H 集团的通用机械业务板块通过有效的成本控制措施，在价格上具有明显竞争优势，市场份额较高"。

适用条件：

①产品具有较高的价格弹性，市场中存在大量的价格敏感用户。"通用机械的购买者对价格的敏感度相当高"。

②产业中所有企业的产品都是标准化的产品，产品难以实现差异化。"通用机械属于标准型产品，要识别不同品牌中产品的差异较困难"。

③购买者不太关注品牌，大多数购买者以同样的方式使用产品。"通用机械属于标准型产品，要识别不同品牌中产品的差异较困难，因此通用机械的购买者对价格的敏感度相当高"。

④价格竞争是市场竞争的主要手段，消费者的转换成本较低。"由于 C 国机械生产商在人工及其他运营成本中拥有优势，H 集团以及其他欧洲公司正面对来自 C 国机械生产商进入该产业市场的威胁，导致市场的竞争愈来愈激烈"。

风险：产业的新进入者或追随者通过模仿或者以更高技术水平设施的投资能力，达到同样的甚至更低的产品成本。"由于 C 国机械生产商在人工及其他运营成本中拥有优势，H 集团以及其他欧洲公司正面对来自 C 国机械生产商进入该产业市场的威胁，导致市场的竞争愈来愈激烈"。

依据"战略钟"理论，H 集团通用机械业务板块 2016 年前采用的竞争战略类型属于低价战略(途径 2)。

2016 年后，H 集团通用机械业务板块采用的竞争战略类型是集中差异化战略。

理由："2016 年，H 集团以委托研发(又称研发外包，Outsourcing)的方式与欧洲通健公司进行合作，通健公司的优势在于新型高端机械的研发。H 集团希望通过双方的合作，助力自身在中高端市场树立独特的品质形象"。

适用条件：目标市场在市场容量、成长速度、获利能力、竞争强度等方面具有相对的吸引力。"H 集团管理层认为随着以 C 国为代表的新兴市场国家大力开展基础设施建设和提升本国制造业水平，中高端通用机械市场仍有突破的空间"。

风险：

①狭小的目标市场导致的风险。"虽然目前该细分市场已经处于成长阶段的后期，且整体规模有限"。

②竞争对手的进入与竞争。"且 C 国机械生产商已经注意到这一市场"。

依据"战略钟"理论，H 集团通用机械业务板块 2016 年后采用的竞争战略类型属于高价高值战略(途径 5)。

(2)营销组合策略。

①产品策略：产品组合策略采取的是产品延伸策略—向上延伸。"H 集团管理层认为中高端通用机械市场仍有突破的空间，并以此作为通用机械业务板块努力的方向"。

品牌商标策略采取的是每个产品都有不同的品牌名称。"帮助客户区别集团以往的中低端机械产品，H 集团为中高端的机械产品确定了新的品牌名称"。

②渠道策略—间接分销。"与以往中低端

机械产品采取代理模式不同，中高端的机械产品采用独立经销商的方式来经营”。

③促销策略—广告促销、营业推广、人员推销。“以广告、让利、零件赠送、举办产品实物展示会以及小型座谈会、参加大型展会为主要市场推广手段”。

④价格策略—主要定价策略—产品组合定价策略—系列产品定价。系列产品定价即将系列商品根据规格、外观等的不同给予不同的价格。“在定价时，对于小型中高端机械产品采用与竞争对手一致的定价策略，对于中大型的中高端机械产品则采取撇脂定价，寻求更高的利润”。

(3)H 集团业务中高端通用机械所属发展战略的类型是一体化战略—后向一体化。“为确保集团中高端机械产品的成功，H 集团决定放弃以往的零部件供应商，依托集团自身的专业人员，以及以往积累下的资金和经验优势，投资设立零部件生产厂”。

适用条件：

①企业现有的供应商供应成本较高或者可靠性较差而难以满足企业对原材料、零件等的需求。“在以往与零部件供应商合作过程中，供应商经常由于各种原因推迟供应，或者供应的零部件存在一定瑕疵，导致 H 集团的机械产品故障率相对较高，引发客户抱怨”。

②供应商数量较少而需求方竞争者众多。“另一方面还可以弥补由于中高端机械产品零部件供应商数量较少而导致的成本压力”。

③企业所在产业的增长潜力较大。“H 集团管理层认为随着以 C 国为代表的新兴市场国家大力开展基础设施建设和提升本国制造业水平，中高端通用机械市场仍有突破的空间”。

④企业具备后向一体化所需的资金、人力资源等。“依托集团自身的专业人员，以及以往积累下的资金和经验优势，投资设立零部件生产厂”。

⑤供应环节的利润率较高。“另一方面还可以弥补由于中高端机械产品零部件供应商数量较少而导致的成本压力”。

风险：

纵向一体化，尤其是后向一体化，一般涉及的投资数额较大且资产专用性较强，增加了企业在该产业的退出成本。“H 集团决定放弃以往的零部件供应商，依托集团自身的专业人员，以及以往积累下的资金和经验优势，投资设立零部件生产厂”。

实现途径：内部发展(新建)。“H 集团决定放弃以往的零部件供应商，依托集团自身的专业人员，以及以往积累下的资金和经验优势，投资设立零部件生产厂”。

3.【答案】

(1)凯峰药业存在的公司治理问题的类型主要是经理人对于股东的“内部人控制”问题和终极股东对于中小股东的“隧道挖掘”问题。

经理人对于股东的“内部人控制”问题主要表现是：

①信息披露不完整、不及时。“2018 年 1 月至 6 月公司为控股股东凯峰集团及其下属企业 A 股份、A 实业提供 4 笔担保，金额累计达 1.4 亿元，占公司 2017 年度经审计净资产的 3.04%，担保余额 6 202 万元，已全部逾期。公司均未按规定对上述关联担保履行董事会、股东大会审议程序，且未予及时披露。”“公司未及时披露多起重大诉讼。公司 2019 年半年度报告显示，公司存在 14 起诉讼，涉诉金额累计 7.44 亿元，占公司 2018 年度经审计净资产的 13.78%。但公司 2019 年半年度报告中披露相关诉讼情况，涉诉事项信息披露不及时”。

②侵占资产，转移资产。“2018 年春节前，时任凯峰药业董事长的贾某与总经理华某、副董事长裴某利用职务之便，商议以借款的名义从凯峰药业财务账上支出

350万元用于私发年终奖金，采用从他人处虚开票据的方式做平账处理，并商定了参与私分的人员范围和金额。后总经理华某安排财务总监彭某以其个人名义从凯峰药业财务借款，并使用虚开的票据进行平账，上述四名上市公司高管非法获利40万至60万余元不等”。

③过高的在职消费。“凯峰药业曾为董事长贾某与总经理华某在内的17位高管购买了3 500万的养老保险，使得贾某一个月可领9万元养老金”。

④会计信息作假、财务作假。“2019年12月凯峰药业称，根据评估和测试结果，公司部分资产存在减值的情形，减值金额合计13.17亿元。13亿资产减值中，需计提在建工程、固定资产减值准备9.45亿元。其中在建工程减值8亿元，而原值为12.55亿元，减值率64.17%。根据由某资产评估事务所出具的资产评估报告细则发现，凯峰药业“在建工程”土建工程部分原值(亦为账面价值)合计4.76亿元，全部22项工程早已完工，但始终未按会计准则规定，结转至固定资产核算(简称：转固)。最早完工的一项工程，甚至于2010年1月即已建成，至该项资产报告发布长达近十年之久，却一直未转固”。

终极股东对于中小股东的“隧道挖掘”问题主要表现是占用公司资源，具体表现为：

①直接占用资源。第一、控股股东及其关联方非经营性占用公司巨额资金。“公司2019年半年度报告显示，公司向控股股东凯峰集团、间接控股股东凯峰科技及凯峰集团下属公司A股份、A实业等关联方提供借款余额16.36亿元。相关关联债权债务为临时借款，并无实际业务背景，构成非经营性资金占用，占公司2018年度经审计净资产的30.29%”。第二、公司为控股股东及其关联方违规提供担保。“2018年1月至6月公司为控股股东凯峰集团及其下属企业A股份、A实业提供4笔担保，金额累计达1.4亿元，占公司2017年度经审计净资产的3.04%，担保余额6202万元，已全部逾期。公司均未按规定对上述关联担保履行董事会、股东大会审议程序”。第三、预付账款。“存在公司向关联方预付款项金额超过合同约定的情形。经查，凯峰药业子公司深圳凯峰生物医学工程有限公司与公司关联方深圳凯峰智造科技有限公司签订采购合同，合同金额为1.28亿元，合同约定付款方式为‘100%预付’，但实际在合同签订后凯峰药业支付了1.59亿元”。

②关联性交易。商品服务交易活动。“凯峰药业子公司深圳凯峰生物医学工程有限公司与公司关联方深圳凯峰智造科技有限公司签订采购合同，合同金额为1.28亿元，合同约定付款方式为‘100%预付’，但实际在合同签订后凯峰药业支付了1.59亿元”。

③掠夺性财务活动。第一、内幕交易。“2014年10月到11月，凯峰药业控股的浙江凯峰恩普有限公司(以下简称‘凯峰恩普’)总裁江某与凯峰药业董事长贾某商谈。贾某表示可由凯峰药业收购凯峰恩普管理团队持有的凯峰恩普股权。2015年6月凯峰药业公告拟以发行股份及支付现金的方式，购买凯峰恩普部分股权，作价5.51亿元，占公司2014年12月31日经审计净资产的32.72%，同时非公开发行募集配套资金不超过2亿元。薛某与贾某为大学同学。2015年1月17日(周六)，薛某与贾某联络后，操作本人中原证券账户合计买入‘凯峰药业’股票316.83万股，成交金额2643.99万元。该部分股票已经全部卖出，盈利金额671.73万元”。第二、掠夺性资本运作。“2019年12月凯峰药业公告称，拟以自有资金方式收购控股股东凯峰集团持有的凯峰汽车金融91.43%股权，根据资产评估机构评估结果，凯峰汽车金融的股东全部权益评估价

值为46.17亿元，凯峰集团持有凯峰汽车金融91.43%股权对应的评估价值为42.21亿元，双方拟定交易金额为人民币39.80亿元。根据公告，本次交易选取市场法评估结果作为定价依据。经市场法评估，凯峰汽车金融有限公司股东全部权益评估价值为46.17亿元，较账面价值评估增值17.08亿元，增值率为58.69%。而资产基础法评估后的股东全部权益价值为29.11亿元，两者相差17.06亿元，差异率为58.61%”。

(2)依据《企业内部控制应用指引第1号——组织架构》，组织架构设计与运行中需关注的主要风险有：

①治理结构形同虚设，缺乏科学决策、良性运行机制和执行力，可能导致企业经营失败，难以实现发展战略。“控股股东及其关联方非经营性占用公司巨额资金……控股股东及其关联方违规占用上市公司资金，金额巨大，严重侵害上市公司利益”“公司为控股股东及其关联方违规提供担保……均未按规定对上述关联担保履行董事会、股东大会审议程序”“凯峰药业公告称，拟以自有资金方式收购控股股东凯峰集团持有的凯峰汽车金融91.43%股权……凯峰汽车金融有限公司股东全部权益评估价值为46.17亿元，较账面价值评估增值17.08亿元，增值率为58.69%……”。

②内部机构设计不科学，权责分配不合理，可能导致机构重叠、职能交叉或缺失、推诿扯皮，运行效率低下。“公司未及时披露多起重大诉讼”“存在公司向关联方预付款项金额超过合同约定的情形”“时任凯峰药业董事长的贾某与总经理华某、副董事长裴某利用职务之便，商议以借款的名义从凯峰药业财务账上支出350万元用于私发年终奖金，采用从他人处虚开票据的方式做平账处理，并商定了参与私分的人员范围和金额。后总经理华某安排财务总监彭某以其个人名义从凯峰药业财务借款，并使用虚开的票据进行平账，上述四名上市公司高管非法获利40万至60万余元不等”“凯峰药业曾为董事长贾某与总经理华某在内的17位高管购买了3 500万的养老保险，使得贾某一个月可领9万元养老金”“根据由某资产评估事务所出具的资产评估报告细则发现，凯峰药业‘在建工程’土建工程部分原值(亦为账面价值)合计4.76亿元，全部22项工程早已完工，但始终未按会计准则规定，结转至固定资产核算(简称：转固)。最早完工的一项工程，甚至于2010年1月即已建成，至该项资产报告发布长达近十年之久，却一直未转固”。

4.【答案】

(1)①从企业资源角度，北农乳业所展示的竞争优势如下：

有形资源。“通过自有牧场、合作大型奶源基地或规模化养殖合作社等形式将西南主要优质奶源控制在自己手中”“目前在成都、上海、京津冀地区建立了产品研发中心，上述研发中心均包含完整的配套设备及专业的研发检测人员”“建立健全了行业内先进成熟的产品质量控制体系，坚持从牧场原奶端开始到消费终端的全程质量监控，并配有先进、齐全的检验检测设备，拥有一批经验丰富的质检人员，充分保证了产品的优质质量”“公司已经拥有一套完善的冷链运输和储存体系，成熟、稳定的全面立体分销网络，包括商超、连锁、终端店、经销商等多种渠道”。

无形资源。“在业内率先推出‘鲜战略’品牌纲领”“通过‘鲜战略’的持续实施，进一步巩固了其‘奶源——生产——冷链物流——市场’的产业链优势”。

人力资源。“目前在成都、上海、京津冀地区建立了产品研发中心，上述研发中心均包含完整的配套设备及专业的研发检测人员”“拥有一批经验丰富的质检人员，充分保证了产品的优质质量”。

②北农乳业资源“不可模仿性”的主要形式如下：

具有路径依赖性的资源。“通过‘鲜战略’的持续实施，进一步巩固了其‘奶源——生产——冷链物流——市场’的产业链优势”。

③北农乳业企业能力如下：

研发能力。“目前在成都、上海、京津冀地区建立了产品研发中心，上述研发中心均包含完整的配套设备及专业的研发检测人员”。

生产管理能力。“已经发展成为集奶牛养殖、乳制品研发、加工、销售为一体，植根西南，面向全国的乳制品生产企业”“通过自有牧场、合作大型奶源基地或规模化养殖合作社等形式将西南主要优质奶源控制在自己手中”“建立健全了行业内先进成熟的产品质量控制体系，坚持从牧场原奶端开始到消费终端的全程质量监控，并配有先进、齐全的检验检测设备，拥有一批经验丰富的质检人员，充分保证了产品的优质质量”“通过‘鲜战略’的持续实施，进一步巩固了其‘奶源——生产——冷链物流——市场’的产业链优势”。

营销能力：

第一、产品竞争力。“有效保证了原料奶供应，坐拥原材料成本和质量优势”。

第二、销售活动能力。“成熟、稳定的全面立体分销网络，包括商超、连锁、终端店、经销商等多种渠道”。

第三、市场决策能力。“在业内率先推出‘鲜战略’品牌纲领，着重发展低温乳制品”“作为区域性龙头乳制品企业，公司坚持自有及可控奶源的经营战略”。

组织管理能力。“通过重点布局、辐射周边的发展方式，已经发展成为集奶牛养殖、乳制品研发、加工、销售为一体，植根西南，面向全国的乳制品生产企业”。

财务能力。“北农乳业历年年报显示：公司营收持续多年增速在70%以上，净利润增速在100%以上，净利润增长幅度超过营收增长幅度”。

(2)北农乳业采用的国际化经营战略类型包括：

①多国本土化战略。理由：公司依托国内低温奶制品经营的成功经验，在M国相继建立研发中心，生产厂，以及销售中心，针对M国消费者的偏好研发产品，在短短一年内就占据了M国较大的市场份额。

②全球化战略。理由：利用N国优质奶源，采用Sy-Milk婴幼儿奶粉的先进生产技术在人工成本相对较低的国内组织生产。

北农乳业进军欧洲市场采取的国际化经营方式包括：

①对外直接投资。“2018年下半年，在无法找到合适收购对象时，公司依托国内低温奶制品经营的成功经验，在M国相继建立研发中心，生产厂，以及销售中心”“2020年1月，公司宣布收购位于欧洲N国的Sy-Milk公司”。

②非股权安排。“2019年6月，公司又与欧洲L国某农场建立奶源地型合作关系，以此辐射L国市场”。

北农乳业进军欧洲市场的动机包括：

①寻求市场。“北农乳业针对M国消费者的偏好研发产品，在短短一年内就占据了M国较大的市场份额”“公司又与欧洲L国某农场建立奶源地型合作关系，以此辐射L国市场”，表明北农乳业通过这些安排进入了欧洲这些国家的市场。

②寻求效率。“N国优良的自然环境使得该国的奶源质量上乘，原料奶和奶粉品质十分优异，而且成本优势明显，完成此项并购，便可获取Sy-Milk质优价廉的原料奶”，表明通过收购，北农乳业可以有效降低生产成本。

③寻求资源。“完成此项并购，便可获取Sy-Milk……的原料奶”。

④寻求现成资产。“通过收购，北农乳业

可获取 Sy-Milk 品牌、先进生产技术等”，表明是寻求现成资产。

(3)①政治风险。“畜牧业是 N 国的支柱产业，是推动国家经济发展的重要力量，关系到国家的经济命脉。海外投资如果涉及到这些支柱产业，政府及社会公众就会重点关注这些外来资本。随着外商在 N 国的投资力度持续增大，N 国与投资有关的法律法规也更加严格”，表明北农乳业在收购中可能会遇到政治风险。

②社会文化风险。此次收购对象是欧洲 N 国的企业，两国文化价值观有较大差异。“此外，在并购 Sy-Milk 过程中，北农乳业也了解到，按部就班是 N 国员工日常工作的特点之一，管理层在作经营决策时，十分注重流程章法，对每一项预算都会有条不紊地执行，而对计划、预算等的临时调整更容易产生抵触感。然而，由于我国激烈市场环境的特殊性，北农乳业的管理层在推进战略目标时，十分看重推进速度，而且随时根据市场形势调整战术”，表明两家企业的企业文化也存在差异，如果在收购中整合不好，容易面临社会文化风险。

③市场风险，包括：

产品或服务的价格及供需变化带来的风险。“2017 年，N 国发生了经济危机，乳制品行业在这场危机中遭受到重创，该行业未来的走势在当时的环境下并不明朗，奶制品价格下降”，表明会面临产品价格波动风险。

税收政策和利率、汇率、股票价格指数的变化带来的风险。“此次并购以自有资金支付全部并购对价款，但从 2016 年起人民币兑欧元处于贬值的通道中”，如果处理不好，北农乳业会面临货币汇兑风险。

潜在进入者、竞争者与替代品的竞争风险。“N 国其他几家乳制品企业也都在开足马力加强本国及周边国家市场的开发”，表明此次收购可能会遇到竞争者的竞争风险。

④运营风险，包括：

企业产品结构、新产品研发可能引发的风险。产品结构单一，Sy-Milk 公司主营高端婴幼儿奶粉，拥有知名度很高的奶粉品牌，但产品结构过于单一。一旦婴幼儿市场需求发生变化，容易导致公司经营出现问题。

企业新市场开发，市场营销策略(包括产品或服务定价与销售渠道，市场营销环境状况等)可能引发的风险。“畜牧业是 N 国的支柱产业，海外投资如果涉及到这些支柱产业，政府及社会公众就会重点关注这些外来资本。随着外商在 N 国的投资力度持续增大，N 国与投资有关的法律法规也更加严格。此外，N 国其他几家乳制品企业也都在开足马力加强本国市场的开发”，表明北农乳业在进入 N 国时，可能面临新市场不利的竞争局面，出现新市场开发的风险。

企业组织效能、管理现状、企业文化，高、中层管理人员和重要业务流程中专业人员的知识结构、专业经验等方面可能引发的风险。“北农乳业也了解到，按部就班是 N 国员工日常工作的特点之一，管理层在作经营决策时，十分注重流程章法，对每一项预算都会有条不紊地执行，而对计划、预算等的临时调整更容易产生抵触感”，表明 Sy-Milk 公司组织效能可能低下。

⑤财务风险。“受奶制品价格下降以及市场需求量减少的影响，Sy-Milk 的营业收入在 2018 年及 2019 年出现了连续下降，利润空间急剧缩减，财务状况堪忧，生产经营缺乏活力”，表明北农乳业会面对财务风险。

四、综合题

【答案】

(1)①“防御者”：利用本土优势进行防

御。如果企业面临的全球化压力较小，又没有什么可转移的优势资源，那就需要集中力量保护已有的市场份额不被跨国竞争对手侵占。谢春公司的具体做法是：

第一，把目光集中于喜欢本国产品的客户，而不考虑那些崇尚国际品牌的客户。"谢春公司首先根据自身传统产品的积淀，研发出具有典型C国传统文化因素，更适合现代白领女性携带和使用的'肽水粉'""2010年，通过市场调研，谢春公司发现C国消费者对化妆品的需求与欧美国家存在明显差异，对于美白的要求更高。在此基础上，根据C国消费者的生理特征和审美要求，独立研发具有本土优势的专利产品'肽美白'系列化妆品"。

第二，频繁地调整产品和服务，以适应客户特别的甚至是独一无二的需求。"研发出具有典型C国传统文化因素，更适合现代白领女性携带和使用的'肽水粉'""C国消费者对化妆品的需求与欧美国家存在明显差异，对于美白的要求更高。在此基础上，根据C国消费者的生理特征和审美要求，独立研发具有本土优势的专利产品'肽美白'系列化妆品"。

第三，加强分销网络的建设和管理，缓解国外竞争对手的竞争压力。"从原来的'前店后厂'经营方式，不断延伸新的渠道。在其C国国内上百家卖场上柜销售，在地级市以上城市开设自己的专卖店。此外，谢春公司还与国内著名电商平台J公司和T公司合作，开设了网上自营旗舰店"。

②"扩张者"：向海外延伸本土优势。其战略定位是将企业的经验转移到周边市场。"谢春公司启动了国际化战略，以开拓国际市场""2015年4月，谢春公司将'肽美白'系列化妆品出口至发达国家M国""由于谢春公司自身产品过硬的质量和良好的美白效果，赢得M国大量消费者的喜爱。在短短一年内就占据了M国较大的市场份额""为深入把握M国市场的产品需求……2017年，谢春公司随后在M国又相继自行建立生产厂，以及销售中心和研发中心"。

(2)从基本活动与支持活动两个部分归纳谢春公司开发"肽美白"系列化妆品具备的优势条件。

基本活动：

内部后勤。"由于原材料均为国内厂家生产的通用材料，进货和运输仓储等方面的成本都比较低，降低了生产成本""经过几十年的发展，谢春公司已经形成较为完善的进货后勤服务体系"。

生产经营。"谢春公司2012年建立了生产工厂，希望通过进一步的产业化，将'肽美白'系列化妆品正式向市场"。

外部后勤。"经过几十年的发展，谢春公司已经形成较为完善的发货后勤服务体系"。

市场销售。"谢春公司也加强了营销网络的建设。从原来的'前店后厂'经营方式，不断延伸新的渠道。比如在其C国国内上百家卖场上柜销售；在地市级以上城市开设自己的专卖店。此外，谢春公司还与国内著名电商平台J公司和T公司合作，开设了网上自营旗舰店""在通过M国相应质量检测要求后与M国第一大连锁超市W公司达成合作协议"。

服务。"谢春公司通过为客户提供最好的产品和精细化的服务，赢得客户的信任和口碑。公司已经建立专业服务团队，客服部均由经过培训的专业人员负责，服务网络较为完善"。

支持活动：

采购管理。"谢春公司已经形成较为完善的采购后勤服务体系"。

技术开发。"独立研发具有本土优势的专利产品'肽美白'系列化妆品"。

人力资源管理："经过多年发展，谢春公司逐渐打造出一支实力较强的研发与销售团队”。

(3)从技术活动过程所处的不同阶段考察，技术可以划分为技术设计风险、技术研发风险和技术应用风险。

技术设计风险是指技术在设计阶段，由于技术构思或设想的不全面性致使技术及技术系统存在先天“缺陷”或创新不足而引发的各种风险。“通过市场调研，谢春公司发现 C 国消费者对化妆品的需求与欧美国家存在明显差异，对于美白的要求更高。在此基础上，根据 C 国消费者的生理特征和审美要求，独立研发具有本土优势的专利产品‘肽美白’系列化妆品”“该产品主要针对对祛斑美白有特定需求的消费人群。产品本身所具备的消斑有效成分直奔黑素细胞和有黑素沉积的细胞，发挥消斑作用；与黑素细胞内的酪氨酸酶竞争底物，抑制黑素的形成；迅速溶解黑素，并促进黑素排出；使色斑淡化消失，肌肤白皙、嫩滑，有弹性。经过初期的动物试验证明此产品安全有效”。说明谢春公司在“肽美白”系列化妆品技术设计时注重规避这一风险。

技术研发风险是指在技术研究或开发阶段，由于外界环境变化的不确定性、技术研发项目本身的难度和复杂性、技术研发人员自身知识和能力的有限性都可能导致技术的研发面临着失败的危险。“经过初期的动物试验证明此产品安全有效”“在开发‘肽美白’系列化妆品时，谢春公司充分考虑产品原材料的功能、稀缺性、价格等各方面因素。在保证相关指标不下降的情况下，坚持选用通用型原材料”，说明谢春公司在“肽美白”系列化妆品技术研究或开发阶段注重规避这一风险。

技术应用风险是指由于技术成果在产品化、产业化的过程中所带来的一系列不确定性的负面影响或效应。“谢春公司 2012 年建立了生产工厂，通过进一步的产业化，将‘肽美白’系列化妆品正式推向市场”“在跨国巨头挤压之下，开辟了自己的根据地”，说明谢春公司在“肽美白”系列化妆品技术成果的产品化、产业化的过程中能够规避这一风险。

(4)谢春公司与百羚公司结成战略联盟的类型是功能性协议(或契约式战略联盟)“双方决定建立产销合作联盟”。

谢春公司与百羚公司结成战略联盟的动因：

①促进技术创新。“该公司将中草药精髓‘君臣佐使’组方理念融入祛斑解决方案，结合高纯度植物美白成分和酵母净肌修复成分的美白祛斑产品展现出令人惊讶的创新能力”，而谢春公司“缺乏更具创新性的核心技术”。

②避免经营风险。“谢春公司的产品正在逐渐失去竞争力，公司上下为此而焦虑不安”“百羚公司之前主要专注在南方市场，而没有在北方建立起自己的销售渠道”。

③避免或减少竞争。“谢春公司目前在北方市场遇到了多个劲敌”。

④实现资源互补。“谢春公司在销售渠道、营销能力、品牌认知度等方面拥有优势”，百羚公司“将中草药精髓‘君臣佐使’组方理念融入祛斑解决方案，结合高纯度植物美白成分和酵母净肌修复成分的美白祛斑产品展现出令人惊讶的创新能力”。

⑤开拓新的市场。“百羚公司之前主要专注南方市场，而没有在北方建立起自己的销售渠道，其生产基地和仓储基地也全部都集中在南方”。

⑥降低协调成本。“从降低协调成本考虑”。

谢春公司对战略联盟的管控主要有：

①订立协议。“双方约定按照一定的比例共享收益，共担风险，并对双方的违约责任和联盟解体等问题都做出了具体的规定”。

②建立合作信任的联盟关系。“努力巩固与完善与百羚公司业已建立的合作信任的

联盟关系”。

(5)谢春公司国际化经营目标市场区域路径的方式是新型方式(或不连续方式)。“谢春公司管理层考虑，先进入最为苛刻的发达国家消费市场，能够在消费者高标准的质量要求和激烈的市场竞争中获得相关市场经验和领先技术，尽快提升企业在世界市场的竞争优势”。

谢春公司进入国际市场的主要方式包括：

出口贸易。“2015 年 4 月，谢春公司将‘肽美白’系列化妆品出口至化妆品第一消费国发达国家 M 国”。

对外直接投资。“2017 年，谢春公司随后在 M 国又相继建立生产厂，以及销售中心和研发中心”。

(6)谢春公司在 M 国选择的发展战略类型是密集型战略—市场开发战略。

适用条件：

①存在未开发或未饱和的市场。“2015 年 4 月，谢春公司将‘肽美白’系列化妆品出口至化妆品第一消费国发达国家 M 国”。

②可得到新的、可靠的、经济的和高质量的销售渠道。“在通过 M 国相应质量检测要求后成功进入 M 国第一大连锁超市 W 公司进行销售”。

③企业在现有经营领域十分成功。“2010 年，通过市场调研，谢春公司发现 C 国消费者对化妆品的需求与欧美国家存在明显差异，对于美白的要求更高。在此基础上，根据 C 国消费者的生理特征和审美要求，独立研发具有本土优势的专利产品‘肽美白’系列化妆品。在跨国巨头挤压之下，开辟了自己的根据地”。

④企业拥有扩大经营所需的人、财、物等资源。“经过多年发展，谢春公司逐渐打造出一支实力较强的研发与销售团队”。

(7)谢春公司在 M 国选择的发展途径为内部发展(新建)。“谢春公司将‘肽美白’系列化妆品出口至化妆品第一消费国发达国家 M 国”“2017 年，谢春公司随后在 M 国又相继建立生产厂，以及销售中心和研发中心”。

谢春公司采用新建战略的主要动因是：

①开发新产品的过程使企业能最深刻地了解市场及产品。“深入把握 M 国市场的产品需求”。

②不存在合适的并购对象。“在无法找到合适收购对象，同时也为了保证企业财务能力承受范围内循序渐进，降低收购的投资压力”。

③可以有计划地进行，容易从企业获得财务支持，并且成本可以按时间分摊。“在无法找到合适收购对象，同时也为了保证企业财务能力承受范围内循序渐进，降低收购的投资压力”。

④内部发展的成本增速较慢。“在无法找到合适收购对象，同时也为了保证企业财务能力承受范围内循序渐进，降低收购的投资压力”。

谢春公司采用新建战略的应用条件是：企业有能力克服结构性与行为性障碍。“由于谢春公司自身产品过硬的质量和良好的美白效果，赢得 M 国大量消费者的喜爱。在短短一年内就占据了 M 国较大的市场份额”。

模拟试卷（二）参考答案及解析

一、单项选择题

1. B 【解析】本题考核知识点“公司战略的层次”。业务单位战略也称竞争战略。该公司“严格把控商品质量，以‘好生活，没那么贵’为口号，保证用户买到的商品是高性价比的优质生活商品”是为了应对竞争，属于业务单位战略。选项B正确。
2. D 【解析】本题考核知识点“公司内部治理结构”。审计委员会的主要职责是：①检查公司会计政策、财务状况和财务报告程序；②与公司外部审计机构进行交流；③对内部审计人员及其工作进行考核；④对公司的内部控制进行考核；⑤检查、监督公司存在或潜在的各种风险；⑥检查公司遵守法律、法规的情况。选项D属于提名委员会的主要职责。
3. C 【解析】本题考核知识点“风险管理工具”。风险转换指企业通过战略调整等手段将企业面临的风险转换成另一个风险。东山公司提高信用标准，降低了坏账损失率，但同时减少了销售收入。所以选项C正确。
4. B 【解析】本题考核知识点“生产运营战略”。产能计划的类型包括领先策略、滞后策略和匹配策略，滞后策略是指仅当企业因需求增长而满负荷生产或超额生产后才增加产能。该策略是一种相对保守的策略，它能降低浪费的风险但也可能导致潜在客户流失。
5. B 【解析】本题考核知识点“零散产业中的竞争战略”。“地域广阔”，说明消费地点分散。“各地饮食口味存在明显差异”，说明市场需求多样导致高度产品差异化。“餐饮业务不需要复杂的技术和大量的投资”，说明进入障碍低。因此不包括存在退出障碍。选项B正确。
6. A 【解析】本题考核知识点“国际化经营的战略类型”。在大多数的国际化企业中，企业总部一般严格地控制产品与市场战略的决策权。本题中，这些工厂只生产由M国母公司开发出来的差异化产品，而且根据M国开发出来的信息从事市场营销。表明产品与市场战略的决策权由母公司控制，采用的是国际战略。
7. C 【解析】本题考核知识点“平衡计分卡”。工程进度完成率属于平衡计分卡中的内部流程角度(项目进度及完成率)。选项C正确。
8. B 【解析】本题考核知识点“财务战略”。根据案例材料可以判断蔚田公司属于成熟阶段。成熟阶段的企业股利分配率高，选项A错误。资金来源于保留盈余和债务，选项C错误。选项D属于干扰项，无此说法。
9. A 【解析】本题考核知识点“企业国际化经营动因”。企业国际化经营的动因包括：①寻求市场。②寻求效率。③寻求资源。④寻求现成资产。科迈公司通过收购澳大利亚矿业公司，主要目的是获得生产所需的矿石资源，选项A正确。
10. B 【解析】本题考核知识点“组织的战略类型”。开拓型战略组织追求一种更为动态的环境，将其能力表现在探索和发现新产品和市场的机会上。技术具有很大的灵活性。行政管理具有很大的灵活性，采取“有机的”机制。包括由市场、研究开发方面的专家组成的高层管理，注重产出结果的粗放式计划、分散式控制以及横向和纵向的沟通。

11. C 【解析】本题考核知识点“人力资源薪酬激励”。在同一企业中，相同或类似职位上的员工，薪酬应当与其能力、贡献成正比属于个体公平。

12. A 【解析】本题考核知识点“财务战略”。“国内聚乙烯的价格波动受下游用户的需求影响较大”体现的是高经营风险，“将资产负债率控制在行业较低水平”体现的是低财务风险，所以选项A正确。

13. A 【解析】本题考核知识点“损失事件管理”。风险资本是指除经营所需的资本之外，企业还需要额外的资本用于补偿风险造成的财务损失。有5%的可能性需要8亿元维持运营。该公司筹集了10亿元，将其生存概率提高到99%，属于风险资本。

14. C 【解析】本题考核知识点“市场营销战略”。“专门针对C国”表明使用了地理细分变量。“‘第五代人’大多生于20世纪70~80年代”“一般有着一份高收入职业，有发展空间”表明使用了人口细分变量。“这一代人不受传统观念的束缚，兼顾时尚与实惠”表明使用了心理细分变量。

15. A 【解析】本题考核知识点“企业资源分析”。具体考核的是资源的不可模仿性，物理上独特的资源。有些资源是物质本身的特性所决定的。例如，企业所拥有的房地产处于极佳的地理位置，拥有矿物开采权或是拥有法律保护的专利生产技术等。这些资源都有它的物理上的特殊性，是不可能被模仿的。本题属于处于极佳的地理位置，所以属于物理上独特的资源。

16. D 【解析】本题考核知识点“发展战略——密集型战略”。C国美岱公司属于旅游交易平台，MTrip作为Y国最大OTA，表明二者业务相同。美岱公司主要通过C国市场的终端用户获得收入，完成交易后，公司顺利进入Y国市场，仅靠C国与Y国两地，就网罗了全球36%的人口数，属于现有产品进入新市场，市场开发战略。

17. C 【解析】本题考核知识点“发展战略——一体化战略”。根据题目信息可以判断，吉华公司采用的是前向一体化战略，其适用条件是选项C。选项A是横向一体化的适用条件。选项B是后向一体化战略的适用条件。选项D是产品开发战略的适用条件。

18. D 【解析】本题考核知识点“总体战略类型—稳定战略”。“甲公司一直采用煤炭发电，主要为国内企事业单位和个人提供生产、生活用电。承担着保障社会稳定发展及民生的责任，为居民提供合理或较低价格水平的电力服务，政府对甲公司产生的亏损提供补贴”表明甲公司上市前长期经营状况基本保持在原有的范围和水平上，采用的是稳定型战略。

19. B 【解析】本题考核知识点“公司治理基础设施”。①信息披露制度。“HK上市公司琼全公司向其子公司B市水木公司提供42.82亿元短期贷款，以便B市水木公司应付临时营运资金的需要及还债。但是，这件事没有得到董事会批准，也没有签订协议，更没有对外披露”，信息披露制度没有发挥作用。②法律法规。“由于涉嫌违反HK上市规则中关于关联交易申报、股东批准及信息披露的条款，琼全公司自2018年4月3日起正式停牌”，法律法规发挥了作用。③政府监管。“琼全公司自2018年4月3日起正式停牌”，政府监管发挥了作用。

20. C 【解析】本题考核知识点“风险度量方法”。风险度量的方法包括最大可能损失、概率值、期望值、波动性、在险值和直观方法。期望值通常指的是数学期望，即概率加权平均值：所有事件中，每一事件发生的概率乘以该事件的影响得到乘积，然后将这些乘积相加得到和。本题中，奥瑞特科技公司“对新型产品可能遇到的所有市场状况进行预测，推算出各种市场状况发生的概率，以及相应销售结果。将发生的概率乘以相应销售结果并加总得到风险数值”，采用的是期望值，选项C正确。

21. B 【解析】本题考核知识点“企业面对的主要风险”。“公司将面临技术优势减弱或产品被替代的风险，从而对公司生产经营和产品竞争力产生负面影响”体现的是市场风险中的“潜在进入者、竞争者、与替代品的竞争带来的风险”。

22. C 【解析】本题考核知识点“生产运营战略”。从生产运营战略的横向考察，所有生产运营流程都涉及转化过程，但是转化过程在四个方面或因素上有所不同，它们分别是批量、种类、需求变动以及可见性。生产部门依据销售部门提供的客户订购的产品数量安排当期生产属于需求变动。选项C正确。

23. C 【解析】本题考核知识点“零散产业中的竞争战略”。零散产业谨防潜在的战略陷阱包括：寻求支配地位；没有保持严格的战略约束力；过分集权化；不了解竞争者的战略目标与管理费用；对新产品作出过度反应。

24. A 【解析】本题考核知识点“生产运营战略”。特拉公司预测未来需求会上升，现在就加大投资提高产能，通过加大生产量以应对未来可能爆发的需求，属于资源→生产→订单。选项A正确。

25. B 【解析】本题考核知识点“企业发展阶段与结构”。依据企业发展阶段与组织结构的关系，在大型的多元化产品市场进行多种经营，提供不相关的产品与服务的企业，适宜的结构类型应根据情况分别采用战略业务单位结构、矩阵制结构或H型结构。“天邦公司成为一家从事金融、飞机发动机、清洁能源、医疗等多种业务的大型企业”，是一家提供不相关产品与服务的企业，因此，该公司的组织结构类型应为战略业务单位结构，选项B正确。

26. B 【解析】本题考核知识点“数字化技术对组织结构的影响”。虚拟组织，是组织扁平化在企业之间的形式，是当市场出现新机遇时，具有不同资源与优势的企业为了共同开拓市场，共同对付其他的竞争者而组织、建立在信息网络基础上的共享技术与信息，分担费用，联合开发的、互利的企业联盟体。本题中，“为更好开发市场，近期该公司与专门从事智能设备生产的尚义公司、专门提供工业设计服务的联化公司建立企业联盟体，三方通过网络进行信息共享，平山公司与联化公司共同进行智能设备设计，并听取尚义公司关于生产环节的建议。设计完善后，交由尚义公司组织生产制造。通过此种合作，有效实现了资源共享、费用分担”表明该企业联盟体为虚拟组织，因此，选项B正确。

二、多项选择题

1. CD 【解析】本题考核知识点“波士顿矩阵”。根据四种产品的数据可以判断，四种产品分别是甲(“问题”)、乙(“瘦狗”)、丙(“明星”)、丁(“现金牛”)。适合采用事业部组织形式的是“明星”业务和“现金牛”业务，因此正确答案为选项C、D。

2. ABCD 【解析】本题考核知识点“企业资源分析——企业资源的主要类型”。有形资源一般都反映在企业的资产负债表中，而资产负债表中的无形资产并不能代表企业的全部无形资源，技术资源属于无形资源，因此选项A和选项B表述错误。技术资源具有先进性、独创性和独占性，选项C错误。设备、原材料属于企业的有形资源，因此选项D表述错误。

3. ABC 【解析】本题考核知识点“风险管理

基本流程”。分析市场风险至少收集与本企业相关的以下重要信息：①产品或服务的价格及供需变化(选项 C 正确)；②能源、原材料、配件等物资供应的充足性、稳定性和价格变化(选项 B 正确)；③主要客户、主要供应商的信用情况；④税收政策和利率、汇率、股票价格指数的变化(选项 A 正确)；⑤潜在竞争者、竞争者及其主要产品、替代品情况。

4. AB 【解析】本题考核知识点“企业战略联盟”。“科迈公司负责提供系统芯片以及相关的软件，W 汽车负责进行整车级别的自动驾驶系统开发、集成和车型大规模量产”体现的是实现资源互补。“W 汽车将在自动驾驶量产车型基础上，为公司打造专门用于智能出行服务的特别版，科迈公司将批量采购该车型版本，实现其在智能出行服务领域的战略布局”体现的是开拓新的市场。

5. AC 【解析】本题考核知识点“财务战略”。由于华荣公司销售增长率大于可持续增长率，投资资本回收率大于资本成本，所以属于增值型现金短缺，可以通过提高可持续增长率解决和增加权益资本(兼并成熟企业)解决，而提高可持续增长率可以通过增加借款解决。

6. AC 【解析】本题考核知识点“横向分工结构”。M 型组织结构适合于具有多个产品线的企业。该公司决定将水路客货运输业务上市筹集的资本金，主要投向已经涉及的物流、仓储、码头、旅游、宾馆、餐厅、航道工程、船舶修造、水难救生等多个业务领域，表明该公司具有多个产品线，适合采用 M 型或产品/品牌事业部结构。

7. ABCD 【解析】本题考核知识点“数字化战略转型的困难和任务”。公司数字化战略转型面临的困难：①网络安全与个人信息保护问题；②数据容量问题；③“数据孤岛”问题；④核心数字技术问题；⑤技术伦理与道德问题。

8. ACD 【解析】本题考核知识点“内部控制系统”。①③属于内部环境；②属于控制活动；④属于内部监督。所以正确答案为选项 A、C、D。

9. AD 【解析】本题考核知识点“发展战略”。“强势进攻 3~5 线市场”体现的是市场开发战略。“羊奶粉、A2 概念和有机奶粉等细分品类新品迭出”体现的是产品开发战略。

10. AB 【解析】本题考核知识点“三大公司治理问题”。“2016 年 9 月，南空公司未经股东大会批准与银行签署一笔担保合同，为大股东星科集团 5 000 万元的货款提供担保，承担连带保证责任”属于直接占用资源(一般表现为直接借款、利用控制的企业借款、代垫费用、代偿债务、代发工资、利用公司为终极股东违规担保、虚假出资等)。“南空公司从甲公司购进熟料等重要原材料，双方签订了长期供应合同，价格比市场价高 40%。经查，甲公司为星科集团全资控制的子公司”属于关联性交易(商品服务交易活动)。

11. AC 【解析】本题考核知识点“新兴产业的竞争战略”。“消费者普遍认为新能源汽车技术尚不成熟，服务设施尚不完善”属于技术的不确定性。“新能源汽车的运营模式、行业规范和服务体系等方面无法仿照传统燃油汽车，存在诸多不确定性”属于战略的不确定性。

12. ABCD 【解析】本题考核知识点“企业能力分析”。“利用自身位居长江附近的地理位置优势，积极推行其他水泥企业难以复制的‘T 型’战略布局”表现为组织管理能力；“在拥有丰富石灰石资源的区域建立大规模生产的熟料基地，利用长江的低成本水运物流，在长江沿岸拥有大容量水泥消费的城市群建立粉磨厂”表现为生产管理能力。“率先在国内新型干法水泥生产线低投资、国产化的研发方面取得突破性进展”表现为研发能力。“强化对终端销售市场的开拓，推行中心城市一体化销售模式，在各区域市场建立贸易平台”表现为营销能力。

13. ABD 【解析】本题考核知识点“新兴市场的企业战略”。“精密仪器产业全球分工程度高、跨国公司数量实力巨大、遍布全球、产业区域联系日益密切、产品趋于标准化”表明产业的全球化程度高，“受自身资源限制，只能聚焦于本国市场”表明新兴市场本土企业优势资源适合于本国市场，因此联德公司属于“躲闪者”。战略：避开跨国公司的冲击。企业最好的选择包括：①与跨国竞争对手建立合资、合作企业；②将企业出售给跨国竞争对手；③重新定义自己的核心业务，避开与跨国竞争对手的直接竞争；④根据自身的本土优势专注于细分市场，将业务重心转向价值链中的某些环节；⑤生产与跨国竞争对手产品互补的产品，或者将其改造为适合本国人口味的产品。选项 C 属于“抗衡者”战略。

14. BC 【解析】本题考核知识点“五种竞争力”。选项 A 属于行为性障碍中的限制进入定价；选项 B、C 属于结构性障碍中的现有企业的市场优势；选项 D 属于干扰项。

15. AD 【解析】本题考核知识点“收集风险管理初始信息”。“游乐设施的安全性问题”表明该公司可能遇到运营风险。分析运营风险，企业应至少收集与本企业、所在行业相关的以下信息：①产品结构、新产品研发情况，选项 D 正确；②新市场开发情况、市场营销策略包括产品或服务定价与销售渠道、市场营销环境状况；③企业组织效能、管理现状、企业文化，高、中层管理人员和重要业务流程中专业人员的知识结构、专业经验；④期货等衍生产品业务中曾发生或易发生失误的流程和环节；⑤质量、安全、环保、信息等管理中曾发生或易发生失误的业务流程或环节；⑥因企业内、外部人员的道德风险致使企业遭受损失或业务控制系统失灵的情况；⑦给企业造成损失的自然灾害以及除上述有关情形之外的其他纯粹风险；⑧对现有业务流程和信息系统操作运行情况的监管、运行评价及持续改进能力；⑨企业风险管理的现状和能力；选项 A 正确。选项 B 属于与战略风险有关的信息，选项 C 属于与市场风险有关的信息。

16. AD 【解析】本题考核知识点“纵向分工结构的基本类型”。“拥有 3 000 多名员工，设有基层员工、部门经理、总经理三个管理层级，各层级被充分授权”可以判断出雄健集团组织类型属于扁平型组织结构(分权型)。分权型结构减少了信息沟通的障碍，提高了企业反应能力，能够为决策提供更多的信息并对员工产生激励效应，选项 A 正确。在扁平型结构中，一般管理人员拥有较大的职权，并可对自己的职责负责，效益也可以清楚地显现，并有较好的报酬。因此，扁平型结构比高长型结构更能调动管理人员的积极性，选项 D 正确。选项 B、C 属于高长型组织结构的优点。

三、简答题

1. 【答案】

(1)汽车租赁产业所处的生命周期阶段为成长期。

理由：

产品的客户群已经扩大。消费者对质量的要求不高。“随着消费意识的改变，有越来越多的习惯于以租车方式出行，同时对汽车租赁服务的质量要求并不是很高”。

各厂家的产品在技术和性能方面有较大差异。“各汽车租赁企业采用的车型有很大差异”。

主要战略路径：市场营销，此时是改变价格形象和质量形象的好时机。

(2)PEST分析。

类别	有利因素	不利因素
政治(P)	政府对私人汽车消费采取的限制性措施，使汽车租赁的优势得到充分体现。 我国正在逐步展开的公务用车制度改革和随着全方位的对外开放带来三资企业数量激增，均为我国汽车租赁业的高速增长提供了广阔的消费群体市场	政策法规不完善
经济(E)	国民经济的稳步增长保证了汽车租赁市场的快速发展。交通基础设施、网络不断完善及金融等服务业的发展为汽车租赁业发展提供支持保障	汽车租赁产业管理滞后。 国内汽车价格的逐年下降和价格折让的混乱
社会和文化(S)	我国居民素质为汽车租赁市场的高速增长创造了条件	—
技术(T)	交通基础设施、网络不断完善及金融等服务业的发展为汽车租赁业发展提供技术支持保障	国内尚未建立个人信用等级评估和鉴别体系，用户信用状态不明

(3)供应者的议价能力较强。“由于国内汽车租赁业规模较小，各汽车租赁企业采用的车型有很大差异，难以通过规模优势与汽车制造厂商建立紧密的合作关系”。

购买者的议价能力较弱。“由于目前汽车租赁行业市场集中度不高，竞争混乱，因此下游企事业单位及个人客户进行消费时主要是被动接受汽车租赁企业的价格”。

【English Answers】

(1)The life cycle stage of car rental industry is the growth stage.

Reason:

The sales group of products has expanded. Consumers have low requirements for quality. “With the change in consumer awareness, more and more people are used to renting car to travel, and the quality requirements for car rental services are not very high.”

There are great differences in technology and performance between the products of different manufacturers. “The car models used by the car rental enterprises are quite different.”.

Main strategic path: marketing, which is a good time to change the image of price and quality.

(2)PEST analysis.

Category	favorable factors	unfavorable factors
Politics	The government' s restrictive measures on private car consumption fully reflect the advantages of car rental. The gradual reform of the official vehicle system in China and the surge in the number of foreign-funded enterprises brought by the all-round opening up have provided a broad consumer market for the rapid growth of China' s automobile rental industry	Imperfect policies and regulations

续表

Category	favorable factors	unfavorable factors
economics	The steady growth of national economy ensures the rapid development of car rental market. The continuous improvement of transportation infrastructure, network and the development of financial and other service industries provide support for the development of car rental industry	The management of car rental industry lags behind. The price of domestic automobile is decreasing year by year and the price discount is in disorder.
society and culture	The quality of Chinese residents creates conditions for the rapid growth of car rental market	
technology	The continuous improvement of transportation infrastructure, network and the development of financial and other service industries provide technical support for the development of car rental industry	There is no personal credit rating evaluation and identification system in China, and the user' s credit status is unknown

(3) Suppliers have strong bargaining power. "Due to the small scale of the domestic car rental industry, the models used by different car rental enterprises are quite different, so it is difficult to establish close cooperation with automobile manufacturers through the advantage of scale." The bargaining power of buyers is weak. "Due to the low market concentration and chaotic competition in the car rental industry, downstream enterprises, institutions and individual customers mainly passively accept the price of car rental enterprises."

2. **【答案】**

(1)甲公司风险组织职能体系建设中的不当之处表现为:

①"风险管理委员会的召集人由熟悉企业重要管理及业务流程的执行董事王某担任"不恰当。

理由:风险管理委员会的召集人应由不兼任总经理的董事长担任;董事长兼任总经理的,召集人应由外部董事或独立董事担任。本题中董事长没有兼任总经理,所以应由董事长担任。

②"由执行董事王某对全面风险管理工作的有效性向董事会负责"不恰当。

理由:企业总经理对全面风险管理工作的有效性向董事会负责。

③"设立专职部门履行全面风险管理的职责,该部门需要对董事会负责"不恰当。

理由:风险管理职能部门对总经理或其委托的高级管理人员负责,总经理对董事会负责。

④"风险管理委员会批准了公司的以下几项风险管理措施"不恰当。

理由:批准风险管理措施是董事会的职责,而不是风险管理委员会的职责。

(2)风险管理职能部门负责人针对公司情况所提出观点判断如下:

①不合理。

理由:按照全面风险管理的基本理念,公司应从总体上集中考虑和管理所有风险(包括纯企业风险和机会风险)。

②不合理。

理由:收集初始信息的职责分工要落实到各有关职能部门和业务单位。

③合理。

④不合理。

理由:风险管理职能部门应定期对各部门和业务单位风险管理工作实施情况和有效性进行检查和检验,要根据在制定风险管理策略时提出的有效性标准对风险管理策略进行评估,对跨部门和业务单位的风险管理解决方案进行评价,提出调整或改进建议,出具评价和建议报告,及时报送企业总经理或其委托分管风险管理工作的高级管理人员。

⑤不合理。

理由：未能辨识出的风险，企业只能采用风险承担。辨识出的风险，企业也可能由于以下几种原因采用风险承担：缺乏能力进行主动管理；没有其他备选方案；从成本效益考虑，风险承担是最适宜的方案。

⑥合理。

(3)措施①应对的是技术风险(技术应用风险)，采用的风险管理策略是风险控制(降低风险发生的概率)。

措施②应对的是运营风险(给企业造成损失的自然灾害等风险)，采用的风险管理策略是风险补偿(应急资本)。

措施③应对的是政治风险(关税)，采用的风险管理策略是风险对冲。

措施④应对的是运营风险(质量、安全、环保、信息安全等管理发生失误导致的风险)，采用的风险管理策略是风险控制。

措施⑤应对的是市场风险(主要客户、主要供应商的信用风险)，采用的风险管理策略是风险规避。

措施⑥应对的是市场风险(能源、原材料、配件等物资供应的充足性、稳定性和价格的变化带来的风险)，采用的风险管理策略是风险转移。

3.【答案】

(1)鸿大酒业 2014 年在本国市场上推出新型红酒的战略失效类型是晚期失效。“产品最初推向市场的时候，为使自己产品获得稳定的销路，给消费者留下美好的印象，该公司从红酒定价入手，确定了一个很低的市场价格，吸引了很多的顾客，几年之后逐步占领了市场。但不曾想到的事情是，好景不长，由于越来越多的女性消费者认识到红酒有一定的危害，红酒销售数量开始急剧下降，造成该公司的产品销售开始下滑”。

失效的主要原因是企业外部环境发生了较大变化，而现有战略一时难以适应。“由于越来越多的女性消费者认识到红酒有一定的危害，红酒销售数量开始急剧下降，造成该公司的产品销售开始下滑”。

(2)鸿大酒在本国销售女士红酒时采用的定价策略是渗透定价法。

渗透定价法是指在新产品投放市场时确定一个非常低的价格，以便抢占销售渠道和消费者群体，从而使竞争者较难进入市场。“该公司从红酒定价入手，确定了一个很低的市场价格，几年之后逐步占领了市场”。

鸿大酒业女士红酒在邻国市场上所属产品类型属于波士顿矩阵中的问题产品。“邻国女性饮酒者数量较多，市场发展势头良好”表明市场增长率较高，“该产品推向邻国后，在邻国市场上取得了不错业绩，但市场占有率仍较低”表明相对市场占有率低。“公司管理层预测未来将会给企业带来更大的市场份额和盈利”表明女士红酒可能会成为“明星”产品，应进行重点投资，提高市场占有率，使之转变为“明星”产品。对“问题”业务的改进与扶持方案一般均列入企业长期计划中。最好是采取智囊团或项目组织等形式，选拔有规划能力、敢于冒风险的人负责。

(3)从企业资源角度，鸿大酒业 2018 年推出山楂红酒的竞争优势：

有形资源。“卓越的地域优势是基础。公司位于历史文化名城——S 省 Q 市，公司的原料和生产基地位于举世公认的‘神奇黄金纬度带’——北纬 36.5°的国家 5A 级风景区内，景区内山清水秀，人杰地灵，为酿造高品质的清高干红提供了优质的原料”“公司拥有万亩有机山楂园，果园内山楂种植采用原生态式有机种植”“拥有两个地下酒窖的储存优势。发酵完成的清高干红原酒，需要放置在陈酿罐中进行后续的陈酿，而后储藏于地下酒窖之中。通过陈酿可以让酒体香气更加馥郁，口感更加柔和醇厚，整体更加协调丰腴”“粒粒甄选优势。采摘回来的山楂果，生产前，经过工人多次筛选，以防虫眼和生果等影响清高干红品质”。

无形资源。“山楂和山楂酒均获得有机转换认证证书，通过了‘双有机认证’”“全汁深酵的优势。将整颗山楂果全汁发酵工艺区别于普通的果酒生产工艺，生产过程不添加酒精、色素和香精。经过国内首创专利技术‘全汁深酵’干红工艺酿造的清高干红，其黄酮含量轻松达到 3 000mg/L，是一般葡萄酒的 3~5 倍”。

鸿大酒业资源“不可模仿性”的主要形式：

①物理上独特的资源。“卓越的地域优势是基础。公司位于历史文化名城——S 省 Q 市，公司的原料和生产基地位于举世公认的‘神奇黄金纬度带’——北纬 36.5°的国家 5A 级风景区内，景区内山清水秀，人杰地灵，为酿造高品质的清高干红提供了优质的原料”“全汁深酵的优势。将整颗山楂果全汁发酵工艺区别于普通的果酒生产工艺，生产过程不添加酒精、色素和香精。经过国内首创专利技术‘全汁深酵’干红工艺酿造的清高干红，其黄酮含量轻松达到 3 000mg/L，是一般葡萄酒的 3 ~ 5 倍，对清除自由基、改善三高、调节内分泌、减肥美容甚至女性妇科疾病的调理都有显著的疗效”。

②具有路径依赖性的资源。“原料种植优势。公司拥有万亩有机山楂园，果园内山楂种植采用原生态式有机种植。目前，山楂和山楂酒均获得有机转换认证证书，通过了‘双有机认证’”。

4.【答案】

(1)第一阶段，市场渗透战略。“1994 年，惠发从 C 国某省 J 地级市出发，正式创立‘惠发’火锅品牌”“惠发公司奉行‘服务至上，顾客至上’的理念，努力提高产品和服务的附加价值。例如，客人在等位的时候可以免费美甲、擦鞋，有求必应。服务员会给等候的顾客拿免费的水果零食，帮顾客剥虾、涮菜、表演捞面。听出顾客口音的话，还会请老乡服务员为顾客服务，甚至在洗手间还有专人开门，拧水，递擦手纸等等。正是因为惠发公司深谙顾客消费心理，以合理的价格为顾客提供好的产品、好的环境、安全的食品、优质的服务，惠发公司最终成功站稳 J 市，成为当地第一大火锅餐饮品牌”。

适合选择简单结构(创业型结构)，原因如下：企业处于创立不久的初步发展阶段，往往着重发展单一产品，试图通过更强的营销手段来获得更大的市场份额。这时，企业只需采用简单结构即创业型组织结构。“在需求多样、竞争激烈的餐饮业中，企业要生存和发展，就一定要做出特色，做出信誉和品牌。面对市场上口味不一、各具特色的餐饮企业，惠发公司始终将其产品聚集于川味火锅，并将源于麻辣烫店的浓郁的川蜀风味在其菜品中展现得淋漓尽致”“就传统的川味火锅而言，菜品本身提高差异化程度的潜力已经不大。在这种情况下，惠发公司奉行‘服务至上，顾客至上’的理念，努力提高产品和服务的附加价值”。

第二阶段，市场开发战略。“1999 年惠发公司开始向外扩张，在 X 市开设了第一家异地分店，随后连锁店的数量逐年增加”“截至 2019 上半年，惠发在 C 国、S 国、M 国、H 国、J 国和 ML 国均设有门店。全球门店数为 593 家，其中 550 家位于 C 国大陆的 116 个城市”。

适合选择职能制结构，原因如下：企业发展后，需要将产品或服务扩展到其他地区中去。为了实现产品和服务的标准化、专业化，企业要求建立职能制组织结构。“伴随着知名度的不断提高，1999 年惠发公司开始向外扩张，在 X 市开设了第一家异地分店，随后连锁店的数量逐年增加。在进驻 X 市、Z 市、B 市、S 市等城市之后，2012 年首家海外门店——新加坡店正式营业。截至 2019 上半年，惠发在 C 国、S 国、M 国、H 国、J 国和 ML 国均设有门店。全球门店数为 593 家，其中 550 家位于 C 国大陆的 116 个城市”“规模的日益增大又给企业带来了成本优势”。

第三阶段，纵向一体化战略。“在餐饮门店之外，惠发集团旗下的蜀海供应链管理有限责任公司(以下简称‘蜀海公司’)于 2007 年开始独立运作，为惠发提供整体供应链托管运营服务”“在食材供应方面，惠发集团全资子公司——扎鲁特旗惠发食品有限公司为惠发提供羊肉”“2013 年成立颐海国际控股有限公司，在 2017 年上市。颐海国际为惠发集团旗下复合调味料生产商，主要业务为火锅底料、火锅蘸料、鸡精和中式复合调味品的研发、制造、分销和销售，为惠发供应火锅底料等产品”。

适合选择事业部制结构，原因如下：企业进一步发展后，拥有了多个产品线，销售市场迅速扩张，需要增强管理协调能力；同时，为了提高竞争力，需要拥有一部分原材料的生产能力或销售产品的渠道。在这种情况下，企业适宜采用事业部制组织结构。“在餐饮门店之外，惠发集团旗下的蜀海供应链管理有限责任公司(以下简称‘蜀海公司’)于 2007 年开始独立运作，为惠发提供整体供应链托管运营服务”“在食材供应方面，惠发集团全资子公司——扎鲁特旗惠发食品有限公司为惠发提供羊肉”“2013 年成立颐海国际控股有限公司，在 2017 年上市。颐海国际为惠发集团旗下复合调味料生产商，主要业务为火锅底料、火锅蘸料、鸡精和中式复合调味品的研发、制造、分销和销售，为惠发供应火锅底料等产品”。

第四阶段，多元化经营战略。“惠发的主营业务分为餐厅经营、外卖业务和调味料产品以及食材销售”“并开始销售惠发品牌的奶茶及其他饮品，在此前，惠发就曾在门店销售惠发品牌的啤酒、乳酸菌饮料”。根据情况分别采用战略业务单位结构、矩阵制结构或 H 型结构，原因如下：企业高度发展并进入成熟期，为了避免投资或经营风险，需要开发与企业原有产品不相关的新产品系列。这时企业应根据经营规模、业务结构和市场范围，分别采用更为复杂的组织结构，如战略业务单位组织结构、矩阵制组织结构或 H 型组织结构。“惠发的主营业务分为餐厅经营、外卖业务和调味料产品以及食材销售”“并开始销售惠发品牌的奶茶及其他饮品，在此前，惠发就曾在门店销售惠发品牌的啤酒、乳酸菌饮料”。

(2)①克服零散—获得成本优势。连锁经营能够克服零散，使企业获得规模经济带来的成本优势。“伴随着惠发公司知名度的不断提高，其连锁店的数量逐年增加……规模的日益增大又给企业带来了成本优势，无论设备供应还是原材料的供应，惠发公司都能采购到质优价低的产品。惠发公司又将这一成本优势转让给消费者。不少顾客反映，具有优质服务的惠发公司，其菜品的价格在同类餐饮企业中是最低的”。

②增加附加价值提高产品差异化程度。许多零散产业的产品或服务是一般性的商品，所以就产品或服务本身来说提高差异化程度潜力已经不大。在这种情况下，一种有效的战略是增加商品的附加价值。“惠发公司奉行‘服务至上，顾客至上’的理念，努力提高产品和服务的附加价值。例如，客人在等位的时候可以免费美甲、擦鞋，有求必应。服务员会给等候的顾客拿免费的水果零食，帮顾客剥虾、涮菜、表演捞面。听出顾客口音的话，还会请老乡服务员为顾客服务，甚至在洗手间还有专人开门，拧水，递擦手纸等等。正是因为惠发公司深谙顾客消费心理，以合理的价格为顾客提供好的产品、好的环境、安全的食品、优质的服务，惠发公司最终成

功站稳 J 市，成为当地第一大火锅餐饮品牌”“为了确保优质服务的品牌优势，惠发公司坚持自营，不接受任何加盟、联合经营模式”。

③专门化—目标集聚。“面对市场上口味不一、各具特色的餐饮企业，惠发公司始终将其产品聚集于川味火锅，并将源于麻辣烫店的浓郁的川蜀风风味在其菜品中展现得淋漓尽致”。

(3) 我国《企业内部控制应用指引第 2 号——发展战略》从企业制定与实施发展战略角度阐明企业战略风险具体体现在以下 3 个方面：

①缺乏明确的发展战略或发展战略实施不到位，可能导致企业盲目发展，难以形成竞争优势，丧失发展机遇和动力。

②发展战略过于激进，脱离企业实际能力或偏离主业，可能导致企业过度扩张，甚至经营失败。

③发展战略因主观原因频繁变动，可能导致资源浪费，甚至危及企业的生存和持续发展。

根据案例材料，惠发公司已经规避的风险是：①缺乏明确的发展战略或发展战略实施不到位，可能导致企业盲目发展，难以形成竞争优势，丧失发展机遇和动力。②发展战略因主观原因频繁变动，可能导致资源浪费，甚至危及企业的生存和持续发展。“面对市场上口味不一、各具特色的餐饮企业，惠发公司始终将其产品聚集于川味火锅，并将源于麻辣烫店的浓郁的川蜀风风味在其菜品中展现得淋漓尽致”。

还需要注意规避的风险是：发展战略过于激进，脱离企业实际能力或偏离主业，可能导致企业过度扩张，甚至经营失败。“惠发的高速扩张影响了短期利润率，在近年出现了净利增长乏力的现象。惠发在一线城市中的门店密度已达到一定程度，新增门店客流量开始出现边际效益递减。而在门店客流量情况较好的三线及以下城市，因开业时间不长，门店尚处市场红利期，消费者的消费习惯能否维持高客流量仍有待观察。由于业务扩张，新店仍处于爬坡期，致员工成本及原材料和易耗品成本等占比上升。惠发的同店销售增速从 2017 年开始放缓。2015 至 2016 年和 2016 至 2017 年的同店销售增速在 14%左右，而到了 2017 至 2018 年，该数据为 6.2%。其中，一线城市同店增长率仅为 3.3%，二线城市为 1.9%，三线及以下城市的增长率为 12.5%”。

四、综合题

【答案】

(1) 华瑞集团 2010 年后采取的总体战略类型及实现途径如下：

发展战略。

①多元化战略—相关多元化战略。“充分利用以往在家电方面的技术经验及研发能力，并积极引进国外先进技术来转向 LED 电子大屏幕的研发和生产”“华瑞集团以自有资金 90 亿元和一部分外部财团贷款，共计 292 亿元的价格收购了 G 国工业机器人巨头 K 公司 94.55%的股份，成为最大控股股东……看好工业机器人市场，涉足高端制造业”。

实现途径：战略联盟(合资)。“华瑞集团和 M 国 ABSN 公司共同投资，设立了华恩高科有限责任公司，由华瑞集团控股并投入资金和厂房，ABSN 公司投入技术、设备，共同研发生产 LED 电子大屏幕”。

外部发展(并购)。“华瑞集团以自有资金 90 亿元和一部分外部财团贷款，共计 292 亿元的价格收购了 G 国工业机器人巨头 K 公司 94.55%的股份，成为最大控股股东”。

②密集型战略—市场开发。“华瑞管理层把视线投向了临近的 Y 国”“经过反复权衡，华瑞集团管理层最终放弃在 Y 国建厂的想法，决定以出口形式抢占 Y 国市

场”。

实现途径：内部发展(新建)，“华瑞集团管理层最终放弃在Y国建厂的想法，决定以出口形式抢占Y国市场”。

③一体化战略—纵向一体化战略—后向一体化战略。“华瑞集团收购K机器人公司，除了看好工业机器人市场，涉足高端制造业之外，华瑞集团子公司安康物流也将极大受益于K公司子公司瑞格领先的物流设备和系统解决方案，提升物流效率，拓展第三方物流业务……华瑞集团的各个车间已经开始大规模应用工业机器人。一份数据也可以看出来，在华瑞集团的空调事业部，随着营收的增长200亿元，工人的数量却减少了2万多人，这其实也就是得益于工业机器人的应用”。

实现途径：外部发展(并购)。“华瑞集团以自有资金90亿元和一部分外部财团贷款，共计292亿元的价格收购了G国工业机器人巨头K公司94.55%的股份，成为最大控股股东”。

④一体化战略—纵向一体化战略—前向一体化战略。“2015年，华瑞集团筹巨资收购了G国第一大家电零售商莱斯特有限公司。莱斯特有限公司拥有G国最大的家电分销网络，并且在东欧地区的分销网络也是独占鳌头”。

实现途径：外部发展(并购)。“华瑞集团筹巨资收购了G国第一大家电零售商莱斯特有限公司”。

⑤多元化战略—非相关多元化战略。“2018年，华瑞集团投入巨资进行半导体芯片的研发工作”。

实现途径：内部发展(新建)。“2018年，华瑞集团投入巨资进行半导体芯片的研发工作”。

收缩战略—放弃战略。“2016年，华瑞集团在保留传统家电业务的基础上(主要涉及彩电、冰箱、空调)，开始把微波炉、笔记本电脑、掌上电脑、数码相机慢慢剥离”。

(2)华瑞集团投资设立华恩高科有限公司研发生产LED大屏幕属于相关多元化(同心多元化)。

可能的风险主要表现为：

①来自原有经营产业的风险。“华瑞集团控股并投入资金和厂房”，有可能使原有业务资源紧张。

②进入产业的风险；“进入LED市场缺乏经验，对公司的经营能力提出了巨大挑战”。

③退出产业的风险；“华瑞集团控股并投入资金和厂房”。

④内部经营整合风险。“进入LED市场缺乏经验，对公司的经营能力提出了巨大挑战”。

(3)根据钻石模型，Y国家电产业的优势如下。

①生产要素：“Y国人口年龄中位数仅31岁，35岁以下人口约占总人口的55.6%，劳动力平均月薪约为C国的40%”。

②需求条件：“伴随着Y国经济高速增长，家电产品市场需求亦在不断增长。Y国，及整个东盟地区人口众多，消费意识强，除日常用品外，普通居民花费较高的产品主要集中在摩托车、家电及消费类电子产品上”。

③企业战略、企业结构和同业竞争：“DZ、PA、SP、SA、L等J国H国传统家电企业纷纷在Y国投资设厂。进入21世纪，T、MD、G、S等C国企业跟随J国H国企业脚步，陆续在Y国投资设厂。Y国家电市场竞争明显增强。”

根据钻石模型，Y国家电产业的劣势如下。

①生产要素：“青年人受教育程度普遍较低”“Y国的基础设施还不完善，公路拥堵、港口混乱、土地成本高涨、政府放宽管制的速度较慢，断电、乱收费现象频发”“单从港口的吞吐量来看，2017年世

界集装箱运输量Y国所占份额为2.5%，C国为40%，两者差距很大。另外，2019年上半年，Y国多省工业用房地产租金同比增长率达到两位数，令企业的运营成本大大增加”。

②相关与支持性产业：“Y国并没有完整的产业链，很多材料、零部件等配套产品，可能还要从C国国内运过去”。

(4)华瑞集团并购K公司的类型：

①按并购双方所处的产业分类，华瑞集团并购K公司既属于纵向并购。“华瑞集团的各个车间已经开始大规模应用工业机器人”；也属于多元化并购“看好工业机器人市场，涉足高端制造业”。

②按被并购方的态度分类，华瑞集团并购K公司属于友善并购。“华瑞集团和K公司签订《投资协议》”。

③按并购方的身份分类，华瑞集团并购K公司属于产业资本并购。“华瑞集团有限责任公司(以下简称“华瑞集团”)是C国一家传统家电生产企业”。

④按收购资金来源分类，华瑞集团并购K公司属于杠杆收购。“华瑞集团以自有资金90亿元和一部分外部财团贷款，共计292亿元的价格收购了G国工业机器人巨头K公司94.55%的股份”。

并购的动因：

①避开进入壁垒，迅速进入，争取市场机会，规避各种风险。“华瑞集团收购K机器人公司，看好工业机器人市场，涉足高端制造业”。

②获得协同效应。“华瑞集团子公司安康物流也将极大受益于K公司子公司瑞格领先的物流设备和系统解决方案，提升物流效率，拓展第三方物流业务”“华瑞集团的各个车间已经开始大规模应用工业机器人。一份数据也可以看出来，在华瑞集团的空调事业部，随着营收的增长200亿元，工人的数量却减少了2万多人，这其实也就是得益于工业机器人的应用”。

③克服企业负外部性，减少竞争，增强对市场的控制力。“K公司占据了全球机器人市场9%的份额”。

并购中注意规避的风险包括：

①并购后不能很好地进行企业整合。“尊重K公司集团员工、员工委员会及工会的权利，承诺并明确表示不会促使现有全球员工人数改变、关闭基地或有任何搬迁行动的发生”。

②跨国并购面临政治风险。“为了尽可能减少并购K公司可能对G国政府带来的担忧，华瑞集团也在要约收购的同时作出了多项‘承诺’：华瑞集团不会主动寻求K公司申请退市，尽力维持K公司上市地位，同时全力保持K公司的独立性。尊重K公司集团员工、员工委员会及工会的权利，承诺并明确表示不会促使现有全球员工人数改变、关闭基地或有任何搬迁行动的发生。针对G国政府对于企业机密技术外流的担心，华瑞集团和K公司签订《投资协议》，内容共5条，都没有涉及技术转让，反而强调尊重K公司品牌和知识产权。订立隔离防范协议，对K公司集团的商业机密和客户数据保密，以维持K公司与其客户、供应商的稳定关系”。

可能失败的原因包括：

①决策不当。决策不当的表现有，并购前，没有认真地分析目标企业的潜在成本和效益，过于草率地并购，结果无法对被并购企业进行合理的管理；“在C国由于市场预估有误以及供货不足等因素的影响，K公司的销售量开始下跌。2018年K公司全年营收同比下降了6.8%，税后净利润同比下跌了81.2%。”

高估并购对象所在产业的吸引力和自己对被并购企业的管理能力，从而高估并购带来的潜在经济效益。“由于全球经济增长放缓的影响，以及受到G国汽车行业危机的冲击……K公司的销售量开始下跌。2018年K公司全年营收同比下降了

6.8%，税后净利润同比下跌了81.2%”。

②支付过高的并购费用。“华瑞集团以自有资金90亿元和一部分外部财团贷款，共计292亿元的价格收购了G国工业机器人巨头K公司94.55%的股份，成为最大控股股东。收购价格较K公司平均股价溢价46%”。

(5)华瑞集团收购F国第一大家电零售商莱斯特有限公司所面临的政治风险：

设置贸易壁垒；“一开始遭遇F国政府以‘反垄断调查’为借口的阻碍”。

市场风险：

①产品或服务的价格及供需变化带来的风险；“F国其他家电厂商以及零售商强力反击，利用价格手段展开竞争，对华瑞集团也造成了很大干扰”。

②潜在进入者、竞争者、与替代品的竞争带来的风险。“F国其他家电厂商以及零售商强力反击，利用价格手段展开竞争，对华瑞集团也造成了很大干扰”。

运营风险：

①企业产品结构、新产品研发可能引发的风险；“产品的类型相对单一，技术性能上不够先进”。

②企业新市场开发，市场营销策略(包括产品或服务定价与销售渠道，市场营销环境状况等)可能引发的风险；“不符合欧洲中产阶级家庭的需求”。

(6)华瑞集团研发半导体芯片的类型：产品研究——新产品开发。“2018年，华瑞集团投入巨资进行半导体芯片的研发工作”。

动力来源：需求拉动。“M国通过多种方式限制对C国出口高科技产品，对C国科技产业影响最大的莫过于限制芯片出口，导致C国国内对国产芯片的需求急剧上升”。

研发定位：成为向市场推出新技术产品的企业。“华瑞集团的管理层信心坚定，坚持加大研发的投入力度，力求成为新技术产品的领头羊”。